Mieke Roscher

Ein Königreich für Tiere

Mieke Roscher

Ein Königreich für Tiere

Die Geschichte der britischen Tierrechtsbewegung

Tectum Verlag

Mieke Roscher

Ein Königreich für Tiere.
Die Geschichte der britischen Tierrechtsbewegung
Zugl.: Bremen, Univ. Diss. 2008
ISBN: 978-3-8288-9953-7
Umschlaggestaltung: Wiebke Becker
Umschlagabbildung: British Union for the Abolition of Vivisection

Besuchen Sie uns im Internet
www.tectum-verlag.de

Bibliografische Informationen der Deutschen Nationalbibliothek
Die Deutsche Nationalbibliothek verzeichnet diese Publikation in der Deutschen Nationalbibliografie; detaillierte bibliografische Angaben sind im Internet über http://dnb.ddb.de abrufbar.

Inhaltsverzeichnis

Vorwort

Eine Arbeit wie die vorliegende ist auf die Kooperation mit Archiven und Bibliotheken genauso angewiesen wie auf das Zurverfügungstellen informeller und kurzlebiger Dokumente aus der Bewegung. Vielen Dank deshalb an das Personal der zahlreichen Archive und Bibliotheken, die ich zur Erstellung des Quellenkorpuses aufgesucht habe, vor allem dem der British Library, der Wellcome Library for the History of Medicine, der British Library of Political and Economic Science, der Bibliothek der Tierärztlichen Hochschule Hannover sowie der Staats- und Universitätsbibliothek Bremen. Dank auch an Jon Active im Infoshop 56a und an die AktivistInnen, die mir Einblicke in ihre Sammlungen gestatteten und auch sonst für Fragen zur Verfügung standen.

Diese Arbeit profitierte zudem von der konstruktiven Kritik zahlreicher KollegInnen, denen hiermit mein Dank ausgesprochen sei. Das Kolloquium Werkstatt Kulturgeschichte an der Bremer Universität unter der Leitung von Prof. Dr. Inge Marszolek gab immer wieder hilfreiche Anregungen und forderte den Blick über die Disziplinen heraus. Insbesondere bedanken möchte ich mich bei Anna-Katharina Wöbse, André Krebber, Esther Almstadt und Marc Buggeln, denen es gelang, den Enthusiasmus für das Thema meiner Arbeit zu teilen und immer wieder die Wichtigkeit meiner Forschung zu betonen. Dabei formulierten sie Verbesserungsvorschläge immer äußerst kontextbewusst. Dies trifft auch für meinen Promotionsbetreuer Prof. Dr. Logie Barrow zu, dem ein ganz großes Dankeschön gilt. Er begleitete nicht nur kontinuierlich den Arbeitsprozess und stand mir stets mit Rat und Tat zur Seite, sondern ermutigte mich, auch unbequeme und marginalisierte Themen aufzugreifen. Der Heinrich-Böll-Stiftung danke ich dafür, dass sie mich mit einem Promotionsstipendium unterstützte und ideelle Förderung und Vernetzung sowie die Forschungsaufenthalte in Großbritannien ermöglichte. Da sich der Computer während der Erstellung dieser Arbeit nicht immer als mein Freund erwies, bin ich auch meinem *'Technical Support Team'* zu Dank verpflichtet: Ansgar Ernsing, Hendrik Simon, Wiebke Becker und meinem Bruder Aike Roscher. Außerdem seien natürlich die KorrekturleserInnen erwähnt. Iska Niemeyer, Christine Borchers, Julia Chaker-Agha, Urte Böhm, Mona Urban, Susanne Wein, Jan Sparsam, Moni Frenking, Sarah Harms, Antje Schloen, Jan Albin, Peter Tabor, Hans-Gerhard Schmidt, Birgit Schewe-Roscher. Ich danke euch!

Mein herzlichster Dank gilt all meinen Freunden und Freundinnen und meiner Familie, die auch in schweren Zeiten immer zu mir standen und mir unglaublich viel Unterstützung zukommen ließen. Schließlich sei noch die Musik erwähnt. Sie sorgte für Elan und Durchhaltevermögen in Zeiten von Zweifeln und Krisen. Für die Musik muss ich mich vor allem bei Mr. Noel Gallagher bedanken. Ihm ist diese Arbeit gewidmet.

1. Einleitung

1993 veröffentlichte der Pressesprecher der Animal Liberation Front (ALF), Robin Webb, ein Pamphlet, das explizit an eine *'Nation of Animal Lovers'* gerichtet war. Hierin warf er den BritInnen Scheinheiligkeit in ihrem Umgang mit der Tierwelt vor. Sie würden sich einerseits als eine tierliebende Nation bezeichnen, andererseits jedoch vom steigendem *'Tiergebrauch'* in Großbritannien profitieren. Diese Selbstbetitelung sei zum Feigenblatt avanciert, hinter dem Tiermissbrauch ungebrochen weiter existiere. Mit dem Rekurs auf die *'Nation of Animal Lovers'* griff die ALF ein Konzept auf, das historisch gewachsen war und sich in der britischen Gesellschaft durchgesetzt hatte. So wurden gerade bei dem, zuweilen etwas kurios anmutenden, Konflikt um das Verbot der Fuchsjagd in Großbritannien Diskurse aufgegriffen, die die Rechtsposition von Tieren thematisierten. Angelegt waren diese Diskurse an Debatten bezüglich der Menschenrechte, nach deren Vorbild Tiere größere Berücksichtigung erfahren sollten. Sowohl die Kontroverse um Tierrechte und ihre ProtagonistInnen wie auch die Objekte der Diskussion, die Tiere, fanden dabei vielfache Darstellung in den hiesigen Medien. Tiere wurden zu narrativen Bezugsgrößen sozialer Auseinandersetzungen.

Die moderne Tierrechtsbewegung gehört damit zu einer der gegenwärtig brisantesten gesellschaftspolitischen Erscheinungen in Großbritannien und findet, in unterschiedlichster Ausprägung, moralische und/ oder finanzielle Unterstützung durch breite Teile der britischen Öffentlichkeit. Dabei greift sie - oft in radikalisierter Form - auf praktische Erfahrungen, Methoden und Ideologien zurück, die sich seit ihrer Konstituierung in der ersten Hälfte des 19. Jahrhunderts herausgebildet haben. Begleitet wurde diese Entwicklung von einem Bewusstseinswandel in Bezug auf den Umgang mit dem Tier, der sich in teils religiöser, teils säkularisierter Form ausdrückte. Gleichzeitig ist dieser Wandel auch in der Genese des Fürsorgegedankens samt seiner ideologisch geprägten Absichten und politischen Implikationen zu verorten. Tierschutz wurde zu einem *'reformistischen Imperativ'*, Zeichen für philanthropische Geisteshaltung. Beispielhaft entwickelte sich der Vegetarismus in der öffentlichen Wahrnehmung von einer Marotte zur Mode. Kampagnen gegen *'Tiermissbrauch'*, insbesondere in Form der Vivisektion, die von Tierrechts- und Tierschutzgruppen getragen wurden, fanden in Parlamentsdebatten und Gesetzen legislativen Nachklang. Darüber hinaus gelang es, Emotionen zu schüren, die in der Mobilisierung öffentlicher Meinung und in der Reflexion des Verhältnisses vom Mensch zum Tier Wirkmächtigkeit entfalten konnten.

Scheint es also zunächst sonderbar, dass sich eine derart radikale Gruppe mit extremen Zielen wie die ALF an eine nationale *,imagined community'*[1] von TierliebhaberInnen richtet und um Verständnis für ihr kompromissloses Verhalten wirbt, wird bei näherer Betrachtung, um die sich die vorliegende Arbeit bemüht, deutlich, dass sie sich auf einen geteilten Erfahrungshorizont und Wertekorpus bezieht, der den BritInnen ein besonderes Verhältnis zur Fauna unterstellt. Die gesellschaftliche Kontroverse, die zwischen radikalen und moderaten TierschützerInnen entbrannte, fundierte folglich alleinig auf der ideologisch richtigen Auslegung der Tierschutzidee.

Großbritannien gilt als einer der weltweit führenden Staaten in der Thematisierung von Tierschutz. Die 1824 gegründete Royal Society for the Prevention of Cruelty to Animals (RSPCA) hat sich zur größten und wohlhabensten Tierschutzorganisation ihrer Art in Europa entwickelt. Bereits zum Ende des viktorianischen Zeitalters galten die BritInnen als besonders rücksichtsvoll und sensibel gegenüber Tieren, vor allem gegenüber Hunden, zumindest in ihrer Selbstwahrnehmung. Dieses Stereotyp wurde von Tierschutzgruppen und einzelnen HumanistInnen über das 19. Jahrhundert hinweg entwickelt und publiziert. Die Selbstversicherung rekurrierte auf ethisch-moralische Traktate und Tierschutzgesetze, die bereits zuvor in Großbritannien aufkamen.[2] Emotionale Bekundungen gegenüber dem Tier manifestierten sich schon im 18. Jahrhundert und vereinzelt davor. Neben Kindern, Sklaven, *,noble savages'*, Waisen, Tauben und Stummen, Prostituierten und psychisch Kranken wurden Tiere zum Objekt des Mitgefühls. Gleichzeitig bildeten sich Tierschutz und Tierrecht, zumindest in der öffentlichen Wahrnehmung, zu einem Terrain der bürgerlichen Moral heraus, die gerade im viktorianischen Zeitalter diskursbestimmend wurde. Diese Moral war mit den Konnotationen von Respektabilität und der häuslichen Ideologie der Getrennten Sphären besetzt. Tierschutz sollte als Instrument und Gradmesser des als richtig empfundenen Lebens gerade gegenüber der Arbeiterklasse fungieren. Dabei schien es mitunter leichter zu sein, auf veränderte Verhaltensweisen im Umgang mit Tieren zu drängen, als sie gegenüber der eigenen Spezies einzufordern. Sie waren zur selben Zeit *,Gleich'* wie auch *,Ungleich'*.[3] Die Distanz zum Tier vereinfachte philanthropisch-paternalistisches Verhalten ihm gegenüber und wurde durch die Unmöglichkeit sprachlicher Kommunikationsebenen unterstrichen.

---

1 Zum Konzept der Imagined Community, siehe Anderson, Benedict: *Imagined Communities, Reflections on the Origin and Spread of Nationalism,* London, überarbeitete Ausgabe, 1991.

2 Ritvo, Harriet: *Pride and Pedigree: The Evolution of the Victorian Dog Fancy,* in: Victorian Studies, Winter 1986, S.227.

3 Berger, John: *Why look at Animals?* in: *About Looking,* New York, 1980, S.2.

Warum entstand gerade in Großbritannien die moderne Tierrechtsbewegung? Inwiefern spielen hier ideengeschichtliche, realhistorische und sozio-politische Prozesse eine besondere Rolle? Welche Prozesse sind dies? Ausgehend von diesen Fragen sollen in der vorliegenden Arbeit ideengeschichtliche und sozio-historische Hintergründe der Entwicklung der britischen Tierrechtsbewegung erkundet und als nationales Phänomen überprüft werden. Die britische Tierrechtsbewegung war (und ist) eine Quelle politischer Kontroversen und Polarisierungen. Sie hinterfragte Normen und Institutionen der politischen Ordnung. Ihre AnhängerInnen sahen sich als Speerspitze einer neuen Gesellschaft, die auf die Ausbeutung und Nutzung ‚*nichtmenschlicher*' Tiere verzichtet.[4] Damit galt sie, zumindest in ihrer radikalen Form, als Gefahr für das sozioökonomische System und konnte mit entsprechender staatlicher und nichtsstaatlicher Opposition rechnen.

Die Tierrechtsbewegung wird häufig als zeitgenössisches Phänomen, als Resultat neuer politischer Kontroversen einer fortgeschrittenen Industriegesellschaft betrachtet. Dabei geht die britische Tierrechtsbewegung ideengeschichtlich auf das ausklingende 18. Jahrhundert zurück. Dass ihre Entwicklung wellenförmig verlief, dass es lange Strecken relativer Ruhe bzw. öffentlicher Nichtbeachtung gab, ist eine Tatsache, die sie mit anderen Bewegungen, etwa der Frauenrechtsbewegung, teilte. Bei der wissenschaftlichen Betrachtung dieser Bewegungen fand die Reflexion der historischen Vorläufe im Gegensatz zu der der Tierrechtsbewegung jedoch in einem weit umfangreicheren Maße statt.

Die Geschichte der Tierrechtsbewegung zeigt zudem deutlich, dass philosophische und religiöse Ansätze allein nicht ausreichten, um Veränderungen in den moralischen Betrachtungen von Tieren herbeizuführen. Auf deren Analyse konzentrierte sich indes das Gros wissenschaftlicher Arbeiten. In der Illustrierung des sozialen und kulturellen Kontextes, in dem sich die Tierrechtsbewegung in Großbritannien etablieren konnte, liegt deshalb der Versuch, die kulturelle Bedeutung von Tieren und der Proklamation einer ‚*Nation of Animal Lovers*' mitsamt ihrer nationalistischen Konnotation zu erklären. Tiere dienten als Projektionsflächen und Austragungsorte menschlicher Konflikte und als Interpretationsgrundlage gesellschaftlicher Ordnung. Sie erwiesen sich als nützlich, um Menschlichkeit und Menschsein zu klassifizieren und zu definieren.[5]

---

4 Die in der Tierrechtsbewegung übliche Formulierung der ‚*nonhuman animals*' bzw. der ‚*nichtmenschlichen Tiere*' soll auf die enge Verwandtschaft von Mensch und Tier hinweisen.

5 Tester, Keith: *Animals and Society: The Humanity of Animal Rights*, London u.a., 1991, S.48; Baker, Steve: *Picturing the Beast: Animals, Identity and Representation*, Manchester, 1993, S.ix; Simons, John: *Animal Rights and the Politics of Literary Representation*, Basingstoke, 2002, S.59.

Tiere fungierten seit jeher als Objekte der Bewunderung und Verbildlichung, als Subjekte der Verherrlichung und Anbetung und erwiesen sich als besonders gut *‚to think with'*, wie Claude Lévi-Strauss in seiner Studie über die Bedeutung des Totemismus festhielt.[6] Über sie ließ sich die Weltordnung verhandeln, Hierarchien und die soziale Organisation bestimmen.[7] So kam dem Motivrepertoire Tier, als Symbol und Transporteur des Wandels menschlicher Gesellschaften, ein besonderer Stellenwert in der Darstellung der durch die Industrialisierung beschleunigten sozialen Änderungsprozesse zu.[8] Denn auch hier konnten Deutungsmuster darüber problematisiert werden, die verhandelten, was als Tier galt, als *‚Anderes'* definiert wurde, und was Menschen auf das Tier projizierten.[9]

Insgesamt baut die vorliegende Arbeit auf der Hypothese auf, dass die Entwicklung der Tierrechtsbewegung in Großbritannien ein nationales Spezifikum darstellt. Mit der RSPCA wurde dort nicht nur die weltweit erste Tierschutzvereinigung gegründet, sondern in der Form des Martin's Act (*An Act to Prevent the Cruel and Improper Treatment of Cattle)* 1822 die ersten gesetzlichen Rahmenbedingungen zum Schutz der Tiere implementiert. Ebenfalls waren die ersten MoralphilosophInnen der Moderne, die sich explizit der Thematik angenommen hatten, hier ansässig. Darüber hinaus ist auch die Renaissance der Bewegung ab ca. 1960 in Großbritannien zu verorten. Ihr Revival ging mit einer methodischen und theoretischen Radikalisierung als Folge einer deutlichen Politisierung einher.

Die historische Deutung dieser Prozesse wurde bislang auf die Entstehung moralischer Werte beschränkt. Daher gilt es in der vorliegenden Arbeit nach weiteren Ursachen zu suchen. Es soll bewiesen werden, dass in Großbritannien exzeptionelle historische Faktoren der Entstehung dieses – praktisch umgesetzten – Gedankenganges entgegen kamen, ihn gefördert und forciert haben. Dies ergibt sich beispielsweise aus dem Umbruch der vorher noch primär agrarisch organisierten, hin zu einer industriellen Gesellschaft, ein Prozess den Großbritannien als erstes Land vollzog. Auch die Ausbildung einer an Signifikanz gewinnenden bürgerlichen Mittelschicht veränderte strukturelle Ausgangsbedingungen. Mit den vorhandenen Quellen sollen deshalb auch stratifikatorische und genderspezifische Fragen gestellt werden, also ein bereits durch

6 Lévi-Strauss, Claude: *Totemism*, Boston,1963, S.87.

7 Jasper, James M. und Nelkin, Dorothy: *The Animal Rights Crusade: The Growth of a Moral Protest*, New York, 1992, S.6.

8 Eskildsen, Ute: *Kein Recht am Bild: Das fotografierte Tier – ein Überblick*, in: Eskilden, Ute und Lechtreck, Hans Jürgen: *Nützlich, süß und museal – das fotografierte Tier*, Museum Folkwang, Göttingen, 2005, S.11.

9 Rothfels, Nigel: *Savages and Beasts: The Birth of the modern Zoo*, Baltimore u.a., 2002, S.5.

wissenschaftliche Forschung geöffneter Bereich eine konkrete Sondierung erfahren. Gab es schichtenspezifische Unterschiede in der Sozialstruktur von Tierschutz- und Tierrechtsgruppen und wie wirkten sich diese auf deren Organisations- und Handlungspotential aus?

1.1. Aufbau der Arbeit

Die vorliegende Arbeit ist grob in drei chronologisch und strukturell geordnete Teile gegliedert. Nachdem in einem theoretischen Kapitel die Tierrechtsbewegung als *Soziale Bewegung* gekennzeichnet wird, befasst sich der erste Teil mit der ersten Tierrechtsbewegung vom Anfang des 19. Jahrhunderts bis ca.1915. Hier werden auch ihre geistesgeschichtlichen Vorläufer und die historischen Ausgangsbedingungen Darstellung finden, sprich Industrialisierungs- und Urbanisierungsentwicklungen thematisiert. Dabei findet eine Systematisierung nach philosophisch/ religiösen und naturwissenschaftlichen Auslegungen bezüglich des Status des Tieres sowie nach Geschlechter- und Klassenzuordnungen statt, die so auch für den zweiten Teil der Arbeit übernommen wird. Gleiches gilt auch für die Untersuchung des Tierschutzes und der Tierrechtsidee als Mittel zur Befriedigung patriotischer Befindlichkeiten. Am Ende eines jeweiligen Teilabschnitts folgt der Vergleich zu den Tierrechtsbewegungen in den Vereinigten Staaten und in Deutschland. Diese Kapitel dienen in der Herausstreichung von Besonderheiten auch als Zwischenfazit und Brückenkapitel zum jeweilig nächsten Teilabschnitt.

Der zweite Teil behandelt die Entwicklung der britischen Tierrechtsbewegung ab ungefähr 1960, wobei insbesondere neue Entwicklungen und Unterschiede zur ersten Tierrechtsbewegung hervorgehoben werden. Der dritte Teil schließlich widmet sich der Animal Liberation Front, die eine gesonderte Stellung in der Tierrechtsbewegung innehat. Am Beispiel der ALF soll nicht nur deren Radikalisierung herausgearbeitet werden, wie sie in diesem Teil auch anhand weiterer militanter Gruppen Darstellung findet. Durch ihre kompromisslose Argumentation und ihren gesellschaftsverändernden Anspruch sowie durch eine Politisierung der Thematik steht die ALF zudem exemplarisch für das spezifisch britische Element, das über rein moralische Forderungen hinausgeht. Diese Radikalisierung ist jedoch als Konsequenz aus den historischen Entwicklungen bzw. Stagnationen der Tierrechtsbewegung zu verstehen, wird also vor dem Hintergrund des zuvor Festgehaltenen gelesen. Darüber hinaus wird untersucht, welche Wirkung die Radikalen auf die interne Entwicklung der gesamten Bewegung hatten, welche Wechselwirkungen zwischen verschiedenen Gruppierungen bestanden und welchen Eindruck sie auf mediale Diskurse hinterließen. Schließlich wird aufgezeigt, wie der britische Staat mit den Herausforderungen der radikalen Tierrechtsbewegung umging.

1.2. Anmerkungen zum Forschungsstand

Noch 1984 merkte der britische Historiker Keith Thomas in seinem Buch ‚*Man and the Natural World*', einer Analyse des menschlichen Verhältnisses zu seiner natürlichen Umwelt im Großbritannien der Moderne, an

> *„The explicit acceptance of the view that the world does not exist for man alone can be fairly regarded as one of the great revolutions in modern Western thought, though it is one to which historians have scarcely done justice."*[10]

Seitdem hat sich einiges in der Erforschung der Mensch-Tier-Beziehungen getan und das sowohl auf geschichtswissenschaftlicher wie interdisziplinärer Ebene. Vor allem aber wurde das Tier an sich zum Interessensschwerpunkt einer ganzen Reihe historischer Arbeiten. Dieser Forschungsbereich findet sich in den sich etablierenden ‚*Animal Studies*' bzw. der ‚*Human-Animal Studies*' wieder. Analog zu Gender und Ethnic Studies hat diese Subdisziplin in den letzten Jahren zumindest im angloamerikanischen Sprachraum zur Bereicherung wissenschaftlicher Arbeit und zur Konkretisierung und Legitimierung sozialwissenschaftlicher Auseinandersetzungen mit dem Tier beigetragen. Beiträge zu dem Forschungsfeld beziehen sich auf eine große Bandbreite wissenschaftlicher Disziplinen: Literaturwissenschaften, Kunstgeschichte, Anthropologie, Medien- und Kulturwissenschaften, Philosophie, Psychologie, Gender Studies, Soziologie, Geschichts- und Politikwissenschaften. Gemeinsam unterliegt den Human-Animal Studies die Analyse der kulturellen wie sozialen Bedeutung des Tieres und der Mensch-Tier-Beziehung.

Obgleich interdisziplinär ausgelegt, geht es dieser Forschungsrichtung weniger um die biologisch-naturwissenschaftliche Betrachtung der Tiere (und der Menschen), vielmehr zeichnet sie sich wegen ihrer geisteswissenschaftlichen Analyse der menschlichen Betrachtung und des menschlichen Umgangs mit dem Tier aus. Human-Animal Studies erforschen die Art und Weise, in der Tiere gesellschaftliche Relevanz haben und den Platz, den sie (vor allem eben auch historisch) in der menschlichen Gesellschaft einnehmen und eingenommen haben. Angesichts der Tatsache, dass Menschen und Tiere über einen – historisch betrachtet – sehr langen Zeitraum zusammen gelebt haben, kommt es ihr auch darauf an,

---

10 Thomas, Keith: Man and the Natural World, Changing Attitudes In England 1500-1800, London, 1984, S.166.

die Abwesenheit des nichtmenschlichen Tieres in der Geschichtsschreibung zu revidieren. Über eine Geschichtsschreibung, die Tiere als Bezugsgröße einbindet, könne auch gezeigt werden, welchen zentralen Platz Tiere in der Disziplin einnehmen, die sich gemeinhin der menschlichen Geschichte widmet.[11]

HistorikerInnen, die sich mit Tieren beschäftigen, setzen somit Natur in eine zeitgeschichtliche Einordnung, ohne dass sie Naturgeschichte betreiben würden. Nigel Rothfels betont dies, wenn er schreibt, dass die Geschichte der Tiere keine *‚natürliche'* Geschichte, sondern eine unnatürliche sei, da sie eben nicht ihr Vorkommen in ihren *‚natürlichen'* Habitaten beschreibe. Sie erläutere vielmehr die Präsenz des Tieres in der menschlichen Umgebung von Museen, Büchern, Zirkussen und Zoos[12] und, wie ich hinzufügen möchte, in jenen Darstellungen, denen sich die Tierrechtsbewegung bediente. Die Geschichte der Tiere ist somit genauso Teil menschlicher Kultur wie der Mensch selbst, wie Rothfels weiter ausführt. Tiere füllen Geschichte aus, indem sie sich auf Bildern, Fotografien, Beschreibungen und als Memorabilien wieder finden lassen. Sie sind somit mehr als Relikte ihrer eigenen Existenz. Sie bieten der Wissenschaft vielmehr einen Zugang zu den Menschen, die an ihnen interessiert waren.[13]

Dass Tiere sich nicht der (menschlichen) Sprache bedienen können, verbindet sie mit anderen Objekten der historischen Forschung.[14] Dennoch waren sie bislang viel weniger Objekte von Untersuchungen als beispielsweise antike Münzsammlungen. Die neuartige Form der Geschichtsschreibung, die von den Human-Animal Studies propagiert wird, soll hervorheben, dass Mensch und Tier nicht als separate Einheiten existieren, sondern dass Kultur und Natur Parallelen aufweisen und dass Tiere, nicht bloß Menschen, die Vergangenheit geprägt haben.[15] Der Forschungsbereich umfasst also die konzeptuelle wie materielle Behandlung von nichtmenschlichen Tieren in Kultur, Gesellschaft und Geschichte. Denn erst in Abgrenzung zum Tier und damit unter Einschluss des Tieres als Vergleichsparameter, konnte das definiert werden, was als genuin menschlich betrachtet wurde. Andersherum kann die Geschichte

---

11 Fudge, Erica: *The History of Animals*, H-Animal Discussion Network, http://www.h-net.org/~animal/ruminations_fudge.html, zuletzt besucht am 04.11.07.

12 Rothfels, Nigel: *Savages and Beasts: The Birth of the modern Zoo*, Baltimore und London, 2002, S.6.

13 Ibid..

14 Rosenfelder, Andreas: Heb dir deine Kunststücke für die Historiker auf, Jumbo, Frankfurter Allgemeine Zeitung, 25.05.05, Nr.119, S.33.

15 Fudge, Erica: *The History of Animals*, H-Animal Discussion Network, http://www.h-net.org/~animal/ruminations_fudge.html, zuletzt besucht am 04.11.07.

des Tieres nur mithilfe menschlicher dokumentarischer Hinterlassenschaften erzählt werden.[16]

Als Pioniere der Human-Animal Studies müssen dabei neben Keith Thomas, die HistorikerInnen Erica Fudge, Harriet Ritvo, Nigel Rothfels und Hilda Kean, der Kulturwissenschaftler Jonathan Burt und der Kunsthistoriker Steve Baker sowie der Politikwissenschaftler Robert Garner genannt werden. Die interdisziplinäre Forschungsrichtung hat sich mit zwei Journals, *Anthrozöos* und *Society & Animals* bereits eine Basis für wissenschaftlichen Austausch gegeben, ein weiteres Journal, *Humanimalia,* ist im Entstehen. Mittlerweile gibt es zudem Forschungsnetzwerke und universitäre Anbindungen: Middlesex University beherbergt das British Animal Studies Network, die neuseeländische Canterbury University das New Zealand Centre for Human-Animal Research. Oxford University hat 2002 die erste Professur für Ethics, Theology and Animal Welfare eingerichtet, ein Posten, der seitdem mit dem Theologen Andrew Linzey besetzt ist. Zudem existiert in Großbritannien eine Animal Studies Group, bestehend aus den führenden britischen VertreterInnen der Subdisziplin, deren Ziel die weitere Etablierung des Forschungsfelds durch wissenschaftlichen Output ist.[17] Das amerikanische Animal Studies Institute vergibt derweil Stipendien an NachwuchsforscherInnen im Bereich Human-Animal Studies.

Ein wichtiger Bestandteil der Human-Animal Studies ist also die Geschichte des menschlichen Umgangs mit dem Tier und die Transformation in beider Beziehungsgeflecht. In der Tat sagt Fudge, dass nahezu alles, was den historischen Aspekt der Human-Animal Studies ausmache, die Dokumentation der Geschichte menschlichen Verhaltens zum Tier sei.[18] Darunter fällt auch die Geschichte und Politik des Tierschutzes und der Tierrechtsbewegung. Genau wie die Betrachtung des Tieres selbst war die der Tierrechtsbewegung einem ständigen Wandel unterworfen und sah sich in Selbst- und Außenpräsentation einem konstanten Transformationsprozess ausgesetzt. Ihre Visualisierung ist Teil eines kulturwissenschaftlichen Zugangs, wie Steve Baker ihn in seiner Studie *‚Picturing the Beast'* angeregt hat.[19]

Das Interesse an der Beschäftigung mit historischen Betrachtungsweisen des Mensch-Tier-Verhältnisses, meist moralkritischer, aber immer mehr

---

16 Fudge, Erica: Perceiving Animals, Humans and Beasts in Early Modern English Culture, Urbana, 2000, S.2.

17 Es liegt bis dato ein Essayband der Gruppe vor, der sich mit der Tötung der Tiere aus anthropologischer, historischer, soziologischer, kultur- und literaturwissenschaftlicher Sicht befasst. Vgl. Animal Studies Group: *Killing Animals,* Chicago u.a., 2006.

18 Fudge, Erica: A Left-Handed Blow: Writing the History of Animals, in: Rothfels, Nigel (Hg.): Representing Animals, Bloomington u.a., 2002.

19 Baker, 1993; vgl auch: Burt, Jonathan: *Animals in Film,* London, 2002.

auch ideologiekritischer Ausprägung, ist in den letzten Jahren stark angestiegen. Für die englische Gesellschaft der frühen Neuzeit wurde dies von den HistorikerInnen Keith Thomas und Erica Fudge geleistet, die nicht nur detailreich die – literarische – Repräsentation von Tieren im Denken der Zeit, sondern das alltägliche, durchaus ambivalente Verhältnis zwischen den Spezies beschrieben haben. Hilda Kean und Richard Ryder[20] haben – periodisch daran anschließend und vorwiegend das 19. Jahrhundert behandelnd – Veränderungen im Umgang mit dem Tier dokumentiert und die Entstehungsprozesse der britischen Tierschutzbewegung auch auf ihre moralischen und politischen Begründungszusammenhänge hin untersucht. Dabei haben sie insbesondere auf klassenimmanente und ökonomisch bedingte Veränderungsprozesse hingewiesen. Ryders Buch *‚Animal Revolution: Changing Attitudes toward Speciesism'* ist eindeutig ein Werk, das in sich selbst ein Proklamat für die Rechtsausweitung der Tiere darstellt. Bei Ryder, der, im Gegensatz zu anderen, die sich an der Geschichtsschreibung der Bewegung versucht haben, historisch sauber arbeitet, ist sein Anliegen, das Mensch-Tier-Verhältnis positiv zu ändern, deutlich aus dem Werk herauszulesen.[21] Dies ist zum einen Ryders eigenem Engagement in der Bewegung geschuldet, als auch der Tatsache, dass die Human-Animal Studies, wie die *‚Geschichte von unten'*, wie Frauengeschichte usw., aktiv darum bemüht sind, auf ethische, soziale und politische Debatten Einfluss zu nehmen.[22] Die Human-Animal Studies wollen auf die sozio-historischen Konflikte zwischen den Spezies aufmerksam machen und ihre Funktionen als *‚signifying systems'* überdenken.[23] Andere Arbeiten, wie Antony Browns *‚Who cares for Animals'* oder Emma Hopleys *‚Campaigning Against Cruelty'* hingegen sind primär für die Bewegung geschrieben und lassen häufig wissenschaftliche Sorgfalt missen.[24]

Eine besondere Inspiration in der Erweiterung der Forschungsergebnisse ist den feministischen Forschungsansätzen von Coral Lansbury u.a. zu verdanken. Lansbury hat in ihrer Studie der Betrachtung von Mensch-Tier-Verhältnissen nicht nur die besondere Rolle der Frau im Verhältnis zum Tier auf deren patriarchale Strukturen im edwardianischen Zeitalter

---

20 Kean, Hilda: Animal Rights, Political and Social Change in Britain since 1800, London, 1998; Ryder, Richard D.: Animal Revolution: Changing Attitudes towards Speciesism, Überarbeitete Ausgabe, Oxford u.a., 2000.

21 Vgl. auch: Fudge, 2002.

22 Vgl. Fudge, Erica (Hg.): Renaissance Beasts: Of Animals, Humans, and Other Wonderful Creatures, Urbana u.a., 2004, S.10.

23 Simons, John: *The Longest Revolution: Cultural Studies after Speciesism,* in: Environmental Values, Nr.6, 1997, S. 484.

24 Brown, Antony: Who cares for Animals, 150 years of the RSPCA, London, 1974. Hopley, Emma: Campaigning Against Cruelty, the hundred year history of the British Union for the Abolition of Vivisection, London, 1998.

überprüft, sondern auch versucht, poststrukturalistisch die Diskurse über Körperlichkeit aufzuzeigen, die dieser Geschichte immanent waren.[25] Die Analyse des überdurchschnittlich häufigen Engagements von Frauen in der Tierrechtbewegung, ein Thema, dessen sich auch die vorliegende Arbeit annimmt, wurde von Mary Ann Elston und Moira Ferguson für die historische Antivivisektionsbewegung geleistet.[26] Letztere stellt anhand dreier Frauenbiografien geschlechterspezifische Diskurse über den Einsatz für das Tier dar.

Zwar geht es in dieser Arbeit nicht primär darum, Tiere als historische Entitäten sichtbar zu machen; es bleibt vielmehr bei einer recht anthropozentrischen Geschichtsschreibung, in der das Tier lediglich in seiner von Protagonisten der Bewegung herausgehobenen Stellung betrachtet wird. Dennoch wird man auch hier, gemäß der Zielvorstellung der Human-Animal Studies, ein Interesse an einer positiven Betrachtungsweise des Tieres bemerken. Diese Betrachtungsweise auf das Tier wird von Fudge als *‚humane history'* betitelt, in welcher die Materialität des Tieres als ein Weg gesehen wird, weiter reichende Aussagen über gesellschaftliche Vorstellungen zu treffen.[27] Auch die vorliegende Arbeit möchte einen Beitrag zur Sozialgeschichte der Mensch-Tier-Beziehung liefern, in der über die Geschichte des Tierschutzes auch Aussagen über die politischen und kulturellen Diskurse der britischen Gesellschaft getroffen werden können. Schließlich, so stellte Harriet Ritvo fest, beleuchten die historischen Human-Animal Studies nicht nur die Geschichte des Verhältnisses des Menschen zum Tier, sondern auch die der Menschen untereinander.[28]

Der Entwicklungsmöglichkeit einer solchen wissenschaftlichen Subdisziplin wird auch insofern Rechnung getragen, als dass davon ausgegangen wird, dass es ein Verdienst der Tierrechtsbewegung ist, Tiere als relevante Beobachtungsfläche einzuführen. Bis dato haben sich HistorikerInnen nur wenig mit der Tierrechtsbewegung auseinander gesetzt. Entsprechend stellt Beers in ihrer Studie über die amerikanische Tierrechtsbewegung fest:

---

25 Lansbury, Coral: The Old Brown Dog, Women, Workers and Vivisection in Edwardian England, Madison, 1985.

26 Ferguson, Moira: Animal Advocacy and English Women, 1780-1900, Ann Arbor, 1998; Elston, Mary Ann: Women and Anti-vivisection in Victorian England, 1870-1900, in: Rupke, Nicolaas A. (Hg.): Vivisection in Historical Perspective, London u.a., 1987.

27 Fudge, 2002, S.9

28 Ritvo, Harriet: The Animal Estate: The English and other Creatures in the Victorian Age, Cambridge, MA u.a., 1987, S.4.

„When it comes to the animal advocacy movement, a historical amnesia effectively erases the significant legacies today's animal activists and society as a whole have inherited from their mostly forgotten predecessors."[29]

Auch wenn dieses Urteil etwas harsch anmutet, wenn man das aufkommende wissenschaftliche Interesse an den Mensch-Tier-Beziehungen betrachtet, haben sich tatsächlich wenige Arbeiten, außer denen von Kean und Ryder, mit dem langfristigen historischen Werdegang der Bewegung beschäftigt. Wissenschaftliche Arbeiten über die Tierrechtsbewegung befassen sich zumeist, und dann ausschließlich, mit der Bewegung des 19. Jahrhunderts bzw. der zeitgenössischen Tierrechtsbewegung, nicht mit beiden. Zur letzteren Ausformung liegen zudem fast ausnahmslos soziologische bzw. politikwissenschaftliche Studien vor. Diese sind durchaus von hoher wissenschaftlicher Qualität, jedoch trifft Beers Anschuldigung vor allem auf diese Arbeiten zu. Für Großbritannien ist das politikwissenschaftliche Forschungsfeld vor allem durch Robert Garner geprägt worden. Er systematisierte die politischen Dimensionen der verschiedenen Methodiken, derer sich die Bewegung bedient hat und wendete sie auf die verschiedenen Ausbeutungsformen von Tieren in der Gesellschaft, zum Beispiel in Tierversuchen, an.[30] Letzteres soll, genauso wie die Analyse des Umgangs mit Tieren im Gesetz, nicht Bestandteil dieser Studie werden, da auch hierfür bereits ausreichend wissenschaftliches Material vorliegt.[31] Was jedoch insgesamt fehlt, und worum sich diese Arbeit bemühen will, ist herauszuarbeiten, warum sich die beschriebenen Entwicklungen ausgerechnet in Großbritannien vollzogen haben. Das nationale Spezifikum betreffend, ist die Forschungslage mithin als sehr dünn zu betrachten. Komparative Studien sind wiederum nur in dem politikwissenschaftlichen Feld zu finden.[32]

Ein eindeutiges Forschungsdefizit besteht vor allem bei der Untersuchung der Animal Liberation Front. Sie findet bisher lediglich Erwähnung in der, zudem häufig verkürzten, Beschreibung ihrer Methoden. Gerade die radikale Tierrechtsbewegung und ihre RepräsentantInnen werden in der Befragung ihrer Motivation, ihrer Publikationen und sozialen Konstituierung somit bislang aus wissenschaftlicher Analyse herausgenommen. Dieser Teilaspekt, dem entsprechend viel Aufmerksamkeit gegeben werden wird, bildet zum ersten Mal den Schwerpunkt einer wissenschaftlichen Untersuchung. Damit soll also die Geschichte der bri-

---

29 Beers, Diane L.: For the Prevention of Cruelty, The History and Legacy of Animal Rights Activism in the United States, Athens, 2006, S.2.

30 Garner, Robert: *Animals, Politics and Morality*, 1993, Garner, Robert: *Animal Ethics*, Cambridge, 2005.

31 z.B. Radford, Mike: *Animal Welfare Law in Britain*, 2001.

32 Garner, Robert: Political Animals: Animal Protection Politics in Britain and the United States, Basingstoke u.a., 1998.

tischen Tierrechtsbewegung in ihren unterschiedlichen Erscheinungsformen erzählt werden und als elementarer Bestandteil britischer Sozialgeschichte Einordnung finden, im Bemühen, die historische Betrachtung innerhalb der Human-Animal Studies zu erweitern.

1.3. Quellenlage

Zwar ist die Quellenlage im Allgemeinen als gut zu bezeichnen, viele Quellen sind jedoch entweder noch keinem breiteren wissenschaftlichen Publikum zugänglich oder wurden noch wenig wissenschaftlicher Bearbeitung unterzogen. Die Magazine, Pamphlete, Flugschriften und Jahresberichte der britischen Tierrechtsbewegung, auf deren hermeneutische Analyse sich die vorliegende Arbeit im Besonderen stützt, haben zudem bislang wenig systematische Ordnung erfahren. So hat zwar die größte britische Tierschutzgruppe, die RSPCA, ein eigenes Archiv für die Bewahrung ihrer Schriftstücke in Horsham, die der weniger einflussreichen Gruppen sind jedoch auf zahlreiche Archive verstreut, wobei die British Library noch mit dem größten Bestand ausgezeichnet ist. Der Einblick in die Publikationen des radikalen Flügels der Bewegung gelang indes nur über private Archive der AktivistInnen selbst bzw. über semiöffentliche Sammlungen, wie die, die sich im ‚56a Infoshop' in London befindet.

Als Primärquellen wurden vor allem die Mitteilungsblätter der untersuchten Gruppen herangezogen. Für eine systematische und enge Untersuchung des 19. Jahrhundert waren dies vor allem die Publikationen der Vegetarian Society.[33] Für die Jahrhundertwende wurden die Magazine der Humanitarian Society,[34] der British Union for the Abolition of Vivisection (BUAV)[35] sowie der Animal Defence and Anti-Vivisection Society (ADAVS)[36] analysiert. Die Untersuchung der zweiten Tierrechtsbewegung basierte auf der Betrachtung der Mitteilungsorgane der BUAV,[37] die der National Anti-Vivisection Society (NAVS),[38] der League against Cruel Sports (LACS)[39] und Animal Aid.[40] Für die Sondierung des radika-

33 The Vegetarian Messenger and Health Review 1847; The Vegetarian Messenger 1849-1875; The Dietetic Reformer and Vegetarian Messenger 1863-1886; The Vegetarian Messenger 1887-1897; Vegetarian Messenger and Health Review 1898.

34 Humanity 1895-1902; The Humanitarian 1902-1909.

35 The Abolitionist 1899-1902.

36 The Anti-Vivisection Review 1909-1914.

37 The Anti-Vivisectionist 1967-1969; AV-Times 1969-1975; Animal Welfare 1976-1981; Liberator 1981-1991; Campaign Report 1991-2004.

38 Animal's Defender 1966-1985; Campaigner 1982-1986; Campaigner and Animal's Defender 1986-1988.

39 Wildlife Guardian 1987-2000.

40 Outrage! 1980-2001.

len Flügels der Tierrechtsbewegung wurden zudem die Veröffentlichungen der Hunt Saboteurs Association (HSA),[41] der Animal Liberation Front Supporters Group (ALF SG)[42] sowie das gruppenübergreifende Magazin *Arkangel*[43] herangezogen. Andere Mitteilungsblätter wurden punktuell und wo es die Quellenlage zuließ eingesehen. Schließlich wurde auch auf die Alltagspresse sowie auf Protokolle von Parlamentsdebatten (Hansard) zurückgegriffen, um einige Details zu verdeutlichen und aktuellen Debatten gerecht zu werden.

1.4. Methodische Überlegungen

Aus den vorhanden Quellen und den formulierten Fragestellungen ergaben sich für mich folgende methodische Herangehensweisen an das Material: Ich stimme mit Jaspers überein, der in der biografischen Erläuterung eine angemessene und interessante Darstellungsweise von Protestbewegungen sieht. Hier werde durch die Beobachtung des Individuums gezeigt, wie ihre biografische Geschichte sie mit einer unterschiedlichen Auswahl kultureller Bedeutungen und strategischem Vorgehen ausstatte.[44] Entsprechend wird die Geschichte der britischen Tierrechtsbewegung auch anhand biografischer Einordnungen einiger ihrer ProtagonistInnen erzählt werden. Die biografische Erzählung ermöglicht, persönliche Gründe für aktivistisches Engagement besser herausstreichen zu helfen, Rezeptionen der sich entwickelnden Tierethiken nachvollziehen zu können und konkretes politisches Handeln aufzuzeigen. Dabei wird es sich bei den zu untersuchenden Persönlichkeiten um solche handeln, die über relativen Einfluss in Formierung und Weiterentwicklung der Bewegung hatten. Dies hat mehrere Gründe: Zum einen waren gerade strategische Richtungswechsel im Methoden- und Organisationspotential der Bewegung eng an einzelne Personen gebunden, eine historisch nachvollziehbare Darstellung muss also dicht an sie angelegt sein, zum anderen – und das sind ganz praktische Gründe – haben diese Personen weitaus mehr Veröffentlichungsarbeit geleistet, das heißt auswertbares Quellenmaterial in Form von Zeitschriften, Büchern, Artikeln, autobiografischen Texten, Briefen usw. hinterlassen, denen sich diese Arbeit als Grundlage bedient.

Dabei bin ich mir des Problems bewusst, dass bei dem Herausgreifen einiger Biografien der artikulierten Führerpersönlichkeiten, die Bewegung

41 Howl 1974-2004.

42 SG Newsletter 1989-1992; Animal Liberation Front Supporters Group Newsletter 1992-2004.

43 Arkangel 1989-2004.

44 Jasper, James M.: The Art of Moral Protest: Culture, Biography and Creativity in Social Movements, Chicago, 1997, S.45, 54ff.

eventuell reduziert dargestellt wird und dies dazu führen kann, dass die Studie nicht vollkommen repräsentativ ist.[45] Da es mir jedoch vor allem auch um den gesellschaftlichen und sozialhistorischen Einfluss geht, den die britische Tierrechtsbewegung in der Lage war, auszuüben, und um ihre visuelle, methodische und organisatorische Präsentation nach außen und weniger um eine quantitative Darstellung, scheint diese Entscheidung gerechtfertigt.

Das Quellenmaterial wurde einer hermeneutischen Untersuchung unterzogen, das heißt es wurde versucht, das vorhandene Material anhand der Vorstellungen und Interessen der handelnden Akteure zu interpretieren. Dass diese Methode bisweilen Gefahr läuft, historische Fehlinterpretationen zu leisten, ist mir bewusst. Eine Analyse der historischen Rahmenbedingungen soll damit nicht unbedingt als Korrektiv von Interpretationsfehlern dienen. Vielmehr kann durch sie die Ursache für bestimmte Geisteshaltung der AktivistInnen eruiert werden.[46] Nach Soeffner wird Beliebigkeit vermieden, indem Intersubjektivität mit der Rahmenbedingungen in Relation gesetzt wird.[47]

Neben den verschriftlichten Quellentexten wurde in dieser Arbeit auch mit narrativen Interviews gearbeitet. Sie erfuhren eine deskriptiv-hermeneutische Interpretation, eine Methode, die der qualitativen Sozialforschung entliehen ist.[48] Dieses Verfahren ist im Bereich der *‚oral history'* anzusiedeln. Es wird bei der Dokumentation und Auswertung der Aussage von Zeitzeugen und der Interpretation von Interviews mit Aktivisten der Bewegung Anwendung finden. Die Interviews dienen jedoch lediglich der Ergänzung und Illustration des aus dem Quellenmaterial Extrahierten.[49] Ich möchte dennoch keinen Unterschied in der Bewertung der Quellengattung vornehmen, beide gelten mir gleichermaßen als Grundlage der *‚life history'* und als *‚Ego-Dokumente'*, die analog zu anderen (auto-)biografischen Dokumenten untersucht werden.[50]

---

45 Sasha Roseneil hat sich in ihrer Analyse der pazifistischen Frauenbewegung ebenfalls mit diesem Problem konfrontiert gesehen: Roseneil, Sasha: *Disarming Patriarchy, Feminism and Political Action at Greenham*, Buckingham, 1995.

46 Vgl. auch Seifferts Anmerkungen zum hermeneutischen Zirkel. Seiffert, Helmut: *Einführung in die Wissenschaftstheorie*, Band 2, München, 1977, S. 108. Zur Diskussion über die Verbindung und den Gegensatz von *‚Verstehen'* und *‚Erklären'* vgl. Muhlack, Ulrich: *Verstehen*, in: Goertz, Hans-Jürgen (Hg.): *Geschichte, Ein Grundkurs*, Hamburg 1998, S.99ff.

47 Soeffner, Hans-Georg: *Sozialwissenschaftliche Hermeneutik*, in: Flick, Uwe; von Kardoff, Ernst und Steinke, Ines: *Qualitative Forschung*, Hamburg, 2000, S.171.

48 Heinze, Thomas: *Qualitative Sozialforschung*, Opladen, 1992.

49 Roberts, Brian: *Biographical Research*, Buckingham, 2002, S.96.

50 Vgl. auch: Fuchs-Heinritz, Werner: Biographische Forschung: Eine Einführung in Praxis und Methoden, 3.Auflage, Wiesbaden, 2005, S.10; Schulze, Wilfried: Ego-Dokumente: Annäherung an den Menschen in der Geschichte, Berlin, 1996.

In der vorliegenden Arbeit wird zudem mit Methoden der historischen Komparatistik gearbeitet, die auf ländervergleichender wie epochenvergleichender Ebene durchgeführt werden. Dabei wird davon ausgegangen, dass historische Funde erst Bedeutung erlangen, wenn man sie in Beziehung setzt.[51] Die Auswahl der Vergleichsländer ist durch zweierlei Faktoren gekennzeichnet. Zum einen galt es, möglichst ähnliche Vergleichsparameter zu finden, bei denen sich kulturelle Phänomene, z.B. durch eine gemeinsam geteilte Sprache und Religion, als transzendent erweisen können. Der Vergleich mit den Vereinigten Staaten lag damit auf der Hand, da sie gleichsam als *‚neo-europäische'* Gesellschaften dem Makrotypus der *‚westlichen Zivilisation'*[52] entsprechen. Es bedarf jedoch auch eines in Teilelementen unterschiedlichen Vergleichstaates, um das Phänomen Tierrechtsbewegung konzeptuell fassen und in seiner nationalen Besonderheit herausstreichen zu können. Deutschland wurde aus Gründen der Quellenzugänglichkeit gewählt. Zudem müssen, trotz in Teilen abweichender kultureller und staatlicher Verfasstheit, Gemeinsamkeiten, z.B. eines in abendländischer Tradition verhafteten Wertehorizonts, vorhanden sein, um die Quellen im Vergleich operationalisierbar zu halten.

Die Methode der vergleichenden Perspektive soll helfen, das Phänomen der britischen Tierrechtsbewegung anhand der Analyse territorial institutionalisierter, vielfältig interagierender und miteinander kommunizierender Sinnordnungen begreiflich zu machen. Ziel des Vergleiches ist, die Form des Phänomens zu erklären.[53] Dabei kommt es, allein auch durch den eigenen Standpunkt der Autorin, zu einer Multiperspektivität, die innen- und außenperspektivische Betrachtungen auf die britische Bewegung berücksichtigt.[54] Angelegt ist dieser Vergleich als typisierende Gegenüberstellung, in der die Eruierung von Unterschieden im Vordergrund steht. Dabei wird jedoch ein Blick auf die Gemeinsamkeiten unumgänglich sein.[55] Auch wenn der hier angewendeten Komparatistik der Spezialvergleich der jeweiligen Tierrechtsbewegungen zu Grunde liegt,

---

51 Haupt, Heinz-Gerhard und Kocka, Jürgen: *Comparative History: Methods, Aims, Problems,* in: Cohen, Deborah und O'Connor, Maura: *Comparison and History, Europe in Cross-National Perspective,* London u.a., 2004, S.24.

52 Osterhammel. Jürgen: *Transkulturell vergleichende Geschichtswissenschaft,* in: Ders.: *Geschichtswissenschaften jenseits des Nationalstaats,* Studien zu Beziehungsgeschichte und Zivilisationsvergleich, Göttingen, 2001, S.15.

53 Vgl. Siegrist, Hannes: Perspektiven der vergleichenden Geschichtswissenschaft. Gesellschaft, Kultur, Raum, in: Kaelble, Hartmut und Schriewer, Jürgen (Hg.): Vergleich und Transfer, Komparistik in den Sozial-, Geschichts- und Kulturwissenschaften, Frankfurt u.a., 2003, S.330f.

54 Zum Begriff der Multipespektivität vgl. Siegrist, 2003, S.333.

55 Kaelble, Hartmut: Der historische Vergleich: Eine Einführung zum 19. und 20.Jahrhundert, Frankfurt u.a., 1999, S.27.

kommt dieser Vergleich nicht ohne einen Blick auf die vorzufindende historische Gesamtsituation aus.[56] Dieser wird jedoch nur für die Studie umfassend Großbritanniens vorgenommen, für die Vergleichsländer wird er entsprechend kurz gehalten. Damit ist dieser Vergleich vielleicht nicht gleichberechtigt, wie der Historiker John Breuilly es verlangt,[57] beschränkt sich vielmehr auf Kernelemente, erlaubt sich also den selektiven Blick. Dies ist aber durchaus kennzeichnend für vergleichende Perspektiven.[58] Von besonderem Erkenntnisinteresse für diese Arbeit ist, nachzuvollziehen, welchen Einfluss die britische Bewegung durch Migrationsbewegungen und durch politische wie persönliche Kontakte auf die Bewegung der Vergleichsländer hatte. So sollen Faktoren identifiziert werden, die, mit Christiane Eisenberg, als Element eines kulturellen Transfers gesehen werden.[59] Alles andere würde den Rahmen der Arbeit und des ihr unterliegenden Forschungskonzeptes sprengen. Damit dieser Vergleich dennoch nicht beliebig erscheint, gilt es zum einen, die Ergebnisse in die theoretische Rahmung des Sozialen Bewegungsansatzes zu integrieren, der im nachfolgenden Kapitel noch ausführlicher beschrieben werden wird, und zum anderen, diesen auf die eruierten Bezugsgrößen, wie der Frage nach Entstehungszusammenhang, Geschlechter- und Klassenstruktur hin abzuklopfen.

---

56 Zur Differenzierung zwischen Gesamt- und Spezialvergleich vgl. Kaelble, 1999, S.36ff.

57 Breuilly, John: Labour and liberalism in nineteenth-century Europe: essays in comparative history, Manchester, 1992, S.2.

58 Vgl. beispielsweise: Weisbrod, Bernd: Philanthropie und bürgerliche Kultur. Zur Sozialgeschichte des viktorianischen Bürgertums, in: Berghoff, Hartmut und Ziegler, Dieter (Hg.): Pionier und Nachzügler? Vergleichende Studien zur Geschichte Großbritanniens und Deutschlands im Zeitalter der Industrialisierung, Bochum, 1995, S.205ff; Haupt und Kocka, 2004, S.25.

59 z.B. in: Eisenberg, Christiane: Pferderennen zwischen „Händler-" und „Heldenkultur". Verlauf und Dynamik einer englisch-deutschen Kulturbegegnung, in: Berghoff und Ziegler, 1995, S.235ff.

2. Die Tierrechtsbewegung als Soziale Bewegung

Seit spätestens den 1990er Jahren wird die Tierrechtsbewegung in der Literatur und im öffentlichen Diskurs unter den so genannten Sozialen Bewegungen geführt.[60] Das bedeutet, dass sie Kernelemente anderer Sozialer Bewegungen teilt. Dies ist kein historischer Zufall. Vielmehr teilten Soziale Bewegungen insgesamt nicht nur organisatorische, methodische und auch ideologische Überzeugungen. Sie waren außerdem auch personell durchlässig. So bildeten sich deutliche Schnittmengen etwa zwischen der Frauenwahlrechtsbewegung und der Antivivisektionsbewegung der Jahrhundertwende zum 20. Jahrhundert heraus.[61]. Ein Blick in die Bewegungsforschung soll an dieser Stelle deshalb zweierlei leisten. Zum einen hilft die Systematisierung des Forschungsgegenstandes bei der Erklärung der in den folgenden Kapiteln vorgenommenen Schwerpunktsetzungen. Zum anderen macht diese Systematisierung es möglich, die Fragen des ‚*Warum*?' anzureißen und der Frage nach der Entstehungsgeschichte des Phänomens Tierrechtsbewegung und ihrer historisch-zyklischen Präsenz nachzugehen. In dem vorliegenden Kapitel wird eine primär historische Lesart des Konstrukts Soziale Bewegung erarbeitet. Dabei wird sich diese theoretische Rahmensetzung auf zumindest zwei Ebenen als hilfreich erweisen. Zum einen ermöglicht sie einen strukturierten Vergleich zwischen erster und zweiter Tierrechtsbewegung, etwa in Hinblick auf Organisationsstruktur, Methodenrepertoire und Mobilisierungsvermögen, und erleichtert zum zweiten einen systematischen Zugang zur vorgenommenen vergleichenden Perspektive. Hierdurch wird es möglich sein, die britische Besonderheit in der Entwicklung der Tierrechtsbewegung aufzuzeigen.

Nachdem in einem ersten Schritt Soziale Bewegungen genauer definiert werden, wird sich der zweite Abschnitt mit der Theorie der zyklischen Erscheinung Sozialer Bewegungen befassen, die in der vorliegenden Arbeit Anwendung finden soll. Daran anschließend wird eine Epochisierung Sozialer Bewegungen vorgenommen, um das zeitliche Forschungsterrain abzustecken. Eine Typologisierung Sozialer Bewegungen, die im vierten Abschnitt vorgenommen wird, soll helfen, die Tierrechtsbewegung auch in Bezug zu anderen Sozialen Bewegungen abzugrenzen bzw. vergleichbar machen zu können. Zudem wird hier auf die Relevanz von Ideologie für die Bewegung hingewiesen. Das fünfte Unterkapitel dient der genaueren Untersuchung der Sozialen Bewegung hinsichtlich ihrer Organisationsstruktur. Abschnitt sechs beleuchtet die Theorien über so

---

60 Byrne, Paul: Social Movements in Britain, London u.a., 1997; Jasper und Nelkin, 1992; Guither, Harold D.: Animal Rights: History and Scope of a Radical Social Movement, Carbondale u.a., 1998; Munro, Lyle: Confronting Cruelty: Moral Orthodoxy and the Challenge of the Animal Rights Movement, Leiden u.a., 2005.

61 Vgl. Teil I, Kap.4.

genannte Neue Soziale Bewegungen. Hier soll erarbeitet werden, inwiefern sich die Tierrechtsbewegung durch dieses Forschungsparadigma fassen lässt. Der letzte Abschnitt befasst sich mit einem Teilaspekt der Forschung über Neue Soziale Bewegung, nämlich der Frage nach der *‚Political Opportunity Structure'*. Hier geht es darum, zu analysieren, inwieweit das politische System Großbritanniens institutionelle Besonderheiten im Verhältnis zu Sozialen Bewegungen aufweist, die sich auch auf die besondere Formierung der Tierrechtsbewegung ausgewirkt haben könnten.

2.1 Definition von Sozialen Bewegungen

Politologen wie Paul Byrne, sehen Soziale Bewegungen als schwammige, ja nebulöse Gebilde.[62] Die Ursache hierfür sehen sie in der Bandbreite ihrer Themen, der Organisationsformen ihrer Mitglieder und dem Variantenreichtum der sich ihr angehörig fühlenden Gruppen begründet. Trotz dieser Bandbereite lassen sich Definitionen finden, die Anspruch auf Allgemeingültigkeit erheben. So sagt Joachim Raschke:

> *„Soziale Bewegungen sind Produkte, Produzenten und Indikatoren sozialen Wandels."*[63]

Die Existenz Sozialer Bewegungen sei in erster Linie auf die Vermittlung von Überzeugungen zurückzuführen, so führt Jasper weiter aus: Menschen würden aufkommende Sensibilitäten, Geschmäcker und Urteile artikulieren, deren Bedeutsamkeit verinnerlichen und andere davon überzeugen, sich ihnen anzuschließen. Zu diesem Zweck werden dann Ressourcen mobilisiert, um die Botschaft zu verbreiten. Dafür seien strategische Überlegungen notwendig, um die Aufmerksamkeit eines neuen Publikums zu erhalten.[64] Die Aktivität einer Sozialen Bewegung ist also auf die grundlegende Veränderung des Verhaltens von Individuen und staatlichen und nichtstaatlichen Akteuren ausgerichtet. Dabei greifen sie häufig auf unkonventionelle Taktiken und ein breites Handlungsrepertoire zurück.[65]

Soziale Bewegungen haben zumeist radikale Ziele, die einige der Kernideen fortgeschrittener industrieller Gesellschaften hinterfragen.[66] Radikal sind sie insofern, als dass sie Alternativen zur hegemonialen Gesell-

---

62 Byrne, 1997, S.12.

63 Raschke, Joachim: Soziale Bewegungen: Ein historisch-systematischer Grundriß, Frankfurt a.M. u.a., 1987, S.11f.

64 Jasper, 1997, S.328.

65 Jordan, Grant und Ridley, F.F. (Hg.): *Protest Politics: Cause Groups and Campaigns*, Oxford u.a., 1998, S.7.

66 Byrne, 1997, S.9.

schaftsorganisation andeuten. Das bedeutet nicht, dass Soziale Bewegungen notwendigerweise revolutionäres bzw. fundamental staatskritisches Potential haben. Im Gegenteil, werden doch auch reaktionär-völkische Bewegungen mitunter unter diesem Terminus subsumiert. Vielmehr geht es den meisten, jedoch nicht allen Bewegungen darum, die angestrebten Veränderungen innerhalb des bestehenden Gesellschaftssystems zu verwirklichen, sie tragen also deutlich reformistische Züge. Beide Elemente dürften sich für die Tierrechtsbewegung nachweisen lassen. Sie stellen also eher selbstorganisierte Versuche dar, kulturelle Muster, soziale Handlungen und Beziehungen mittels gemeinschaftlichen Handelns zu beeinflussen.[67]

Raschke bietet weiterhin folgende Definition von Sozialen Bewegungen an:

> *„Soziale Bewegung ist ein mobilisierender kollektiver Akteur, der mit einer gewissen Kontinuität auf der Grundlage hoher symbolischer Integration und geringer Rollenspezifikation mittels variabler Organisations- und Aktionsformen das Ziel verfolgt, grundlegenden sozialen Wandel herbeizuführen, zu verhindern oder rückgängig zu machen."*[68]

Im Vergleich zu spontanem Massenverhalten zeichnen sie sich also durch größere Dauer, festere Kommunikations- und Rollenstrukturen und stärkere Strukturierung von Zielen aus. Wie Tilly herausgearbeitet hat, waren Proteste vor der Etablierung Sozialer Bewegungen stets reaktiv. Sie reagierten auf Entscheidungen von Obrigkeiten, wie z.B. Steuererhebungen, und machten sich meistens durch gewaltsame Ausbrüche bemerkbar.[69] Sozialen Bewegungen hingegen liegt an einer Modifikation gesellschaftlicher Zustände, die auf Grundlage einer Analyse des Bestehenden eine alternative Form vorschlagen und gemeinsam anstreben.

Inwieweit sich diese Definitionen inhaltlich füllen lassen können und auf die Tierrechtsbewegung anwendbar sind, bedarf einer genaueren Erläuterung, die den historischen Ort, Aktionspotentiale sowie Identitäten und Handlungsspielräume Sozialer Bewegungen im Allgemeinen und der Tierrechtsbewegung im Besonderen aufzeigt. Dabei, so ist zu kritisieren, nimmt sich die Bewegungsforschung, bis auf wenige Ausnahmen, nicht ausreichend der historischen Betrachtung an, die erst Wirkungspotential und nachhaltigen Eindruck von Bewegungen aufzuzei-

---

67 Calhoun, Craig: "New Social Movements" of the Early Nineteenth Century, in: Traugott, Mark (Hg.): Repertoires & Cycles of Collective Action, Durham u.a., 1995, S.176.

68 Raschke, 1987, S.77.

69 Obgleich Tilly zu Recht auf die Tendenz hinweist, auch spontane Erehebungen immer mehr mit dem Bewegungsbegriff zu belegen. Vgl. Tilly, Charles: *From Mobilisation to Revolution*, 1978, zitiert nach: Byrne, 1997, S.51.

gen vermag. Als Ausnahme ist hier vor allem Joachim Raschke zu benennen, der eine gänzlich historische Lesart für Soziale Bewegungen, allerdings für die deutschen Staaten, anbietet.[70] Anhand von Raschkes Analyse lassen sich jedoch wichtige Entwicklungsprozesse nachzeichnen, und so werden seine zentralen Feststellungen für das Einordnen der britischen Tierrechtsbewegung adaptiert werden können.

2.2 Soziale Bewegungen und zyklische Erscheinung

Soziale Bewegungen sind gekennzeichnet durch eine historisch zunehmende Mobilisierung und Rationalisierung. Urbanisierung, Industrialisierung und Alphabetisierung ermöglichten daher erst diese neuen Formen des politischen Handelns. Geprägt sind sie ebenfalls durch eine zumindest potentiell vorhandene Beständigkeit, die sie von kampagnenhaften Politikformen unterscheidet.[71] Kontinuität als entscheidendes Kriterium schließt qualitative Veränderungen etwa zwischen Vorgängerbewegungen und Neuen Sozialen Bewegungen, wie erster und zweiter Tierrechtsbewegung, nicht aus. Raschke streicht jedoch heraus, dass beide als ein historisches Phänomen zu betrachten seien, das sich als neuzeitliche Gestaltungsform der Vergesellschaftung sozialen Wandels offenbare.[72] Darüber hinaus entstanden die meisten Sozialen Bewegungen aufgrund historischer Vorbilder und vorige Sozialbewegungen lieferten nicht nur strategischen Input, sondern dienten insgesamt als Inspirationsquelle(n).[73] Die historische Betrachtung Sozialer Bewegungen hilft insofern, eindimensionale Darstellungen hinsichtlich etwa Ressourcenfragen, Strategien oder individuellen Bedürfnissen zu vermeiden.[74] Das bedeutet, dass Bewegungen in ihrer Vielfältigkeit und unterschiedlicher Wirkmächtigkeit zu betrachten sind – eben als ‚*Ganzes*'. Ich gehe daher von der Annahme aus, dass die Beständigkeit von Sozialen Bewegungen nicht konstant sein muss, dass es vielmehr zur zyklischen Zu- und Abnahme ihrer Aktivitäten und ihres Erscheinungspotentials kommt.

Wie erklärt man aber nun den Zusammenhang zwischen erster und zweiter Tierrechtsbewegung, der auf historische Kontinuitäten, Stagnati-

---

70 Vgl. Raschke, 1987. Für Großbritannien tun dies, in weniger strukturierter Form, Tilly und Calhoun. Vgl. Tilly, Charles: *Social Movements 1768-2004*, Boulder, 2004, S.45ff; Calhoun, Craig: *"New Social Movements" of the Early Nineteenth Century*, in: Traugott (Hg.), 1995, S.176.

71 Tilly, 2004, S.ix.

72 Raschke, 1987, S.16f.

73 McAdam, Doug: "Initiator" and "Spin-off" Movements: Diffusion Processes in Protest Cycles, in: Traugott (Hg.), 1995, S.218.

74 Jasper, 1997, S.65.

onen und Veränderungen einzugehen vermag, ihr dennoch als vollständiges Gebilde gerecht wird? Hier bietet sich Karl-Werner Brands Modell zyklischer Erscheinung an. Er geht davon aus, dass das Aufkommen bzw. Wiederaufleben von Sozialen Bewegungen mit gesellschaftlicher Kulturkritik bzw. Modernisierungskritik verbunden ist. Diese Kritik offenbare sich meist in politischen, sozialen und/oder ökonomischen Transformationsphasen, z.B. der Industriellen Revolution. In ihrer antimodernen Ausformung entstünden Soziale Bewegungen dann, wenn diese Transformationen bereits gesellschaftliche Verankerung erfahren hätten.[75] Antimoderne Bewegungen seien stets mit einem generellen Gefühl des Verlustes traditioneller Werte verbunden. Dies drücke sich, so Karl-Werner Brand, etwa in einer Sehnsucht zu unberührter Natur als einem Idealbild des *‚Guten'* aus. Gerade die europäische Romantik bediente diese Kritik in ästhetischer Form.[76] Auch wenn sicherlich diese romantisch verklärte Herangehensweise auch auf einige Elemente der Tierrechtsbewegung zutrifft, ist hier jedoch Brands Ansatz in seiner Absolutheit zurückzuweisen, zeugt er doch eher von einer politischen Interpretation Sozialer Bewegung, die sie als essentiell rückschrittlich eingeordnet wissen will.

Insgesamt möchte ich in dieser Arbeit davon ausgehen, dass es keine *‚alte'* und *‚neue'* Tierrechtsbewegung gibt, dass vielmehr Kontinuitäten zu verzeichnen sind, die sich trotz zyklischer Regressionen durchsetzten. Dennoch sind zeitlich zwei primäre Handlungsphasen identifizierbar, die durch die Unterteilung in erste und zweite Tierrechtsbewegung kenntlich gemacht werden. Dieses zyklische Auftauchen ist beispielsweise, wie Sydney Tarrow feststellt, gebunden an Zeiten erhöhten Konfliktes, geographische Umverteilungen, neue Bedeutungsrahmen und die Entwicklung neuer Konflikt- und Handlungsrepertoires.[77] Obgleich also neue Handlungsformen entstanden bzw. sich über die Jahrhunderte geändert haben, so Buechler, können zeitgenössische Formen des Protestes immer noch als Variationen der Thematiken betrachtet werden, die sich im Übergang vom Feudalismus zum Kapitalismus und dem Beginn der Moderne entwickelten.[78] Es ist also durchaus berechtigt, auf Konti-

---

75 Brand, Karl-Werner: Cyclical Aspects of New Social Movements: Waves of Cultural Criticism and Mobilization Cycles of New Middle-class Radicalism, in: Dalton, Russel und Kuechler, Manfred: Challenging the Political Order: New Social and Political Movements in Western Democracies, New York, 1990, S.29; Freeman, Jo und Johnson, Victoria (Hg.): Waves of Protest: Social Movements since the Sixties, Lanham u.a., 1999, S.ix.

76 Brand, 1990, S.29; Morton, T., 2005, S.697f.

77 Tarrow, Sidney: Cycles of Collective Action: Between Moments of Madness and the Repertoire of Contention, in: Traugott, (Hg.): 1995, S93f.

78 Buechler, Steven M.: Social Movements in Advanced Capitalism, The Political Economy and Cultural Construction of Social Activism, Oxford u.a., 2000, S.4.

nuitäten Sozialer Bewegungen, als die ich die Tierrechtsbewegung analog zum durchgesetzten Forschungsparadigma im Folgenden einordnen werde, hinzuweisen und ihre historisch unterschiedlichen Manifestationen und Disparitäten nicht als generell trennendes Moment zu begreifen.[79] Die historische Forschung über Sozialbewegungen übersieht jedoch, mit einigen Ausnahmen, diese geschichtlichen Kontinuitäten zwischen alten und neuen Sozialen Bewegungen. Dadurch, dass in vielen Typologien alte Soziale Bewegungen mit der Arbeiterbewegung und der Ausweitung vor allem ökonomischer Teilhabe und dazu benötigter politischer Rechte gleichgesetzt wurden,[80] wird der wichtige Vorlauf und die Fortdauer zwischen alten und neuen Bewegungen übersehen oder ignoriert.[81] Die gleiche Soziale Bewegung kann jedoch zu unterschiedlichen historischen Epochen verschiedenartige strukturelle Formen und Strategien annehmen, Koalitionen und Netzwerke bilden und lösen, je nachdem, ob sie sich in der Formierungs- Erfolgs-, Kontinuitäts- oder Rezessionsphase befindet.[82] Dies scheint in der Forschung zu Klassifizierungsproblemen zu führen.

2.3 Soziale Bewegung: Historische Herausbildung und Epochisierung

Wenn Soziale Bewegungen als eine historisch einordbare Erscheinung betrachtet werden, wo setzt man den Anfangspunkt ihrer Entwicklung? Raschke spricht von der Französischen Revolution als entscheidendem Einschnitt, der das Phänomen der Soziale Bewegungen hervorgebracht habe. Durch die Revolution seien sie zu eigenständigen politischen Handlungsakteuren geworden. Mobilisierung fand fortan durch neuartige Organisationen und Institutionen, wie Vereine, und unter Zuhilfenahme der Presse statt. Netzwerkbildungen und erweiterte Infrastruktur ermöglichten ferner die Etablierung überregionaler Kommunikationsabläufe. Urbanisierungsprozesse beschleunigten soziale Interaktion.[83] Anders als Raschke setzt Charles Tilly die Herausbildung Sozialer Bewegungen in Großbritannien in die Mitte des 18. Jahrhunderts und sieht beispielsweise in der protesthaften Unterstützung von John Wilkes in

---

79 Calhoun, 1995, S.199.

80 Klandermans, Bert: New Social Movements and Resource Mobilization: The European and the American Approach Revisited, in: Rucht, Dieter (Hg.): Research on Social Movements: The State of the Art in Western Europe and the USA, Frankfurt a.M. u.a., 1991, S.26.

81 Roseneil, 1995, S.17.

82 Rupp, Leila und Taylor, Verta: Survival in the Doldrums: The American Women's Rights Movement, Oxford u.a., 1987, S.9; Hanagan, Michael P; Moch, Leslie Page und Te Brake, Wayne (Hg.): Challenging Authority, The Historical Study of Contentious Politics, Minneapolis u.a., 1998, S.xvi.

83 Raschke, 1987, S.21; Buechler, 2000, S.7.

den 1760ern deutliche Merkmale ihrer Erscheinungsform. Er klassifiziert als erste Vorläufer sogar die religiösen Dissenter in der Zeit der englischen Bürgerkriege im 17. Jahrhundert.[84] Damit erfasst er Großbritannien gleichzeitig als historischen Ausgangspunkt der Genese von Sozialen Bewegungen als neuartiger Politikform. Auch er konstatiert einen Kausalzusammenhang zwischen ihrer Entwicklung und profunden politischen und ökonomischen Veränderungen der Zeit. Tarrow verortet das Aufkommen Sozialer Bewegungen ebenfalls früher und bringt es mit strukturellen Veränderungen in Verbindung, die durch eine Umstellung auf kapitalistische Produktionsweise vor der Industriellen Revolution hervorgerufen worden seien. Er verweist zudem auf neue Formen sozialer Vereinigungen, wie ‚*Friendly Societies*' und ‚*Reading Clubs*'. Ohne sie wäre die Institutionalisierung Sozialer Bewegungen nicht möglich gewesen.[85]

Entsprechend der Theorie zyklischer Entwicklungsphasen lassen sich zudem grob generelle Epochen der Bewegungsentwicklung aufzeigen. Raschke unterscheidet etwa in seiner Darlegung zwischen drei Phasen: Vorindustrielle, industrielle und nachindustrielle Phase. In der vorindustriellen Phase habe sich im soziokulturellen Bereich, durch die Herausbildung einer spezifisch bürgerlichen Kultur, das bürgerliche Wertesystem stark verändert. Die in dieser Epoche vorgebrachten Forderungen stellten dabei unterschiedliche Grade der Identifizierung mit dem bestehenden System dar, sowie verschiedenartige Vorstellungen über Richtung und Geschwindigkeit sozialen Wandels. Das Hauptmerkmal des Verlaufs Sozialer Bewegung war – teilweise äußerlich erzwungene – Diskontinuität.[86] So kann die Repression in den Zeiten der napoleonischen Kriege, die vor allem den radikalen Reformbewegungen galt, als forcierte Diskontinuität gewertet werden. Tilly erkennt jedoch erst in der Chartistenbewegung den historischen Kristallisationspunkt der neuartigen politischen Organisationsform, die Tarrow bereits in den frühen Kampagnen zur Abschaffung der kolonialen Sklaverei und des Sklavenhandels sieht.[87] Auch die Bewegung gegen die Kornzölle ist hier anzufügen. Frühe Sozialbewegungen waren vor allem durch ihre Forderungen nach Wahl- und Beteiligungsrechtserweiterung sowie nach Versammlungsrechten und Redefreiheiten gekennzeichnet.

---

84 Tilly, 2004, S.19ff, Hill, Christopher: The World turned upside down, Radical ideas during the English Revolution, London u.a., 1991; Ders.: The Century of Revolution 1603-1714, Edinburgh, 1961, S.165ff.

85 Tarrow, Sidney: *Power in Movement: Social Movements and Contentious Politics*, Zweite Auflage, Cambridge, 1998, S.43, ebenfalls: Tilly, Charles: *Popular Contention in Great Britain, 1758-1834*, Cambridge, 1995; Buechler fügt noch die Konzentration des Kapitals als entscheidendes historisches Moment hinzu. Vgl. Buechler, 2000, S.8.

86 Raschke, 1987, S.26f.

87 Tilly, 2004, S.29.

Die industrielle Phase führte zur vollständigen Entfaltung der kapitalistischen Industriegesellschaft und zu einem Aufschwung Sozialer Bewegungen. Soziale Modernisierung, so Raschke, veränderte, beeinflusst durch den Prozess der Urbanisierung, die Kommunikationsbedingungen. Die Tierrechtsbewegung kann eindeutig als eine primär städtische Bewegung betrachtet werden, wie noch gezeigt werden wird. Ihre Herausbildung ist somit historisch hier einzuordnen. Weiterhin fand eine infrastrukturelle Veränderung durch die Etablierung der Massenpresse statt. Die Bewegung bediente sich dieser zur Mobilisierung von AnhängerInnen. Begleitet wurde der Strukturwandel gesamtgesellschaftlich mit der Ausweitung des Wahlrechts. Der Modernisierungsprozess löste traditionelle, soziale und wirtschaftliche Bindungen. Dichtere Kommunikationsräume und eine Alphabetisierung waren Mindestanforderungen für diesen Prozess.[88] Nur durch eine höhere kommunikative Infrastruktur gelang es, den *'moral shock'* zu kommunizieren, der bisweilen Anfangspunkt für Soziale Bewegungen zu sein vermochte.[89] Dieser *'moral shock'* wurde beispielsweise durch die Antivivisektionsbewegung mit der Aufdeckung besonders grausamer Tierversuche ausgelöst.

Die nachindustrielle Phase war charakterisiert durch ein stetiges Anwachsen des tertiären Bildungssektors und höherer Qualifikation der Arbeitskräfte. Die Gruppe der Intelligenz wurde in ihrem Umfang in historisch nie da gewesenem Maße vergrößert. Eine veränderte Themenauswahl und Trägerschaft der Sozialen Bewegungen, die weniger an sozioökonomischen Themen orientiert waren, erforderten neue Organisations- und Aktionsformen.[90] Gerade in der Form der Neuen Sozialen Bewegung waren sie gekennzeichnet durch Autonomie vielfältiger Teilbewegungen. Übergreifend orientierten sie sich primär an der wert- und identitätsbezogenen Lebensgestaltung im soziokulturellen Bereich. Gemeinsam ist ihnen auch eine Wertetheorie, die von Ronald Inglehart und anderen mit der so genannten Postmaterialismusthese begründet wird. Diese besagt, dass die Nachkriegsgeneration, die in relativem Wohlstand, ökonomischer Absicherung und frei von unmittelbarer Kriegserfahrung in der Kindheit aufgewachsen ist, sich postmateriellen, *'höheren Zielen'* zuwenden könne, für die Neue Soziale Bewegungen stünden.[91]

Die von Raschke herausgestrichenen unmittelbar zu benennenden Rahmenbedingungen sind für die britische Tierrechtsbewegung bezüglich

88 Raschke, 1987, S.86.

89 Jasper, 1997, S.106f.

90 Raschke, 1987, S.68.

91 Inglehart, Ronald: *The Silent Revolution in Europe: Intergenerational Change in Post-Industrial Societies*, in: American Political Science Review, Vol. LXV, Nr.4, 1971, S.991; Byrne, 1997, S.55.

Urbanisierung, Industrieller Revolution, Evangelikalismus, Klassen- und Gesellschaftsstruktur zu untersuchen. Dies wird im ersten Teil der vorliegenden Arbeit vorgenommen. Da Soziale Bewegung eine Politikform ist, die unter den besonderen gesellschaftlichen Bedingungen der letzten 200 Jahre entstanden ist,[92] wird sich auch mein Untersuchungsfeld auf diese Epochen beschränken. In der Tat deckt sich dieses zeitliche Untersuchungsfeld beinahe genau mit der Konstituierung, Konsolidierung und späteren Radikalisierung der britischen Tierrechtsbewegung.

2.4 Typologien Sozialer Bewegungen

Ein wiederkehrendes Moment in der Bewegungsforschung ist die typologische Unterscheidung der Bewegung hinsichtlich ihrer gesellschaftsbeeinflussenden bzw. gesellschaftsverändernden Zielsetzung. Detlef Murphy unterscheidet für die britischen Sozialen Bewegungen zwischen solchen, die sich so genannten ‚*Bread-and-Butter issues*' annahmen, bei denen es primär um die soziale und wirtschaftliche Besserstellung der eigenen Person/Gruppe ging, und die er mit proletarischer Militanz in Verbindung bringt und solchen, die sich vor allem um moralische und humanitäre Fragen kümmerten.[93] Raschke differenziert in diesem Zusammenhang zwischen macht- und kulturorientierten Bewegungen. Erstere versuchten direkt auf das sozioökonomische System einzuwirken, während letztere eine Veränderung des Individuums erreichen wollten. Damit wirkten sie jedoch auch indirekt auf sozio-politische Entscheidungen ein. Unterschiedliche Bewegungstypen sprächen unterschiedliche Motive an. Gerade kulturorientierte Bewegungen, die eine Reformierung auch der eigenen Lebensweise beinhalteten, bedürften weit mehr persönlichen Einsatzes und Selbsteinschränkung als machtorientierte Bewegungen, so Raschke weiter.[94]

Bei den meisten Bewegungen handelt es sich jedoch um Mischformen.[95] Dies gilt sicherlich für die Tierrechtsbewegung.[96] Zum einen versuchte

---

92 Raschke, 1987, S.84.

93 Murphy, Detlef: Von Aldermaston nach Greenham Common, Politischer Protest und neue soziale Bewegungen in Großbritannien, In: Brand, Karl-Werner: Neue soziale Bewegungen in Westeuropa und den USA, Ein internationaler Vergleich, Darmstadt, 1985, S.144ff.

94 Raschke, 1987, S.198; Eine ähnliche Unterscheidung wie Raschke nimmt Dieter Rucht vor. Er differenziert zwischen machtorientierten und identitätsorientierten Gruppen, vgl. Rucht, Dieter: *The Strategies and Action Repertoires of New Movements*, in: Dalton, Russel und Kuechler, Manfred: *Challenging the Political Order: New Social and Political Movements in Western Democracies*, New York, 1990, S.162f.

95 Raschke, 1987, S.112.

96 Drescher hat dies auch für die Antisklavereibewegung festgestellt. Drescher, Seymour: *Public Opinion and the Destruction of British Colonial Slavery*, in: Walvin, James: *Slavery and British Society 1776-1846*, Basingstoke, 1982, S.45.

sie, positive Veränderung im Mensch-Tier-Verhältnis durch den freiwilligen Boykott tierlicher Produkte anzustoßen. Der Vegetarismus/Veganismus ist dabei etwa als avantgardistisches Verhalten mit vorbildhaften Implikationen auf den eigenen Lebenswandel zu verstehen, der gleichzeitig selbstaffirmierend wirkte und zur Identitätsstiftung beitragen sollte. Diese Findung potentieller Gemeinsamkeiten ist Voraussetzung für die Konstituierung von Protest- und Alternativbewegungen.[97] Identität ist gar zum primären Schlagwort in der Interpretation neuer Sozialbewegungen avanciert.[98] Melucci hat in diesem Rahmen den Begriff der kollektiven Identität eingeführt. Nach seiner Definition werde dem/der Einzelnen ein Gefühl des Dazugehörens suggeriert, das sich auch in gegenseitiger Solidarität und Opposition zum dominanten Code äußere. Damit stelle die Identifizierungsoption einen wichtigen Pullfaktor zur Sozialen Bewegung dar.[99] Diese kollektive Identität besteht auf einer permanenten Verfestigung des *‚Wirs'* gegenüber den *‚Anderen'* (FleischesserInnen, JägerInnen, *‚TierausbeuterInnen'* generell).[100] Derek Wall bevorzugt hier den Begriff der alternativen Kultur bzw. den der kulturellen Transformation, der gerade so genannten *‚grünen'* Sozialen Bewegungen eine besondere Attraktivität zuspricht. Grüne Soziale Bewegungen würden zudem mit einem besonderen *‚Lifestyle'*, der positiv vorgelebten Affirmation des gewollten Wandels, in Verbindung gebracht, so Wall.[101] Damit solle eine subkulturelle Gegenöffentlichkeit geschaffen werden, die sowohl in der Lage sei, subjektzentriert zu agieren, als auch Raum für kollektive, oppositionelle Lernprozesse zu schaffen.[102]

Craig Calhoun spricht in seiner Studie über Sozialbewegungen des frühen 19. Jahrhunderts zudem davon, dass Identitätsstiftung nicht nur den Neuen Sozialen Bewegungen ein kennzeichnendes Merkmal sei, sondern auch für die erste Welle der Tierrechtsbewegung von Bedeutung war. Auch so genannte *‚Alte'* Soziale Bewegungen dürften nicht allein auf

---

97 Tilly, Charles: *Political Identities*, in: Hanagan, Moch und Te Brake (Hg.), 1998, S.8.

98 Tilly, 2004, S.71, Freeman und Johnson, 1999, S.2.

99 Melucci, Alberto: Nomads of the Present: Social Movements and Individual Needs in Contemporary Society, Hutchinson Radius, 1989, nach: Byrne, 1997, S.14; Einwohner, Rachel L.: The Efficacy of Protest: Meaning and Social Movement Outcomes, PhD Dissertation, University of Washington, 1997, S.18, vgl. auch: Garner, Robert: Defending Animal Rights, in: Parliamentary Affairs, 1998, S.466.

100 Garner, Robert: Political Animals: Animal Protection Politics in Britain and the United States, Basingstoke u.a., 1998, S.79.

101 Wall, Derek: Earth First! And the Anti-Roads Movement: Radical environmentalism and comparative social movements, London u.a., 1999, S.142f, 162f; Lowe, Brian M., Ginsberg, Caryn F.: Animal Rights as a Post-Citizenship Movement, in: Society & Animals, Vol. 10, Nr.2, 2002, S.213.

102 Baringhorst, Sigrid: Zur Mediatisierung des politischen Protests. Von der Institutionen- zur „Greenpeace-Demokratie", in: Sarcinelli, Ulrich (Hg.): Politikvermittlung und Demokratie in der Mediengesellschaft, Bonn, 1998, S.327.

klassenantagonistische Momente und Kämpfe reduziert werden. Beispielsweise ging es in der Arbeiterbewegung ebenfalls um die Herausbildung einer kollektiven Identität, die Entwicklung eines Klassenbewusstseins.[103] Gerade die Abstinenzbewegung und die vegetarischen Bewegungen des 19. Jahrhunderts liefern ein gutes Beispiel für die Richtigkeit seiner Feststellung.[104] Derartige Soziale Bewegungen waren auf die Bearbeitung von Norm- und Wertfragen spezialisiert. Sie entstanden in der Abwehr überzogener Funktionalisierungsprozesse (z.B. Überindustrialisierung) unter Berufung auf verletzte Werte. In diesem Sinne versuchten sie jeden, nicht ausschließlich staatliche Behörden, sondern vor allem die breitere Öffentlichkeit, von der Richtigkeit und Wichtigkeit dieser moralischen Forderungen zu überzeugen.[105]

Zum anderen stellt sich die Tierrechtsbewegung durch ihre außerparlamentarische Agitation und ihre Konfrontation mit den sozioökonomischen Bedingungen, die Tiergebrauch hervorbringen, als machtorientierte Bewegung dar. Entsprechend agieren Soziale Bewegungen sowohl in Bezug zum Staat als auch am Staat vorbei. Wie noch zu zeigen sein wird, geht es der radikalen Tierrechtsbewegung zudem um eine Veränderung der ökonomischen Organisation. Neue Soziale Bewegungen beziehen sich auf sozioökonomische Wertorientierungen (Lebensweise), die sich jedoch politisch etwa im Anti-Etatismus und Antikapitalismus ausdrücken können.[106] Angegriffen wird hier die Verdinglichung des Tieres zur bloßen Ware, die unter kapitalistischer Marktform und insbesondere in der industriellen Massentierhaltung auf die Spitze getrieben worden sei. In der Praxis bedeutet dies, dass sich der Protest der Tierrechtsbewegung oftmals nicht an staatliche, sondern ökonomische Akteure richtet.[107] Gerade die zeitgenössische Tierrechtsbewegung mit ihrem kampagnenhaften Handlungsrepertoire versucht, gezielt wirtschaftliche Großunternehmen wie McDonald's oder Investoren und Financiers im Falle von Huntingdon Life Sciences anzugehen.[108]

---

103 Calhoun,1995, S.183.

104 Vgl. Teil I, Kap.4.

105 Byrne, 1997, S.13.

106 Raschke, 1987, S.412.

107 Jordan, Grant und Ridley F.F. (Hg.): *Protest Politics: Cause Groups and Campaigns*, Oxford u.a., 1998, S.4.

108 Grant, Wyn: *Pressure Groups: Huntingdon Life Sciences: a case study of direct action*, in: Developments in Politics, Bd.13, 2002, S.61ff; SHAC Newsletter 28, Januar 2004; Voice, Nr.30, Juli 2000, S.4ff, siehe auch: www.shac.net zur Kampagne Stop Huntingdon Animal Cruelty; McCormick, John: *British Politics and the Environment*, London, 1991, S.116; Vidal, John: *McLibel: Burger Culture on Trial*, New York, 1998; McDonald's Corporation and McDonald's Restaurant v Steel and Morris, Queens Bench Division, 19. Juni 1997; McLibel Victory, Arkangel, Nr.18, 1998. Vgl. auch: Teil II, Kap. 3.1. und 4.1.7.

Eng verbunden mit der Frage nach der gesellschaftspolitischen Ausrichtung ist die Thematik der Ideologie. Auch wenn Ideologie in den seltensten Fällen als ein geschlossenes Konstrukt, sondern als ein System von Ideen vorstellbar ist, hat sie für eine Soziale Bewegung folgende allgemeine Funktionen: Sie bietet eine Orientierungsfunktion für Erkenntnisbemühungen ihr sich angehörig fühlender Individuen. Sie schafft es weiterhin, mobilisierend auf die Bewegung einzuwirken und bietet darüber hinaus die Legitimationsbasis für ihre Existenz. Sie rechtfertigt dadurch

> *„Ziele und Handlungen der Bewegung gegenüber Anhängern und Aktiven, den staatlichen Instanzen und gegenüber der weiteren Öffentlichkeit."*[109]

Dies trifft zumindest, so Jo Freeman, auf hoch entwickelte Soziale Bewegungen zu. Für Freeman hat Ideologie mehrere Komponenten. Sie spezifiziere die Unzufriedenheit mit dem Status Quo. Sozialer Wandel sei die notwendige Konsequenz. Dabei stelle die Ideologie oftmals eine fundamentale Herausforderung an das bestehende politische, ökonomische und soziale System dar.[110] Sie formuliere Lösungsansätze und biete potentielle Handlungsstrategien an.[111] Weiterhin diene auch sie als Integrations- und Identifikationsfaktor, der fehlende geographische und stratifikatorische Gemeinsamkeiten kompensiere.[112] Es ist dieser Mangel an einer gemeinsamen geographischen, ethnischen oder sozialen Basis, der in bestimmten Kontexten die ideologische Suche nach einer exklusiven kollektiven Identität verstärken kann. Wenn sich Ideologie als Utopie darstellt, so zieht Raschke eine Verbindung zu kulturorientierten Bewegungen. Diese hätten eine Tendenz zu konkretisierenden Utopien, die sich beispielsweise in dem von der Tierrechtsbewegung propagierten universellen Vegetarismus widerspiegeln.[113] Der hier verwendete Ideologiebegriff verneint jedoch die positivistische Begriffspolarisierung in der Dialektik etwa von Ideologie und Wahrheit oder Wirklichkeit.[114] Vielmehr soll er, soweit dies möglich ist, wertneutral das Denken beschreiben, das für Bewegungen und ihr Handeln in der Gesellschaft normativ wirkt. Ideologie dient in der Form ethisch-philosophischer Ansätze, die noch näher beschrieben werden, zur Erklärungshilfe der politischen und historischen Verortung der Tierrechtsbewegung.[115]

---

109 Raschke, 1987, S.174.

110 Byrne, 1997, S.159.

111 Freeman und Johnson, 1999, S.3.

112 Salamun, Kurt (Hg.): *Ideologien und Ideologiekritik: Ideologietheoretische Reflexionen*, Darmstadt, 1992, S.3; Garner, 2005, S.165.

113 Raschke,1987, S.174.

114 Lieber, Hans-Joachim: *Ideologie. Eine historisch-systematische Einführung*, Paderborn u.a., 1985, S.13.

115 Vgl. Teil I, Kap.2.1 und Teil II, Kap.2.

2.5 Organisationsstruktur Sozialer Bewegungen

Auch die Organisationsanalyse bildet einen wichtigen Bestandteil der Bewegungsforschung. Die Beschreibung der Organisation als Fokuspunkt wissenschaftlicher Betrachtung soll helfen, Soziale Bewegungen als historisch neues Konstrukt der industriellen Phase einzuordnen und damit von der fakultativen Assoziation und Spontaneität etwa der Ludditen, aber auch von den frühbürgerlichen Vereinigungen abzugrenzen. Den Hauptunterschied, den die politische Theorie dabei zwischen politischen Parteien, klassischen Interessensvertretungen und -gruppen und Sozialen Bewegungen sieht, liegt darin, dass erstere formal strukturiert und hierarchisch kontrolliert sind und dies für Soziale Bewegungen nicht zutrifft. Jedoch sind in der Praxis die Grenzen tatsächlich nicht so klar zu ziehen. Einige größere Gruppen innerhalb von Sozialen Bewegungen können durchaus der Verbandsstruktur traditioneller Vereinigungen entsprechen.

In der Organisationsstruktur tendierten individualistische, kulturorientierte Bewegungen, die Raschke vor allem in der sozialen Basis des Bürgertums und der Intelligenz verortet, zu assoziativer Organisationsform, während solche, die kollektivistisch und machtorientiert agierten, zu bürokratischer Gestaltung neigten. Rusell et al. machen diese feine Unterscheidung nicht, sondern ziehen den Unterschied zwischen Alten und Neuen Bewegungen. Alte Bewegungen hätten eher die Tendenz zur zentralisierten Körperschaft und hierarchischer Ordnung, während Neue Soziale Bewegungen durch offene, partizipatorisch-demokratische und dezentralisierte Strukturen gekennzeichnet seien.[116] Sicherlich haben sich die größeren Tierschutzvereinigungen wie die RSPCA oder die Royal Society for the Protection of Birds (RSPB) im 19. Jahrhundert zunächst auf dieser Ebene konstituiert. Nicht nur spiegelten sich in dieser hierarchischen Ordnung geschlechter- und klassenspezifische Kategorisierungen und Abgrenzungsversuche wider, sie bildeten auch das Rückgrat für den bürgerlichen Verein schlechthin.

Jedoch wurde bereits im 19. Jahrhundert dieses Schema von kleineren Tierrechtsvereinigungen durchbrochen. Die Humanitarian League etwa arbeitete inhaltlich in Subkomitees und Departments, an denen auch Nichtmitglieder mitwirken konnten. Sie lehnte zudem das klassenimmanente Patronagesystem traditioneller Tierschutzgruppen ab.[117] Die British Union for the Abolition of Vivisection war seit ihrer Gründung

116 Dalton, Russel J., Kuechler, Manfred, Bürklin, Wilfried: *The Challenge of New Movements*, in: Dalton und Kuechler, 1990, S.13.

117 Humanitarian League, Fifth Annual Report, 1895-1896, S. 2f; The Humanitarian, Vol. III, Nr.47, Januar 1906, S.3.

1898 föderal organisiert und billigte ihren *Branches* weitgehende Entscheidungsautonomie zu.[118] Rucht spricht jedoch davon, dass im Gegensatz zu Neuen Sozialen Bewegungen, die sich willentlich zu loser Organisationsform und Netzwerkbildung entscheiden, bei Alten Sozialen Bewegungen derartige organisationsstrukturelle Gegebenheiten vielmehr auf einen Mangel an Ressourcen und Zusammensetzungsvermögen zurückzuführen seien.[119] Dem ist zu widersprechen, formulierten beispielsweise oben genannte Vereine ihre intentionale Entscheidung zum dezentralen Modus. Gleichzeitig ist anzumerken, dass auch der zweiten Tierrechtsbewegung Gruppen zugehörten, die eben nicht mit dem Bild der hierarchiefreien Vereinigung konform gehen. People for the Ethical Treatment of Animals (PETA), eine weltweit operierende Organisation, wird zentralistisch vom Vorstand aus den USA geleitet. Auch europäische Kampagnen müssen sich genau an die Vorgaben und Konzepte der amerikanischen Führung halten.[120] Zwar orientierten sich vor allem die Neuen Sozialen Bewegungen an Grundformen, die einen geringen Grad organisatorischer Festigung, Bürokratisierung und Zentralisierung implizierten und dezentralere und egalitär-partizipatorische Strukturen anstrebten, ja als Ziel verstanden.[121] Allerdings ist festzuhalten, dass dieser gewollt antihierarchische Ansatz nur partiell umgesetzt wurde, dass Aktivität und Existenz zahlreicher Gruppen nur vom (dominanten) Engagement einiger weniger Personen abhängig waren und sind.[122]

2.6 Neue Soziale Bewegungen

Der Terminus Neue Soziale Bewegungen rekurriert auf eine Bandbreite von Bewegungen, die sich ab Mitte der 1960er Jahre in zumeist westlichen Gesellschaften formierten oder dort revitalisiert wurden. Ihnen ist eigen, dass sie primär kulturorientiert ausgerichtet sind und dass sie postmaterialistisch argumentieren. Die amerikanische Forschung erklärt sie zumeist mit dem *‚Ressource Mobilization'* Ansatz. Dieser sieht als Hauptgrund für die Entstehung Sozialer Bewegungen den zeitlichen Wandel von einer Epoche relativer Deprivation hin zu einer, in der Ressourcen verfügbar waren. Er nimmt sich Fragen der Motivation an, der

---

118 BUAV, Annual Report 1899, S.3. Diese Organisationsform wurde erst in den 1990ern wieder aufgegeben. Schuld waren das rapide Abbröckeln funktionierender *Branches* sowie finanzielle Unstimmigkeiten, die mit der Zergliederung in Zusammenhang gebracht wurden. Hopley, 1998, S.84.

119 Rucht, 1990, S.158f.

120 Zu PETA vgl. auch: Teil II, Kap. 9.1.

121 Vgl. Melucci, 1989 Das bedeute auch, dass Neue Soziale Bewegungen, so Hanagan et al., postmarxistisch sind. Hanagan; Moch, und Te Brake, 1998, S.xiv.

122 Dalton, Russell J.: *The Green Rainbow, Environmental Groups in Western Europe*, New Haven u.a., 1994, S.7.

sozialen Gruppenstruktur und der Fähigkeit, sich materielle (Geld, AnhängerInnen) und nichtmaterielle (Legitimität) Ressourcen verfügbar zu machen.[123] Zur erfolgreichen Mobilisierung bedürfe eine Bewegung Ressourcen, so der Ansatz, die notwendig für Propaganda und eventuelle Bezahlung professionellen Personals seien. Weiterhin sei die Abkömmlichkeit und Bereitschaft der Aktiven, sich für die Bewegung einzusetzen, als Ressource zu begreifen.[124] Die europäisch geprägte Forschungsschule des ‚*New Social Movement*' Ansatzes hingegen fokussierte ihre Aufmerksamkeit auf das Protestpotential, das sich aus neuen Bedenken speist, die innerhalb hochindustrieller Gesellschaften entstehen.[125] Sie erkennt außerdem dezidiert den sozio-historischen Kontext auch der Neuen Sozialen Bewegungen an.[126]

In Bezug auf politische Ideologie zeigt sich der Ressource Mobilization Ansatz relativ blind.[127] Hier greift bezüglich der Tierrechtsbewegung in Großbritannien die New Social Movement Theorie besser, nimmt sie sich doch wesentlich stärker der Ideologie und Moral an, die als existentieller Bestandteil ihrer Genese zu betrachten ist. Der Theorie folgend gehe ich davon aus, dass durch das Mittel der Sozialen Bewegung diese Ideologien Artikulierung fanden, sie auf die politische Agenda gesetzt und zum Teil des öffentlichen Diskurses gemacht wurden.[128] Die Organisationsformen kamen erst an zweiter Stelle und richteten sich nach dem, was notwendig war, um diese Ideologie zu verwirklichen. Das bedeutet, dass auch schon die Organisationsform identitätsstiftend und ideologieaffirmierend sein konnte, wenn etwa antihierarchische, lose Organisationsformen bevorzugt wurden. Der das Verhalten wertfrei betrachtende Ressource Mobilization Ansatz greift hier zu kurz. Die Ideologie einer Bewegung, die entsprechende Behandlung in dieser Arbeit erfahren

---

123 Die Ressource Mobilization Theorie wurde 1973 von John McCarthy und Mayer Zald eingeführt. Der Ansatz ist als Reaktion auf die vorher dominierende Collective Action Theorie zu verstehen, der sozialen Protest als spontan, unorganisiert und irrational definierte. McCarthy, John D. und Zald, Mayer N.: *The Trends of Social Movements in America: Professionalization and Ressource Mobilization*, Morristown, N.J., 1973; Förch, Michael, *Zwischen utopischen Idealen und politischer Herausforderung*, Frankfurt. a.M., 1994, S.289, Tarrow, 1998, S.16; Ferree, Myra Marx: *The Political Context of Rationality: Rational Choice Theory and Resource Mobilization*, in: Morris, Aldon D. und Mueller McClurg, Carol (Hg.): *Frontiers in Social Movement Theory*, Yale University Press, New Haven und London, 1992, S.29.

124 Raschke, 1987, S.191.

125 Klandermans, 1991, S.17; Dalton, Kuechler und Bürklin, Wilfried, 1990, S.10.

126 Buechler, 2000, S.34.

127 Dalton, Rusell J.: *Environmental Groups in Western Europe*, New Haven, 1995, S.6f; Mueller McClurg, Carol: *Building Social Movement Theory*, in: Morris, Aldon D. und Mueller McClurg, Carol (Hg.): *Frontiers in Social Movement Theory*, New Haven u.a., 1992, S.5.

128 Byrne, 1997, S.48.

wird, bietet einen Rahmen, nach dem politisches Handeln und die Betrachtung der politischen Welt erst analysierbar wird.[129] Ideologie kann dabei, wie bereits erwähnt, auch als der erste Schritt betrachtet werden, der einen Protestzyklus innerviert.

Grundlage für den Ressource Mobilization Ansatz war zudem unter anderem Mancur Olsons Konzept des auf Soziale Bewegungen angewendeten Rational Choice Modells, das besagt, dass Individuen sich nur an Sozialen Bewegungen beteiligten, wenn diese Beteiligung mit persönlichen Vorteilen verbunden sei.[130] Dies lässt sich auf die Tierrechtsbewegung, anders als auf die Umweltschutzbewegung, nur schlecht direkt übertragen.[131] Schließlich befänden sich die begünstigten Tiere, zumindest nach der radikalen Tierrechtsidee, als autonome Individuen dann in keiner direkten, abhängigen oder untergeordneten Verbindung mehr zum Menschen. Da kein persönlicher Nutzen an die Aufwertung des Tieres gebunden ist bzw. sich in der Befriedigung von Sekundärinteressen durch das Engagement in der Tierrechtsbewegung entfaltet, ist dieser Ansatz nicht oder nur bedingt berücksichtigbar.[132] Im Gegenteil: Es bedarf einer gänzlich altruistischen Perspektive.[133] Das bedeutet, dass das, was Garner als Speziessolidarität bezeichnet, das solidarische Handeln ausschließlich der eigenen Spezies gegenüber, auf die Tierrechtsbewegung nicht anwendbar ist.[134] Dies Fehlen erklärt jedoch die relative Stärke moderater Tierschutz- und Artenschutzgruppen, also jener, denen es primär um den Erhalt der Arten nichtmenschlicher Spezies zur Bereicherung menschlicher Lebensqualität geht.[135]

Dennoch können meiner Ansicht nach Sekundärinteressen Identifizierung finden, die dem Rational Choice Modell zumindest entgegenkommen. Diese Sekundärinteressen konnten bisweilen zum primären Antriebsmotor für tierschützerisches/tierrechtlerisches Engagement werden. Fragen von Geschlechtergerechtigkeit und Klasseninteressen ließen sich beispielsweise über die Tierrechtsbewegung artikulieren und ausfechten.[136] Die von TierschützerInnen und TierrechtlerInnen vorgenom-

---

129 Dalton, 1995, S.12f.

130 Vgl. Olson, Mancur: *The Logic of Collective Action*, Cambridge MA, 1965.

131 Garner, 1998c, S.71; Ders.: *The Politics of Animal Protection: A Research Agenda*, In: Society & Animals, Vol. 3, Nr.1, 1998, S.44f.

132 Byrne, 1997, S.42, Jordan benutzt hier den Terminus NAMBI – Not Affecting My Best Interest – um derartiges Engagement zu umschreiben. Vgl. Jordan und Ridley, 1998, S.15.

133 Garner; Robert: *Defending Animal Rights*, in: Jordan und Ridley, 1998, S.160.

134 Garner, 1998c, S.72.

135 Vgl. hierzu auch den Exkurs zur Unterscheidung von Tierschutz und Tierrecht im Anschluss an Teil I Kap. 1.

136 Vgl. Teil I, Kap. 3 und 4; Teil II, Kap. 5 und 6.

mene Stellvertreterpolitik, deren Legitimationsdefizit oft genug in Frage gestellt wurde,[137] bot sich geradezu für die Austragung ganz anderer gesellschaftlicher Konflikte an. Die soziale Eingebundenheit des Individuums ist deshalb von beträchtlicher Relevanz in der Untersuchung Sozialer Bewegungen und persönlicher Motivationsaspekte. Andernfalls besteht die Gefahr, historisch marginalisierte Gruppen aus der Betrachtung auszuschließen.[138]

2.7 Political Opportunity Structure – Soziale Bewegungen im politischen Gefüge Großbritanniens

Ein weiteres Theoriefeld, dem sich die Forschung über Soziale Bewegung zugewendet hat, ist die Sondierung der strukturellen politischen Möglichkeiten, die ein bestimmtes politisches System bietet, der ,*Political Opportunity Structure*'.[139] Das politische System in Großbritannien, vor allem die Zentralisierung des britischen Regierungssystems, macht es Gruppen mit radikalen Zielvorstellungen schwer, konstruktiv auf den politischen Prozess einzuwirken. Wyn Grant hat daher das Konzept der Outsider und Insider Gruppen entwickelt, nach dem er Gruppen dahingehend einteilt, ob sie Zugang zum ,*policy making*' Prozess haben.[140] Diejenigen, die Outsider Gruppen bleiben, so wie es für die meisten der radikalen Tierrechtsgruppen gilt, haben nur ganz geringe Chancen, politisch Einfluss zu nehmen. Allein die Tatsache, dass ihre AnhängerInnen sich dermaßen mit ihren Werten identifizierten, mache deshalb, so Lowe und Goyder, ihre Überlebensfähigkeit aus.[141]

Diejenigen Gruppierungen, die über einen Insider Status verfügten, neigten gleichsam dazu, sich etablierten Mustern des herrschenden Systems anzupassen, moderat zu werden. Tier- und Naturschutzgruppen haben diesen Status eindeutig bereits erreicht. Die RSPB, mit fast einer Million Mitgliedern zweitgrößte britische Nichtregierungsorganisation überhaupt, wird beispielsweise in Fragen des Vogelschutzes schon vor der öffentlichen Konsultationsphase im Gesetzgebungsprozess von dem zuständigen Ausschuss gehört und eingeladen.[142] Radikale Strömungen innerhalb solcher Gruppen galt es entsprechend abzuwehren, entweder

---

137 Das Infragestellen der Stellvertreterpolitik ist jedoch häufig mit der Intention verbunden, am Status Quo und damit an der weiteren Nutzung von Tieren festzuhalten.

138 Ferree, Myra Marx: *The Political Context of Rationality: Rational Choice Theory and Resource Mobilization*, in: Morris und Mueller McClurg, 1992, S.47.

139 Vgl. McAdam, Doug: The *Political Process and the Development of Black Insurgency*, Chicago, 1982; Byrne, 1997, S.56.

140 Grant, Wyn: *Pressure Groups and British Politics*, Basingstoke, 2000, S.19f.

141 Goyder, Jane und Lowe, Philip: *Environmental Groups in Politics*, London, 1983, S.36.

142 Ibid., S.59.

durch Marginalisierung oder durch Integration, um nicht Gefahr zu laufen, das Statusprofil zu verlieren.[143] Es ist jedoch auch gerade eine willentliche Entscheidung Neuer Sozialer Bewegungen, sich den neokorporatistischen Strukturen traditioneller Verbandspolitik zu erwehren. Politikänderung soll also durch Druck von außen und weniger durch Kollaboration von innen erwirkt werden.[144] Herbert Kitschelt, der in seinem Modell eine Dichotomie zwischen offenen und geschlossenen politischen Systemen aufmacht und Großbritannien eindeutig letzteren zuordnet,[145] spricht deshalb von einer Zunahme konfrontativer Zugänge je geschlossener sich das System darstellt. Öffentliche Demonstrationen und Direkte Aktionen würden hier eine weitaus relevantere Stellung einnehmen als in offenen Systemen.[146]

Der britische Staat hat es weiterhin durch eine Reihe reformerischer Konzessionen vollbracht, antiparlamentarische Proteste dauerhaft in den traditionellen Politikfluss einzubinden. Das bedeutet nicht, dass sämtliches Protestpotential absorbiert wird. Murphy stellt lediglich fest, dass es sich in bewegungsrelevanter Hinsicht von dem Protestpotential anderer Staaten deutlich unterscheidet.[147] Dies begünstigt jene Gruppen, denen von staatlicher Seite das Siegel anerkannter Seriosität und (wissenschaftlichen) Sachverstands zugesprochen wurde.[148] Zu diesen gehören in erster Linie etablierte Tierschutzgruppen. Ihnen wird auch durch diese staatliche Anerkennung Kooperationsbereitschaft und Mäßigung in ihrer Zielformulierungen abverlangt. Die Kosten derartiger Partizipation bestehen demnach in einer Beschneidung ihrer Entscheidungsfreiheiten zugunsten von Inklusion in bestimmte politische Zirkel. Für Tierrechtsgruppen bedeutete dies mitunter eine Entscheidung zwischen moderateren Taktiken zwecks politischer Einflussnahme und einer Aufrechterhaltung fundamentaler Opposition und radikalem Dissens. Jeder Kompromiss wurde jedoch gerade von radikaleren Tierrechtsgruppen zwangsläufig als eine Einschränkung der *‚Reinheit'* von Ideologie be-

---

143 Rüdig, Wolfgang: *Between Moderation and Marginalization: Environmental Radicalism in Britain*, in: Taylor: Bron Raymond (Hg.): *Ecological Resistance Movements: The Global Emergence of Radical and Popular Environmentalism*, Albany, 1995, S.220. Vgl. auch: Teil III, Kap. 7.1.

144 Dalton, Kuechler und Bürklin, 1990, S.14.

145 Er macht dies am First-past-the post Wahlsystem, den zwei dominanten Parteien – Konservative und Labour – sowie der starken Position der Exekutive fest.

146 Kitschelt, Herbert P.: *Political Opportunity Structures and Political Protest*, in: British Journal of Political Science, 1986, nach: Byrne, 1997, S.56; Eisinger, P.: *The conditions of protest behaviour in American cities*, in: American Political Science Review, 67, S.12, nach: Wall, 1999, S.116.

147 Murphy, 1985, S.149.

148 Ryder, Richard D.: *Putting Animals into Politics*, in: Garner, Robert: *Animal Rights: The Changing Debate*, New York, 1996, S.173.

trachtet. In ihren absoluten Forderungen ist die radikale Tierrechtsbewegung daher für keine der im Parlament vertretenen Parteien einbindbar.[149] Eine weitere Einschränkung ist durch politische Repressionsmaßnahmen vorgegeben, die im Laufe der Arbeit noch nähere Beleuchtung erfahren.[150]

---

149 Garner, 1998c, S.150.

150 Vgl. Teil III, Kap. 7.3.

Teil I: Erste Tierrechtsbewegung

Diese Arbeit möchte, wie bereits erwähnt, einen Beitrag zur historischen Aufarbeitung der britischen Tierrechtsbewegung liefern. Nun ist deren Entstehungszeitpunkt sicherlich nicht allein durch die Gründung des ersten Tierschutzvereins erklärt. Das erste Kapitel des ersten Teils wird sich deshalb mit den sozialen Gegebenheiten, den sich langsam verändernden Ansichten und Verhalten gegenüber der Tierwelt ab etwa Mitte des 17. Jahrhunderts sowie den geäußerten Theorien einzelner früher Protagonisten beschäftigen, bevor dann das zweite Kapitel die konkreteren Ausformungen tierrechtlerischer Ideen sondiert. Dieser historische Bogen ist notwendig, um die Ausgangsbedingungen, die sich in Großbritannien für die Bewegung boten, ausleuchten zu können. Im Anschluss daran wird in den Kapiteln drei und vier die Entwicklungsgeschichte der Bewegung anhand der Kategorien von Klasse und Geschlecht fortgeschrieben. Diese Geschichte wird in dem fünften Abschnitt den Entwicklungen in den Vergleichsländern gegenübergestellt. Der sechste Abschnitt illustriert die Geschichte der Bewegung zwischen ca.1915 und 1960 und soll damit gleichsam eine Brücke zum zweiten Teil der vorliegenden Arbeit schlagen.

1. Die Wurzeln britischen Tierschutzes und Tierrechts

Die verstärkte Herausbildung einer speziell urban geprägten Kultur und einer imperialistischen Wirtschaftsordnung sowie der Diskurs über fundamentale, individualistische Freiheitsrechte sind signifikante Elemente der Genese der britischen Tierrechtsbewegung. Angestoßen wurden sie von den Revolutionen des ausklingenden 18. Jahrhunderts. Zusammen mit aufklärerischer Philosophie und neuen religiösen Betrachtungen des Mensch-Tier-Verhältnisses, etwa in der Anerkennung einer Tierseele, sind sie Indiz dafür, dass grundlegende Bausteine für die Bewegung bereits im 17. und 18. Jahrhundert gelegt worden sind[151] – auch wenn diese erst im 19. Jahrhundert eine sichtbare Ausformung erhielten. Es wäre darüber hinaus schlichtweg falsch anzunehmen, dass sich hier eine plötzliche Offenbarung vollzogen hätte; vielmehr wurde an Diskussionen angeknüpft, die sich bis in die Antike zurückverfolgen lassen.[152] Sie

151 Besonders aufschlussreich ist Dix Harwoods Studie über die philosophische, literarische und naturwissenschaftliche Betrachtung von Tieren und dem Mensch-Tier Verhältnis vor 1800. Harwood, Dix: *The Love for Animals and how it developed in Great Britain*, 1928, Nachdruck: Fraser, David und Preece, Rod (Hg.), Lewiston u.a., 2002.

152 Passmore, John: *The Treatment of Animals*, in: Journal of the Histories of Ideas, 36, Nr.2, April/Mai 1975, S.208, verwiesen sei hier vor allem auf die detaillierte Auseinandersetzung, die Richard Sorabji mit den Werken der altgriechischen Philosophie

spiegelten sich in England zudem in den Ansichten vieler radikaler Sekten der 1650er Jahre zur Grausamkeit gegenüber dem Tier wider.[153] Diese frühen Elemente waren nicht nur theoretische Bezugspunkte der praktischen Umsetzung, sondern gingen in der Radikalität ihrer Ansprüche bisweilen über das hinaus, was sich die Bewegung im Folgenden an Forderungen zu Eigen machte. Dies zeigte sich etwa in der Propaganda eines strikten Vegetarismus,[154] der, wenn er nicht aus gänzlich gesundheitlichen Gründen ergriffen wurde, die wohl radikalste Position für Tierrechte implizierte. Gerade hier wird deutlich, dass die Tierrechtsbewegung bereits in ihrer Frühphase sowohl theoretisch wie auch praktisch in eine Bandbreite moralisch-rechtlicher Konstrukte und politische Operationsmöglichkeiten gefächert war. So war die soziale und theoretische Basis für den Vegetarismus eine andere als die der Gegnerschaft zur Vivisektion[155] oder der Jagd. Obgleich das Ausgangsthema, der wie auch immer geartete ‚*Missbrauch*' von Tieren, ja als identischer Motivationsfaktor hätte fungieren können, fanden schon früh Differenzierungen statt. Dies lässt darauf schließen, dass neben der Tierrechtsfrage für sich kultursoziologische Voraussetzungen, Begleiterscheinungen und Motive eine erhebliche Rolle gespielt haben. Mancherorts sollten sie nahezu diskursbestimmend werden und als Antriebsmoment für das Engagement im Tierschutz fungieren, wie beispielsweise anhand der Klassenfrage noch gezeigt werden wird. Ob eher ein religiöser oder säkularer Bezug zur Thematik gesucht wurde, war wohl die im 18. Jahrhundert maßgeblichste Differenzierung theoretischer Modelle. Allerdings muss die größere Nachhaltigkeit der Ideen wohl den säkularphilosophischen Ansätzen zugesprochen werden, obgleich religiöse Zugänge in der Gründung von Organisationen zunächst dominierten. Beide waren Kinder ihrer Zeit und müssen daher kontextimmanente historische Betrachtung erfahren.

Durch das gesamte 18. Jahrhundert und speziell ab den 1740ern gab es eine wachsende Anzahl von nahezu ausnahmslos englischsprachigen

---

vornimmt. Vgl. Sorabji, Richard: *Animal Minds and Human Morals, The Origins of the Western Debate*, Ithaca, 1993.

153 Guerrini, Anita: *The Ethics of Animal Experimentation in Seventeenth-Century England*, in: Journal of the Histories of Ideas, Vol. 50, Nr.3, Juni 1987, S.406.

154 Der Begriff des Vegetarismus wurde erst 1842 eingeführt, dennoch verwende ich ihn hier bereits in der historisch früheren Betrachtung. Das Konzept als solches, also die Abstinenz von Fleisch, ausgeweitet bisweilen auf andere tierische Produkte, war schon bekannt. Eine sprachliche Unterscheidung zwischen Vegetarismus und Veganismus, dem Verzicht auf sämtliche tierische Produkte, wurde erst im 20. Jahrhundert vorgenommen.

155 Vivisektion bedeutet das Aufschneiden lebender Organismen. Jedoch hat der Begriff mittlerweile eine weit greifendere Bedeutungsebene bekommen. Er bezieht sich auf alle naturwissenschaftlichen Versuche, deren Ergebnis die Verletzung oder der Tod des Tieres (oder auch des Menschen!) ist.

Schriften, die sich mit dem Objekt Tier auseinandersetzten.[156] Vor allem Konzeptionen von Leidensfähigkeit in Ablehnung vom cartesianischen Tiermaschinenmodell wurden aufgegriffen. Vorstellungen tierischer Vernunftfähigkeit und Fragen über die potentielle Existenz einer tierischen Seele fanden Einzug in aufklärerische Diskurse. Philosophische Traktate über die moralische Behandlung von Tieren, den *,niedrigeren Geschöpfen'*, und Proteste gegen einige spezielle Arten des Tiermissbrauchs erfuhren genauso Rezeption wie Traktate, die in ermutigender Absicht Kindern den tugendhaften Umgang mit Tieren näher bringen sollten. Descartes Uhrwerk-Universum, in dem alles auf mechanisch-konstruierende Verbindungen von Ideen und Materie aufgebaut war, wurde als krypto-ästhetisch abgetan. Darüber hinaus wurde seine strikte Ablehnung des Vorhandenseins eines Bewusstseins bei Tieren von vielen englischen Schreibern entweder als unlogisch benannt (hatten Tiere denn keine Sinnesorgane?) oder als herzlos verurteilt. Diese Annahme, so lautete die Kritik an Descartes weiter, würde dem göttlichen Wohlwollen entgegenstehen.[157] Das bedeutet, dass sich in der Ablehnung der cartesianischen Philosophie jene Evangelikalen, die den Tieren eine Seele und damit Anspruch auf moralische Berücksichtigung zusprachen, auf einer argumentativen Ebene mit Evolutionstheoretikern treffen konnten, gar inhaltliche Gemeinsamkeiten offenbar wurden. Zudem gelang der Brückenschlag zu denjenigen, die Tiere aus ethischen Gründen in einer direkten Verbindung zum Menschen sahen und die daher Descartes Theorien zurückwiesen. Auch die Schule des einflussreichen britischen Empirismus[158] begründete sich maßgeblich in Ablehnung des cartesianischen Rationalismus.[159]

Die Auflösung der engen Verbindung zwischen Arbeitsplatz und Tierwelt, die u.a. aus der Landflucht als Folge der Einhegungen resultierte, initiierte Forderungen nach einer gesellschaftlichen Veränderung des menschlichen Umgangs mit dem Tier: In Bezug auf die Leidensfähigkeit seien Menschen und nichtmenschliche Tiere grundsätzlich gleich, so lautete die diese Forderung unterstützende Annahme. Das Konstrukt des

---

156 Garrett, Aaron: *Animal Rights and Souls in the Eighteenth Century*, Bristol, 2000, S.vff; Perkins, David: *Animal Rights and Romanticism*, Cambridge, 2003, S.ix.

157 Porter, Roy: *Enlightenment: Britain and the Creation of the Modern World*, London u.a., 2000, S.56; Claeys, Gregory: *Utopias of the British Enlightenment*, Cambridge, 1994, S. xvf.

158 Der Empirismus ist eine erkenntnistheoretische Richtung der Philosophie, die alle Erkenntnis aus der Sinneswahrnehmung ableitet. Als Hauptvertreter dieser Disziplin gelten u.a. John Locke, Francis Bacon, David Hume und Thomas Hobbes.

159 Tipton, Ian: *Locke: Knowledge and its Limits*, in: Brown, Stuart (Hg.): *British Philosophy and the Age of Enlightenment*, London u.a., 1996, S.71; Israel, Jonathan I.: *Radical Enlightenment, Philosophy and the Making of Modernity 1650-1750*, Oxford u.a., 2001, S.477ff. Dies hinderte jedoch viele britische Naturwissenschaftler nicht daran, Experimente am lebenden Tier durchzuführen. Vgl. Harwood, 2002, S.100ff.

Mensch-Tier Dualismus war zudem nicht mehr notwendig, um die politische Ordnung aufrechtzuerhalten. Gedankengebilde der Aufklärung führten demnach zu einer deutlich veränderten Haltung zum Tier. Fragen nach Vernunftfähigkeit, der Fähigkeit der Tiere zu sprechen und zu empfinden, dominierten die philosophische Debatte um die ‚*Kreatur*'. Unterstrichen wurde diese veränderte Sichtweise durch Fragen zur Pädagogik. John Locke (1632-1704) beispielsweise antizipierte als Ergebnis der Erziehung zum barmherzigen Umgang mit dem Tier vor allem ein friedliches Miteinander der menschlichen Gesellschaft.[160] Der Philosoph Francis Hutcheson (1694-1746) bemerkte den Umkehrschluss:

> „*Frequent cruelty to brutes may produce such a bad habit of mind as may break out in like treatment of our fellows.*"[161]

Dass Grausamkeit gegenüber dem Tier zu Grausamkeit gegenüber den Mitmenschen führe, wurde auch von William Hogarth (1697-1764) in seinem Druck ‚*Four Stages of Cruelty*' (1751) dargestellt. Mit dessen Publikation erhoffte er sich, die ‚*barbarische*' Behandlung von Tieren zumindest ansatzweise korrigieren zu helfen.[162] Auf dieser Grundlage bauten VerfechterInnen des Vegetarismus ihre Annahmen auf:

> „*From the practice of slaughtering an innocent animal, to the murder of man himself, the steps are neither many nor remote.*"[163]

schrieb 1795 George Nicholson (1760-1828) und formulierte damit einen Gedanken, der essentiell in der Propagierung vegetarischer Lebensweise wurde. Auch Thomas Young (1761-1830), Fellow des Trinity College in Cambridge, zielte 1798 auf diese Hypothese ab:

> „*Every single Act of cruelty contributes something towards generating in the mind a habit of cruelty, or in other words a cruel disposition.*"[164]

Und Percy Byshee Shelley (1792-1822) resümierte in seinem ‚*Essay on the Vegetable System of Diet*, (1814), dass der Verzehr tierischer Produkte zu psychischen und physischen Gebrechen führen müsse, da er unnatürlich

---

160 Locke, John: *Some Thoughts Concerning Education*, 1693, Garforth, F.W. (Hg.), London, 1964, S.153ff.

161 Hutcheson, Francis: *A System of Moral Philosophy*, Vol. I, New York, 1968 (Erstausgabe 1755), S.38.

162 Hogarths Drucke wurden im Folgenden von der viktorianischen Antivivisektionsbewegung als Illustration von Flugzetteln und Postern genutzt.

163 Nicholson, George: *Remarks on Cruelty to Animals, certain Observations and Arguments indicating that Man was intended to subsist entirely on the Produce of the Earth; Annotations from History, showing the Effects of Animal and Vegetable Food on the Health and Character of Mankind, Objections to the Practice of Flesh Eating and the Advantages of a Vegetable Alignment*, Manchester, 1795, S.48.

164 Young, Thomas: *An Essay on Humanity to Animals*, London, 1789, Nachdruck: Bristol, 2000, S.4.

sei und letztendlich für gesellschaftliche Probleme, Kriege, Mord und Massaker Verantwortung zu tragen habe.[165] Die gleichzeitige Ausbreitung der Vivisektion im Namen des wissenschaftlichen Erkenntnisgewinns fand aus selbigen Gründen Kritik: Samuel Johnson (1709-1784) diskreditierte sie bereits 1758 als Folterkunst. Er verachtete jene, deren

> *„favourite amusement is to nail dogs to tables and open them alive."*[166]

Essentieller Bestandteil des Denkens der englischen Aufklärung war der Glaube an einen Fortschritt, der in Form individueller Verbesserung (Perfektibilität) oder durch freiwillige und wohltätige Verbände, Schulen und soziale Einrichtungen zu erfolgen habe.[167] Der Staat kam als Adressat von Forderungen in diesem Denken nicht vor, vielmehr war es der philanthropische Gedanke, der Einzug in die britische Gesellschaft fand.

Die neuartige städtische Kultur, die Urbanität, führte zur Transformation der Essgewohnheiten. So wurde Vegetarismus als Reaktion auf veränderte Sensibilisierung gegenüber Tierleid praktiziert. Städter wie John Lawrence (1753-1839) waren empört und schockiert von den Kuhherden, die unter Abscheu erregenden Umständen zum Schlachten etwa auf den Londoner Smithfield Markt gebracht wurden.[168] Lawrence wies entsprechend auf seine Kenntnisnahme einer Gruppe von britischen VegetarierInnen hin, die aus moralischen und gesundheitlichen Gründen auf Fleisch verzichtet hätten. Er selbst forderte legislative Maßnahmen zum Schutz der Tiere, die diesen grauenerregenden Anblick verhindern helfen sollten.[169] Narhar Kashinath Gharpure hat sich in einer Dissertation aus dem Jahr 1935 mit genau dieser Gruppe von Vegetariern und ihren Texten beschäftigt. Diese verträten, aufgrund noch fehlender organisierter Vereinigungen zu diesem Zeitpunkt, die weltanschauliche Haltung der Bewegung.[170] Sie verdienen daher eine kritische Analyse.

Der Quäker und Autodidakt Thomas Tryon (1634-1703) muss sicherlich als erster Vertreter dieser Gruppe genannt werden. Vom deutschen Mys-

---

165 Die Vermutung, dass Grausamkeit gegenüber dem Tier eine demoralisierenden Wirkung auf den menschlichen Charakter und seine Handlungsweisen habe, fand insbesondere im viktorianischen England Anklang und wurde von konservativen wie radikalen ProtagonistInnen genutzt. Vgl. etwa: Cobbe, Frances Power: Humanity, Brief an The Times, 18. Oktober 1886.

166 The Idler, Nr.17, 5. August 1758, zitiert nach: Ryder, Richard D.: *Victims of Science, The Use of Animals in Research,* London, 1975, S.181.

167 Porter, 2000, S.482.

168 Lawrence, John: *A Philosophical and Practical Treatise on Horses and on the Moral Duties of Man towards the Brute Creation,* London, 1796, S.153ff.

169 Fairholme, Edward G. und Pain, Wellesley: *A Century of Work for Animals, The History of the R.S.P.C.A. 1824-1924,* London, 1924, S.13.

170 Gharpure, Narhar Kashinath: *Tierschutz, Vegetarismus und Konfession (eine religionssoziologische Untersuchung zum englischen 17. und 18. Jahrhundert),* München, 1935, S.i.

tiker Jakob Böhme beeinflusst, wurde er 1657 zum enthusiastischen Vegetarier. Er verfasste mindestens 18 Bücher und Traktate zum Thema, in denen er sich vor allem für Gemäßigtheit, Reinlichkeit und Enthaltsamkeit aussprach. Den Verzehr von Fleisch machte er für die Aneignung einer animalischen Natur verantwortlich, für die Loslösung von allem menschlichen. Gleichzeitig verurteilte er die Unterdrückung, Gewalt und den Schmerz, der mit Konsum desselben einhergehe. Jagd und Blutsport seien gleichermaßen zu verurteilen.[171] Tryons Schriften zeugen zudem von der Kenntnisnahme der Wiederveröffentlichung von Roger Crabs (1621-1680) *,The English Hermit'*, in dem Selbstbeschränkung und Abstinenz als Mittel zur Erleuchtung propagiert wurden.[172] Tryon war von der Sinnhaftigkeit seiner Idee so überzeugt, dass er fest mit der weiterreichenden Verbreitung seiner Utopie rechnete. Sein Werk stellte eine Mischung aus Ernährungswissenschaft, Mystizismus und Philosophie dar. Seinen ZuhörerInnen empfahl er eine Ernährungsweise, die gänzlich auf den Konsum von Tieren verzichtete. Tryon verachtete den Krieg und empfahl stille Meditation, womit er vor allem Einfluss auf die Quäker hatte.

> *„For there is greater evil and misery attends mankind by killing, horrifying and oppressing his fellow creatures and eating their flesh.....than is generally apprehended or imagined. (...) it should be considered that flesh and fish cannot be eaten without violence and doing that which a man would not be done unto... ."*[173]

Die nachhaltige Wirkung von Tryons Schriften reichte bis ins 19. Jahrhundert. Sie fanden direkten Einzug in Joseph Ritsons (1752-1803) *,Abstinence from Animal Food'* von 1802 und wurden dann wiederum von Percy Shelley aufgegriffen. Tryon schrieb zu einer ganzen Reihe von Themen, außerhalb dessen, was strikt als *,vegetarisch'* interpretiert wurde.[174] Die Rolle der Frauen in der Gesellschaft war genauso Thema wie die fundamentale Kritik an der Behandlung von Sklaven, vor allem derjenigen auf den westindischen Inseln. Den Verzehr von Fleisch hielt er für unhygienisch: Das missbräuchliche Verhalten brutaler Schlachter

---

171 Tryon, Thomas: *Wisdom Dictates; or Aphorisms and Rules Physical, Moral and Divine to which is added a Bill of Fare of Seventy-five Noble Dishes of Excellent Food,* London, 1691, S.39f, zitiert nach: Gharpure, 1935, S.45.

172 Hopton, Andrew (Hg.): Roger Crab: *The English Hermite* (sic, Original 1655) and *Dagons-Downfall* (Original 1657), London, 1990, S.8. Crab argumentiert hierin, dass der Verzehr von Fleisch den Menschen zum Tier degradiere. Crab diente in der New Model Army, zog sich dann in die Einsiedelei nach Uxbridge zurück.

173 Tryon, Thomas: *The Way to Health and Long Life,* 1883, zitiert nach: Spencer, Colin: *The Heretic's Feast, A History of Vegetarianism,* London u.a., 1995, S.207.

174 Seine Hauptwerke zum Thema Vegetarismus sind: *The Way to Health, Long Life and Happiness* (1683); *A Treatise of Cleanness in Meats and Drinks* (1682); *Wisdom's Dictates* (1691).

hätte es kontaminiert, so Tryon. Es sei nur die Macht der Gewohnheit, die den Mensch davon abhalten würde, vernünftig zu handeln und die entsprechende Konsequenz zu ziehen auf den Fleischverzehr künftig zu verzichten. Vor allem wollte er seine MitbürgerInnen auf die Scheinheiligkeit hinweisen, mit der sie den blutigen Leichnam eines Tieres verzehrten, gleichzeitig aber Kulturen verachteten, bei denen das Essen der toten Verwandten zum religiösen Ritual gehöre.[175]

Eine Generation nach Tryon war es William Law (1686-1761), führender Theologe und Mystiker seiner Zeit, der die Propaganda für Vegetarismus und Tierrechte fortführte. Ihm lag an der praktischen Umsetzung seiner Idee und so befreite er, neben seinen diätetischen Maßnahmen, auch Vögel aus Käfigen.[176] Laws Anhänger John Byrom (1692-1763) war wiederum fasziniert von den Lehren Emanuel Swedenborgs (1688-1772) über die Beziehungen in der und zur Natur. Die Wahrnehmung von Natur war in der zeitgenössischen Auseinandersetzung von immanenter Wichtigkeit und vielfach präsent. Die Frage um die Stellung des Menschen in der Natur darf wohl mit Recht als Schlüsselfrage der Aufklärung benannt werden. Wenn sie auch meistens mit der besonderen Stellung des Menschen in ihr beantwortet wurde, machte sich auch Kritik an der anthropozentrischen Sichtweise bemerkbar. Vor allem unter dem Konstrukt dessen, was ‚*Natural Supernaturalism*' genannt wurde, firmierte die gegenteilige Meinung. ‚*Natural Supernaturalism*' umfasste die neuheidnische und romantische Annahme, dass die Natur heilig und unerschöpflich sei. In dem neu formulierten Respekt für lebende Wesen erlebte dieses Prinzip seine primäre Manifestation.[177]

Das Interesse an der Natur teilte Law mit seinem Freund John Clayton (1709-1773), der wiederum zum engen Kreis um John Wesley (1703-1791), dem Begründer der methodistischen Kirche in Oxford gehörte.[178] Auch Humphry Primatts (?-1790) ‚*The Duty of Mercy and the Sin of Cruelty to Brute Animals*' (1776) basierte auf dem Diktum des moralisch Guten der Natur und aller in ihr lebenden Wesen, das er aus der gemeinsamen Schöpfung ableitete. Anhand seiner Analyse der Bibel und darin enthaltener Bezüge zum Tier sprach er sich für Gnade gegenüber dem Tierleid aus. Nur wenig ist über Primatt bekannt, außer dass er nach einer theologischen Ausbildung in Cambridge von 1766-1774 als Vikar von Hig-

---

175 Tryon, 1883 zitiert nach: Spencer, 1995, S.209.

176 Antrobus, Derek: *Roots of Vegetarianism*, Talk to the Salford Local History Society, 1998, www.geocities.com/derekantrobus/SLHveg-roots.html, zuletzt besucht 30.10.07.

177 Porter, 2000, S.314.

178 Zu John Wesley, vgl. Kap 2.2.1.

ham in Suffolk und Swardeston in Norfolk tätig war.[179] Für ihn war Nachsicht mit dem Tier ein Zeichen göttlicher Offenbarung.

Ein weiterer Protagonist der vegetarisch-philosophischen Begründergeneration war John Frank Newton (1770-1827). Mit ihm stand beispielsweise Shelley in stetigem Kontakt. Newton vertrat eine naturhafte Lebensweise, die konsequenten Vegetarismus und Freikörperkultur beinhaltete. Verbunden war dies mit seiner Absage an alle mit der Zivilisation einhergehende Luxusgüter. Auch er teilte die Meinung, diese würden zu einer Verrohung und zum Verderbnis der Gesellschaft führen. Mitunter waren seine Ausführungen mystisch-religiös unterlegt. Ihre Wurzeln hatte diese Denkrichtung entsprechend in der radikalen Sektenbewegung des 17. Jahrhunderts. Newtons Publikationen waren durchaus erfolgreich und es war u.a. die Lektüre von Newtons ‚*The Return to Nature, or, a Defense of the Vegetable Regimen*' von 1811, die Shelley zum Verfassen seines vegetarischen Traktats ‚*A Vindication of Natural Diet*' (1812) animierte.

George Nicholson zählte ebenfalls zur Gruppe der einflussreichen frühen Vegetarier. In ‚*On Food*' und seinem ‚*Remarks on Cruelty to Animals*' attackierte er den Verzehr von Fleisch als unmenschlich und physisch degradierend. Allerdings argumentierte er in ethnisch differenzierender und damit rassistischer Weise, indem er die Neigung zum Vegetarismus beim Menschen biologistisch einordnete: Nur den europäischen Völkern läge der Vegetarismus in den Genen. Weiterhin machte er die zunehmende Abschottung von Tiermissbrauch für Desensibilisierungstendenzen verantwortlich:

> *„On the carcase we feed, without remorse, because the dying struggles of the butchered creature are secluded from our sight, because his cries pierce not our ears, because his agonizing shrieks sink not into our souls."*[180]

Nicholson, geboren in Bradford, von Beruf Drucker und Verleger, war einer der ersten, der vegetarische Lektüre in Pamphletform zu günstigen Preisen herausgab. Damit wollte er deren möglichst große Verbreitung sicherstellen. Dies muss insofern als relevant betrachtet werden, als dass die Entwicklung des Tierrechtsgedankens und vor allem seine Ausbreitung parallel mit der Erweiterung der Druckindustrie verlief. Neben der relativen Liberalität, die England ausmachte, begünstigte ein anderer Umstand diese Form der Aufklärung: Ein ziemlich rapider ökonomischer Wandel, begleitet von bürgerlicher Selbstaufwertung, half speziell in London, Hauptknotenpunkt von Druckereierzeugnissen, bei deren

---

179 Primatt, Humphry: *The Duty of Mercy and the Sin of Cruelty to Brute Animals*, 1776, Ryder, Richard (Hg.), Fontwell, Sussex, 1992, S.12.

180 Nicholson, 1795, S.22.

Verbreitung. Zeugnis davon ablegen können die vielen Kaffeehäuser, Sitzungsräume und Debattiergesellschaften, Theater, Galerien usw., in denen sie auslagen. Durch verbesserte Infrastruktur wurden auch entlegene Gebiete in den Interessens- und Nachrichtenhorizont der Metropole mit einbezogen.

An der schieren Anzahl dessen, was in welchen Auflagen publiziert wurde (56 000 Titel allein 1790, im Vergleich zu 6000 1620), ist nachzuvollziehen, dass englischen Intellektuellen und Schreibern alles ferner lag, als von einem *‚literarischen Untergrund'* aus wirken zu müssen. Vielmehr wurden sie Teil einer aufkommenden Kulturindustrie mit einer immer größer werdenden Öffentlichkeit als Adressat.[181] Presse- und Druckerzeugnisse wiederum waren nicht nur essentieller und aktiver Träger der Mobilisierung tierschützerischen Gedankenguts, sondern auch Voraussetzung für die Bewegungsformierung schlechthin. Durch sie wurde Koordination loser Netzwerke auch über Klassenschranken hinweg ermöglicht, die zur Bildung Sozialer Bewegungen beitragen konnten.[182]

So verdankte sich auch die Verbreitung von John Oswalds (1730-1793) *‚The Cry of Nature'* von 1791 den Entwicklungen auf dem Druckermarkt. Es muss als einflussreicher Text für frühe VegetarierInnen gelesen werden. Nicht nur enthielt das Werk eine Begründung seiner persönlichen vegetarischen Überzeugung und wie sie politisch umzusetzen wäre, in dem Text finden sich auch harsche Anfeindungen gegenüber Vivisektoren. Dabei verwahrte er sich, recht pathetisch, gegen den Vorwurf, aus misanthropischen Motiven zu handeln, den Menschen ihre Annehmlichkeiten nehmen zu wollen.

> *„Is compassion then so great a crime? Is it so heinous an offence against society, to respect in other animals that principle of life which they received, no less than man himself, by the hand of nature?"*[183]

Der Historiker Jason Hribal sieht in diesem Text auch eine Kritik am Kapitalismus und seinem Prinzip der Profitmaximierung sowie an deren Initiatoren aus der industriellen Bourgeoisie. Er erfasst ihn als ein frühes Denkmodell des Tierbefreiungsgedankens, das über den Rechtsbegriff hinausgeht und somit als Antizipation moderner Auseinandersetzung um tierethische Positionen gelten könne.[184] Oswalds Zeitgenosse Edmund Burke warnte entsprechen vor der Lektüre aufgrund seiner de-

181 Porter, 2000, S.73; Tarrow, 1998, S.46.

182 Tarrow, 1998, S.51; Raschke, 1987, S.236.

183 Oswald, 2000, S.29.

184 Ibid., S.11.

mokratischen Konnotationen.[185] Der Literaturwissenschaftler Timothy Morton folgert, dass Oswalds Radikalismus nicht trotz seines Vegetarismus, sondern wegen demselben zu bemerken sei, da in der zeitgenössischen Rezeption der vegetarischen Ernährung bereits ein Image sozialen Veränderungswillens zu finden gewesen sei.[186] Geboren in Edinburgh, hatte Oswald den Vegetarismus nach seiner Tätigkeit als Soldat in der britischen Armee in Indien aufgenommen, wo er der Lehre Buddhas über die fleischfreie Ernährung folgte. In seiner (religiösen) Überzeugung blieb er jedoch Atheist. Er verließ den Soldatendienst aufgrund seiner Ablehnung des imperialistischen Feldzuges, der von Verwüstungen, Mord und Vergewaltigungen an der indischen Bevölkerung begleitet war, jedoch nicht als Pazifist.[187] Im Folgenden fand er Anstellung als Journalist für den *London Chronicle* und den *Political Herald and Review*. Später kämpfte (und starb) er in Frankreich für die Idee der Revolution, in der Überzeugung, auch hier einen Ausdruck der Ablehnung von Tyrannei zu finden. Zuvor schrieb er dort für den Universal Patriot, der sich für eine Revolution über die englisch-französischen Grenzen hinaus aussprach. Mit *‚The Government of the People'* (1792) verfasste er ein radikal basisdemokratisches Staatskonzept, in dem die Denk- und Verantwortungsfähigkeit jedes einzelnen unterstrichen und eine kommunistische Landverteilung ohne Privatbesitz vorgestellt wurde.[188] Sein Hauptwerk blieb jedoch *‚The Cry of Nature'*.

Auch Joseph Ritsons (1763-1816) Radikalismus kann in seinem Vegetarismus gelesen werden, den er mit seiner Ablehnung organisierter Religion verband. Ritson ist vor allem als Sammler altenglischer Dichtungen und Freund Sir Walter Scotts bekannt. So überzeugt war er von seiner vegetarischen Lebensweise, die er nach der Lektüre von Mandevilles *‚Fable of the Bees'* 1792 annahm, dass er Menschen mied, die tierische Kost zu sich nahmen und den *‚Grausamkeiten'* der Jagd frönten.[189] Ritson begründete seinen Vegetarismus damit, dass Tiere von der gleichen *‚benevolent hand'* kreiert seien und dasselbe Recht wie der Mensch hätten, dieses Leben zu genießen.[190] Seine Sympathien galten daher auch der

185 Garrett, 2000, S.vff.

186 Morton, T., 1994, S.24ff.

187 Oswald, John: *The Cry of Nature; or, an Appeal to Mercy and to Justice, on Behalf of the Persecuted Animals*, London, 1791, Hribal, Jason (Hg.), Lewiston u.a., 2000, S.3.

188 Ibid., S.7; Dickinson, Harry T.: *The Rise and Fall of the Theory of Natural Rights in Late Eighteenth and Early Nineteenth Century Britain*, in: Dann, Otto und Klippel, Diethelm: *Naturrecht – Spätaufklärung – Revolution*, Hamburg, 1995, S.31.

189 Bernard de Mandeville (1670-1733) thematisierte in seiner *‚Fable of the Bees'* von 1714 die Brutalität des Jagdsports, indem er Tiere über das Verhalten des Menschen sprechen lässt. Seine eigenen Kommentare kritisieren außerdem den Schlachtvorgang.

190 Ritson, Joseph: *An Essay on Abstinence from Animal Food as a Moral Duty*, London, 1802, S.23.

Gleichheitsmaxime, die er in den Proklamationen der französischen Revolutionäre entdeckte, als er 1791 Paris besuchte. Der Vegetarier und Verleger Richard Phillips (1767-1840), der Ritsons *,Animal Food'* veröffentlicht hatte, war zuvor für den Verkauf von Thomas Paines *,Rights of Man'* zu einer 18-monatigen Gefängnisstrafe verurteilt worden. Für ihn brachte Vegetarismus eindeutig soziale Implikationen zum Ausdruck. Sein Vegetarismus basiert auf der Beobachtung der Vorgänge in einem Londoner Schlachthaus, als er zwölf Jahre alt war. 1790 öffnete er seinen eigenen Verlag samt Druckerei und verlegte alsbald die demokratische Literatur jener revolutionären Epoche. In einem seiner Artikel, der 1811 im *Medical Journal* veröffentlicht wurde, versuchte er auf ein Mensch-Tier Kontinuum hinzuweisen. Unterdrückerisches Handeln müsse wegen dieser impliziten Verbindung per se verurteilt werden:

> *„Because being mortal himself, and holding his life on the same uncertain and precarious tenure as well as other sensitive beings, he does not feel himself justified by any alleged superiority or inequality of condition in destroying the vital enjoyment of any other mortal (...)"*[191]

Auch wenn zahlreiche frühe Vegetarier mit radikalen Ideen hantierten, mag der Einsatz für die Tiere in diesem Zusammenhang zunächst als politisch harmlose Form der radikalen Assoziation empfunden worden sein. Hier konnten radikal utopische Ideen als das betrachtet werden, was sie für die Regierungen des ausgehenden 18.Jahrhunderts darstellten, nämlich Utopien, ohne – zu Recht – als eine konkrete und dringende Gefahr revolutionärer Umwälzungen verstanden zu werden. Diese wurde hingegen etwa bei radikalen ReformerInnen und Jakobinern gesehen, gegen die mit einer ganzen Reihe repressiver Mittel vorgegangen wurde: Um die Jahrhundertwende, in den Nachwirkungen der politischen Krise der späten 1790er, hervorgerufen u.a. durch Meutereien der Seestreitkräfte 1797 und die schlechten Ernten von 1797 und 1798, verabschiedete das Pitt Regime einige Gesetze, die die Versammlungs- und Pressefreiheit immens einschränkten. Zusammen mit der Suspendierung der Habeas Corpus Akte führten diese zu weit reichenden Repressalien gegenüber ReformerInnen. Besonders betroffen waren Reformwillige aus der unteren Mittelschicht und Arbeiterklasse, die gerade begannen, ihre eigenen Formen der Repräsentation zu etablieren, etwa in Form der *Corresponding Societies*. Die Two Acts von 1795 verboten alle Schriftstücke, die gegen Krone, Regierung und Verfassung gerichtet waren, sowie die Versammlung von mehr als 50 Menschen ohne Erlaubnis des örtlichen

---

191 Phillips, Richard: *The Author's reasons for not eating animal food,* in: Medical Journal, 27.Juli, 1811, zitiert nach: Gharpure, 1935, S.63.

Magistraten.[192] Der Historiker James Turner weist zudem darauf hin, dass der Tierschutz, zumindest in seiner öffentlichen Wahrnehmung, keine sozialen Tabus berührte, wie sie etwa in der Klassenfrage auftraten, und so ein sicheres Feld für Sensibilität offerierte.[193] Nach Morton vermochte jedoch gerade der Diskurs um den Vegetarismus Sympathiebekundungen zu erzeugen, die in der Lage waren, die Grenzen von Klasse, Geschlecht und Spezies zu übertreten. Dies deute auf die radikale Natur des Vegetarismus hin, so Morton weiter. Ritson, Shelley und die anderen hätten in der Konstruktion ihrer reformerischen Position genau auf dieses radikale Moment zurückgegriffen.[194]

Percy Bysshe Shelley ist eine der interessantesten Persönlichkeiten der frühen vegetarischen Bewegung. Gerade in seiner Wirkung auf die englische Literaturgeschichte, zudem als radikaler Reformer und *‚Weltverbesserer'*,[195] war sein Eindruck auf die frühen VegetarierInnen von Gewicht. Politisch geprägt durch William Godwins philosophischen Anarchismus, vertrat er eine Utopie der libertären und liberalen Gesellschaftsformation. Diese Transformation sollte idealiter alle Bereiche des gesellschaftlichen Lebens erfassen: Religion und Klassengesellschaft sollten genauso demontiert werden wie die Hierarchisierung nach Geschlecht, Rasse und Spezies. Auch das Perfektibilitätsprinzip übernahm Shelley von seinem Mentor William Godwin. [196]

Shelley entschied sich 1812 für den Vegetarismus, maßgeblich beeinflusst durch Joseph Ritsons Werk, und blieb Vegetarier bis zu seinem tragischen Tod 1822 in Italien.[197] Er übte sich auch im praktischen Tierschutz, indem er Flusskrebse auf Londons Märkten kaufte, um sie wieder in die Themse zu entlassen.[198] Sein bekanntestes Traktat zur Thema-

---

192 Thompson, E.P.: *The Making of the English Working Class*, London, 1991 (erste Auflage 1968), S.158f.

193 Turner, James: *Reckoning with the Beast: Animals, Pain and Humanity in the Victorian Mind*, Baltimore, 1980, S.37.

194 Morton, T., 1994, S.27.

195 Zitiert nach: Höhne, Horst: *Percy Bysshe Shelley, Leben und Werk*, Frankfurt a.M. u.a., 1998, S.252.

196 Nach Thompson erreichte Godwins philosophischer Anarchismus die breite Arbeiterklasse erst durch Shelley und dessen Anmerkungen in Queen Mab. Thompson, E.P. 1991, S.107; Heinlein, Markus: *Klassischer Anarchismus und Erziehung, Libertäre Pädagogik bei William Godwin, Michael Bakunin und Peter Kropotkin*, Würzburg, 1998. Es ist leider nicht nachweisbar, inwiefern Shelley Kenntnis von der 1802 anonym erschienenen Utopie *Bruce's Voyage to Naples* besaß. In dieser utopischen Vorstellung sind Vegetarismus und ein empathischer Umgang mit dem Tier Voraussetzung für die perfekte Gesellschaft, vgl. Anon.: *Bruce's Voyage to Naples*, 1802, in: Claeys, Gregory, *Utopias of the British Enlightenment*, Cambridge, 1994, S.250-291.

197 Clark, David Lee: *The Date and Source of Shelley's A Vindication of Natural Diet*, Studies in Philology, 36, 1939, S.75.

198 Axon, William E.A.: *Shelley's Vegetarianism*, Haskell House, New York, 1971, S.5f, nach: Perkins, David: *Animal Rights and Romanticism*, Cambridge, 2003, S.3.

tik, *‚A Vindication of Natural Diet' (1812)*, bildete die inhaltliche Anmerkung zu seinem Gedicht *‚Queen Mab'*. Dort skizzierte er den Vegetarismus nicht ausschließlich als Möglichkeit der Bekämpfung physischer und psychischer Schwächen, sondern als politisch-ökonomisches Mittel.

Schließlich könne bei Shelley jedoch auch der Horror gefunden werden, den ihn der Gedanke an das getötete Tier zu empfinden veranlasste, so kommentierte Henry Salt Shelleys Schriften.[199]

> *„It will be contemplation full of horror and disappointment to his mind, that beings capable of the gentlest and most admirable sympathies, should take delight in the death-pangs and last convulsion of dying animals (...). Never take any substance in your stomach that once had a life."*[200]

Shelleys Einsatz gegen Krieg, seine Analyse des Verhältnisses zwischen Arbeit und Kapital und der sozialen Ungleichheit, die daraus reproduziert werde, die Kritik an der Todesstrafe und sein Einsatz für den Vegetarismus, der wie kein anderer Aspekt seiner Arbeit von seinen Kritikern ins Lächerliche gezogen wurde, waren für Salt ausschlaggebend für seine bewundernde Rezeption Shelleys.[201] Die Wirkung, die Shelley mit seinen Texten auf die Gesellschaft hatte, ist dennoch als ambivalent zu beschreiben, vor allem wenn man betrachtet, welch harscher Kritik er sich zu Lebzeiten ausgesetzt sah.[202]

Neben diesen aktiven Vegetariern vertraten auch andere prominente SchriftstellerInnen und PhilosophInnen der Zeit sympathisierende Meinungen zum Tierschutz, wie Rousseau (1712-1778), Voltaire (1694-1778) und Oliver Goldsmith (1728-1774). Gerade die Poeten der Romantik, die großen gesellschaftspolitischen Einfluss hatten, nahmen sich der Thematik an.[203] Die Vehemenz der Bewegung kann dementsprechend, so resü-

---

199 Zu Henry Salt vgl. Kap. 2.1.2 und 4.3.2.

200 Salt, Henry: *Shelley as a Pioneer of Humanitarianism*, London, 1906, S.581f.

201 Ibid., S.9.

202 Ein Manko in der Shelley Rezeption bis zum heutigen Tag, in Literaturwissenschaft und in der historischen Ergründung seiner radikalen Positionen, ist die Abstinenz jeglichen Kommentars über den Einfluss, den seine vegetarische Überzeugung und Prosa auf Literatur und Bewegung gehabt hat. Dabei stellt sie sich als logische Schlussfolgerung seiner ausführlich beschrieben Kritik an und Ablehnung von Despotismus und Usurpation jeglichen Formates, als integraler Bestandteil seiner libertär-anarchistischen Utopie dar. Andererseits war (und ist) auch in der vegetarischen, von TierschützerInnen vorgenommenen Rezeption Shelleys wenig von dessen revolutionär anmutenden Proklamationen und Implikationen zu lesen. Gerade für die frühe vegetarische Bewegung hält es Colin Spencer für unwahrscheinlich, dass Shelleys politische Radikalität und sein Atheismus auf Verständnis gestoßen wären. Sie suchten sich den Vegetarier und verwarfen den politischen Agitator, das *‚enfant terrible'*. Vgl. Spencer, 1995, S.250.

203 Morton, Timothy: *Environmentalism*, in: Roe, Nicolas (Hg.): *Romanticism*, Oxford u.a., 2005, S.696f.

miert Keith Thomas, nur durch die Schriften von William Cowper (1731-1800), William Blake (1757-1827), William Wordsworth (1770-1850), Samuel Coleridge (1772-1834), Lord George Byron (1788-1824) etc. verstanden werden,[204] Sie zeichneten in ihrer Poesie die Verbindung zwischen Mensch und seiner natürlichen Umwelt nach.[205] Damit wurde in der Literatur die zuvor primär anthropomorphe Darstellung von Tieren überwunden, wie sie etwa noch bei Bernard de Mandevilles *‚The Fable of the Bees'* von 1714 vorherrschend war. Dem Tier kam in den Schriften der Romantiker nun vielmehr der Status eines selbstständigen Wesens zu. Die Natur im Allgemeinen wurde zunehmend als etwas dargestellt, das Bewunderung verdiente und der Reflektion bedurfte, nicht aber Unterwerfung. Der Medizinhistoriker Maehle legt dar, dass etwa in der Frage der Vivisektion bzw. der Tierversuche die Reaktion der britischen Schriftsteller des 18. Jahrhunderts durchweg kritisch war.[206] Die Auswirkung, die beispielsweise Shelley gerade auf die Chartistenbewegung hatte,[207] verdeutlicht darüber hinaus den Einfluss, den Poeten auch auf politischer Ebene ausüben konnten.

Andere wiederum versuchten, auf gesetzgeberischem Wege Tierschutz zu manifestieren. William Pulteney etwa brachte 1800 einen Gesetzentwurf im Parlament ein, der die Stierhatz unterbinden sollte. Er war damit genauso erfolglos wie Lord Thomas Erskine (1750-1823), dessen allgemein gehaltenes Tierschutzgesetz 1809 zwar im House of Lords angenommen wurde, jedoch im House of Commons eine Niederlage erlitt. Erskine, Lordkanzler von 1806-1807, hatte 1772 erfolglos Thomas Paine verteidigt, war jedoch bei der Verteidigung von Mitgliedern der *Corresponding Societies,* die wegen Hochverrat angeklagt worden waren, erfolgreicher.

Anderen war mehr Erfolg bei dem Versuch beschert, Tierschutz gesetzlich festzuhalten. Hier ist vor allem Richard Martin (1754-1834) zu benennen. Geboren in Galway als Sohn eines Großgrundbesitzers, besuchte Martin das Trinity College in Oxford und strebte bereits früh eine Parlamentarierkarriere an. Sein philanthropisches Engagement brachte ihm bald – trotz seines Faibles fürs Duellieren – den Namen *‚Humanity Dick'*

204 Perkins, 2003; Für eine ausführliche Besprechung des humanitären Ansatzes von Cowper, Blake und Wordsworth in ihrer Propagierung von Sensibilität gegenüber dem Tier vgl. Harwood, 2002, S.361ff.

205 Thomas, 1984, S.149.

206 Maehle, Andreas-Holger: *Kritik und Verteidigung des Tierversuchs, Die Anfänge der Diskussion im 17. und 18. Jahrhundert,* Stuttgart, 1994, S.178.

207 Eleanor Marx hob Shelleys Bedeutung für die Arbeiterbewegung deutlich heraus: *‚I have heard my father and Engels again and again speak of this, and I have heard the same from the many Chartists it has been my good fortune to know as a child.'*, zitiert nach: Salt, Henry: *Company I have kept,* London, 1930, S.50.

ein. Er plädierte vor allem für die rechtliche Gleichstellung der Katholiken und setzte sich für die Abschaffung der Todesstrafe auf Fälschung ein. Gleichzeitig begrüßte er jedoch die (Zwangs-)Union vom katholischen Irland mit Großbritannien 1800, die mit der Auflösung des irischen Parlamentes einherging. Weiterhin galt er als Verteidiger der Königin Caroline gegen die Vorwürfe der Untreue. Im Jahr 1820 war dies ein enormes Politikum. In mehreren Gesetzesinitiativen und von ihm überreichten Petitionen[208] versuchte Martin, den Tierschutz zu institutionalisieren, war jedoch erst 1822 mit seiner Bill to Prevent the Cruel and Improper Treatment of Cattle, genannt *‚Martin's Act'*, erfolgreich. Sein diesbezügliches Engagement war nicht ausnahmslos willkommen und brachte ihm Gespött und Drohungen der Presse ein.[209] Da es zu diesem Zeitpunkt weder Inspektoren noch eine Polizei gab, unternahm es Martin selbst, z.B. auf dem Smithfield Markt in London und anderen Tiermärkten, jene zu ahnden und vor das Magistratsgericht zu bringen, die gegen das Gesetz verstießen.[210] Auch danach versuchte er, allerdings erfolglos, weitere legislative Tierschutzmaßnahmen durchzusetzen bzw. den Martin's Act auf weitere Spezies auszuweiten.

Die zweite Hälfte des 18. Jahrhunderts war außerdem geprägt von der Entwicklung des Modells der so genannten Plattform – außerparlamentarischen Pressionsgruppen –, die versuchten, zu verschiedenen Themenaspekten Meinungen zu mobilisieren und sich mithilfe von Veröffentlichungen und Publikationen sowie Massenversammlungen und Petitionen Gehör zu verschaffen. Verschiedenartige Gruppierungen bedienten sich des Plattformprinzips, angefangen von den UnterstützerInnen von Wilkes, über evangelikale Vereinigungen, WirtschaftsreformerInnen, AntisklavereipropagandistInnen und Organisationen, die sich der Abschaffung der Test Acts verschrieben hatten.[211] Gegründet wurden diese Assoziationen zumeist nach dem Vorbild von vorangegangen kommerziellen Interessenvereinigungen und dem Modell religiöser

---

208 Fairholm und Pain berichten von einer Petition aus Manchester zur Abschaffung der Bärenhatz, die über Martin 1824 ins Unterhaus eingebracht wurde. Obgleich die Petition erfolglos blieb, wurde hier erstmals die Wahl eines solchen Mittels von TierschützerInnen in Betracht gezogen. Fairholme und Pain, 1924, S.40, Moss hat erst 1826 Nachweise für das Unterfangen, eine Petition gegen die Bullenhatz einzureichen, gefunden. Moss, Arthur W.: *Valiant Crusade: The History of the RSPCA*, London, 1961, S.18.

209 The Times, 28. September 1825.

210 The Times, 10. September 1823, vgl. Fairholme und Pain, 1924, S.30ff.

211 Thompson, E.P., 1991, S. 92; Die Test Acts von 1673 und 1678, die den Zugang zu öffentlichen Ämtern von einem Bekenntnis zur anglikanischen Staatskirche abhängig machten, wirkten noch bis ins erste Drittel des 19. Jahrhunderts nach. Besonders hart wirkten sie gegen Katholiken, die erst 1829 durch den Roman Catholic Emancipation Act von gesetzlicher Benachteiligung befreit wurden. Formell wurden die Test Acts jedoch erst in den 1860er und 1870er Jahren abgeschafft.

Gruppen, vor allem dem der Dissenterkirchen.[212] So konnte die Tierrechtsbewegung auf ein bereits bestehendes Fundament politischer Aktionsmodalitäten aufbauen, das sowohl Strukturen als auch Agitationsmöglichkeiten bereithielt. Vor allem die Methode der Petitionen wurde von der Tierrechtsbewegung übernommen. Diese Aktionsform hatte vor allem appellativen Charakter. Petitionensammeln wurde in der britischen Geschichte gerade durch die Anti-Sklavereibewegung hinsichtlich des Adressatenkreises und der inhaltlichen Ausrichtung fundamental abgewandelt. Galt es noch bis ca. 1770 als Mittel, persönliche Entschädigungen vom Parlament oder Patron einzufordern, wurde es nunmehr als Mittel der Gerechtigkeitsfindung für generelle, moralische Fragen eingesetzt.[213] Dafür galt der Tierschutz als Paradebeispiel.

1.1 Industrielle Revolution

Neben der direkten philosophisch-rechtlichen Auseinandersetzung mit dem Mensch-Tier-Verhältnis als Folge der Aufklärung und politischen Revolutionen, können noch weitere gesellschaftspolitische Phänomene identifiziert werden, die zur Begründung der Tierschutz/Tierrechtsbewegung ursächlich beigetragen haben. Sie bildeten eben nicht nur zufällig den zeithistorischen Rahmen, sind nicht akzidenteller Natur, sondern waren zugleich Triebfeder für Entstehung, Weiterentwicklung und Akzeptanz des Tierschutzgedankens. Der Siegeszug dieser neuen Herangehensweise ist eng mit dem Anwachsen der Städte, dem Aufkommen einer industriellen Produktionsweise und der damit verbundenen Transformationen der gesellschaftlichen Ordnung verbunden, in der sich auch die Qualität des Umgangs mit der Tierwelt den arbeitsprozessualen Bedingungen anpasste.

Die Industrielle Revolution als fundamentale strukturell-ökonomische Veränderung in Bezug auf technische Entwicklung vollzog sich erstmalig im 18. Jahrhundert in Großbritannien. Sie war verbunden mit der Freisetzung der Arbeitskräfte einer primär landwirtschaftlich organisierten Wirtschaft hin zu einer industriellen Marktstruktur. Die Freisetzung der ruralen Arbeitskraft wurde in Großbritannien vor allem durch die Einhegungen forciert.[214] Diese neue Marktform war geprägt durch infra-

---

212 Tarrow, 1998, S.48. Im engeren Sinne werden als Dissenter die protestantischen Nonkonformisten bezeichnet, die vom 16.-18. Jahrhundert von der anglikanischen Staatskirche abfielen und eigene Glaubensgemeinschaften gründeten. Die bekanntesten Dissenterkirchen sind die der Baptisten, Presbyterianer und Quäker.

213 Drescher, Seymour: *Capitalism and Antislavery, British Mobilization in Comparative Perspective*, Oxford u.a., 1987, S.76f; Ders., 1982, S.24ff.

214 Die Landbevölkerung wurde durch die wachsenden Einhegungen (enclosures) von Gemeindeland, der Inbesitznahme von Brachland und der Zusammenlegung von Feldern und Höfen geradezu in die Städte gedrängt. Die Einhegungen waren qua

strukturellen Ausbau, Produktionszuwachs und Kapitalakkumulation. Beeinflusst durch einen enormen Populationszuwachs, avancierte Großbritannien zur dominanten industriellen Weltmacht im 19. Jahrhundert. Das Erlangen dieses Weltmachtstatus spricht Mathias vor allem dem aufkommenden Bürgertum zu. Diesem wiederum wird eine besondere Stellung in der Formierung der Tierrechtsbewegung adjuziert.[215] Diese *,Revolution'* verlief, historisch gesehen, in einer relativ kurzen Zeitspanne ab. Sie war zudem zunächst lokal auf Großbritannien beschränkt, wo sie, vorbereitet und unterstützt durch die Landwirtschaft, auf einige spezielle Industriezweige begrenzt war. Diese Industriezweige waren zumeist an den Außenhandel angeschlossen und staatlich kontrolliert.

In der industriellen Fertigung ließ sich wirtschaftliche Unabhängigkeit von tierischer Produktionskraft dank der Substitution durch die Dampfmaschine verwirklichen.[216] Gemeinsam mit der urbanen Isolation von Tierhaltung ermöglichte dieser Umstand die Entwicklung emotionaler Bindungen und Beziehungen zum Tier. Diese Bindungen waren nicht länger mit der Ausnutzung und dem *,Missbrauch'* von Tieren vereinbar. Das bedeutete, dass nun, wo es Alternativen zum vorher dominanten alltäglichen Gebrauch von Tieren in nahezu allen Sparten vor allem landwirtschaftlicher Produktion gab, sich für viele Menschen erst die Möglichkeiten eröffneten, Tiere als etwas anderes zu begreifen denn als unmittelbare Produktionsmittel. Durch die Erfindung der Eisenbahn wurde weiterhin eine Alternative zum tierischen Transportmittel entwickelt. Die Eisenbahn war nicht nur effizienter. Erstmals ließ sich durch das Angebot einer Alternative eine offene Kritik an der bisherigen mit großer Quälerei verbundenen Praxis formulieren. Diese Kritik vermochte erstmals, Einzug in öffentliche Diskurse Einzug zu finden.[217]

Doch brachte die Industrielle Revolution auch andere Aspekte der Tiernutzung hervor. Erst in den letzten 200 Jahren begannen Menschen damit, jeden Tag Fleisch zu essen.[218] Um dies gewährleisten zu können, mussten auch mehr Tiere geschlachtet werden. Die damit verbundene Not der Tiere wurde präsenter. Schlachthäuser wurden nunmehr auch in Städten errichtet und rückten damit in das Blickfeld der bürgerlichen

Parlamentsbeschluss sanktioniert worden. Um zu überleben, musste die Landbevölkerung ihre Arbeitskraft der wachsenden Industriekultur verkaufen.

215 Mathias, Peter: *The First Industrial Nation, The Economic History of Britain 1700-1914*, zweite Ausgabe, London u.a., 1983, S.6ff.

216 Hill, C.P.: *British Economic and Social History 1700-1975*, vierte Ausgabe, London, 1977, S.21.

217 Thomas, 1984, S.301.

218 Zugegebener Maßen war dieses *,Privileg'* jenen vorbehalten, die über die entsprechenden finanziellen Mittel verfügten, also primär Angehörige der mittleren und oberen Schichten.

Mittelschicht. Jedoch gerade die durch die Industrielle Revolution hervorgebrachten Urbanisierungsprozesse hatten bereits zuvor dazu geführt, dass die Verbindung zum Tier quasi nur noch über das Haustier bestand. Die in der agrarischen Gesellschaft hingegen noch vollkommen selbstverständliche Betrachtung des Tieres als direktes Nutzobjekt wurde zumindest teilweise abgelegt. Der *,alte neolithische Konflikt'*, der in der Domestizierung des Tieres einen erheblichen Kultursprung sah, wurde weniger scharf erlebt.[219] In der agrarischen Gesellschaft konnte sich neben religiösen Distanzierungsritualen, die sich über Jahrtausende entwickelt hatten, auch ein heute weiterhin bestehendes praktisches Distanzverhalten entfalten, das gefühlsbetonte Beziehungen zu Tieren nicht förderte, sondern eher mied. Der Wandel in der Wahrnehmung des Tieres lag also auch darin begründet, dass durch die Industrielle Revolution Menschen vom Land, wo Tiere aufgezogen und geschlachtet wurden, in die Städte zogen oder dorthin gedrängt wurden, wo Tiere primär Haustiere waren.

Andererseits brachte die Industrialisierung und Kapitalisierung des Agrarmarktes nicht nur Massentierhaltung, sondern auch die Mechanisierung der Tierhaltung mit sich; Bedingungen also, die das Ausbeutungsverhältnis zum Tier forcierten. Der Landwirt Robert Bakewell etwa züchtete bereits zum Ende des 18. Jahrhunderts Schafe, Kühe und Schweine explizit als Fleischproduzierende Maschinen. Sie wurden danach ausgewählt, dass ihr Fleischanteil besonders groß und der *,Abfallanteil'* (Knochen etc.) besonders gering ausfiel.[220] Damit war die Sicht des Menschen auf das Tier als ein Objekt perfektioniert worden. Tiere konnten somit in der Betrachtung ihrer Interessen, vor allem in dem Raum, der ihnen zum Leben zugestanden wurde, marginalisiert werden.[221] Gegen diese Versachlichung von Lebewesen zum reinen Konsumartikel entwickelte die Tierrechtsbewegung einen Schwerpunkt ihrer Arbeit; ernsthafter Widerstand gegen diese Form der Objektivierung kann mit Ausnahme einiger AktivistInnen der vegetarischen Bewegung jedoch erst im 20. Jahrhundert festgestellt werden. Dennoch wurden bereits in der spätviktorianischen Epoche in der aufkommenden Umweltschutzbewegung, die zumindest segmenthaft mit der Tierrechtsbewegung verbunden war, Zweifel an dem Gewinn für die Menschheit, den die Industrialisierung versprach, formuliert und Bedenken hinsichtlich ihrer Folgen für Mensch, Tier und Umwelt geäußert.[222]

---

219 Schmidt, Wolf-Rüdiger (Hg.): *Geliebte und andere Tiere im Judentum, Christentum und Islam*, Gütersloh, 1996, S.48f.

220 Porter, 2000, S.429.

221 Berger, 1980, S.10.

222 Goyder und Lowe, 1983, S.19f.

1.2 Urbanisierung

Die Sicht auf Tierwelt und Natur veränderte sich während des 18. Jahrhunderts. Dies geschah u.a. dadurch, dass vermögende Städter kaum noch in Kontakt mit Tieren traten. Sie hatten kaum noch Berührung mit Geburt, Abrichtung noch Schlachtung der Tiere. Die durch die Industrialisierung hervorgerufene Freistellung der Arbeitskräfte aus dem agrarischen Wirtschaftssektor beschleunigte den Prozess dieser Urbanisierung, die physische – nicht emotionale – Distanz zum Tier wurde maximiert. Gerade innerhalb der gebildeten Bevölkerungsschicht wurden Beziehungen zum Tier nicht durch die Arbeit mit ihm, sondern mit Theorien über und für sie aufgebaut.

England war bereits Ende des 18. Jahrhunderts neben den Niederlanden zum am meisten urbanisierten Land der Welt avanciert. Lebten Mitte des 18. Jahrhunderts noch rund 2/3 der Bevölkerung in den ländlichen Regionen, drehte sich dieses Verhältnis zum Ende des 19. Jahrhunderts.[223] Die Urbanisierung bewirkte eine klare Verschiebung kultureller Werte. Vor diesem kulturellen Wandel wurde die Nutzung der Tiere als absolut problemfrei betrachtet. Die Einschränkungen der *'alten Sportarten'* und *'robuster Festivitäten'*, die vor allem auch die Tierhatz und Tierkämpfe mit einschlossen, kann jedoch nicht ausschließlich mit der Verschiebung von ländlichen hin zu urbanen Werten erklärt werden. Denn sie waren zuvor sowohl in den größeren Städten als auch auf dem Land präsent. Die urbane Kultur war sehr angereichert mit ländlichen Konnotationen, da die Migration vom Land in die Städte meist unfreiwilliger Natur war.[224] Gerade deshalb wurden bewusst kulturelle Anteile ländlicher Prägung in die Stadt getragen.

Diese ländlichen Konnotationen führten innerhalb der urbanen Gesellschaft jedoch mehr und mehr zur Verherrlichung von Natur als Bildnis idealisierten Lebens. Eine ständige Sehnsucht nach dem Landleben – meist romantisch verklärt – führte zu Gründungen von Naturschutzgesellschaften. Sie sollten das erhalten, was durch den Prozess der Industrialisierung bedroht war. Sobald die Zerstörung von Tieren und der Natur aus dem Blickfeld genommen wurde, konnten Tiere somit sentimentalisiert und idealisiert, als Bestandteil des einfachen, kulturell konstruierten, natürlichen Lebens gesehen werden.[225] Dieses Naturinteresse spiegelte sich ebenfalls in zahllosen zoologischen und botanischen Pub-

---

223 Mathias, 1983, S.169ff, 415ff; Hill, C.P, 1977, S.7.

224 Morton, A.L.: *A People's History of England*, London, erste Ausgabe 1937, 1989er Ausgabe, 1994, S.291.

225 Spencer, 1995, S.293, vgl. auch: Newby, H.: *Green and Pleasant Land? Social Changes in Rural England*, Harmondsworth, 1980.

likationen, Illustrationen und Ausstellungen wider und manifestierte sich vor allem in der Einrichtung des Londoner Zoos 1827.[226] Somit spielen hier bereits anthropozentrische Motive eine wichtige Rolle. Der Erhalt der natürlichen Umwelt zur Befriedigung menschlicher Bedürfnisse sollte sich als ausschlaggebend in der Abgrenzung von Tierschutz zu Tierrecht erweisen. Des Weiteren bedienten die zoologischen Parks bürgerliche Bedürfnisse mit einer angemessenen Mischung aus Bildung und Unterhaltung und brachten erhebliches Prestige für die Städte.[227] Auch vermochte der Zoo als Sinnbild und Repräsentant kolonialer und imperialer Stärke zu fungieren.[228] Mit der Gefangennahme exotischer Tiere manifestierten sich auch Herrschaftsansprüche über die Kolonien und deren Bevölkerung.[229]

Es dürfte also nachvollziehbar sein, dass die vegetarische Bewegung nicht ohne eine generelle Änderung öffentlicher Sensibilität in Bezug auf die Schlachtung und Vorbereitung von Tieren zum menschlichen Konsum agiert und existiert hätte haben können. Zwar wurde Fleisch im viktorianischen Zeitalter und auch danach immer noch genossen, jedoch wollte niemand mehr sehen, wie Tiere zerstückelt wurden.[230] Ab Mitte des 19. Jahrhunderts wurde damit begonnen, Schlachthäuser aus den Stadtzentren zu entfernen, sie dem öffentlichen Blickfeld zu entziehen, vor allem zugunsten der oberen Mittelschicht und ihren Empfindsamkei-

---

226 Mullan, Bob und Marvin, Garry: *Zoo Culture*, Urbana u.a., zweite Auflage, 1999, S.109. Zoos und die Bedingungen unter denen Tiere in ihnen vegetieren mussten wurden jedoch erst ab Ende des 19. Jahrhunderts selber Angriffsziel tierrechtlerischer Kampagnen. Es war vor allem die Humanitarian League, die Zoos wegen der *„loss of liberty which changes the life of a happy wild creature to the death-in-life of a caged ‚specimen'"* bekämpfte. Konkrete Kampagnen umfassten etwa die 1903 erfolgreich abgeschlossene Verhinderung der Lebendtierverfütterung an Reptilien. Vgl. Humanity, Nr.7, September 1895, S.52ff; Nr.32, Oktober 1897, S.77, The Humanitarian, Vol. I, Nr.9, November 1902, S.69f., Vol. I, Nr.19, September 1903; Salt, Henry: The Feeding of Reptiles in Captivity, The Times, 5. und 14. September, 1911. Gleiches galt für Zirkusse, die jedoch bereits zuvor aufgrund ihrer potentiell unmoralischen Nebeneffekte Angriffsfläche vor allem der Evangelikalen geworden waren. Kwint, Marius: *The Legitimization of the Circus in late Georgian England*, Past & Present, Nr.174, Februar 2002, S.72, 88f.

227 Rothfels, 2002, S.34.

228 Baker, 1993, S.67.

229 Berger, 1980, S. 19, auch: Rothfels, 2002, S.21f.

230 Als Randnotiz sei angemerkt, dass der Beruf des Schlachters bereits zuvor als so grausam erachtet wurde, dass es in einigen englischen Gerichtsbezirken Schlachtern nicht gestattet war, dann als Juroren zu agieren, wenn es sich um Fälle von Kapitalverbrechen handelte. Dies geschah in der Annahme, dass ihnen die notwendige Sensibilität fehle und sie in Bezug auf die Todesstrafe voreingenommen seien. In *‚Essay on the Vegetable System of Diet'* argumentierte beispielsweise Shelley, dass diejenigen, die von Berufes wegen aus dem Gebrauch von Tieren ökonomische Vorteile zögen, ungeeignet seien, wichtige Aufgaben im menschlichen Zusammenleben innerhalb der zivilisierten Gesellschaft zu übernehmen.

ten.[231] Gerade in den wachsenden Industriestädten, wie Birmingham, wuchs die Nachfrage nach speziellen Enklaven für die Mittelschichten, räumlich getrennt von denen der Arbeiterschaft. Anna Kingsford (1846-1888), führende Tierrechtsaktivistin der viktorianischen Epoche, beklagte entsprechend die demoralisierende Wirkung, die die Präsenz von Schlachthäusern auf die Arbeiterschichten bedeute, die sich nicht entsprechend dem Anblick des Tiermordes entziehen könnten.[232] Durch die damit einhergehende absolute Desensibilisierung gegenüber Schmerz und Tierleid, würde ihnen ein Potential für das Böse eingepflanzt werden.[233]

Zum Haus in diesen Mittelschichtsenklaven gehörte hingegen ein Garten, der die Werte der Privatsphäre, der Ordnung, des Geschmacks und die Bewunderung für die Schönheit der Natur widerspiegeln sollte.[234] Auch Haustiere, die frei waren von ökonomischer Nutzung, gehörten zu diesem *‚Idyll'* dazu. Obwohl Haustierhaltung an sich kein neues Phänomen war, etablierte es sich ab dem 17. Jahrhundert, zumindest in England, als gängiges Merkmal des Mittelklassehaushalts. Speziell in der Stadt, in der Tiere vorwiegend zum Vergnügen denn zum Nutzen gehalten wurden, vollzog sich somit eine klare Verschiebung in ihrer Betrachtung und auch Behandlung. Tiere dienten hier als Elemente *‚transportabler Natur'*, die damit auch der Stadtbevölkerung zugänglich wurden.[235] Haustiere zeichnete aus, dass sie im Haus gehalten wurden und ihnen damit nahezu ein Status zuerkannt wurde, der sie als Familienmitglied auswies. Eine individuelle Namensgebung symbolisierte dieses Zugehörigkeitsattribut. Darüber hinaus standen Haustiere niemals auf dem Speiseplan. Thomas sieht dies als eindeutiges Zeichen für die Entwicklung sozialer, psychologischer und auch wirtschaftlicher Relevanz des Tieres in der Gesellschaft. Tiere dienten immer mehr auch der Befriedigung emotionaler Bedürfnisse.[236] Es kann nicht als Zufall gewertet werden, dass überdurchschnittlich viele AdvokatInnen einer, wie auch immer gearteten, Tierrechtsideologie hingebungsvolle HaustierhalterInnen waren. Jeremy Bentham (1748-1832), William Cowper und Lord Erskine oder später Frances Power Cobbe (1822-1904) und Anna Kingsford pfleg-

---

231 Spencer, 1995, S.269.

232 Zu Kingsford vgl. auch: Kap.3.6

233 Kingsford, Anna: *The best food for Man*, in: Kingsford, Anna; Maitland, Edward: *Addresses and Essays on Vegetarianism*, London, 1912, Nachdruck ohne Datumsangabe, S.106.

234 Davidoff, Leonore und Hall, Catherine: *Family Fortunes: Men and Women of the English Middle Classes 1780-1850*, London u.a., überarbeitete Ausgabe 2000, S.368ff, Gillis, John R.: *The Development of European Society 1770-1870*, Boston, 1977, S.188.

235 Eskildsen, 2005, S.19.

236 Jasper, James M.: *Recruiting Intimates, Recruiting Strangers: Building the Contemporary Animal Rights Movement*, in: Freeman und Johnson, 1999, S.77.

ten ein enges Verhältnis zu ihren Haustieren.[237] Nicht ganz unberechtigt wurde ihnen entsprechend vorgehalten, nur die Tiere zu verteidigen, zu denen sich ein derart familiäres Verhältnis aufbauen ließ.[238] In den Propagandamaterialien der viktorianischen Antivivisektionsbewegung wurden bezeichnenderweise meist Hunde und Katzen dargestellt, die an die Gefühle von HaustierhalterInnen appellieren sollten. Zumindest wurden hier jedoch wichtige Grundsteine für eine allgemein differente Betrachtung von Tieren gelegt. Diese praktische Heraushebung und Heraufstufung in der ethischen Betrachtung war ausschlaggebend für ein potentiell anderes Verhältnis zum Tier generell. Durch den steigenden Wohlstand eines aufkommenden Bürgertums gelang es, das Mitleid mit der Kreatur zu institutionalisieren.[239]

1.3 Tierschutz und Zivilisierungsansprüche

Dass Tierschutz auch Funktionen übernahm, übernehmen konnte oder sollte, die außerhalb der Verbesserung der Situation für das Tier zu finden sind, ist ein nicht zu unterschätzender Faktor, der die Entwicklung der Tierrechtsbewegung in Großbritannien begünstigt hat. Hierunter fallen, neben klassenantagonistischen und geschlechtsspezifischen Motiven, die gesondert besprochen werden, vor allem nationalistische Momente: die Selbstbetrachtung als eine *‚Nation of Animal Lovers'* und die positiven Konnotationen, die dies implizierte oder zumindest implizieren sollte. In der Annahme dieses Bildnisses als nationales Charakteristikum konnte also ein Potential für patriotisches Handeln gesehen werden. Damit reihte sich Tierschutz zu anderen humanitären Bestrebungen, die als Zeichen patriotischer Pflicht zur Selbstverbesserung propagiert wurden.[240] Joseph Ritson etwa argumentierte 1802, dass es nur durch die Umstellung auf den Vegetarismus gelingen würde, die EngländerInnen wieder zur Humanität zurückzuführen und damit den freiheitlichen Idealen zu entsprechen, derer sie durch den Verzehr von Fleisch beraubt worden seien.[241]

---

237 Thomas, 1984, S.112ff.

238 Ibid., S.112ff, 199.

239 Ryder, Richard D.: *The Political Animal, The Conquest of Speciesism*, Jefferson u.a., 1998, S.26. Ryder koppelt allerdings nicht die urbane Entwicklung an eine sich etablierende Tierschutzbewegung.

240 Zum Konzept der Selbstzivilisierung vgl. Osterhammel, Jürgen: *"The Great Work of Uplifting Mankind". Zivilisierungsmission und Moderne*, in: Barth, Boris und Osterhammel, Jürgen: *Zivilisierungsmissionen, Imperiale Weltverbesserung seit dem 18.Jahrhundert*, Konstanz, 2005, S.390ff.

241 Ritson, 1802.

Großbritannien sah sich zum Ende des 18. Jahrhunderts, als selbstproklamiertes *‚Mutterland der politischen Freiheit'*, mit einem Dilemma konfrontiert. Nach den Revolutionen in Frankreich und, wichtiger noch, den Vereinigten Staaten, lief es Gefahr, nicht mehr als das freieste und vor allem, in Bezug auf letztere, protestantischste Land zu gelten. Also mussten Wege gefunden werden, sich auf anderen Gebieten als besonders fortschrittlich zu beweisen. Dazu gehörte vor allem die Abschaffung der Sklaverei. Diese ging mit einer moralischen Verurteilung der Vereinigten Staaten einher, bei welcher die kontinuierliche Praxis der Sklaverei angemahnt wurde. Die Tatsache, dass die neu gegründeten und unabhängigen USA sich immer noch der Sklavenarbeit bedienten, in einer Zeit wo in Britannien qua Gerichtsurteil Sklaverei bereits als inkompatibel mit englischem Recht gewertet wurde,[242] der Sklavenhandel aufgehoben und selbst über die Abschaffung der Sklaverei nachgedacht wurde, war eine willkommene Grundlage für die eigene Selbstbestätigung. Die Abolition galt als Reaffirmation des liberalen Erbes.[243]

Anti-Sklaverei wurde zum Emblem nationaler Tugenden, ein Mittel, sich gegenüber Fremden zu nobilitieren und mit der innerlich fest verwurzelten Liebe zur Freiheit zu beeindrucken. Vor allem nach dem amerikanischen Unabhängigkeitskrieg entwickelte sich die Anti-Sklaverei demgemäß zu einem patriotischen Akt. Diese Feststellung Linda Colleys lässt sich auch auf die Tierrechtsbewegung anwenden. Die Verbindung von menschlicher und tierischer Sklaverei erschienen evident. In der Tat wurden, paternalistischen Prinzipien gemäß, entsprechende Verbindungen gezogen.[244] Die Sensibilisierung gegenüber dem Tier wurde gerade in Kontrast zu fremden Kulturen konstatiert. Englische Reisende des späten 18. Jahrhunderts zeigten sich entsprechend schockiert über den Umgang der *‚Fremden'* mit dem Tier. Dies bezog sich vor allem auf den spanischem Stierkampf, kontinentale Jagdmethoden, die Vivisektion und

---

242 Bereits 1772 entschied Lordrichter Mansfield im Fall des Sklaven James Somerset, dass das Common Law Sklaverei nicht kenne und dass die Sklaverei dem englischen Recht fremd sei. Damit durfte, zumindest theoretisch, kein Sklave gegen seinen Willen aus England entfernt werden. Vgl. Wise, Steven M.: *Though the Heavens May Fall, The Landmark Trial That Led to the End of Human Slavery*, Cambridge, MA, 2005.

243 Colley, Linda: *Britons: Forging the Nation 1707-1837*, London, 1996, S.374f; Die Traditionen des *‚freeborn Englishman'*, auf die sich ArbeiterInnen in ihren Forderungen nach Presse-, Versammlungs- und Redefreiheit sowie der Freiheit der Person beriefen, gehen historisch noch weiter zurück. Als Konzeption sind sie, so der namhafte Historiker E.P. Thompson, eben nicht ausschließlich ein Erbe des bürgerlichen Individualismusprinzips, wie sie in späteren marxistischen Interpretationen gefunden werden kann. Vgl. Thompson, E.P.,1991, S.805.

244 Diese Verbindung lässt sich durchaus auch in der zeitgenössischen Literatur wieder finden. Vgl. Spiegel, Marjorie: *The Dreaded Comparison, Human and Animal Slavery*, London, 1988.

die Behandlung von Haustieren und domestizierten Tieren. Mrs. Hervey, eine solche Reisende, beklagte sich über diese Grausamkeit:

> *„What hurt me most was their barbarous treatment of the poor mules, whom they beat most unmercifully with their fists, feet, sticks and even stones. I walked about and begged them to be more gentle to them; they laughed at me."*[245]

Nicht nur wurde die Sensibilisierung gegenüber dem Tier positiv bewertet, auch betrachtete man Grausamkeit gegenüber der Tierwelt mehr und mehr als etwas Unbritisches. Oliver Goldsmith ließ in seiner im *Public Ledger* 1760-61 veröffentlichten humoristischen Briefesammlung *‚The Citizen of the World'* einen chinesischen Handlungsreisenden über die vorgebliche Tierliebe der BritInnen berichten:

> *„To hear them speak, a stranger would be apt to imagine they could hardly hurt the gnat that stung 'em; they seem so tender, and so full of pity, that one would take them for the harmless friends of the whole creation; the protectors of the meanest insect or reptile that was privileged with existence."*[246]

Diese Herausbildung einer britischen Identität war verbunden mit einer Definition des *‚Anderen'* und setzte sich vor allem im gemeinsamen Bezug zum Protestantismus durch. Tierschutz konnte der Etablierung dieser nationalen Identität entgegenkommen. Man konnte sich mit seiner Propagierung etwa von, im irischen Katholizismus entdeckten, fundamentalen Barbareien gegenüber dem Tier bewusst absetzen:

> *„ (...) the minds of millions in Catholic countries [are] closed against the rising tide of pity and sympathy* (mit dem Tier, Anm. M.R.) *which has swelled the hearts of Protestants, Theists, and Agnostics all over the civilised world."*[247]

Zudem konnte er helfen, Frankophobie zu verfestigen. Die Darstellung der Vivisektion in ihrer brutalsten Ausformung als durch und durch französische Forschungsmethode, *„the madness of French physiology"*,[248]

---

245 Childe-Pemberton, William S.: *The Earl Bishop*, ohne Datumsangabe, S.77 zitiert nach: Thomas, 1984, S.143.

246 Goldsmith, Oliver: *The Citizens of the World, Letter XV*, in: Friedman, Arthur (Hg.): *The Collected Works of Oliver Goldsmith,* Vol. II., Oxford, 1966, S.66.

247 Cobbe, Frances Power: *The Ethics of Zoophily*, The Contemporary Review, Nr.68, 1895, S.507.

248 Kete, Kathleen: *The Beast in the Boudoir, Petkeeping in Nineteenth Century Paris,* Berkeley u.a., 1994, S.14.

ließ Schlüsse darüber zu, wo die schlimmste Form der Tierausbeutung zu finden war.[249]

> *„As a nation we have long passed this elementary stage of morality, and by legislation have practically admitted that animals are something more than animated chattels,"*[250]

sagte der Verleger Ernest Bell, Mitglied der Humanitarian League, in Bezug auf kontinentale Vorstellungen des Tieres als Besitzgegenstand. Tierrechte konnten somit Bestandteil eines Kulturimperialismus werden, der an reinen Rassismus grenzte, wie Keith Tester konstatiert.[251]

Zwischen 1780 und 1850 vollzog sich zudem in Großbritannien so etwas wie eine moralische Revolution:

> *„The English ceased to be one of the most aggressive, brutal, rowdy, outspoken, riotous, cruel and bloodthirsty nations in the world and became one of the most inhibited, polite, orderly, tender-minded, prudish and hypocritical."*[252]

Ob dies tatsächlich der Fall war, sei zunächst einmal dahin gestellt. Festzuhalten bleibt, dass in der Wahrnehmung der Zeitzeugen die Reduktion der Gewalt gegenüber Tieren, Kriminellen und Kindern als etwas gewertet wurde, dass sich patriotisch nutzen ließ. Eine Reglementierung des Tiermissbrauchs, so argumentierte Lord Erskine in seiner Rede zum eigenen, gescheiterten Gesetzentwurf von 1809, wäre eine Ehre für die Nation und würde den Beginn einer neuen Ära der Zivilisation in der Weltgeschichte bedeuten.[253]

Der Bezug zur Nation ist auch bei Shelley augenfällig und sein liberaler Anarchismus schien seinem Patriotismus in keiner Weise entgegen zu stehen. Shelley rechnete vor, dass eine vegetarische Ernährungsweise

---

249 Cobbe, Frances Power: The *Rights of Man and the Claims of Brutes'*, Fraser's Magazine, Nr.68, 1863, S.601, nach: Williamson, Lori: *Power and Protest, Frances Power Cobbe and Victorian Society*, London u.a., 2005, S.100f.

250 Bell, Ernest: *The Morality of Vivisection: Two Replies*, The Contemporary Review, Nr.62, 1892, S.852.

251 Tester, Keith: *Animals and Society: The Humanity of Animal Rights*, London u.a., 1991, S.118.

252 Perkin, Harold: *The Origins of Modern English Society, 1770-1880*, London, 1969, S.280; Für eine andere Meinung, nach der Engländer zumindest partiell noch bis ins späte 19. Jahrhundert für ihre Grausamkeit gegenüber dem Tier bekannt gewesen seien, vgl. Ritvo, Harriet: *Animals in Nineteenth-Century Britain, Complicated attitudes and competing categories*, in: Manning, Aubrey und Serpell, James (Hg.): *Animals and Human Society, Changing perspectives*, London u.a., 1994, S.106-126.

253 The Society for the Prevention of Cruelty to Animals (Hg.): *The Speech of Lord Erskine in the House of Peers, 10th May 1809 on the Second Reading of the Bill for Preventing Malicious and Wanton Cruelty to Animals*, London, 1824, S.31; Hansard, House of Commons Debates, Vol. 14, 15. Mai 1809, S.371.

ökonomisch sinnvoll sei, da weniger Arbeit mehr Produkt hervorbrächte. Damit würde sich England nicht länger von ausländischen Märkten abhängig machen. Seine Reisebeschreibungen zeugen mitunter von insularer Borniertheit und Perfektibilitätsanmaßungen der BritInnen gegenüber dem europäischen Kontinent. Die vegetarische Bewegung schien besorgt um die Volksgesundheit.[254] So oder so ließ sich der Tierschutz mit republikanischen Idealen verbinden. Antony Taylor argumentiert überzeugend, dass sich Gegnerschaft gegen die Monarchie, gerade im viktorianischen Zeitalter, mit Kampagnen gegen den Jagdsport verbinden ließ: Dieses mit Grausamkeit einhergehende royale Privileg widersprach all dem, was den Freiheiten des *‚freeborn Englishman'* genügte und käme einer Reinstitutionalisierung des normannischen Jochs gleich.[255] Im Zuge des 19. Jahrhunderts, so sagt auch Kathleen Kete, setzte sich ein Konzept von *‚Englishness'* durch, das auf eine spezielle Bindung zu Natur und Tierwelt verwies.[256]

Gerade den Evangelikalen innerhalb der (R)SPCA war daran gelegen, das nationale Image zu verändern. Selbst zu einem Zeitpunkt, als Großbritannien weit davon entfernt war, wirkliche Veränderungen in der Beziehung um Tier umzusetzen, scheuten sie sich nicht davor, Fremde aufgrund ihres grausamen Umgangs mit dem Tier zu kritisieren. Hierdurch offenbarte sich eine strategische Nutzung des Patriotismus für Tierschutzzwecke.[257] W.A. Mackinnon behauptete bereits 1836:

> *„To Englishmen alone is the credit due, of having been the first – (as in all other humane propositions) to take up the cause of the suffering dumb creation."*[258]

und die *Times* verkündete bezüglich des *Vivisection Acts* von 1876 ihre Abscheu gegenüber Vivisektion auf dem Kontinent. Das Aufschneiden lebender Tiere würde so gar nicht zum Bild der ehrbaren BritInnen passen, denn

> *„this country has an honourable pre-eminence in its abhorrence of cruelty to animals."*[259]

---

254 The Vegetarian Society, The Times, 2. August 1851, vgl. auch: Ritvo, Harriet: *The Platypus and the Mermaid and other Figments of the Classifying Imagination*, Cambridge, MA u.a., 1997, S.199.

255 Taylor, Antony: *'Pig-Sticking Princes': Royal Hunting, Moral Outrage, and the Republican Opposition to Animal Abuse in Nineteenth and Early Twentieth-Century Britain*, in: History, Vol. 89, Januar 2004, S.31.

256 Kete, Kathleen: *Animals and Ideology: The Politics of Animal Protection in Europe*, in: Rothfels (Hg.), 2002, S.25.

257 Vgl. Ritvo, 1987, S.129.

258 RSPCA Annual Report, 1836, S. 23, zitiert nach: Harrison, Brian: *Animals and the State in nineteenth-century England*, The English Historical Review, Nr.88, 1973, S.803.

259 The Report of the Royal Commission on Vivisection, The Times, 19. Februar 1876

Fairholme und Pain unterstellten in ihrer sehr voreingenommenen Geschichte der (R)SPCA nicht nur:

> „*It has not taken this country one hundred years to change the custom of centuries and to earn a reputation of being an animal-loving nation, extremely kind to all animals.*"[260]

Sie gingen sogar so weit, diese Ansicht biologistisch-rassistisch auszulegen und damit eine eindeutige Differenz zu anderen Nationen zu behaupten:

> „*(...) kindness to animals has become a racial characteristic of the British (...)*" und „*(...) indifference* (gegenüber dem Tier, Anm. M.R.) *is still to be found among uncivilized races.*"[261]

Damit sahen sich zahlreiche BritInnen quasi in die Pflicht genommen, diese ‚*Tierliebe*' weltweit zu manifestieren. Die Etablierung von Tierschutzgruppen in anderen Ländern wurde als direktes Ergebnis dieser moralischen Pflicht betrachtet. Damit konnte implizit der britische Imperialismus seine Legitimierung finden.

> „*This* (die Ausweitung der Tierschutzbewegung, Anm. M.R.) *is surely a tribute to the British race, and bears eloquent testimony to its civilizing influence.*"[262]

Der Zivilisierungsansatz passte sich in die vorherrschende Doktrin britischen Imperialismus von 1830-1880 ein, nach der es vor allem der Mangel an zivilisiertem Geist war, der ein weltweites Eingreifen der Briten erforderlich machen würde. Die Zivilisierungsmission galt als die klassische Kolonialideologie im viktorianischen Zeitalter.[263]

Dieser Zivilisierungsimperativ durchsetzte vor allem die Antivivisektionspropaganda. Sollte es England gelingen, diese Praxis gänzlich abzuschaffen, bestünden die greifbaren Möglichkeiten weltweiter Achtung.[264] Frances Power Cobbe war auch hier federführend, erkannte sie doch überall dort Chancen für die Umsetzung von Tierschutzmaßnahmen, wo Großbritannien als Kolonial- oder Besatzungsmacht fungierte. Etwa ließen sich, so Cobbe, afrikanische Elefanten von der barbarischen Behandlung durch die ‚*inferioren*' „*negroe races*" schützen, eine Tat, die gleichsam

---

260 Fairholme und Pain, 1924, S.2, Sidney Trist, Vorsitzender der London Anti-Vivisection Society, sah Tierliebe eher als Bestandteil der angelsächsischen Tradition. Trist, Sidney (Hg.): *The Under Dog, A Series of Papers by various Authors on the Wrongs Suffered by Animals at the Hand of Man*, London, 1913, S.V.

261 Fairholme und Pain, 1924, S.226.

262 Ibid., S.225.

263 Osterhammel, 2005, S.387.

264 The Times, 22. Juli 1880.

den Ruhm des Empires nähren würde.[265] Auch erhoffte man sich durch derartige humanitäre Zivilisierungsanstöße, dem Vergnügungsspektakel der brutalen Tierhatzen den Garaus zu machen.[266] Vor allem die Society for the Prevention of Cruelty to Animals arbeitete mit nationalistischen Konzepten. An die Regierenden gewandt, versprach sie, dass durch die Umsetzung des Tierschutzes bessere, das heißt ihre Pflicht erfüllende Bürger bereit stehen würden. Dadurch vermochte sie sich die königliche Patronage und so das Präfix Royal zu sichern, das ihr 1840 von Königin Victoria verliehen wurde. Der Prince of Wales (später König Edward) lobte 1863 die RSPCA aufgrund ihrer

> *„beneficial results that have attended its exertions in this country, and the noble example which it has set to other nations."*[267]

Insgesamt wurden Tierliebe und Tierschutz zum Zeichen des zivilisierten Fortschritts, ja, zum Zivilisationsmerkmal schlechthin. Das viktorianische Großbritannien hatte sich zum Zivilisationsmodell par excellence erklärt[268] und Tierschutz fungierte als eines seiner markantesten Charakteristika. Auswirkungen dieser besonderen Bedeutung des Tierschutzes können bis in die Gegenwart wahrgenommen werden und haben sich zu einem patriotischen Diskurs verdichtet.[269] Aber auch jene, die die Auffassung nicht teilten, dass die BritInnen ein besonderes Mitgefühl mit dem Tier hätten, suchten den Bezug zum Patriotismus. So appellierte Lewis Gompertz (?-1861), Gründungsmitglied der SPCA, 1824 an das Schamgefühl, das die EngländerInnen angesichts der Besserbehandlung von Tieren auf dem Kontinent entwickeln müssten.

> *„But is it not a shame for Englishmen, who boast so much of their humanity, that (as is well known) they treat their horses and asses with much more cruelty than their neighbours do on the continent?"* [270]

Auch die viktorianische Antivivisektionsbewegung sah es als ihre Aufgabe an, vor den demoralisierenden Nebenwirkungen von Tierversuchen auf die Nation zu warnen.[271] Entsprechend stellt Ryder die These

---

265 Cobbe, Frances Power: The African Elephant, The Times, 7. November, 1895.

266 Osterhammel, 2005, S.401.

267 zitiert nach: Fairholme und Pain, 1924, S.97.

268 Osterhammel, 2005, S.389.

269 Baker, 1993, S.69; vgl. dazu auch: Teil II, Kap.7. Auch in der historischen Aufarbeitung der britischen Tierschutzbewegung können patriotische Untertöne identifiziert werden. So preist z.B. Vyvyan Großbritannien für seine zivilisatorische Vorbildfunktion. Vgl. Vyvyan, John: *In Pity and in Anger: A Study of the Use of Animals in Science*, London, 1969, S.87, 92, 95.

270 Gompertz, Lewis: *Moral Inquiries on the Situation of Man and Brutes*, 1824, Singer, Peter (Hg.), Fontwell, Sussex, 1992, S.26.

271 Vgl. Cobbe, Frances Power: Vivisection and Surgery, Brief an The Times, 30. Dezember 1884.

auf, dass aufgrund der Tatsache, dass Großbritannien bis mindestens Ende des 18. Jahrhunderts als besonders brutal gegenüber dem Tier angesehen wurde, sie die humanitären Bemühungen des Tierschutzes in den folgenden zwei Jahrhunderten vorantrieben.[272]

Diese Illustration der Ausgangsvoraussetzungen für die Entstehung der britischen Tierrechtsbewegung dürfte helfen, britische Besonderheiten erfassbar zu machen. Die Industrialisierung war zunächst spezifisch britisch, und in der Entwicklung einer urbanen Gesellschaft war Großbritannien bis zum Ende des 19. Jahrhunderts federführend. Die Idee des Vegetarismus und die des erweiterten Tierschutzes wurden von radikalen Denkern und SchrifstellerInnen in den öffentlichen Diskurs um die Frage der Rolle des Menschen in der Natur getragen. Das Interesse an Tieren als Objekte der Bewunderung in Zoos oder Objekte der Zuneigung als Haustiere half dabei, das Tier als etwas anderes denn als reinen Nutzgegenstand zu betrachten. Zudem gelang es, dem Tierschutz in Großbritannien ein nationalistisches Element zu geben, auch wenn dies nicht unbedingt in der Absicht mancher frühen TierschützerInnen gelegen haben mag. Das Zivilisierungsmotiv legitimierte die ausgeweitete Stellung, die dem Tierschutz in bürgerlichen Moralvorstellungen zukam. Außerdem kamen die bis heute nachhaltigsten philosophischen Impulse in Bezug auf die Tierethik aus Großbritannien. Ihnen wird im folgenden Kapitel Rechnung getragen. Jeremy Benthams Utilitarismusprinzip als spezifisch angloamerikanische Philosophietradition und auch individualrechtliche Ansätze sind hier zu verorten. Beide basierten auf Neubetrachtungen von Tier und Mensch im Kontext der Natur. Ein in Großbritannien ausgeprägter Liberalismus, eine gut verankerte Anti-Sklavereibewegung und ein zivilisierender Anspruch an die Nation vermochten zudem, Tierschutz einen festigenden Hintergrund zu liefern.

[272] Ryder, 2000, S.60.

Exkurs: Tierschutz vs. Tierrecht: Eine notwendige Unterscheidung

Die historische Analyse der Tierrechtsbewegung birgt eine definitorische Schwierigkeit: Dem Tierrechtskonzept sind zu verschiedener Zeit und an verschiedenen Orten unterschiedliche Bedeutungen zugemessen worden. Eine Klarheit der Begrifflichkeiten kann erst für das ausgehende 20. Jahrhundert vorausgesetzt werden. Das bedeutet, dass die Begriffe Tierrecht und Tierschutz zuvor eine gewisse Austauschbarkeit innehatten. Außerdem können manche ProtagonistInnen nicht einfach der einen oder anderen Kategorie zugeordnet werden, da sie durchaus zwischen beiden Ansätzen hin und her wanderten. Der Begriff des Tierrechts kann hier also nicht, zumindest im historischen Kontext, ohne den Begriff des Tierschutzes Erklärung finden und vice versa. Zudem verwenden auch heutige ProtagonistInnen die Begriffe so, als seien sie austauschbar. Der Begriff *‚Tierrecht'*, wie er im späten 18. Jahrhundert verwendet wurde, unterscheidet sich indes fundamental von der Bedeutung, die ihm etwa Henry Salt zum Ende des 19. Jahrhunderts zuwies. Er beinhaltete dort wiederum etwas anderes als das, was Frances Power Cobbe, die selber als beständige Fleischesserin galt, ihm zumaß, und noch einmal etwas ganz anderes als das, was in der Gegenwart Tom Regans Rechtsphilosophie unter dem Begriff zu explizieren versucht.

Allen unterschiedlichen Ansichten gemein kann jedoch vereinfachend festgestellt werden, dass TierschützerInnen darum bemüht waren *‚unnötiges Leiden'* von Tieren abzuwenden. *‚Notwendiges Leiden'* wiederum wurde auf einer weiten Skala platziert, die zumeist von der individuellen Bereitschaft geprägt war, auf tierische Produkte zu verzichten bzw. die Umstände bemaß, unter denen ihre Produktion stattfand. So mochte der Konsum von Fleisch beispielsweise gerechtfertigt erscheinen, nicht aber die Vivisektion oder nur dann, wenn der unmittelbare Nutzen für den Menschen nachvollziehbar war. Es galt daher vor allem die Umstände, unter denen Tiernutzung von statten ging, so zu modifizieren, dass das daraus folgende Leid auf ein Minimum reduziert werden konnte. Lord Erskine stellte dementsprechend seinem Gesetzentwurf 1809 voran:

> *„They are created indeed for our use, but not for our abuse."*[273]

In gleicher Absicht äußerten sich zahlreiche frühe TierschützerInnen. William Youatts (1776-1847) *‚The Obligation and Extent of Humanity to Brutes'* von 1839 stellte wohl eine der komprimiertesten Verteidigungen und Darlegungen reinen Tierschutzes dar. Youatt, Veterinär und füh-

---

273 The Society for the Prevention of Cruelty to Animals (Hg.): *The Speech of Lord Erskine in the House of Peers, 10th May 1809 on the Second Reading of the Bill for Preventing Malicious and Wanton Cruelty to Animals*, London, 1824, S.6

rendes Mitglied der (R)SPCA, war darum bemüht darzulegen, dass es eben nicht um den Angriff auf Tiernutzung im Allgemeinen gehe, sondern lediglich ihre missbräuchlichen Ausformungen bekämpfenswert seien.

> *„The right of man to destroy animal life for his own support, and even for his convenience, we have not for a moment disputed. It is the causeless destruction of it to which we object. (...) It is causing that death to be attended by needless pain."*[274]

Das bedeutet, dass Tierschutz grundsätzlich anthropozentrisch orientiert war und selbstverständlich das Interesse des Menschen am Tier über das Interesse des Tieres an ein tiergerechtes Leben gestellt wurde. Weder wurde ein fundamentaler Unterschied zwischen Tier und Mensch in ihrer moralischen Berücksichtigung negiert, noch wurde am paternalistischen Umgang mit anderen Spezies gezweifelt.[275] Allerdings erklärte man die Herrschaft über das Tier zum *‚moral trust'*.[276] Die Legitimität der Herrschaft vom Menschen über das Tier wurde damit vom Tierschutz nicht per se in Frage gestellt. Tierschutz war darüber hinaus auch insofern anthropozentrisch, als dass es ihm ein Anliegen war, den Menschen selbst zum Objekt der moralischen Verbesserung und Erhöhung (auch über das Tier) zu machen und die Tierwelt in einem romantischen Naturverständnis für die Menschheit zu erhalten. Tierrecht hingegen, zumindest in seiner radikalsten Auslegung, wollte die Speziesbarrieren gänzlich auflösen und das sowohl in ihrer moralischen Bewertung als auch in den daraus abgeleiteten Behandlungsmaßstäben. Das heißt, die Tiere wurden unabhängig von ihrem Nutzen als mit eigenen Interessen ausgestatte Individuen betrachtet, deren Interessen denen der Menschen gleichwertig seien. Dies implizierte daher die Einforderung fundamentaler Rechte.[277] Diese Rechte konnten abstrakter oder legalistischer Form sein, wie im folgenden Kapitel noch näher ausdifferenziert wird. Das bedeutete, dass das Töten, Quälen, ja, der Gebrauch eines Tieres schlechthin immer als falsch erachtet wurde, wenn dies nicht dem Selbstschutz diente. In weniger radikaler Form galt es, zumindest die Interes-

---

274 Youatt, William: *The Obligation and Extent of Humanity to Brutes, Principally Considered with Reference to the Domesticated Animals*, 1839, Nachdruck, Lewiston 2003, S.49.

275 Zum Paternalismus in Tierschutz siehe: Rogausch, Günther: *Voice of the Voiceless?!: Engagement ‚für Tiere' zwischen Solidarität und Paternalismus*, in: T.A.N.: *My Brother's Keeper: Zur Tierrechtsbewegung – Meinungen, Gedanken, Erfahrungen*, Hamburg, 2002, S. 8-36.

276 So argumentierte etwa Lord Erskine. The Society for the Prevention of Cruelty to Animals (Hg.): *The Speech of Lord Erskine in the House of Peers, 10th May 1809 on the Second Reading of the Bill for Preventing Malicious and Wanton Cruelty to Animals*, London, 1824, S.6.

277 Francione, Gary: *Rain without Thunder. The Ideology of the Animal Rights Movement*, Philadelphia, 1996.

sen der Tiere und Menschen gegeneinander abzuwiegen und eben nicht per se die Interessen der Menschen höher zu bewerten. Notwendig war dann nicht mehr, die Tiere zu *,lieben'*, sondern lediglich ihre als legitim angesehenen Interessen zu wahren. Damit implizierte der Begriff des Tierrechts keinesfalls zwangsläufig Tierliebe.

Die Grundidee des Tierrechtsgedankens basierte auf der Annahme und impliziten Forderung, dass Tiere und Menschen fundamentale und unveräußerliche Rechte haben und daher als moralisch gleichwertig betrachtet werden müssten. TierrechtlerInnen bekämpften daher alle Arten der Tiernutzung durch den Menschen – sei es für Nahrung, Kleidung oder in der Heimtier- und Zoohaltung. TierschützerInnen hingegen sahen in den Tieren häufig einen Teil der Natur, den es zu erhalten galt. Tierschutz neigte zudem dazu, sich in seinen Schutzforderungen auf solche Tiere zu beschränken, die sich im direkten Umfeld der ProtagonistInnen befanden oder als *,niedlich'* betrachtet wurden. Zwar war das Individualismuskonzept ebenfalls integraler Bestandteil der Tierrechtsphilosophie, verzichtete jedoch auf einer weiteren Unterscheidung nach Spezies. So fügte Henry Salt in der Debatte um den Jagdsport, bei der es um den vermeintlichen Spezieserhalts der Jagd ging, an:

> *„It would be little comfort to the individual fox who is torn to pieces by the hounds to know, that his species is preserved by his tormentors."*[278]

Gleichsam argumentierte ALF-Mitbegründer Ronnie Lee achtzig Jahre später:

> *„An individual animal doesn't care if its species is facing extinction – it cares if it feels pain."*[279]

Ein weiteres Unterscheidungskriterium zwischen TierschützerInnen und TierrechtlerInnen, aber auch zwischen verschiedenen Tierrechtsansätzen, bezieht sich auf den politischen Status und den daraus folgenden Aktions- und Zielsetzungsrahmen der Bewegung. So kann folgende Klassifizierung der AktivistInnen vorgenommen werden: *,ReformistInnen'*, die innerhalb des Systems arbeiteten, um die Bedingungen unter denen Tiere gehalten werden, positiv zu korrigieren und *,AbolitionistInnen'*, deren Anliegen die Eliminierung jeglicher Nutzung von Tieren war. Von Finsen und Finsen wird das Unterscheidungskriterium zwischen *,FundamentalistInnen'* und *,PragmatikerInnen'* vorgeschlagen. *,FundamentalistInnen'* würden niemals, ungeachtet möglicher Vorteile für den Menschen und deren Zufriedenheit, Tiere zur Nutzung durch den Menschen freigeben wollen. *,PragmatikerInnen'* sprächen jedoch bestimmten Spezies, in

---

278 Salt, Henry S.: *The Sportsman at Bay*, in: International Journal of Ethics, Vol. 1, Nr.4, Juli 1906, S.494.

279 Ronnie Lee zitiert nach: Tester, 1991, S.191.

diesem Fall dem Menschen, mehr Achtung und Rechte in der Verwirklichung ihrer Bedürfnisse und Interessen zu.[280] Jaspers und Nelkins Unterscheidung unterteilt ebenfalls nach ‚*PragmatikerInnen*' und ‚*FundamentalistInnen*' bzw. ‚*rightists*', fügt jedoch auch noch ‚*welfarist*' hinzu. Letztere akzeptierten gemäßigten Tiergebrauch, wenn er das Leid des Tieres auf einer minimalen Ebene belässt.[281] Garner empfindet die Terminologie ‚*Radikale*' und ‚*Konservative*' adäquater, da sich diese Terminologie sowohl auf die theoretische Auseinandersetzung als auch auf deren methodische Folgeerscheinungen anwenden ließe. Gruppen wie die National Anti-Vivisection Society (NAVS) seien zwar in der Ideologie strikt abolitionistisch gewesen, in der Wahl ihrer Methoden jedoch eher konservativ.[282]

Seinem Beispiel folgend möchte ich zwischen radikalen und moderaten Gruppen unterscheiden. Unter den Radikalen verstehe ich all jene Gruppen, die sich um ein ganzheitliches Tierrechtskonzept bemühten und ihre Forderungen absolutistisch formulierten. Dies umfasst nicht ausschließlich die militanten Gruppen. Ich ziehe, anders als Garner, jedoch die Einstufung als moderat der Umschreibung als konservativ vor, zeigten sich doch auch die moderaten Gruppen durchaus dazu bereit, etwa in der Methodenfrage neue Wege zu gehen. Eindeutig widersprechen möchte ich Munros Klassifizierung, der Tierschutz als politische Bewegung, Tierrechte als moralische Bewegung definiert.[283] Er übersieht, dass der historische Tierschutz aus den moralischen Reformbewegungen zur Zivilisierung der Massen hervorgegangen ist. Zudem sollten sich Tierrechtsideen vom Tierschutz aufgrund ihrer rationalen Begründungen absetzen. Tierrecht verlangte zudem nach politischen Maßnahmen, die sich beispielsweise in der Rechtserweiterung auf Tiere ausdrücken sollten.

Dies alles erschwert die klare Darstellung. Es soll dennoch soweit wie möglich versucht werden, eine Trennung durchzuführen, obgleich die scharfe Distinktion, die heute zwischen Tierschutz und Tierrechtskampagnen und ihren ProtagonistInnen besteht, nicht die gleiche Stringenz in der historischen Bewegung hatte.[284] Wenn in der philosophischen Betrachtung etwa Ansätze zu finden sind, die sich unzweifelhaft unter der heutigen Tierrechtsposition finden lassen, so werden sie als solche benannt, auch wenn ihre VetreterInnen dies in der Praxis nicht vollkom-

280 Finsen und Finsen, 1994, S.106.

281 Jasper und Nelkin, 1992, S.8f.

282 Garner, 1993, S.48.

283 Munro, 2005, S.18, 53ff.

284 Kean, Hilda: *The 'Smooth Cool Men of Science': The Feminist and Socialist Response to Vivisection*, in: History Workshop Journal, Ausgabe 40, 1995, S.28.

men umgesetzt haben mögen. Außerdem wird der Tierschutz auch deshalb Objekt der Untersuchung sein, da die Tierrechtsbewegung als direkte Konsequenz der von ihr antizipierten Unzulänglichkeiten bzw. als logische Weiterentwicklung des Tierschutzes zu verstehen ist. So wird der RSPCA als größter und einflussreichster Tierschutzvereinigung des Landes entsprechender Platz eingeräumt. Sie galt als Bezugspunkt, an dem sich die Tierrechtsgruppen abarbeiteten. Auch die in der Antivivisektionsbewegung des späten 19. Jahrhunderts hervorgetretenen Spaltungen zwischen graduellen und absoluten Ansprüchen in Bezug auf Umsetzungsstrategien sind Ausdruck verschiedener, nicht nur taktischer, sondern auch ideologischer Herangehensweisen. Diese Fragmentierungen lassen sich bis in die Gegenwart verfolgen und machen die Radikalisierung der bestehenden zweiten Bewegung erst erklärbar.

Der zusätzliche Begriff der Tierbefreiung, wie er seit den 1970er Jahren von Peter Singer und der Animal Liberation Front gebraucht wurde, deren jeweilige Definitionen des Begriffes sich wiederum erheblich unterscheiden, ist sicherlich den Befreiungsdiskursen der Zeit zuzuschreiben. In gleicher Weise hatte sich der Tierrechtsbegriff anlehnend an Diskussionen über Menschenrechte entwickelt.[285] Zudem möchte dieser Begriff die unzulängliche Trennung zwischen Tierschutz und Tierrecht umgehen sowie die eigene radikalere Position unterstreichen.

[285] Tester, 1991, S.166f.

2. Die ersten TierrechtlerInnen in Großbritannien: Zugänge und Begründungszusammenhänge

Die sozio-strukturellen Ausgangsvoraussetzungen für die Etablierung der Tierrechtsbewegung waren also gegeben. Was fehlte, waren die richtigen Argumente, um den Tierschutz als moralisches Konzept in die öffentlichen Diskurse einfließen zu lassen. Dies wurde jedoch spätestens zum Ende des 18. Jahrhunderts auf gleich drei Ebenen nachgeholt, die im folgenden Kapitel dargestellt werden. Zum einen begann die Philosophie, sich verstärkt mit dem Verhältnis von Mensch und Tier auseinanderzusetzen bzw. geltende philosophische Konzepte zu hinterfragen. Vor allem die philosophischen Schulen des Utilitarismus und der Rechtsphilosophie begriffen Tiere zunehmend als schmerzempfindsame Wesen, die moralisch zu berücksichtigen wären. Abschnitt Eins wird sich mit ihnen und ihren prominentesten Vertretern beschäftigen. Noch einflussreicher für die britische Gesellschaft des 18. und 19. Jahrhunderts waren jedoch die religiös geprägten Moralvorstellungen, die im Siegeszug evangelikaler Glaubenssätze Barmherzigkeit gegenüber dem Tier als Teil seelischer Errettungsstrategien betrachteten. Das religiöse Herantasten an das Tier fand jedoch bei den verschiedenen Religionsgemeinschaften, den Dissentern und der Staatskirche in unterschiedlicher Ausprägung statt, wie der zweite Abschnitt genauer beleuchten wird. Erörtert wird hier auch, inwiefern Tierschutz dazu diente, religiöse Ausgrenzungen vorzunehmen bzw. das protestantische Ideal zu beschwören. Abschnitt Drei befasst sich schließlich mit den evolutionsbiologischen Ausführungen Charles Darwins, der mit seinen Abstammungstheorien Tier und Mensch in ein direktes Verwandtschaftsverhältnis setzte.

2.1 Theoretisch-Philosophische Betrachtungsweisen

2.1.1 Utilitarismus und Schmerzprinzip

Dem Juristen und Rechtsphilosophen Jeremy Bentham, einem führenden Vertreter des britischen Empirismus, gelang in seinem 1780 erschienenen, jedoch niemals komplettierten Werk *‚An Introduction to the Principles of Morals and Legislation'* eine Gerechtigkeitsphilosophie, die ohne Rechtsprinzip auskam. Gerade eine naturrechtliche Prägung betrachtete Bentham nämlich als *„hotch-potch of fallacies"*[286] und als Gefahr für das gesellschaftliche Gefüge. Bentham genoss eine juristische Ausbildung in Oxford und London, fand jedoch an der Juristerei keinen Gefallen, weil ihm die Prinzipien des Common Law als willkürlich und unvernünftig er-

286 Stephen, Leslie: *The English Utilitarians, Vol. 1 Jeremy Bentham*, Bristol 1991, Nachdruck der Ausgabe von 1900, S.195.

schienen; Urteile sollten nicht an der Entscheidung eines einzelnen Richters hängen. Also ersann er einen Rechtskatalog in Anlehnung an William Blackstone (1723-1780), der mit seinen *'Commentaries on the Laws of England'* eine erstmals systematische und die wohl bekannteste Darstellung englischen Rechts lieferte.[287]

Gedacht war *'An Introduction to the Principles of Morals and Legislation'* als Einführung in einen von ihm ausgearbeiteten Strafkatalog, verfasst mit dem Bestreben, soziale und politische Reformen zu propagieren. Der Fokus seiner Ausführungen lag auf dem Nützlichkeitsprinzip (*principle of utility*). Das Nützlichkeitsprinzip ging davon aus, dass der Mensch von Natur aus lediglich von zwei Faktoren gelenkt werde: Freude und Schmerz. Alle Handlungsweisen würden demnach von diesen Prinzipien dominiert und diktiert werden. Bentham erklärte, dass Handlungen dann als (moralisch) gut zu bewerten seien, wenn sie der größtmöglichen Zahl einer Gesellschaft angehöriger Individuen das größtmögliche Glück brächten. Entsprechend wird dieses Konzept auch als *'greatest happiness principle'* bezeichnet. Glück definierte sich hier über einen möglichst hohen Überschuss an Freude und der Abwesenheit von Schmerz. Die Gesellschaft wurde von Bentham als Summe aller Individuen betrachtet. Deren Interessen seien als egalitär zu behandeln. Gleiches galt für die Betrachtung von Handlungsweisen, die schmerzhafte Konsequenzen implizieren könnten. Immer gälte es, so Bentham, die Handlungsweise zu wählen, welche die geringsten Schmerzen für die Gesellschaft und ihre Individuen mit sich bringen würde.

Obwohl Bentham nicht als Erfinder dieses Prinzips gelten kann, so ist er neben James Mill (1773-1836) jedoch derjenige, der den klassischen englischen Utilitarismus am meisten prägte.[288] Zwar bediente er sich auch der Unbedingtheit der Vernunft, geißelte jedoch die *'moral-sense'*-Theorien[289] von David Hume (1711-1776)[290] und Lord Shaftesbury (1671-1713) als in-

---

287 Bekannt wurde Bentham außerdem für den Entwurf seines Panoptikums, einer modernen Strafanstalt, die die dauerhafte Observation der Häftlinge ermöglichte und in der Strafrechtsreform als modern, fortschrittlich und philanthropisch bewertet wurde. Zum einen sollte das Panoptikum als Verbesserung der herkömmlichen Gefängnisse dienen, zum anderen als Alternative zur Deportation in die Sträflingskolonie Australien. Darüber hinaus versprach sich Bentham eine disziplinierende Wirkung von seinem Panoptikum.

288 Bentham selbst gibt an, den Terminus von Priestley aus dessen *'Essay on Government'* von 1768 bzw. aus Cesare Beccarias *'Von den Verbrechen und Strafen'* von 1764 übernommen zu haben.

289 Moral-Sense-Theorien basieren auf der Annahme, dass der moralische Sinn eines Menschen ihm sage, was gut und was schlecht sei.

290 Hume befürworte Tierschutz zwar als Erfordernis der Barmherzigkeit, nahm Tiere aber explizit als Subjekte seines Kontraktualismus heraus. Für ihn war es das *'common law of humanity'*, nicht festgeschriebene Gesetze, von dem aus Tieren notwendige Beachtung entgegengebracht werden sollte. Hume, David: *An Enquiry Concerning the*

adäquate und wissenschaftlich und mathematisch nicht zu berechnende Größe. Nach ihr wären Handlungsweisen eben nicht – im Gegensatz zum Prinzip des Utilitarismus – rational zu bewerten.[291] Bentham hob hervor, dass sein Prinzip die Möglichkeit zur Berechnung einer Handlungsweise liefern würde: Sie bringe ein konkretes Ergebnis mit sich, das die Handlung als entweder gut oder schlecht für das Individuum oder die Gesellschaft ausweise. Darüber hinaus, so antizipiert Pollard, sei der Einfluss, den die Utilitarismustheorie Benthams und auch Mills auf viele Soziale Bewegungen und die Sozialpolitik im 19. Jahrhundert gehabt habe, als signifikant zu bemessen. Der Versuch einer praktischen Umsetzung des Programms sei unübersehbar.[292] So weist Pollard den Einfluss der Utilitaristen bei der Reform des Poor Laws von 1834 nach, die von der Ober- und Mittelschicht als wichtige Reform und als Verhinderung der Ausweitung des so genannten *‚Pauperismus'* gesehen wurde. Die Armen unterwarf das Poor Law der menschenverachtenden zentralen Bürokratie und Administration der *Workhouses*. Damit ersetzte Utilitarismus den ohnehin schon schwer zu ertragenden Paternalismus, mit dem die Unterschicht zuvor behandelt wurde. Was die Attraktivität des Utilitarismusmodells ausmachte, war, dass von ihm behauptet wurde, es ersetze willkürlich ausgewählte moralische Regeln mit einer auf kohärenter Basis errichteten Moralität: Handlungen wurden aufgrund ihrer Konsequenzen als richtig oder falsch bewertet.[293]

Unter diejenigen Individuen, die eine ethische Betrachtung erfahren sollten, das heißt die bei der Berechnung des Prinzips des größtmöglichen Glücks berücksichtigt werden müssten, platzierte Bentham auch die Tiere. Moralische Verpflichtungen gäbe es daher genauso gegenüber dem Tier, wie gegenüber dem Menschen.

> *„The day has been, I grieve to say in many places it is not yet past, in which the greater part of the species, under the denomination of slaves, have been treated by the law exactly upon the same footing, as, in England for example, the inferior races of animals are still. The day* ***may*** *come, when the rest of the animal creation may acquire those rights which never could have been withholden from them but by the hand of tyranny. The French have already discovered that the blackness of the skin is no reason why a human being should be abandoned without redress to the caprice of a tormentor."*[294]

Principles of Morals, 1777, nach: Midgley, Mary: *Animals and Why They Matter*, Athens, 1983, S.48.

291 Bentham, 1970, S.26.

292 Pollard, Sidney: Der *klassische Utilitarismus: Einflüsse, Entwicklungen, Folgen* in: Gähde, Ulrich und Schrader, Wolfgang H.: *Der klassische Utilitarismus: Einflüsse-Entwicklungen-Folgen*, Berlin, 1992, S.10.

293 Glover, Jonathan: *Utilitarianism and its Critics*, London, 1990, S.1.

294 Bentham, 1970, S.283, Heraushebung und Rechtschreibung im Original.

Dieser Vergleich zwischen der Versklavung von Menschen und der Ausbeutung und Ermordung von Tieren schlug sich in der Zusammenarbeit zwischen AktivistInnen der Anti-Sklaverei- und denen der Antivivisektionsbewegungen nieder. Auch Bentham setzte sich für erstere Sache aktiv ein und hielt regen Kontakt zu dem Evangelikalen William Wilberforce (1759-1833), einem der Hauptprotagonisten der Abolitionsbewegung in Großbritannien und Mitbegründer der (R)SPCA. Weiter sagte Bentham, und diese Worte sind quasi zum Diktum der Tierschutzbewegung avanciert,

> *„It may come one day to be recognized, that the number of the legs, the villosity of the skin, or the termination of the* ***os sacrum****, are reasons equally insufficient for abandoning a sensitive being to the same fate? What else is it that should trace the insuperable line? Is it the faculty of reason, or perhaps, the faculty of discourse? But a full grown horse or dog is beyond comparison a more rational, as well as a more conversible animal, than an infant of a day, or a week, or even a month, old. But suppose the case were otherwise, what would it avail? The question is not, Can they* ***reason****? nor, Can they* ***talk****? but, Can they* ***suffer****?"*[295]

Hiermit verwies Bentham all diejenigen in die Schranken, die die Berücksichtigung des nichtmenschlichen Tieres ausschließlich von etwaig vorhandenen Befähigungen, insbesondere der Vernunftfähigkeit, abhängig machten. Er negierte deren Proklamat, den Menschen – als einzig rationales Wesen – über das Tier zu setzten, da nur er qua Sprache in der Lage sei, Bedürfnisse zu artikulieren. Diese Diskussion lässt sich bis zum heutigen Tage verfolgen und auch Benthams Beispiel, das die Rationalität eines Neugeborenen mit der eines Hundes vergleicht, lässt sich etwa bei Peter Singer wieder finden. Benthams Annahme, dass das Leiden des Tieres als einzig gültige Maxime zu gelten habe, spiegelte sich in der Formulierung der ersten Gesetze zum Schutz der Tiere in Großbritannien wider. Der Appell zur Verhinderung von Grausamkeit folgte als logische Konsequenz aus dieser Hypothese. Auch in der Namensgebung der ersten organisierten Tierschutzvereinigung, der (R)SPCA, fand es Nachklang. Es galt dieser, *„to prevent cruelty towards animals."* So übernahm die (R)SPCA in ihrem Grundsatzprogramm von 1824 die utilitaristische Sichtweise bezüglich der von ihr angestrebten Behandlung von Mensch und Tier:

> *„Morality consists in a desire, rationally conducted, to promote general happiness, and consequently to diminish general pain, and it cannot be con-*

[295] Bentham, 1970, S.283, Heraushebung und Zeichensetzung im Original.

tended that the operation of a principle, so glorious to men, should not be made to embrace in it's, effects, the whole of animal life."[296]

Was einzig relevant sei, so dieser Aspekt tierschützerischer Argumentation, sei die Fähigkeit eines Tieres, Schmerz zu empfinden und nicht etwa die Kapazität des Denkens oder der Vernunft.

> *„Pain is Pain"*, schrieb Humphrey Primatt bereits 1776 ‚*„whether it be inflicted on man or beast; and the creature that suffers it, whether man or beast, being sensible of the misery of it while it lasts, suffers evil."*[297]

Menschliche wie tierliche Interessen seien kongruent in Bezug auf die Vermeidung von Schmerz; Angst vor Schmerz sei darüber hinaus die einzige Angst, die Tiere erleiden könnten. Das Tier habe ein Recht darauf, glücklich zu sein, das heißt, frei von Schmerzen oder der Angst vor Schmerzen zu leben. Menschen hätten andersherum nicht das Recht, Tiere dieser Angst auszusetzen. So schrieb Thomas Young, dass die Regel für jegliche Handlung die Maximierung der

> *„quantity of pleasure in the world, and diminishing that of pain"*[298]

sei und Francis Hutcheson erklärte in einem Werk, das erst nach seinem Tod 1755 veröffentlicht wurde, dass Tiere

> *„(...)have a right that no useless pain or misery should be inflicted on them."*[299]

Auch Percy Shelley nahm, zumindest in modifizierter Form, das Prinzip des größtmöglichen Glücks auf. Er erweiterte es jedoch dahingehend, dass er keinerlei Unterschiede zwischen Menschen, Tieren und sogar Pflanzen vornahm.[300] Lewis Gompertz wandte das Utilitarismusprinzip nicht nur auf das Resultat des missbräuchlichen Umgangs mit dem Tier an, sondern zeigte, dass die Grausamkeit a priori zu verurteilen sei:

> *„Cruelty is cruelty under whatever colouring it may appear; and whether exercised on a man or on a fly, cruelty is still cruelty. (...) where there is sensation, there is subject for cruelty, and in proportion to the degree of sensation will its action operate."*[301]

---

296 SPCA, Pamphlet, London, 25. Juni 1824, zitiert nach: Gharpure, 1935, S. 101.

297 Primatt, 1776, Ryder, 1992, S.21, 35f. Ryder attestiert deshalb Primatt noch vor Bentham ‚*Painismus*', also das Schmerzprinzip, als Schlüssel zu einer erweiterten Moraltheorie erdacht zu haben. S.13. Primatt sah jedoch in der Tötung des Tieres per se nichts negatives, so lange der Tötungsvorgang relativ schmerzfrei verlaufe. S.36.

298 Young, Thomas: *An Essay on Humanity to Animals*, 1789, zitiert nach: Perkins, 2003, S.25.

299 Hutcheson, Francis: *A System of Moral Philosophy*, 1755, S.313, zitiert nach: Thomas, 1984, S.179.

300 MacDonald, Daniel J.: *The Radicalism of Shelley and its Sources*, New York, 1969, S.98.

301 Gompertz, 1992, S.150.

Gleichermaßen sagte der Antivivisektionsaktivist Edward Maitland (1824-1897) 1876:

„Pain is pain and injustice is injustice, whoever the victim."[302]

Anna Kingsford sah nicht nur ein gleiches Schmerzempfinden, sondern auch gleiche Gefühlsempfindungen bei Tieren. In einem Brief an den Erzbischof von Paris schrieb sie 1879:

„Nous envisageons les animaux comme les pauvres; car, quoique leur forme soit différente de la notre, ils ont les même capacités de souffrances, et les mêmes affections que nous."[303]

Auch für sie stellte eine allein auf moralische Verpflichtung und Sinngebung abgezielte Ethik kein ausreichendes Werkzeug für die Verhinderung von Tierausbeutung dar.[304] Dies entsprach auch der Auffassung Frances Power Cobbes, die zu bedenken gab:

„What is there in man (...) which should make his trifling pain so inexpressibly solemn a matter, and the agony of another animal, no less physically sensitive, insignificant by comparison? What is the ethical reason why we should prefer the pain of a thousand horses to that of a single man."[305]

Die Bemühung des Schmerzprinzips, auch Sentientismus genannt, war sicherlich das gängigste Mittel in der Forderung der TierschützerInnen nach größerer Berücksichtigung der Tiere. John Stuart Mill (1806-1873) griff es in seiner Unterstützung von Benthams Argumenten für die Anwendung des Utilitarismusprinzips auf Tiere auf. Er forderte damit die Erweiterung des Kreises der zu Berücksichtigenden. In seinen *‚Essays on Religion'* von 1874 merkte er an, dass noch vor 500 Jahren der Aufschrei des Adels groß gewesen wäre, wenn die größtmögliche Freude oder der Schmerz der Leibeigenen genauso viel Gewicht gehabt hätte wie das ihre.[306] Sozialen Fortschritt antizipierend, maß Mill dem Leidensprinzip unmittelbare Bedeutung bei:

„The question is not whether animals understand that they are suffering or

---

302 Edward Maitland, zitiert nach: Westacott, E.: *A Century of Vivisection and Anti-Vivisection*, Ashingdon, 1949, S.162.

303 Kingsford, Anna: Brief an Monsignor Guibert, Erzbischoff von Paris, 1879, nach: Maitland: Edward*: Life of Anna Kingsford: Her Life, Letters, Diary and Works, Vol. I*, London 1896, S.323.

304 Kingsford, Anna: Brief an Lady Mary Caithness, 1. August 1883, nach: Maitland: Edward: *Life of Anna Kingsford: Her Life, Letters, Diary and Works, Vol. II*, London 1896, S.123.

305 Cobbe, Frances Power: *The Moral Aspects of Vivisection*, vierte Auflage, London, 1882, S.18, nach: Dardenne, Émilie: *Frances Power Cobbe et la naissance du mouvement contre l'expérmentation animale*, Cahiers Victoriens et Édouardiens, Nr.54, 2004, S.175.

306 Mill, John Stuart: *Essays on Ethics, Religion and Society*, Robson, J.M. (Hg.), London, 1969, S.184.

whether their sufferings are soothed by religious hopes, but whether they feel suffering."[307]

Mill führte weiter aus, dass das größtmögliche Glück für das Individuum in der Gesellschaft nur dann gegeben sei, wenn ihm ein möglichst großer Anteil an dem Produkt der eigenen Arbeit zukäme. Hier zeigt sich eine ökonomische Seite des Utilitarismus, die eben nicht, wie ihm von KritikerInnen oft vorgehalten wird, per se das Laisser-faire Prinzip propagierte.[308]

Benthams Berücksichtigung des Tieres hingegen fand sowohl auf einer philosophisch-abstrakten Weise statt, lässt sich jedoch auch im persönlichen Umgang mit dem Tier verfolgen. Er liebte Haustiere und hatte eine Anzahl sehr anhänglicher Katzen. Er erinnerte sich gerne an das *'hübsche Schwein'* in Hendon und einen Esel in Fort Abbey. Er ermutigte Mäuse dazu, in seinem Arbeitszimmer zu spielen – eine Angewohnheit, die bisweilen zu Konflikten mit seinen Katzen führte und im Resultat Probleme seines Konzeptes des größtmöglichen Glücks für die größtmögliche Zahl impliziert haben dürfte:

> *„I always enjoyed the society of tame animals. Wilson had the same taste – so had Romilly,*[309] *who kept a noble puss before he came into great business. I never failed to pay my respects (...).I love everything that has four legs; so did George Wilson. We were fond of mice and fond of cats; but it was difficult to reconcile the two affections."*[310]

Folglich kritisierte Bentham vehement solche Sportarten, die zu Grausamkeiten gegenüber dem Tier führen würden. Insbesondere verurteilte er jene Blutsportarten, die von seiner eigenen sozialen Klasse betrieben wurden, vor allem das Angeln und die Jagd:

> *„To my apprehension, every act by which, without prospect of preponderant good, pain is knowingly and willingly produced in any being whatsoever, is an act of cruelty; and like other habits, the more correspondent habit is indulged in, the stronger it grows, and the more frequently productive of bad fruits."*[311]

---

307 Mill, John Stuart: *The Principles of Political Economy*, zitiert nach: Turner, 1992, S.162.

308 Mill beteiligte sich im Übrigen aktiv in der Chartistenbewegung und setzte sich für die Gleichberechtigung der Frau ein.

309 Sir Samuel Romilly (1757-1818) war Anwalt, später Parlamentsmitglied und Bekannter Benthams. Romilly setzte sich für Reformen des Rechtssystems ein, vor allem für die Abschaffung der Todesstrafe für kleinere Vergehen.

310 Atkinson, Charles M.: *Jeremy Bentham, His Life and his Work*, 1970, Nachdruck der Ausgabe von 1905, S.91.

311 Brief an den Morning Chronicle, 4. März 1825, zitiert nach: Atkinson, 1970, S.8.

Analog zu vielen anderen Reformern seiner Zeit sah er in der vorsätzlichen Gewaltanwendung am nichtmenschlichen Tier einen klaren Beweis dafür, dass Menschen dazu neigten, auch mit ihren Mitmenschen ,*inhuman*' umzugehen. All seine Vorurteile und Sympathien deckten sich mit denen der oberen Mittelschicht. Er kritisierte die jakobinische Agitation und verurteilte die abstrakten Rechtsbegriffe von Thomas Paine (1737-1809).

Benthams Utilitarismusprinzip bzw. das Utilitarismusprinzip an sich darf zumindest in der angloamerikanischen Tradition als eine philosophische Hauptstütze der Tierrechtsbewegung gesehen werden. Das Prinzip erfährt auch in der Gegenwart wenn auch inhaltlich erweiterte Rezeption durch die Tierrechtsbewegung: Peter Singers Präferenzutilitarismus legt davon Zeugnis ab.[312] Der Historiker Harold Perkin unterstrich die Funktion des Utilitarismus als einen moralischen Imperativ. Dieser sei, so Perkin, viel kategorischer als die moralische Meßlatte angelegt gewesen, die der Evangelikalismus seinen AnhängerInnen aufzwang und der im folgenden Kapitel näher beschrieben wird. Anders als der Evangelikalismus, dessen Regeln auf eine übernatürliche Erlösung abzielten, verlangte das utilitaristische Prinzip Folgeleistung um seiner Selbst willen.[313] In Verbindung mit dem religiösen Dissens vermochte der Utilitarismus die Moralvorstellungen der bürgerlichen Mittelschicht zu untermauern und sie in ihren puritanischen Vorstellungen zu bestärken. Schließlich ließ sich der Utilitarismus darüber hinaus mit dem aufkommenden Evolutionsgedanken auf einer philosophischen Ebene verknüpfen. Tierversuche etwa konnten aufgrund der antizipierten moralischen Evolution zurückgewiesen werden.[314]

2.1.2 Rechtsprinzip

Der Diskurs um Rechte bestimmte die gesellschaftliche Diskussion zum Ende des 18. Jahrhunderts. Aufbauend auf naturrechtlichen Konzepten für grundlegende Menschenrechte, wie sie von radikalen TheoretikerInnen formuliert worden waren, wurden auch Forderungen vorgetragen, nach denen diese fundamentalen, unveräußerbaren Rechte auch Tieren zugesprochen werden sollten. Der Naturrechtsgedanke als transformiertes Naturgesetz wurde in Großbritannien bereits zuvor vor allem von John Locke geprägt. Gleichsam stellte er den Übergang zum aufgeklärt-rationalistischen und bürgerlichen Denken dar. Das Naturrechtsprinzip

---

312 Zum Begriff des Präferenzutilitarismus vgl. Teil II, Kap.2.1.

313 Perkin, 1969, S.287.

314 Lee, Vernon: *Vivisection: An Evolutionist to Evolutionists*, in: The Contemporary Review, Nr.41, 1882, S.803.

fand jedoch keine vernehmliche Anhängerschaft bis zum Ende des 18. Jahrhunderts. Erst als es von zahlreichen Propagandisten wie Thomas Paine, John Cartwright (1740-1824) oder Joseph Priestley (1733-1804) aufgegriffen wurde, erzielte es einen größeren Bekanntheitsgrad.[315] In seinem ‚*Second Treatise*' von 1690 erklärte beispielsweise John Locke, dass alle Menschen von Natur aus gleich seien und somit das gleiche Recht auf Leben, Freiheit und Eigentum besäßen.[316] In der radikalen Adaption der georgianischen Reformbewegungen wurde darauf hingewiesen, dass diese Gleichheit mitnichten bedeute, dass alle Menschen mit den gleichen Fähigkeiten und Begabungen ausgestattet seien. Es wurde allerdings unterstrichen, dass alle Menschen

> *„(possess) the same sense, feelings and affections to inform and influence; the same passions to activate; the same reasons to guide; the same moral principles to restrain; and the same free will to determine all alike."*[317]

Die Unterschiede seien nicht maßgeblich, um eine Hierarchisierung der Lebensrechte zu legitimieren. Denn, wie Paine sagte:

> *„Men are all of one degree and (...) are born equal, and with equal natural rights."*[318]

Die radikalen ReformerInnen des ausklingenden 18. Jahrhunderts konkretisierten Lockes Forderungen der Rechtsgleichheit auf Aspekte wie etwa der Rede- und Gedankenfreiheit.

Doch schon zuvor bediente man sich des Diskurses um ‚*Rechte*'. Die Quäker George Fox (1624-1691) und Thomas Tryon griffen in ihren Tierbetrachtungen explizit den Rechtsbegriff auf; Humphry Primatt führte ihn abstrakt bzw. in Anlehnung an naturrechtliche Lehren ein, als er 1776 schrieb:

> *„If amongst men, the differences of their powers of the mind, and of their complexion, stature, and accidents of fortune, do not give any one man a right to abuse or insult any other man on account of these differences, for the same reasons, a man can have no natural right to abuse or torment a beast."*[319]

---

315 Dickinson, Harry T.: *The Rise and Fall of the Theory of Natural Rights in Late Eighteenth and Early Nineteenth Century Britain*, in: Dann, Otto und Klippel, Diethelm: *Naturrecht – Spätaufklärung – Revolution*, Hamburg, 1995, S.26.

316 Euchner, Walter: *Naturrecht und Politik bei John Locke*, Frankfurt a.M. u.a.. 1979, S.8.

317 Cartwright, John: *Take Your Choice!*, London, 1796, S.2f, zitiert nach: Dickinson, in: Dann und Klippel, 1995, S 26.

318 Paine, Thomas, *The Rights of Man*, 1791/1792, Nachdruck, London, 1993, S.32.

319 Primatt, 1776, Ryder (Hg.), 1992, S.22, 30.

Die physischen Unterschiede zwischen Mensch und Tier waren also für Primatt weder Zeichen *‚natürlicher Inferiorität'* noch legitimierten sie Unterdrückung und Tyrannei.

> *„I know of nothing in nature, in reason, or in revelation,"* schrieb Hermann Daggett 1791 in *‚The Rights of Beasts'*, *„which obliges us to suppose, that the unalienated rights of a beast, are not as sacred, and inviolable, as those of a man."*[320]

und verwies damit darauf, den Gleichheitsgrundsatz speziesübergreifend anzuwenden. Das Schmerzprinzip, das auch im Utilitarismus Anwendung fand, war für Thomas Young das ausschlaggebende Moment, Rechte an Tiere zu vergeben:

> *„This, I take it, is the foundation of the rights of animals (...) being the same sort of argument as that on which the moralists found the Rights of Mankind."*[321]

Maehle stellt überzeugend dar, dass die Naturrechtslehre zumindest im 17. und frühen 18. Jahrhundert noch völlig anthropozentrisch angelegt war, das heißt Tiere aufgrund unterstellter Unvernunft außerhalb des Rechtssystems verortete. Er verweist darauf, dass sich eine Transformation des Naturrechtsgedankens analog zur kantianischen Schule, die lediglich indirekte Verpflichtungen gegenüber dem Tier sah, erst in der zweiten Hälfte des 18. Jahrhunderts vollzogen habe.[322]

Vermutlich als erster hatte allerdings Thomas Tryon bereits 1683 auf die natürlichen Rechte und Privilegien der Tiere auf Leben und angemessene Behandlung gedrängt.[323] Indem er den Jäger mit einem Tyrannen verglich,

> *„invading all the rights and priviliges of inferior creatures"*[324]

verband er das englische Freiheitsprinzip, also das Recht der Untertanen gegen Willkürherrschaft des Souveräns anzugehen, mit Tierrechten. Jedoch erst als, verbunden mit den bürgerlichen Revolutionen des ausgehenden 18. Jahrhunderts in Amerika und Frankreich, das Rechtsprinzip

---

320 Daggett, Hermann: *The Rights of Animals: An Oration*, 1791, zitiert nach: Clarke, Paul A.B. und Linzey, Andrew (Hg.): *Political Theory and Animal Rights*, London u.a., 1990, S.132.

321 Young, Thomas: *An Essay on Humanity to Animals*, 1798, zitiert nach: Salt, Henry: *Animal Rights Considered in Relation to Social Progress*, Clarks Summit, Pennsylvania, 1980, Erstausgabe, London, 1892, S.153.

322 Kant, Immanuel: *Eine Vorlesung über die Ethik*, Paul Menzer (Hg.), Berlin, 1924, S.302; Maehle, 1994, S.124ff.

323 Tryon, Thomas: *The Way of Health, Long Life and Happiness*, London, 1683, S.515, nach: Gharpure, 1935.

324 zitiert nach: Perkins, 2003, S.41.

im Bezug auf den Menschen wieder relevanter Bestandteil öffentlicher Diskurse war, fand es auch in der Rechtsbetrachtung von Tieren Nachklang. 1792 veröffentlichte Thomas Taylor in Anlehnung an Mary Wollstonecrafts ‚*Vindication of the Rights of Woman*' (1792) anonym sein ‚*Vindication of the Rights of Brutes*'. Hierin bestand er auf gleiche Rechte für Tiere aufgrund ihres intrinsischen Wertes und ihrer Würde. Gemeint war dieser Text jedoch nicht als ernsthaftes Tierrechtskonzept, sondern vielmehr als Lächerlichmachung von Wollstonecrafts Ideen. Sie sollten eine Überzeichnung und Absurditätsunterstellung der Rechtsausweitung auf Frauen darstellen.

Ein kohärentes und systematisierendes Konzept für die Übertragung von fundamentalen Rechten an Tiere kann erst für das ausklingende 19. Jahrhundert nachgewiesen werden: Henry S. Salts ‚*Animal Rights Considered in Relation to Social Progress*' (1892) war der bis dahin wohl differenzierteste Versuch einer Tierrechtskonzeption.[325]

> „*If by the recognition of rights we mean that man, as a sentient and intelligent being, should be exempt from all avoidable suffering, it follows that other beings who are also sentient and intelligent, though in a lower degree, should have, in a lower degree, the same exemption.*"[326]

In seinem Rechtsbegriff bezog sich Salt auf Herbert Spencer (1820-1903), der alle Freiheiten des Menschen als seine Rechte benannte, äußerlich nur von den Freiheiten der anderen Menschen begrenzt. Da Tiere eine distinktive Individualität besäßen, sollten sie, der Gerechtigkeit wegen, ein Recht darauf haben, ihr Leben zu leben. Dieses Lebensrecht sollte jedoch eingedenk der formulierten Freiheitsgrenzen gelten, die Spencer konstatiert hatte.[327]

> „*We claim for animals as for men, in so far as it is compatible with the public welfare, a measure of individuality and freedom, a space in which to live their own lives – in a word, Rights.*"[328]

Die Vergabe solcher Rechte könne sich revolutionär auf das menschliche Verhältnis zur Tierwelt auswirken. Vollständige gesellschaftliche Gerechtigkeit werde es hernach nur dann geben, wenn die Behauptung eines großen Grabens zwischen den Spezies endlich als falsch entlarvt und die gemeinsame Bindung erkannt werden würde, „*that unites all living*

---

325 Eine entsprechende Würdigung findet sich beispielsweise in The Abolitionist, Vol. V, Nr.12, März 1905, S.110. Zu Salt siehe auch: Kap. 4.3.2.

326 Salt, 1892, S.134.

327 Diese schließen etwa das Notwehrprinzip mit ein. Salt, Henry S.: *The Rights of Animals – A Reply to Professor Ritchie*, in: International Journal of Ethics, Vol. 10, Nr.3, April 1900, S.389.

328 Salt, Henry S.: *The Rights of Animals*, in: International Journal of Ethics, Vol. 10, Nr.2, Januar 1900, S.210.

beings in one universal brotherhood".[329] Völlige Emanzipation des Menschen brächte dann zwangsläufig auch eine Emanzipation des Tieres mit sich. Im Umkehrschluss bedeutete das für Salt:

> *„If there are rights of animals, there must a fortiori be rights of men."*[330]

Um diese durchzusetzen bedürfe es zwingender Reformen, die das Ausbeutungsverhältnis gänzlich revidieren würden. Eine derartige Revision wäre also integraler Bestandteil der *‚sozialen Frage'*, die sämtliche Bereiche menschlichen Lebens tangiere:

> *„For just as there can be no human rights where there is slavery, there can be no animal rights where there is eating of flesh."*[331]

Diese individualrechtliche Konzeption weigerte sich, die unterstellten Bedürfnisse der Gemeinschaft per se über jene des Individuums zu stellen. Sie war damit Absage an das utilitaristische Moralgesetz.

Die Vergabe von grundlegenden Rechten war für Salt nur eine Frage der Zeit. Er gab jedoch zu, dass deren Durchsetzung im Bezug auf die Tiere aufgrund der fundamentalen Verankerung des Ausbeutungsverhältnisses, welchem die Tierwelt unterworfen sei, sich entsprechend schwieriger und langwieriger gestalten würde als die Durchsetzung von Menschenrechten.[332] Aus der Rechtszuweisung folgte für Salt, dass kein Mensch das Recht habe, Tiere als bedeutungslose Automaten zu betrachten, die zur Arbeit herangezogen, gequält oder gegessen werden dürften, nur um der Laune der Menschen zu entsprechen. Weiterhin hätten Tiere das Recht, mit Güte und Rücksicht behandelt zu werden. Das zeigt, dass hiermit von Salt eine grundlegende, alle Aspekte von Tiergebrauch integrierende Rechtsforderung aufgestellt wurde, die durchaus den Konzepten moderner Tierethik entspricht.[333] Nur ein Beharren auf Rechte und nicht Gnade könne dazu führen, als Advokat von Tieren politisch ernst genommen zu werden und sich nicht dem Vorwurf übertriebener Sentimentalität auszusetzen, gab Salt zu bedenken. Sein Rechtsprinzip beinhaltete deswegen auch keine Hierarchisierung des *‚Missbrauchs'*. Alle Nutzbarmachungen des Tieres, sei es nun zum Fleischverzehr, dem Tragen von Leder und Pelz, Jagd, Vivisektion usw. waren für ihn gleichermaßen unrechtmäßig und damit anzugehen.

---

329 Salt, 1892, S.10.

330 Ibid., S.118.

331 Salt, Henry: *The Logic of Vegetarianism, Essays and Dialogues*, London, 1906, S.106.

332 Salt, 1892, S.21ff.

333 z.B. Regan, Tom: *The Case for Animal Rights*, Berkeley u.a., 1983. Vgl. auch: Flury, Andreas: *Der moralische Status der Tiere: Henry Salt, Peter Singer und Tom Regan*, Freiburg u.a., 1999, S.84f.

„The efforts which the various humane societies are now making in special directions, each concentrating its attack on a particular abuse, must be supplemented and strengthened by a crusade – an intellectual, literary, and social crusade – against the central cause of oppression, viz.: the disregard of the natural kinship between man and the animals, and the consequent denial of their rights."[334]

Keinesfalls sei jedoch mit der Forderung nach Tierrechten eine Herabsetzung des Menschen impliziert, bemühte sich Salt zu erklären.[335]

Der Naturrechtsgedanke, wie Salt und andere ihn nutzten, fand jedoch keine universelle Unterstützung. Viele Kritiker von reinen Naturrechtskonzeptionen sahen ausschließlich in positiven, das heißt vom Staat gegebenen Rechten, Potentiale der Realisierung von Tierrechten bzw. eine Vereinbarkeit mit der bestehenden politischen Rechtsordnung.[336] Der positivistische Rechtsbegriff wurde erst im 19. Jahrhundert wirklich herausgebildet und galt bald als dominantes Prinzip. Dennoch bestanden Wechselwirkungen mit Naturrechtspositionen.[337] Naturrecht wurde ja im überpositiven Sinne als höchste Normordnung und Wertbestimmungen für jegliche Formen positiven Rechts definiert. Salt brachte jedoch selbst keine konkreten Gesetzesvorschläge vor. Ihm ging es um die Artikulierung des Prinzips.

Auch wenn eine rechtliche Gleichstellung sicherlich nicht intendiert war, können die Anfänge der Anerkennung der Tiere als Rechtspersonen in den im Mittelalter vor allem auf dem Kontinent praktizierten Gerichtsverfahren gegen Tiere für Kapitalverbrechen gesehen werden.[338] Diese Rechte entsprachen jedoch in keiner Weise denen, die dem Menschen

---

334 Salt, 1892, S.122

335 Salt, Henry: *Seventy Years among Savages*, London, 1931, S.128; Diese von Salt vorgenommene Rechtfertigung ist insofern als signifikant zu bewerten, als dass sich die Tierrechtsbewegung von ihren Anfängen an einem oftmals undifferenzierten Generalverdacht der Misanthropie ausgesetzt sah. Dass es sicherlich beispielhafte Fälle von Menschenverachtung gab, bleibt unbestritten.

336 Dickinson, in: Dann und Klippel, 1995, S.37. Dazu sei angemerkt, dass auch Advokaten des Naturrechtes, wie etwa Locke, Verbindungen zwischen positiven Recht und Naturrecht sahen. Sie wollten jedoch das positive Recht, also Gesetzesrecht, in direkter Abhängigkeit vom Naturrecht wissen. Euchner, Walter: *Naturrecht und Politik bei John Locke*, Frankfurt a. M., 1979, S.209.

337 Klippel, Diethelm: *Das 19.Jahrhundert als Zeitalter des Naturrechts*, in: Ders. (Hg.): *Naturrecht im 19.Jahrhundert: Kontinuität – Inhalt – Funktion – Wirkung*, Goldbach, 1997, S.VII ff.

338 Evans, E.P.: *The Criminal Prosecution and Capital Punishment of Animals*, London, 1987 (Originalausgabe 1906); vgl. auch: Fischer, Michael: *Tierstrafen und Tierprozesse. Zur sozialen Konstruktion von Rechtssubjekten*. Münster, 2005; Ders.: *Tiere als Rechtssubjekte: Vom Tierprozess zum Tierschutzgesetz*, in: Witt-Stahl, Susann (Hg.): *Das steinerne Herz der Unendlichkeit erweichen: Beiträge zu einer kritischen Theorie für die Befreiung der Tiere*, Aschaffenburg, 2007.

vor Gericht zustanden – so eingeschränkt diese Rechte auch waren. Eher waren sie Zeichen anthropomorpher Perzeption animalischer Natur.[339] Darüber hinaus wurden Tiere immer für schuldig befunden. Die Gerichtsverfahren dienten also eher der kontinuierlichen Affirmation menschlicher Dominanz über das Tier.[340]

Das Prinzip, Tiere durch konkrete legislative Maßnahmen zu schützen, die Abstraktheit des Naturrechts und die damit verbundenen Probleme rechtspraktischer Konkretisierung zu überwinden, wurde, wie bereits erwähnt, 1822 durch Martin gesetzesrechtlich implementiert. Als Idee war es aber bereits aus dem vorangegangen Jahrhundert bekannt. John Lawrence sah ein legalistisches Tierrecht, ein *‚ius animalum'*, als erforderlichen Bestandteil einer jeden Rechtslehre. Die Abwesenheit regulativer Maßnahmen würde sich sonst direkt für Grausamkeit gegenüber dem Tier verantwortlich zeichnen, befürchtete Lawrence.[341]

> *„I therefore propose that the Rights of Beasts be formally acknowledged by the state, and that a law be framed upon that principle, to guard and protect them from flagrant and wanton cruelty, whether committed by their owners or others."*[342]

Es sei eben nicht ausreichend, sich auf die moralische Kraft eines Naturrechts zu berufen. Vielmehr bedürfe es eines Gesetzes, so Lawrence, damit das Prinzip des Tierrechts Anerkennung erfahre.[343] Zu seinem Gesetzesvorschlag von 1809 sagte Lord Erskine entsprechend:

> *„(...) their rights, subservient as they are, ought to be as sacred as our own."*[344]

Dass die gesetzliche Umsetzung in Großbritannien gelang, so Radford, verdanke sie der vergleichsweise hohen politischen Stabilität sowie einem relativ gereiften und etablierten legislativen Prozess. Problematisch war dieses legalistische Tierrecht jedoch insofern, so erkannte Henry Salt richtig, als dass sich diese Rechte auf Tiere beschränkten, die im Besitz eines Menschen waren, das heißt einem fundamentalen Freiheitsrecht schon widersprachen.[345] Dass Rechtsmittel nur bedingt geeignet waren,

---

339 Cohen, Esther: *Law, Folklore and Animal Lore*, in: Past and Present, Nr. 110, Februar 1986, S.16; Moss, 1961, S.13; Thomas, 1984, S.97f; Mullan und Marvin, 1999, S.14ff.

340 Fudge, 2000, S.123.

341 Lawrence, John: *A Essay on the Future Life of Brute Creatures*, nach: Fairholme und Pain, 1924, S.6.

342 Lawrence, John: *A Philosophical and Practical Treatise on Horses, and on the Moral Duties of Man towards the Brute Creation*, S.123.

343 Ibid., S.124f.

344 The Society for the Prevention of Cruelty to Animals (Hg.): *The Speech of Lord Erskine*, 1824, S.6f.

345 Salt, 1892, S.45.

Tiere zu schützen, lässt sich daran aufzeigen, dass bereits vor der Tierschutzgesetzgebung die Nutzung von Tieren in zahlreichen Game Laws als Prärogative des Land besitzenden Adels und deren *‚urenglischen'* Rechten festgeschrieben worden war. Der Black Act (1722) stellte die Wilderei unter Todesstrafe und das Common Law schützte Tiere als Eigentum vor dem Zugriff anderer. Außerdem wurden bisweilen Tierkämpfe ob ihrer ausschweifenden und unsittlichen Begleiterscheinungen verboten, bevor es 1835 zu einer gesetzlichen Verankerung kam.[346] Viele AnhängerInnen der Tierschutz-/Tierrechtsidee waren dennoch von der Nützlichkeit legislativer Maßnahmen überzeugt. So schrieb Edward Nicholson (1849-1912) 1879:

> *„When kindness towards animals embodies itself in laws which fine and imprison a man for using what had been held time out of mind to be his rights over his own property, it is plain that we have already been silently recognizing that some animals at least have some rights. If these laws have not been founded on such silent recognition, they are unwarrantable curbs on the rights of men."*[347]

Die Verabschiedung von Gesetzen reichte jedoch nicht, so konstatiert Radford. Es bedurfte vielmehr entsprechender Rechtsdurchsetzung und der Verfolgung von Gesetzesbruch.[348] In Ermangelung einer organisierten Polizei vor 1829 bzw. fehlenden Kapazitäten nach deren Etablierung, fiel die Überwachung der Gesetzesumsetzung der (R)SPCA zu. Das Rechtsprinzip war insofern von Relevanz, als dass sich Tierquälerei nun ganz unabhängig von seiner ethischen *‚Verwerflichkeit'* ahnden ließ und sich TierschützerInnen aktiv in die Verfolgung von Verstößen einzubringen vermochten. Tierrechte waren in ihrer praktischen Ausformung also nicht nur das Resultat eines theoretisch-philosophischen Gedankengerüstes, sondern, so Maehle, zumindest in Großbritannien Zeichen der Unzufriedenheit mit der herrschenden Rechtspraxis.[349]

Abschließend lässt sich festhalten, dass beide philosophischen Schulen, Utilitarismus und (Natur-)Rechtsprinzip, maßgeblich an der moralischen Legitimation der Tierethik beteiligt waren und somit die Grundlage sowohl der historischen wie auch zeitgenössischen Tierrechtsideologie bildeten. Gleichzeitig waren beide, zumindest in ihrer tierrelevanten Konkretisierung und Dimension, eindeutig Produkte spezifisch britischer, im Positivismus zu verortender, Ethikansätze.

---

346 Harwood, 2002, S.335f; Kete, 2002, S.24f.

347 Nicholson, E.B.: *The Rights of Animals*, 1879, S.16, zitiert nach: Radford, 2001, S.93f.

348 Radford, 2001, S.40, 50f.

349 Maehle, 1994, S.136, Für eine ausführliche Besprechung legislativer Maßnahmen zum Schutz von Tieren und deren rechtspraktische Umsetzung vgl. Radford, 2001.

2.2 Religiöse Zugänge: *‚Evangelikalismus'* und religiöser Dissens

Die englische Gesellschaft des 18./19. Jahrhunderts war tiefgehend von der Religion beeinflusst. Religion diente der moralischen Schärfung und lieferte somit Motivation für philanthropisches Handeln. Religion bestimmte über Erziehung und Bildung, angemessene Freizeitgestaltung und über familiäre Zusammensetzungen.[350] Gleichsam entschied Religion über die politische Parteinahme und hatte wesentlichen Einfluss auf die Politik der Epoche.[351] Ein besonderes Merkmal der Religion im ausklingenden 18. Jahrhundert war zweifelsfrei der Evangelikalismus, der zahlreiche nonkonformistische Sekten und Teile der anglikanischen Kirche durchzog.

Zentrales Element des Evangelikalismus war der Glaube an die Erbsünde. Mit ihm verbunden war die Antizipation der Hölle als Nachwelt. Um ihr zu entkommen wurde dem Individuum ein untadeliges, streng gläubiges Leben abverlangt.[352] Im Mittelpunkt des Evangelikalismus stand also die Sorge um die individuelle Erlösung. Diese Erlösung machte der Evangelikalismus von der aktiven Arbeit des/der Einzelnen abhängig. Da jedoch auch alle anderen es Wert seien, erlöst zu werden, wurde vor allem die Errettung der SklavInnen und ihrer Seelen – die, zur insgeheimen Zufriedenheit vieler glücklicherweise räumlich weit entfernt waren – als ein wichtiger Kreuzzug betrachtet. Daraus erwuchsen auch weitere humanistische Bewegungen. Kinder, Tiere, Geisteskranke und Gefangene wurden zu Objekten der Philanthropie.

Neben wachsender Sentimentalität, Humanismus, philosophischen Radikalismus und romantischer Poesie ist dem Evangelikalismus ein nicht zu unterschätzender Einfluss auf die Tierschutz- und Tierrechtsbewegung und die öffentliche Meinung im Allgemeinen zuzurechnen.[353] Für die Tierschutzbewegung war er von zweierlei Relevanz und soll deshalb im Folgenden entsprechend erörtert werden. Zum einen war mit ihm eine Neubetrachtung der tierischen Seele verbunden. Die Anerkennung einer Seele verlangte nach einer Statusveränderung im Verhältnis zum Tier, die sich etwa in einer veränderten Behandlung des Tieres ausdrücken sollte und sich als Element protestantischen Glaubens offenbarte (oder offenbaren sollte). Zum anderen war der Evangelikalismus stark mit dem Wohlfahrtsgedanken als Basis für die eigene Seelenrettung verbunden. Entsprechend ist die Gründung zahlreicher Tierschutzgruppen

---

350 Watts, Michael R: *The Dissenters, Vol. II – The Expansion of Evangelical Nonconformity*, Oxford, 1995, S.1.

351 Bradley, James E.: *Religion, Revolution, and English Radicalism: Nonconformity in Eighteenth-Century Politics and Society*, Cambridge u.a., 1990, S.1.

352 Watts, 1995, S.1.

353 Thomas, 1984, S.159.

unmittelbar auf religiöse Glaubensätze und -gemeinschaften zurückzuführen. Diese religiös geprägten frühbürgerlichen Vereine waren für die Konstituierung Sozialer Bewegungen von immenser Bedeutung.[354]

‚Evangelicalism' war unzweifelhaft nicht einheitlicher Natur und konstituierte auch nicht die Gesamtheit religiöser Neubelegungen, die zusammen mit Aufklärungsgedanken und sozialen und wirtschaftlichen Veränderungen zur Herausbildung philanthropischen Engagements beigetragen haben. In der Tat brachte das ausklingende 18. Jahrhundert durch eine einzigartige Verbindung sozialer Kräfte eine Neukonfiguration englischer Religion mit sich: die Unterteilung in konservative Staatskirche, liberalen protestantischen Dissens und radikale Säkularisierung.[355] Evangelikalismus entwickelte sich sowohl innerhalb der anglikanischen Kirche (bzw. mit der Herausbildung des Methodismus und der sich zuspitzenden Unterteilung in Low Church und High Church) als vor allem auch innerhalb der so genannten Dissenter[356]. Die Existenz dieser zahlreichen konkurrierenden Sekten, die nirgends so zahlreich waren wie in Großbritannien, gab dem Individuum die Möglichkeit, recht eigene Interpretationen christlicher (oder unchristlicher) Vorstellungen zu vertreten.[357] Darüber hinaus umfasste bereits der protestantische Dissens des 16./17. Jahrhunderts einige Elemente vormoderner bzw. vorindustrieller sozialer Bewegungen.[358]

Gekennzeichnet war diese Entwicklung nämlich durch die Ausbreitung gemeinnütziger Vereine, den *‚charities'*, religiöser Literatur und dem Aufkommen der Sonntagsschulen.[359] In der Erziehung von Kindern, die die Sonntagschulbewegung initiierte, wurde zudem Rücksichtsnahme gegenüber dem Tier als pädagogischer Prozess zum Ziel der Achtung gegenüber dem Menschen gesehen und das Leiden der Tiere mit dem Leiden Christi verglichen. Damit folgte der Evangelikalismus den bereits vorgestellten pädagogischen Anschauungen radikaler Denker.

Der Einfluss, den der Evangelikalismus auf die humanistischen Bestrebungen der Zeit ausübte, ließ ihn von vielen Zeitgenossen mit Philanthropie gleichsetzen. Philanthropie war für die Kultur der städtischen Elite von großer Bedeutung und wurde als ein Weg gesehen, ihren sozia-

---

354 Raschke, 1987, S.194.

355 Hempton, David: *Methodism and Politics in British Society 1750-1850*, London u.a., 1984, S.55.

356 Es wurde zunehmend zwischen New Dissent und Old Dissent unterschieden, wobei der Old Dissent teilweise von den religiösen Gruppierungen des Cromwellianischen Zeitalters herrührte.

357 Perkin, 1969, S.203.

358 Raschke, 1987, S.134.

359 Ibid., S. 78.

len Status zu reaffirmieren. Philanthropie entwickelte sich, als die urbane Gesellschaft anwuchs und mit ihr das Armutsproblem deutlicher zu Tage trat. Da ihnen wohltätiges Handeln als christliche Pflicht auferlegt war, bestimmten christliche PhilanthropInnen die englische Armenfürsorge, obgleich der Glaube an die Selbstrettung stets präsent war. Lieber wollte man sich jedoch philanthropisch zeigen als ein staatliches Wohlfahrtssystem einzuführen, das dem Individuum wenig eigenes Handeln abverlangte.[360] Insofern wurde der Eifer bei christlicher Reform häufig als aufgesetzt und selbstgerecht kritisiert.[361] Alle christlichen Glaubensgemeinschaften unterstrichen die Wichtigkeit wohltätiger Arbeit, jedoch keine in dem Maße wie jene, die vom Evangelikalismus beeinflusst waren. Vom Ende des 18. Jahrhunderts führte ihre Dominanz in diesem Bereich geradezu zu einer hegemonialen Beherrschung religiöser Diskurse.[362] Diese *‚evangelikale Mentalität'*, so konstatierte Kurt Kluxen in seiner *‚Geschichte Englands'*, lieferte den *‚moralischen Kitt'*, der die englische Gesellschaft zusammenhielt und revolutionäre Bestrebungen unterdrückte. Für Kluxen stellt der Evangelikalismus somit einen Hauptgrund für die unterschiedliche Entwicklung der Sozialgeschichte Englands im Vergleich zu anderen, vor allem kontinentaleuropäischen, Ländern dar.[363]

Die AnhängerInnen des Evangelikalismus folgten dem Ruf nach öffentlicher und religiöser Teilhabe, die sie in nahezu jedem Lebensbereich erkannten: Bibellesen und Kirchenbau waren genauso wichtig wie Gefängnisreformen, die Abschaffung der Sklaverei, Tierschutz sowie die Restriktion unsittlicher und anstößiger Vergnügungen und die Anpreisung der Abstinenz von Alkohol. Die evangelikalen[364] ReformerInnen meinten, einen Zusammenhang zwischen Tierquälerei und anderen *‚Lastern'* erkannt zu haben und machten eine demoralisierende Wirkung auf den menschlichen Charakter aus.[365] Zudem wurde in der Auseinandersetzung um die Unsterblichkeit der Seele und der Auferstehung das Augenmerk auch auf Tiere gelegt. Einige Evangelikale wollten Tiere nicht

---

360 Wendt, Wolf Rainer: *Geschichte der sozialen Arbeit, Von der Aufklärung bis zu den Alternativen und darüber hinaus*, dritte Ausgabe, Stuttgart, 1990, S.88.

361 Roberts, David F.: *The Social Conscience of the Early Victorians*, Stanford, 2002, S.241ff.

362 Prochaska, F.K.: *Women and Philanthropy in Nineteenth Century England*, Oxford u.a., 1980, S.8.

363 Kluxen, Kurt: *Geschichte Englands. Von den Anfängen bis zur Gegenwart*, Stuttgart, 1968, S.530f; vgl. auch: Marquardt, Manfred: *Praxis und Prinzipien der Sozialethik John Wesleys*, Göttingen, 1977, S.35.

364 Der Begriff *‚evangelikal'* ist die eingedeutschte Fassung von *‚evangelical'*. Diese Übersetzungsmöglichkeit ist jedoch relativ neu und kann historisch nicht in die Entstehungszeit des *‚Evangelicalism'* zurückverfolgt werden.

365 Li, Chien-hui: *A Union of Christianity, Humanity and Philanthropy: The Christian Tradition and the Prevention of Cruelty to Animals in Nineteenth-Century England*, Society & Animals, Vol. 8, Nr.3, 2000, S.267.

länger unbeachtet lassen. Ihre grundsätzliche Betrachtung als *,Gottes Geschöpfe'* und die damit verbundenen Konsequenzen für das Leben in der Nachwelt war ein zentrales Element theologischer Auseinandersetzung des 17. und 18. Jahrhunderts.[366] Die theologische Annahme des Vorhandenseins einer Tierseele wurde in England begründet. Keith Thomas, der sich in seiner Studie *,Man and the Natural World'* mit der veränderten Wahrnehmung der Tierwelt in genau dieser Epoche befasst, stellt fest, dass die Idee von der Unsterblichkeit der tierischen Seele nirgends in der westlichen Welt so verbreitet gewesen sei wie dort. Die Unsterblichkeitsdoktrin, so Thomas weiter, sei ein englisches Phänomen. Der anglikanische Priester Richard Dean, Kurator von Middleton, versuchte die Doktrin in seinem 1768 verfassten Essay *,On the Future Life of Brutes'* direkt aus der Bibel abzuleiten.[367] Andere folgten seinem Beispiel. Thomas macht dafür vor allem die zunehmende Popularität der Haustierhaltung verantwortlich und schreibt TierbesitzerInnen die Verbreitung des Glaubens an eine unsterbliche Tierseele zu.[368]

Die Annahme, dass der Mensch das einzige Lebewesen mit einer unsterblichen Seele sei, wurde auch von radikaleren ProtestantInnen, ReformerInnen und DissidentInnen wie dem Leveller Richard Overton (1631-1664) in Zweifel gezogen:

> *„If in man be an immortal spirit, then divers other Creatures have the like, though not in the same degree."* [369]

Da der Glaube an einen gerechten Gott vieler HaustierbesitzerInnen auf eine harte Probe gestellt wurde, mussten hier theologische Zugeständnisse gemacht werden. Die Aussicht, dass ihre Schützlinge nicht in den Genuss ewigen Glücks im Jenseits kommen könnten, ließ sie zu eifrigen VerfechterInnen der Unsterblichkeitsdoktrin werden. Damit hatte der Kampf gegen Tiermissbrauch ein schlagkräftiges Argument gefunden: Das über Jahrhunderte von den christlichen Kirchen aus der Bibel abgeleitete Diktum der Herrschaft des Menschen über die belebte und unbelebte Natur, die gottgegebene Dominanz des Menschen über das Tier, wurde, zumindest in seiner Absolutheit, in Frage gestellt.[370] Die Barrieren zwischen den Spezies wurden damit so aufgeweicht, dass auch VertreterInnen des christlichen Glaubens Konsequenzen im menschlichen Umgang mit Tieren einforderten.

---

366 Thomas, 1984, S.137.

367 Dean, Richard: *An Essay on the Future Life of Brute Creatures*, London, 1768.

368 Thomas, 1984, S.140.

369 Richard Overton zitiert nach: Thomas, 1984, S.139; zu Overton vgl. auch: Fudge, 2000, S.143-166.

370 Walters, Kerry S. und Portmess, Lisa (Hg.): *Religious Vegetarianism, From Hesiod to the Dalai Lama*, Albany, 2001, S.124.

2.2.1 John Wesley und der Methodismus

Ein Vertreter dieser Unsterblichkeitsdoktrin war der Begründer der Methodistischen Kirche, John Wesley, selbst ein Vegetarier. Er postulierte Barmherzigkeit für Tiere und war davon überzeugt, dass Gott Rechenschaft für alles einholen werde, was den Tieren vom Menschen an Leid angetan worden sei. Wesley setzte vor allem auf Schuldgefühle, die Menschen dazu bringen sollten, Tiere mit dem notwendigen Respekt zu behandeln.[371] Seine Predigt zur Verteidigung dieser Doktrin hinterließ nachhaltigen Eindruck:

> *„But what does it answer to dwell upon this subject which we so perfectly understand?....It may enlarge our hearts towards these poor creatures, to reflect, vile as they may appear in our eyes, no tone of them is forgotten in the sight of our father which is in heaven."*[372]

Wesley, geboren 1703 als Sohn eines Priesters, studierte in Oxford, wo er 1729 Mitbegründer des *‚Holy Club'* war, einer Studierendengruppe, die sich philanthropischen Aufgaben verschrieb. So widmete sich die Gruppe dem Besuch von Gefangenen in den örtlichen Gefängnissen oder dem der Armen und errichtete eine Schule für unterprivilegierte Kinder.[373] Aus dem Holy Club formierte sich ab 1739 die Methodistische Kirche.[374]

Die historische Interpretation Wesleys Methodismus ist von Kontroversen begleitet. Die Theorie, dass seine Existenz die Verhinderung revolutionären Aufruhrs der unterdrückten Unterschichten zur Folge hatte, wird nicht von allen HistorikerInnen geteilt. Dennoch hat Halévys These über die Rolle der englischen Religionskultur im Wesentlichen die histo-

---

371 Schmidt, 1996, S.111; Moss, 1961, S.9; Piette, Maximin: *John Wesley in the Evolution of Protestantism*, 1979 (Erstausgabe 1937), S.231.

372 Wesley, John: *The General Deliverance, in Sermons on Several Occasions*, Vol. II, Wesleyan Conference, London, 1874, Nr.60, zitiert nach: Bekoff, Marc (Hg.): *Encyclopaedia of Animal Rights and Animal Welfare*, Westport, CT, 1998, S.361f.

373 Obwohl seine Pädagogik nicht nur fragwürdig, sondern auch grausam erscheint. Vgl. Mathias, 1983, S.183.

374 Den Name Methodisten leitete Wesley von einer Gruppe Ärzte gleichen Namens ab, deren Mitgliedern der Gruppe in der Exaktheit und Regelmäßigkeit in Lebensführung und Studium glich. Vgl. John Wesley: A Short History of Methodism, http://gbgm-umc.org/ umw/wesley/shorthistory.stm, zuletzt besucht am 30.10.07; Wesley zeichnete sich auch verantwortlich für eine Reihe von Veröffentlichungen, die sich mit Krankenpflege und Gesundheitsvorsorge beschäftigten. Sein *‚Primitive Physick or An Easy and Natural Method of Curing Most Diseases'* hebt dabei die Wichtigkeit der Abstinenz als elementarsten Baustein physischer und ultimativ auch psychischer Gesundheit hervor. Ziel des Buches war es jedoch auch, den hygienischen Zustand der Armenhäuser zu verbessern und die Möglichkeiten medizinischer Selbsthilfe auszuweiten. Vgl. Wesley, John: *Primitive Physick or An Easy and Natural Method of Curing Most Diseases*, 1747.

rische Analyse bestimmt.[375] Es sei deshalb in England nicht zu einer Revolution gekommen, so Halévys, da der Evangelikalismus, und hier explizit der Methodismus, den Menschen eine rigorose ethische Konformität verpasst hätte. Zudem hätte er ihnen einen, zumindest nach außen getragenen, Respekt für christliche Gesellschaftsordnung abverlangt.[376] Als eindeutiger Kritiker dieser These hat E.P. Thompson hierzu angemerkt, dass die Anhängerschaft der Methodisten, bei Wesleys Tod etwa 80 000, ja nicht als quantitatives Äquivalent zur Arbeiterklasse gesehen werden könne. Ihr Einfluss hätte auch dann nicht gereicht, wenn es tatsächlich revolutionäre Ansätze gegeben hätte. Dennoch darf der Einfluss von Methodismus und Dissens auf niedrigschwelligerer Ebene nicht unterschätzt werden. Sie wirkten sich unmittelbar auf die Freizeitaktivitäten der Arbeiterklasse aus. 1808 lobte der Anglikaner Richard Warner die Methodisten dafür, dass sie in Cornwall dafür gesorgt hätten, dass es immer weniger hemmungslose Boxkämpfe und inhumane Hahnenkämpfe geben würde.[377] Auch Hempton hebt den Kampf der Methodisten gegen diverse Arten des Blutsports hervor.[378] Damit kann das Argument entkräftet werden, dass die Mittelschicht allein versuchte, die Freizeit der Arbeiterklasse nach ihren Vorstellungen zu gestalten. Die AnhängerInnen des Methodismus fanden sich zumeist unter der handwerklich ausgebildeten Arbeiterschaft.[379] Die zutiefst paternalistische Motivation hinter derlei Verbotsabsichten blieb dennoch bestehen. Dem Methodismus war es ein Anliegen, den moralischen Zustand der Arbeiterschaft aufzuwerten.

Anders als die offene Anfeindung des Blutsports übernahm der Methodismus in England jedoch nie Wesleys vegetarische Überzeugungen als Element seiner Heilslehre an.[380] Gharpure spricht dennoch davon, dass die Wirkung Wesleys Lehren auch diesbezüglich als relevant angesehen werden müsse. Vegetarismus und Tierschutz hätten dank seines Einflusses eine Ausbreitung in den *‚breiteren englischen Volkschichten'* gefunden. Einen Nachweis für diese These bleibt er allerdings schuldig.[381] Desmond ist hier zurückhaltender; er schreibt Wesley lediglich die Verbrei-

---

375 Vgl. Halévy, E.: The *Birth of Methodism in England*, 1906, Übersetzung von 1971; *History of the English People in 1815*; Gilbert, Alan D.: *Religion and Political Stability in Early Industrial England*, in: O'Brien, Patrick und Quinault, Roland (Hg.): *The Industrial Revolution and British Society*, Cambridge u.a., 1993, S.80f.

376 Watts, 1995, S.373.

377 Ibid., S.649.

378 Hempton, 1984, S.27.

379 Ibid., S.77.

380 Spencer, 1995, S.226.

381 Gharpure, 1935, S. 64, 110.

tung der Unsterblichkeitsdoktrin zu.[382] Festzuhalten bleibt, dass sich das vom Methodismus propagierte Heilsversprechen auf ideale Weise als Werbung für die Tierschutzidee und den Vegetarismus eignete.

2.2.2 Die Quäker

Es kann keinen Zweifel daran geben, dass es sich bei den Quäkern um diejenige Glaubensgemeinschaft handelte, die den Kampf gegen die Sklaverei – als dem Tierschutz vorgeschaltete Reformbestrebung – am vehementesten verfochten, ja ihn erst richtig auf die Tagesordnung der Politik gebracht haben.[383] Auch sie waren vom Evangelikalismus beeinflusst. Analog zu ihrem frühen Engagement in der Abolitionsbewegung, setzten sie sich vor anderen religiösen Gruppierungen mit der Thematisierung der Tiere in Religion und Gesellschaft auseinander. Das gilt auch für den Anteil, den sie an der philanthropischen Arbeit insgesamt gehabt haben. Sowohl bei der Gefängnisreform als auch im Kampf für die Abschaffung der Todesstrafe und für den Tierschutz war ihr Engagement, gemessen an der vergleichbar geringen Zahl der AnhängerInnen ihres Glaubens, disproportional groß.[384] Den Beitrag, den sie finanziell für philanthropische Projekte leisteten, machte sie sowohl auf lokaler wie nationaler Ebene zu einem entscheidenden Faktor in der Wohlfahrtspflege. Dies war für die meisten aufgrund ihrer guten ökonomischen Lage durchaus leistbar.[385]

Beispielsweise setzten sich Quäkerfrauen wie Elisabeth Heyrick (1769-1831) und Anna Sewell (1828-1878), Autorin von *‚Black Beauty'*, explizit für Tierschutz und Tierrechte ein. Heyrick verfasste zwei Pamphlete zum Thema Stierhatz, in denen sie den moralischen Verfall als Folge der Rohheit, die sie mit Blutsportarten verbunden sah, beklagte.[386] Ergänzung fanden ihre schriftlichen Proklamationen und Proteste durch Versuche direkten Eingriffs in das Geschehen. So versuchte sie 1809 die Stierhatz in Bonsall in Derbyshire zu verhindern. Als ihr dies nicht gelang, kaufte sie das Tier. Im Jahr darauf verteilte sie zusammen mit ihrer Schwester Pamphlete an den Türen. Damit waren sie erfolgreicher: Die

---

382 Desmond, Adrian: *The Politics of Evolution: Morphology, Medicine, and Reform in Radical London*, Chicago u.a., 1989, S.184.

383 Walvin, James: *Questioning Slavery*, London, 1996, S.160.

384 Laut Roberts lag die Anzahl der Quäker im ersten Drittel des 19. Jahrhunderts bei rund 14000 AnhängerInnen. Roberts, 2002, S.322; Thompson, F.M.L.: *The Rise of Respectable Society: A Social History of Victorian Britain, 1830-1900*, London, 1988, S.259.

385 Isichei, Elisabeth: *Victorian Quakers*, London, 1970, S.216.

386 Bull-Baiting: A Christmas Box for the Advocates of Bull-baiting; Bull-Baiting: A Village Dialogue between Tom Brown and John Sims, zitiert nach: Ferguson, 1998, S.30.

Stierhatz wurde in diesem Ort fortan nicht mehr praktiziert.[387] Bekanntheit erlangte Heyrick durch ihre Anti-Sklaverei-Schrift *‚Immediate not Gradual Emancipation'* (1824), in der sie die sofortige und vollständige Beendigung der Sklaverei forderte. Diese gilt als Meilenstein britischer Abolitionsliteratur.[388]

Bereits Anfang des 18. Jahrhunderts hatte Thomas Tryon jene Mitglieder der *‚Society of Friends'*, die eine Quäkerkolonie in Pennsylvania errichten wollten, gewarnt, dass ihr Vorhaben eines friedlichen Zusammenlebens fehlschlagen würde, so lange sie nicht ihre christlichen Konzepte der Gewaltfreiheit auf die Tierwelt ausweiten würden.

> *„Though you will not fight with and kill those of your own species, yet I must be bold to tell you, that these lesser violences (as you call them) do proceed from the same root of wrath and bitterness as the greater do."*[389]

Die hohe Reputation der Quäker verdankten sie nicht zuletzt der Tatsache, dass sie in der Lage waren, beachtliche pekuniäre Beiträge für die philanthropische Arbeit zu leisten. Das Prestige, das sie zumindest nach der erfolgreichen Abschaffung der Sklaverei und entsprechend veränderten Moralvorstellungen besaßen, ließ es auch zu, dass sie Kampagnen mit zunächst zweifelhaftem Ruf unterstützten. So traten sie etwa für vollkommene Abstinenz ein oder protestierten gegen die Contagious Diseases Acts des viktorianischen Zeitalters. Ihr Protegieren machte diese Kampagnen respektabel und damit auch für andere unterstützenswert.

Auch für die Tierrechts- und Tierschutzbewegung spielten sie eine entscheidende Rolle. Sie gehörten sowohl zu den aktivsten UnterstützerInnen der (R)SPCA wie auch der Antivivisektionsbewegung.[390] Ihren gesellschaftlichen Einfluss vermochten sie zu nutzen. So gelang dem Quäker John Pease, einem führenden Mitglied der (R)SPCA und Parlamentsabgeordneten für South Durham, 1835 das landesweite Verbot der Stierhatz durchzusetzen.[391]

---

387 Ibid., S.31.

388 Halbersleben, Karen L.: *Women's Participation in the British Antislavery Movement 1824-1865*, Lewiston u.a., 1993, S.16; Midgley, Clare: *Anti-Slavery and Feminism in Nineteenth-Century Britain*, Gender & History, Vol. 5, Nr.3, Herbst 1993, S.345.

389 zitiert in Murti, Vasu: Peace and Vegetarianism, http:// www.all-creatures.org/murti/art-peace.html, zuletzt besucht am 30.10.07.

390 Isichei, 1970, S.219.

391 Peases Act lautete formell: An Act to consolidate the several Laws relating to the cruel and improper Treatment of Animals, and the Mischiefs arising from the driving of Cattle.

2.2.3 Die Bible Christian Church in Salford und die Gründung der Vegetarian Society

Neben den Quäkern hatte eine weitere, noch kleinere Glaubensgemeinschaft eine besondere Bedeutung und nachhaltige Wirkung auf die Entwicklung der britischen Tierrechtsbewegung, insbesondere der vegetarischen Bewegung: Die Bible Christian Church von Reverend William Cowherd (1763-1816). Im Jahr 1800 hatte sie sich nach persönlichen Unstimmigkeiten Cowherds mit seinen Glaubensbrüdern von der Swedenborgian New Church abgespalten.[392] Geboren 1763 in Carnforth war Cowherd nach Manchester gezogen, wo er zunächst eine Anstellung als Prediger erhielt.[393] Die Bible Christian Church setzte sich aus vier Gemeinden zusammen, eine davon, die Christ Church in Salford, wurde von Cowherd selbst geleitet. Die Mitgliedschaft in dieser Kirche setzte nicht nur die Abstinenz von Alkohol, sondern auch den Vegetarismus voraus.

Cowherd unterstrich in seinen Predigten den Dualismus zwischen der physischen und spirituellen Natur des Menschen. So proklamierte Cowherd, dass die physische Natur gezähmt werden müsse, damit sich die spirituelle Natur entfalten könne. Der Verzehr von Fleisch verhindere die Entwicklung der spirituellen Fähigkeiten.[394] Gelöst würde dieses Spannungsverhältnis lediglich durch eine konsequent vegetarische Lebensweise. Obwohl in der englischen Religionslandschaft relativ unbedeutend und einflusslos sollte aus den AnhängerInnen dieser Kirche der Nukleus der 1847 gegründeten Vegetarian Society hervorgehen. Das bedeutet, dass in der Formierung der Bewegung auf kirchliche Netzwerke zurückgegriffen wurde, die bereits zuvor fest etabliert waren.[395] In seiner Kirche bot Cowherd sowohl medizinische Hilfe als auch eine Suppenküche sowie eine Bibliothek an. Damit machte er sie vor allem für Angehörige der Arbeiterklasse attraktiv, die durch die Industrialisierung an Orten wie Manchester und Salford einige ihrer Hochburgen hatten. Cowherd predigte von seiner Kanzel Paines Thesen über die Menschenrechte, samt seiner revolutionären Implikationen; er verstand sich als ein Anhänger von Godwins Ideen. Eine Religion, die alles Leben als heilig

---

392 Spencer, 1995, S.205f; Watts, 1995, S.82. Die Swedenborgian New Church wurde 1787 gegründet und orientierte sich an der Lehre Emanuel Swedenborgs, die eine radikale Auslegung evangelikaler Ideen darstellte.

393 Forward, Charles W.: *Fifty Years of Food Reform, A History of the Vegetarian Movement in England,* London u.a. 1897, S.7.

394 Watts, 1995, S.214.

395 Freeman, Jo: *On the Origins of Social Movements*, in: Freeman und Johnson, 1999, S.20 Eine ähnliche Netzwerkstruktur bildeten die Quäker-Gemeinden für die Abolitionsbewegung. Vgl. Drescher, Seymour: *Public Opinion and the Destruction of British Colonial Slavery*, in: Walvin, James: *Slavery and British Society 1776-1846*, Basingstoke u.a., 1982, S.24f.

definierte, musste für Cowherd zwangsläufig auch soziale Konsequenzen mit sich bringen. Aus ihr leitete er seinen Glauben an menschliche Gleichheit und Freiheit und das Solidaritätsprinzip ab. Die Mitglieder dieser vegetarischen Kirche können damit zweifelsfrei den politischen Radikalen zugeordnet werden.[396] Die Grenzen zwischen radikalem Dissentertum, nonkonformistischer Religion und säkularisierter Radikalität zeigten sich hier durchlässig. So nahm Cowherds Sonntagsschule auch jene Kinder auf, die sich im Gedenken an das Peterloo Massaker von 1819 mit grünen Bändern schmückten, wohingegen sie von anderen derartigen Einrichtungen zurückgewiesen wurden.[397] Zeitgleich argumentierte der ebenfalls vegetarische Swedenborgian Jonathan Wright gegen den König und seine unterdrückenden Gesetze. Er musste nach Amerika fliehen, wo er mit Reverend James Clark und seinem Schwager Reverend William Metcalfe (1788-1862) eine Gemeinde gründete, die den gleichen Prinzipien folgte, wie die Salforder Bible Christians.[398] Genau wie Cowherd waren sie von der Möglichkeit der freien Religionsausübung dort fasziniert.

Auch Cowherds Nachfolger im Kirchenamt in Salford, der Baumwollspinner Joseph Brotherton (1783-1857), bemühte sich in seiner praktischen Arbeit um die Verbindung seiner vegetarisch-religiösen Überzeugung und praktischen Humanismus. Durch den Reform Act von 1832 sanktioniert und durch die Abschaffung des Test und Corporation Acts 1828 nunmehr berechtigt, wurde er Salfords erster Parlamentsabgeordneter. Als solcher setzte er sich für die Abschaffung der Sklaverei und andere soziale Themen ein: für die Beendigung von Kinderarbeit, die Revokation der Kornzölle sowie für die Verbesserung der Fürsorge für die Arbeiterklasse gerade im Bildungsbereich. Brotherton war außerdem entschiedener Gegner des New Poor Laws.[399] Jedoch bedeutete die Förderung der Möglichkeiten für die Arbeiterklasse für ihn nicht ausschließlich Ausweitung öffentlicher Maßnahmen, sondern auch Stärkung persönlicher Moral. Aus diesem Grund beteiligte er sich in der Temperance-

---

396 Antrobus, Derek: *Roots of Vegetarianism*, Talk to the Salford Local History Society, 1998, www.geocities.com/derekantrobus/SLHveg-roots.html, zuletzt besucht am 30.10.07.

397 Spencer, 1995, S.257. Das so genannte Peterloo Massaker ereignete sich am 16. August 1819 auf dem St. Peter Field in Manchester. Berittene Soldaten stürmten eine öffentliche Kundgebung radikaler ReformerInnen, die sich für Parlamentsreformen und die Revokation der Kornzölle aussprachen. Dabei wurden einige Menschen getötet, zahlreiche andere verletzt.

398 Vgl. dazu Kap.5.1.

399 Roberts, D., 2002, S.290.

Bewegung sowie in der Anti-Tabak Bewegung. 1847 gründete er schließlich die Vegetarian Society.[400] Die Ziele der Society waren

> *„to induce habits of Abstinence from the Flesh of Animals as Food, by the dissemination of information upon the subject (....), and thus to secure through the Association, Example and Efforts of its Members, the adoption of a Principle, which will tend essentially, to True Civilization, to Universal Brotherhood, and to the Increase of Human Happiness, generally."*[401]

Brothertons religiöse Überzeugung hinderte ihn weder an einer Befürwortung wissenschaftlicher Bildung, noch beschnitt sie seinen Glauben an rationale Wahrheit, die die politische Ökonomie für ihn verhieß.[402]

Seine Ehefrau Martha Brotherton war im Hintergrund tätig und leistete Organisationsarbeit in der Vegetarian Society. Damit entsprach sie gänzlich dem Diktat der getrennten Sphäre als Element bürgerlicher Kultur. Von ihr stammt mit ‚*A New System of Vegetable Cookery*' (1812) das erste vegetarische Kochbuch. Zum ersten Präsidenten der Vegetarian Society wurde James Simpson, ein weiterer Verwandter Brothertons, gewählt. Simpson war ebenfalls Angehöriger der Gemeinde, zudem lebenslanger Vegetarier sowie aktiver Verfechter von Abstinenz und Pazifismus. Die Mitgliedschaft der Society wuchs rasch an, ein Verdienst Simpsons propagandistischen Geschicks. Dies bewies er mit der Herausgabe des ab 1849 monatlich erscheinenden *Vegetarian Messengers* sowie mit der Verbreitung vegetarischen Schriftguts. Die Vegetarian Society vermochte ebenfalls, durch die erste Konferenz der Gesellschaft 1847 in Ramsgate auf sich aufmerksam zu machen. Im *Vegetarian Messenger* und seinem Nachfolger, dem *Dietetic Reformer*, wurden neben Vorträgen zum Thema Vegetarismus, Abstinenz, Reinheitsideologie und Tierschutz vor allem persönliche Erfahrungsberichte abgedruckt. Mitglieder wurden aufgefordert, auf individueller Ebene für die Vorzüge und die Praktikabilität vegetarischer Ernährung zu agitieren und so einen Beitrag zum Erfolg der Bewegung zu leisten.[403]

---

400 Für eine ausführliche Beschreibung der Vegetarian Society, ihrer Protagonisten, Ziele und Erfolge und Misserfolge sei hier auf die Studie von Charles Forward verwiesen. Dieses Buch liefert detailgenau die Geschichte der englischen vegetarischen Bewegung und legt den Schwerpunkt ihrer Untersuchung auf die Vegetarian Society. Die Eingebundenheit des Autors in diese sowie anderen themenrelevanten Gruppen, etwa der Humanitarian League, hindert ihn jedoch daran, eine Betrachtungsweise aus kritischer Distanz zu finden. Dennoch bietet es auch äußerst wichtige Aspekte an, z.B. in der Darlegungen von Statistiken, die helfen die Mitgliederstruktur anhand von Klassen- bzw. Genderkategorien zu analysieren. Forward, 1897.

401 Vegetarian Messenger, Vol. 1, Nr. 1, September 1849, S.1, Zeichensetzung im Original.

402 Roberts, D., 2002, S.324.

403 The Vegetarian Messenger, Vol. IV, Nr. 42, April 1853, S.23f.

„For a Vegetarian to withhold his hand in helping on his cause is, to us, a sorrowful enormity we hardly dare entertain."[404]

Im Einklang mit der Sozialstruktur in der Gemeinde dominierten auch in der Vegetarian Society Angehörige der Arbeiterschicht.[405] Bereits kurz nach der Gründung der Manchester Society formierten sich lokale Gruppen u.a. in London, Liverpool, Newcastle, Bolton, Leeds und Worcester, die assoziativ an die Vegetarian Society gebunden waren.[406] 1855 gab es zwölf assoziierte Gruppen, 1866 waren es fünfzehn.[407] Nach einer kurzen Zeit der ‚*Rezession*' in den 1870er Jahren, erwachte eine Dekade später das Interesse am Vegetarismus aufs Neue. Zu diesem Zeitpunkt, so vermutet Antrobus gar, habe es in Manchester mehr vegetarische Restaurants gegeben als in der Gegenwart.[408] Es war diese Zeit, die das öffentliche Bild vom Vegetarismus nachhaltig geprägt hat. Vegetarische Ernährung wurde gleichgesetzt mit moralischer Ernsthaftigkeit und ‚*do-gooding*'. VegetarierInnen proklamierten, eine höhere Ebene der physischen wie psychischen Reinheit erreicht zu haben und moralische Rechtschaffenheit und Respektabilität zu vertreten.[409] Vegetarismus verlor mehr und mehr das Stigma der Marotte, mit dem es zuvor behaftet gewesen war. Dies verdankte er eben auch dem religiösen Bezug.[410]

---

404 The Vegetarian Messenger, Vol. V, Nr.69, Juli 1855, S.58.

405 Zur Klassenstruktur vgl. Teil I Kap.4.1.

406 The Vegetarian Messenger, Vol. II, Nr.17, März 1851, S.21.

407 The Vegetarian Messenger, Vol. V, Nr.71, September 1855, S.3f; The Dietetic Reformer and Vegetarian Messenger, Vol. II, Nr. 24. Oktober 1866, S.96.

408 Antrobus, Derek: Roots of Vegetarianism, Talk to the Salford Local History Society, 1998, www.geocities.com/derekantrobus/SLHveg-roots.html, zuletzt besucht am 30.10.07.

409 The Vegetarian Messenger, Vol. IV, Nr.40, Februar 1853, S.6f; Spencer, 1995, S.264.

410 Obgleich die Vegetarian Society zumindest ab den 1860er Jahren darum bemüht war, sich als offen für andere religiöse Überzeugungen zu präsentieren und auf die diesbezügliche Heterogenität ihrer Mitglieder hinzuweisen. The Dietetic Reformer and Vegetarian Messenger, Vol. I, Nr.1, Januar 1861, S.3.

2.2.4 Die anglikanische Staatskirche und die Society for the Prevention of Cruelty to Animals

Im Vergleich zu den Dissenterkirchen scheinen die Würdenträger der etablierten anglikanischen Kirche wenig vom Vegetarismus und vom Tierschutzgedanken beeindruckt gewesen zu sein.[411] Gharpure geht gar davon aus, dass die Staatskirche die Frage des Vegetarismus und des Tierschutzes als eine Auflehnung gegen ihre Lehre antizipierte. Schließlich hatten sich frühe Vertreter des Tierschutzgedankens oppositionell zur Staatskirche geäußert.[412] Deshalb erscheint es verwunderlich, dass gerade die weltweit erste Tierschutzgruppe, die Society for the Prevention of Cruelty to Animals, 1824 von einem anglikanischen Priester, Arthur Broome (1780-1837), gegründet wurde.[413] Dieser gab jedoch sein Kirchenamt in St. Mary's in Bromley auf, um sich gänzlich der Arbeit für die Gesellschaft widmen zu können. Die Inspiration, die zur Gründung derselben geführt hat, ist vor allem auf den Evangelikalismus zurückzuführen und viele Bischöfe, ländliche Geistliche und Magistrate waren die eifrigsten Unterstützer; zumindest behaupten dies Fairholme und Pain.[414] In einem von Broome veröffentlichen Artikel im *Monthly Magazine* vom April 1821 schlug er dementsprechend die Gründung einer Organisation vor,

> *„by whose united exertions some check may, if practicable, be applied to the evil which disgraces the country, and is equally repugnant to the dictates of humanity, and to the benevolent spirit and precepts of the Christian religion."*[415]

Die daraus entstandene Gruppe gab sich also moderat und bediente sich eines patriotischen Tons bei der Formulierung ihres Anliegens. Diese Herangehensweise sollte die Politik der SPCA prägen. Damit blieb sie in ihren Forderungen weit hinter den Ideen der ersten Generation philosophischer Radikaler zurück.[416]

---

411 Es gab indes namhafte Ausnahmen, z.B. Reverend Richard Dean mit seinem Essay *‚On the Future Life of Brutes'* von 1768 oder Reverend James Granger (1723-1776), der Vikar von Shiplake Oxfordshire, der 1772 eine Predigt mit dem Titel *‚An Apology for the Brute Creation, or Abuse of Animals Censored'* abhielt. Ebenfalls zu nennen ist der bereits erwähnte Humphry Primatt.

412 Gharpure,1935, S.33f.

413 Fairholme und Pain, 1924, S.23. An die Studie von Fairholme und Pain ist die gleiche Kritik zu richten wie an Forwards Geschichte der vegetarischen Bewegung, zeigt sie doch klare Voreingenommenheit gegenüber Status, Wirkung und Politik der (R)SPCA.

414 Ibid., S.14ff.

415 Monthly Magazine, April, 1821, zitiert nach: Fairholme und Pain, 1924, S.25.

416 Damit möchte ich Peter Singer widersprechen, der der RSPCA ein anfänglich durchaus radikales Potential zuschreibt, das sie erst durch zunehmende Anerkennung,

Zwar gab es bereits 1809 den Versuch, eine Gruppierung zum Schutz der Tierwelt ins Leben zu rufen, deren Existenz war jedoch nur von kurzer Dauer. Auch der Versuch ihrer Revitalisierung 1819 scheint keinen wirklich bleibenden Einfluss auf die Konstituierung einer Tierschutzbewegung gehabt zu haben. Dies änderte sich mit der Etablierung der SPCA, denn unter den Gründungsmitgliedern der (R)SPCA befanden sich Personen mit politischem Einfluss, so etwa die Evangelikalen William Wilberforce (1759-1833) und Thomas Fowell Buxton (1786-1845). Wilberforce, Parlamentsabgeordneter zunächst für Hull, dann für Yorkshire, trat bereits kurz nach der Gründung dem Vorstand bei. Dank seines Engagements für die Abschaffung des Sklavenhandels und seiner strengen moralischen Werte wurde er der Gruppe der, *Saints'* im Parlament zugeordnet. Bereits seine Society for the Suppression of Vice hatte Tierkämpfe als Ausdruck moralischen Verfalls kritisiert. Der von ihm anvisierte Tierschutz passte sich in den öffentlichen Diskurs über Bestätigung bürgerlicher Freiheiten ein.[417] Deshalb fühlten sich viele radikale Utilitaristen, führende Industrielle und Adlige zu der Gesellschaft hingezogen, die normalerweise nicht dem evangelikalen Lager zuzurechnen waren.[418]

Ziel der (R)SPCA war vordergründig zunächst die Durchsetzung und Überwachung des Martin's Act. Es war außerdem ihr Anliegen, auf weitere legislative Maßnahmen zu drängen. Damit zielte sie vor allem auf die Einflussnahme von Parlamentariern ab. Wichtigste Themen waren die Behandlung von Zugtieren sowie der Blutsport, die Jagd wurde ausgeklammert. Entsprechend sah Buxton keine Inkonsequenz darin, sein Engagement in der SPCA mit seinem Hobby, dem Jagdsport, zu verbinden. Viele andere SPCA Mitglieder taten es ihm gleich.[419] Auf dem Gründungstreffen der (R)SPCA am 16. Juni 1824 im Old Slaughter's Coffee House in der St.Martin's Lane in London wurden derweil zwei Komitees gegründet. Eines sollte sich um die Publikation von Traktaten kümmern, das zweite um die Einhaltung des Martin's Acts und die Inspektion von Tiermärkten und Schlachthöfen.[420] Erst später, in der Zeit viktorianischer Konsolidierung, setzte sie auch auf erzieherische Programme, um sozialen Wandel herbeizuführen.

Mitgliederzuwachs und Respektabilität verloren habe. Vgl. Singer, Peter: *Animal Liberation,* zweite überarbeitete Ausgabe, London, 1995, (Erstausgabe 1975); S.218.

417 Drescher, 1986, S.156.

418 Thompson, F.M.L., 1988, S.278.

419 Barclay, Oliver: Thomas *Fowell Buxton and the Liberation of Slaves,* York, 2001, S.127f.

420 Brown, Antony: *Who cares for Animals, 150 years of the RSPCA,* London, 1974, S.17. Auch im zeitgenössischen Strafverfolgungsprozess nimmt die RSPCA eine Exekutivrolle ein, jedoch als private Verfolgungsbehörde ohne offiziellen Gesetzesauftrag. In Schottland richtet sie alle Fälle an zuständige Strafverfolgungsorgane weiter.

In seiner Analyse der Kultur des britischen Bürgertums befindet F.M.L Thompson, dass die (R)SPCA zur erfolgreichsten *‚Pressure Group'* des 19. Jahrhunderts avanciert sei. Ihr sei es zu verdanken gewesen, dass sich langfristig ein Umdenken im Verhalten zum Tier in der britischen Gesellschaft vollzogen habe, so Thompson weiter.[421] Diese Einschätzung ist insofern mit Vorsicht zu betrachten, als dass sie die einzige Gruppe war, die über eine lange Periode des Jahrhunderts präsent war und entsprechend auch in der historischen Betrachtung rezipiert werden kann. Die VivisektionsgegnerInnen des spätviktorianischen Zeitalters litten hingegen viel mehr unter Fraktionierungen als die (R)SPCA. Dies erschwert den Nachweis beständiger Wirkmächtigkeit. Die Tatsache, dass die (R)SPCA als einzige der frühen Tierschutzgesellschaften *‚überlebt'* habe, so merkt auch Li an, sichere ihr das Privileg, ihre Geschichte als konsistent darzustellen. Darüber hinaus wurden kurzlebigere Gruppen von HistorikerInnen bis dato meist ignoriert.[422]

Zudem wird damit der Einfluss der im Verhältnis radikaleren Ideen einiger dieser Gruppen auf den gesamtgesellschaftlichen Diskurs und auch auf die (R)SPCA unterschätzt. Nur durch die Formulierung potentiell weit reichender Forderungen ließ sich jedoch die Bandbreite der Tierrechtsidee und ihre verschiedenen Konzeptionen sozialen Wandels erahnen. Allerdings, und da ist Thompson zuzustimmen, fand die (R)SPCA durch ihre Beschränkung auf moderate Ziele eher Zugang zu politischen Entscheidungsträgern. Ihr Anliegen, möglichst viele adlige SchirmherrInnen in ihren Reihen zu versammeln, was nicht vor der Patronage durch Prinzessin Victoria 1835 wirklich gelang, machte diesen Schritt notwendig und prägte ihren konservativen Charakter. Sicherlich war sie – nach gewissen Startschwierigkeiten – auch in der Beschaffung von Geldmitteln erfolgreich und konnte zahlreiche Parlamentsabgeordnete zu ihren Mitgliedern zählen. Diese Politik forcierte wiederum die Gründung anderer Gruppen, die sich auf radikalerer Ebene der Tierschutz/Tierrechtsarbeit widmeten. Die viktorianische Antivivisektionsbewegung war daher, so French, ein zwangsläufiges Resultat dieser Entwicklung.[423]

---

421 Thompson, F.M.L., 1988, S.278.

422 Li, 2000, S.280.

423 French, Richard D.: *Antivivisection and Medical Sciences in Victorian Society*, Princeton u.a., 1975, S.24.

2.2.5 Antisemitismus und Antikatholizismus

Dissenter, Quäker und Evangelikale bedurften sicherlich einer besonderen Hervorhebung dank ihrer Bedeutsamkeit für die Genese der Tierschutz/Tierrechtsbewegung, obwohl diese neue Sensibilität nicht auf ProtestantInnen beschränkt war. Schließlich lag die Inspiration etwa des Vegetarismus offensichtlich auch in den hinduistischen und buddhistischen Religionstraditionen. Auch andere Glaubensbekenntnisse hatten Einfluss auf Mensch-Tier Betrachtungen und AnhängerInnen anderer Religionskulturen als der christlichen waren in der Tierrechtsbewegung zu finden. Lewis Gompertz, der 1826 Arthur Broome als Vorsitzenden der (R)SPCA ablöste und als entscheidender Protagonist der Tierschutzbewegung gelten muss, war beispielsweise jüdischen Glaubens.[424] Im Gegensatz vieler anderer Mitglieder der (R)SPCA war Gompertz strikter Vegetarier. Er weigerte sich auch Pferdewagen zu benutzen; der Gebrauch von Tieren war für ihn quasi synonym für deren Missbrauch. Sein Vegetarismus war rein ethischer Natur, den Gesundheitsaspekt, den etwa die Vegetarian Society hervorhob, empfand er als wenig hilfreich für die Förderung der Sache.[425] Gompertz war es, der durch sein Organisationstalent und sein Geld der SPCA aus ihren anfänglichen Finanzproblemen heraushalf.[426] Die SPCA *‚dankte'* es ihm dadurch, dass der Führungssausschuss 1832 beschloss, den Verein nur noch auf christlicher Grundlage weiter zu führen und nur noch christliche Mitglieder zuzulassen, da sie meinten, in Gompertz Traktat *‚Moral Inquiries on the Situation of Men and Brutes' (1824)* religiöses Sektierertum erkannt zu haben.[427] Dies bedeutete den erzwungenen Ausschluss von Gompertz.

Dieser gründete daraufhin die Animals' Friend Society, die zunächst erfolgreicher agierte als die SPCA und 1841 über 10 Ortsgruppen verfügte. Sie war jedoch so sehr an Gompertz gebunden, dass sie eingestellt wurde, als er 1846 für längere Zeit erkrankte.[428] Diese Gruppe bediente sich als Methode eher der Informationsverbreitung denn dem Drängen auf legislative Maßnahmen. Zu diesem Zweck brachte sie *The Animals' Friend* und *Voice for Humanity* heraus. Hierin veröffentlichten sie sowohl Berichte über die Vielzahl der Grausamkeiten, die gegenüber Tieren zu Tage

---

424 Thomas, 1984, S.171f.

425 Gompertz, Lewis: *The Vegetarian Society*, in: *Fragments in Defence of Animals and Essays on Morals, Soul, and Future State; from the Author's Contributions to the Animals' Friend Society's Periodical*, London, 1852, S. 207ff.

426 Fifth Report of the Society for the Prevention of Cruelty to Animals, 29. Juni 1831, S.13.

427 Die Verpflichtung zum Christentum wurde erst in den 1860er Jahren wieder aufgehoben. Ihre primär christliche Ausrichtung behielt die RSPCA jedoch bei. Li, 2000, S.277.

428 Gharpure, 1935, S. 96.

traten – vom Jagdsport, über Schlachtmethoden zur Vivisektion als auch (mögliche) Maßnahmen für deren Beendigung.[429] Für Gompertz hatte die Einrichtung von Gruppen, die sich dem Tierschutz annahmen, vor allem zwei Funktionen: Zum einen sollten sie zur Beendigung der Grausamkeit gegenüber dem Tier beitragen und zum anderen den Status der Tiere im Allgemeinen aufwerten, gerade in den Bereichen, in denen die Staatsgewalt nicht agierte bzw. nicht zum Agieren bereit war.[430] Gompertz beschuldigte seinerseits die – nunmehr Royal – SPCA, ihrer Aufgabe nicht gerecht zu werden:

> *„It appears by its Reports that its funds are very large – several thousand pounds being idly hoarded up by it in public securities, instead of being spent in the suppression of cruelty."*[431]

Auch wenn Gompertz Ausschluss aus der (R)SPCA nicht unbedingt dem Fakt zuzuschreiben war, dass er Jude war – das Nicht-christliche war ausschlaggebend –, soll hier darauf verwiesen werden, dass es mitunter deutlich antisemitische Positionen in der Tierrechtsbewegung gab. Bei Frances Power Cobbe etwa lassen sich antisemitische Momente finden.[432] Nicht unüblich für die Zeit haben antisemitische Positionen in der Tat bestimmte Sparten der Diskussion um Tierethik bis in die Moderne beeinflusst, wurden von ihnen aufgenommen. In einer Auseinandersetzung um die Vivisektion warf Cobbe etwa deutschen Vivisektoren vor, besonders grausam zu sein. Deren Zugehörigkeit zum Judentum war für sie das kennzeichnende Element ihrer Grausamkeit. Auch warf sie Juden vor, nicht wohltätig gegenüber ihren Mitmenschen zu sein, womit sie klar antisemitische Klischees bediente.[433] Der Antisemitismus Edward Carpenters (1844-1929), führendes Mitglied der Humanitarian Society, rührte hingegen aus seiner Gleichsetzung der Juden mit dem *‚gierigen Kapital'* und war damit durchaus im Einklang mit der Meinung führender SozialistInnen des spätviktorianischen und edwardianischen Zeitalters, wie etwa H.M. Hyndman, dem Vorsitzenden der Social Democratic

---

429 Gompertz, 1852, S.3ff; Kean, 1998, S.39.

430 Gompertz, 1824, Singer (Hg.), 1992, S.160.

431 Gompertz, 1852, S.274.

432 Beispiele hierfür lassen sich in ihrer Autobiografie finden. So schreibt sie auf Seite 299: *„The ghastly ruin of the wretched girls who fell into it (*Prostitution, Anm. M.R.*) and the nameless damnation of the hags and Jews who traded on their souls and bodies".* Weitere Beispiele lassen sich auf den Seiten 509 und 676 finden. Cobbe, Frances Power: *Life of Frances Power Cobbe as told by herself*, London, 1904.

433 Peacock, Sandra J.: *The Theological and Ethical Writings of Frances Power Cobbe, 1822-1904*, Studies in Women and Religion, Vol. 43, Lewiston u.a., 2002, S.135; Auch Lori Williamson identifiziert Antisemitismus in Cobbes Aussagen, hält diesen jedoch nicht für genuin, sondern möchte ihn als Zeichen taktlosen Verhaltens gelesen wissen. Dies erscheint mir als eine unangemessene Relativierung. Vgl. Williamson, 2005, S.187.

Federation.[434] Allerdings war der Antisemitismus in der britischen Tierschutz/Tierrechtsbewegung zu keinem Zeitpunkt diskursbestimmend, anders als beispielsweise im Deutschen Reich.[435]

Auch der explizite und omnipräsente Antikatholizismus, der u.a. von Wesley und seinen AnhängerInnen praktiziert wurde, suchte nach distinktiven Unterschieden zwischen den Religionen.[436] Dass Tieren eine Seele verwehrt wurde und ihnen daher die Unsterblichkeit versagt blieb, war eine Glaubenskritik, die erst durch die ReformerInnen in den Protestantismus eingebracht worden war. Innerhalb des (englischen) Protestantismus verbreitete sie sich jedoch rasch. Sie stand damit im starken Widerspruch zu der klaren Negierung der Existenz einer Tierseele, die der Katholizismus vertrat. Folglich konnte Tierschutz einen Fokuspunkt für die Kritik am Katholizismus bilden. Der Protestantismus verkörperte das Britische und sicherte die Freiheit, wohingegen der Katholizismus als das Andere, gleichsam als Erzfeind und als durch und durch unbritisch wahrgenommen wurde.[437] Daraus folgend wurde Protestantismus als moralisch reine Lehre gesehen und auf der richtigen Seite des großen kosmischen Gefechts zwischen Gut und Böse verortet. Der Katholizismus hingegen wurde als fremdartig, gewalttätig, moralisch korrupt, irreführend in seiner Doktrin und tückisch betrachtet. In ihrer Wahrnehmung sahen KritikerInnen ihn als von einem stehenden Heer von Päpsten, Jesuiten und Priestern geleitet.[438] Diese Meinung wurde von den meisten Anglo-IrInnen und vielen EngländerInnen geteilt.[439]

Die immanente Folgerung wurde von der Tierrechtsbewegung aufgegriffen: Sie verurteilte besonders die Tierquälerei in vom Katholizismus geprägten Ländern, so als seien der katholische Glaube und der Tiermissbrauch unmittelbar miteinander verknüpft. Vor allem Italien, Spanien und Frankreich wurden entsprechend gebrandmarkt. Auch der Unterschied zum Irischen sollte hier manifestiert werden. Als in den 1880ern Verstümmelungen von Rindern von irischen KatholikInnen be-

434 Tsuzuki, Chushichi: *Edward Carpenter, 1844-1929, Prophet of Human Fellowship,* Cambridge u.a., 1980, S.153.

435 Zum Tierschutz im Deutschen Reich und seinen antisemitischen Komponenten vgl. Teil I, Kap. 5.2

436 Hempton, 1984, S.22.

437 Colley, Linda: *Britishness and Otherness: An Argument,* Journal of British Studies, Nr.31, Oktober, 1992, S.318.

438 Hempton, 1984, S.116.

439 Peacock, 2002, S.16.

gangen wurden, dominierte der protestantische Moralbegriff in der Ablehnung dieser *‚horrible mutilations'*.[440] Anna Kingsford sagte:

> *„Their Pope has told them so. So that everywhere in Catholic Christendom the poor, patient, dumb creatures endure every species of torment without a single word being uttered on their behalf by the teachers of their religion. It is horrible – damnable."*[441]

Nach einem Besuch in Rom fügte sie hinzu:

> *„A great horror and contempt of the degraded cult, called Christianity, which from Rome has gone forth to poison the whole earth, seized me. Worse even than Protestantism in this, that it has taught the people to be cruel to their beasts."*[442]

Und Tierquälerei, insbesondere in Form der Vivisektion, wurde dementsprechend, beispielsweise von Henry Crowe, dem Vikar von Buckingham, mit der Inquisition verglichen.[443] Auch Frances Power Cobbes Einschätzung des Katholizismus passte in dieses Bild, obgleich sie sich ihm stets tolerant gegenüber ausgab. Entsprechend interpretierte sie das tierschützerische Engagement Cardinal Henry Edward Mannings (1808-1892), dem römisch-katholischen Erzbischof von Westminster in *‚ihrer'* Victoria Street Society als Versuch, das negative Bild vom Katholizismus in diesem Bereich zu verbessern und vor der protestantischen Welt zu bestehen. Um ihre Kritik zu untermauern, verwies sie auf das gescheiterte Ersuchen des britischen Botschafters Odo Russell Anfang der 1860er an Papst Pio IX, eine Antivivisektionsgesellschaft und einen Tierschutzbund in Rom gründen zu dürfen. Angeblich soll in einem Dokument, in das Russell Einblick hatte, folgendes dazu verfasst worden sein:

> *„A Society for such a purpose could not be sanctioned in Rome. Man owed duties to his fellow men; but he owed no duties to the lower animals therefore, though such societies might exist in Protestant countries they could not be allowed to be established in Rome."*[444]

Cobbe, der die Existenz dieses Dokuments versichert wurde, nutzte es gezielt zur Propaganda und schrieb nach eigenen Angaben mindestens

---

[440] Harrison, Brian: *Animals and the State in nineteenth-century England,* in: The English Historical Review, Nr.88, 1973, S.804. Harrison verweist jedoch zu Recht darauf, dass Tierschutz niemals bloßes Vehikel für Antikatholizismus gewesen sei.

[441] Kingsford, Anna: Animals and their souls, Leserbrief an Light, 28.März, 1887, in: Maitland, Vol. II, 1896, S.289.

[442] Kingsford, Anna, Tagebucheintrag vom 6. Juni 1887, in: Maitland, Vol. I und II, 1896, S.298

[443] French, 1975, S.24.

[444] Cobbe, 1904, S.544ff.

sieben Artikel, die den Inhalt des Dokuments aufgriffen, veröffentlicht in Zeitschriften von der *Quarterly Review* bis zum *Echo;*

> *„it was a thing which ought to be proclaimed on the housetops."*[445]

Weiterhin sagte sie:

> *„I confess to feeling some impatience when the name of St.Francis and his amiable fondness for birds and beasts is perpetually flaunted whenever the lack of common humanity to animals visible in Catholic countries happens to be mentioned."*[446]

So wurde Tierschutz im 19. Jahrhundert von vielen seiner AnhängerInnen als etwas durch und durch Protestantisches gesehen. Als mutwillige Abgrenzung nicht nur zum Katholizismus und zum Judentum diente er gleichsam auch der gewollten Affirmation Großbritanniens als protestantischstes unter den protestantisch dominierten Nationen.

Wenn also Tierrechtsgedanken radikal waren, dann waren sie immer radikal in einem graduellen Sinne. Zwar visierten sie eine absolute Umwälzung der bestehenden religiösen Konzeptionen von Tierbetrachtungen an, welche die vor allem vom Christentum geprägte absolute Dominanz des Menschen über die Natur und damit auch der Tierwelt auflösen sollte. Sie verstanden diese Forderungen jedoch als ein visionäres, utopisches und liberales Endziel, dem es entgegenzukommen galt. Durch die Reformen der theologischen Ansätze, wie sie etwa von Dissentern angestrebt wurden, sollte ein philanthropisches bzw. humanistisches Prinzip offenbart werden, bei dem die Besserung des Menschen eben auch an seinem Verhalten zur nicht-menschlichen Umwelt gemessen werden konnte. Diese evangelikale Mentalität half sicher dabei, den Tierschutzgedanken in die breite Bevölkerung zu tragen und tierschützerische Maßnahmen zu legitimieren. Auch wenn der evangelikale Tierschutz evident Sekundärinteressen bediente, die in der Maßregelung unsittlichen Verhaltens lagen, hatten die religiösen Zugänge einen nicht zu unterschätzenden Einfluss auf die Entstehung der Tierschutzbewegung.

---

445 Ibid..

446 Ibid..

2.3 Naturwissenschaftliche Ansätze: Darwins Evolutionstheorie

Kaum eine andere naturwissenschaftliche Theorie hat das Mensch-Tier-Verhältnis nachhaltiger verändert und gesellschaftliche Diskurse maßgeblicher bestimmt als die Evolutionslehre Charles Robert Darwins (1809-1882). Zwar fußte diese auf bereits bestehenden Konzepten der evolutionären Einordnung des Menschen in die Natur. Darwin legte in seiner systematisierenden Studie jedoch erstmals Beweise dafür vor, wie sie stattgefunden hatte. Diese Beweise basierten auf Funden, die Darwin primär während seiner Tätigkeit als Naturkundler an Bord des Vermessungsschiffes HMS Beagle gesammelt hatte. Durch deren Interpretation, veröffentlicht in *‚The Origin of Species by Means of Natural Selection'* (1859), stellte er fest, dass alle Lebewesen den gleichen Prinzipien der natürlichen Selektion und dem Kampf ums Überleben unterworfen seien.[447] Dass Mensch und Tier gleichen natürlichen Ursprungs sind, widersprach demnach nicht nur dem Kreationismus, sondern auch allen spezialkreationistischen, das heißt von einer separaten Schöpfung ausgehenden Ideen. Dieser Schritt stellte also nicht nur eine biologische, sondern vor allem auch eine moralische Revolution dar.

Das zuvor den naturwissenschaftlichen Diskurs dominierende System der *‚great chain of being'* (scala naturae), das auf Zusammenhänge voneinander abhängiger, gleichzeitig hierarchisch geordneter Lebewesen verwies, ließ sich noch durch und durch mit christlichem Gedankengut vereinbaren.[448] Es wurde von frühen Advokaten der Tierschutzidee, wie Humphry Primatt oder Soame Jenyns, durchaus mitgetragen.[449] Auch die Zuordnung der menschlichen Spezies zu den Tieren, die vor allem von dem schwedischen Biologen Carl von Linné (1707-1778) in seiner *Systema Naturae (1735),* der Grundlage der modernen biologischen Systematik, vorgenommen worden war, oder Lord Monboddos Theorie, Orang-Utans gehörten zur menschlichen Spezies, vermochten nicht denselben Aufschrei in der christlichen Welt zu erzeugen.[450] Dabei war es

---

447 Die Anregung für die Beschreibung des Kampfes ums Dasein fand Darwin bei der Lektüre von Thomas Malthus *‚Essay on Population'* von 1798. Darwin, Charles: *Mein Leben*, Barlow, Nora (Hg.), Frankfurt a.M. u.a., 1993, S.124.

448 Coleman, William: *Biology in the Nineteenth Century: Problems of Form, Function and Transformation,* New York u.a., 1971, S.64.

449 Primatt, 1776, Ryder (Hg.), 1992, S.20; Garrett, 2000, S.vff; Jenyns, Soame: *On Cruelty to Inferior Animals*, 1790, nach: Maehle, 1994, S.121f.

450 Für eine detaillierte Beschreibung früherer Evolutionsideen siehe auch: Preece, Rod: *Darwinism, Christianity and the Great Vivisection Debate,* Journal of the History of Ideas, Vol. 64, 2003, S.404ff. Allerdings möchte ich Preece widersprechen wenn er sagt, dass Darwins Einfluss auf die Evolutionsdebatte und die Betrachtung des Mensch-Tier-Verhältnisses überschätzt wird. Vielmehr ist Darwins Einfluss auf den öffentlichen Diskurs und intellektuelle Strömungen der Zeit als viel breiter gestreut zu betrachten als der seiner Vorgänger. Sein kulturhistorischer Eindruck ist nachhaltiger. Vgl. auch:

gar nicht Darwin, der die direkte Abstammung des Menschen vom Affen ansprach (obgleich er diese Beweisführung in seinem zweiten großen Werk ‚*The Descent of Man, and Selection in Relation to Sex*' von 1871 nachlieferte), sondern ‚*Darwins Bulldogge*' Thomas Henry Huxley. In dessen ‚*Evidence as to Man's Place in Nature' (1863)*, war zu lesen, dass die

> „*(...) structural differences which separate Man from the Gorilla and Chimpanzee are not so great as those which separate the Gorilla from the lower apes.*"[451]

Dennoch war der revolutionäre Schritt und der damit verbundene Aufruhr vor dem Darwin sich gefürchtet und in dessen Antizipation er die Veröffentlichung seines Werkes herausgezögert hatte, bereits mit der ‚*Origin of Species*' 1859 vollzogen worden.[452] Tier und Mensch entsprängen der gleichen Stammform und seien den gleichen natürlichen Gesetzen unterworfen, also gleichermaßen in die Evolutionskette eingefügt, so hatte Darwin festgestellt. Damit wurde die Kluft zwischen Mensch und Tier verkleinert, das Tier näher an die Seite des Menschen gerückt.[453]

> „*Man in his arrogance thinks himself a great work worthy the interposition of a deity. More humble and I think truer to consider him created from animals.*"[454]

Der Darwinismus untergrub damit sowohl den Glauben, dass der Mensch nach Gottes Abbild geschaffen wurde, als auch dass er das einzige rationale Wesen sei. In ‚*Descent of Man*' bemühte Darwin sich in der Tat, Beweise für soziale, moralische und rationale Fähigkeiten zumindest bei den höheren Tieren zu liefern. Dies ermöglichte es Henry Salt, sich direkt auf Darwin beziehend, aufgrund natürlicher Gemeinsamkeiten gemeinsame Rechte zu fordern.[455] Darwin bestand darauf, dass der Unterschied zwischen Mensch und Tier nicht prinzipieller, sondern nur gradueller Natur sei. Ging es also in der evangelikalen Bewegung noch pri-

---

Morton, Peter: *Vital Science: Biology and the Literary Imagination, 1860-1900*, London, 1984, S.11; Hays, H.R: *Birds, Beasts and Men: A Humanist History of Zoology*, New York, 1972, S.259.

451 Huxley, Thomas Henry: *Evidence as to Man's Place in Nature*, London, 1863, in: Huxley, Thomas Henry: *Collected Essays, Vol. VII, Man's Place in Nature and other Anthropological Essays*, New York u.a., 1970, (Erstauflage London, 1894), S.144.

452 Letztendlich wurde Darwin dazu gezwungen, das Werk zu diesen Zeitpunkt zu veröffentlichen, war doch ein junger Kollege von ihm, Alfred Russel Wallace (1823-1913), zu ganz ähnlichen Forschungshypothesen gekommen. Das bedeutet, dass die Idee der natürlichen Selektion als Grundidee der Evolution in der Natur auch schon zu diesem Zeitpunkt von anderen Wissenschaftlern vertreten wurde.

453 Wuketits, Frank M.: *Charles Darwin, Der stille Revolutionär*, München u.a., 1987, S.80.

454 Darwin, Charles: *Charles Darwin's Notebooks, 1836-1844*, Barret, Paul H. u.a. (Hg.), Ithaca, 1987, S.300 zitiert in: Rachels, James: *Created from Animals, The Moral Implications of Darwinism*, Oxford u.a., 1990, S.1.

455 Salt, 1892, S.15; Salt, 1900, 207f.

mär darum zu klären, ob Tiere eine unsterbliche Seele besäßen, wurde diese Frage gerade nach Darwin durch die Frage nach den intellektuellen Fähigkeiten der Tiere ersetzt.[456]

Dies war im öffentlichen Diskurs alles andere als unbestritten. Vor allem Huxley übernahm es, die Darwinistische Evolutionstheorie in der Öffentlichkeit zu verteidigen, etwa 1860 in einem öffentlichen Disput mit dem Bischof von Oxford, Samuel Wilberforce, dem Sohn von William Wilberforce. Keinesfalls, so bemühte sich Huxley zu untersteichen, sei in der gemeinsamen Abstammung von Mensch und Tier eine Herabwürdigung des Menschen impliziert.[457] Die Rezeption von Darwin nahm dennoch entsprechend der Kontroverse ein beträchtliches Ausmaß an. Nicht nur wurden seine Bücher in zahlreichen Auflagen verlegt – die Erstauflage von ‚*Origin of Species*' mit 1250 Exemplaren war bereits am Tag der Veröffentlichung vergriffen[458] – und in die am weitesten verbreiteten europäischen Sprachen übersetzt, in zahllosen Magazinen mal positiv mal negativ besprochen und kritisiert. Auch die Vereinnahmung und Anwendung der Theorie von und durch verschiedene ProtagonistInnen und Positionen, u.a. der Tierrechtsbewegung, war enorm. Der entscheidende Einfluss Darwins auf die Rekonstruktion des Mensch-Tier-Verhältnisses und die daraus abgeleiteten moralischen und politischen Forderungen sind für die weitere Entwicklung der Tierrechtsbewegung als signifikant zu bemessen. Die Evolutionstheorie gab TierrechtlerInnen erstmals die Möglichkeit, Forderungen nicht nur aufgrund von moralischen oder religiösen Betrachtungsweisen zu stellen. Der streng wissenschaftliche Zugang ließ es vielmehr zu, politische Verbindungen zwischen der Lage der Menschen und der der Tiere zu ziehen.

> „*Evolutionary science has demonstrated beyond question the kinship of all sentient life,*"[459]

argumentierte Henry Salt, um sein am Konzept universeller Verwandtschaft orientiertes Tierrechtsprinzip zu festigen. Der Evolutionsgedanke würde, so Salt weiter, eine humanitäre Verbundenheit von Mensch und Natur wiederherstellen helfen.[460] Die Humanitarian League zog die Erkenntnisse Darwins sowie weitere anthropologische Daten außerdem dazu heran, um auf die als natürlich deklarierte herbivore Ernährungs-

---

456 Bradie, Michael: *The Moral Status of Animals in Eighteenth-Century British Philosophy*, in: Maienschein, Jane und Ruse, Michael: *Biology and the Foundation of Ethics*, Cambridge, 1999, S.32.

457 Huxley, T.H., in: Appleman, Philip (Hg.): *Darwin*, New York, 2. Ausgabe, 1979, S.240.

458 Sheppard, Simon G.: *Suppressed Science, Darwin Revisited*, 1998, http://www.heretical.com/science/darwin.html, zuletzt besucht am 30.10.07.

459 Salt, 1931, S.127.

460 Salt, Henry: *Humanitarianism: Its General Principles and Progress*, London, 1906, S.14.

weise des Menschen hinzuweisen bzw. eine karnivore Diät letztlich als Kannibalismus zu brandmarken.[461] Frances Power Cobbe, die zunächst auch ein persönliches und durchaus freundschaftliches Verhältnis zu Darwin pflegte, rezensierte Darwins ‚*Descent of Man*' für die *Theological Review* im April 1871. Obgleich von den religiösen Implikationen geschockt, realisierte sie, welch machtvolles Instrument in Darwins Betonung der Ähnlichkeit von Mensch und Tier bezüglich der Tierrechtsarbeit lag.[462] So berief sie sich in ihrer Verurteilung der Vivisektion auf Darwins Thesen.

Darwin sah im Verhalten vom Menschen zum Tier ein Potential evolutionärer Veränderung und Tierliebe gar als dem evolutionären Prozess inhärent. Damit nahm er nicht nur indirekt Einfluss auf die Tierethik.

> *„Wenn der Mensch in der Kultur fortschreitet (....), so führt die einfachste Überlegung jeden Einzelnen schließlich zu der Überzeugung, daß er seine sozialen Instinkte und Sympathien auf alle, also auch auf ihm persönlich unbekannte Glieder desselben Volkes auszudehnen habe. Wenn er einmal an diesem Punkte angekommen ist, kann ihn nur noch eine künstliche Schranke hindern, seine Sympathien auf die Menschen aller Nationen und Rassen auszudehnen. (...) Wohlwollen über die Schranken der Menschheit hinaus, d.h. Menschlichkeit gegen die Tiere, scheint eines der am spätesten erworbenen Güter zu sein. (....). Diese Tugend, eine der edelsten, die dem Menschen eingepflanzt ist, scheint sich bei zunehmender Verfeinerung und Erweiterung unseres Wohlwollens nebenher zu entwickeln, bis sie mit der Ausdehnung desselben auf alle empfindende Wesen ihren Höhepunkt erreicht. Sobald diese Tugend von einigen wenigen Menschen ausgeübt und verehrt wird, dehnt sie sich durch Unterricht und Beispiel auch auf die Jugend aus und eventuell* (schließlich, Anm. M.R.)[463] *auch auf die öffentliche Meinung."*[464]

Darauf aufbauend stellte der Antivivisektionsaktivist Stephen Smith mit deutlich rassistischem Unterton 1899 die evolutionäre Progression des Mitgefühls gegenüber dem Tier als etwas spezifisch Britisches heraus:

> *„The fittest have been the most humane. It is not a mere coincidence that the vigorous Anglo-Saxon race which has colonized two continents and is elbowing other European races out of new countries, has been foremost in suppressing slavery and cruelty to animals."*[465]

---

461 Morton, P., 1984, S.2.

462 Rachels, 1990, S.215; Cobbe, 1904, S.447.

463 Hier liegt ein Fehler in der Übersetzung vor. Darwin schreibt ‚*eventually*'.

464 Darwin, Charles: *Die Abstammung des Menschen*, Stuttgart, 1966, S.155f, Rechtschreibung im Original.

465 Smith, Stephen F.: *Vivisection, An Independent Medical View*, The London Anti-Vivisection Society, London, 1899, S.11.

Auch Cobbe ging davon aus, dass Spezies, *'Rassen'* und Kulturen sich stetig weiterentwickelten, obgleich in unterschiedlichen Geschwindigkeiten und dass einige anderen überlegen waren. Darwin bezog sich selbst auf die unterschiedlichen *'Rassen'* und versuchte anhand der Beobachtungen von für ihn als primitiv geltenden *'Rassen'* (Feuerländer), Rückschlüsse auf evolutionäre Transformationsprozesse zu ziehen. Darwin war damit im Einklang mit (meist biologisch begründeten!) Rassismen des viktorianischen Zeitalters. So sagte er etwa, dass er lieber von einem Affen oder Hund abstamme, als von einem degenerierten Wilden.[466]

> *„Wer einen Wilden in seiner Heimat gesehen hat, wird sich nicht mehr schämen anzuerkennen, dass in seinen Adern Blut noch niedrigerer Kreaturen fließt."*[467]

Keinesfalls kann er jedoch zu den militanten Rassisten um die kontroverse Londoner Anthropological Society gerechnet werden. Zum einen waren ihm deren Mitglieder suspekt und er mied die Auseinandersetzung. Zum anderen waren die rassistischen Konsequenzen, die die London Anthropological Society aus der Evolutionstheorie ziehen wollte, nicht mit Darwins politischen Ansichten vereinbar.

Im Bezug zur Tierschutz-/Tierrechtsfrage muss Darwins Position als ambivalent betrachtet werden. Einerseits war er grundsätzlich am Wert tierischen Lebens und an der moralischen Verpflichtung ihnen gegenüber interessiert. Andererseits war er Verteidiger der Vivisektion, die für ihn Garant wissenschaftlichen Fortschritts war und für die er sich auch vor einer Royal Commission, die den Gesetzentwurf von 1876 vorbereiten sollte, stark machte.[468] Mit dieser Einstellung entsprach er durchaus jenen moderaten Kriterien eines Tierschützers, wie sie etwa auch auf die RSPCA zutrafen. Als deren Unterstützer stiftete er 1863 sogar einen Preis in Höhe von £50, welcher der Erfindung einer humanen Tierfalle dienen sollte. Begleitet war dies von einem Aufruf, den er mit seiner Ehefrau Emma verfasst hatte.[469]

> *„Bull-baiting and cock-fighting have been rightly put down by law.(....) Some who reflect upon this subject for the first time will wonder how this cruelty can have been permitted to continue in these times of civilization."*[470]

---

466 Desmond, Adrian und Moore, James: *Darwin*, München u.a., 1991, S.655; Darwin, 1966, S.273

467 Darwin, 1966, S.273.

468 Zum so genannten Vivisection Act vgl. Teil I, Kap. 3.5.

469 Darwin, Charles: *The Correspondence of Charles Darwin, Vol. 11*, 1863, (1996 Ausgabe, Cambridge), S.776ff.

470 Darwin, Charles: *An appeal,* in: *The Correspondence of Charles Darwin, Vol. 11*, 1863, (1996 Ausgabe, Cambridge), S.780.

Unerträglich sei es ihm gewesen, Tiere um des reinen Vergnügens willen zu töten,[471] Grausamkeit gegenüber dem Tier lehnte er ab.[472] Seine Position zur Vivisektion zeigte ihn weniger tierlieb, auch wenn ihm deren Praktizierung ‚*sick with horror*' machte.[473] Dies war auch der Punkt, an dem die freundschaftliche Verbindung zu Cobbe ein Ende nahm. Diese sah in ihm „*the centre of an adoring clique of vivisectors*".[474] Darwin äußerte sich gleichfalls abschätzend: „(...) *the sweet Miss Cobbe – Good Heavens what a liar she is.*"[475]

Er selbst nahm niemals Tierversuche vor, denn

> „*jedermann kennt die Geschichte des Hundes, der die Hand des Vivisektors leckte; wenn die Qual des Tieres nicht vollständig durch die Vermehrung an Wissen gerechtfertigt war, und wenn dieser Mensch nicht ein Herz von Stein hatte, so muß er bis an sein Lebensende Gewissensbisse gefühlt haben.*"[476]

Entschiedener äußerte sich Alfred R. Wallace, der sich von Cobbe zur Mitgliedschaft in ihrer Society for the Protection of Animals from Vivisection überzeugen ließ und auch der Humanitarian League beitrat:

> „*I have for some years come too the conclusion that nothing but total abolition will meet the case of vivisection. I am quite disgusted by the frequency of the most horrible experiments to determine the most trivial facts (...)*"[477]

und weiter hieß es bei ihm:

> „*I have a fundamental disgust of vivisection for its brutalizing and immoral effects.*"[478]

---

471 Darwin frönte als junger Mann durchaus dem Jagdsport, ganz so wie es den Vergnügungen seiner sozialen Klasse entsprach. Er gab diesen auf, als er bei einer Jagd einen Vogel nur verkrüppelte, anstatt ihn zu töten. Vgl. de Beer, Gavin: *Charles Darwin*, Melbourne u.a., 1963, S.260.

472 „*I have all my life been a strong advocate for humanity to animals, and have done what I could in my writings to enforce this duty.*" Darwin, Charles in: Mr. Darwin on Vivisection, British Medical Journal, 1, 1881, p.600 http://pages.britishlibrary.net/charles.darwin4/bmj.html zuletzt besucht am 08.97.03; „*The two subjects which moved my father perhaps more strongly than any others were cruelty to animals and slavery. His detestation of both was intense (...).*" Darwin, Francis, zitiert nach: Rachels, 1990, S.213.

473 Darwin, Francis: *Life and Letters of Charles Darwin, Vol. 3*, S.200, nach: Easlea, Brian: *Science and Sexual Oppression: Patriarchy's Confrontation with Woman and Nature*, London, 1981, S.156.

474 Cobbe, 1904, S.449, Vgl. Cobbe, Frances Power: Mr.Darwin and Vivisection, Brief an The Times, 19. April 1881.

475 *The Life and Letters of Charles Darwin*, London, 1888, zitiert nach: Freeman, R.B: *Charles Darwin, A Companion*, Folkestone u.a., 1978, S.57f.

476 Darwin, 1966, S.85.

477 Wallace, Alfred R.: Brief an Dr. W.R. Hadwen, zitiert nach: Wynne-Tyson, John: *The Extended Circle, An Anthology of Humane Thought*, London, 1990, S.562.

Bei der Vereinahmung Darwins Person durch TierschützerInnen wird bis zum heutigen Tage seine Haltung zur Vivisektion geflissentlich übersehen. Auch BefüworterInnen von Tierversuchen sehen zumeist nur einen Aspekt Darwins persönlicher Befindlichkeit zur Tierwelt und werden ihm somit schlichtweg nicht gerecht. Viel weniger kontrovers erscheint also die Beurteilung des Einflusses, den seine Theorie auf die britische Tierrechtsbewegung gehabt hat. Sie ist als äußerst bedeutsam zu bemessen. So kann sie sich etwa in der ab 1860 zunehmenden Integration von Wildtieren in die Sphäre schützenswerter Lebewesen durch den organisierten Tierschutz erkennen lassen. W.H. Hudson (1841-1922), Mitbegründer der Royal Society for the Protection of Birds, war ein herausragender Fürsprecher für die Erhaltung natürlicher Habitate.[479] Diese Schutzkonzeptionen beruhten auf einem verstärkten Biozentrismus, der auf die Veröffentlichung der *‚Origin of Species'* folgte.[480] Natur wurde mehr und mehr idealisiert, natürliche Ordnung sorgte für Stabilität in einer sich rapide verändernden Gesellschaft.[481] Gleichsam wurde die Freiheit wilder Tiere als Äquivalent jener der *‚freeborn Englishmen'* gesehen. Ein Angriff auf sie kam dem Verlust ihrer verlorenen Rechte gleich, die es wiederzuerlangen galt.[482] Darwins Evolutionstheorie diente der Bewegung dazu, den intellektuellen und moralischen Graben zwischen Mensch und Tier zu überbrücken und den moralischen Stand der Tiere heraufzusetzen. Obgleich Preece sicherlich Recht gegeben werden muss, wenn er sagt, dass die Frage um die Evolution sowohl für als auch gegen tierethische Positionen genutzt wurde.[483] Schließlich wurden Tierversuche vor allem auf Grund biologischer Gemeinsamkeiten durchgeführt.[484]

Wie gezeigt wurde, zeichnete sich die Begründung für, die Interpretation von und die Herangehensweise an einen veränderten Umgang mit dem Tier durch multikausale Zugänge und einen durchaus divergenten sozialen, religiösen und intellektuellen Background aus. Radikale Philosophen, Evangelikale und Dissenter sowie Naturwissenschaftler und LiteratInnen wiesen jedoch, trotz teilweise eklatant unterschiedlichen Ein-

478 Wallace, Alfred R.: *World of Life: A Manifestation of Creative Power, Directive Mind and Ultimate Purpose*, 1911, zitiert nach: Preece, Rod (Hg.): *Awe for the Tiger, Love for the Lamb: A Chronicle of Sensibility to Animals*, London u.a., 2002, S.275.

479 Gold, Mark: *Animal Century: A Celebration of changing attitudes to animals*, Charlbury, 1998, S.39.

480 Darwin, 1996, S.779.

481 Dalton, 1995, S.28.

482 Taylor, 2004, S.39.

483 Preece, 2003, S.xxxv.

484 Das gängige Gegenargument von TierrechtlerInnen ist, dass wenn eine solche Ähnlichkeit durch die Naturwissenschaften attestiert wird, es geradezu zwangsläufig gleicher moralischer Behandlung bedürfe. Vgl. etwa Ryder, Richard D.: *Victims of Science, The Use of Animals in Research*, London, 1975, S.12.

ordnungen und Interessen, nicht nur auf die Erfordernis hin, tierisches Leben – wissenschaftlich wie metaphorisch – neu zu interpretieren. Sie verbanden diese Interpretation auch mit Forderungen nach notwendigen Neubetrachtungen traditioneller Mensch-Tier-Beziehungen. Dieser Variantenreichtum von Begründungszusammenhängen erklärt die zunehmende Verbreitung des Tierschutz-/Tierrechtsgedankens und Kernpunkte moderner Tierrechtspositionen. Auch wenn diese zumeist noch anthropozentrisch befrachtet waren bzw. intrahumanen Interessen, Sorgen, Idealen und Gefühlen entsprangen, waren hier solide Grundlagen geschaffen worden, auf denen sich die Tierrechtsbewegung entwickeln konnte. Das Tierschutzprinzip wurde in Anlehnung an die Schmerzempfindlichkeit des Tieres konsolidiert. Utilitaristische Thesen sorgten für die philosophische Gleichbetrachtung sowohl menschlicher wie tierischer Schmerzen. Das Rechtsprinzip leitete aus der grundsätzlichen Gleichheitsannahme ihre Forderungen nach der rechtlichen Einbeziehung des Tieres ab. Die Ausbreitung evangelikaler Ideen in Großbritannien bereitete nicht nur den Weg für eine Gleichordnung von Gottes Geschöpfen in der Berücksichtigung ihrer unsterblichen Seelen, sondern Tierschutz wurde auch als christliche Pflicht zur moralischen Selbstrettung erklärt. Evolutionsbiologische Theorien begründeten schließlich das verwandtschaftliche Verhältnis von Mensch und Tier, aus dessen Feststellung sich leicht entsprechende Tierschutzforderungen ableiten lassen konnten. Kennzeichnend war darüber hinaus, dass die Anfänge von Tierschutz und Tierrecht eben keiner distinktiv politischen Ideologie oder Ausrichtung zugeordnet werden konnten. Dahinter lässt sich durchaus das Potential ihrer weiten Verbreitung vermuten, obgleich Tierschutz vor dem Hintergrund sich entwickelnder Parteipolitik und als mögliche Arena sich entgegenstehender und komplexer Denkweisen anzusiedeln ist.

3. Geschlecht

Der Diskurs um die Geschlechterfrage bedarf einer eigenen Analyse, denn Gender bestimmt nicht nur maßgeblich die sozialen Interaktionen gesellschaftlicher Prozesse, es sticht in der Frage der Tierrechtsbewegung unter vier Aspekten besonders hervor, die hier Bearbeitung finden werden: Die Dominanz der Frauen in Tierschutz/Tierrechtsorganisationen, die Einordnung in das Konzept der getrennten Sphären, die philanthropische Arbeit als emanzipierendes Moment und die häufig vorgenommenen Gleichstellung der Konzepte Frau und Natur.

Catherine Hall definiert Gender als

> *„social relation between the sexes and the ways in which men's power over women provides a fundamental form of social, economic and political power."*[485]

Die soziale Differenzierung zwischen den Geschlechtern wird dann vorgenommen, wenn das *‚Andere'* per Diskurs konstruiert wird. Männlichkeit und Weiblichkeit sind Konstrukte, die von dem sie umgebenden historischen Raum und Zeit abhängig sind. Begründungszusammenhänge für das Engagement in der Tierrechtsbewegung sind damit neben der moralischen, religiösen und gesellschaftspolitischen Ebene auch auf genderspezifischer Basis zu verorten.

Auf sozialhistorischer Ebene ist es zum ersten als bemerkenswert einzustufen, dass, empirisch nachweisbar, die Tierschutz- bzw. Tierrechtsvereinigungen des 19. und frühen 20. Jahrhundert in der Mitgliedschaft und teils auch in der Außenwirkung durch Frauen dominiert wurden, seien es nun VegetarierInnenvereinigungen, Antivivisektionsgruppen oder praktische Tierschutzvereinigungen wie die RSPCA. Dies war relativ unabhängig von der Radikalität der Forderungen der Gruppen, ihrer politischen Ausrichtung und ihrer sozialer Konstituierung. Dabei agierten Frauen, anders als Männer, eher hinter den Kulissen, waren jedoch mindestens genauso erfolgreich in der Thematisierung des Tiermissbrauchs. Die Antivivisektionsbewegung, in der sie einen so nachhaltigen Eindruck hinterließen, wurde geradezu wegen dieser Tatsache stigmatisiert.

Zum zweiten wird zu betrachten sein, wie sich das Engagement von Frauen in der Tierrechtsbewegung in die viktorianischen Schismen der *‚Getrennten Sphären'* einpasste, die Frauen und Männern anhand der Dichotomie Öffentlich/Privat bzw. Häuslich/Politisch bestimmte Rollen zuwiesen und mit einem ganzen Anhang von unterstellten Attributen versahen. Privat wurde als Antithese zu öffentlich betrachtet, genauso wie

485 Hall, Catherine: *White, Male and Middle Class: Explorations in Feminism and History*, Cambridge, 1992, S.12f.

männlich als Antithese zu weiblich fungierte. Diese Fokussierung auf die Geschlechterunterschiede hob die Rolle der Frau als Mutter und Ernährerin hervor, als *‚Caretaker'*.[486]

In einem dritten Schritt soll dargelegt werden, dass die Tierrechtsbewegung, wie zahlreiche andere wohltätige bzw. philanthropische Bewegungen der Zeit, ein Paradebeispiel dafür war, wie es Frauen gelang, durch ein (halb-)öffentliches Engagement das politische Handwerkzeug und die Courage zu entwickeln, sich in der Öffentlichkeit zu bewegen, ohne die ihnen vorgegebene ideologische Sphäre zu verlassen.[487] Somit wurde die Tierrechtssache auch Mittel zum Zweck frauenbewegter Politik, sie wurde zur Wiege emanzipativen Handelns. Die personelle Überschneidung zwischen Tierrechtsbewegung und Suffragettenbewegung, auf die im siebten Abschnitt dieses Kapitels eingegangen wird, belegt die Verbindung der Befreiungsansätze.

Als viertes soll problematisiert werden, dass Frauen, als *‚the sex'*, im Gegensatz zur Männern gesellschaftlich nahezu außerhalb der menschlichen Spezies, ideologisch innerhalb der belebten Natur verortet wurden. Damit wurden sie in abwertender Absicht dem Tier hierarchisch gleichgesetzt. Frauen und Tier waren somit in einer forcierten Schicksalsgemeinschaft miteinander verbunden.

> *„We Live and Dye as if we were produced from Beasts, rather than from Men,"*[488]

beschwerte sich die Naturwissenschaftlerin Margaret Cavendish 1663. Zwar war die Unterdrückung der Frau sicherlich kein Phänomen der Moderne, jedoch, so argumentieren feministische WissenschaftlerInnen, wurden die Vorurteile femininer Werte und Empfindsamkeiten besonders im viktorianischen Zeitalter idealisiert, um somit die Unterteilung in *‚Getrennte Sphären'* in Ideologie und Biologie zu legitimieren.[489]

Anhand der Darstellung von Frances Power Cobbe und Anna Kingsford in den Unterkapiteln fünf und sechs soll der Einfluss der weiblichen Ak-

---

486 Adams, Carol J.: *The Sexual Politics of Meat – A Feminist-Vegetarian Critical Theory*, New York, überarbeitete Ausgabe, 2002, S.134. Argumente für die moralische Höherwertigkeit der Frau und essentieller Geschlechterdifferenz bildeten in der Tat einen Hauptstrang viktorianischen Feminismus, der bis in die Suffragettenbewegung nachwirkte. Sie koexistierten mit der Gleichheitsforderung, waren bisweilen mit ihr verzahnt. Vgl. Rowbotham, Sheila: *A Century of Women: The History of Women and Britain and the United States*, London, 1997, S.15; Kingsley Kent, Susan: *Sex and Suffrage in Britain, 1860-1914*, London, 1990, S.206.

487 Für die Antisklavereibewegung hat dies Walvin herausgestellt. Vgl. Walvin, 1996, S.162.

488 Margaret Cavendish, Duchess of Newcastle, *Orations of Divers Sorts*, 1663, zitiert nach: Porter, 2000, S.322.

489 Porter, 2000, S.323.

tivistinnen innerhalb der Tierrechtsbewegung exemplifiziert werden. Schließlich soll die ab 1903 in Erscheinung getretene militante Suffragettenbewegung als distinktiv politische – und damit bestehende soziale Kategorien aufbrechende – Bewegung auf ihre Wechselwirkung zur Tierrechtsbewegung Überprüfung finden. In *,Family Fortunes'* argumentieren Hall und Davidoff, dass Geschlecht auch immer eine Klassendimension inne hat. Dies ist ein Aspekt, der hier nicht außer Acht gelassen werden soll, jedoch weit gehender im nächsten Kapitel besprochen wird.

3.1 Engagement von Frauen in der Tierschutz-/Tierrechtsbewegung

Frauen spielten eine entscheidende Rolle in der gemeinnützigen Arbeit. Darauf verweist insbesondere Frank Prochaskas Studie über das philanthropische Engagement von Frauen im 19. Jahrhundert.[490] Obgleich sein Hauptaugenmerk auf dem – meist religiös beeinflussten – Engagement in Einrichtungen wie Gefängnissen, Armenhäusern sowie dem Einsatz gegen die Prostitution und die Trunkenheit liegt, arbeitet er doch allgemeingültige Strukturen heraus, die sich auch auf die Tierschutzbewegung anwenden lassen. Er selbst nimmt Tierschutzvereinigungen in seinen Datensatz auf. Die von ihm eruierten Merkmale zeigen Gemeinsamkeiten und Unterschiede zu anderen Gruppierungen außerhalb des Tierschutzes. Der Bezug zur Klassenstruktur offenbart die überwiegende Angehörigkeit der philanthropisch wirkenden Frauen zur Mittelschicht. Das darf jedoch nicht als Absolutum gewertet werden, da Frauen aus der Arbeiterschicht viel weniger Einzug in die Register erfuhren, die ihr Engagement auch dokumentieren würden. Aristokratinnen hingegen übernahmen meist die Aufgabe der Schirmherrschaft. Im Hinblick auf den Familienstatus stellt er fest, dass es sich in der Mehrheit um allein stehende Frauen handelte. Ein weiterer Blickpunkt richtet sich auf die Organisationsform von Gruppen, an denen sich Frauen beteiligten bzw. beteiligen konnten. Frauensektionen, manchmal auch Hilfstruppen (*Auxiliaries*) genannt, gehörten zu fast jeder wohltätigen Organisation ab den 1840ern, die sich um landesweite Unterstützung bemühte. Erwartungsgemäß lag die Unterstützung von Frauen bei Vereinigungen höher, die ihnen Mitspracherechte gaben, wo Frauen zu den Exekutivkomitees zugelassen waren bzw. diese dominierten. Dies war beispielsweise bei der Women's Vegetarian Union der Fall.

In der ersten Hälfte des Jahrhunderts lassen sich nur wenige Fälle von solchen Mitspracherechten finden der Fall, obgleich der *Liverpool Mercury* vom Januar 1834 von der Gründung einer Tierschutzvereinigung be-

490 Vgl. Prochaska, Frank K.: *Women and Philanthropy in Nineteenth-Century England*, Oxford u.a., 1980

richtet, die sich unter der Schirmherrschaft von vorwiegend Frauen formiert haben soll.[491] Die Marginalisierung weiblichen Engagements veränderte sich zusehends, bis zum Ende des Jahrhunderts auch traditionellere Vereinigungen wie die RSPCA Frauen zu ihrem Exekutivkomitee zuließen (1896).[492] Bis dahin war die RSPCA der Meinung gewesen, dass

> *„the attendance of ladies at meetings of the General Committee is not convenient for the transaction of business."*[493]

Die von Prochaska untersuchten Gruppen, die in diesem Zusammenhang von Relevanz sind, die RSPCA, die 1875 etablierte Victoria Street Society for the Protection of Animals from Vivisection (VSS) von Frances Power Cobbe und die Women's Vegetarian Union, 1895 von Alexandrine Veigelé gegründet, zeigten alle eine überproportionale Unterstützung von Frauen, zumindest am Ende des Jahrhunderts. Selbstverständlich erscheint die Tatsache, dass die Women's Vegetarian Union 96% weibliche Unterstützung vorweisen konnte. Vergleicht man diese jedoch mit anderen *‚womens'* oder *‚female'* Societies, die Prochaska erwähnt, so ist auch hier deren Anzahl überdurchschnittlich hoch. Frau verzichtete hier weitgehend auf männliche Vormundschaft. Dies gilt für alle Organisationen, bei denen ein Bezug zum Tierschutz evident war: Sie offenbarten in ihrer Vergleichsgruppe überdurchschnittlich hohe weibliche Beteiligung.

Auch die 1898 von der Victoria Street Society abgespaltene British Union for the Abolition of Vivisection (BUAV) setzte diesen Trend fort. Hier wurde zudem der Vorstand ebenfalls von Frauen dominiert.[494] Es gestaltet sich schwieriger, genaue Zahlen über die weibliche Mitgliedschaft der Vegetarian Society nennen. Nach Forward belief sich deren Anteil auf nur 29% 1853, 22% 1866 und 24% 1873. Allerdings galt bei der Vegetarian Society die *‚Einzelmitgliedschaft'* von Ehepaaren, bei der Frauen unter den Namen ihres Gatten subsumiert wurden und somit nicht selbstständig in der Statistik auftauchten. Die genaue Anzahl bleibt also offen.[495]

---

491 Liverpool Mercury, 10. Januar 1834, zitiert nach: Moss, 1961, S.21

492 Prochaska, 1980, S.31. Baroness Angela Burdett-Coutts (1814-1906), Tochter von Sir Frances Burdett, hatte allerdings schon zuvor, nämlich 1870, ein Ladies Committee innerhalb der RSPCA gegründet. Burdett-Coutts galt dennoch als Verteidigerin des Systems der Getrennten Sphären. Entsprechend lehnte sie die Einladung am ersten London School Board mitzuwirken mit der Begründung ab, dass die Aufgabe der Frauen außerhalb der öffentlichen Sphäre zu liegen habe. Ihr Tierschutz richtete sich außerdem, in Übereinstimmung mit der RSPCA, primär gegen den Blutsport der Arbeiterklasse. Mit ihrem umfangreichen Vermögen unterstützte sie diverse philanthropische Projekte.

493 Zitiert nach: Moss, 1961, S.24

494 BUAV, Annual Report 1899, S.1.

495 Forward, 1897, S.36f, 51ff, The Dietetic Reformer and Vegetarian Messenger, Vol. II, Third Series, Nr.30, Juni 1874, S.64.

Engagement von Frauen in Tierschutzgesellschaften [496]

Name	Datum der UnterstützerInnenliste	Gesamte Anzahl von UnterstützerInnen	Anzahl der Frauen	Prozentsatz der Frauen als UnterstützerInnen
RSPCA	1832	165	72	44%
	1850	651	325	50%
	1875	2053	1081	53%
	1900	2442	1673	69%
British Union for the Abolition of Vivisection 1899	1899	137	95	69%
	1904	237	165	70%
	1908/09	326	265	81%
	1912	839	668	79%
	1918	496	333	69%
	1923	775	573	74%

Tabelle 1: Vereinigungen mit zwei oder mehr UnterstützerInnenlisten

Name	Datum der UnterstützerInnenliste	Gesamte Anzahl der UnterstützerInnen	Anzahl der Frauen	Prozentsatz der Frauen als UnterstützerInnen
Victoria Street Society 1875	1882	294	213	72%
	1885	420	315	75%
	1890	329	240	73%
	1895	229	151	66%

Tabelle 2: Vereinigungen mit gemischtgeschlechtlichem Exekutivkomitee (Lebensmitgliedschaften)

Name	Datum der UnterstützerInnenliste	Gesamte Anzahl der UnterstützerInnen	Anzahl der Frauen	Prozentsatz der Frauen als UnterstützerInnen
Women's Vegetarian Union 1895	1896	206	198	96%

Tabelle 3: Vereinigungen, die von Frauen geleitet wurden

496 Datensätze nach: Prochaska, 1980, S.233ff; Elston, Mary Ann: *Women and Antivivisection in Victorian England, 1870-1900,* in: Rupke, 1987, S.289; British Union for the Abolition of Vivisection, Annual Reports, 1899, 1904,1908/9, 1912, 1918. Die Zahlen beziehen sich auf die UnterstützerInnenliste der *Mainbranch* der BUAV. Die föderativ angeschlossenen lokalen *Branches* wurden nicht mit einbezogen.

Schätzungen haben ergeben, dass 1883 mehr als eine halbe Millionen Frauen dauerhaft in philanthropischer Arbeit engagiert waren, vgl. Gleadle, Kathryn: *British Women in the Nineteenth Century,* Basingstoke u.a., 2001, S.153.

Jedoch kann aus den Berichten über Sitzungen, Bankette und Soirees der Vegetarian Society geschlossen werden, dass zumindest hier etwa die Hälfte der Anwesenden Frauen waren.[497] Ihre Bedeutung für die vegetarische Bewegung, aufgrund mutmaßlicher Einfühlsamkeit und Vorbildcharakter durch praktische Kochbeispiele, oft als *‚fireside reform'* benannt, ist durch neuere Forschung bestätigt worden.[498] Die Vegetarian Society befand es jedoch noch bis in die 1860er für nicht notwendig, die Rechte der Frauen auszuweiten, dementsprechend wurden Frauen auch nicht als Sprecherinnen geduldet.[499] Am größten war die Partizipation von Frauen in Antivivisektionsgruppen und am stärksten zeigte sich hier ihre Präsenz, so merkt Richard D. French an. Dies treffe auch dann noch zu, wenn man sie in Vergleich zu anderen Gruppen außerhalb der Tierschutz-/Tierrechtsbewegung stellt, die nicht offensichtlich feministische Ziele verfolgten. Ryder stellt weiterhin heraus, dass dies, bis auf die RSPCA, sowohl für normale Mitglieder, wie auch für die adlige Schirmherrschaft gegolten hat. Auch hier sei ein Frauenanteil von 40-60% festzustellen.[500]

Frauen übernahmen jedoch auch Führungspositionen in der Tierschutz-/Tierrechtsbewegung. Bereits der kurzlebige Versuch 1819 die Liverpool Society for the Suppression of Wanton Cruelty to Animals wieder zu beleben, ging auf die Initiative von Frauen unter der Leitung von Mrs. Jane Roscoe zurück. Zu ihren Mitgliedern zählte u.a. die Quäkerin Elisabeth Heyrick.[501] Die London Anti-Vivisection Society wurde 1876 von einer Frau namens Miss Marston gegründet und geleitet, genauso wie Miss Sarah Joys Society for United Prayer for the Prevention of Cruelty to Animals, die sich vor allem dem Kampf gegen die Vivisektion widmete. Frances Power Cobbe war nicht nur Mitbegründerin der VSS, sondern leitete deren Geschicke zehn Jahre lang als Geschäftsführerin. Sie rief zudem 1898 die British Union for the Abolition of Vivisection (BUAV) ins Leben, deren Vorstand zu 75% mit Frauen besetzt war. Louisa Woodward fungierte als Vorsitzende der Church Antivivisection League und war gemeinsam mit Louise Lind-af-Hageby (1878-1963) im Vorstand des von Lind-af-Hageby 1906 gegründeten International Anti-Vivisection

---

497 z .B Vegetarian Messenger, Vol. IV, Nr.42, April 1853, S.7.

498 Gregory verweist auf Kathryn Gleadles Forschungen über frühe Vegetarierinnen innerhalb ihres Forschungsprojekts über radikale Frauen aus der Mittelschicht 1780-1860. Gregory, James: *The Vegetarian Movement in Victorian Britain and its Relationship with Temperance*, in: The Social History of Alcohol Review, 16:1-4, Herbst 2001, Frühjahr 2002, S.22, 31.

499 The Dietetic Reformer and Vegetarian Messenger, Vol. II, Nr.23, Juli 1866, S.91f. Ab 1868 wurden jedoch auch im Dietetic Reformer and Vegetarian Messenger emanzipative Traktate abgedruckt, vgl. Vol. III, Nr.34, April 1869, S.40.

500 French, 1975, S.239f, 88.

501 Ferguson, 1998, S.41.

Councils vertreten.[502] Letztere leitete ebenfalls die 1909 ins Leben gerufene Animal Defence and Anti-Vivisection Society, die konstant von Frauen dominiert wurde und in den 1920ern hatte sogar nur noch ein Mann einen Sitz im Exekutivkomitee.[503] Darüber hinaus gründete Woodward 1900 die englische Sektion der World League against Vivisection. Mabel Collins war 1906 Vorsitzende des Exekutivkomitees der Parliamentary Association for the Abolition of Vivisection, für die sie auch vor der zweiten Royal Commission on Vivisection (1906-1912) aussagte.[504]

Im Kampf gegen eine Tierausbeutung, die vor allem auch von Frauen betrieben wurde, wie das Tragen von Vogelfedern als Schmuck, von Henry Salt als *‚murderous millienery'* betitelt, waren es ebenfalls Frauen, die den Widerstand dominierten.[505] Sie waren Mitbegründerinnen der Plumage League 1886. Zudem wurde 1889 die Society for the Protection of Birds von Mrs. W. Williamson und Mrs. Phillips aufgestellt, die sich zunächst aus deren persönlichen Bekanntenkreis zusammensetzte. Zuvor war den beiden Frauen die Mitgliedschaft in der British Ornithological Union aufgrund ihres Geschlechts verwehrt worden.[506] Diese neue Vereinigung, die SPB, wurde 1904 ebenfalls mit dem Präfix Royal geehrt und in ihrem ersten Existenzjahr waren ausschließlich Frauen im Vorstand vertreten.[507] Geleitet wurde sie 63 Jahre lang von Winifred Dallas-Yorke, Duchess of York, bis zu deren Tod 1954.[508] Auch der praktische Tierschutz, wie die Aufstellung von Trinkbrunnen für Pferde, die Einrichtung von Tierheimen und die Sorge um streunende Hunde und Katzen war fest in weiblicher Hand. Beispielsweise wurde das Battersea Dogs Home 1860 von Mrs. Telby und Mrs. Mayor gegründet.

---

502 Zu Lind-af-Hageby vgl. Kap.4.3.1.

503 Report of the Animal Defence and Anti-Vivisection Society, 1923, S.5, nach: Ryder, 2000, S.138.

504 Reports of the Second Royal Commission on Vivisection, 1906-1912, HMSO, 1790-1956.

505 Salt, 1892, S.76; vgl. auch: Wöbse, Anna-Katharina: *Als eine Mode untragbar wurde – Die Kampagnen gegen Federschmuck im Deutschen Kaiserreich,* in: Deterts, Dorothea et al.: *Federn kitzeln die Sinne*, Bremen, 2004.

506 Dalton, 1995, S.29.

507 Kean, 1998, S.117; Gates, Barbara T.: *Kindred Nature: Victorian and Edwardian Women Embrace the Living World,* Chicago u.a., 1998, S.115.

508 Doughty, Robin W.: *Feather Fashions and Bird Preservation: A Study in Nature Protection,* Berkeley u.a., 1975, S.96.

3.2 Tierschutz im Konstrukt der Getrennten Sphären

Ein Grund für die Dominanz von Frauen im Tierschutz muss im gesellschaftlichen Gefüge gesucht werden. Das späte 18. und frühe 19. Jahrhundert war durch eine signifikante Veränderung in der britischen Gesellschaft bezüglich ihrer tradierten Werte und Glaubenssätzen gekennzeichnet. Es war eine Phase in der gängige Muster der Geschlechtertrennung einer Neuinterpretation unterzogen wurden. Männer wurden in der neu bestimmten öffentlichen Sphäre von Handel, Ökonomie und Politik verortet, während den Frauen die private Sphäre von Heim und Familie zugewiesen wurde.

Obgleich diese Einteilung historisch gesehen nicht vollkommen neu war, so argumentiert Catherine Hall, müsse sie trotzdem als ein Spezifikum des georgianischen und viktorianischen Zeitalters und deren gesellschaftlicher Konstruktion gesehen werden.[509] Während britische HistorikerInnen von diesem Konstrukt vor allem von der im 19. Jahrhundert vorherrschenden Ideologie der Häuslichkeit sprachen, entwickelten Amerikanerinnen das Konzept der *‚Separate Spheres'* (Getrennte Sphären), das ein Bewusstsein schaffen sollte, aus denen feministische Betrachtungen erwachsen konnten.[510]

Die Grenzen dieser öffentlichen und privaten Sphäre waren jedoch keinesfalls absolut, so dass dem Privaten und dem Öffentlichen verschiedene Definitionen unterlagen. Dies erklärt, weshalb es Frauen gerade im Zuge ihrer philanthropischen Arbeit gelang, in der Öffentlichkeit zu agieren, ohne jedoch – sowohl in der öffentlichen Begutachtung als auch in der oft restriktiveren Selbstwahrnehmung – gängigen Moralvorstel-

---

509 Hall, 1992, S.153.

510 Das Konzept der Getrennten Sphären hat in der historischen Forschung auch Kritik von zahlreichen theoretischen Positionen hervorgebracht, die auf Mannigfaltigkeit, Pluralität und Grenzverwischung insistieren, die in dem Konzept nicht ausreichende Berücksichtigung fänden. Trotz dieser Widersprüche wird an dem Konzept insofern festgehalten, als dass diese binäre Unterscheidung eben nicht als konzeptuelles Absolut gesehen werden darf. Eher sollten die *‚Getrennten Sphären'* als ideologisches Kriterium mit spezifischer Bedeutung verstanden werden, als Produkte einer bestimmten Zeit und Geschichte. Dennoch wurde diese Trennung von HistorikerInnen als präskriptiver Dialog hinterfragt, da sie nicht notwendigerweise die Realität der Frauen im 19. Jahrhundert aufgegriffen haben, dienten sie also vielmehr als zentraler Anfangspunkt, um ihre Geschichte einzuordnen. Poststrukturalistische Geschichtsschreibung bedient sich in der Spezifizierung deswegen eher der Kategorie der *„Multiple Identities"*, um dem Phänomen und Antagonismus öffentliche vs. private Sphäre näher zu kommen. Gleadle, 2001, S.3; Leonore Davidoff hielt fest:*„In particular, notions about right living in the home, the private sphere as differentiated from the public, had become ever more interwoven with ideas about femininity and masculinity, womanhood and manhood. The dominion of this 'social imaginary' ideal could be found in a multitude of places and forms."* Davidoff, 1995, S.5.

lungen zuwiderzulaufen.[511] Reformerinnen wie die Frauenwahlrechtsagitatorinnen Millicent Fawcett und Frances Power Cobbe argumentierten, dass Moral, Selbstaufopferung und Barmherzigkeit, die *‚häuslichen Tugenden'* der Frau eben, genau das seien, dessen das öffentliche Leben in England bedürfe. In ihrem Anliegen, ihren gesellschaftlichen Einfluss auszuweiten, übernahmen und unterstrichen sie willentlich Stereotype über die Frau als das einfühlsamere, selbstlosere Geschlecht. [512] Damit barg das Konzept einer separaten Sphäre ein Moment der Verhinderung in sich: Es beschränkte weibliches Handeln auf das, was als Frauenthemen akzeptiert war: Die Familie, Kinder, Gesundheit und Wohltätigkeit, *‚maternalist activities'* wie Midgley sie kategorisiert hat.[513] Diese Tätigkeiten waren für sich aber durchaus interpretierbar, implizierten jedoch eine Minimierung weiblichen Einflusses in Politik und Wirtschaft.[514]

Der mütterliche Habitus führte dazu, dass dort, wo sich Frauen engagierten, auch Kinder nicht weit entfernt waren und ihnen in philanthropischen Aufgaben folgten. Die Bandbreite der wohltätigen Arbeit von Kindern war enorm. Als besonders exemplarisch für die Tierschutzbewegung zeigte sich dies allerdings erst im letzten Drittel des 19. Jahrhunderts mit der Konstituierung der Band of Mercy. Die Band of Mercy entstand in Anlehnung an die aus der Temperance-Bewegung bekannten Band of Hope. Bei letzterer sollten Kinder früh genug dem Übel Alkohol entsagen und lernen, ihr Leben produktiv zu gestalten. Gegründet wurde die Band of Mercy 1875 von Mrs. Catherine Smithies und dem Frauenkomitee der RSPCA, zunächst in Wood Green und dann landesweit. Sie sollte Kinder Sensibilität und Weichherzigkeit gegenüber dem Tier vermitteln.[515] Ab 1879 wurde ein eigenes Magazin, der *Band of Mercy Advocate* bzw. nur *Band of Mercy*, herausgegeben. 1901 gab es bereits 750 solcher Bands,[516] 1913 allein 14 in Norfolk.[517]

Smithies verfasste zudem eine Buchreihe mit dem Titel *‚A Mother's Lesson on Kindness to Animals'*. Diese Bücher gehörten genauso zur Pflicht-

---

511 Wahrmann, Dror: *„Middle Class" Domesticity goes Public: Gender, Class, and Politics from Queen Caroline to Queen Victoria*, in: Journal of British Studies 32, Oktober 1993, S. 422. Zur Kritik am Prinzip der Separate Spheres siehe auch: Gleadle, 2001.

512 Prochaska, 1980, S. 7f, Vgl. auch: Caine, Barbara: *Victorian Feminists*, Oxford u.a., 1992, S.131.

513 Midgley, C., 1993, S.346; Vicinus, Martha: *Independent Women: Work and Community for Single Women 1850-1920*, London, 1985, S.2.

514 Rendall, Jane: *Women and the Public Sphere*, in: Gender & History, Vol. 11, Nr.3, November 1999, S.482; Davidoff, Leonore: *Worlds Between, Historical Perspectives on Gender and Class*, Cambridge, 1995, S.257.

515 Prochaska, 1980, S.75.

516 Die Muttervereinigung der Band of Mercy, die RSPCA, wuchs ähnlich schnell. 1870 gab es 70 lokale Vereinigungen, 1901 waren es bereits 254. Vgl. Harrison, 1973, S.801.

517 Rushen, Joyce: *She Heard Their Cry, The Life of Ada Cole*, 1993, S.58.

lektüre für den in der Band of Mercy engagierten Nachwuchs, wie Anna Sewells *,Black Beauty'* und Sarah Trimmers *,Fabulous Histories'*. Letztere waren ebenfalls dazu angelegt, Kindern den richtigen Umgang mit dem Tier beizubringen. Unter dem Deckmantel einer anthropomorphen Fiktion, in der die Hauptprotagonisten einer Rotkehlchenfamilie zugehörig sind, sollte das Buch Kindern häusliche Werte näher bringen.[518] Frauen besuchten Schulen, um ebendiese Literatur zu verteilen, die zum aktiven Tierschutz anregen sollte. Zusätzlich wurden Aufsatzwettbewerbe ausgeschrieben, in denen die Kleinen von ihrem positiven Erleben der Tierwelt berichten sollten. Ferner wurden soziale Sanktionen propagiert: Kinder wurden dazu aufgerufen, jene Erwachsenen zu melden, die sich des Missbrauchs von Tieren schuldig machten.[519] Es sei in diesem Kontext darauf hingewiesen, dass die Gründung der National Society for the Prevention of Cruelty to Children (NSPCC) 1884 maßgeblich durch ProtagonistInnen der RSPCA vorangetrieben wurde, ja sogar als *,Baby'* der RSPCA erkannt wurde.[520] So waren in den 1870er Jahren mehrere Briefe in *Animal World*, dem Magazin der RSPCA, veröffentlicht worden, die sich für die Gründung einer Schutzgesellschaft für *,Children and Dumb Animals'* aussprachen.[521] Dem Beispiel der RSPCA folgend gründete auch die Vegetarian Society in den 1890ern ihre Kindervereinigung, die Daisy Society.[522] Frances Power Cobbe war von dieser langfristigen Erziehungsarbeit überzeugt:

> *„The long-oppressed and suffering brutes will then be spared many a pang and their innocent lives made far happier; while the hearts of men will grow more tender to their own kind by cultivating pity and tenderness to the beasts and birds. The world will at last cease to be full of violence and cruel habitations.'"* [523]

Demzufolge richtete sie ihr Anliegen direkt an Erziehungsinstitutionen und Universitäten. Gerade die Einführung von Physiologie als Unterrichtsfach, davon war Cobbe überzeugt, könne dazu führen, aus Kindern gnadenlose Verteidiger wissenschaftlicher Grausamkeiten werden zu lassen. Dem gelte es Einhalt zu gebieten. Die im viktorianischen Zeitalter

---

518 Trimmer, Sarah: *Some Accounts of the Life and Writings of Mrs. Trimmer with Original Letters and Meditation and Prayers, Selected from her Journal in Two Volumes*, London, 1814, S.12, in: Ferguson, 1998, S.9; Perkins, 2003, S.30f.

519 Lansbury, Coral: *The Old Brown Dog, Women, Workers and Vivisection in Edwardian England*, Madison, 1985, S.40f.

520 Auch in den USA wurde mit der American Humane Society eine Vereinigung gegründet, die sich in der Hauptsache dem Schutz von Tier und Kind annahm, Fairholme und Pain, 1924, S.165; Moss, 1961, S.31.

521 Animal World, April 1870 zitiert nach: Moss, 1961, S.31.

522 The Vegetarian Messenger and Review, Vol. I, Nr.5, Mai 1898, S.221.

523 Cobbe, 1904, S.689.

vorherrschende Ideologie der Häuslichkeit kann deshalb nicht oder zumindest nicht ausschließlich als Element männlicher Herrschaftsansprüche, die der Frau aufgezwungen wurden, gewertet werden. Weibliche Ideologinnen, wie beispielsweise Hannah More, hatten bereits zuvor einen Beitrag dafür geleistet, die Grenzen der neuen häuslichen Moral festzusetzen.[524]

> *„What is this, after all, my friends, but public spirit – in one shape called Patriotism, in another, Philanthropy – the extension of our sympathies beyond the narrow bounds of our homes; the disinterested enthusiasm for every good and sacred cause?"*[525]

3.3 Philanthropisches Engagement als Mittel emanzipativen Handelns

Dennoch verhalf das Engagement in gemeinnützigen Vereinigungen Frauen letztendlich dazu, langfristig in organisierter Form politisch tätig zu werden. Zum Ende des 19. Jahrhunderts wurden die Reihen der philanthropischen Gesellschaften mehr und mehr von Frauen der breiteren Mittelschicht okkupiert. Viele verstanden dies nicht als Kampfansage gegen ihre häusliche Rolle, sondern als ein Mittel, den eigenen sozialen Horizont zu erweitern.[526] Dies ging zudem mit einer sozialen Aufwertung einher. Die am häufigsten anzutreffende Argumentationslinie für das wohltätige Engagement unterstrich die Erweiterung der häuslichen Rolle, der Fürsorge und Anteilnahme, auf die Gemeinschaft. Diese Rolle war darüber hinaus gesellschaftlich akzeptiert. Ein geschlechtsspezifisches Vereinsrecht, wie es im Deutschen Kaiserreich existierte, gab es in Großbritannien zu keinem Zeitpunkt. Jene Vereine, in denen sich britische Frauen aus dem Bürgertum zusammenschlossen, wurden in ihrer Entwicklung durch gesellschaftliche Konventionen und den Grad der Ausprägung weiblichen Selbstbewusstseins, nicht aber durch staatliche Reglementierung, behindert.[527] Vereinsarbeit konnte für die Frauen einen Politisierungs- und Emanzipationseffekt mit sich bringen, da durch sie zu öffentlichem Handeln ermutigt wurde. Durch sie gelang es, die häusliche Sphäre so zu erweitern, dass sie letztlich Männern die Alleinherr-

---

524 Hall, 1992, S.9.

525 Cobbe, Frances Power: *Duties of Women, A Course of Lectures*, London, 1881, S.154.

526 Draznin, Yaffa Claire: *Victorian London's Middle-Class Housewife: What she did all Day*, Westport, CT, 2001, S.146.

527 Schwarzkopf, Jutta: *Zwischen Familienmutter und weiblichem Subjekt. Weibliche Reformassoziationen in Großbritannien in der ersten Hälfte des 19.Jahrhunderts*, in: Huber-Sperl, Rita (Hg.): *Organisiert und engagiert – Vereinskultur bürgerlicher Frauen im 19.Jahrhundert in Westeuropa und den USA*, Königsstein/Taunus, 2002, S.166.

schaft im öffentlichen Raum streitig machten. Vereine fungierten häufig als das Scharnier zwischen Öffentlichkeit und Privatheit.[528]

Für die Frauen, die sich in philanthropisch ausgerichteten Gruppen organisierten, öffneten sich bisweilen ganz neue Welten. Sie lernten sich zu organisieren, öffentlich zu sprechen – wenn auch nur auf kleinen Treffen – Traktate zu verteilen, von Haus zu Haus zu gehen, die Armen aufzusuchen und zu schreiben. Ihr Engagement ruhte jedoch stets auf der Prämisse der moralischen Autorität und des bessernden Einfluss, der den (bürgerlichen) Frauen zugesprochen wurde.[529] Dieser, so wurde dargelegt, manifestiere sich etwa im Anspruch des korrekteren Umgangs mit dem Tier. So berichtete der *Abolitionist* 1899 von einem Treffen von Frauen gegen die Vivisektion und zitierte deren Manifest:

> „*This meeting of women condemns the practice of painful experimentation on animals as essentially barbarous and incompatible with true civilisation, and calls upon women everywhere to perform their natural and sacred office of standing on the side of innocent sufferers, and appealing for mercy on their behalf.*"[530]

Mit dem Verweis auf die Rolle als Moralhüterinnen legitimierten Frauen öffentliche Meinungsäußerungen. Dass Frauen über Gewalt gegen Tiere schrieben, genauso wie zu anderen sozialen Missständen in anderen philanthropischen Projekten, wurde mehr und mehr als Selbstverständlichkeit erachtet.[531] Ferguson argumentiert, dass Frauen bereits während des englischen Bürgerkrieges Petitionen sammelten und an das Parlament weitergaben, um gehört zu werden. Eine Tatsache, die vor allem in der Anti-Sklavereibewegung von Bedeutung war. Elisabeth Heyrick und Susanna Watts gingen in Lancaster von Tür zu Tür, um Unterschriften für die Abolitionsbewegung zu sammeln. Sie riefen zudem zum Boykott westindischer Produkte auf, die durch Sklavenarbeit erwirtschaftet wurden.[532] Das, was als ‚*privat*' und was als ‚*öffentlich*' definiert wurde, war damit nicht nur gewissen Grenzverschiebungen unterworfen, es ließ sich auch aktiv beeinflussen.

> „*The construction of a private sphere within the home as a peculiarly feminine domain, undoubtly did give some nineteenth-century women a power*

528 Huber-Sperl, Rita: Einleitung, in: Dieselbe, 2002, S.11.

529 Davidoff und Hall, 2000, S.436.

530 The Abolitionist, Vol I, Nr.2, Mai 1899, S.18.

531 Ferguson, 1998, S.75.

532 Ibid., S.3.

base from which to make counter-claims on civil society, creating the possibility for the basis of a 'women's culture',"[533]

folgert Leonore Davidoff.

So konnte sich Frances Power Cobbe als Journalistin betätigen. Sie kann sicherlich nur partiell exemplarisch für weibliches Engagement dieser Art gesehen werden, teilte jedoch einige Voraussetzungen mit den Frauen in der philanthropischen Arbeit. Sie schrieb neben eigenen Publikationen für den Echo,[534] *Examiner, Spectator, Economist, Daily News,* meist konservativ argumentierende Periodika wie *Fraser's Magazine, The Quarterly Review, Macmillan's Magazine* u.a. sowie für die neu etablierte National Association for the Promotion of Social Sciences. Hier fand sie nicht nur Anerkennung, sondern auch Möglichkeiten der Einflussnahme. Diese nutzte sie, um sich für den Kampf um die Rechte der Frau einzusetzen. So forderte sie das Recht darauf, Misshandlungen in der Ehe entfliehen zu können sowie das Recht auf Eigentum und eine politische Ausdrucksmöglichkeit. Insbesondere aber machte sie in ihrer Offensive gegen die Vivisektion von dieser Einflussmöglichkeit Gebrauch. Gleichzeitig verneinte sie die direkten politischen Implikationen ihrer Texte, strich dafür deren ethische Dimensionen heraus, indem sie sie als Beispiel für die moralische Autonomie der Frau darstellte. Cobbes Politikverständnis war sicherlich mit Intention so eng zugeschnitten, um der Doktrin der Respektabilität weiter entsprechen zu können.[535] Dennoch gilt Cobbes Werk in seiner politischen und feministischen Ausrichtung als einzigartig in der viktorianischen Zeitungslandschaft.[536] Wurde es Anfang des 19. Jahrhunderts zudem noch als ein gesellschaftlicher Tabubruch erachtet, wenn Frauen in der Öffentlichkeit eine Rede hielten, so hatte sich dies ein Jahrhundert später gerade hinsichtlich ihres Engagements in wohltätigen Vereinigungen radikal geändert.

---

533 Davidoff, 1995, S.241.

534 Diese Zusammenarbeit kündigte sie allerdings auf als im Echo ein die Vivisektion befürwortender Artikel erschien.

535 Cobbe, 1904, S. 431ff. Zu Cobbes Vorstellungen respektablen Verhaltens gehörte auch die strikte Ablehnung der *‚hateful and disgusting doctrine of Free-Love'*, die sie als schädlich für die Forderungen der Frauenemanzipation betrachtete, vgl. Cobbe, Frances Power: *Duties of Women, A Course of Lectures*, London, 1881, S.132; vgl. Hamilton, Susan: *A Crisis in Woman's History: Frances Power Cobbe's Duties of Women and the practice of everyday feminism*, Women's History Review, Vol. 11, Nr.4, 2002, S.578. Martha Vicinus weist jedoch zu Recht darauf hin, dass das Respektabilitätskonzept, das an die viktorianische Frau angelegt wurde, durchaus rückschrittlich im Verhältnis zu frühsozialistischen Emanzipationskonzepten, wie etwa von den Oweniten vertreten, einzuordnen ist. Vgl Vicinus, Martha: *Independent Women: Work and Community for Single Women 1850-1920*, London, 1985, S.16.

536 Hamilton, Susan (Hg.): *'Criminals, Idiots, Women & Minors': Victorian Writing by Women on Women*, Peterborough, Ontario u.a., 1995, S.12.

Durch derartiges Engagement weichten sie Vorurteile gegenüber weiblichen Sprecherinnen auf und erleichterten es Frauen insgesamt, eine öffentliche Sprecherinnenposition einzunehmen ohne Gefahr zu laufen, Schmähungen ausgesetzt zu sein.[537]

Darüber hinaus bestand für die bürgerliche Frau in der Philanthropie der einzige Weg zu Arbeit überhaupt, wurden Frauen doch, zumindest offiziell, von bezahlter Arbeit ausgeschlossen.[538] Zugleich bot sie ihnen die Möglichkeit, sich in praktischer Organisation und semi-politischer Arbeit zu üben und gab ihnen sozial relevantes Gewicht, zumindest dann, wenn sie der entsprechenden sozialen Klasse entstammten.[539] Das politische Engagement von Frauen aus der Ober- und Mittelschicht wurde in der historischen Forschung bis zur Entwicklung einer eigenständigen Frauengeschichtsforschung ab den 1970ern noch auf ihr philanthropisches Engagement reduziert. Diese Arbeit repräsentierte ihre *‚natürliche'* Beschäftigung mit Religion und ihre Verinnerlichung von Ideologien, die sich mit ihrem angeblich fürsorglichen, gutherzigen Wesen in Einklang bringen ließen. Sie galt als Sicherheitsventil, das Frauen in hoher gesellschaftlicher Position, frustriert durch ihre arg beschnittene Lebenswirklichkeit, eine Aufgabe und Erfüllung außerhalb des heimischen Herdes geben sollte.

Neuere Forschungen ergeben jedoch ein sehr viel komplexeres Bild: Frauen aus der Mittelschicht fanden und nutzten vielfältige neue Wege politischer und öffentlicher Partizipation. Es war dieses Engagement, auf das die Frauenbewegung bauen konnte. Somit war die Philanthropie nicht ausschließlich mit dem konservativen Vokabular des Evangelikalismus behaftet, sondern, so Kathryn Gleadle, Merkmal anwachsenden zivilgesellschaftlichen Bewusstseins der britischen Frau.[540] Insofern stellt Draznin eine Veränderung in der Motivation für die Beteiligung an philanthropischer Arbeit fest. Sei Philanthropie an sich zu Beginn des 19. Jahrhunderts noch selbst der Zweck gewesen, stellte sie zum Ende des Jahrhunderts ein Nachaußenwenden häuslicher Enge der verheirateten Frau dar.[541] Es war möglich, wenn auch schwierig, den – unterstellten – speziellen moralischen Verstand unter politischen Kategorien einzuordnen, so wie es die Feministinnen des späten 19. Jahrhunderts taten. Insofern wurde die unbezahlte Arbeit an den *School Boards* und *Poor Law Boards*, offiziellen lokalpolitischen Organen, trotz fehlendem aktiven und

537 Prochaska, 1980, S.2.

538 Dies relativierte sich mit der Notwendigkeit zusätzlicher Arbeitskräfte. Die separaten Arbeitsfelder wurden jedoch Aufrecht erhalten. Vgl. Vicinus, 1985.

539 Prochaska, 1980, S.5f.

540 Gleadle, 2001; S.65f.

541 Draznin, 2001, S.146.

passiven Wahlrechts legitimierbar, ja sogar zum selbstverständlichen Tätigkeitsbereich für Frauen. Dieses, von außen betrachtet, zunächst einmal nichtfeministische Engagement, war, so French, insoweit funktional für den Feminismus, als dass es erlaubte die Akzentuierung von laut vorgetragenen Frauenrechtsforderungen abzulenken. Gleichzeitig unterstrich es die vielfältige Kompetenz von Frauen.[542] Das Streben nach Frauenwahlrecht war somit eher eine Konsequenz aus der anwachsenden Beteiligung am öffentlichen Leben durch Moral- und Sozialreform.[543] So gelang es Frances Power Cobbe durch ihr profiliertes Auftreten in der Antivivisektionsbewegung, nicht nur für sich selbst einen Platz in der öffentlichen Auseinandersetzung zu Tierversuchen zu sichern, sondern diese Sphäre für Frauen insgesamt auszuweiten. Sie nutzte die Möglichkeiten, die ihre Prominenz eröffnete, um sich zu anderen Themengebieten zu äußern. Dies widersprach weder ihrer eigenen konservativen Meinung in der Geschlechterinterpretation, noch ihrem religiösen Weltbild. Ihr Engagement war darüber hinaus im Einklang mit dem, was in der öffentlichen Wahrnehmung als legitim und respektabel galt.

Ohne unterstellen zu wollen, dass es primär ein erhoffter politisch-emanzipatorischer Effekt war, der Frauen dazu veranlasste, sich in der Tierrechtsbewegung zu engagieren, darf diese Wechselwirkung ruhig als Faktor für die Frauenemanzipation benannt werden. Und warum auch nicht, wurden damit doch mehrere Formen der Unterdrückung angegangen. Die Schnittmenge von Antivivisektionsaktivismus und feministischer Bewegung zurückzuweisen, so wie Lori Williamson in ihrer Studie über Cobbe dies tut, geht entsprechend nicht auf, zumal sie durchaus die notwendigen empirischen Beweise für die Überschneidung liefert.[544]

---

542 French, 1975, S.245.

543 Banks, Olive: *Faces of Feminism: A Study of Feminism as a Social Movement,* Oxford u.a., 1981, S.149; Ryan, Mary P.: *Mief und Stärke. Ein frühes Lehrstück über die Ambivalenzen weiblicher Moralisierungskampagnen,* in: Honegger, Claudia und Heintz, Bettina: *Listen der Ohnmacht, Zur Sozialgeschichte weiblicher Widerstandsformen,* Frankfurt a.M. u.a., 1981, S.394.

544 Williamson, 2005, S.191.

3.4 Die Gleichsetzung von Frau und Tier

Die Solidarisierung mit dem Tier basierte mitunter auf der gesellschaftlichen Verortung der Frau in der Natur. Diese Festsetzung der Verbindung zwischen Frau und Tier, wie sie von Tierschutzaktivistinnen zur Legitimierung ihres Einsatzes aufgegriffen wurde, hatte allerdings, als Folge männlicher Definitionsmacht, gravierende negative Konnotationen. In der biologistischen und essentialistischen Rechtfertigung, die die Frau als Natur-, den Mann jedoch als Geisteswesen darstellte, lagen Elemente, die den Tierschutz als ‚*natürliche*' Sphäre weiblicher Arbeit erkennen wollten. Sie stellten die Frau mit abwertender Intention dem Tier gleich. Dies galt sowohl für die Berücksichtigung ihrer Interessen als auch im Hinblick auf die Behauptung physiologischer Analogien. Nicht nur, so die vorherrschende Meinung, seien ihre intellektuellen Kapazitäten defizitär gegenüber dem Männlichen angelegt, auch lägen ihre Befähigungen und die damit verbundene soziale Rolle woanders. Gemeint war hiermit meist die Aufzucht des Nachwuchses. Diese Gleichsetzung von Frau und Natur hatte Geschichte.[545] Spätestens mit der Ausbreitung des cartesianischen Denkmodells und der Wissenschaftsrevolution im 17. Jahrhundert wurde sie zum Paradigma gesellschaftlicher Hierarchisierungen.[546] Somit legitimierte sie die konservative viktorianische Ideologie. Dass dies auch von Frauen selbst angenommen wurde, lässt sich bei Frances Power Cobbe nachlesen.

> *„Think of all the weak, the helpless, the wronged women and children, and the harmless brute; and save and shield them as best as you can; even the motherbird will shelter and fight for her little helpless fledglings. This is the natural field of feminine courage."* [547]

Kulturelle Unterschiede wurden als natürliche Attribute interpretiert. Frauen seien natürlicherweise zarter, zerbrechlicher, moralisch schwächer und bedürften daher des separaten Rückzugsraums. Dass diese Kriterien negative Implikationen mit sich brachten, wurde dann offensichtlich, wenn Männer aufgrund bestimmter Verhaltensweisen mit Frauen gleichgestellt wurden. So stellt Adams fest, dass Männer, die sich dem Vegetarismus zuwandten, als unmännlich angesehen wurden. Dieser führte zunächst zu einer Degradierung den gesellschaftlichen Status betreffend.

---

545 Caine, 1992, S.20f.

546 Roscher, Mieke: *'What will they be doing next – educating cows?' Überlegungen zur Nutzung der Frau-Tier-Natur Gleichsetzung*, in: Witt-Stahl, 2007, S.233.

547 Cobbe, 1904, S.612.

„Indeed, in 1836, the response to the vegetarian regimen of the day, known as Grahamism, charged that ‚Emasculation is the first fruit of Grahamism'." [548]

Auch im britischen Kolonialismus fand sich eine Abwertung der vegetarisch dominierten hinduistischen Religionskultur. Sie galt als *‚verweiblicht'* und erklärte gleichsam die *‚natürliche'* Überlegenheit der durch Fleischverzehr dominierenden BritInnen.[549] Gerade die Männer, die sich für die *‚Underdogs'* stark machten, seien es nun Sklaven oder gejagte Füchse, wurden aufgrund ihrer *‚softness or weakness'* verhöhnt. Die Jagd wäre nach Angaben eines Parlamentsabgeordneten:

„The strongest preservation of that natural spirit... for a life of active energy, independence and freedom .... And corrective to effeminacy."[550]

Auch in der von der Mittelschicht praktizierten Zucht von Haustierhunden – im Gegensatz zu Jagdhunden –, sahen Männer der Oberschicht eine Verweiblichung des Männlichen, konnten diese Hunde doch sowohl von Männern wie von Frauen gehalten werden. [551]

Jedoch war gerade die Ablehnung des Blutsports für die Evangelikalen eine Kategorie gesunden Moralgefühls, die auch für Männer akzeptabel war. Sie spiegele männliche Sensitivität wider, die im scharfen Kontrast zu weiblicher Sensibilität stünde.[552] Auch Frances Power Cobbe bemühte sich hervorzuheben, dass Tierschutz nicht dem Männlichkeitsbild entgegenlaufe:

„(...) people illustrious in their various walks of life, and who are far from being 'sentimentalists' – are willing to place themselves on record as opposed to the frightful practice (....) of Vivisection."[553]

Das vorherrschende Modell war indes ein anderes: Wie schon in der im 19. Jahrhundert diskutierten Frage um Prostitution, in der der Körper zum Kampffeld geschlechtlicher und moralischer Kategorien avancierte, wurden bestimmte soziale Gruppen als näher zur Natur ausgedeutet und als Antithese zum gebildeten und rationalen Mann aus der Mittelschicht gesehen. Diese Gruppe umfasste nicht nur Frauen, Kinder und zahlreiche Angehörige der Arbeiterschicht, sondern auch Urbewohner-

---

548 Adams, 2002, S.48.

549 Roy, Parama: *Meat Eating, Masculinity, and Renunciation in India: A Gandhian Grammar of Diet*, in: Gender & History, Vol. 14, Nr.1, April 2002, S.65. Zur Verbindung des Fleischverzehrs und englischem Nationalismus vgl. auch: Ritvo, 1997, S.194ff.

550 Davidoff und Hall, 2000, S.406.

551 Ritvo, 1986, S.242.

552 Davidoff, und Hall, 2000, S.112.

553 Cobbe, Frances Power und Bryan, Benjamin: *Vivisection in America, How it is Taught, How it is Practised*, London 1890; S.3.

Innen und alle Nicht-Weißen. Exemplarisch hierfür steht auch die Tatsache, dass Frauen noch bis zum Ende des 19. Jahrhunderts rechtlich nicht als Personen angesehen wurden.[554] So wurden sie dazu ermutigt, sich selber nur als ,*relative creatures*' zu betrachten.[555]

> „*(...) by shutting them out from all means of intellectual culture, and from the view of and participation in the real incidents of public life'* [they were] *confined, like other domestic animals, to the house and its little details.*"[556]

Morton stellt zu John Oswalds ,*Cry of Nature*' fest, dass Reformer mit Einfluss darum bemüht waren, Gesetze für all diejenigen zu verabschieden, die nicht in der Lage gewesen seien, für sich selbst zu sprechen. Oswald zählte zu dieser Kategorie neben den Tieren auch Frauen.[557] Das bedeutet, dass hier eine politische Realität – der Ausschluss der Frau aus Entscheidungen des öffentlichen Lebens und der Politik – biologisiert wurde. Auch im Darwinismus fand die Unterdrückung der Frau scheinbar rationale Legitimation, indem Männer als von der Evolution bevorzugte und dem Entwicklungsstand der Frau überlegene Art, abgebildet wurden.[558] Charles Darwin hatte Frances Power Cobbe zu vermitteln versucht, dass die Überlegenheit des Mannes aus dem Kampf ums Dasein resultierte; der Kampf um den Besitz der Frau sei seiner Kraft und seinem Mut zuzuschreiben.[559]

Gleichzeitig arbeiteten Frauen mit dieser Kategorisierung und nahmen sie als Argumentationsmittel willentlich an. Gerade in der Tierrechtsbewegung machten sie sich Moralität als Tugend der Weiblichkeit zu Nutze: Sie vertraten den Tierschutz als natürliches Element weiblichen Engagements und in sexistischer Überhöhung als signifikanten Unterschied zur Männlichkeit. Mütterlichkeit wurde als Ideal hervorgehoben. Diese teile, so Cobbe, die Frau auch mit dem Tier.

---

554 Davidoff, 1995, S.105.

555 Gleadle, 2001, S.51.

556 Thompson, William: *Appeal of One-Half of the Human Race, Women against the Pretension of the Other-Half, Men, to Retain them in Political, and thence in Civil and Domestic Slavery*, London 1825, S.39, zitiert nach: Wahrmann, 1993, S. 413. Von Interesse sollte hier sein, dass das Werk eine Gemeinschaftsproduktion von William Thompson (1775-1833) und Anna Wheeler war bzw. der Vegetarier Thompson sich nur als Interpret von Wheelers Ideen verstand. Die gesellschaftlich vorgegebene Rolle der Frau erlaubte es Wheeler jedoch nicht, selbst als Autorin genannt zu werden. Vgl. Lerner, Gerda: *Die Entstehung des feministischen Bewusstseins*, Frankfurt u.a., 1995, S.269. Beide, Wheeler und Thompson, waren VegetarierInnen, Owenieten und in der Anti-Sklavereibewegung aktiv.

557 Morton, T., 1994, S.28.

558 Walkowitz, Judy: *Wissenschaft, Feminismus und Romanzen*, in: Barrow, Schmidt und Schwarzkopf (Hg.), *Nichts als Unterdrückung? Geschlecht und Klasse in der englischen Sozialgeschichte*, Münster, 1990, S.14; Easlea, 1981, S.141.

559 Desmond und Moore, 1991, S.645.

„Even in the poor brutes we honour the maternal devotion which gives courage to the timid bird or sheep; and there are few human hearts, I hope, which would not burn with indignation at putting such love to the test, like that eminent physiologist who cut to pieces a dog nursing her young."[560]

Diese Art feministischer Argumentation nennt Caine *‚feminism of difference'* und meint damit das Bestehen auf Unterschieden zwischen den Geschlechtern. Dieser Ansatz stand im Gegensatz zu solchen, die auf Gleichheit der Geschlechter beharrten und daraus Rechte für die Frauen ableiteten.[561] Indem auf die Verbindung zwischen weiblichen körperlichen Merkmalen und den moralischen Qualitäten hingewiesen wurde, konnten solche Feministinnen in jeder gegebenen sozialen Situation oder Beschäftigung Argumente für Frauenpartizipation aufgrund ihrer mütterlichen und umsorgenden Fähigkeiten und ihren Sinn für Moral erkennen. Dieser Ansatz von Feminismus kann als durchaus distinktiv für das viktorianische Zeitalter angenommen werden. Frances Power Cobbe, die eindeutig diesen Differenzfeminismus vertrat, sagte:

„It must be confessed that, to a woman, the claim of superior morality for men sounds supremely absurd. Look at the three most hateful forms of vice – cruelty, drunkenness, unchastity – are they most common in women or in men? Watch for the first, the devil-vice of cruelty, among children. See how the little girl tends her birds and animals, and, as Chaucer describes her, 'all conscious and tendre heart.', 'greting' when anyone strikes her dog. See how her brother (brought up just as tenderly) begins in the nursery to pull flies to pieces, to worry the cat; then to terrify the sheep, to lay traps in the snow for sparrows. (...) Watch the class below. Is it the poor wild street girls who persecute and stone to death the hapless lost dogs of London? Read the Reports of the Society for the Prevention of Cruelty to Animals, and observe whether it be men or women who are commonly prosecuted for torturing domestic creatures. Would any woman's devotion to science (does the reader think) lead her to practise vivisection? Nay, but it is hard for a man to tell the misery and disgust, rising almost to revolt against the order of the world, which fills many a woman's heart when she sees daily around her the instances of man's wanton and savage cruelty to the harmless for whom she can only plead, and pleads usually in vain."[562]

Ein weiterer Aspekt dieser Körperlichkeit fand in der intentionalen Bedienung des Vegetarismus seinen Ausdruck. Unterstellt wurde, so Carol

---

560 Cobbe, Frances Power: *Speech at the women's suffrage meeting, St. George's Hall, 13. Mai, 1876*, in: Lewis; Jane (Hg.): *Before the vote was won: arguments for and against women's suffrage*, London u.a., 1987, S.265.

561 Caine, 1992, S.16, 104.

562 Cobbe, Frances Power: *Criminals, Idiots, Women and Minors*, Manchester, 1869, S.26, Rechtschreibung im Original.

Adams, dass Frauen nicht nur von häuslicher Unterdrückung, sondern auch von der Tyrannei der Ärzte befreit werden würden, auf die sie dank guter Gesundheit nicht länger angewiesen wären.[563] Diesen positiven Gesundheitszustand würden sie dem Vegetarismus schulden. Die materialistische Naturwissenschaft und die Medizin wurden verdächtigt, sich in gefährlichem Maße in Natur und Körperlichkeit einzumischen. Auch Cobbe sah in der Unterdrückung der Frau durch den Arzt eine Fortsetzung des Ausbeutungsverhältnisses zwischen Vivisektor und Tier. Beide Körper seien frei verfügbar, und dies nicht ausschließlich in medizinischer Sicht, so die Annahme.[564] Sie ging davon aus, dass jene Männer, die sich an Tierexperimenten erfreuen könnten, ebenfalls zur sexuellen Ausbeutung und Misshandlung der Frau neigten.[565] Eine der prominentesten Opponentinnen der Contagious Diseases Acts, Josephine Butler (1828-1906), teilte Cobbes Meinung in ihrer Ablehnung der Vivisektion aus genau diesen Gründen, war jedoch nicht dazu bereit, ein gleiches Engagement für den Kampf gegen die Abschaffung dieser Praxis zu zeigen.[566] Beide waren sehr besorgt über den wachsenden gesellschaftlichen Einfluss der Ärzteschaft. Sie fürchteten, dass deren Hilfsbereitschaft alsbald in Despotismus umschlagen könne. Die Ablehnung der Kontrolle über den weiblichen Körper und die Brandmarkung der Scheinheiligkeit der Ärzte, vor allem in Bezug auf Geschlechtskrankheiten, manifestierte sich insbesondere in der Diskussion über die Contagious Diseases Acts, die in der Tierrechtsbewegung eine breite Zurückweisung fanden.[567]

---

563 Adams, 2002, S.171. Anna Kingsford strich heraus, dass vegetarische Ernährung eine Erleichterung für die Frau als Bereiterin von Mahlzeiten darstelle. Vgl. Kingsford, Anna: *Aspects of the Vegetarian Question*, in: Kingsford, Anna und Maitland, Edward: *Addresses and Essays on Vegetarianism*, London, 1912, Nachdruck, S.136f.

564 Jordonova, Ludmilla: *Sexual Visions, Images of Gender in Science and Medicine between the Eighteenth and Twentieth Century*, Madison, 1989, S.101.

565 Lansbury, Carol: *Gynaecology, Pornography and the Antivivisection Movement*, in: Victorian Studies, 28, 1985, S.413ff. In ihrem 1878 in der Contemporary Review veröffentlichten Artikel *‚Wife Torture in England'* hob Cobbe das Opferdasein hervor, in dem sich Frauen in Abhängigkeit vom Mann befinden würden. Sie verglich hierin zudem die körperliche Gewalt, die der Ehemann an seiner Frau ausübe mit der Vivisektion am Tier. Cobbe, Frances Power: *Wife Torture in England,* in: Hamilton, 1995, S.147. Anders als Williamson führe ich diesen Vergleich nicht ausschließlich auf Cobbes Versuche zurück, Männer der Unterdrückung der Frau zu bezichtigen. Vielmehr ging es ihr genauso darum deren Drangsalierung des Tieres zu brandmarken, die ihrer Meinung nach geschlechtsspezifischer Natur war. Vgl. Williamson, 2005, S.108.

566 Caine, 1992, S.138.

567 The Dietetic Reformer and Vegetarian Messenger, Vol. IV Nr.39, Juli, 1870, S.67ff; Gleichsam wird eine personelle Überschneidung zwischen AktivistInnen gegen die Contagious Diseases Acts und gegen Vivisektion festgestellt, vgl. Elston, 1987, S.273f; Kingsley Kent, 1990, S.131; Zahlreiche Frauen, die aktiv die Abschaffung der CD Acts propagierten, etwa in der Ladies' National Association, waren gleichzeitig Unterstüt-

Die Contagious Diseases Acts waren Parlamentserlasse zur Bekämpfung von Geschlechtskrankheiten. Anlass für die Verabschiedung dieser Erlasse war die hohe Anzahl von Geschlechtskrankheiten unter Angehörigen des britischen Militärs. Die Erlasse räumten Polizeibeamten weitgehende Rechte ein, Frauen und Mädchen, die scheinbar oder tatsächlich der Prostitution nachgingen, aufzugreifen, sie zu internieren und ihnen anzuordnen, sich einer gynäkologischen Untersuchung zu unterziehen. Gynäkologische Untersuchungen von Männern an Frauen, oft verbunden mit schambehafteten, schmerzhaften und auch unnötigen Operationen, wurden in der Antivivisektionsliteratur als Äquivalent einer Vergewaltigung gesehen, vergleichbar mit der Vivisektion am Tier.[568] Krankheit, Leid und in vielen Fällen auch der Tod der Frauen, gerade dann wenn sie aus den unteren Schichten kamen, sei Ergebnis dieser *‚menschlichen Vivisektion'*, wie sie von vielen Medizinern in Frauenkrankenhäusern praktiziert werden würde, sagte Cobbe.[569] Die Antivivisektionsaktivistinnen unterfütterten dies mit dem Vorwurf der vermeintlich schlechten Behandlung, die die Ehefrauen der Vivisektoren erdulden müssten. Das sei auf deren kaltes Herz zurückzuführen, so lautete der Verdacht.[570] Desmond und Moore sprechen in diesem Zusammenhang recht abschätzig von einer Projektion ihres eigenen Elends auf die Opfer von Tierversuchen.[571]

Diese Einstellung schließt sich an die damals weit verbreitete medizinische Annahme an, dass die Liebe zum Tier eine Manifestation sexueller Frustration gewesen sei. Besonders Jungfernschaft, das Fehlen jeglicher männlicher Kontrolle und Mutterpflichten wurden für die Entwicklung derartig abnormalen Verhaltens ausgemacht.[572] Die Liebe zum Tier, so lautete die Bezichtigung weiter, war ein Zeichen sexueller Frustration in klinischer Manifestation. Frauen würden sich Tieren in Ermangelung männlicher Begleitung zuwenden. Indem darauf verwiesen wurde, dass zahlreiche prominente Antivivisektionsaktivistinnen alleinstehend waren, gelang es der Opposition, die Bewegung als Ganze zu diffamieren.

---

zerinnen von Antivivisektionskampagnen. Walkowitz, Judith R.: *Prostitution and Victorian Society, Women, class, and the state*, Cambridge u.a., 1980, S.126ff.

568 Elston, 1987, S.276ff; Lansbury, 1985, S.413-437, vgl. auch: Bashford, Alison: *Purity and Pollution: Gender, Embodiment and Victorian Medicine*, Basingstoke u.a., 1998, S.121f.

569 Cobbe, 1904, S.557.

570 Zumindest von Claude und Françoise Bernard sind deren gegensätzlichen Vorstellungen über die Vivisektion bekannt. Françoise Bernard päppelte gemeinsam mit ihren Töchtern Versuchstiere wieder auf und spendete an Tierschutzorganisationen. Vgl. Hays, 1972, S.238ff; Hume, Ethel Douglas: *The Mind-Changers*, London, 1939, S.140.

571 Desmond und Moore, 1991, S.691; vgl. auch: Lansbury, 1985, S.84ff.

572 Cobbe, Frances Power: *What shall we do with our old maids*, Fraser's Magazine, 1862, in: Hamilton, 1995, S.92ff.

Ähnlich wurde dies auch an der Frauenwahlrechtsbewegung vollzogen.[573] Dort wurde das Engagement ebenfalls als Manifestation von Geistesgestörtheit und Resultat körperlicher Nöte gesehen.[574] Die Tatsache, dass Frauen der Tierschutzbewegung, wie Cobbe oder Lind-af-Hageby, unverheiratet blieben und in homosozialen/homosexuellen Beziehungen lebten, wurde zum Stigma.[575] Der französische Vivisektor Elie de Cyon machte 1883 in der *Contemporary Review* entsprechend darauf aufmerksam:

> *„Let my adversaries contradict me, if they can show me among the leaders of the agitation one young girl, rich, beautiful, and beloved, or one young wife who has found in her home the full satisfaction of her affections."*[576]

Somit lässt sich resümieren, dass die Festlegung angeblich weiblicher Charaktereigenschaften und ihre biologistische Verstetigung nicht nur den defizitären Status des Femininen als geradezu animalisch implizierten, sondern dies auch als Motivation für den Einsatz von Frauen für Tiere fungieren konnte. Gleichsam war die Tierschutzbewegung auch Instrument, die Definitionsmacht über den weiblichen Körper wiederzuerlangen.

3.5 Frances Power Cobbe: Antivivisektion und die Victoria Street Society

Frances Power Cobbe gehört zu den bedeutendsten Persönlichkeiten der historischen Tierschutzbewegung.[577] Sie kam 1822 als Jüngstes von fünf Kindern von Charles und Frances Cobbe zur Welt. Die Eltern entstammten der Land besitzenden irisch-protestantischen Bevölkerung, hatten jedoch, moralische Bewertungen betreffend, den Wertekatalog der Bürgerschicht übernommen. Dieser Wertekatalog spiegelte sich in Cobbes Denken wider. So beharrte sie beispielsweise darauf, dass die Frau die

---

573 Kingsley Kent, 1990, S.200ff.

574 Sir Almroth Wright, MD, in a letter to The Times, in: Kingsley Kent, 1990, S.203.

575 Roscher, Mieke: *Engagement und Emanzipation: Frauen in der Englischen Tierschutzbewegung*, in: Brantz, Dorothee und Mauch, Christoph (Hg.): *Tierische Geschichte: Die Beziehung von Mensch und Tier in der Kultur der Moderne*, 2009, noch nicht erschienen.

576 De Cyon, Elie: The Antivivisectionist Agitation, Contemporary Review, April 1883, Vol. 43, S.498

577 Obgleich Cobbe Zeit ihres Lebens eine starke, präsente Persönlichkeit darstellte, blieb sie doch stets ein problematisches Thema für jene, die sich wissenschaftlich mit ihr befassten. Das zeigt sich etwa darin, dass erst 2005 mit Lori Williamsons ‚*Power and Protest, Frances Power Cobbe and Victorian Society*' eine Biografie über sie veröffentlicht wurde. Vgl. Williamson, 2005. Barbara Caine, die sie in ihrer Studie ‚*Victorian Feminists*' aufgreift, schreibt dies der Tatsache zu, dass Cobbe, obwohl ihre Ideen wohl zu Lebzeiten bekannter waren als die vieler anderer Feministinnen, keine große feministische Aktivistin war. Ihre konservative politische Haltung habe feministische Wissenschaftlerinnen abgeschreckt, suggeriert Caine. Vgl. Caine, 1992, S.104f.

private Sphäre nicht verlassen solle, bis die Kinder aus dem Haus seien.[578] Gleichzeitig zeigte sie sich jedoch als eine eifrige Verfechterin der Rechte der (verheirateten) Frau.[579] Auch wenn sie sich zwischen 1859 und 1861 gemeinsam mit der Quäkerin Mary Carpenter der Versorgung der Armen und ihrer Erziehung in Wohlfahrtsschulen (*‚ragged schools'*) annahm, so geschah dies auch aus einem zutiefst paternalistisch geprägten Fürsorgegedanken. Dieser Ansatz verlangte den Besitzenden eine moralische Verpflichtung zur Philanthropie gegenüber der werktätigen Bevölkerung ab, ohne jedoch die Hierarchisierung grundsätzlich in Frage zu stellen.[580] Nach dem Tod der Mutter übernahm Cobbe zunächst die Aufgaben des weiblichen Vorstands des Familiensitzes in Newbridge in der Nähe von Dublin.

Cobbes Familie war seit langem Teil des anglo-irischen Establishments und nicht weniger als fünf ihrer männlichen Vorfahren hatten den Titel des Erzbischofs getragen. Hamilton spricht daher auch von einer komplexen Funktion, die Cobbe im viktorianischen Feminismus inne gehabt habe.[581] Sie repräsentierte eindeutig antagonistische Persönlichkeitsmomente. So war sie politisch konservativ und seit deren Gründung 1883 in der Primrose League aktiv, die sich um die Verbreitung eines konservativen Wertekanons bemühte.[582] Dies zeigte sie etwa in der Frage um die irische Selbstverwaltung (*Home Rule*). Zudem war sie tiefreligiös. Sie gehörte zu den unitarischen Theisten und folgte der Lehre Theodor Parkers, dessen Werke sie nach seinem Tod veröffentlichte. Vor allem sein *‚Discourse of Religion'* beeinflusste sie stark, glaubte sie doch wie er an einen gerechten, rationalen Gott, dessen Moralgesetz sich jedem durch eigene Intuition offenbaren würde. Diese konservative Haltung zog sich jedoch nicht durch alle Bereiche ihres Lebens. Sie lebte in einer homosexuellen Lebensgemeinschaft[583] und arbeitete als freie Journalistin.[584] Dies

---

578 Cobbe, Frances Power: *Duties of Women, A Course of Lectures*, London, 1881, S.61ff.

579 Eine fundamentale Kritik gegenüber dem Recht des Mannes, über Eigentum, Kinder und Person seiner Ehefrau zu verfügen, findet sich in Cobbes Aufsatz *‚Criminals, Idiots, Women and Minors'* von 1869.

580 Zu ihrer Beschäftigung in der Ragged School in Bristol stellte Cobbe heraus, dass die Erziehung der Mädchen sie vorwiegend für den Dienst als Hausmädchen vorbereiten solle, *„which is best for girls of their class."* Die Schulen waren primär dazu ausgerichtet *„to civilize the children: to tame them (…)."* In: Cobbe, 1904, S.291, 294.

581 Hamilton, Susan: *Making History with Frances Power Cobbe: Victorian Feminism, Domestic Violence and the Language of Imperialism*, in: Victorian Studies, Frühjahr 2001, S.438.

582 1901 verließ sie die League im Protest gegen britische Konzentrationslager im Burenkrieg. Williamson, 2005, S.207.

583 Ihre lesbische Beziehung ist ein Detail ihrer Lebensgeschichte, die weder in ihren eigenen Publikationen explizit Einzug fand, noch ausreichend erforscht wurde. Als Ausnahme ist hier Sharon Marcus Werk *‚Between Women'* zu nennen, in der sie die eheähnlichen Beziehungen zwischen Frauen im viktorianischen Zeitalter untersucht. Vgl. Marcus, Sharon: *Between Women: Friendship, Desire and Marriage in Victorian England*, Princeton, 2007, S.51ff. Für Cobbe war es sicherlich vernünftig, diese Tatsache

war insofern äußerst ungewöhnlich, als dass generell die Meinung vorherrschte, dass, wie sie selbst schrieb,

> *„no gentle-woman could possibly earn money without derogating altogether from her rank (…); and that housekeeping and needlework (…) were her only fitting pursuits."*[585]

Darüber hinaus beschäftigte sie sich mit Literatur, Geometrie, Geschichte, Astronomie und Philosophie. Cobbe erkannte bereits früh die Notwendigkeit der Verbindung solidarischer Kämpfe: Die Befreiung der Sklaven, die Emanzipation der Frau und die Rechtsausweitung auf Tiere gehörten für sie zwangsläufig zusammen. Die Wahl der Reformbewegungen, für die sich Cobbe und auch andere Frauen einsetzten, war also keinesfalls zufällig oder nur instrumentell. Es gab durchaus einen Sinn für Gemeinsamkeiten, die diese Kampagnen verbanden.

Cobbe war in ihrer politischen Arbeit stets darum bemüht, Seriosität und Schicklichkeit zu bewahren, um sich die Möglichkeit zu verschaffen, ihr Anliegen den höheren Gesellschaftsschichten vorzutragen. Dies erreichte sie zum einen durch ihre vornehme Herkunft und die Tatsache, dass einige ihrer Verwandten Parlamentsämter bekleideten. Zum anderen gelang es ihr, durch rege Kommunikation und Korrespondenzen ein Netzwerk zu errichten, auf das sie auch ihre Arbeit gegen die Vivisektion aufbaute. Hierzu stellte sie nicht nur eigene Forschungen zu Funktion und Methode des Tierversuchs an, sondern entwarf auch eine philosophische Theorie außerhalb der klassischen Utilitarismus- oder Natur-

---

nicht in den offenen Raum zu stellen, nicht nur weil Homosexualität ein Tabu war und mit sozialem Ausschluss oder Pathologisierung bestraft wurde, sondern auch weil sie dem Bild der glorifizierten alten Jungfer treu bleiben konnte. Enge Frauenfreundschaften hingegen waren gesellschaftlich akzeptiert und so wurden lesbische Beziehungen als solche definiert. Vgl. Vicinus, Martha: *Lesbian Perversity and Victorian Marriage*, in: Journal of British Studies, Nr.36, 1997, S.71ff. In *‚Duties of Women'* geht Cobbe insofern auf ihre Beziehung ein, als dass sie sagt, *„(...) although a perfect marriage be a perfect ideal of Friendship, it is not the only form in which Friendships can be perfected; nor the only relation in life wherein the demands of our hearts can be fulfilled."* (Cobbe, 1881, S.142f). Laut Caine sprach sie darüber hinaus von Mary Lloyd, mit der sie über dreißig Jahre eine Beziehung führte, als ihre bessere Hälfte: Caine, 1992, S.123, auch: Williamson, 2005, S.85ff. Die Argumentation von Patrizia Guarnieri 1987 ‚Cobbe habe in ihrer Liebe zum Tier die Zuneigung gesucht, die sie beim Mann nicht habe finden können und die ihre Jungfernschaft erträglich gemacht habe, offenbart allerdings einen heteronormativen Denkansatz. Vgl. Guarnieri, Patrizia: *Moritz Schiff (1823-96): Experimental Physiology and Noble Sentiment in Florence*, in: Rupke, 1987, S.107.

584 In ihrer Studie über den viktorianischen Feminismus und ihre Hauptprotagonistinnen kommt Barbara Caine zu der Annahme, dass diese politischen Zwiespälte eher daher rühren, dass sowohl politische Konzepte den existierenden Parteien nicht zweifelsfrei zuzuschreiben seien und dass sich die Frauen eher groben Konzepten, denn eng gesteckten politischen Programmen verschrieben hätten. Caine exemplifiziert dies am Terminus des Liberalismus. Caine, 1992, S.146.

585 Cobbe, 1904, S.170.

rechtsdoktrin. Sie zog Tugendhaftigkeit als Maßgabe für eine funktionierende Gesellschaft vor. Dabei wies sie sichere Kenntnisse der Argumentationen von Bentham, John Stuart Mill[586] und vor allem Kant vor, bevorzugte aber die Schule der utilitarismusfreien ‚*Intuitive Morality*', nach der Güte und Barmherzigkeit dem Menschen inhärent wären.[587] Von dieser moralischen Position aus formulierte sie auch ihr Tierrechtsanliegen:

> *„A sense of the Rights of Animals has slowly been awakened, and is becoming, by not imperceptible degrees, a new principle of ethics."*[588]

Ihr Beharren auf Respektabilität bedeutete eine Distanzierung zu all jenen in der Bewegung, die sie als zu radikal, hysterisch oder nicht respektabel genug einstufte, wie beispielsweise Anna Kingsford.

Bereits 1863 verfasste sie ein Essay, in dem sie mehr Schutz für Tiere forderte. ‚*The Rights of Man and the Claim of Brutes*' erschien zunächst im *Fraser's Magazine*. Diese Veröffentlichung war ihre Reaktion auf Zeitungsberichte über Grausamkeiten an Tieren in der Veterinärsschule Alfort in der Nähe von Paris sowie Ergebnis ihrer eigenen Kampagne gegen den Vivisektor Moritz Schiff in Florenz. Im Nachhinein kritisierte sie ihren Text als nicht weitgehend genug.

Da Anästhetika in der ersten Hälfte des 19. Jahrhunderts noch nicht verfügbar waren, benutzten britische Experimentatoren vorzugsweise Reptilien für ihre Versuche, die noch primär physiognomischer nicht medizinischer Natur waren und nicht in dem Ausmaß praktiziert wurden wie auf dem europäischen Festland.[589] In diesen Versuchen ging es vorwiegend um die Erforschung der Blutzirkulation und des Nervensystems, vor allem der Reflexe.[590] Ab Mitte des Jahrhunderts präferierten Vivisektoren Hunde und Katzen als Versuchstiere, da ihre Reaktionen denen der Menschen eher glichen als die von Reptilien.[591] Darwins Lehren über die Wesensgleichheit von Mensch und Tier machte Tiere zum primären Versuchsfeld der experimentellen Medizin wie beispielsweise der Bakteriologie. Tiere wurden als legitime Opfer wissenschaftlichen Fortschritts

---

586 Zu John Stuart Mill hatte Cobbe nicht nur direkten Kontakt in Form von Korrespondenzen sie tauschten sich auch bezüglich der Frauenfrage aus.

587 Ferguson, 1998, S.107.

588 Cobbe, 1904, S.179.

589 Rudacille, Deborah: *The Scalpel and the Butterfly: The Conflict between Animal Research and Animal Protection,* Berkeley u.a., 2000, S.25.

590 Manuel, Diana: *Marshall Hall (1790-1857): Vivisection and the Development of Experimental Physiology,* in: Rupke (Hg.), 1987, S.888.

591 Kean, 1998, S.97.

erachtet.[592] Diese Legitimationsbasis stellte Cobbe in ihren Schriften durchweg in Frage.

Obwohl Cobbe in eine Familie hineingeboren wurde, in der Angeln und Jagen zum Zeitvertreib gehörten, empfand sie schon früh Mitleid mit dem getöteten Tier. Die prozesshafte Entwicklung ihrer sich verschiebenden Wahrnehmung von Tierleid durchlebte sie in ihrem 16. Lebensjahr. In ihrer Autobiografie spricht sie dementsprechend von einer Bekehrung.[593] Allerdings weigerte sie sich stets, die Jagd mit der für sie viel grausameren Praxis der Vivisektion zu vergleichen. Die Analyse der Verhaltensweisen, des Bewusstseins und der Vernunft bei Tieren stießen ebenfalls auf ihr Interesse. Ihr Artikel *‚Consciousness of Dogs'*, der 1872 in der *Quarterly Review* erschien, wurde etwa von Darwin kritisch gewürdigt.

Im Kampf gegen die Vivisektion und in der Forderung nach einer gesetzlichen Manifestierung ihres Verbots gründete sie 1875 gemeinsam mit George Hoggan (1837-1891) und Richard Hutton (1826-1897), dem Mitherausgeber des *Spectator*, die Victoria Street Society for the Protection of Animals from Vivisection.[594] Als Vorsitzenden konnte sie Lord Shaftesbury (1801-1885) gewinnen, dessen humanitäres Engagement u.a. gegen Kinderarbeit in Minen und ihren Einsatz als Kaminfeger ihn als besonders geeignet auszuweisen schienen. Die Vereinsgründung war für sie aus zweierlei Gründen erforderlich: Zum einen betrachtete sie die Gründung als notwendige Reaktion auf den gescheiterten Versuch von Einzelpersonen, u.a. von Lord Henniker, einen Gesetzesvorschlag zu implementieren, der Vivisektion stark reglementieren sollte. Zum anderen hielt sie aufgrund der von ihr antizipierten Unfähigkeit und des Widerwillens der RSPCA, sich der Thematik entsprechend anzunehmen, ein Einschreiten für unerlässlich.[595]

Statt der von Vivisektionsgegnern eingereichten Gesetzesvorschläge wurde 1876 der Cruelty to Animals Act, der so genannte *Vivisection Act*, vom Parlament verabschiedet. Er gab der Vivisektion einen legalen Rahmen und schützte VivisektorInnen vor eventueller Verurteilung unter dem Martin's Act von 1822. Das Gesetz befasste sich mit der Restriktion von Tierversuchen in der Wissenschaft. Ohne Tierversuche zu verbieten, legte dieses Gesetz die Genehmigung von Tierversuchen in die Hand des

---

592 Manuel, 1987, S.82.

593 Cobbe, 1904, S. 618f, Williamson, 2005, S.31.

594 Bei der Gründung der Gruppe 1875 war die Restriktion von Tierversuchen das erklärte Ziel. Demnach lautete der Name der Gesellschaft zunächst ‚The Society for the Protection of Animals liable to Vivisection'. Ab 1878 verstand sie sich als prohibitionistisch und änderte dementsprechend den Namen. Cobbe, 1904, S.424.

595 Kean weist darauf hin, dass die (R)SPCA in ihrer Gründungszeit die Vivisektion sehr wohl verurteilte. Vgl. Kean, 1998, S.36.

Innenministeriums. Dies geschah in Form von Lizenzvergaben. Damit begann auch die enge Verbindung zwischen Wissenschaftsverbänden, wie der British Medical Association von 1856, der 1882 gegründeten Association for the Advancement of Medicine by Research (AAMR), der 1908 konstituierten Research Defence Society (RDS) und dem Home Office, die heute im Gesetzgebungsprozess fast selbstverständlich erscheint.[596] Wie French anmerkt, erhoffte sich die Regierung durch die Verabschiedung des Gesetzes, die öffentliche Verunsicherung über die Vivisektion zu reduzieren und der wachsenden (und störenden) Antivivisektionspropaganda Einhalt zu gebieten.[597] In einem Brief an Darwin von 1875 schrieb Thomas Henry Huxley, der selbst Mitglied der vom Parlament eingesetzten Royal Commission war, bezüglich der Gefahr eines restriktiven Antivivisektionsgesetzes:

> *„My reliance as against ....*[598] *and her fanatical following lies not in the wisdom and justice of the House of Commons, but in the large number of fox-hunters therein. If physiological experimentation is put down by law, hunting, fishing and shooting, against which a much better case can be made, will soon follow."*[599]

Zeitgleich zur Royal Commission wurden die ersten Antivivisektionspetitionen beim Parlament eingereicht sowie erste öffentliche Gegenveranstaltungen organisiert.

Die RSPCA tat sich indes schwer eine eindeutige Position zur Vivisektion zu finden. Es setzte sich doch weitgehend das Prinzip durch, dass Vivisektion dann zu vertreten sei, wenn sie dem menschlichen Nutzen diente und wenn Schmerz, durch die Verabreichung von Anästhetika, vermieden werden konnte.[600] Diese Position behielt die RSPCA bei und begründete dies vor einer weiteren Royal Commission 1906 wie folgt:

> *„The Members of the Society are drawn from all classes and there is a considerable difference of opinion amongst some of them upon various subjects, although on others they are practically agreed. On the question of vivisection, there is a wide diversity of opinion, many persons objecting to any*

---

596 Home Chronicler, Vol. I, 1876, S.140, nach: Williamson, 2005, S.130. Als Folge wurden nach 1876 deutlich mehr Tierversuche durchgeführt als zuvor. Bis 1960, so Turner, fand keine einzige Verurteilung wegen Verstoßes gegen das Gesetz statt. Turner, 1992, S.218

597 French, 1975, S.150.

598 Diese Auslassung befindet sich im Original. Es kann davon ausgegangen werden, dass es sich hierbei um Frances Power Cobbe handelt, wurde sie doch im öffentlichen Diskurs als Personifizierung der Antivivisektion wahrgenommen.

599 Huxley, T.H. in einem Brief an Charles Darwin vom 22.Januar 1875, in: Huxley, Leonard: *Life and Letters of Thomas Henry Huxley*, Nachdruck der Ausgabe von 1900, New York, 1979, S.470.

600 Fairholme und Pain, 1924, S.191ff; Ritvo, 1987, S.160f ; Moss, 1961, S.145.

kind of vivisection, while others object only to painful experiments; others, again, consider that vivisection is necessary for the advancement of science in the interest of mankind."[601]

Die Kontroverse über Tierversuche entledigte die RSPCA ihrer radikaleren Mitglieder und stieß das Bildungsbürgertum ab, aus dem viele den Antivivisektionsgruppen, allen voran der VSS, beitraten. Gleichzeitig verschaffte es ihr jedoch eine spezielle Verbindung zu staatlichen Institutionen. Auch Cobbe gelang es allerdings, einflussreiche Persönlichkeiten verschiedener politischer Couleur aus Politik (John Russell, Willliam Gladstone), Klerus (Cardinal Manning, Lord Shaftesbury) und Literatur/Kultur (Charles Kingsley, Thomas Carlyle, Matthew Arnold, Lewis Carroll, Alfred Tennyson und John Ruskin, der seine Professur in Oxford aus Protest gegen die dort praktizierte Vivisektion niederlegte) zumindest für eine passive Mitgliedschaft bzw. zur moralischen Unterstützung der VSS zu gewinnen. Ähnlich wie in ihrer Arbeit für die Frauenrechte, brach sie insoweit mit den Konventionen, als dass sie innerhalb der VSS eine einflussreiche und öffentliche Rolle als Generalsekretärin übernahm.

Weiterhin versuchte die Victoria Street Society, wie andere Antivivisektions- und Tierrechtsgruppen auch, das Thema der Vivisektion zum Bestandteil öffentlicher Auseinandersetzung zu machen. Dies gelang zum einen durch Aufklärung der Bevölkerung. Auf Handzetteln, in Magazinen und Pamphleten, auf großen Plakaten an öffentlichen Anschlagsäulen und bei Vorträgen thematisierte man Tierversuche und warb um Mitgliedschaft in der VSS.[602] Zudem bemühten sich die Gruppen darum, Kampagnen konstant in der Presse zu halten; vor allem der *Spectator*, der *Echo*, *Daily Chronicle*, die *Contemporary Review* und die *Fortnightly Review* nahmen sich dem Sujet regelmäßig und wohlwollend an.[603] Gleichzeitig wurde die Thematik in der zeitgenössischen Literatur aufgegriffen. Dies reflektiert die Relevanz der Kontroverse in der öffentlichen Auseinandersetzung. In Wilkie Collins *'Heart and Science'* (1883) versucht ein Vivisektor, an einem kranken Mädchen zu experimentieren, das sich ihm anvertraut hat. Damit wurde der Diskurs um die generelle Herzlosigkeit der Tierquäler aufgegriffen. H.G. Wells *'The Island of Doctor Moreau'*

601 zitiert nach: Moss, 1961, S.166. Folglich war es für die RSPCA kein Widerspruch, dass der Präsident der 1908 primär für die Verteidigung von Tierversuchen gegründeten Research Defence Society (RDS) auch die Vizepräsidentschaft der RSPCA innehatte. In der Auseinandersetzung um die Versuche des französischen Physiologen François Magendie im Jahr 1822, hatte sie jedoch noch alle Experimente, die mit Gewalt am Tier verübt würden, für Vergehen gegen die göttliche Vorsehung verurteilt, vgl. Desmond, 1989, S.189.

602 Rupke sagt aus, dass die VSS bis zu ihrer Spaltung 1898 über 300 verschiedene Poster und 1700 Flugblätter verteilt habe. Rupke, 1987, S.2.

603 French, 1975, S.267f.

(1896) sollte hingegen auf die unberechenbaren Folgen ungebändigter Wissenschaft hinweisen.[604]

Zum anderen versuchte die Antivivisektionsbewegung direkt Einfluss auf Politiker zu nehmen. Vor allem durch Petitionen und versprochene Wahlunterstützung von Kandidaten, die sich der Antivivisektion im Parlament annehmen sollten, versuchte sie, sich Gehör zu verschaffen.[605] Nach French gingen allein bis zum August 1876 805 Petitionen mit 146.889 Unterschriften beim Parlament ein. 1883 wurden täglich – sofern Sitzungen stattfanden – etwa sechs Petitionen beim Parlament eingereicht. Zudem brachten sympathisierende Parlamentarier permanent Vorschläge für neue Gesetze ein und drängten das Home Office auf die Überwachung der bestehenden Vorschriften. Diese Bandbreite der Agitation blieb auch von Gegnern der Kampagne nicht unbeachtet:

> *„The anti-vivisectionist (...) had recourse to all the methods, and employed all the weapons, of political agitation – indignation meetings, defamatory pamphlets, hair stirring placards, and monster petitions."*[606]

schrieb der französische Vivisektor de Cyon über die englische Bewegung. Besondere Bedenken äußerte die *‚scientific community'* zu einer Forderung der Bewegung, nach der die Namen von lizenzierten Vivisektoren veröffentlicht werden sollten und Laboratorien zugänglich zu machen seien.[607] Es ging den AktivistInnen zum einen darum, das, was hinter verschlossenen Labortüren stattfand, ins Licht der Öffentlichkeit zu bringen.[608] Zum anderen wollten sie die Vivisektoren bloßstellen. In der Absicht, das soziale Umfeld auf die Tätigkeit der Vivisektoren aufmerksam zu machen, lag die Hoffnung der AktivistInnen, sie letztendlich zur Aufgabe ihrer Tätigkeit zu bewegen. Nicht nur wurden sie mit Boykott und öffentlicher Bloßstellung gestraft, ihnen wurden auch persönlich beleidigende Briefe zugestellt.[609] Dieser individuelle Angriff auf Vivisektoren ist eine Taktik, die gerade von der heutigen radikalen Tierrechtsbewegung als Methode genutzt und im zweiten Teil der vorliegenden Ar-

---

604 Farmer, Steve (Hg.): Einleitung zu Collins, Wilkie: *Heart and Science*, Peterborough, Ontario, 1996, S.13ff; Monamy schreibt die Popularität der Antivivisektionsbewegung, recht verkürzt, einer Modeerscheinung zu. Monamy, Vaughan: *Animal Experimentation, A Guide to the Issue*, Cambridge, 2000, S.24.

605 French, 1975, S.129, 168. Zur Wahlunterstützung, vgl. The Abolitionist, Vol. I, Nr. 20, November 1900, S.235.

606 de Cyon, E: *The Anti-Vivisectionist Agitation*, The Contemporary Review, Nr.43, April 1883, S.499.

607 Zum Beispiel im Falle des sich in Planung befindlichen Institute of Preventive Medicine 1894, vgl. The Times, 26. Mai 1894.

608 Hoggan, George: Brief an die Morning Post, Nachdruck in: Spectator, 6. Februar 1875, S.178f.

609 French, 1975, S.278ff.

beit näher beleuchtet werden wird.[610] Insgesamt zeigte die Antivivisektionsbewegung eine methodische Vielfalt und war in ihren Taktiken sowohl aggressiv wie berechnend, einfallsreich und unermüdlich. Obgleich eine Durchsetzung eines Verbots der Vivisektion nicht gelang, konnte die Bewegung in jedem Fall Teilerfolge erzielen. Die Errichtung eines geplanten Patsteur Instituts etwa, einem Tierversuchsinstitut für medizinische Forschung in London, konnte durch erfolgreiche Kampagnenarbeit 1889 verhindert werden.[611]

Essentieller Bestandteil der Kampagnenarbeit war die richtige Gestaltung des Propagandamaterials. Eines von Cobbes wichtigsten Pamphleten gegen die Vivisektion, ‚*Light in Dark Places*' (1883), beschrieb detailgenau die Abläufe der Versuche und sollte primär der Aufklärung der Öffentlichkeit dienen. Dort sowie in ‚*Vivisection in America*' von 1890[612], stellte sie Apparate, Werkzeuge und Methodik der ‚*Folterkammer der Wissenschaft*'[613] vor. Erstere Dokumentation fand weite Verbreitung. Sie wurde ins Deutsche, Französische und Italienische übersetzt und diente dort agierenden TierschützerInnen ebenfalls als Propagandamaterial. Cobbe war Mitbegründerin des *Zoophilist*, des Magazins der VSS, das ab 1881 über die Aktivitäten der Gruppe aufklärte und Antivivisektionstraktate veröffentlichte. Damit stellte die VSS dem von A.P. Childs publizierten, unabhängigen *Home Chronicler* ein eigenständiges Mitteilungsorgan zur Seite. Die in beiden Magazinen und anderswo vorgestellten Argumente, die gegen die Vivisektion vorgebracht wurden, sind bis heute weitgehend identisch mit denen moderner Tierschutz-/Tierrechtsgruppen. Zum einen diene Vivisektion eben nicht dem Fortschritt menschlicher Gesundheit, sondern sei eher schädlicher Natur; zum zweiten stehe sie medizinischem Fortschritt entgegen und müsse daher als unwissenschaftliche Methode gewertet werden; sie wirke sich drittens moralisch korrumpierend und degradierend auf den Vivisektor aus. Schließlich sei sie grausam, ungerecht und schmerzvoll für das Tier. Zudem wurde darauf hingewiesen, dass es sich immer um dieselben unnötigen Versuche handeln würde, obwohl die gewonnenen Erkenntnisse bereits gut dokumentiert seien.[614]

Bei dieser Dokumentation blieb es nicht. Ein weiterer Text Cobbes war bewusst fiktional angelegt. In ‚*Science in Excelsis: A New Vision of Judge-*

---

610 Vgl. Teil II, Kap.4.1.7.

611 Coleridge, Stephen: *The Royal Commission on Vivisection, Evidence by the Honble. Stephen Coleridge*, National Anti-Vivisection Society, London, 1907, S.10.

612 Cobbe, Frances Power: *Light in Dark Places*, Victoria Street Society, 1883; Cobbe und Bryan, 1890; Cobbe, Frances Power: *Vivisection and its Two-Faced Advocates*, The Contemporary Review, Nr.41, April 1882, S.610ff.

613 Cobbe, Frances Power: *Licht an dunklen Stätten*, Hannover, 1893.

614 Beispielsweise Cobbe, 1882, S.610ff.

ment',[615] entwarf Cobbe die Szenerie eines Versuchslabors, das auf Anweisung der Erzengel im Himmel errichtet wurde. Hier sollten nunmehr Versuche am Menschen, genauer: am Vivisektor, durchgeführt werden und zwar jene Versuche, die sie selbst in ihren Handbüchern so offen beschrieben hatten. Als die Vivisektoren ins Labor gebracht werden, versuchen sie die Engel davon zu überzeugen, dass diese Versuche unmoralisch seien. Sie würden schließlich der überlegenen und übergeordneten Spezies Mensch angehören, deren Status sie dazu berechtige, mit Tieren das zu tun, was sie wollten. Genau dieses Argument verkehren dann die Engel und weisen auf ihre Überlegenheit im göttlichen Gefüge hin. Schließlich kommt Bahman, der Gott der Tiere, zur Szenerie hinzu und zählt all die Gräueltaten auf, die der Mensch dem Tier zugefügt habe. Somit kommt Rache als weiteres Motiv hinzu, das im Bezug zur Tierausbeutung Relevanz bekommt. Wenn Menschen sich als AdvokatInnen für das Tierreich verstanden wissen wollten, wurde häufiger ein solches Rachemotiv angeführt. Die vermehrte Verwendung dieses Motivs zog unter anderem auch ein Anwachsen von Militanz in der Tierrechtsbewegung mit sich.[616] Der Vivisektor, *‚the worst monster'* und *‚devil'*, durfte nach Meinung einiger nicht zur Menschheit gerechnet werden, wenn diese sich als *‚human'* begreife. Damit bildete die Tierrechtsbewegung Metaphern heraus, denen ein klares Gut-Böse-Schema zu Grunde lag.

Als Cobbe sich 1884 aus ihrem aktiven Dienst in der VSS mit ihrer Lebensgefährtin, der Bildhauerin Mary Charlotte Lloyd, in deren Landhaus nach Wales zurückzog, überließ sie die Arbeit zunächst Ernest Bell (1851-1933), der später von Stephen Coleridge (1854-1936) abgelöst wurde. Coleridge war Sohn des ehemaligen Lord Chief Justice und Vizepräsidenten der Vereinigung und Großneffe des Dichters Samuel Coleridge. Cobbes Rückzug war auch eine Reaktion auf Unstimmigkeiten innerhalb der VSS und Angriffe gegen ihre Person.[617] Sie schrieb jedoch weiterhin Texte; innerhalb der nächsten sechs Jahre entstanden weitere 320 Pamphlete. Dabei kam es zu Auseinandersetzungen mit Vivisektoren, die sie der falschen Darstellung ihrer Versuchsreihen bezichtigten. Vor allem ihr *‚The Nine Circles of the Hell of the Innocent'* von 1892 schädigte den Ruf der Antivivisektionsbewegung. Deren unwissenschaftliche Agitation wurde von der *‚scientific community'* als erwiesen erachtet. Der Widerstand gegen diesen Vorwurf half jedoch wiederum, die Bewegung zu einen, die durchaus mit internen Querelen und persönlichen Eitelkeiten zu

615 Cobbe, Frances Power: *Science in Excelsis: A New Vision of Judgement* in,: *The Modern Rack*, London, 1889, S.239-251, in: Gates, Barbara T (Hg.): *In Nature's Name: An Anthology of Women's Writings and Illustration, 1780-1930*, Chicago, 2002, S 145-154.

616 Vgl. dazu Teil II, Kap.8.

617 Williamson, 2005, S178ff.

kämpfen hatte.[618] Der Schriftsteller und Antivivisektionsaktivist George Bernard Shaw wies generalisierende Angriffe gegen die Antivivisektionssache zurück, die sich auf kleinere Ungenauigkeiten stützten.

„The question at issue is not whether Miss Cobbe is a liar,"

entgegnete er dem Vivisektor Victor Horseley auf einer Diskussionsveranstaltung,

„but whether you as a vivisector are a scroundel."[619]

Unter Coleridge nahm die Gesellschaft eine politische Wendung. Es wurde nicht länger auf eine vollständige Abschaffung der Vivisektion bestanden, sondern deren Reduktion mit der langfristigen Option zur Abolition (*‚Policy of Lesser Measures'*) anvisiert. Coleridges Ablehnung der *‚utopian policy'*,[620] der Abolition, entzweite nicht nur die National Anti-Vivisection Society (NAVS), wie sich die VSS ab 1897 nannte, sondern symbolisierte den Anfang nachhaltiger Fragmentarisierung der Bewegung. Die unterschiedlichen, mitunter konträren Positionen zur Vivisektion bildeten sich auch in den Vereinigungen ihrer Bekämpfung ab. 1907 gab es mindestens vierzehn verschiedene Antivivisektionsgesellschaften.[621] Schockiert von dem Schritt der NAVS, zukünftig reformistisch zu argumentieren, entschloss sich Cobbe 1898 dazu, die Gründung einer neuen Gruppe anzustoßen. Die British Union for the Abolition of Vivisection (BUAV) hatte ihr Hauptquartier in Bristol mit föderativ organisierten Gruppen in Wales, Liverpool, York, Macclesfield, Sheffield, Yarmouth und London. Einige Gruppen existierten bereits zuvor unter anderem Namen und bestanden auf interne Autonomie und Entscheidungsfreiheit. Andere regionale Ableger wurden neu gegründet.[622] Etwa 5% der VSS Mitglieder folgten Cobbe, die NAVS blieb jedoch zunächst die weltweit größte Antivivisektionsvereinigung. Die BUAV gründete im Folgenden ein eigenes Magazin, *The Abolitionist,* in Anlehnung an gleichnamige Periodika der Anti-Sklavereibewegung vom Anfang des Jahrhunderts. Es sollte ab 1899 die Politik der Gruppe öffentlich zementieren.[623] Diese war eindeutig und in klarer Kritik zur Haltung der NAVS.

---

618 Cobbe, Frances Power: Professor Horseley and the ‚Nine Circles', Brief an The Times, 11. Oktober 1892 , vgl. auch: Williamson, 2005, S.188ff, 192; French, 1975, S.244.

619 Shaw, George Bernard: *Looking Backward,* in: Bowker, G.H. (Hg.): *Shaw on Vivisection,* Chicago, 1950, S.56.

620 Coleridge, 1907, S.226.

621 Coleridge, 1907 S.7ff; Moss, 1961, S.169.

622 Hopley, 1998, S.7.

623 BUAV, Annual Report 1899, S.3, 10f, 1912 war die Anzahl der lokalen *‚Branches'* bereits auf 48 angewachsen. Damit, so behauptete die BUAV, sei sie zur zu diesem Zeitpunkt größten Antivivisektionsvereinigung weltweit generiert. Ab 1923 waren

„The British Union for the Abolition of Vivisection holds (...) that Vivisection must be abolished, no matter whether it have or have not conferred benefits on mankind."[624]

Anders als die NAVS, die die Lobbyarbeit als ihre wichtigste Aufgabe betrachtete, galt für die BUAV die Aufklärung der Bevölkerung zunächst als das vorrangigere Ziel. Ab 1903 gründete sie jedoch auch ihre eigene *Parliamentary Association*, die helfen sollte, etwa den Gesetzentwurf zur Abolition von 1901 voranzutreiben.[625]

Als ebenso erfolgreich erwies sich die neue Strategie, einen Geschäftsraum anzumieten, in dem Informationsmaterial ausgestellt war und entsprechende Informationen an alle gesellschaftlichen Klassen weitergegeben werden sollten.[626] Öffentliche Diskussionen mit Vivisektoren erwiesen sich ebenfalls als ideale Propagandaveranstaltungen. Des Weiteren setzte die BUAV auf öffentliche Massenveranstaltungen zur Agitation. RednerInnen wurden gezielt geschult, über die rechtlichen, historischen und medizinischen Aspekte der Vivisektion zu informieren.[627] Beispielsweise gelang es der BUAV zu einer Veranstaltung im Hyde Park am 6. September 1901, 2000 Interessierte zu mobilisieren. Auch bei der späteren Bekämpfung der Vivisektionsklausel im National Insurance Act wurden derartige Aktionen gewählt.[628] Cobbe leitete die BUAV bis zu ihrem Tod 1904. Dann wurde der Vorsitz von Dr. Walter Hadwen (1854-1932) übernommen, der die streng abolitionistische Politik weiterführte.

Walter Hadwen, Pharmazeut und Arzt, fungierte als Friedensrichter, war strenger Abstinenzler, Impfgegner und lebenslanger Vegetarier. Als Mitglied der Plymouth Brethren, für die er auch Predigten abhielt, folgte er deren Lehre, die Tendenzen zum fundamentalistischen Christentum aufwies.[629] Hadwens Antivivisektionismus begründete sich vor allem auch in seiner Ablehnung der Vakzination[630]:

---

auch einige australische *Branches* föderativ an die BUAV angeschlossen. BUAV, Annual Report, 1912, S.3f, 6, Annual Report 1923.

624 The Abolitionist, Vol. I, Nr.9, Dezember 1899, S.100; Die Auslegung der politischen Ausrichtungen von NAVS und BUAV führte zu teilweise heftigen Spannungen zwischen beiden Gruppen. Vgl. The Abolitionist, Vol. I, Nr.10, Januar 1900, S.114f.

625 The Abolitionist, Vol. III, Nr.11, Februar 1903, S.125.

626 BUAV Annual Report, 1903, S.4; The Abolitionist, Vol. I, Nr.17, August 1900, S.201.

627 Hopley, 1998, S.14.

628 The Abolitionist, Vol. II, Nr.6, September 1901, S.71, BUAV Annual Report 1912, S.9ff 1914, S.8f

629 Vyvyan, John: *The Dark Face of Science*, London, 1971, S.82ff. Walter Hadwen wurde vor allem dadurch bekannt, dass er sich weigerte, seine Kinder gegen Pocken impfen zu lassen. Dies führte zu einer Verurteilung unter dem Compulsory Vaccination Act von 1853. Auch ein gegen ihn angestrengtes Verfahren wegen Totschlags aufgrund medizinischen Fehlurteils basierte letztlich auf seiner Weigerung zu impfen. Es blieb jedoch erfolglos. Vgl. Hadwen, Walter: *The Case against Vaccination, Verbatim Report of*

„All these inoculation treatments are based upon the most cruel experiments on animals. (...) We object to the cruelty that is involved, but we can also prove that out of it comes no good to mankind, but harm. Anti-vivisection is not only love for animals – it is a sane and rational system."[631]

Unter seiner Leitung wurde die Hauptgeschäftsstelle der BUAV 1904 wieder nach London verlegt.

Der nachhaltige Erfolg, der der britischen Antivivisektionsbewegung beschieden war bzw. das Potential, was sie aufzubieten in der Lage war, wird von ProtagonistInnen und HistorikerInnen unterschiedlich bewertet. Auch über den Erfolg oder Misserfolg der verschiedenen Taktiken, der abolitionistischen oder reformistischen Strategie, gehen die Meinungen auseinander. Cobbe war davon überzeugt, dass der abolitionistische Ansatz der einzig Erfolg versprechende sei:

„It has been abundantly proven by the experience of the Victoria Street Society of England that no possible restrictive law, so called, will be of slightest benefit."[632]

Der Historiker Brian Harrison widerspricht in seiner Bewertung Cobbes Aussage. Harrison geht davon aus, dass die RSPCA niemals viel erreicht hätte, wäre sie einem abolitionistischen Dogma und nicht ihrer umsichtigen Strategie gefolgt. Für ihn steht fest, dass der Humanismus der RSPCA niemals nur gestellt war, sondern dass sich diese vorsichtige Strategie eben als die Richtige erwiesen hätte und der Erfolg ihr Recht gegeben habe.[633] Dieser Einschätzung ist jedoch nur teilweise zuzustimmen. Ohne den Druck, den die Antivivisektionsgruppen auf die Regierung ausübten, ohne ihre öffentliche Mobilmachung, wäre das Thema Tierversuch gar nicht erst Teil des Tierschutzdiskurses geworden, so wie er im viktorianischen und edwardianischen Zeitalter präsent war.

---

an Address at Goddard's Assembly Rooms, Gloucester, January 26h, 1896, http://www.whale.to/v/hadwen.html, zuletzt besucht am 30.10.07; Hadwen, Walter: 'Dare Doctor's Think?', Verbatim Report of the Great Meeting held at Queen's Hall, London, Feb 6th, 1925, www.soilandhealth.org/02/0201hyglibcat/020119hadwin /020119hadwin.daredocsthink.html, zuletzt besucht am 30.10.07; BUAV Annual Report 1995, S.13f, Hopley, 1998, S.37ff.

630 Der Begriff der Vakzination bezeichnete ursprünglich das von Edward Jenner im Jahr 1796 entwickelte Verfahren der Pockenschutzimpfung mit Erregern der Kuhpocken. Später erfuhr der Begriff eine Bedeutungserweiterung und wurde zu einer Bezeichnung für aktive Impfungen allgemein.

631 Hadwen, Walter: *'Dare Doctor's Think?'*, Verbatim Report of the Great Meeting held at Queen's Hall, London, Feb 6th, 1925, www.soilandhealth.org/02/0201 hyglibcat/020119hadwin/020119hadwin.daredocsthink.html, zuletzt besucht am 30.10.07.

632 Cobbe und Bryan, 1890, S.4.

633 Harrison, 1973, S.803ff.

3.6 Anna Kingsford: Mystik und Vegetarismus

Eine weitere hervorstechende Protagonistin der Bewegung war Anna Bonus Kingsford (1846-1888), die vergleichsweise radikale Positionen in der Tierrechtsfrage vertrat. Durch ihre verwirrend mystischen Konzeptionen einerseits und durch ihre soziale Position und ihren Lebenswandel andererseits war sie jedoch weit entfernt von Cobbes gesamtgesellschaftlichen Einfluss. Zu dieser hatte sie anfänglich durchaus freundschaftlichen Kontakt, später ein tief antagonistisches Verhältnis. Hervorgerufen wurden die Spannungen durch politische und religiöse Unstimmigkeiten und Cobbes öffentliche Distanzierung.[634] Als das Jüngste von zwölf Kindern eines wohlhabenden Reeders aus London hatte Kingsford eine schulische Ausbildung genossen und war nach dem Tod des Vaters finanziell sehr gut abgesichert. Eine Lebensaufgabe suchend widmete sie sich, trotz häufig auftretender chronischer Krankheitszustände – sie litt unter Asthma und Tuberkulose –, zunächst der Schriftstellerei und dem Journalismus. Sie betätigte sich als Herausgeberin des *Lady's Own Paper*, in dem sie sich vor allem mit Themen der Sozialreform und Frauenrechte beschäftigte sowie später die Vivisektion aufgriff.[635] Ihr extremer Bewusstseinswandel, war sie doch zunächst passionierte Reiterin und Jägerin, wurde von ihr, genau wie von Cobbe, als quasi-religiöses Erlebnis der ‚*Erweckung*' beschrieben.[636]

> „*What right have I, I asked myself, thus to ill-treat a creature simply because it has a form which differs from my own?*"[637]

Sie fühlte sich hernach zur ‚*Erlöserin der Tiere*' berufen und präsentierte dies vor allem in ihrem Kampf gegen die Vivisektion und der Propagierung des Vegetarismus. Zu diesem war sie im Alter von acht Jahren durch ihren Bruder John Bonus gelangt.[638] Überzeugungsarbeit leistete sie auf Lese- und Vortragsreisen. Diese Reisen tätigte sie sowohl in Großbritannien als auch auf dem europäischen Festland, so etwa im Frühjahr

---

634 Zwar mag Vyvyan Recht haben, wenn er auch auf persönliche Ambivalenzen zwischen den beiden Protagonistinnen Cobbe und Kingsford verweist und etwa Eifersucht und Kingsfords ‚*unrespektable*' Beziehung zu Maitland, anführt. Meines Erachtens reichten jedoch die divergenten Weltanschauungen, Kingsford Hang zum Okkulten und Cobbes Furcht vor dem Verlust vor allem auch politischer Respektabilität aus, um diese Differenzen erklären zu helfen. Vgl. Vyvyan, 1969, S.136f; Maitland, 1896,Vol. I, S.443, Vol. II, S.44ff, 56f.

635 Hier knüpfte sie auch erste Kontakte zu Frances Power Cobbe, die, wie andere prominente Frauenrechtlerinnen der Zeit, Beiträge für ihr Magazin verfasste. Maitland, Vol. I und II, 1896, S.17, 21.

636 Maitland, Vol. I, 1896, S.9f.

637 Ibid..

638 Hart, Samuel Hogood: *In Memoriam Anna Kingsford*, The Animal Defence and Anti-Vivisection Society, London, 1946, S.2; Aderholdt, A.: Einleitung zu: Kingsford, Anna: *Die Pflanzennahrung bei dem Menschen*, Leipzig, 1891, S.ix.

und Herbst 1883 und Dezember 1884. Dort wurde ihr, laut dem – zugegeben voreingenommenen – Antivivisektionsaktivisten Edward Maitland, größte Beachtung geschenkt.[639] Maitland begleite sie auf diesen Reisen und wirkte als Co-Autor ihrer religiös-mythischen Schriften. Kingsford war weiterhin im Vorstand der International Society for the Total Prohibition of Vivisection tätig, aus der sie jedoch 1881 ausschied, da die Gruppe Vorbehalte gegenüber Frauen in der öffentlichen Sphäre hegte.[640] Sie und Maitland verfolgten ihren ‚*Kreuzzug*' fortan ohne organisatorische Anbindung, halfen jedoch beim Aufbau von Tierschutzgruppen in Paris, Genf und Lausanne. Allerdings verfolgten diese Gruppen nicht den von ihnen gewünschten radikal-abolitionistischen Ansatz und so zogen sich Kingsford und Maitland aus der aktiven Beteiligung zurück. Maitland monierte zudem den Mangel an adäquatem Führungspersonal. Nur mit einer Führungsfigur wie Kingsford wären diese Gruppen in der Lage, Erfolg versprechend zu agieren, mutmaßte Maitland.[641]

Kingsford nahm 1872 das Studium der Medizin auf; nicht um Ärztin zu werden, sondern um wissenschaftlich fundiert gegen die Vivisektion agitieren zu können. Gleichzeitig wollte sie sich so der sexistischen Abfertigung erwehren, Frauen könnten von diesen Dingen nichts verstehen.[642] Sie vertrat die Meinung, dass die unmoralische Methode der Vivisektion niemals als lautere Wissenschaft gelten könne.[643] Vivisektion, so ihre Argumentation, wäre jedoch auch aus rein wissenschaftlicher Betrachtung irrig, da sie von absolut falschen Ausgangsthesen ausgehen würde.[644] Entsprechend sprach sie sich insbesondere für post mortem-Untersuchungen am menschlichen Körper und klinische Beobachtungen aus. Damit könne man Krankheiten auf den Grund gehen, gleichzeitig jedoch das Leben der Tiere verschonen.[645] In der Tat machte sie die Erlangung ihrer Doktorwürde geradezu zur Voraussetzung für ihre Kampagnenarbeit gegen die Tierversuche.[646]

Dennoch praktizierte sie erfolgreich als Ärztin in London. Sie spezialisierte sich besonders auf Frauenkrankheiten und übernahm hierdurch

---

639 Maitland, Edward: Anna Kingsford, Madame Blavatsky and the Theosophists, http://www.blavatskyarchives.com/maitland1913.htm, zuletzt besucht am 30.10.07.

640 Maitland, Vol. II, 1896, S.35.

641 Ibid., S.119.

642 Aderholdt, 1891, S.X.

643 Kingsford, Anna, in. The Heretic, nach: Maitland, Vol. I, 1896, S.79.

644 Kingsford, Anna: *Unwissenschaftliche Wissenschaft*, Guben, 1885, S.17.

645 Kingsford, Anna: Surgery and Vivisection, Briefe an The Times, 25. Dezember, 1884, 5. Januar 1885.

646 Maitland, Vol. I, 1896, S.320.

eine aktive Rolle in der Frauenrechtsbewegung.[647] Durch den Einsatz in beiden Bewegungen erhoffte sie langfristig ‚*Gerechtigkeit*' zu erlangen:

> *„Justice as between man and woman, human and animal."*[648]

Zwar studierte Kingsford zunächst in London, dort war es ihr als Frau aber nicht gestattet ein Examen abzulegen. Den Hauptteil ihres Studiums und ihre Dissertation ‚*De l'Alimentation Végétal chez l'Homme*' schloss sie deshalb 1880 in Paris an der Faculté de Médicine ab. Als Frauen vermehrt an Universitäten zugelassen wurden, hatten sie mit erheblichem Widerstand ihrer männlichen Kommilitonen zu rechnen; gerade die Medizinstudenten erwiesen sich als extrem ausfallend und beleidigend. Zahlreiche Frauen, die das Medizinstudium antraten, wie auch Elizabeth Blackwell, Frances Hoggan, Arabella Kenealy (mit der Anna Kingsford eine Praxis führte), Leisa Schartau und Louise Lind-af-Hageby teilten Kingsfords Ablehnung der Vivisektion. Damit wurde ein doppelter Angriff auf die männlich konnotierte Wissenschaftssphäre vorgenommen. Nicht nur beschritten Frauen das Gebiet der medizinischen Wissenschaft, das vormals Männern überlassen war, sie kritisierten auch noch deren Methoden.

Ihre Doktorarbeit weitete Kingsford in der englischen Übersetzung als Pamphlet zur Propagierung der fleischlosen Ernährung aus.[649] ‚*The Perfect Way in Diet – A Treatise Advocating a Return to the Natural and Ancient Food of our Race*' wurde erstmals 1881 publiziert und danach mehrfach neu aufgelegt.[650] Hierin versuchte sie anhand vieler Beispiele und empirisch abgesicherter Forschung nachzuweisen, dass die vegetarische Ernährung nicht nur die für Humanoide anatomisch und physikalisch na-

---

647 Pert, Alan: Biography of Anna Kingsford, www.personal,usyd.edu.au/~apert/kingsford.html, zuletzt besucht am 02.02.03.

648 Maitland, Vol. I, 1896, S.33.

649 Vgl. Blackwell, Elisabeth und Emily: Medicine as a profession for women, English Woman's Journal, Mai 1860, in: Hollis, Patricia: *Women in Public 1850-1900, Documents of the Victorian Women's Movement*, London 1979, S.100. Auch Leisa Schartau und Louise Lind-af-Hageby wollten ihre im Studium erworbenen Kenntnisse primär im Kampf gegen die Vivisektion nutzen. *'Our study of the experimental literature did not teach us that anti-vivisectionist are mistaken, but, on the contrary, confirmed the accusations made by them,'* schrieben Lind-af-Hageby und Schartau. Lind-af-Hageby, Lizzy; Schartau, Leisa K.: *The Shambles of Science, Extracts from the Diary of Students of Physiology*, London, 1903, S.viii f. Zusätzlich zu den AktivistInnen, die Medizin primär zu Abolitionszwecken studierten, waren auch jene ehemaligen Vivisektoren, wie Lawson Tait, und George Hoggan, für die Bewegung hilfreich. Sie hatten aus wissenschaftlichen Gründen Tierversuchen den Rücken gekehrt und setzten ihr Wissen somit gezielt der Vivisektionspropaganda entgegen. Hoggan, Frances E.: The Value of Lawson Tait's Testimony, in: The Abolitionist, Vol. I, Nr.4, Juli 1899, S.33.

650 Kingsford, Anna: *The Perfect Way in Diet, A Treatise Advocating a Return to the Natural and Ancient Food of our Race*, 1906, Nachdruck, Montana, ohne Datumsangabe; Maitland, Vol. I, 1896, S.382.

türliche Ernährungsweise sei. Sie stellte zudem die These auf, dass sie die am weitesten verbreitete, zivilisierteste und gesündere wäre.[651] Hierzu brachte sie auch das Auftreten bestimmter Krankheitsbilder mit karnivorer Ernährung in Verbindung. Allerdings war die Gesundheit für ihren persönlichen Vegetarismus nicht ausschlaggebend. Sie sagte, sie würde lieber als Vegetarierin sterben denn als Fleischfresserin leben, so sehr widerstrebte es ihr, sich von Tierteilen zu ernähren.[652] Aber Kingsford führte auch moralische und sozialökonomische Argumente an, etwa in ihrer harschen Kritik an Malthus Pauperismustheorie und deren klaren Widerlegung und Zurückweisung durch Propagierung einer vegetarischen Sozialreform.

> *„It is thus that in a better distribution of the soil rather than in the practice of 'Malthusianism', the desired reformation ought to be sought."*[653]

Darüber hinaus verurteilte sie karnivore Ernährung als barbarisch, brutal und moralisch nicht zu rechtfertigen:

> *„It would, alas! require many long pages to cite the innumerable cruelties and sufferings which the gluttony and luxury of flesh-eating man impose on the innocent herb-feeders – sufferings, which whatever may be said to the contrary, are absolutely inevitable and inseparable from modern European habits of diets."*[654]

Wenig überraschend ist, dass sie ihren LeserInnen nicht die Aufzählung der Grausamkeiten gegenüber dem Tier ersparte, nicht nur im Nahrungsmittelbereich, sondern auch in der Pelz- und Ledermode, der Vivisektion und dem Jagdsport. Hier wird besonders deutlich, dass sie die Verantwortung für den Tiermissbrauch primär bei der herrschenden Klasse verortete. Zur Jagd sagte sie etwa:

> *„(...) week after week in the 'sporting season' our newspapers record the wholesale slaughter of hares, pheasants, grouse, and other animals in the preserves of some illustrious member of the Upper House; and it is written that his Royal Highness or his ducal grace 'bagged' like any poulterer, so many head of game. (...) Long since, the voice of this country condemned bear-baiting, bull-fighting, and the sport of the cockpit. But the spirit of*

---

651 Kingsford unterstrich ihre These der Korrelation zwischen Zivilisation und Vegetarismus mit der Behauptung, dass die großen Kulturen der Römer, Griechen sowie fernöstliche Religionen als hochzivilisiert und dominant vegetarisch angesehen werden müssten.

652 Maitland, Vol. II, 1896, S.300.

653 Kingsford, 1906, S.97.

654 Ibid., S.63f.

these barbarous games still survives at Hurlingham and in the park-preserves of many noble peers."[655]

Ihr Buch wurde zu einem fundamentalen Werk der vegetarischen Bewegung.[656] Kingsford überzeugte damit u.a. Annie Besant (1847-1933), führende Theosophin und Fabianistin, von den Vorteilen der fleischlosen Ernährung als auch von der Ablehnung der Vivisektion.[657] Diese nahm wiederum Einfluss auf Ada Cole (1860-1930), die vor allem durch ihr Engagement gegen den Transport von Pferden zu den Schlachthäusern auf dem Kontinent bekannt wurde. Sie gründete zu diesem Zweck 1927 die International League for the Protection of Horses (ILPH).[658]

1881 lernte Kingsford gemeinsam mit ihrem Gefährten Edward Maitland die Theosophistische Gesellschaft und deren Gründerin Helena Blavatsky (1831-1891) kennen.[659] Die 1875 in New York gegründete Theosophistische Gesellschaft hatte es sich zum Ziel gemacht, mediumistische Phänomene zu studieren. Mit Maitland teilte sie nicht nur ihre spiritualistischen Ideen, sie agierte auch als sein *‚Medium'*. Bald fühlte sie sich den esoterischen Ideen des Londoner Ablegers der Gruppe verpflichtet, die sie mit ihrem katholischen Glauben, zu dem sie 1870 konvertiert war, in einem Konzept von Spiritualität und religiösen Visionen zu vereinigen wusste. Als besonders bekämpfenswert erachtete sie den Materialismus, sowohl in Philosophie wie Naturwissenschaft, gerade weil er die Tierausbeutung begünstige.[660] Aus diesem Grund befand sie eine Kombination aus Wissenschaft und Religion für unabdingbar.

„I am doing my best to show both that knowledge is a supremely good thing, and that it is to be got only by divine methods."[661]

Sie hielt mehrere Vorträge für die Theosophical Society und übernahm 1883 die Präsidentschaft. Nach internen Diskussionen religiöser Natur trat sie jedoch bereits nach einem Jahr zurück, um die Hermetic Society

---

655 Ibid., S.115f.

656 The Vegetarian, März, 1890; The Humanitarian, Vol. I, Nr.8, Oktober 1902, S.60.

657 Besant, Annie: *Autobiography*, 1893, S.271f, nach: Maitland, Vol. II, 1896,S. 72; Nethercot, Arthur: *The First Five Lifes of Annie Besant*, Chicago, 1960, zitiert nach: Pert, Alan: Biography of Anna Kingsford, www.personal,usyd.edu.au/~apert/kingsford.html, zuletzt besucht am 02.02.03.

658 Rushen, 1993, S.35f, 110. Das Resultat von Coles Agitation war der Exportation of Horses Act von 1914, der zumindest gewisse Mindeststandards für den Transport der Tiere festlegte. Sie gründete 1928 die International League against the Export of Horses for Butchery.

659 Kingsford war seit 1867 mit ihrem Cousin Algernon Godfrey Kingsford verheiratet, der, entgegen der vorherrschenden viktorianischen Moralvorstellungen, weder seiner Frau verbot zu studieren, noch mit Edward Maitland eine enge Freundschaft einzugehen.

660 Kingsford, 1885, S.36ff.

661 Kingsford, Anna, nach: Maitland, Vol. II, 1896, S.55.

zu gründen.[662] Weiterhin amtierte sie ab 1874 als Vizepräsidentin der Vegetarian Society. Sie verfasste weitere, meist spirituelle Schriften, die jedoch erst nach ihrem Tod veröffentlicht wurden, sowie zahlreiche Pamphlete, Briefe und Artikel gegen die Vivisektion.[663]

Anna Kingsford sah in der Vegetarischen- und Tierrechtsbewegung ein Emanzipationspotential und argumentierte beispielsweise:

> *„When I speak to my friends the Anti-Vivisectionists, the Anti-Vaccinationists, the Spiritualists, or the Advocates of freedom for women.... I always feel that such of these are not abstainers from flesh-food have unstable ground under their feet, and it is my great regret that, when helping them in their good works, I cannot openly and publicly maintain what I so ardently believe – that the Vegetarian movement is the bottom and basis of all other movements towards Purity, Freedom, Justice and Happiness."*[664]

Gerade in der Verbindung zur Antivakzinations-Bewegung manifestierte sich der Vegetarismus als Allianz zwischen Tierrechtspositionen. Zum einen waren die Impfstoffe meist direkt oder indirekt Ergebnis von Tierversuchen bzw. tierischen Ursprungs, das heißt nicht mit einer vegetarischen Ernährung in Einklang zu bringen. Andererseits widersprachen sie einer im viktorianischen Zeitalter bemühten Reinheitsideologie, die Fleisch und Impfstoffe als Faktoren potentieller körperlicher Verunreinigungen verstand bzw. Krankheiten als Resultat sozialer Missstände sah.[665] Entsprechend groß war der Widerstand in der vegetarischen und Antivivisektionsbewegung gegen die obligatorische Pockenimpfung und der damit verbundenen Auslieferung gegenüber dem medizinischen Berufsstand.[666] Ähnlich der Antivivisektionsbewegung lehnte sich auch die

662 Zu einem Zeitpunkt als sich die Theosophistische Gesellschaft auf die Erkundung östlicher Religionen konzentrierte, wollte die Hermetic Society sich westlichen Mysterien zuwenden, obgleich sie den theosophischen Grundideen treu blieb.

663 Vgl. Kingsford, Anna; Maitland, Edward: *The Perfect Way, or the Finding of Christ,* Kingsford, Anna: *Clothed with the Sun, being the book of the illumination of Anna Kingsford* (Maitland, Edward, Hg.), New York, 1889; *Dreams and Dream-Stories* (Maitland, Edward, Hg.), London u.a., 1888; Hart, Samuel Hopgood: Pioneers of Anti-Vivisection, The Anti-Vivisection Review, Vol. I, März 1910, S.306; Maitland, Vol. I, 1896, S.7.

664 Kingsford, Anna: *The Essence of True Justice*, in: Kingsford, Anna; Maitland: Edward: *Adresses and Essays on Vegetarianism*, London, 1912, S.145.

665 Carpenter, Edward: Medical Science: *The True Method or the False*, in: Carpenter, Edward, Maitland, Edward: *Vivisection*, London, 1893, S.8ff; The Rainbow Series of Anti-Vivisection Leaflets, being replies to what 'My Doctor tells me', Nr.9: Inoculations, Victoria Street and International Society for the Protection of Animals from Vivisection, 1892/1893; Kingsford, Anna: *A Lecture on Food*, Cambridge, 1882, S.21ff.

666 The Vegetarian Messenger, Vol. V, Nr.46, August 1853, S.18; Wilkinson, John O.: Smallpox and Vaccination, in: The Dietetic Reformer and Vegetarian Messenger, Nr.113, 1871, S.83; Hoggan, Frances E. und Hoggan, George: Drs Hoggan on Smallpox Vaccination, Vaccination Inquirer, Vol. 5, 1883, www.whale.to/vaccines/ smallpox22.html, zuletzt besucht am 30.10.07.

Bewegung gegen obligatorische Impfungen gegen die Kontrolle des Körpers durch Staat und Ärzteschaft auf.[667] Generell wurde der Antivivisektionsbewegung aus diesem Grund eine immanente Wissenschaftsfeindlichkeit unterstellt, der sie sich fortwährend erwehren musste.[668] Auch pazifistische Ansätze versprachen Koalitionsmöglichkeiten zwischen der vegetarischen Bewegung und KriegsgegnerInnen. Fleischverzehrende PazifistInnen waren jedoch für Kingsford ein Paradoxon:

> *„These poor deluded creatures cannot see that universal peace is absolutely impossible to a carnivorous race!"*[669]

Dabei gebarte Kingsford sich selbst mitunter so gar nicht pazifistisch. So griff sie Vivisektoren sowohl verbal als auch physisch an.

> *„(...) while the world is being educated to recognise the principle, millions of poor creatures are being horribly tortured, to say nothing of souls degraded and damned. I will tell you what that means. It means that whenever you see a ruffian brutally ill-treating a woman or a child, instead of rushing with all your might to rescue, you are to stand by and do nothing but talk, or else go home and write something attacking the principle: No; the power to interfere and save imposes the duty to interfere and save; and as that power has been given to me, I should not be doing my duty if I did not exercise it."* [670]

Entsprechend verhinderte sie, dass in den Vorlesungen an denen sie teilnahm, Tiere viviseziert wurden. Sie sah es als ihre persönliche Verpflichtung an einzugreifen, falls derlei Unrecht geschehe. Damit griff Anna Kingsford das bereits bei Cobbe nachgewiesene Rachemotiv auf. Kingsford war sogar dazu bereit, Vivisektoren zu töten:[671]

> *„for that only is a human life which is a humane life."*[672]

Gleichzeitig bot sie sich als Objekt für Vivisektion an, wenn dadurch Tiere gerettet werden könnten. Dies veranlasst Jaffé dazu, ihren Tierschutz-

---

667 Durbach, Nadja: *Bodily Matters: The Anti-Vaccination Movement in England 1853-1907*, Durham, NC, 2005.

668 Vgl. etwa: Cobbe, Frances Power: The Scientific Spirit of the Age, The Contemporary Review, Nr.54, 1888, S.126ff.

669 Kingsford Anna: Brief an Edward Maitland vom 14. August 1873, in: Maitland, Vol. I, 1896, S.28.

670 Anna Kingsford zitiert nach: Maitland Vol. II, 1896, S.274.

671 Anna Kingsford war davon überzeugt, durch ihre geistigen Kräfte für den Tod von Vivisektoren verantwortlich gewesen zu sein: *„I have killed Paul Bert, as I killed Claude Bernard; as I will kill Louis Pasteur, and after him the whole tribe of vivisectors, if I live long enough Courage: it is a magnificent power to have, and one that transcends all vulgar methods of dealing out justice to tyrants."* Kingsford, Anna: Tagebucheintrag vom 12. November 1887 nach: Maitland, Vol. II, 1896, S.268.

672 Jaffé, Aniela: Anna Kingsford, *Religiöser Wahn und Magie*, Fellbach, 1980, S.111ff.

einsatz per se als Fanatismus zu kategorisieren, dem sie darüber hinaus noch unbewusste psychische Probleme als Grund nachsagt.[673] Diese Psychologisierung politischer Arbeit von Frauen als geistig defizitär dürfte gerade in Bezug auf Tierrechtlerinnen kein Einzelfall sein.[674] Unterstellt wurde nämlich nicht nur eine übermäßige und irrationale Sentimentalität, sondern auch die Neigung zur Hysterie.[675] Frauen wurde die Verwendung einer zügellosen und unbändigen Sprache im Kampf gegen Tiermissbrauch vorgeworfen, die den rationalen Typus des Tierschutzaktivisten nur beschämen könne.[676] Hysterie, als Frauenkrankheit mit einer Gebärmutterdysfunktion assoziiert, unterlag im viktorianischen Zeitalter einem signifikanten Bedeutungswandel.[677] Sie war mit Bildern ungebührlicher, lauthals schreiender und kreischender Frauen verbunden, die sich der geziemlichen Rolle verweigerten, die der gesellschaftliche Wertekanon ihnen zugedacht hatte.

Cobbe war sich der häufigen Anschuldigungen von Geistesgestörtheit und Fanatismus durchaus bewusst. Sie drängte daher ihre weibliche Gefolgschaft dazu, nicht in der Öffentlichkeit zu weinen, da dies nicht nur anti-intellektuelle Stereotypen bestätigen würde, sondern auch potentielle SympathisantInnen abschrecken könne.[678] *'Public fainting*[s] *in the cause of the lower animal''*[679] wurden innerhalb und außerhalb der Bewegung kritisiert. Jedoch zeigte sich, dass der Vorwurf der Hysterie diskursiv stärker war als der des*'bloßen'* Fanatismus, da er sich körperlicher Zuschreibungen bediente, ja gar einer klinischen Diagnose. Der französische Physiologe Magnan *„described sympathy for animals as a special form of insanity."*[680] Indem Verhaltensmuster auf körperliche Funktionen reduziert wurden, was der Hysterievorwurf eindeutig implizierte, vollzog sich hierin wiederum eine Gleichsetzung von Frau und Tier. Der Körper, nicht der Geist sei es, von dem beide dominiert würden; Instink-

---

673 Jaffé, 1980, S.16.

674 Vgl. etwa de Cyon, Elie: *The Anti-Vivisectionist Agitation,* in:, The Contemporary Review, Nr. 43, April 1883, S.500, 506ff.

1914 vertrat auch William Keen in *'The Influence of Antivivisection on Character'* die These, dass Antivivisektionsaktivismus dazu führe, gewalttätigen Übereifer zu entwickeln. Zudem würde er Grausamkeit gegenüber Menschen und die Tendenz zur Verlogenheit hervorrufen. In: Finsen und Finsen, 1994, S.50.

675 Vgl. Roscher, 2009, noch nicht erschienen.

676 Turner, 1980, S.95.

677 Smith-Rosenberg, Carol und Rosenberg, Charles: *The Female Animal: Medical and Biological Views of Women and her Role in Nineteenth-Century America,* The Journal of American History, Vol. 60, Nr.2, 1973, S.335.

678 Cobbe, Frances Power: A Charity and a Controversy, London, 1889, S.3, in: French, 1975, S.248.

679 The Home Chronicler, 1878, S.214.

680 Cobbe, 1904, S.627.

te, nicht Vernunft, leiteten ihr Handlungsrepertoire. Daher könne nur Hysterie, nicht aber wissenschaftliche Argumente von den Aktivistinnen der Tierschutzbewegung erwartet werden. Die angebliche Epidemie nervöser Leiden, die zur *‚englischen Krankheit'* des viktorianischen Zeitalters stilisiert wurden, war eng verbunden mit den ansteigenden Aktivitäten der Frauenbewegung. Auf die Anfechtung der männlichen Prärogative wurde also mit Zurückweisung politischer Ambitionen von Frauen als unnatürlich, krankhaft und essentiell unweiblich reagiert, als Resultat sexueller Fehlfunktionen. Versuche, die *‚Ketten des Patriarchats'* abzustreifen, liefen Gefahr als Geisteskrankheit diagnostiziert zu werden.[681]

3.7 Die Frauenwahlrechtsbewegung

Der Kampf um das Wahlrecht der Frau in Großbritannien begann Mitte des 19. Jahrhunderts, nahm jedoch vor allem nach der Jahrhundertwende einen herausragenden Platz in der öffentlichen Wahrnehmung ein. Das Bildnis der Suffragetten, der Wahlrechtskämpferinnen, wurde allgegenwärtig. Gleichzeitig war die britische Tierrechtsbewegung der Zeit, wie bereits festgestellt, durch ein überdurchschnittliches Engagement von Frauen gekennzeichnet. Diese wiederum griff Diskurse auf, die sich nicht nur an den Rechten der Tiere, sondern auch an Fraueninteressen orientierten. Beispielhaft sei hier an Cobbes Problematisierung häuslicher Gewalt erinnert. In ihren Schriften erkannte sie darin die Verlängerung der Gewalt gegenüber dem Tier und forderte deren Überwindung durch das Selbstbestimmungsrecht der Frau qua Wahlmöglichkeit und Eigentumsfreiheit.[682]

Dieses Selbstbestimmungsrecht verlangte gleichsam die politische Emanzipation von tradierten sozialen Verhältnissen und hatte somit einen distinktiv politischen Charakter. Um die Jahrhundertwende fingen Aktivistinnen beider Bewegungen zudem an, die getrennten Sphären willentlich zu durchbrechen. Frauenwahlrecht wurde als Voraussetzung für soziale und moralische Veränderungen gesehen. Das Übel der Vivisektion, darin waren sich die Aktivistinnen einig, wäre politisch nicht durchsetzbar, würde es ein Frauenwahlrecht geben.[683] Zudem könnten sie durch das Erlangen des Wahlrechtes die *‚schlimmsten Auswüchse männlicher Exzesse'* verhindern oder abmildern. Diese Exzesse meinte frau sowohl im

681 Ussher, Jane: *Women's Madness: Misogyny or Mental Illness?*, New York, 1991, S.89.

682 In ihrem Nachruf schrieb der Star am 6. April 1904: *„It is significant that Miss Cobbe's fight for justice for what man is pleased to call the lower animals was preceded, and indeed inspired, by her fight for justice for what too many men still in their hearts regard as the inferior sex, women."* Zitiert in: The Abolitionist, Vol. V. Nr.1, April 1904, S.8.

683 Cobbe, Frances Power: *Why women desire the franchise*, in: Lewis; Jane (Hg.): Before the vote was won: arguments for and against women's suffrage, London u.a., 1987, S.181.

Bezug zum Tier, und hier besonders im Tierversuch, erkannt zu haben als auch in der *,männlichen Kriegstreiberei'*. Entsprechende Hoffnungen machte sich also auch die Friedensbewegung von der Erlangung des Frauenwahlrechts. Frances Power Cobbe etwa war der Meinung, dass das Frauenwahlrecht zum friedfertigsten sozialpolitischen Zustand führen würde, den die Welt je gesehen hätte. Fortwährende Progression an Humanität gegenüber den Schwachen und den Tieren wären ihr Resultat.[684]

Gerade in ihrer militanten Erscheinungsform, die der Suffragettes,[685] übernahm die Frauenwahlrechtsbewegung Methoden, die den Protestformen der radikalen Arbeitertradition entliehen waren und auf die sich auch die Tierrechtsbewegung direkt bezog. Stephen Coleridge hatte bei seiner Aussage vor der zweiten Royal Commission on Vivisection (1906-1912) bereits angedeutet, dass angesichts der Grausamkeiten, die in den Laboratorien stattfänden, einige Mitglieder seiner Gruppe, der NAVS, nur schwer von der Übernahme militanter Mittel abgehalten werden könnten.[686] Der Gedanke an Militanz als Element tierrechtlerischer Methodik kann also keinesfalls auf die moderne Bewegung reduziert werden. Hilda Kean stellt heraus, dass sich die Übernahme von direkten Methoden wie Demonstrationen und Störungen, derer sich die Suffragetten bedienten, auch unmittelbar auf die Tierrechtsbewegung übergingen und zwar aufgrund von personellen Überschneidungen beider Bewegungen und ähnlichem Sympathisierendenklientel.[687]

Die Militanz äußerte sich in einer Bandbreite von Methoden: Demonstrationen, Störungen von Parlamentssitzungen und Picketing richteten sich direkt an die Regierungen.[688] Mit der Zerstörung von Fensterscheiben und Briefkästen, mit Brandstiftungen und Bilderzerstörung wollten die Suffragetten zudem größtmöglichen Schaden verursachen. Damit erhoff-

684 Cobbe, Frances Power in: Stanton, Theodor (Hg.): *The Women Question in Europe*, London, 1884, S.xviii, Cobbe, Frances Power: *Woman Suffrage*, in: The Contemporary Review, Nr.83, 1903, S.659.

685 Die Daily Mail führte die Unterscheidung zwischen Suffragists, denjenigen, welche den streng konstitutionellen Weg gehen wollten und zumeist in der 1897 von Millicent Fawcett gegründeten National Union of Women's Suffrage Societies organisiert waren und den militanten Suffragettes ein. Diese Begriffspolarisierung wird von der historischen Forschung weitgehend übernommen.

686 Reports of the Second Royal Commission on Vivisection, 1906-1912, HMSO, 10263-4, zitiert nach: Westacott, 1949, S.283.

687 Kean, 1998, S.139.

688 Pickets sind aktive Mahnwachen bzw. Streikposten.

ten sie sich, indirekt über die Versicherungen Druck auf die Regierung ausüben zu können.[689]

> *„There is something that governments care far more for than human life and that is the security of property and so it is through property that we shall strike the enemy. Be militant each in your own way."*[690]

Das Resultat dieser Militanz war ein deutliches Anwachsen der Suffrage Societies. Sie verlieh dem Kampf um das Frauenwahlrecht durchaus Attraktivität.[691] Legitimiert wurde die Militanz, zum Beispiel die Zerstörung von Fenstern, mit dem Verweis auf die Erfolglosigkeit von fünfzigjähriger konstitutioneller Frauenwahlrechtsarbeit.[692]

> *„Realizing the great evils that arise from women's disenfranchisement, we say that the breaking of windows is a small price to pay for the abolition of such evils."*[693]

Abgesehen von der Wahl der Mittel gab es weit reichende personelle Überschneidungen beider Bewegungen. Frances Power Cobbe war im Exekutivkomitee der bereits 1868 gegründeten National Society for Woman Suffrage; die Vegetarierin und Sozialistin Isabella Ford engagierte sich für die Rechte der Frauen aus der Arbeiterklasse, organisierte Frauengewerkschaften und war gleichzeitig gegen die Vivisektion und andere Tierausbeutung in der Humanitarian League und der RSPCA aktiv.[694] Louise Lind-af-Hageby, eine strenge, in eigenen Worten militante Vegetarierin, war Gründerin der Animal Defence and Anti-Vivisection League (1906),[695] Organisatorin des International Anti-Vivisection and Ani-

---

689 Rowbotham, Sheila: *Im Dunkel der Geschichte, Frauenbewegung in England vom 17. bis 20. Jahrhundert*, Frankfurt a. M., 1980, S.113; Bloom, Clive: *Violent London, 2000 Years of Riots, Rebels and Revolts*, London, 2003, S.277.

690 Pankhurst, Emmeline, zitiert nach: Raeburn, Antonia: *The Suffragette View*, London u.a., 1976, S.62.

691 Kingsley Kent, 1990, S.197.

692 The Earl of Lytton on the Militant Methods of the Women's Social and Political Union, 1909, in: Roberts, Marie Mulvey und Mizuta, Tamae (Hrsg,): *The Militants, Suffragette Activism*, London, 1994, ohne Seitenangabe.

693 Pankhurst, Christabel: *Broken Windows*, 1912, S.5, in: Roberts und Mizuta, 1994, ohne Seitenangabe.

694 Ford, Isabella: *The Woman's Movement in relation to Humanitarianism*, in: Humanity, Vol. III, Nr.47, Januar 1899, S.99f, vgl. Leneman, Leah: *The Awakened Instinct: vegetarianism and the women's suffrage movement in Britain*, in: Women's History Review, Vol. 6, Nr.2, 1997, S.284.

695 Die Anti-Vivisection and Animal Defence League wurde 1909 umbenannt in Animal Defence and Anti-Vivisection Society. Vgl. Vyvyan, 1971, S.63, The Vegetarian Messenger and Health Review, Vol. 44, Nr.12, Dezember, 1947, S.258f. Für ihren strengen Vegetarismus fand sie Gleichgesinnte in der 1944 gegründeten Vegan Society, die sie ebenfalls unterstützte. Vegan News, Vol. 2, Nr.4, S.6. Zur Vegan Society vgl. Kapitel 6.2.

mal Protection Congress in London 1909 und Verfasserin der weltweit unterstützten Anti-Vivisection Declaration. Sie war ebenfalls als aktive Frauenwahlrechtskämpferin in der Women's Freedom League (WFL) bekannt, betätigte sich darüber hinaus in Kampagnen zur Gefängnisreform und setzte sich gegen legalisierte Prostitution ein. Auch sie schrieb sich 1902 als Medizinstudentin in der Women's School of Medicine, King's und University College in London ein, um, genau wie Kingsford, effektiver gegen die Vivisektion vorgehen zu können. Darüber hinaus gehörte sie dem Vorstand des Antivivisection Hospitals in Battersea an, leitete und organisierte zahlreiche Antivivisektionsveranstaltungen und war eine gefragte Rednerin.[696] Die von ihr 1907 gegründete International Medical Anti-Vivisection Association bemühte sich weiterhin um eine rein wissenschaftliche Kritik am Tierversuch. Darüber hinaus brachte sie die *Anti-Vivisection Review* heraus. 1907 sagte sie bei der zweiten Royal Commission on Vivisection als Interessenvertreterin aus.

> *„The Abolition of vivisection, (...), becomes an unavoidable moral necessity of the future; for the growth of sympathy and the demand for justice cannot permanently be stopped by any appeals to our cowardly fears, or to purely egoistical considerations,"*[697]

proklamierte sie dort. Die Sozialistin Charlotte Despard (1844-1939) fungierte zunächst als führendes Mitglied der 1903 gegründeten Women's Social and Political Union (WSPU) der Pankhursts und betätigte sich 1907 als Mitbegründerin der WFL. Sie war zudem nicht nur Antivivisektionsaktivistin. Im Alter von 47 Jahren wurde sie, inspiriert von Shelleys Texten, Vegetarierin und trat der London Vegetarian Society bei. Sie fungierte alsbald als deren Vizevorsitzende und übernahm 1920 die Präsidentschaft der Gruppe.[698] Vegetarismus war für sie Grundlage für soziale Veränderung, der Freiheit von Mensch und Tier. Den Verzehr von Fleisch betrachtete sie hingegen als symptomatisch für eine korrupte, ungerechte Gesellschaft.[699] 1906 begleitete sie die Enthüllung des Brown Dog-Denkmals in Battersea, jenem Stadtteil, in dem sie sich auch anderweitig politisch engagierte, u.a. als *Poor Law Guardian*. Das Brown Dog-Denkmal, symbolisch errichtet für die Opfer der Vivisektion, war Ausgangspunkt für die heftigsten und militantesten Auseinandersetzungen, die die britische Tierrechtsbewegung bis dahin geführt hatte und die im

---

696 BUAV, Annual Report 1904, S.9, 1906, S.5, 1907, S.5 Lind-af-Hageby war zwischen 1904 und 1908 ebenfalls Mitglied der BUAV.

697 Reports of the Second Royal Commission on Vivisection, 1906-1912, HMSO, 10263-4, zitiert nach: Westacott, 1949, S.246f.

698 Linklater, Andro: *An Unhusbanded Life: Charlotte Despard, Suffragette, Socialist and Sinn Feiner*, London, 1980, S.67; Mulvihill, Margaret: *Charlotte Despard, A Biography*, London u.a. 1989, S.127.

699 Liverpool Express, 1913, nach: Mulvihill, 1989, S.100.

folgenden Kapitel einer ausführlicheren Betrachtung unterzogen werden. Despard verteidigte ebenfalls Lind-af-Hageby auf öffentlichen Veranstaltungen gegen den Angriff von Medizinstudenten, so etwa am 13. Januar 1908 bei einer Sitzung in der Battersea Townhall. Als das dort ansässige Antivivisection Hospital, genannt *‚Old-Anti'*, geschlossen werden sollte, war es Despard, die eine wütende Deputation der EinwohnerInnen Batterseas zum Rathaus anführte.[700] Des Weiteren war sie Sprecherin auf dem Tierschutzkongress 1909. Auch sie war von der Frauenemanzipation als Voraussetzung für die Rechtserweiterung auf Tiere überzeugt. Auf einer Versammlung der National Canine Defence League (NCDL) sagte sie:

> *„The sooner you get women's suffrage, the sooner will you succeed in emancipating dogs from cruelty."*[701]

1907 wurde Despard bei einer Auseinandersetzung anlässlich der Nichterwähnung eines Frauenwahlrechtsgesetzes in der King's Speech zur Eröffnung des neuen Parlaments verhaftet und zu einer Gefängnisstrafe in Holloway verurteilt.[702] Damit teilte sie das Schicksal hunderter anderer Suffragetten, die zwischen 1903 und 1915 Haftstrafen absitzen mussten, so beispielsweise Emily Wilding Davison (1872-1913), die als eine der militantesten Suffragetten Brandanschläge auf Briefkästen initiierte. Davison bekannte sich zudem zum Brandanschlag auf Lloyd Georges Haus am 18. Februar 1913. Zur Märtyrerin der Frauenwahlrechtsbewegung wurde sie, als sie am 3. Juni desselben Jahres beim Derby vor das Pferd des Königs lief und an den Folgen starb.[703] Auch sie befand, dass Tierrechte die logische Erweiterung feministischer Forderungen seien müssten.[704]

Ab 1909 nahmen die Suffragetten, auch Davison, den Hungerstreik als Mittel politischer Auseinandersetzung auf. Die Regierung reagierte mit Zwangsernährung und der Verabschiedung des so genannten *‚Cats and Mouse Acts'*.[705] Unter den sich im Hungerstreik befindlichen Frauen be-

---

700 Lansbury, 1985, S.15; The Anti-Vivisection Review, Vol. I, Februar, 1910, S.250. Bereits 1901 nahm sie sich der Problematik der Vivisektion in Krankenhäusern und deren Auswirkungen auf die PatientInnen an. The Abolitionist, Vol. II, Nr.3, Juni, 1901, S.34f.

701 National Canine Defence League, Annual Report, 1910, S.27.

702 Rosen, Andrew: *Rise Up, Women! The Militant Campaign of the Women's Social and Political Union, 1903-1914*, London, 1974, S.80f.

703 Es sei angemerkt, dass in der historischen Forschung umstritten ist, inwieweit ihre Tat intendiert war.

704 Morley, Ann; Stanley, Liz: *The Life and Death of Emily Wilding Davison*, London, 1988, S.184.

705 Der *‚Cat and Mouse Act'* machte es den Behörden möglich, von Hungerstreik geschwächte Suffragetten aus dem Gefängnis zu entlassen, um sie dann bei Besserung ihres Gesundheitszustandes erneut zu inhaftieren.

fanden sich einige ethische Vegetarierinnen, etwa Marion Wallace Dunlop und Lady Constance Lytton. Lytton wurde dadurch bekannt, dass sie ihre adlige Herkunft verschwieg und sich als Arbeiterin ausgab, um die gleichen Haftbedingungen wie die anderen Suffragetten zu erhalten.[706]

Zum Freundeskreis von Davison zählten andere aktive Suffragetten, die ihr Tierrechtsinteresse teilten. Ihre spätere Biografin, die Romanautorin Gertrude Baillie Weaver (1857-1926) und deren Ehemann Harold Baillie Weaver, 1916 Vorsitzender der Theosophical Society und aktives Mitglied der Men's League for Women Suffrage, gründeten gemeinsam das National Council for Animals' Welfare Work. Beide waren aktive VegetarierInnen und AntivivisektionsaktivistInnen.[707] Harold Baillie Weaver sprach von dem unmittelbaren Zusammenhang der Befreiungsbewegungen, auch wenn er dem Tierschutz die höhere Priorität zuschrieb, da

> *[it] combats what I regard as the grossest form of exploitation of the weak by the strong existing in the world today."*[708]

Die Baillie Weavers unterstützen gemeinsam mit Despard die Our Dumb Friends League (gegründet 1897) und die National Canine Defence League. Sie traten zudem als RednerInnen auf Großveranstaltungen, beispielsweise zur Brown Dog-Affäre, auf. Gertrude formulierte eine grundsätzliche Ablehnung der Vivisektion: Zwecke rechtfertigten für sie niemals die Mittel, wenn diese mit körperlicher Schädigung Dritter einhergingen. Darunter subsumierte sie auch Tiere. Entsprechend war es die erklärte Absicht militanter Suffragetten, im Zuge ihrer Brandstiftungen niemals Menschen oder Tiere zu gefährden.[709] Sie war aktive Unterstützerin der WFL, der Humanitarian League, der BUAV und der Animal Defence and Anti-Vivisection Society. Zudem betätigte sich Baillie Weaver als Mitinitiatorin der Animal Welfare Week.[710] Den Nachnamen ihres ersten Ehemannes Henry Arthur Colmore nutzend, schrieb sie mehrere Romane, die sich explizit mit der Tierrechtsproblematik beschäftigten. Ihr Buch ‚*The Angel and the Outcast*' behandelt den von ihr antizipierten moralischen Verfall, den die Arbeit in einem Schlachthof mit sich bringen würde. In diesem Roman, dessen Setting der Schlachthof von Deptford ist, wird ein Schlachter des Mordes an einem Kollegen

---

706 Leneman, 1997, S.274.

707 Morley und Stanley, 1988, S.98f, 129; BUAV, Annual Report 1909, S.16ff; Humanitarian League, Twenty-First Annual Report, 1911, S.2.

708 Baillie Weaver, H.: *The oneness of movements for sympathy and liberation*, Peace and Freedom Pamphlets, Nr.8, League of Peace and Freedom, London, 1915, S.6.

709 Morley und Stanley 1988, S.161.

710 BUAV, Annual Report, 1909, S.19; Annual Report 1910, S,15; The Anti-Vivisection Review, Vol. I, Dezember, 1909, S.183.

bezichtigt. Vom Gericht wird er jedoch freigesprochen, da das Opfer sich durch besondere Grausamkeit gegenüber dem Tier hervorgetan habe. Dies führe dazu, auch einschneidende Maßnahmen – genauer: die Ermordung eines grausamen Schlachters – legitimierbar zu machen.[711] Der 1908 veröffentlichte Antivivisektionsroman *‚Priests of Progress'* wurde wegen seiner Popularität sogar von der Research Defence Society als potentielle Gefahr für das öffentliche Bild medizinischen Fortschritts und die VerteidigerInnen der Vivisektion erachtet.[712] Auch Elinor Penn Gaskell, enge Vertraute von Davison und Vorsitzende der WSPU Abteilung in Nord-London, engagierte sich in Tierschutzvereinigungen, setzte sich im Animals' Defence Committee der Humanitarian League aktiv für die Abschaffung der Jagd ein.[713]

Tierrecht und Feminismus waren also vielfältig überlagert. Die Medizinstudenten des University College in London, die ab 1906 gegen die Aufstellung des Brown Dog-Denkmals als Symbol der Opfer der Vivisektion protestierten, setzten entsprechend Antivivisektions- und Frauenwahlrechtsbewegung gleich. Folglich störten sie zahlreiche Veranstaltungen letzterer, um gegen die Antivivisektionsbewegung vorzugehen. Coral Lansbury weist jedoch zu Recht darauf hin, dass eine solche Gleichsetzung verkürzt war. Es habe sowohl AntivivisektionsaktivistInnen gegeben, die gegen das Frauenwahlrecht waren, sowie Suffragetten, die Tierversuche als Garant medizinischen Fortschritts betrachteten. Sie argumentiert jedoch überzeugend, dass es zu einer Verwischung von Bildern kam. Diese Bilder machten den vivisezierten Hund mit den im Hungerstreik zwangsernährten Suffragetten vergleichbar.[714] Der geschändete Körper hatte ähnlichen Symbolcharakter wie schon in der Auseinadersetzung um die Contagious Diseases Acts.[715] In der modernen Bezugnahme auf Soziale Bewegungen durch die Tierrechtsbewegung nimmt die Suffragettenbewegung damit sowohl in der Konstruktion der Forderungen als auch der Methodik eine besondere Stellung ein.

---

711 Colmore, Gertrude: *The Angel and the Outcast*, London 1907, nach: Kean, 1998, S.131.

712 Die Research Defence Society (RDS) wurde 1908 als Reaktion auf die Antivivisektionsgruppen gegründet. Ihr Ziel war die Propagierung medizinwissenschaftlicher Forschung auf der Basis von Tierexperimenten als Garant für Fortschritt. Gerade die Entwicklung neuer Medikamente und Impfstoffe war für sie unbedingt an Versuche mit Tieren geknüpft. Der RDS gelang es rasch, einen Insiderstatus beim britischen Innenministerium zu erhalten. Morning Post, 24. April, 1908; Research Defence Society: Experiments on Animals, Pamphlets issued by the Research Defence Society, February-August, 1908, Report of Inaugural Meeting, June 19th, 1908, S.8ff.

713 Morley und Stanley, 1988, S.126f, The Humanitarian, Vol. III, Nr.70, Dezember 1907, S.186; The Humanitarian League, Eighteenth Annual Report,1908-1909, S.7.

714 Lansbury, 1985, S.24.

715 Rosen, 1974, S.124.

Tierschutz- und Tierrechtsbewegung wurden in Großbritannien maßgeblich von geschlechtsspezifischen Faktoren geprägt. Dies traf sowohl auf Repräsentationskategorien wie auf Fragen nach der Beteiligung zu. Carol Adams ist also beizupflichten, wenn sie auf konkreter wie theoretischer Ebene eine historische Allianz zwischen Feminismus und Vegetarismus erkennt.[716] Nachvollziehbar war diese Verbindung jedoch nicht nur im Vegetarismus, sondern auch in Schriften von Suffragetten und Tierschutzbewegung, personellen Überschneidungen innerhalb der Gesellschaften, dem Antivivisektionsaktivismus und der Frauenwahlrechtsbewegung. Die Akzeptanz der Frau in der semi-öffentlichen Sphäre hatte jedoch einen gewissen Preis: Es wurde von Frauen erwartet, dass sie ihre emotionale, sensible, stereotyp weibliche Seite zeigen sollten, um sich als rechtmäßige Beschützerinnen der Tierwelt präsentieren zu können. Ihre angebliche Nähe zu all dem, was als *‚natürlich'* markiert war, eine Nähe, die auf ihre biologischen Funktionen als Mutter zurückgeführt wurde, wurde als essentielles Verbindungsstück zum Tier gewertet. Ihr Engagement in der Tierschutzbewegung wurde aufgrund dieser Tatsache nicht nur toleriert, sondern gar willkommen geheißen. Frauen, die diese Werte zugunsten eines stereotyp männlichen Rationalismus aufgaben, riskierten als unweiblich oder gar gefallene Frauen dargestellt zu werden. Der Vorwurf der Hysterie war Zeichen dieses politischen Ausgrenzungsversuchs. Dennoch gelang es Frauen, durch den intensiven Kontakt mit wohltätigen Organisationen, auf einer praktischen Ebene Interesse am und Wissen über das politische System, Administration und Rechtssystem zu erlangen. Analog zu dem, was Clare Midgley über die Rolle und Partizipation von Frauen in der Anti-Sklavereibewegung festgestellt hat, kann dies für die Tierrechtsbewegung resümiert werden: Frauen waren gewillt, als selbstständig politisch Handelnde aufzutreten und zu agieren. Damit kommt auch der Tierrechtsbewegung ein protofeministisches Potenzial zu.[717] Mit der auflebenden Thematisierung dieser Frauenfrage im spätviktorianischen Zeitalter fand sie sich somit auch in wachsendem Maße als Gegenstand öffentlicher Diskussion wieder.

---

716 Adams, 2002, S.179.

717 Midgley, Clare: *Anti-Slavery and Feminism in Nineteenth-Century Britain,* in: Gender & History, Vol. 5, Nr.3, Herbst 1993, S. 347; Gleadle, 2002, S.74.

4. Klasse

In der Analyse eines Phänomens der britischen Sozialgeschichte des 18.-20. Jahrhunderts kommt man an einer Betrachtung der Formation von Klasse nicht vorbei, ist diese doch integraler Bestandteil der durch die Aufklärung und Industrialisierung hervorgerufenen gesellschaftlichen Transformationsprozesse. Dies trifft insbesondere dann zu, wenn davon ausgegangen wird, dass nirgendwo die Unterteilung nach Klassen so rigide gewesen ist wie in Großbritannien.[718] Auch wenn es in der Geschichtsschreibung durchaus ambivalente Meinungen über ihre nachhaltigen Konsequenzen gibt, so muss der Klassengeschichte und der mit ihr verknüpften geteilten und individuell-partikularen Wirkmechanismen zumindest ein gewisser prägender Charakter eingeräumt werden. Im 19. Jahrhundert wurden die tradierten sozialen Grenzen durch die Ausbreitung der Marktwirtschaft und der Errichtung der Klassengesellschaft verschoben. Sämtliche soziale Beziehungen, einschließlich der Geschlechterunterschiede, waren davon betroffen. Industriesystem und bürgerliche Gesellschaft waren Mitte des 19. Jahrhunderts endgültig etabliert.

Die Terminologie der Klasse war neu und ersetzte vorher verwendete Konzepte wie Rang oder *‚Orders'*, die das spezifisch hierarchisch aufgebaute Gesellschaftsprinzip kennzeichneten. Nach E.P. Thompson ist Klasse nicht auf eine Struktur oder Kategorie zu reduzieren, sondern etwas, was aus menschlicher Auseinandersetzung resultiere. Klasse *‚passiere'*, wenn Menschen als Ergebnis geteilter Erfahrungen eine Identität entwickeln, die sich mit den Interessen anderer Menschen deckt oder in Konkurrenz zu deren Interessen stehe. Beides bedürfe, so führt Thompson aus, stets der Artikulation, um als Klasse wahrgenommen zu werden. Die Klassenerfahrungen manifestierten sich vor allem im Verhältnis zu den Produktionsmitteln. Dieses Verhältnis sei jedoch nicht frei wählbar, sondern durch Geburt und soziale Stratifikation bestimmt. Klassenbewusstsein umfasse dann, so Thompson weiter, den Prozess, in dem Menschen diese Erfahrungen in fast allen Bereichen ihres Lebens, vom Intellektuellen zum Affektiven, als ausschlaggebend erfassen.[719] Klassenerfahrungen sind damit nicht nur als ökonomische, sondern als kulturelle Erfahrungen zu verstehen und entsprechend repräsentierbar.

Dieser Aspekt der kulturellen Erfahrungen und der daraus resultierenden sozialpolitischen Handlungsweisen ist es, auf den sich dieses Kapitel konzentrieren wird. Dabei soll vor allem überprüft werden, inwieweit die häufig vertretene These der Tierrechtsbewegung als Festung der

---

718 Das sagt zumindest Warren S. Smith in: *The London Heretics 1870-1914*, London, 1967, S.20.

719 Thompson, E.P., 1991, S.9.

Rechts- und Moralvorstellungen der bürgerlichen Mittelschicht aufrechterhalten werden kann.[720] Diese These bezieht sich dabei sowohl auf eine unterstellte zahlenmäßige Dominanz der Mittelschicht sowie auf deren eindrücklichen diskursiven Einflussmöglichkeiten. Es gilt also zu analysieren, inwieweit Klasseninteressen in der Tierrechtsbewegung Nachklang fanden. Half die Tierrechtsbewegung dabei, bestimmte Vorstellungen von Klasse im Allgemeinen und von bestimmten Klassen im Speziellen hinsichtlich von klassenspezifischen Interpretationen zu untermauern? Genauer: Welche kulturellen Klassenerfahrungen wurden in der Tierrechtsbewegung vermittelt? Nach Marx ist diejenige Klasse, der es gelingt, ihre Moralvorstellungen den anderen aufzuzwingen, die vergleichsweise überlegende Klasse.[721] Erweitert heißt dies auch, dass Klassenbewusstsein sich in der Selbstwahrnehmung im Vergleich zu anderen und der Ablehnung der oktroyierten Ideologien und Moralvorstellungen zeigt. Daher gilt es zu klären, inwieweit Tierrechtsgedanken ein Abbild bürgerlicher Moralvorstellungen widerspiegelten, ihren *‚moralischen Imperialismus'*[722] unterstützten und damit in offene Klassenantagonismen mündeten.

Im Folgenden soll, soweit das möglich ist, zum ersten die tatsächliche Rekrutierung von AktivistInnen anhand von Klassenzugehörigkeit geklärt werden. In einem zweiten Schritt soll die Instrumentalisierung der Tierrechtsbewegung als Transporteur kultureller Hegemonievorstellungen der bürgerlichen Mittelschicht Betrachtung finden. Inwieweit gelang es der Mittelschicht also, Tierschutz und Tierrecht zu ihrem Thema zu machen. Jedoch kann die dichotome Unterteilung[723] in *‚zwei Nationen'* innerhalb der britischen Gesellschaft wie etwa der spätere Premierminister Benjamin Disraeli sie sah (arm und reich),[724] oder das bisweilen dichotome, bisweilen triadische Modell marxistischer Diktion[725] hier nicht aufrechterhalten werden. Zum einen waren die Klassengrenzen im Britannien des 19. Jahrhunderts nicht klar abgesteckt, weder was die produktive noch was die kulturelle oder politische Dimension anbelangte. Zum anderen stellten sich die Klassengrenzen nicht als rigide dar.[726] In der Formulierung ihrer Interessen, also dem, was sich als Klassenbewusst-

---

720 Vertreten etwa durch Thomas, 1984, S.143; Cunningham, Hugh: *Leisure in the Industrial Revolution, c. 1780-c. 1880*, London, 1980, S.22; Tester, 1991, S.94ff.

721 Benton, Ted: *Natural Relations: Ecology, Animal Rights and Social Justice*, London u.a., 1993, S.100.

722 Perkin, 1969, S.282.

723 Ritsert, Jürgen: *Soziale Klassen*, Münster, 1998, S.10.

724 Disraeli, Bejamin: *Sybil*, in: Gillis, John R.: *The Development of European Society 1770-1870*, Boston, 1977, S.185.

725 Ritsert, 1998, S. 58.

726 Cannadine, David: *Class in Britain*, London u.a., 2000, S.91f.

sein manifestierte und ultimativ als Klassenkampf äußern sollte, waren Menschen, die ökonomische einer bestimmten Klasse zugerechnet wurden, durchaus nicht einheitlicher Meinung. Politische Identitäten in der britischen Geschichtsschreibung des 19. und 20. Jahrhunderts waren dennoch stets eng mit dem Klassenbegriff verbunden und die Sprache von und über Klasse barg Dominanz im politischen Diskurs.[727]

In dem dritten Teil des vorliegenden Kapitels soll daher nach dem Potential geschaut werden, das die Tierrechtsbewegung bzw. von ihr angesprochene Themen zur Überwindung von Klassenbarrieren bot. Entwickelte sie Strategien und Möglichkeiten zur Durchbrechung der im vorherigen Schritt thematisierten kulturellen wie sozialpolitischen Dominanz einer bestimmten Klasse? Gerade die Humanitarian League glaubte in der Forderung nach Tierrechten ein Potential für eine klassenübergreifende, ja klassenfreie Gesellschaft gefunden zu haben. Ihr und ihrem hervorstechendsten Protagonisten, Henry Salt, wird entsprechende Aufmerksamkeit geschenkt. Dass die Konflikte über die Klassenfrage, die die Tierrechtsbewegung anschnitt, durchaus schon militante Züge annehmen konnten, soll bereits zuvor an den Auseinandersetzungen um den *‚Brown Dog'* Darstellung finden. Die Brown Dog-Riots sind eng mit dem Namen Louise Lind-af-Hageby verbunden. Als einer der profiliertesten Antivivisektionsaktivistinnen des edwardianischen Zeitalters wird ihr ein gesondertes Kapitel gewidmet.

4.1 Tierrechtsbewegung und Klassenzugehörigkeit

Es erweist sich als schwierig, eine genaue Analyse der Klassenzugehörigkeit der britischen Tierrechtsbewegung durchzuführen, da sie empirisch unscharf bleibt. Zwar weist Perkins darauf hin, dass es sich bei der ersten Generation der, noch unorganisierten, AgitatorInnen für mehr Sensibilität gegenüber dem Tier primär um jene handelte, die der *‚middling sort'*, der Mittelschicht, zugerechnet werden müssen, genaue Zahlen bleibt er jedoch schuldig.[728] Forwards Studie über die vegetarische Bewegung in Britannien erweist sich hier als hilfreicher, vermag sie doch auch bezüglich der Klassenanalyse wichtige Erkenntnisse zu liefern. Darin wird für die Vegetarian Society eine Mitgliederstatistik angeboten, die klassen- und berufsspezifische Aufschlüsselungen enthält. Hierdurch wird klar belegt, dass die Konzentration bei der so genannten Arbeiteraristokratie bzw. den *‚Artisans'* zu verorten ist. Auffällig ist auch, dass Angehörige der Oberschicht nahezu nicht vertreten sind, lediglich 3% waren *‚von Stand'*. Vergleicht man nun diese Zahlen mit der gesamten

727 Hall, 1992, S.9.

728 Perkins, 2003, S.xiii.

Arbeitskräfteverteilung in Großbritannien im entsprechenden Zeitraum, so fällt auf, dass hier zumindest teilweise Deckungsgleichheit herrscht (obwohl die auf den folgenden Seiten gelieferte Darstellung sehr grob und eben nicht klassenspezifisch sortiert ist). Auffällig ist jedoch die Diskrepanz zur Beschäftigung im landwirtschaftlichen Bereich. Dies vermag den eingangs skizzierten urbanen Charakter der Bewegung zu unterstreichen.

Die vegetarische Bewegung erfreute sich eines regen Zulaufs. An Veranstaltungen der Vegetarian Society nahmen zum Teil über tausend Personen teil. Die meisten von ihnen waren Angehörige der Arbeiterklasse. Das wurde beispielsweise 1851 auf einem Treffen in der Merchant's Hall in Glasgow deutlich.[729] Auch an der wachsenden Mitgliederzahl ließ sich dieses wachsende Interesse festmachen. Die Mitgliederzahl der Vegetarian Society in Salford etwa verdoppelte sich von 478 im Jahr 1849 zu 889 1853.[730] Über die Hälfte von ihnen waren Händler, Handwerker und ArbeiterInnen. Dies hatte gute Gründe: Zum einen war die vegetarische Ernährungsweise kostengünstig. Zudem bestand bei dieser Kostform keine so akute Gefahr von Lebensmittelstreckungen, eine Praxis, die im viktorianischen Großbritannien gebräuchlich war und für Vergiftungen verantwortlich gemacht wurde. Aus diesem Grund muss Joseph Ritsons Lobpreisung der primär vegetarischen Nahrung der Arbeiterklasse, die er bereits Ende des 18. Jahrhunderts beobachtet haben wollte, mit Vorsicht betrachtet werden: Die meisten waren einfach zu arm, um irgendetwas anderes als vegetabile Nahrung zu sich nehmen zu können.[731]

729 The Vegetarian Messenger, Vol. III, Nr.27, Januar 1852, S.3.

730 The Vegetarian Messenger, Vol. I, Nr.2, Dezember 1849, S.26; Vol. III, Nr.50, Dezember 1853, S.3. Im Jahr 1871 gab es 1691 eingeschriebene Mitglieder, 1875 bereits 1803 sowie 217 Assoziierte, d.h. solche, die nicht streng der vegetarischen Ernährung folgten. 1887 war die Mitgliederzahl auf 3110 und die der Assoziierten auf 1305 gestiegen. Vgl. The Dietetic Reformer and Vegetarian Messenger, Vol. I Third Series, Nr. 1, Januar 1872, S.6, Vol. II, Nr.47, November 1875, S.II, The Vegetarian Messenger, Vol. I, Nr.4, April 1887, S.ix.

731 Dennoch war ein wichtiger Bestandteil der vegetarischen Propaganda auf den ökonomischen Aspekt der Ernährung gerichtet. Dem Vegetarismus wurde ein maßgeblicher Einfluss auf die nationale Ökonomie zugeschrieben. So schrieb Henry S. Clubb etwa im Vegetarian Messenger: *„Can we wonder that thousands and tens of thousands of our fellow creatures are in a state of privation and want, whilst we continue to feed and fatten, with the produce of our soil, the lower animals instead of feeding men, women and children?"*, The Vegetarian Messenger, Vol. I, Nr.3, Januar 1850, S.30, vgl. auch: The Vegetarian Messenger, Vol. I, Nr.9, Juli 1850, S.97ff. Auch: Kingsford, Anna: *A Lecture on Food*, Cambridge, 1882, S.15. Die Aufzucht von Tieren u.a. zur Fleischproduktion wurde richtigerweise für die Zwangsentsiedlung von LandarbeiterInnen etwa in den Highland Clearances (ca. vom Ende des 18. Jahrhunderts bis 1884) verantwortlich gemacht. The Vegetarian Messenger, Vol. II, Nr.24, Oktober 1851, S.83; Kingsford, Anna: The Best Food for Man, The Theosophist, Februar und März, 1884, in: Kingsford und Maitland, 1912, S.11. Zum Thema Fleischkonsum und Klassenzugehörigkeit vgl. auch: Rifkin, Jeremy: *Das Imperium der Rinder*, Frankfurt a.M. u.a., 1994, S.58ff.

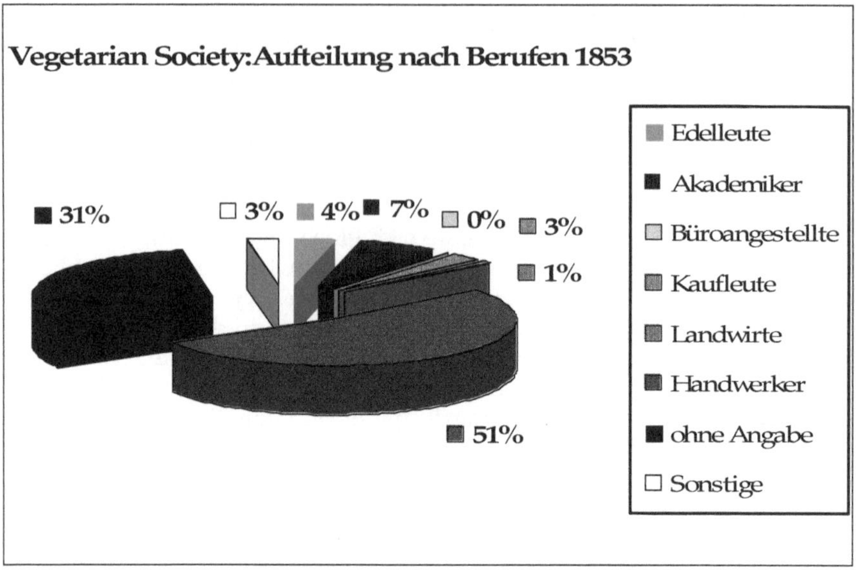

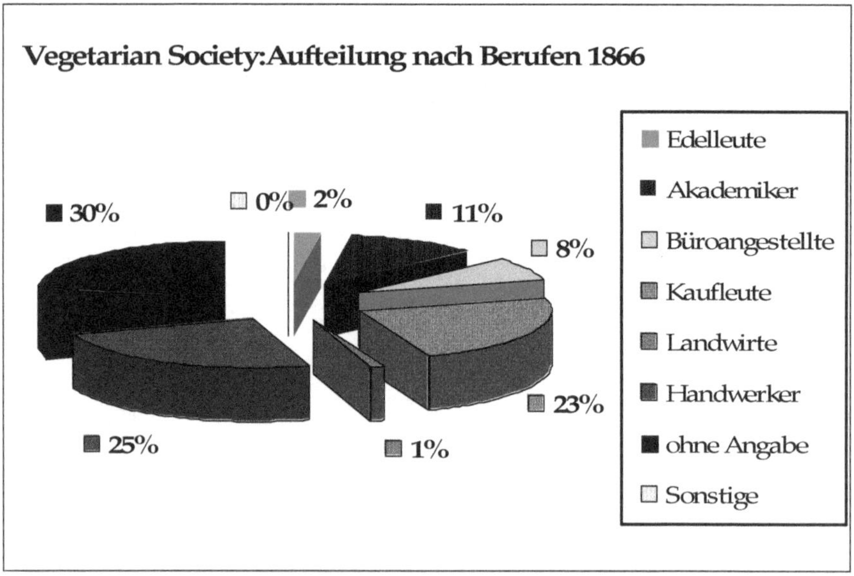

Abbildung 1 a und b: Zahlen nach Forward 1897, S.57

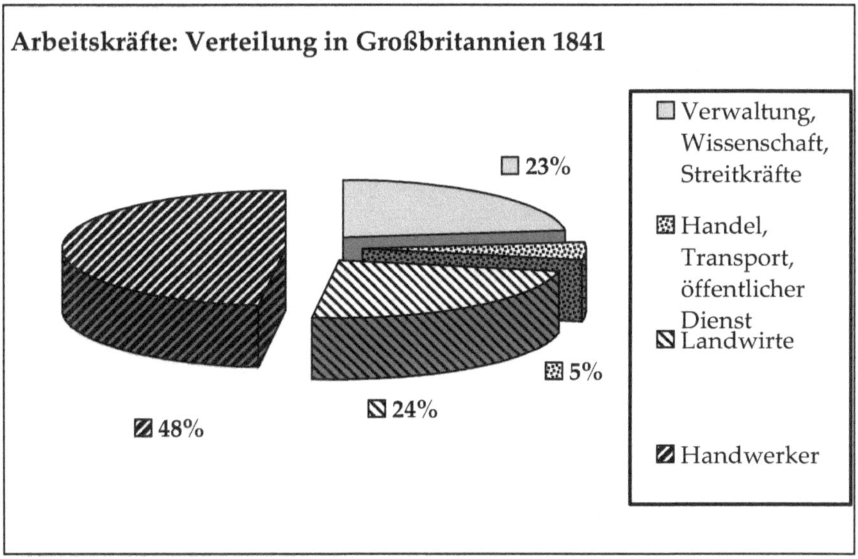

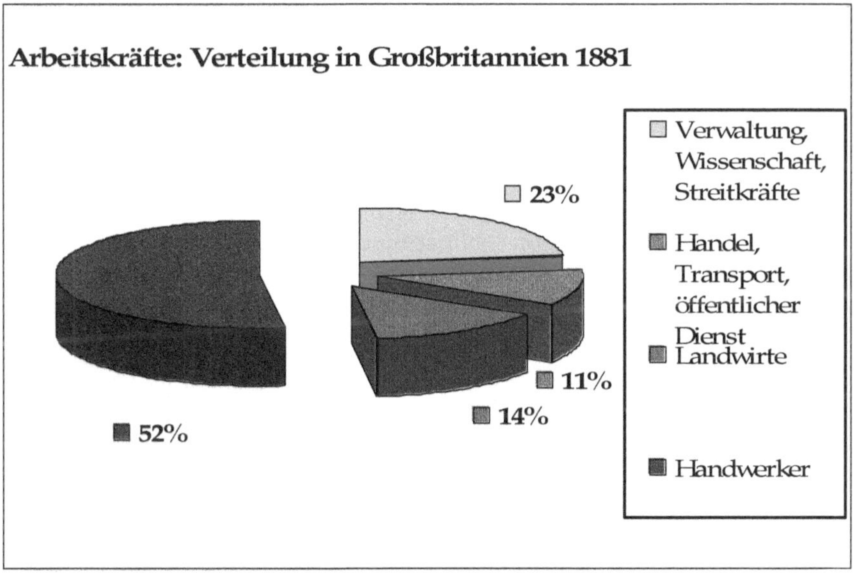

Abbildung 2 a und b: Zahlen nach Deane, 1962, S.60, in Mathias, 1983, S.241

Außerdem ging die vegetarische Ernährung Hand in Hand mit der von der Temperance-Bewegung proklamierten Abstinenz vom Alkohol. Diese Bewegung sah in Trunkenheit eine Gefahr für das soziale Gefüge der Gesellschaft. Körper unter Alkoholeinfluss betrachtete sie als Werkzeug der sozialen Zerstörung. In gleichem Maße wurde der Konsum von Fleisch für sexuelle Maßlosigkeit verantwortlich gemacht.[732] Die Temperance-Bewegung wird von Mathias daher als säkularisierte Form der evangelikalen Bewegung gesehen.[733] Auch sie war insofern archetypisch für viktorianische Reformbewegungen, als dass sie vor allem mit der individuellen Suche nach Respektabilität und Wirtschaftlichkeit verbunden war. So schrieb Anna Kingsford omnivorer Ernährung und maßloser Trinkgewohnheiten eine Sündenhaftigkeit zu:

> *„Flesh-meats and intoxicating drinks – the pabulum of Luxury – are the baneful coil of hydraheaded Vice, whose ever-reneawing heads we vainly strike, while leaving the body of the dragon still untouched."*[734]

Zahlreiche VegetarierInnen waren auch AbstinenzlerInnen und aktiv in beiden Bewegungen engagiert.[735] Diese Form des extremen Abstinenzlertums wurde auch *‚ultra-temperance'* genannt.[736] Ein beispielhafter Vertreter dieser Linie war James Houghton (1796-1873). Er übte von 1870-72 das Amt des Präsidenten der irischen Vegetarian Society aus, war prominenter Vertreter der Anti-Sklavereibewegung. Als eifriger Verfechter der totalen Abstinenz engagierte er sich als Vizepräsident der 1853 gegründeten United Kingdom Alliance.[737] Gleiches traf für die bereits erwähnten James Brotherton und James Simpson sowie Brothertons Schwager, Alderman William Harvey (1787-1870), zu. Harvey fungierte ebenfalls als Vizepräsident der Anti-Tobacco Society. Isaac Pitman, Francis W. Newman (1805-1897) und andere sprachen sich gleichsam gegen Alkoholkonsum, Vivisektion, obligatorische Impfungen und für den Vegetarismus aus.[738] Newman engagierte sich auch im Subkomitee für humane Ernährung der Humanitarian Society.[739] Leider ist es, wie auch für

---

732 Barker, T.H: The Harmony of Teetotalism and Vegetarianism, in: The Vegetarian Messenger, Vol. V, Nr. 54, April 1854, S.38ff; The Dietetic Reformer and Vegetarian Messenger, Vol. II, 1863-65; Spencer, 1995, S.266. Obgleich Spencer Charles Forwards Studie nicht als Quelle benennt, erscheint die Kenntnis dieses Werkes an einigen Stellen augenscheinlich.

733 Mathias, 1983, S.189.

734 Kingsford, Anna: The *Essence of True Justice*, in: Kingsford und Maitland, 1912, S.146.

735 Shiman, Lilian Lewis: *Crusade against Drink in Victorian England*, London, 1988, S.37.

736 Gregory, 2002, S.14.

737 Dietetic Reformer and Vegetarian Messenger, Vol. I, Third Series, Nr.16, April 1873, S.241ff.

738 Forward, 1897, S.62ff.

739 Humanity, Nr.16, Juni 1896, S.121.

die Temperance-Bewegung selbst, nahezu unmöglich, Zahlen zu bekommen, die über die gesamte Mitgliederzahl der Vegetarischen Bewegung Aussage geben könnten. So muss die Frage nach der tatsächlichen personellen Überschneidung unbeantwortet bleiben. Harrison fand in seiner Analyse der viktorianischen Temperance-Bewegung bei zwölf von 382 Aktivisten direkte Allianzen.[740] Eine der von VegetarierInnen am heftigsten umworbenen Temperancegruppen war der 1868 auch in Großbritannien etablierte militant prohibitionistische Guttemplerorden. Auch dieser wies eine dominante Unterstützung durch die Arbeiter- und die untere Mittelschicht auf. Ihr Vorsitzender, Grand Chief Templer Joseph Malins (1844-1926), war praktizierender Vegetarier.[741]

Genau wie der vegetarischen Bewegung spricht Ryder der Antivivisektionsbewegung ebenfalls eine auffällige Heterogenität in der Klassenzusammensetzung zu, ohne jedoch einzelne Gruppen auf ihre Mitgliederstruktur überprüft zu haben.[742] French spricht von einer Dominanz der urbanen Mittelschicht, zumindest bei den einfachen Mitgliedern, die sich zeitgleich mit der Aristokratie bzw. dem Paternalismus der Torys identifizierten. Die RSPCA als moderate Tierschutzgruppe wurde dagegen, laut Harrison, eindeutig von Angehörigen der Mittelschicht dominiert. Die Inspektoren hingegen, welche die Durchsetzung der Tierschutzgesetze zu überwachen hatten, wurden aus den Reihen der Arbeiterklasse rekrutiert. So überwachte ein Teil der Arbeiterschicht einen anderen, da es primär die Arbeiterschicht war, die von der RSPCA des Tiermissbrauchs bezichtigt wurde.[743] Radford weist darauf hin, dass der Vorsitz der RSPCA, schon aus Repräsentationsgründen, stets einem Adligen zufiel.[744] Leider vermag Prochaskas sonst so detaillierte Studie hier wenig empirische Absicherung zu liefern. Er verweist lediglich darauf, dass wohltätiges Engagement von Frauen der Arbeiterklasse eher informeller Natur war und daher wenig konkrete Informationen vorhanden seien.[745] Richard Ryder ist der Ansicht, dass sich die Tierschutz/Tierrechtsbewegung maßgeblich durch den Einfluss des Adels entwickelt habe und dass die britische Gesellschaft, die per se nach sozialem Aufstieg bei gleichzeitiger Akzeptanz gesellschaftlicher Hierarchiegefälle strebe, dem

---

740 Harrison, Brian: *Drink and the Victorians: The Temperance Question in England 1815-1872*, London, 1971, S.147, 161.

741 Gregory, 2002, S.17, 21.

742 Ryder, 2000, S.113.

743 Harrison, 1973, S.799; Rachels hält die RSPCA für eine reine Oberschichtsorganisation, ohne hier jedoch entsprechend empirische Beweise liefern zu können. Seine Feststellung, dass sie sich primär mit Tiermissbrauch durch die *,lower classes'* beschäftigte ist allerdings zutreffend. Rachels, 1990, S.214.

744 Radford, 2001, S.80.

745 Prochaska, 1980, S.42.

Beispiel des Adels gefolgt sei. Er verweist diesbezüglich auf die besondere Rolle, die Königin Victoria als Schirmherrin der RSPCA gespielt habe.[746] Dagegen ist einzuwenden, dass der Adel zwar gewisse Vorbildfunktionen innehatte, dass bis auf wenige Ausnahmen die aktiven TierschützerInnen, die sich tagtäglich in die Gruppen einbrachten, ohne Titel waren und dass der Adel in der Mitgliederstruktur der Tierrechtsgruppierungen, bis auf die der RSPCA, empirisch wenig auffällt.

Eine Tatsache, die nicht außer Acht gelassen werden darf, ist, dass die Mitgliedschaft in einer Vereinigung Geld kostete. So gingen bereits AntivivisektionsaktivistInnen um die Jahrhundertwende davon aus, dass sich die Unterstützung der Kampagnen gegen Tierversuche durch die Arbeiterklasse nicht an deren Mitgliederzahlen ablesen lasse. Die soziale Stratifikation sei anhand dieser Zahlen nicht messbar, da viele aus Kostengründen nicht beiträten, sehr wohl aber Interesse bekunden würden.[747]

Mathias gibt für die Mitte des 18. Jahrhundert an, dass Löhne in der Landwirtschaft bei ca. 8-10 Shilling pro Woche lagen, in der industriellen Verarbeitung für ungelernte Arbeitskräfte ca. 18s und für gelernte Handwerker zwischen 25 und 40s.[748] Während die Löhne der Arbeiterschaft zwar auch mit der viktorianischen Prosperität stiegen, war dieser Einkommenszuwachs nur relativ im Vergleich zu dem der Industriellen und Kaufleuten der Mittelschicht. Deren steigendes Einkommen machte sich vor allem im wachsenden Lebensstandard der Mittelschicht bemerkbar. Eine Untersuchung aus den Jahren 1891-96 vermag nachzuweisen, dass die Hälfte aller Arbeiter und Artisanen dennoch wöchentlich einer wohltätigen Organisation spendeten.[749] In der Mittelschicht machten Ausgaben für die Wohlfahrt den zweitgrößten Haushaltsposten aus.[750]

Und auch noch andere ökonomische Faktoren spielten eine Rolle, wenn es darum ging, sich wie auch immer philanthropisch zu organisieren. Hall und Davidoff stellten heraus, dass

---

746 Ryder, 2000, S.95, 148, 161.

747 Cobbe, Frances Power: Report of NAVS conference, The Animals' Defender and Zoophilist, Dezember 1893, S.199, in: Kean, 1998, S.151; The Abolitionist, Vol. I, Nr.1, April 1899, S.2.

748 Mathias, 1983, S.189. Die ersten Inspektoren, die in den 1820ern angestellt worden waren erhielten 10s in der Woche. In den 1840ern wurde der Lohn auf 22s angehoben. Vgl. Moss, 1961, S.60f.

749 Family Budgets: Being the Income and Expenses of Twenty-Eight British Households, 1891-1894, 1896, S.75, zitiert nach: Prochaska, F.K.: *Philanthropy*, in: Thompson, F.M.L. (Hg.): *The Cambridge Social History of Britain, 1750-1950, Vol. III*, Cambridge, 1990, S.368.

750 Prochaska, 1990, S.358.

„paid positions within philanthropic missions, the writing and publishing of serious Christian material, even the distribution of tracts for a small income were commercial activities promoted by the beliefs and values of the middle class." [751]

Frances Power Cobbe etwa lebte ab 1884 von einer Rente, die ihr die Victoria Street Society zur Verfügung stellte. Der Generalsekretär der RSPCA erhielt in den 1890er Jahren ein Gehalt von 1000 Pfund jährlich, was, gerade in Bezug auf die Gehälter der Inspektoren, den Klassencharakter der RSPCA zu unterstreichen vermag. Zudem verdeutlicht dies das ausgeprägte Hierarchiegefälle der Gruppe.

4.2 Tierrechtsbewegung und Klassenideologie

Die Interessen der Ober- und Mittelschicht stimmten bezüglich der Beibehaltung gesellschaftlichen Ordnungsprinzipien weitgehend überein, insbesondere wenn es darum ging, etwaige Forderungen der Arbeiterklasse abzuwehren. Allerdings wurden diese Interessen unterschiedlich artikuliert. Themen die aufgegriffen wurden waren etwa Vorschläge zum Ausbau der Polizei, die zur Aufrechterhaltung der öffentlichen Ordnung beitragen sollte. Auch Hannah Mores Traktate und Propagierung der Sonntagsschulen fanden große Verbreitung.[752] William Wilberforce und seine Society for the Suppression of Vice and Encouragement of Religion gaben Anleitungen für ein richtiges, das heißt evangelikal geprägtes Leben. Zumindest partiell fand sich diese Motivation auch in der Propagierung des humanen Umgangs mit dem Tier wieder. Dieses Ansinnen orientierte sich an dem Anspruchdenken, nach dem die Armen sich geduldig, strebsam, enthaltsam, gemäßigt und gottesfürchtig zu gebaren hätten.[753] So machte Thomas Fowell Buxton in seiner Funktion als Vorsitzender des Gründungstreffens der RSPCA am 16. Juni 1824 sein Anliegen unmissverständlich deutlich, als er anführte, dass es nicht nur das erklärte Ziel sei, Tiere zu schützen, sondern vor allem auch

„to spread amongst the lower orders of the people, especially amongst those to whom the care of animals was entrusted, a degree of moral feeling which would compel them to think and act like those of a superior class."[754]

---

751 Davidoff, und Hall, 2000, S.157.

752 Fairholme und Pain geben ein Beispiel einer Sonntagsschule in Bath von 1796 an, wo die Lehre von der Rücksicht auf Tiere und die Propagierung aktiver Tierliebe zum Bestandteil des Curriculums gehörte. Fairholme und Pain, 1924, S.161.

753 Thompson, E.P, 1991, S.61.

754 zitiert nach: Fairholme und Pain, 1924, S.55; Harwood verweist darauf, dass bereits die Puritaner vor dem 18. Jahrhundert ähnlich argumentierten. Vgl. Harwood, 2002, S.57ff.

Deshalb betont beispielsweise F.M.L. Thompson in seiner Kritik der RSPCA, dass Tierschutz als trojanisches Pferd für den Transport bürgerlicher Moralvorstellungen gedient und damit von Beginn an als Instrument von Klassenjustiz fungiert habe.

> *„It was also because the reformation of the lower orders, rather than the simple protection of animals, was the conscious purpose of the Society's leaders. The idea was to civilize the rough and brutish manners of the lower classes by forcing them to think about and deal kindly with creatures even lower than themselves, as a step towards showing consideration for others and thus coming to religion."*[755]

Zudem führt er aus, dass sich die Arbeiterschaft diesem moralischen Diktum unterworfen habe. Keith Thomas verweist darauf, dass:

> *„The SPCA can thus be seen as yet another middle-class campaign to civilize the lower orders."*[756]

Dieser Klassencharakter so mancher Tierrechtspositionen wurde jedoch frühzeitig von der politisierten Arbeiterschaft richtigerweise als Versuch entlarvt, über die Vermittlung moralischer Werte soziale Kontrolle auszuüben. So wurden Publikationen von Wilberforces Society for the Suppression of Vice dahingehend kritisiert, dass

> *„[a]ny cruelty may be practised to gorge the stomach of the rich, but none to enliven the leisure hours of the poor."*[757]

Und Sidney Smith schrieb über die Society in der *Edinburgh Review* im Januar 1809:

> *„At present they should denominate themselves a society for suppressing the vices of persons whose income does not exceed five hundred pounds per year."*[758]

Diese Bezichtigung war nicht grundlos, wurden doch zunächst lediglich die Freizeitvergnügungen der Armen verboten bzw. zum Bestandteil moralischer Pejoration.[759] Die abschätzige Meinung gegenüber dem *‚Pöbel'* funktionierte indes über eine Degradierung des Menschen zum

---

755 Thompson, F.M.L, 1988, S.280.

756 Thomas, 1984, S.187.

757 The Medusa, Vol. I, zitiert nach: Morton, T., 1994, S.36.

758 Smith, Sidney: *Letters*, Oxford, 1953, zitiert nach: Furneaux, Robin: *William Wilberforce*, London, 1974, S.201f. Im selben Artikel verglich er die Grausamkeiten verschiedener Blutsportarten und kommt zu dem Schluss, dass Gewalt gegen Tiere immer Gewalt gegen Tiere bleiben wird, egal wie vornehm oder angesehen das gesellschaftliche Setting ist.

759 Ein Verbot des Blutsports konnte sich erst ab Mitte des 19.Jahrhunderts durchsetzen, beginnend mit dem Gesetz gegen die Bullenhatz von 1835.

Tier.[760] Einige Gesetzesvorschläge der Society for the Suppression of Vice wurden ignoriert. Zu sehr fürchtete man im Parlament, dass bei erfolgreicher Verabschiedung auch die Amüsements der Reichen beschnitten werden könnten. Andere wurden zwar diskutiert, jedoch nicht verabschiedet. Begründung fand dies mit einer Mixtur von liberalen Laisser-faire Attitüden, der Tory Toleranz gegenüber *‚Brot und Zirkussen'* und der Abneigung von methodistischem Fanatismus. Diese Zurückweisung des moralistischen Tierschutzes zeitigte mitunter kuriose Stilblüten. Als Ironie der Zeit ist die Verteidigung der Stierhatz durch den Kriegsminister Windham gegen ReformerInnen und Evangelikale zu betrachten. Anlass war ein Gesetzesvorschlag von Sir William Pulteney am 18. April 1800. Diese Verteidigung sicherte Windham die für ihn sicherlich nicht genehme Unterstützung des *‚Pöbels'*, des verachteten Proletariats. Der Ausruf: *‚Windham and Liberty!'* markierte hier schichtspezifisches Transgressionsgebaren.[761] Tatsächlich hatte Pulteney, schottischer Parlamentsabgeordneter und enger Freund von David Hume, seinen Gesetzesvorschlag damit begründet, dass neben der Tatsache, dass die Stierhatz grausam sei, sie *‚idle and disorderly persons'* zusammenbringen würde.[762] Windham hingegen äußerte wiederholt seine Ablehnung derartiger Beschränkungsversuche. So rief er zur parlamentarischen Zurückweisung von Lord Erskines Cruelty to Animals Bill von 1809 auf. Für ihn repräsentierte sie

> *„[a] Bill for harassing and oppressing certain Classes among the Lower Orders of His Majesty's Subjects."*[763]

Die Freizeitvergnügen wie Tierhatzen und Tierkämpfe erfüllten schließlich einen sozio-politischen Zweck. Sie sollten die Arbeiterschicht zufrieden stellen.[764] Nicht umsonst fürchtete Windham im Tierschutz-/Tierrechtsgedanken ein gefährliches radikales Potential und antizipierte eine Union zwischen Methodisten und Jakobinern. Nur Tierschutz könne diese Vereinigungen zwischen zwei gesellschaftlichen Gruppen bewirken, die in anderen Bereichen nie zu gemeinsamen Standpunkten kommen würden, so befürchtete er.[765]

---

760 Hieran lässt sich die reichlich, im modernen Sinne, speziesistische Argumentationslinie erkennen, mit denen diese Moralhüter hantierten. Ein Vergleich mit dem Tier beinhaltete hier immer eine negative Konnotation – auch für diese TierschützerInnen!

761 Furneaux, 1974, S.200.

762 Moss, 1961, S.14.

763 Windham W.: Speeches in Parliament, 3 Vols, London, 1812, Vol. 3, S.315, zitiert nach: Cunningham, 1980, S.110.

764 Cunningham, 1980, S.47.

765 Harrison, 1973, S.815.

Ausschlaggebend in der Diskussion um Tierschutz waren also zunächst die Freizeitvergnügen der Arbeiterklasse, die weitgehend als brutal und semi-kriminell empfunden wurden. Sie galten als Gefahr für die respektable Gesellschaft. Richard Martin erkannte in denjenigen, die der Bärenhatz anhingen, *„the lowest and most wretched description of people."*[766] Dies veränderte sich im Laufe des 19. Jahrhunderts: Die Arbeiterklasse begann, sich an den Normen der Mittelschicht zu orientieren, das heißt *‚respektabler'* zu werden bzw. ihre eigenen Definitionen von Respektabilität zu entwickeln. Auch die englische Mittelschicht, die nach Hall ungefähr ein Siebtel der Bevölkerung ausmachte, fing während des 18. Jahrhunderts an, sich von den anderen Schichten und Klassen abzusondern und das sowohl auf sozialem wie politischem Terrain. Als essentieller Bestandteil dieses Prozesses der Herausbildung einer sozialen und politischen Identität, die auf eben diesem Konzept der Respektabilität gebaut war, sind die Clubs und freiwilligen Verbände, die *Friendly Societies* sowie wohltätigen Vereine zu benennen, zu denen sicherlich auch Tierschutzvereinigungen gezählt werden müssen. Diese vermochten auch zur Entwicklung einer kollektiven Identität der Mittelschicht beizutragen. [767]

Sportarten wie Bullen- und Bärenhatz, Hunde-, Ratten- und Hahnenkämpfe wurden zudem wegen ihrer Grausamkeit kritisiert, auch weil sie mit ähnlich verabscheuten Begleiterscheinungen wie Wetten, Spielsucht und Trinkgelagen einhergingen. So kann die sinkende Beliebtheit von Tierkämpfen auch ein Prozess gewesen sein, der relativ unabhängig von den Forderungen der TierschützerInnen verlief. Harrison argumentiert überzeugend, dass sich in der Auseinandersetzung um Tierkämpfe weniger Klassenantagonismen artikulierten. Vielmehr würden sich Kontroversen zwischen ländlichen und urbanen Lebensstilen offenbaren.[768] Denn auch der Jagdsport sah sich zunehmend Anfeindungen ausgesetzt und auch hier wurden unter anderem die Argumente ihrer verwerflichen Begleiterscheinungen angeführt.[769] In der Kritik stand vor allem der mit diesem royalen Privileg verbundene antizipierte Müßiggang. Den Anhängern der Jagd, diesen *‚splendid barbarians'*, wurde zudem Verschwendungssucht vorgeworfen.[770] Grundlage von Verbotsforderungen

[766] Martin, Richard: Speech to the House of Commons, Parliamentary debates, 24. Februar 1824, col.487, zitiert nach: Tester, 1991, S.108.

[767] Hall, 1992, S.157.

[768] Harrison, 1973, S.793, vgl. auch: Turner, 1980, S.27ff.

[769] Itzkowitz, David C.: *Peculiar Privilege, A Social History of English Foxhunting 1753-1885*, Hassocks, Sussex, 1977, S.136.

[770] Humane Review, Vol. 10, 1910, S.49ff; vgl. Taylor, 2004, S.36; Howkins, Alan: *From Diggers to Dongas: the Land in English Radicalism, 1649-2000*, in: History Workshop Journal, Nr.54, 2002, S.17.

auf gesetzlicher Ebene wurde die Jagd jedoch während des 19. Jahrhunderts nicht, war sie doch zumeist der exklusive Sport der Oberschicht, und damit der noch dominierenden politischen Entscheidungsträger. Richard Martin beispielsweise, der sich so *‚aufopferungsvoll'* für gequälte Pferde und Rinder einsetzte, galt als großer Anhänger der Fuchsjagd. Gerade der Protest gegen die Jagd wird damit von Thomas als spezifisches Element von Mittelklasseattitüde gewertet.

> *„Such feelings were not just urban. They were those of the professional middle classes, unsympathetic to the warlike traditions of the aristocracy. For hunting was notoriously a military exercise and a training ground for the cavalry."*[771]

Versuche, kulturelle Hegemonievorstellungen durchzusetzen, erstreckten sich eben nicht nur auf Freizeitbeschäftigungen der unteren, sondern auch auf die der oberen Schichten. Dort stießen sie aber, sowohl den öffentlichen Diskurs betreffend als auch in ihrer reellen Durchsetzbarkeit, auf klare Grenzen.

> *„(...) the gentlemen of England are humane, as long as their sports are not considered,"*[772]

merkte Charles Darwin anlässlich der Auseinandersetzung über die Vivisektion im Parlament an. Die RSPCA enthielt sich während des gesamten 19. Jahrhunderts jeglichen Kommentars über den Jagdsport, unterhielt sogar rege Verbindung zu Jagdvereinigungen. Bei ihnen fand sie nämlich einige eifrige UnterstützerInnen.[773] John Lawrence als führendes Mitglied der RSPCA, auch wenn selbst kein Freund der Jagd, versicherte, dass es nicht im Interesse der Society sei, Ziele zu verfolgen

> *„to which a good, fair and hearty fox hunter may not say Amen."*[774]

Die britische Jagdtradition und die mit ihr verbundene Etikette sind auf William den Eroberer zurückzuführen. Die strenge Hierarchie der Jagdgesellschaften ließ den *‚Sport'* zu einer Bastion des Adels werden. William bezog sich auf normannische Traditionen. Seit der Tudormonarchie (ab 1485-1603) wurde die Jagd als Schlüsselelement des sozialen Status der Oberschicht betrachtet. Mit der Restauration der Monarchie Anfang

---

771 Thomas, 1984, S.183.

772 de Beer, 1963, S.259.

773 Itzkowitz, 1977, S.142.

774 Zitiert nach: Carr, Raymond: *English Fox Hunting,* London, 1986, S. 198. Zum Ende des Jahrhunderts änderte die RSPCA im generellen ihre Position, ohne jedoch aktiv gegen die Jagd vorzugehen. Sie hielt zudem ihre Mitglieder nicht davon ab, Jagen zu gehen, aus Angst – so zumindest der Vorwurf – zahlungskräftige UnterstützerInnen zu verlieren, vgl. Humanity, Nr.5, Juli, 1895, S.2. So konnte auch der Duke of York, Vizepräsident der RSPCA, den Besuch des Zaren Nicholas II. zum Anlass für eine Hirschjagd nehmen, Humanity, November, 1896, S.162.

der 1660er Jahre kam es zur Gründung erster formalisierter Hundemeuten für die Fuchsjagd. Die anwachsende Autorität des Landadels nach der *'Glorreichen Revolution'* von 1688 verschob feudale Gesellschaftsstrukturen, die den Jagdsport zur Demarkationslinie sozialer Zugehörigkeit machte. Damit ist der Etablierung zahlreicher neuer Jagdgesellschaften und Hundemeuten zu erklären, die sich die Land besitzende Oberschicht leistete. Mit der industriellen Revolution stieg die Bedeutung der Fuchsjagd als Abgrenzungsfaktor noch einmal an.[775]

Folglich waren es primär die *'working class sports'*, wie Hahnenkämpfe, die verboten wurden, während *'gentlemens sports'* wie Fuchsjagd, Fischen und Schießen unberührt blieben. Nur in der Form des Wilderns brachten sie teilweise empfindliche Strafen mit sich – gegen zumeist arme Mitglieder der Arbeiterklasse.[776] Es kann also durchaus gesagt werden, der eingangs präsentierten These entsprechend, dass Tierliebe mit Abscheu von den Vergnügungen der unteren Klassen einhergehen konnte bzw. als Multiplikator in der Abgrenzung vom *'Pöbel'* betrachtet werden kann. Allerdings stand auch die Jagd im Kreuzfeuer der Kritik, ohne dass jedoch gesetzliche Einschränkungen politisch denkbar und durchsetzbar gewesen wären.

Wenn Blutsportarten trotz ihres Verbotes weiterhin stattfanden, was nachweislich der Fall war, so war dies, laut Cunningham, einer Art Kulturkampf gleichzustellen. Dieser Kulturkampf bilde sich in der bewussten Ablehnung kultureller Hegemonievorstellungen einer Klasse ab, wobei der letztendliche Erfolg, also die Durchsetzung des Verbotes, nur durch Zwang und eben nicht durch einen Prozess der Akkulturation vollzogen worden sei.[777] Verwiesen sei hier etwa auf den Konflikt um das Bullenrennen in Stamford zwischen 1837 und 1840, bei dem sich die RSPCA nur mit Hilfe paramilitärischer Einheiten und der Metropolitan Police gegen den Willen der örtlichen Bevölkerung durchzusetzen vermochte. Trotz dieser Durchsetzungsdefizite, so streicht Perkin heraus, gelang es der Mittelschicht, maßgeblich auf die verabschiedeten Gesetze wie auch auf den sprachlichen Diskurs Einfluss zu nehmen, der der Gesetzgebung vorausging bzw. sie begleitete.[778] Es waren eben eher kulturhegemonielle Appropriationsstrategien, die positive Sanktion von Normen und Regeln gesellschaftspolitischer Ausprägung bewirkten, denn

---

775 Windeatt, Philip: *The Hunt and the Anti-Hunt*, London, 1982, S.16.

776 Morton, A.L., 1994, S.318f.

777 Cunningham, 1980, S.2; Unterstützung erhält Cunningham von Prochaska, der den Weg zu sozialer Kontrolle über das Medium der Philanthropie für viel zu umständlich ansieht, wenn es eben auch Mittel von Repression und Zwang gäbe. Prochaska, 1990, S.371.

778 Perkin, Harold, 1969, S.272.

gewaltsame Unterdrückungsszenarien.[779] Blutsportarten wie Bullenhatz und Hahnenkämpfe blieben daher noch bis weit ins 19. Jahrhundert hinein als Freizeitbeschäftigung zahlreicher ArbeiterInnen und unter aktiver Beihilfe der AristokratInnen bestehen. Das implizierte gleichsam eine Ablehnung der Mittelschichtsstandards von Moralität und Schicklichkeit.

Dem von der Mittelschicht favorisierten Geschmack wurde wiederum mit der Liebe zum Hund Ausdruck verliehen, der in zahlreichen Hundeschauen offen zur Schau getragen und unterstrichen wurde. Auch in dem aufkommenden Hang zur Heimtierhaltung, speziell in komfortablen urbanen Haushalten, erkennt Ritvo den Primärzweck, Klassenunterschiede zu zementieren.[780] Ausgangspunkt dieser vorgeblichen Hundeliebe war allerdings bereits im 17. Jahrhundert der Adel gewesen, insbesondere die königlichen Familie. Hunde wurden dabei vom Königshaus dem ‚*Pöbel*' vorgezogen und besser ernährt als die Dienerschaft.

> „*As the proverb said, he cannot be a gentlemen who loveth not a dog.*"[781]

Die Publikation sentimentaler Bücher über Hunde musste zwar noch bis ins frühe 19. Jahrhundert mit Joseph Taylors ‚*The General Character of the Dog*' von 1804 warten; sie fand dann jedoch Nachklang in der Organisation von Hundeschauen und der Gründung des mittelschichtsgeprägten Kennel Clubs 1873. Ab spätestens der Mitte des 19. Jahrhunderts war es ein Gemeinplatz, dass

> „*[there is] no civilised land where the canine race is more the companion of man than in Great Britain or any other nation, which has so many valuable varieties of it.*"[782]

Jedoch war diese Liebe zum Hund eben nicht auf die oberen Klassen reduziert, wie Walton nachweist. Sie fand auch in der Arbeiterschicht ein organisatorisches Pendant, das zwischen den *Friendly Societies* und *Working Men's Clubs* verortet werden kann. Dabei formierten sich die HundeliebhaberInnen in der Arbeiterschicht politisch vor allem in ihrem – teilweise militanten – Widerstand gegen die Maulkorbpflicht als Schutz gegen Tollwut. Sie verurteilten den Maulkorb wegen antizipierter Grausamkeit gegenüber dem Tier. Dieser Widerstand kulminierte in der Gründung der National Canine Defence League 1891. Als scharfe Kritikerin der Vivisektion ließ diese später verlautbaren, dass bei erfolgreicher Propaganda

---

779 Ritsert, 1998, S.34.

780 Ritvo, 1986, S.228f.

781 Zitiert nach: Thomas, 1984, S.103.

782 Jesse, George: *Researches into the History of the English Dog*, 1866, S.206f, zitiert nach: Thomas, 1984, S.108.

„all the working class, the masses of voters, will be opposed to vivisection."[783]

Gleichzeitig wurde in der selektiven Anwendung der Maulkorbpflicht ein klarer Akt von Klassenjustiz erkannt.[784] Es galt, Hunden Solidarität zu beweisen, da andernfalls auch intrahumane Solidaritätsbestrebungen langfristig zum Scheitern verurteilt seien.[785] Die NCDL fand mit ihrem Anliegen vor allem bei den Antivivisektionsgruppen Unterstützung, aber auch bei der RSPCA. Der politische Druck wuchs entsprechend. 1899 wurde die Maulkorbpflicht im Angesicht von Nachwahlen in Plymouth und Darlington zurückgezogen, um direkte Auseinandersetzungen mit den Militanten zu vermeiden.[786] Die Antivivisektionsgruppen bedienten sich des wachsenden Interesses am Wohlergehen des Haustieres in der Arbeiterschicht, indem sie Hundeschauen dazu nutzten, Informationsmaterial über Vivisektion zu verteilen. Dabei wiesen sie auf die Gefahr des Haustierdiebstahls zu Vivisektionszwecken hin, um entsprechenden Widerstand organisieren zu können:

„By this means large numbers of persons were attracted (...). Several persons expressed their horror in very plain language, and some working men (who evidently loved dogs and swore at the iniquity of such experiments being allowed) were invited to help in the work of stopping them."[787]

Der militante Widerstand gegen die Maulkorbpflicht wiederholte sich im frühen 20. Jahrhundert in der Auseinandersetzung um das Denkmal des *‚little brown dog'*, als exemplarisches Opfer der Vivisektion, in die vorwiegend Angehörige der Arbeiterschicht verwickelt waren. Lind-af-Hagebys öffentliche Ansprachen in Battersea zur Thematik wurden zeitweise von ArbeiterInnen vor der medizinischen Studentenschaft geschützt (s.u.).[788]

Doch nicht nur das geteilte Interesse an der Haustierhaltung wurde von der Tierrechtsbewegung als Ansatzpunkt genutzt, die unteren Klassen mit einzubeziehen. Edward Carpenter etwa versuchte darüber hinaus in

783 National Canine Defence League, Jahresbericht 1911, S.39, zitiert nach: Kean, 1998, S.138.

784 Walton, John K.: *Mad Dogs and Englishmen: The Conflict over Rabies in late Victorian England*, Journal of Social History, Winter, 1979, S.219-241.

785 Cobbe, Frances Power: Muzzling and Hydrophobia, Brief an The Times, 22. Oktober 1889.

786 The Stock-Keeper and Fanciers' Chronicle, 10. Januar, 1890, zitiert nach: Walton, 1979, S.235.

787 The Abolitionist, Vol. I, Nr.6, 15. September, 1898.

788 Vgl. Mason, Peter: *The Brown Dog Affair, the Story of a Monument that divided the Nation*, London, 1997; Kean, Hilda: *An Exploration of the Sculptures of Greyfriars Bobby, Edinburgh, Scotland and the Brown Dog, Battersea, South London, England*, Society & Animals, Vol. 11, Nr.4, 2003, S.358; Lansbury, 1985, S.18.

einem Artikel für den *Clarion* eine Verbindung zwischen der Unterdrückung der Arbeiterschaft durch die moderne Medizin mit der Vivisektion am Tier herzuleiten. Damit wollte er die Solidarität mit dem Tier als Verpflichtung auch der eigenen Klasse gegenüber heraufbeschwören.

> *„Does it not look, comrades, very much as if the professors were not only experimenting on the animals, but experimenting on us?"*[789]

Die Angst vor Vivisektion am eigenen Körper war in der Arbeiterschaft weit verbreitet und nicht unbegründet. Die Antivivisektionsbewegung arbeitete mit derlei Befürchtungen. Edward Maitland verwies in einem Artikel im *Examiner* von 1876 auf die, wie er sagte, gängige Praxis der Vivisektion an Patienten in ausländischen Krankenhäusern:

> *„The moral to be learnt (...) can hardly be mistaken. (...) They suggest the fear that, unless the fast-growing practice of vivisection in this country be checked, we also may see our hospitals converted into institutions for the benefit of those who desire to learn how to treat the rich at the expense of the poor."*[790]

Elisabeth Blackwell warnte davor, dass die Vivisektion dazu führen könnte, dass die Hilflosen und Armen genauso skrupellos behandelt würden wie Tiere auch:

> *„It increases that disposition to regard the poor as so much 'clinical material' (...)."*[791]

Auch in diesem Punkt überschnitten sich Antivivisektions- und Antivakzinations-Bewegung. Die Angst vor Fremdkontrolle des Körpers führte zur Etablierung einer Antivakzinationskultur innerhalb der Arbeiterschicht, die sie auf großen Demonstrationen nach außen trugen.[792] Hier, wie beim Kampf gegen Tierversuche, konnte eine plebejische Öffentlichkeit mobilisiert werden, die sich als Opfer der industrialisierten britischen Wirtschaft sah.[793] Diese Opferposition teile sie mit dem vivisezierten Tier in der medizinischen Wissenschaft, der sie selbst ausgeliefert sei, wurde von AktivistInnen beider Bewegungen suggeriert. Die

---

789 Clarion, 1. Dezember, 1894, zitiert nach: Tsuzuki, Chushichi: *Edward Carpenter, 1844-1929, Prophet of Human Fellowship*, Cambridge u.a., 1980, S.112, Vgl. Lansbury, 1985, S.58ff; Thornhill, Mark: Experiments on Hospital Patients, in: The Abolitionist, Vol. I, Nr.15, Juni 1900, S.165ff, Nr.16, Juli 1900, S.181ff.

790 Maitland, Edward: The Doctors and the Vivisection Bill, in: The Examiner, 17. Juni 1876, nach: Maitland, Vol. I, 1896, S.83, vgl. auch: MacDonald, Greville: *Vivisection and Progress*, in: The Contemporary Review, Nr. 87, 1905, S.796.

791 Blackwell, Elisabeth, zitiert nach: Williamson, 2005, S.163.

792 Barrow, Logie: *Determinism and Environmentalism in Socialist Thought*, in: Samuel, Raphael und Stedmen-Jones, Gareth: *Culture, Ideology and Politics: Essays for Eric Hobsbawm*, 1982, London, S.200.

793 Durbach, 2005, S.41, 92.

britische Arbeiterschicht, so resümiert Durbach, zeigte sich generell skeptisch gegenüber der Weiterentwicklung medizinischer Technologien und dominierte entsprechend den Protest gegen Zwangsimpfungen.[794]

Auf einem Treffen in Battersea zum Erhalt des Brown Dog-Denkmals wurde in einer Resolution entsprechend festgehalten, dass

> *„the practice of vivisection engendered callousness in medical men and accounted for an alarming increase in the use of the knife."*[795]

Als scheinheilig verurteilten die BUAV und andere AntivivisektionsaktivistInnen die Handhabe von Lizenzen für Vivisektoren und die Toleranz gegenüber deren Tierversuchen bei gleichzeitiger Verurteilung von ArbeiterInnen, die ihre Tiere aus Kostengründen vernachlässigten.[796] Frances Power Cobbe sah darin ein *‚New Vice'*, dem die gebildete Klasse anheim fallen würde,[797] und Anna Kingsford sagte 1883 auf einer Veranstaltung der Scottish Society for the Total Suppression of Vivisection:

> *„Wir fordern Gerechtigkeit, nicht nur Gerechtigkeit für die unschuldigen, schutzlosen Thiere, sondern auch für die Menschen selbst. Die gegenwärtige Gesetzgebung ist inconsequent und ungerecht, indem sie die Zwerge angreift und die Riesen der Grausamkeit schont."*[798]

Nicht alle ArbeiterInnen gaben sich derart kämpferisch. Die 1878 gegründete Working Men's Association for the Suppression of Vivisection nahm vielmehr den herablassenden bzw. auf Selbstverbesserung drängenden Appell der oberen Klassen auf. Perkins argumentiert folglich, dass es nicht die Mittelschicht war, die versuchte, ihren moralischen Impetus auf die Arbeiterklasse zu oktroyieren, sondern dass die Arbeiterklasse dieses von sich aus anstrebte.[799] Die Verpflichtung auf einen moralischen Kodex, so Perkin weiter, könne nicht allein auf die Gruppe bezogen werden, die soziologisch als Mittelschicht im engen Sinne verstanden werde. Auch große Teile der Land besitzenden Klassen und Arbeiterschicht nahmen diesen moralischen Kodex zur Formation ihrer jeweiligen Identitäten an.

---

794 Ibid., S.145.

795 The Brown Dog, Meeting at Battersea, The Times, 11. Januar 1908.

796 Cobbe, Frances Power: A Retrospect, in: The Abolitionist, Vol. I, Nr.22, Januar 1901, S.257; Lind-af-Hageby v. Astor & Others, The High Court of Justice, Kings Bench Division, Third day, April 3rd 1913, S.12.

797 Cobbe, Frances Power: Bernard's Martyrs: A Comment on Bernard's Leçons de Physiologie Opératoire,1879, S.xvi, nach: Williamson, 2005, S.137. Allerdings war Cobbe auch darauf bedacht, ihre gutbürgerliche Distanz zur *‚unteren Klasse'* zu wahren. Der Antivakzinations-Bewegung trat sie aufgrund der dort dominierenden Angehörigkeit zur Arbeiterschicht entsprechen vorsichtig gegenüber. Vgl. Hopley, 1998, S.7.

798 Kingsford, 1885, S.43f.

799 Perkin, 1969, S.290.

„(...) the heuristic category of 'middle class' was expanded to anyone anywhere who is found to have shared certain behavioural or normative characteristics, thus transforming such persons from diverse social provenances into 'bourgeoisified' working classes or 'middle classed' aristocrats."[800]

Auch Mathias befindet das Streben der Arbeiterschaft nach Respektabilität als deckungsgleich mit den Bestrebungen der Mittelschicht, aber unabhängig von deren Dogmen.[801] Allerdings, so konkretisiert Kirk Mathias' Feststellung, sei diese Respektabilität kleinbürgerlichen Charakters gewesen.[802] Wie Kirk weiter ausführt, kam die Respektabilität mit einem gewissen Preis: Dem Zwang, sich von denjenigen Mitgliedern derselben Klasse zu distanzieren, die sich nicht respektabel gaben.[803] Die Arbeiterklasse darf deshalb auch nicht als homogen betrachtet werden. So existierten interne Hierarchien; sie prägten eigene Kulturen und Besonderheiten, die mitunter zu Abgrenzung und Entsolidarisierung führen konnten.

Das Dogma der Respektabilität innerhalb der Arbeiterschicht beinhaltete vor allem gutes Benehmen, Mäßigkeit und das Primat der Selbstverbesserung. Diesem Ideal sollte zumeist durch Bildung näher gekommen werden. Zu diesem Zweck wurden *Friendly Societies, Mutual Improvement Societies* und *Mechanics Institutes* gegründet sowie Lesezirkel eingeführt. Auch in der Chartistenbewegung erhoffte man sich, mit derlei Bildungsarbeit den eigenen Zielen näher zu kommen.[804] In den Institutionen der Arbeitervereinigungen wurde beispielsweise utilitaristische Literatur konsumiert und über die potenziellen Vorteile vegetarischer Ernährung diskutiert. Tierrechtsgruppen machten sich die Existenz solcher Reading Rooms als Distributionsort ihrer Magazine und Propaganda zu Nutze.[805] Tierkämpfe fanden bei diesen respektablen ArbeiterInnen keine Unterstützung, ja, wurden wegen würdeloser und unmoralischen Tendenzen sogar aktiv angegangen.[806] David Cannadine weist also zurecht darauf hin, dass für die häufig vertretene Meinung, die Mittelschichten hätten

800 Wahrmann, 1993, S.403.

801 Mathias, 1983, S.187.

802 Das so genannte Kleinbürgertum, ökonomisch schlechter gestellt als die Mittelschicht, orientierte sich sehr stark an deren moralischen Vorgaben und Lebensstil, obgleich die finanziellen Mittel dafür nicht reichten. Vorgeworfen wurde ihnen, vor allem von marxistischen Positionen, ihre Untertanenhaltung gegenüber Höhergestellten.

803 Kirk, Neville: *The Growth of Working Class Reformism in Mid-Victorian England*, London, 1985, S.222ff

804 Gillis, 1977, S.204ff, Mathias, 1983, S.187. Zum Chartismus siehe auch: Schwarzkopf, Jutta: *Women in the Chartist Movement*, London, 1991.

805 Kirk, 1985, S.212ff; Vegetarian Messenger, Vol. III, Nr.31, Mai 1852, S.33; Nr.32, Juni 1852, Vol. V, Nr.51, Januar 1854, S.1.

806 Kirk, 1985, S.215f.

geradezu ein Monopol auf *,decency, piety, charity, responsibility, judgement, intelligence and sobriety'*, eine idealisierte Wahrnehmung bar jeder empirischen Nachweise sei.[807]

Wie gezeigt wurde, vermochte die dominante Kultur oder die, welche als dominant galt, nur teilweise Einfluss auf die Arbeiterklasse zu nehmen. Vielmehr wurde der Versuch erkannt, über den Tierschutz bestimmte soziale Verhaltensweisen aufzuzwingen. Dass Tierschutz dennoch durchaus Teil einer proletarischen Kultur werden konnte, verlief also vielmehr unabhängig von moralischen Vorgaben bzw. dann, wenn das Prinzip der Respektabilität als für die eigene Lebensweise und für die der Arbeitercommunity vorteilhaft bewertet wurde. Indem sie sich in einer wohltätigen Weise gegenüber dem Tier verhielten, bekundeten diese ArbeiterInnen vielmehr ihre Ablehnung sowohl gegenüber dem *,faulen Aristokraten'* als auch dem *,degenerierten Pöbel'*. Im Kampf gegen die Vivisektion, an der die Arbeiterschaft genauso beteiligt war wie an der Propagierung des Vegetarismus, wurden zudem nicht nur der durch die Mittelschicht geprägte medizinische Berufstand angegriffen, sondern auch deren Glaube an den wissenschaftlichen Fortschritt hinterfragt.

4.3 Tierrechtsbewegung und Potential für soziale Transformation

Der Diskurs um den Vegetarismus und Tierrechte basierte zunächst, wie eingangs erläutert, vorwiegend auf einer spezifischen ideologischen Formation innerhalb einer relativ elitären Gruppe, die vor allem Intellektuelle und radikale Freidenker der oberen Schichten einschloss. Allerdings wurden die Ideen der humanitären Politik, die mit dieser Gruppe in Verbindung gebracht wurde, auch von anderen geteilt. Der Literaturwissenschaftler Timothy Morton hält fest, dass Tierrechte durchaus schon früh ein Thema für radikale ArbeiterInnen gewesen seien.[808] Auch F.M.L. Thompson unterstreicht, dass die Fähigkeit der Tierschutzbewegung, sich zu behaupten und landesweit zu organisieren, für eine Ernsthaftigkeit und Überzeugung spräche, die eben über Klassenbarrieren hinweg zu gehen vermochte. Zum Ende der Regierungszeit Victorias habe sie in allen Schichten Fuß gefasst.[809] So fand etwa das Battersea Dogs Home und das ebenfalls dort ansässige Battersea General Hospital, das bereits erwähnte *,Old-Anti'*, weit verbreitete Unterstützung in der

807 Cannadine, 2000, S.72. Drescher ist bei der Untersuchung der stratifikatorischen Eigenschaften der Antisklavereibewegung zu ähnlichen Ergebnissen gekommen. Auch dort musste die Behauptung der Bewegung als alleinige Bastion der evangelikalen Mittelschicht entsprechend revidiert werden. Drescher, Seymour: *Public Opinion and the Destruction of British Colonial Slavery*, in: Walvin, 1982, S.37f.

808 Morton, T., 1994, S.35.

809 Thompson, F.M.L., 1988, S.283.

von der Arbeiterklasse dominierten Nachbarschaft aufgrund der generellen Ablehnung der Vivisektion durch Ärzte und Angestellte. Das Krankenhaus versprach: *„No vivisectors on the staff! No vivisection in the schools! No experiments on patients!"*[810] Es war das einzige seiner Art und wurde durch Spenden von AntivivisektionsanhängerInnen finanziert, die auch im Vorstand vertreten waren.[811]

Die neuen urbanen Arbeiterklassen entwickelten darüber hinaus durchaus eine eigene Kulturidentität, unabhängig von Vorgaben bürgerlicher Intellektueller,[812] und brachten diese durch kostengünstige Periodika, Zeitschriften und Zeitungen in die öffentliche Diskussion mit ein. Dass die vegetarische Bewegung durchaus Teil dieser Diskussion war, dass sogar eine Wechselwirkung zwischen Arbeiterbewegung und ihr bestanden hat, lässt sich durch entsprechende Artikel in den Bewegungsjournalen nachweisen. Im *Dietetic Reformer and Vegetarian Messenger*, dem Magazin der Vegetarian Society, fanden sich beispielsweise Berichte zum Owenismus, zum Sozialismus und Rezensionen von Arbeiterzeitungen.

Auch das neu erwachte Interesse am Vegetarismus in den 1880ern war mit für die Arbeiterschicht relevanten Themen verbunden. Vor allem die durch den sozialen Wandel an Popularität gewinnenden sozialistischen Entwürfe, beispielsweise der Fabianer und deren Ideen über das einfache Leben, hatten Einfluss auf *‚back-to-the-land'*-Bewegungen und der damit häufig verbundenen vegetarischen Überzeugung. Die Tatsache, dass sich so prominente Denker wie Tolstoi für den Vegetarismus einsetzten verstärkte dessen Attraktion. Vegetarismus wurde zu einer Ideologie und verlor das Image der provinziellen Exzentrik.[813] 1888 brach eine Gruppe die Verbindung zur Vegetarian Society ab und gründete die London Vegetarian Society, aus der wiederum die National Food Reform Society hervorging. Bei ihrem Gründungstreffen waren 700 Personen anwesend. Dies vermag die Popularität des Themas widerzuspiegeln. Die neue Gruppe war in der Mitgliederzusammensetzung deutlich jünger als die erste Generation der organisierten VegetarierInnen und in ihren Forderungen radikaler, außerdem deutlich säkularer geprägt. Ihre Mitglieder hielten Vorträge zum Problem der Armut und entwarfen Konzepte, wie der allgemeinen Bedürftigkeit mit Hilfe des Vegetarismus beizukommen wäre. Zahlreiche Mitglieder der National Food Reform Society waren auch bei der Gründung der Fabian Society aktiv.

Die Fabian Society hatte jedoch, anders als ihre Vorgängerorganisation, einen distinktiv politischen Charakter. Ihr politisches Konzept fußte vor

---

810 zitiert nach: Hume, 1939, S.204.

811 South Western Star, 27. September 1901, S.3.

812 Gillis, 1977, S.235.

813 Spencer, 1995, S.295.

allem auf der von Beatrice (1858-1943) und Sidney Webb (1859-1947) verfassten Theorie der Entwicklung des Sozialismus in verfassungsgemäßer Evolution unter dem Prinzip der Vergesellschaftung der Wirtschaft. Die Fabian Society wurde 1884 als ein Ableger der ein Jahr zuvor ins Leben gerufenen Fellowship of the New Life gegründet. Die Fellowship of New Life strebte gesellschaftlichen Wandel durch die Übernahme eines reinen, einfachen Lebensstils an. Zwar diskutierte auch sie schon politische und soziale Themen und hieß AtheistInnen, KommunistInnen, AnarchistInnen, AntivivisektionsaktivistInnen und Anti-VakzinationsaktivistInnen ausdrücklich willkommen.[814] Dennoch wurde 1884 von denjenigen, die nach mehr politischem Engagement verlangten, beschlossen, eine separate Gruppe zu gründen.[815] Nahezu alle Mitglieder beider Gesellschaften waren VegetarierInnen.[816] Zu ihnen gehörten u.a. George Bernard Shaw, der Sidney Webb über die 1878 gegründete Zetetical Society kannte und sich als einer der gefragtesten und am meisten beschäftigten Sprecher für Tierschutz und Tierrechte erweisen sollte, sowie Frank Podmore (1856-1910) und Edward Carpenter (1844-1929).[817]

Im Vegetarismus zeigte sich, wie auch bei anderen Aspekten des zum Ende des 19. Jahrhunderts geforderten *,einfachen Lebens'*, die praktische Verbindung persönlichen Lebensstils und linker Politik.[818] Die *,Überzivilisierung'*, die die Entwicklung der bürgerlichen Gesellschaft mit sich gebracht habe, führe zur moralischen wie sozialen Korruption, so die Meinung dieser Lebensreform orientierten VegetarierInnen. Das einfache Leben würde hingegen den Kontakt mit der Natur wieder herstellen helfen.[819] Carpenter argumentierte, dass sich die Arbeiterklasse nur dann gegen die Tyrannei und Ausbeutung der besitzenden Klasse zur Wehr setzten könne, wenn sie auch die Tiere vor der Unterdrückung, vor allem von der der missliebigen materialistischen Naturwissenschaft, bewahren würde.[820] Die kapitalistische Produktionsweise sei in Verbindung mit imperialistischer Politik für die Ausbeutung der *,lower races'*,

---

814 Quail, John: *The Slow Burning Fuse, The Lost History of the British Anarchists,* St. Albans u.a., 1978, S.49.

815 Gould, Peter C.: *Early Green Politics: Back to Nature, Back to the Land, and Socialism in Britain 1880-1900,* Sussex, 1998, S.22f.

816 Spencer, 1995, S.279.

817 Bevir, Mark: *Sidney Webb: Utilitarianism, Positivism, and Social Democracy,* in: The Journal of Modern History, Vol. 74, Nr.2, Juni 2002, S.228; Stresau, Hermann: *G.B. Shaw,* Reinbek, 1962, S.37; Podmore war auch mit Anna Kingsford durch die Theosophical Society bekannt. Maitland, Vol. II, 1896, S.16.

818 Rowbotham, 1980, S.121f; MacKenzie, Norman & Jeanne: *The First Fabians,* London u.a., 1979, S.180.

819 Gould, 1988, S.16.

820 The Voice of Humanity, Nr.13, März 1896, S.101, zitiert nach: Kean, 1998, S.134.

hiermit meinte er die Tiere, verantwortlich zu zeichnen.[821] Die antiimperialistische Haltung dieser Tierschützer und deren Solidaritätsgedanken mit den imperialen Untertanen zeigten sich vor allem auch in der absoluten Ablehnung königlicher Jagdsafaris in den Kolonien.[822]

Des Weiteren wollte sich die Tierrechtsbewegung, auch über die der politischen Linken zuzurechnenden Akteure hinaus, nicht als Vehikel der einseitigen Austragung von Klassenantagonismen verstanden wissen. Die Antivivisektionsbewegung bemängelte den Klassencharakter der Gesetzgebung gegen die Vivisektion und kritisierte, dass der Verfolgungswille der RSPCA sich primär auf Gewalt gegen Tiere durch ArbeiterInnen richtete. Frances Power Cobbe schrieb:

> *„The vast benefit to the cause of humanity which the Society (the RSPCA) has in the past half-century effected, would, in our humble estimation, remain altogether one-sided and incomplete; if, while brutal carters and ignorant costermongers are brought to punishment for maltreating the animals under their charge, learned and refined gentlemen should be left unquestioned to inflict far more exquisite pain upon still more sensitive creatures."*[823]

In ihrem Pamphlet *‚Bernard's Martyrs'* wurde sie noch deutlicher:

> *„We stand face to face with a NEW VICE (...)– the Vice of Scientific Cruelty. (...) It does not seize the ignorant or hunger-driven or brutalized classes; but the cultivated, the well-fed, the well-dressed, the civilized, and (it is said) the otherwise kindly-disposed and genial men of science, forming part of the most intellectual circles in Europe."*[824]

Tierschutz war damit nicht nur Thema der radikal-reformerischen Zirkel des ausklingenden 19. Jahrhunderts, Bestandteil ihrer Argumentation für ein besseres, einfaches Leben. Er half auch dabei, progressive Identitäten zu entwickeln. Diese waren weit entfernt von einer einseitigen Vereinnahmung durch die moralischen Konzepte der Mittelschicht.

---

821 Lind-af-Hageby, Louise: *Women's Function in Social Development,* Publications of the League of Peace and Freedom, 1915, S.8.

822 Taylor, 2004, S.30ff.

823 Cobbe, 1904, S.635.

824 Ibid., S.664. Hervorhebung im Original. Es entspricht daher schon einer gewissen Ironie, dass Cobbe den Widerwillen der RSPCA damit bewiesen sah, dass in dem entsprechenden Komitee nur *‚unwichtige'* Personen zu finden gewesen seien, also weder Titelträger noch Parlamentsabgeordnete vertreten waren.

4.3.1 Louise Lind-af-Hageby und die Auseinandersetzungen um den *,Brown Dog'*

Den ersten gewalttätigen Ausschreitungen im Protest gegen Tierversuche lag die Vivisektion und der Tod eines kleinen Hundes im University College London 1903 zu Grunde. Aufgedeckt worden war diese Vivisektion durch Emelie Augusta Louise *,Lizzy'* Lind-af-Hageby und Leisa Schartau. Sie veröffentlichten ihre Beobachtungen des dortigen Physiologieunterrichts noch im selben Jahr in *,The Shambles of Science'.*[825] Die beiden Schwedinnen hatten sich wie Kingsford für ein Medizinstudium zwecks Bekämpfung der Vivisektion entschlossen, nachdem sie 1900 das Pasteur Institut in Paris besucht hatten und Zeuginnen eklatanter Tierquälerei geworden waren. Als Studentinnen der London School of Medicine for Women war es ihnen demnach auch gestattet, am University College und King's College Vorlesungen zu besuchen. Die Veröffentlichung ihrer Beobachtungen, die weitläufig rezensiert und rezipiert worden war, zog eine Verleumdungsklage nach sich und wurde damit zur öffentlichen Sensation. Die Verleumdungsklage richtete sich gegen Stephen Coleridge, Vorsitzender der NAVS von 1898 bis 1937, der das Buch veröffentlicht hatte.[826] Zwar wurde er verurteilt – ein Kapitel musste aus nachfolgenden Ausgaben des Werkes gestrichen werden – jedoch zog der Prozess die Öffentlichkeit derart in ihren Bann, dass dieses Ereignis die Aufmerksamkeit auf den Fall des Brown Dog lenkte und eine Auseinandersetzung um das Thema Vivisektion ermöglichte. Schließlich führte er auch zur Einsetzung einer zweiten Royal Commission 1906, die die Wirksamkeit des *Vivisection Acts* von 1876 überprüfen sollte. In diesem Buch kritisierten Lind-af-Hageby und Schartau nicht nur die Methode der Vivisektion als unwissenschaftlich, sondern vor allem den humoristischen Umgang von Vivisektor und Medizinstudenten mit dem gequälten Tier. Dieses Leben verachtende Verhalten symbolisiere die Gefahr, die vom Vivisektor ausgehe.

> *„Mad dogs are dangerous, but this danger is nothing compared with that arising from the moral insanity of legally protected animal torturers."*[827]

Dieser führe zum moralischen Verfall der Ärzteschaft, so die beiden Autorinnen.[828] Damit lieferte das Buch gleichzeitig eine Kritik am Esprit de Corps der medizinischen Fraternitäten.

---

825 Lind-af-Hageby und Schartau, 1903; Dies Buch galt aufgrund seiner wissenschaftlichen Authentizität als Meilenstein der Antivivisektionsliteratur, The Humanitarian, Vol. I, Nr.19, September 1903, S.150.

826 Coleridge überahm ab 1927 auch den Vorsitz der League for the Prohibition of Cruel Sports, Cruel Sports, The Official Organ of the League for the Prohibition of Cruel Sports, Vol. I, Nr.11, November 1927, S.138.

827 Lind-af-Hageby und Schartau, 1903, S.154.

Der aus der Aufdeckung resultierende Protest richtete sich gegen die verantwortlichen Vivisektoren und die Trägerschaft der Universität. In Gedenken an diesen einen Hund wurde ein symbolischer Gedenkstein vor dem Latchmere Estate in Battersea errichtet. Eine Gravur, die den Umstand des Todes des Hundes wiedergab, endete mit der Frage:

> *„Men and women of England, how long shall these Things be?"*[829]

Das Denkmal wurde von Louisa Woodward, der Vorsitzenden der 1889 gegründeten Church Antivivisection League, der Society for United Prayer for the Prevention of Cruelty to Animals und dem International Anti-Vivisection Council finanziert. Es stieß bei der örtlichen Verwaltung, die ab 1906 von den Liberalen dominiert war, auf Sympathien. So verlautbarte eine von zahlreichen Councilmitgliedern mitgetragene Resolution:

> *„(...) the inscription on the Brown Dog Memorial is a voracious reference to ascertain facts, and understates rather than overstates the fate of the dog."*[830]

Der Bürgermeister Fred Worthey war selbst überzeugter Tierversuchsgegner. Battersea galt als Hochburg von GewerkschaftlerInnen, SozialistInnen und Suffragetten und als Wiege für radikale Klassenpolitik.[831] Das Denkmal stieß allerdings nicht überall auf Beifall. So versuchten Medizinstudenten, die es als direkten Angriff auf ihren zukünftigen Beruf wahrnahmen, immer wieder dieses Denkmal zu zerstören.[832] Sie trafen jedoch auf den vehementen Widerstand von AntivivisektionsaktivistInnen sowie der Bevölkerung dieses ArbeiterInnenviertels, die in dem Hund mutmaßlich ein Symbol für ihre eigene Unterdrückung durch die privilegierte Oberschicht sahen.

> *„The talk on the streets was all about the dog, and as I stood watching the stream of working men that filed into the hall long before the appointed time I realised the full moral strength of the anti-vivisection movement which can thus fire thousands of hearts,"*

---

828 Lind-af-Hageby, L.: Vivisection as a means of education, in: The Abolitionist, Vol. IV, Nr.11, Februar 1904, S.97f.

829 Rechtschreibung im Original.

830 Zitiert nach: The Times, 14. Januar 1908.

831 Mason, 1997, S.24f.

832 The Times, 8. Januar 1908. Diese gewalttätigen Auseinandersetzungen zwischen AntivivisektionsaktivistInnen und MedizinstudentInnen waren kein Einzelfall und nicht auf London beschränkt. In Edinburgh verwüsteten letztere 1912, angestachelt durch einen Leserbrief in der Presse, ein Büro der BUAV; vgl. BUAV Annual Report, 1913, S.9. Die jährlichen Versammlungen der BUAV waren auch später noch wiederholt Angriffspunkt für Medizinstudenten (vgl. BUAV, Annual Report 1931, S.13) genauso wie öffentliche Veranstaltungen anderer Antivivisektionsgruppen. Vgl. Experiments on Dogs, Miss Lind-af-Hageby on Vivisection, The Times, 8. Dezember 1926.

berichtete der Korrespondent des *Daily Chronicle* von einer Veranstaltung im Rathaus von Battersea am 13. Januar 1908.[833] Gewerkschaften und Verbände, wie die Operative Bricklayers Society, ließen die Gemeinde von Resolutionen wissen, die sie solidarisch verfasst hatten und die sich für den unbedingten Erhalt des Denkmals aussprachen.[834] Ferner wurde dazu aufgerufen, dass wenn als *,Hooligans'* daherkommende Medizinstudenten gedächten das Denkmal anzugreifen, *,people should go in for a little boxing.'*[835] Über Jahre hinweg von 1903 bis ca. 1910 wurde dieser Konflikt, bekannt als *,Brown Dog Riots'*, ausgetragen.

> *„The struggle is a plain one between the forces of humane progress and those of systematized cruelty,"*[836]

schrieb Lind-af-Hageby 1910.

Der Austragungsort der Auseinandersetzungen war sowohl Battersea als auch das Londoner Zentrum, wo auf dem Trafalgar Square Großdemonstrationen mit mehreren Tausend TeilnehmerInnen stattfanden. Der Konflikt schwelte bis zur heimlichen Entfernung des Denkmals durch die nunmehr konservativ dominierte Verwaltung 1910 und kochte als direkte Reaktion auf die Demontage noch einmal kurzfristig hoch.[837] Demonstrationen, eine erst im 19. Jahrhundert eingebürgerte Protestform, wurden von der Tierrechtsbewegung ab dem frühen 20. Jahrhundert in Form von Prozessionen und Märschen genutzt. Die heimliche Entfernung des Denkmals sei notwendig gewesen, so Sir George Kekewich (1841-1822), da andernfalls

> *„the honest working men of Battersea would have seen that the memorial remained in its place."*[838]

Kekewich war Begründer des International Parliamentary Antivivisection Committees und 1907 Vorsitzender der Parliamentary Association for the Abolition of Vivisection sowie strenger Vakzinationsgegner. Schon vor dem Abbau des Denkmals waren die Auseinandersetzungen, auch aufgrund der immensen Kosten, die sie verursachten, bereits im

---

833 zitiert nach: Mason, 1997, S.67f.

834 The Brown Dog, The Times, 9. Januar 1908.

835 The 'Brown Dog' at Battersea, The Times, 10. Februar 1910.

836 The Anti-Vivisection Review, Vol. I, Februar, 1910, S.246.

837 The Anti-Vivisection Review, Vol. I, März 1910, S.282ff; Kean, 1998, S. 152f; Am 12. Dezember 1985 wurde das Denkmal durch die Initiative von NAVS und BUAV mit einer modernen Skulptur ersetzt. Allerdings musste das Denkmal im vom linksgerichteten Greater London Council kontrollierten Battersea Park aufgestellt werden, nachdem die konservative Verwaltung des originären Standortes die Aufstellung verweigert hatte. Kean, 2003, S.366; Liberator, November/Dezember 1985; Animals' Defender, November/Dezember 1985, S.92.

838 The 'Brown Dog', The Times, 21. März 1910.

House of Commons thematisiert worden.[839] Der High Court of Justice, das oberste Zivilgericht, wies zudem eine Klage auf Wiederaufbau des Denkmals aufgrund dieser Kosten und antizipierter Konflikte ab.[840]

Auch wenn der Konflikt um den Brown Dog in seiner Schärfe für das edwardianische Zeitalter einmalig blieb, so verhalf er zumindest Louise Lind-af-Hageby zu nachhaltiger Prominenz. Lind-af-Hageby wurde 1878 als Tochter des vermögenden Anwalts Emil Lind-af-Hageby in Stockholm geboren. Ihre Erziehung genoss sie in Schweden und in Großbritannien am Cheltenham Ladies' College. Mit siebzehn verließ sie die Schule und widmete sich in Schweden der Publikation und den Vorlesungen zu sozialen Themen. Ihr Interesse galt humanitären Reformbestrebungen wie der Abschaffung der Kinderarbeit, der Frauenbewegung und der Armenhilfe. Als sie 1900 nach ihrem Besuch des Pasteur Instituts in Paris nach Stockholm zurückkehrte, konnte sie die Bilder der gequälten Tiere nicht vergessen.[841] Daher begann sie, Publikationen zum Thema der Antivivisektion zu lesen. Die schwedische Antivivisektionsbewegung, geleitet von Prinzessin Eugenie, der Schwester des Königs, versorgte sie mit entsprechender Literatur. Durch die Rezeption dieser Lektüre kam sie zu dem Schluss, dass

> „*the whole system was one which involved great cruelty, that it was a system which should be opposed and criticised, and as I went on reading I became more and more anxious to see what the other side said and did.*"[842]

Sie trat kurz darauf der schwedischen Antivivisektionsgesellschaft, der 1882 gegründeten Nordiska Samfundet till Bekämpanda af det Vetenskapliga Djurplågeriet, bei und wurde 1901 zu deren Ehrenvorsitzenden gewählt. Da sie der Meinung war, dass sie nicht genug über Vivisektion wisse, um diese angreifen zu können, beschloss sie, Informationen aus erster Hand zu sammeln. Da sie aufgrund ihres Engagements in Stockholm bereits zu bekannt war, um derartige Studien durchzuführen, ging sie nach England. Sie wählte England, da sie beträchtliche Zeit ihres Lebens dort verbracht und auch Teile ihrer Ausbildung dort absolviert hatte, sie also die notwendigen Sprachkenntnisse besaß. Außerdem nahm England in ihren Augen eine Pionierrolle ein:

---

839 British Medical Journal, Vol. I, 1908, S.404.

840 High Court of Justice, Chancery Division, The Brown Dog, Woodward v Mayor & c of Battersea, The Times, 21. Januar 1911.

841 Louis Pasteur (1822-1895), der 1888 das nach ihm benannte Institut eröffnete, galt wegen seiner Arbeit zu Infektionskrankheiten und Impfungen als einer der Hauptgegner von Antivivisektions- wie Antivakzinations-Bewegung.

842 Lind-af-Hageby v. Astor & Others, The High Court of Justice, Kings Bench Division, Third day, April 3rd 1913, S.25.

„England also, admittedly the pioneer of reform in regard to animals, has more stringent laws I think than other countries and I therefore chose London as the best place for these studies."[843]

Sie schloss ihr Studium nicht ab, denn das Examen bedingte den Tierversuch.[844] Nach der Veröffentlichung von *‚Shambles of Science'* und der darauf folgenden gerichtlichen Auseinandersetzung erhielt Lind-af-Hageby zahllose Einladungen zu Vorträgen zur Thematik der Vivisektion im Allgemeinen und zum Brown Dog im Besonderen. Sie kam schnell zu dem Schluss, dass es für die Vertiefung der Thematik hilfreich sei, nicht nur Vorträge, sondern auch Diskussionen durchzuführen. Ab 1904 lud sie daher Tierversuche befürwortende Mediziner dazu ein, öffentliche Debatten auszutragen.

„I have always been anxious that my statement should be met and criticised, that they should be made perfectly openly and criticised openly and that the public and time should be left to judge."[845]

Da ihre Freunde der Meinung waren, dass diese Debatten unabhängig von der NAVS ausgetragen werden sollten, gründeten sie 1906 das Committee for Organising Miss Lind's Lectures and Debates.[846] Dieses Komitee organisierte Fonds, um die Saalmieten für Vorträge zahlen zu können. Lind-af-Hageby war selber nicht Teil des Komitees, dass sich bald in Miss Lind's Anti-Vivisection Council umbenannte. 1909 wurde aus diesem *‚personal thing'*, wie Lind-af-Hageby es nannte, die Animal Defence and Anti-Vivisection Society (ADAVS) mit einem Büro in Piccadilly, den Vorsitz hatte Lind-af-Hageby selbst inne. Die ADAVS konzentrierte ihre Arbeit zunächst auf den Kampf gegen die Vivisektion, nahm sich im Folgenden jedoch auch der Reformierung der Schlachthäuser an und gründete einen eigenen *‚Modellschlachthof'* in Letchworth. Sie führte weiterhin Kampagnen gegen die Jagd, gegen Stierkämpfe auf dem europäischen Festland und gegen Pelz- und Federmode durch, und übte sich in der Propagierung des Vegetarismus. Der praktischen Hilfe für Tiere, die Opfer von Kriegshandlungen wurden, wurde nach 1914 besondere Aufmerksamkeit geschenkt.

Lind-af-Hageby bemühte sich außerdem darum, die zerstrittene Antivivisektionsbewegung zu einigen, die Spaltung zwischen Abolitionisten und Reformisten abzuschwächen, blieb damit jedoch zumeist ohne Er-

843 Ibid., S.27.

844 Lind-af-Hageby und Schartau, 1903, S.xi.

845 Lind-af-Hageby v. Astor & Others, The High Court of Justice, Kings Bench Division, Third day, April 3rd 1913, S.37f.

846 Lind-af-Hageby war einige Zeit Ehrenmitglied der NAVS, trat aber zurück aufgrund von Meinungsverschiedenheiten darüber, wie Tierversuche am effektivsten gestoppt werden könnten.

folg. Dies lässt sich an den zwei internationalen Antivivisektionskongressen verdeutlichen, die 1909 in London stattfanden. Der von Lind-af-Hageby organisierte Kongress, an dem 250 Gruppen aus 30 Ländern teilnahmen, favorisierte einen graduellen Ausstieg aus der Vivisektion. Der andere, der von BUAV und der World League against Vivisection getragen wurde, war hingegen streng abolitionistisch orientiert und verweigerte sich einer Debatte über Sinn und Zweck von Tierversuchen. Die BUAV drohte sogar ihren Mitgliedsgruppen den Ausschluss an, sollten sie an der Konkurrenzveranstaltung teilnehmen.[847] Lind-af-Hagebys Kongress thematisierte auch zahlreiche andere Formen von Tierausbeutung über Tierversuche hinaus und fand damit beispielsweise die Unterstützung der Humanitarian League, die zahlreiche SprecherInnen stellte.[848]

Im selben Jahr gründete Lind-af-Hageby die *Anti-Vivisection Review*, die sie unabhängig von der Gruppe finanzierte. Ihre finanzielle Unabhängigkeit als Tochter aus gutem Hause ermöglichte ihr diesen Schritt. In der *Anti-Vivisection Review* wollte sie konstruktive Antivivisektionsarbeit leisten. Darunter verstand Lind-af-Hageby eine wissenschaftliche Kritik an der Vivisektion. Das Magazin sollte sich für MedizinerInnen öffnen, die auf die Gefahren der Vivisektion fundiert hinweisen konnten. Als obere Prämisse für ihr Magazin galt ihr die vernunftgeleitete Ausrichtung. Da sie der Meinung war, dass Antivivisektionsarbeit am besten mit dem medizinischen Berufsstand und nicht gegen ihn zu leisten sei, begründete sie 1905 die International Medical Association against Vivisection.

> *„It is clear that if it can be demonstrated that a complete method for the treatment of diseases of all kinds, both preventive and curative, exists which owes nothing to any investigation by means of vivisection and inoculation, not even to experiments with drugs upon animals, the entire case for vivisection falls to the ground."*[849]

Lind-af-Hagebys Argumentation fußte vor allem auf die Evolutionslehre Darwins, die

> *„brought about the decay of the old anthropocentric idea of man."*[850]

Daraus resultierend gäbe es eine moralische Verpflichtung, Tiere vor Missbrauch, Ausbeutung und Gewalt aller Art zu schützen.

847 Hopley, 1998, S.17.

848 The Humanitarian, Vol. IV, Nr. 88, S.142.

849 The Anti-Vivisection Review, Vol. I, Nr.2, November/Dezember 1912.

850 Vegetarian Messenger and Health Review, Vol. 11, 1914, S.163.

1912 wurde ihr die britische Staatsbürgerschaft zuerkannt. Im selben Jahr wurde sie von der konservativen Londoner Abendzeitung *Pall Mall Gazette* bezichtigt, die Öffentlichkeit in Bezug auf die Vivisektion irrezuführen. Sie würde verzerrte Informationen über Tierversuche und deren wissenschaftliche Vertreter in einem Ladengeschäft der ADAVS in Piccadilly ausstellen, so der Vorwurf. Daraufhin strengte Lind-af-Hageby einen Verleumdungsprozess gegen die Herausgeber des Blattes an.[851] Ihre fundierte Eröffnungsrede dauerte neun Stunden und konzentrierte sich wiederum auf eine wissenschaftliche Kritik an der Vivisektion. Obgleich sie den Prozess verlor, gelang es ihr nicht nur, die Rechtmäßigkeit weiblichen Engagements im Tierschutz hervorzuheben, sondern auch das Stereotyp der engen Verbindung zwischen Tierschutz und kreischenden Frauen aufzubrechen. Der Fall erregte ein hohes Maß an öffentlicher und medialer Aufmerksamkeit. Besonders die eloquente und intelligente Art mit der Lind-af-Hageby ihre Argumente präsentierte, ohne jedes Anzeichen hysterischer Tendenzen oder emotionaler Ausbrüche, wurde hervorgehoben.[852] Damit, so argumentierte die Presse, sei es ihr gelungen, Aufmerksamkeit für die Nöte der Tiere zu erregen und eine gefestigtere Stellung für Frauen im Justizsystem zu sichern. Sie sei, so wurde konstatiert, eine beispielhafte Wegbereiterin dafür, Frauen als Anwältinnen vor Gericht zuzulassen.[853]

Während des Ersten Weltkrieges gründete sie auf einer internationalen Konferenz in Genf mit der Unterstützung von 1500 anderen Tierschutz und Tierrechtsgruppen den Purple Cross Service für verletzte und kranke Kriegspferde, der Tierhospitäler in Belgien und Frankreich unterhielt.[854] Dies verband sie mit pazifistischen Argumenten. Krieg war für Lind-af-Hageby Ausdruck der patriarchal organisierten Gesellschaftsordnung, in der Frauen auf den Status eingesperrter Tiere reduziert werden würden.[855] Ihre Opfererfahrung teile die Frau, so Lind-af-Hageby, mit der Kreatur. Ihr Einsatz für die Frauenrechtsbewegung ging auch deshalb Hand in Hand mit Antikriegs- und Tierrechtsaktivitäten.

---

851 Lind-af-Hageby v. Astor & Others, The High Court of Justice, Kings Bench Division, Third day, April 3rd 1913, S.21.

852 Roscher, 2009, noch nicht erschienen.

853 Für einen Überblick der Pressereaktionen, siehe: The Antivivisection Review, Vol. I, Nr.3&4, 1913.

854 Lind-af-Hageby, Louise: *Bombed Animals – Rescued Animals – Animals saved from Destruction – Typical cases from the records of the Animal Defence Society's war work – and some comment*, Animal Defence and Anti-Vivisection Society, London, 1941, S.39; vgl. Nina, the Duchess of Hamilton: *The Chronicles of Ferne*, Ferne, 1951.

855 Lind-af-Hageby, Louise: *Be Peacemakers, An Appeal to Women of the Twentieth Century to Remove the Cause of War*, London, 1924, S.11; Lind-af-Hageby, Louise: *Women's Function in Social Development*, Publications of the League of Peace and Freedom, 1915, S.4.

1932 führte sie eine Delegation zur Abrüstungskonferenz des Völkerbundes, der sie ein Memorandum für die Berücksichtigung der Tiere bei deren Frieden wahrenden Bemühungen überreichte, das von 1400 Tierschutzgruppen getragen wurde.[856]

Diese internationale Ausrichtung der Tierrechtsarbeit war für Lind-af-Hageby von besonderer Bedeutung. Sie unternahm nicht nur umfangreiche Vortragsreisen auf dem europäischen Kontinent und 1913 auch in die USA.[857] Die ADAVS gründete 1928 auf ihre Anregung zudem eine *‚Zweigstelle'* in Genf, das Bureau International Humanitaire Zoophil.[858] Erfolgreich organisierte sie 1927 – das zweite Mal nach 1909 – einen internationalen Kongress, an dem sich ca. 300 Gruppen beteiligten.[859] Ein Beispiel für die Kampagnen des Genfer Büros war deren Engagement für eine internationale Ächtung des Schlachttiertransportes von Pferden.[860] Dieser Internationalismus eröffnete neue Wege und demonstrierte, dass der Tierschutz das Potential hatte, über nationalistische Diskurse hinaus zu wirken.[861]

Lind-af-Hageby führte auch ein eigenes Sanatorium: Beausoleil in Carqueiranne, Frankreich, das zunächst für verletzte Soldaten eingerichtet worden war. Unter ihrer Direktion wurde es ab 1920 als Sanatorium für Kinder, die unter den Kriegserfahrungen litten, umfunktioniert. Dort wurden explizit keine Wissenschaft und Medikamente verwendet, die auf Ergebnissen aus der Vivisektion aufbauten.[862] Sie setzte sich außerdem für die Reformierungen von Schlachtmethoden auf dem europäischen Festland ein und besuchte zu diesem Zweck selbst zahlreiche Schlachthöfe.[863]

Lind-af-Hagebys prominente Rolle in der Bewegung verdankte sie nicht nur ihrer Eloquenz und ihren internationalen Beziehungen, sondern auch der Bandbreite von Themen und Kampagnen, derer sie sich an-

---

856 Lind-af-Hageby, Louise: Animals and the League, Brief an The Times, 29. Oktober 1932; Memorandum Disarmament Conference, League of Nations Archive, 50-2625-2625.

857 The Anti-Vivisection Review, Vol. V, Nr.1, Januar-März 1914, S.8ff.

858 Lind-af-Hageby, Louise: *Civilisation: 'Charity' and Justice to Animals*, Animal Defence and Anti-Vivisection Society, 1953, S.5.

859 Lind-af-Hageby, Louise: *The Hague 'World-Congress' for the Protection of Animals held at Scheveningen, August 27th-31st 1950 and the projected new International Society – A critical survey*, Bureau International Humanitaire Zoophil and The Animal Defence and Anti-Vivisection Society, Genf und London, 1950, S.16.

860 Lind-af-Hageby, Louise: Traffic in Old Horses, Need of International Action, Brief an The Times, 8. April 1932.

861 Lind-af-Hageby, 1915, S.10.

862 Anti-Vivisection and Humanitarian Review, Vol. VI, Nr.6, November/Dezember 1927, S.257ff.

863 Hume, 1939, S.280.

nahm und die sie aktiv unterstützte. Dementsprechend wurde sie von Gertrude Baillie Weaver als *‚the general in the army fighting against cruelty'* tituliert.[864] 1918 gab sie den Vorsitz der Animal Defence and Anti-Vivisection Society an Nina Duchess of Hamilton, (1878-1951) ab, fungierte jedoch weiterhin im Vorstand und als Herausgeberin der *Anti-Vivisection Review*.[865]

Auch wenn Lind-af-Hageby ihrem sozialen Background nach der Oberschicht zuzuordnen war, bemühte sie sich im besonderen Maße darum, alle sozialen Klassen in dem Kampf gegen die Vivisektion einzubinden. Bewusst hielt sie Vorträge in den Arbeiterbezirken Londons, um dieses wichtige Mitgliederpotential für die Sache zu gewinnen. Nur durch ein solidarisches Handeln miteinander und im Bezug zum Tier sei ein sozialer Fortschritt möglich, so war sich Lind-af-Hageby sicher. Diese Meinung teilte sie mit der Humanitarian League, als deren Unterstützerin sie folglich auftrat.

4.3.2 Henry S. Salt und die Humanitarian League

Die Humanitarian League, 1891 von dem Sozialisten Henry Stephen Salt gegründet, entwickelte sich aus jenen progressiven Zirkeln, die eine radikal reformerische Politik mit Tierrechten zu verbinden suchten. Beispielhaft griff die Humanitarian League die Jagd, *‚that amateur butchery'*, als elitären Sport an.[866] Gleichzeitig argumentierte sie bereits radikaler und politischer als andere Tierrechtsgruppen und forderte die generelle Abschaffung der Jagd:

> *„Hunts are recreations for the wealthy classes only, and this may result from their expensiveness."*[867]

Ganz besonders galt ihre Kritik der RSPCA für ihre Tatenlosigkeit auf diesem Gebiet:

---

864 The Anti-Vivisection Review, Vol. V, Nr.1, Januar-März 1914.

865 Die Anti-Vivisection Review wurde 1927 in Anti-Vivisection and Humanitarian Review umbenannt.

866 Salt, Henry S.: *The Sportsman at Bay*, International Journal of Ethics, Vol. 1, Nr.4, Juli 1906, S.487.

867 Monck, W.H.S.: *The Economics of Hunting*, in: Salt, Henry (Hg.) *Killing for Sport, Essays by Various Writers*, London, 1914, S.62. Zwar hatte bereits die Vegetarian Society die Jagd grundsätzlich abgelehnt, machte ihre Gegnerschaft jedoch nicht zum Objekt von Kampagnen, sondern setzte vielmehr auf individuelle Einsicht: *„We look upon all those sports as remnants of barbarism (...) and if society could but look for a moment upon this state of things, without the daily habit of consuming the bodies of animals of another class, as food, we are quite clear in our conviction, that the world would see on this subject with our eyes."* Vegetarian Messenger, Vol. III, Nr.29, März 1852, S.21.

„What has become of the Society for the Prevention of Cruelty to Animals that it never seems to have made a persistent stand against this barbarity in high places?"[868]

Salt wandte sich außerdem gegen jene Kritiker des Tierrechtsgedankens, die bewusst versuchten, eine Klasse gegen die andere auszuspielen, indem sie permanent auf die juristische Ungleichbehandlung im Bezug auf den Blutsport hinwiesen.

„The obvious answer to these quibbling excuses is that all such barbarities, whether practised by rich or poor, are alike condemned by any conceivable principle of justice and humaneness."[869]

Die Humanitarian League adressierte ihr Anliegen einerseits an den Staat, um durch legislative Mittel soziale Veränderungen zu bewirken. Dabei rekurrierte sie auch auf Forderungen nach der Rechtausweitung auf Tiere. Andererseits nahm sie das Prinzip der moralischen Selbstverbesserung auf. Damit richtete sie sich an die Öffentlichkeit, ohne jedoch auf die religiösen und sozialen Sanktionen der Evangelikalen zurückzugreifen. Die Humanitarian League brachte zwei Mitteilungsschriften heraus: *Humanity* (später umbenannt in *The Humanitarian* 1895-1919) und *The Humane Review* (1900-1910). Ediert wurden sie von Henry Salt, häufige Beiträge lieferten z.B. der Fabianer Sidney Olivier, die Romanautorin Ouida, der Naturalist W.H. Hudson sowie weitere Mitglieder der League. Des Weiteren verlegte sie die zahlreichen Bücher und Pamphlete von Salt, Edward Carpenter und Edward Maitland und anderen AktivistInnen. Ihre Gesetzesinitiativen, etwa zur Abschaffung bestimmter Formen des Jagdsports, ‚*Spurious Sports*' genannt, wurden ab 1895 von Parlamentsabgeordneten wie H.F. Lutrell, Corrie Grant und J.Keir Hardie eingebracht.[870] Zu den prominenten Mitgliedern der Humanitarian League gehörten neben Salt, Carpenter, Maitland und Ernest Bell, der lange Zeit den Vorsitz inne hatte, Howard Williams, Alfred R. Wallace, Kenneth Romanes, Louise Lind-af-Hageby, Isabella Ford, Lady Florence Dixie, Gertrude und Harold Baillie Weaver, Mona Caird – die ebenfalls als Präsidentin der Independent Anti-Vivisection League fungierte – sowie zahlreiche weitere Mitglieder der Vegetarian Society, Independent La-

---

868 Humanity, November 1896, zitiert nach: Weinbren, Dan: *Against All Cruelty: the Humanitarian League, 1891-1919*, in: History Workshop Journal, Ausgabe 38, 1994, S.94. Als die Humanitarian League versuchte, Winston Churchill um Unterstützung für die Abschaffung der Royal Buckhounds zu gewinnen, wies er dies mit dem Verweis zurück, die Kampagne gegen die Jagd sei ihm zu demokratisch, siehe Salt, Henry: *Seventy Years among Savages*, nach: Hendrick, George und Hendrick, Willene (Hg.): *The Savour of Salt, A Henry Salt Anthology*, Fontwell, Sussex, 1989, S.96.

869 Salt, 1892, S.75.

870 The Humanitarian, Vol. I, Nr.11, Januar 1903, S.85f, Humanitarian League, Fifth Annual Report, 1895-96, S.6.

bour Party und der Fabian Society.[871] Zwar zahlenmäßig klein, im Jahr 1899 gehörten ihr 550 Mitglieder an,[872] vermochte sie doch erfolgreich tierrechtsrelevante Diskurse zu besetzen und vernehmbar zu machen.[873] Thomas Hardy nahm dies ebenso wahr wie Peter Kropotkin, der sein *‚Mutual Aid'* auf einer Veranstaltung der League präsentierte.[874] Hierin hatte Kropotkin einen gemeinsamen Kooperationswillen und Altruismus postuliert, den sowohl Tiere wie Menschen besäßen und er erfasste damit das Mitgefühl als Voraussetzung für Gerechtigkeit schlechthin.[875]

Die Humanitarian League wandte sich gegen PhilanthropInnen, die eine vegetarische Nahrungsreform in die Gefängnisse und Workhouses einbringen wollten, weil dies die Gefahr berge, das Prinzip des Vegetarismus ganz und gar unpopulär zu machen. Sie sah in diesen Versuchen eine Oktroyierung von Fremdinteressen auf die Armen und Wehrlosen.[876] Ihre Intention war es also vielmehr, einen konstruktiv-rationalen Humanismus anzuregen,

> *„not merely a kindly sentiment, product of the heart rather than the head."*[877]

Ihr erklärtes Ziel war, das von ihnen formulierte Unrechtmäßigkeitsprinzip im öffentlichen Diskurs zu platzieren. Inhaltlich ging es um eine Gleichstellung menschlichen und tierlichen Leids als gleichermaßen verurteilenswert.[878] Sie folgten darüber hinaus, zumindest partiell, pazifistischen Idealen und kritisierten kriegerische Handlungen auf das Schärfste, auch und gerade weil Tiere Opfer von Kriegen waren.[879] Diese spezifische Opferrolle wurde auch vom Blue Cross aufgegriffen, einem Ableger der Our Dumb Friends League, die Tiere, vor allem Pferde, vor den

---

871 Weinbren, 1994, S.88.

872 Humanitarian League, Annual Report 1899, in: Humanity, Vol. IV, Nr.5, Mai 1900, S. 34.

873 Ritvo argumentiert hingegen, dass es Gruppen wie der Humanitarian League niemals gelang, wirklich auf öffentliche Diskurse einzuwirken, dass sie Randerscheinungen blieben – auch in der Diskussion um die Vivisektion, die sie um die Jahrhundertwende als für schon nicht mehr Diskursbestimmend ausgibt. Vgl. Ritvo, 1987, S.162.

874 Hardy, Thomas: Mr. Thomas Hardy on Animals' Rights, The Times, 3. Mai 1910, vgl. auch: Cullen Brown, Joanna (Hg.): *Let Me Enjoy the Earth: Thomas Hardy and Nature*, London, 1990, S.210f.

875 Vgl. Kropotkin, Peter: *Mutual Aid: A Factor in Evolution*, 1902.

876 Salt, 1906, S.104.

877 Humanitarian League: What is and what is not, ohne Datumsangabe, zitiert nach: Weinbren, 1994, S.91.

878 Manifesto of the Humanitarian League; Salt, Henry: *Seventy Years among Savages*, London, 1931, S.121.

879 Salt, Henry: Militarism v. Humanitarianism, Humanity, Vol. IV, Nr.2, Februar 1906, S.10f.

Grausamkeiten des Krieges schützen wollte. Das Blue Cross unterhielt, dem Purple Cross gleich, zahlreiche Tierhospitäler.[880]

Die Humanitarian League bemerkte den Klassenaspekt bisheriger Tierschutzaktivitäten und versuchte Konzepte zu entwickeln, die alle gesellschaftlichen Klassen gleichermaßen berücksichtige.[881] Des Weiteren erkannte sie im Tierschutz nur eine von zahlreichen notwendigen Reformen zur Beseitigung von Missbrauch, Gewalt und Unterdrückung, auch wenn Tierrechtskampagnen ihre eigene politische Arbeit dominierten. Die Abschaffung dieser Übel sollte einem evolutionären Prozess der Gesellschaftsveränderung entspringen. Andere Kampagnen der Humanitarian League umfassten die Ablehnung der obligatorischen Pockenimpfung, die Prostitution, die Todesstrafe, die Prügelstrafe und die Forderung nach einer grundlegenden Gefängnisreform. Anders als bisherige philanthropische Ansätze, die christlich und paternalistisch-hierarchisch geprägt waren, setzte die League auf die Gleichwertigkeitsmaxime in ihrem Humanismusideal.[882] Sie war demokratisch organisiert, das Patronagesystem anderer Tierschutzgruppen lehnte sie ab.[883] Bewusst gab sie der Tierrechtsidee erstmals eine durch und durch offensichtlich politische Dimension, auch in der Organisationsform.

> „*The same spirit of sympathy and fraternity that broke the black man's manacles and is to-day melting the white woman's chains*", schrieb Salt, „*will tomorrow emancipate the working man and the ox.*"[884]

Und J.C. Kenworthy, ebenfalls Mitglied der League, erklärte 1895:

> „*The treatment of men by men is, I submit, the first subject for us to consider who seek to establish ‚The Rights of Animals' in principle and in practice. (...) The animals in short, are equally involved with ourselves in our social conditions.*"[885]

Besonders ereiferten sich die AktivistInnen der Humanitarian League gegen das Argument, ohne Tiernutzung würde es gar keine Tiere geben und dass ein kurzes Leben mit gewalttätigem Ende gar keinem Leben vorzuziehen sei. Hierin würde sich das gleiche Argument entfalten, das gegen die Abschaffung der Sklaverei und die Emanzipation der Arbei-

---

880 Auch die RSPCA gründete 1915 einen Sick and Wounded Horse Fund, von dem 13 Krankenhäuser und 180 Pferdeambulanzen bezahlt wurden. Vgl. Cooper, Jilly: *Animals in War*, London, 2000, S.55.

881 Hendrick und Hendrick, 1989, S.10.

882 Humanity, Nr.1, März 1985, S.1; Winsten, Stephen: *Salt and his Circle*, London u.a., 1951, S.87; Bevir, 2002, S.223.

883 Humanitarian League, Fifth Annual Report, 1895-1896, S.2f.

884 Henry Salt, zitiert nach: Kean, 1998, S.136.

885 Kenworthy, J.C.: The Rights of Men and the Rights of Animals, in Humanity, Nr.9, November 1895, S.67.

terklasse angeführt werde.[886] Erfolgsversprechender als die Bekämpfung einzelner Missbrauchsformen war für sie die Erkennung eines Prinzips, das allen Arten von Missbrauch unterläge und gegen welches entsprechend gleichermaßen vorgegangen werden müsste. Damit wollte die Humanitarian League auch die von Shaw in humanitären Zirkeln vorgefundene Scheinheiligkeit vermeiden.[887] In ihrer eindeutigen Ablehnung der Jagd war sie einzigartig und gilt damit auch als Vorreiterin der League for the Prohibition of Cruel Sports.[888] Gegründet wurde diese 1924 von Ernest Bell, Henry B. Amos sowie dem Liberalen George Greenwood, von 1906 bis 1918 Parlamentsabgeordneter für Peterborough, dem maßgeblich die Verabschiedung des Animal Welfare Acts von 1911, der so genannten *‚Animals Charta'*, zugesprochen wird.[889] Er drängte ebenfalls, unterstützt von Harold Baillie Weaver, auf die erweiterte Anwendung der Genfer Konventionen auf Pferde in Kriegshandlungen. Greenwood setzte sich im Parlament, neben diversen tierschutzrelevanten Themen, für das Frauenwahlrecht, ein nationales Gesundheitssystem, für die Rechte von UrbewohnerInnen in den Kolonien und gegen die Todesstrafe ein. Ernest Bell, Sohn des Verlegers George Bell, war aufgrund des familiären Wohlstandes und des Familiengewerbes geradezu prädestiniert, effektive Organisationsarbeit zu leisten. Das von ihm edierte *Animals' Friends Magazine* erschien wie zahlreiche andere Tierschutzpublikationen im eigenen Verlag. Neben dem Engagement in Antivivisektionsgruppen fungierte er als Vorstandsmitglied von RSPB und NCDL, der Cat Protection League, der Pit Ponies Protection Society und der Anti-

886 Salt, Henry S.: *Humanities of Diet*, The Vegetarian Society, Manchester, 1914, ohne Seitenangabe.

887 Shaw, George Bernard: *Preface*, in: Salt, 1914, S.xi ff.

888 Humanitarian League, Twenty-First Annual Report, 1911, S.10f; Kean, Hilda*: The 'Smooth Cool Men of Science': The Feminist and Socialist Response to Vivisection,* in: History Workshop Journal, Ausgabe 40, 1995, S.19; die gezielten und erfolgreichen Kampagnen der Humanitarian League richteten sich z.B ab 1891 gegen die Hirschjagd mit den Royal Buckhounds, die 1901 abgeschafft wurden. Auch gegen die Jagd auf (trächtige) Hasen durch die Beaglemeute in Eton wurde agitiert und die Aufrechterhaltung solcher Jagdmeuten an Erziehungsinstitutionen kritisiert. Bei letzterer Kampagne kam es auch zu Meinungsverschiedenheiten mit der RSPCA, da Dr. Warre, der Headmaster von Eton, Mitglied derselben war. Vgl. Salt, 1914, S.116ff; Humanity, Vol. IV, Nr.76, Juni 1901, S.137; The Humanitarian, Vol. I, Nr.3, Mai, 1902, S.17, 22f; Bell, Ernest: The Eton Hare Hunt, Brief an The Times, 18. März 1909. Die Eton Kampagne fand vor allem bei den Suffragetten Unterstützung und die BUAV betrachtete die Kampagne gegen die Royal Buckhounds als Vorbild für ihre eigene Agitation. Besonders im Kampf gegen die Brown Institution, das *‚headquarter of vivisection'* in London zu deren Lizenzträgern der verhasste Dr. Klein zählte, kopierten sie die Humanitarian League. The Abolitionist, Vol. III, Nr.5, August 1902, S.49ff; The Humanitarian, Vol. IV, Nr.81, November 1908, S.82f.

889 Der Animal Welfare Act von 1911 diente zur Zusammenfassung aller vorheriger legislativer Maßnahmen im Bereich Tierschutz und bildet weiterhin die Grundlage gesetzlichen Tierschutzes in Großbritannien.

Bearing Rein Association. Ab 1896 war er Vizepräsident der Vegetarian Society, deren Vorsitz er dann von 1914 bis 1933 übernahm.[890]

Neben der Jagdopposition umfassten die Kampagnen der Humanitarian League u.a. die Bekämpfung von Vivisektion – hier vertrat sie einen streng abolitionistischen Ansatz –, Tierkämpfen, Schlachttiertransporten, privaten Schlachthäusern, Pelz- und Federschmuck. Zu diesem Zweck wurden zwei Subkomitees eingerichtet, das Sportsdepartment, das gegen alle Arten von Blutsport agitierte, und das Department für humane Ernährung und Kleidung.[891] Die Humanitarian League traf sich wöchentlich in einem vegetarischen Restaurant in London, um Kampagnen und Inhalte zu diskutieren. Diese Treffen waren öffentlich und zogen, zu Salts Verärgerung, auch *‚Spinner'* und Okkultisten an.[892]

> *„Vegetarianism like Socialism, Temperance, and all other new doctrines, has inevitably suffered from the attentions of the 'cranks' and intellectual derelicts, who, having no sufficient guidance of their own, are ever on the on the look-out for some 'movement', to which attach themselves."*[893]

Henry Stephen Salt wurde 1851 als Sohn von Colonel T.H. Salt in Indien geboren, verbrachte seine Kindheit bei seinen Großeltern in Shrewsbury, und wurde dann Schüler in Eton. Dorthin kehrte er nach seinem Studium in Cambridge 1875 als Lehrer zurück. Salt stellte jedoch bereits nach kurzer Zeit fest, dass er dort nicht bleiben konnte. Durch seinen Vegetarismus bestärkt vertrat er die Annahme, die Lehrer dort seien Menschenfresser, *‚cannibals in cap and gown'*, die die Arbeiterklasse ausbeuten würden. Sein Vegetarismus wurde in Eton gleichsam als Affront gegen das Männlichkeitsideal interpretiert, das die Schule zu vermitteln suchte.[894] Er zog sich daraufhin mit seiner Frau in ein Landhaus nach Tilford in Surrey zurück, wo er etliche Bücher verfasste, zehn davon zu tierrechtsrelevanten Themen. Hier widmete er sich auch seinen zahlreichen Aufgaben in der Humanitarian League: Er war 27 Jahre lang ihr Sekretär und Herausgeber ihrer Schriften, außerdem edierte er Publikationen di-

---

890 Smith, Virginia: *Ernest Bell*, in: Oxford DNB, Vol. 4, 2004, S.920.

891 Zwar wurde sich um den universellen Vegetarismus als anzustrebendes Fernziel bemüht, auf dem Weg dorthin galt es jedoch die ausufernden Grausamkeiten gegen Schlachttiere abzumildern, The Humanitarian, Vol. III, Nr.47, Januar 1906, S.3. Die beiden Departments wurden 1908 zum Animals' Defence bzw. ab 1911 Animals' Rights Committee zusammengelegt, The Humanitarian League, Eighteenth Annual Report, 1808-1809, S.2.

892 Salt, Henry: *Company I have kept*, London, 1930, S.138f; 1889 gab es bereits 34 vegetarische Restaurants allein in London, vgl. Spencer, 1995, S.272ff.

893 Salt, Henry: The Vegetarian Movement, in: The Humanitarian, Vol. I, Nr.8, Oktober 1902, S.60.

894 Salt, 1930, S.29.

verser anderer Gruppen. Sein Haus wurde zum Treffpunkt der sozialistischen Intelligenz um die Fabian Society.[895]

Ganz im Gegensatz zur Selbstwahrnehmung seiner Landsleute nannte er die britische Bevölkerung barbarisch und unzivilisiert. Nirgends sei diese Barbarei deutlicher zu sehen als im Umgang mit dem Tier und nirgends sei die Scheinheiligkeit klarer als bei den selbsternannten TierliebhaberInnen, die gleichzeitig Tiere für Sport, Essen oder Wissenschaft töten würden. Es bedürfe einer grundlegenden sozialen Veränderung, einer Ökonomie, die nicht auf Profit ausgerichtet sei, damit sich das Verhalten gegenüber dem Tier überhaupt grundlegend ändern könne:

> *„So long as pecuniary profit and self-interest are accepted as guiding principles of trade, it will remain impossible to secure the right treatment for animals; because it is absurd to suppose that mankind will agree to exempt the lower races from the results of an economic tyranny of which men are also victims."*[896]

Zudem griff er deren speziesistische Nomenklatur an. Die Nutzung von Wörtern wie *‚brutes'*, *‚beasts'* oder *‚dumb animals'*, würde dazu beitragen, Tiere fortwährend als Mangelwesen zu betrachten.[897] Den Konsum von Fleisch benannte er als grausam, widerwärtig, gesundheitsschädigend und verschwenderisch.[898] Er war Anhänger und Biograf von Henry David Thoreau (1817-1862), dessen Bericht seines Lebens am Walden Pond bei Concord zeigen sollte, dass ein gutes Leben ohne kapitalistisches Wirtschaftssystem zu realisieren sei. Analog zu Thoreau, dessen sorgsame Betrachtung des Tieres als vervollkommnungsfähiges Individuum er hervorhob, strebte Salt eine graduelle Verbesserung der Gesellschaft auch im Bezug zum Tier an.[899] Gerade in der Akzeptanz des Vegetarismus als Ernährungsform könne sich solch eine schleichende Progression offenbaren.[900] Salt beharrte auf der Idee der engen Verwandtschaft (*‚creed of kinship'*) nicht nur zwischen allen Menschen, sondern zwischen Mensch und Tier. Darüber stand er im engen brieflichen Austausch mit J. Howard Moore (1862-1916), dessen *‚The Universal Kinship'* Einfluss auf

---

895 MacKenzie und MacKenzie, 1979, S.99.

896 Salt, Henry: The Animal Question and the Social Question, in: Humanity, Vol. III, Nr. 44, Oktober 1898, S.75.

897 Turner weist darauf hin, dass diese Begriffe, relativ unbewusst, mit dem Beginn des 20. Jahrhunderts aus dem englischen Sprachgebrauch immer mehr verschwanden und durch das neutrale *‚animal'* ersetzt wurden, vgl. Turner, 1980, S.71; vgl. auch: Williams, Howard: Humane Nomenclature, in: Humanity, Nr.6, August, 1895, S.42ff.

898 Salt, Henry: The Logic of Vegetarianism, in: Hendrick und Hendrick, 1989, S.28.

899 Salt, 1900, S.217, vgl. auch: Salt, Henry: *Life of Henry David Thoreau,* 1890, Nachdruck: North Haven, CT, 1968.

900 Salt, Henry: *The Humanities of Diet,* 1914, in: Regan, Tom und Singer, Peter (Hg.): *Animal Rights and Human Obligations,* Englewood Cliffs, New Jersey, 1976, S.141.

die amerikanische Tierrechtsbewegung hatte. Die Grenzen, die dieser *,Bruderschaft'* noch im Weg stehen würden – Reichtum, Geschlechter-, Rassen- und Speziesbarrieren – könnten bei der Errichtung einer sozialistischen Gesellschaft eliminiert werden.[901] Die Emanzipation des Menschen war für Salt direkt mit mehr Freiheit für die Tiere verbunden.

> *„The emancipation of men from cruelty and injustice will bring with it in due course the emancipation of animals also. The two reforms are inseparably connected, and neither can be fully realized alone."*[902]

Salts Definition von Imperialismus, den es zu überwinden gelte, war entsprechend.

> *„The exploitation of one race by another race, of one class by another class, of the lower animals by mankind."*[903]

GegnerInnen der Tierrechtsbewegung wollten insbesondere in der Humanitarian League eine reine Agitationsplattform für den Sozialismus erkennen.[904] Dabei teilten bei Weitem nicht alle SozialistInnen und organisierte ArbeiterInnen deren Tierrechtsidee. Die Führung der marxistischen Social Democratic Federation begriff Tierrechte und ihre AdvokatInnen offiziell als Anathema zum wissenschaftlichen Sozialismus. Den AnhängerInnen des Vegetarismus wurde bisweilen unterstellt, dass sich durch diese Praxis Kapitalisten legitimiert sähen, ihren ArbeiterInnen weniger Lohn zu zahlen, und die Independent Labour Party scheute sich, Antivivisektion thematisch in notwendige gesellschaftliche Transformationskonzepte mit einzubinden. Dies konnte nicht darüber hinwegtäuschen, dass viele mit der Tierrechtsbewegung sympathisierende SozialistInnen, wie etwa J. Keir Hardie, erster ILP Abgeordneter im House of Commons, Tom Mann und Will Thorne, beide bedeutende Gewerkschaftsführer, sowie Isabella Ford, aktiv an Kampagnen der Humanitarian League oder der anderer Tierrechtsgruppen beteiligt waren.[905] Auch wurde die Arbeit der Humanitarian League und das Thema Vegetarismus und Tierrechte in sozialistischen Zeitungen wie *The Labour Annual, Clarion* oder *Justice* vorgestellt und unterstützt.[906] Gerade die Jagd wurde als degradierender und klassenerhaltender Blutsport angefein-

---

901 Gould, 1998, S.46.

902 Salt, 1931, S.122.

903 Salt, 1930, S.114: Erwähnung finden sollte in diesem Zusammenhang MacKenzies Studie über die Jagd als kulturelle Manifestation des britischen Imperialismus und der Verfestigung geschlechtspezifischer Rollen. MacKenzie, John M.: *The Empire of Nature: Hunting, Conservation and British Imperialism*, Manchester, 1988.

904 The Brown Dog, The Times, 16. Januar 1908.

905 Gould, 1998,S.47; Kean, 1995, S.28f; Humanity, Nr.3, Mai 1895, S.1f.

906 Gould, 1998, S.47.

det.[907] Prominente VertreterInnen der ArbeiterInnenbewegung unterzeichneten 1896 ein Manifest gegen die Vivisektion, in dem es hieß:

> *„(...) such experimentation on living animals is opposed to the right feelings and true interests of the working classes (...).“*[908]

In einem Kommentar zur Parlamentswahl von 1906 schrieb der *Woolwich Pioneer*:

> *„Cruelty and inhumanity are so fostered by social injustice that nothing short of the ultimate triumph of Labour can root them out.“*[909]

1911 brachte der Labour MP George Lansbury einen Gesetzentwurf für ein Vivisektionsverbot ein, der jedoch keine Mehrheit fand.[910] Die Hoffnung, die von der Antivivisektionsbewegung in die Labour Party gesetzt wurde, erwies sich jedoch spätestens 1929 bei deren Regierungsübernahme als Enttäuschung. Auch wenn Sir George Kekewich noch 1909 auf dem von Lind-af-Hageby organisierten Weltkongress erklärt hatte

> *„[a] new party, the Labour Party, has arisen in Parliament; and every member of that party is on our side“*,[911]

kam es nicht zu dem Versuch legislativer Umsetzungen. Allerdings meinte Stephen Paget, Generalsekretär der Research Defence Society, darin den Beweis für die Tendenzen in der Antivivisektionsbewegung erkannt zu haben, die arbeitenden Massen zum Klassenhass aufstacheln zu wollen.[912]

Der Aspekt der Klasse spielte also eine entscheidende Rolle in der Formierung, der Darstellung und im Selbstverständnis der britischen Tierrechtsbewegung. Nicht nur bestimmte die Klassenzugehörigkeit über die Art der Argumente, die für den Tierschutz eingebracht wurden, sondern auch darüber, welche Formen des Tiermissbrauchs als Ziel der Agitation galten. Wie gezeigt war der Einsatz für den Vegetarismus von der Arbeiterschicht und der (unteren) Mittelschicht bestimmt, genauso wie die Antijagdbewegung, die vor allem die Abschaffung royaler Privilegien verlangte. Die Vivisektion wurde von allen Bevölkerungsschichten, jedoch mit anderen argumentativen Vorzeichen angegangen.

---

907 The Clarion, 26. Dezember 1891.

908 Humanity, Nr.13, März 1896, S.101.

909 Woolwich Pioneer, 15. Dezember 1905, in: The Humanitarian, Vol. III, Nr.48, Februar 1906, S.9.

910 BUAV, Annual Report, 1911, S.8.

911 zitiert nach: Ryder, 1975, S.221.

912 Paget, Stephen in: The Times, 9. Juli 1909, nach: Vyvyan, 1971, S.92.

Es zeigte sich jedoch als schwierig, die moralischen Werte und das Benehmen der Arbeiterklasse, genau wie das der anderen sozialen Schichten auch, zwischen der Industriellen Revolution und dem viktorianischem Zeitalter zu verallgemeinern. Als eindeutig erwies sich hingegen, dass wichtige Veränderungen stattgefunden haben. Der durchschnittliche Arbeiter wurde *,sittsamer'*, mehr zum Objekt der Fremdbestimmung des Arbeitstages, weniger brutal und weniger spontan. Traditionelle *,Sportarten'* wurden durch sesshaftere, ruhigere ersetzt. Sie waren eben nicht mit dem Selbstwertgefühl jener vereinbar, die an Selbstverbesserung, Sparsamkeit und Mäßigung interessiert waren. Diese Respektabilität konnte durchaus mit dem Tierrechtsgedanken konform gehen. Das bedeutete, dass die Kritik am Tiermissbrauch allein keineswegs Klassenantagonismen hervorbringen musste. Jedoch konnten die klassenspezifischen Ausrichtungen durchaus in der selektiven Auswahl der zu schützenden Tiere oder dem Angriff auf eine bestimmte Form des Tiermissbrauchs verborgen sein und sich damit als moralisch unauffällig gerieren.

So ist festzuhalten, dass das von HistorikerInnen häufig gezogene Fazit, Tierschutz und Tierrechte seien primär als Element der oberen Klassen zur Aufoktroyierung ihrer Moralvorstellungen auf die Arbeiterschaft zu interpretieren, eine Korrektur erfahren muss. Diese Feststellung trifft sicherlich auf die RSPCA zu, nicht jedoch auf jene Gruppen, die sich gegen Vivisektion und gegen den Jagdsport engagierten.[913] Gerade von der Abstinenzbewegung wurde die Meinung vertreten, dass der unmoralische Habitus vor allem von der Oberschicht gepflegt werde und dass die Reinhaltung des Körpers als Abwehr gegen dieses Verhalten auch moralische Reinheit verspräche. Hier wurde mit gemeinsamen Unterdrückungsszenarien gearbeitet, die die Solidarität mit der geschundenen Kreatur einforderten. Dabei wurden auch erstmals militante Methoden eingesetzt, entliehen etwa aus den Konflikten um die Erweiterung des Wahlrechts, die sich nur punktuell als erfolgreich für die Tierrechtsbewegung erwiesen bzw. hier als Austragungsort für konträre Klasseninteressen fungierten. Den TierrechtsaktivistInnen war das Spannungsverhältnis von Tierschutz und Klassenzugehörigkeit durchaus bewusst. So fundierte beispielsweise die Humanitarian League ihre Konzepte auf einer Gleichstellung der Befreiung des Proletariats mit der der Tierwelt.

---

[913] Vgl. auch: Cartmill, Matt: *A View to a Death in the Morning, Hunting and Nature through History*, Cambridge, MA u.a. 1993, S.141.

5. Die erste Tierrechtsbewegung im nationalen Vergleich

Die historische britische Tierrechtsbewegung, besonders die spätviktorianische und edwardianische Antivivisektionsbewegung, war die weltweit erste und einflussreichste ihrer Art. Ihr ausgeprägtes Sendungsbewusstsein beeinflusste zudem die internationale Entwicklung des Tierrechtsgedankens. Auf internationaler Ebene regte sie beispielsweise die Gründung der World League against Vivisection an.[914] Der Analyse ihrer Entstehungsgeschichte dienten die vorangegangenen Kapitel. Um den Einfluss und die nationalen Charakteristika britischen Tierrechts noch weiter zu verdeutlichen, werden nachfolgend Vergleiche zu den Vereinigten Staaten und Deutschland gezogen. Es wird beleuchtet, welche Analogien und Differenzen in Bezug auf Inspiration, Wirkung und sozialer Zusammensetzung bestanden. Da jede Gesellschaft durch ihre spezifische Struktur geprägt ist, ist eine Komparatistik sehr hilfreich, um besondere soziale Phänomene in Geschichte und Kultur herauszuarbeiten.[915] In der Darstellung der britischen Tierrechtsbewegung wurde ihre sozialhistorische Verankerung und Konstituierung und ihre spezifische Struktur deutlich. Inwieweit aber kann die Entwicklung der Tierrechtsbewegung als singulär und spezifisch britisch betrachtet werden? Folgt man den Annahmen der vergleichenden Geschichtswissenschaften, so muss davon ausgegangen werden, dass sich Kulturen als durchlässig erweisen und im interkulturellen Dialog miteinander stehen. Das heißt, dass trotz Unterscheidbarkeiten auch Austausch, Einfluss und Rezeptionsbeziehungen bestehen.[916] Dadurch, so sagt Hannes Siegrist, bilde sich sowohl ein horizontales wie auch ein hierarchisches Verhältnis von Beeinflussungen, Vermischungen, Überlagerungen heraus. Diese Ausgangsposition ist für die Eruierung von Ähnlichkeiten und Besonderheiten förderlich.[917] Damit folge ich dem was Hartmut Kaelble einen analytischen Vergleichsparameter nennt. Darunter versteht Kaelble die Erklärung bestimmter gesellschaftlicher Ereignisse ausgehend von ihren historischen Voraussetzungen.[918] Allerdings handelt es sich nicht um einen Vergleich, der allen Vergleichsparametern den gleichen Raum gibt. Vielmehr werden bestimmte Ereignisse und Institutionalisierungen britischer Tierrechtsgeschichte mit den Vergleichsländern abgeglichen, wo-

---

914 The Abolitionist, Vol. I, Nr.18, September 1900, S.209.

915 Dogan, Mattei und Pelassy, Dominique: *How to Compare Nations, Strategies in Comparative Politics*, Zweite Ausgabe, Chatham, NJ, 1990, S.3. Siegrist, Hannes: *Perspektiven der vergleichenden Geschichtswissenschaft. Gesellschaft, Kultur, Raum,* in: Kaelble, Hartmut und Schriewer, Jürgen (Hg.): *Vergleich und Transfer, Komparatistik in den Sozial-, Geschichts- und Kulturwissenschaften*, Frankfurt a.M. u.a., 2003, S.306.

916 Ibid..

917 Ibid., S.321.

918 Kaelble, 1999, S.49.

bei der Fokus auf die britische Bewegung bestehen bleibt. Der Vergleich nimmt also eher die Form eines mikrohistorischen Blickwinkels an, wobei makrohistorische Grundgegebenheiten thematisiert werden.[919] Die Heterogenität der einzelnen Bewegungskonstellationen kann so besser sichtbar gemacht werden als durch eine rein nationale Betrachtung.[920]

5.1 Vereinigte Staaten von Amerika

Die Überschneidungen zwischen britischen und amerikanischen Tierschutzgesetzen waren eklatant. Gleichsam offensichtlich war die Einflussnahme von britischen Tierschutzvereinigungen auf ihre amerikanischen Nachfolger beispielsweise bezüglich ihrer internen Struktur. Diese Einwirkung verdankte die Bewegung einigen direkten Verbindungen, die aus der gemeinsamen Sprache und dem Status der Vereinigten Staaten als ehemaliges britisches Kolonialgebiet resultierten. Ein vergleichbares Rechtssystem sorgte für die Durchsetzung erster Rechtsstatuten: Die 1828 in New York und 1935 in Massachusetts verabschiedeten Gesetze wurden am Modell des Martin's Acts entwickelt.[921] Andere Staaten folgten und sahen zum Teil erhebliche Strafen für missbräuchliches Handeln gegenüber dem Tier vor. Die Gesetze blieben jedoch zunächst ineffektiv, gab es doch keine Institution, die deren Durchsetzung überwachte und Regelverstöße ahndete. Es fehlte sowohl am moralischen und zivilgesellschaftlichen Druck als auch an einer institutionalisierten Verfolgungsbehörde. Diese wurde erst ab 1866 mit der Gründung von SPCAs in einzelnen Staaten garantiert. Auch hier ist der britische Einfluss nachgewiesen. Henry Bergh (1813-1888) gründete 1866 die American Society for the Prevention of Cruelty to Animals (ASPCA) in New York, nachdem er bei einem längeren Aufenthalt in London Gespräche mit Lord Harrowby, dem damaligen Generalsekretär der RSPCA, geführt hatte. Die zeitlichen Verschiebungen lassen sich, so Turner, mit den erst später einsetzenden Folgen der Industrialisierung und Urbanisierung erklären.[922] Das Organisationsmodell der RSPCA wurde als Blaupause übernommen; auch die

---

919 Vgl. Tilly, Charles: *Big Structures, Large Processes, Huge Comparisons*, New York, 1984, S.60ff.

920 Brand, Karl-Werner: *Vergleichendes Resümee*, in: ders. (Hg.), 1985, S.306.

921 Journal of the Assembly of the State of New York, 51st Session, Second Meeting, Albany, 1828, S.45f, zitiert nach: Leavitt, Emily: *Animals and their legal rights*, Washington, D.C., 1978, S.13. Obgleich hier angemerkt werden muss, dass das weltweit erste Tierschutzgesetz bereits 1641 in der Massachusetts Bay Colony verabschiedet wurde. Es fand nur niemals eine praktische Anwendung und war darüber hinaus primär ökonomisch, nicht ethisch angelegt. Der Verfasser dieses Gesetzes, Nathaniel Ward (1578-1652), war, wie viele andere Bürger Massachusetts, den anti-puritanischen Verfolgungen von Erzbischof Laud in England und dessen Vorwurfs der Ketzerei entflohen.

922 Turner, 1980, S.30.

ASPCA übernahm mit der Verfolgung von TierquälerInnen zudem fortan exekutive Aufgaben.[923]

Bergh, wohlhabender Erbe eines Schiffsbauers, übernahm nicht nur die formale Struktur der RSPCA, sondern auch deren klassenantagonistischen Charakter. Er war sichtlich um soziale Exklusivität bemüht. Der Jahresmitgliedsbeitrag von $10 hielt die Arbeiterschicht effektiv aus der ASPCA heraus. Geschmückt mit prominenten Persönlichkeiten der *‚besseren Gesellschaft'* New Yorks, bemühte sich die ASPCA, gegen den Missbrauch von Zugpferden vorzugehen. Diese Art des Missbrauchs wurde vor allem Mitgliedern der Arbeiterschicht zugeschrieben. Bergh engagierte sich darüber hinaus als Gründungsmitglied in der Society for the Prevention of Cruelty to Children. Ein weiteres Anliegen war ihm die Einführung der Todesstrafe sowie die Prügelstrafe für Männer, die häusliche Gewalt ausübten.[924]

Zwei Jahre nach Bergh gründete der Jurist George T. Angell (1823-1909) die Massachusetts SPCA. Da er Erziehung als Primärmittel des Tierschutzes ansah, ist diese Gesellschaft vor allem für ihre großen Mengen veröffentlichter Literatur bekannt. Angell gab die Zeitschrift *Our Dumb Animals* heraus und verlegte Anna Sewells *‚Black Beauty'* in den USA, das er in seiner aufklärenden Tragweite mit *‚Uncle Tom's Cabin'* verglich.[925] Ferner unternahm er extensive Vortragsreisen und half dabei, ab 1882 die ersten Bands of Mercys nach britischem Vorbild ins Leben zu rufen.[926] Genau wie bei der britischen RSPCA fanden weder Vegetarismus noch Kritik am Jagdsport, als zumindest in Großbritannien mit radikaler Politik verknüpfte Elemente von Tierrechtsengagement, thematischen Einzug in die Organisation. Es fehlte an säkular geprägten moralphilosophischen Ansätzen.[927] Antivivisektion wurde bar potentiell politischer Anknüpfungspunkte behandelt. Zwar war in den USA die Vivisektion, so muss eingeräumt werden, zu diesem Zeitpunkt noch kein gängiges Mittel naturwissenschaftlicher Forschung. Dennoch schien man ihrer Praktizierung früh etwas entgegensetzen zu wollen. 1882 wurde die American Antivivisection Society (AAVS) von Mary Frances Lovell (1844-?) und Caroline Earle White (1833-1916) ins Leben gerufen. Die beiden Aktivistinnen traten ab 1884 für die totale Abschaffung von Tierversuchen ein, inspiriert auch hier von britischen Vorbildern. Vor allem

---

923 Finsen und Finsen, 1994, S.44.

924 Loeper, John J.: *Crusade for Kindness, Henry Bergh and the ASPCA*, New York, 1991, S.56, 66,79f.

925 Gleich die erste Ausgabe wurde in einer Auflage von 200 000 Exemplaren verlegt.

926 Zawistowski, Stephen L.: *George T. Angell*, in: Bekoff, 1998, S.14f.

927 Derbyshire, Stuart: A timeline of reaction, spiked science, März, 2001, http://www.spiked-online.com/Printable/0000000054FF.htm, zuletzt besucht am 30.10.07.

Cobbe, mit der White in Kontakt getreten war, stand Patin für die Errichtung der Vereinigung. Auch die AAVS war in der Mitgliederstruktur klar von Frauen, vor allem aus der Mittelschicht, dominiert.[928] White, Tochter einer angesehenen und wohlhabenden Quäker-Familie, hatte bereits zuvor geholfen die Pennsylvania SPCA 1867 zu gründen. In dieser durften Frauen jedoch nicht als Amtsträgerinnen fungieren, analog zu den viktorianischen Überzeugungen, die Frauen auch aus der Führung der RSPCA heraushielten.[929] Die 1877 gegründete American Humane Association (AHA) billigte Frauen ebenfalls nur in Unterstützerinnenfunktionen.[930] White war auch in der Women's Christian Temperance Union aktiv. Hier traf sie Mary Frances Lovell, die als Vorsitzende der von der AHA eingerichteten ‚*Departments of Mercy*' fungierte. Innerhalb dieser Gruppe wurde der Imperativ der Antivivisektion in die Frauenvereinigungen des Landes getragen.

Wie in Großbritannien gab es thematische Überschneidungen zu anderen sozialen Themen der Zeit, allen voran Abstinenz. Frauenfragen und vor allem das Frauenwahlrecht wurden jedoch ausgeklammert. So verlor die Antivivisektionsbewegung an Unterstützung und Mitgliedern, als das Reforminteresse amerikanischer Frauen sich der Frauenfrage und dem Kampf um das Wahlrecht zuwandte.[931] Zudem konnte sie sowieso nie an die starke Unterstützung durch Suffragetten anschließen, die ihren britischen Counterpart kennzeichnete.[932] Einige prominente Frauenwahlrechtlerinnen wie Elisabeth Cady Stanton, Susan B. Anthony, Amelia Bloomer und Lucy Stone, die Grimké Schwestern und Victoria Woodhull übernahmen indes den Vegetarismus und sympathisierten mit der Tierschutzidee.

Dass den amerikanischen Antivivisektionsgruppen dennoch ein gewisses Potential für Radikalität unterstellt wurde, zeigte sich in der Reaktion der so genannten Humane Societies. Bei einem Kongress aller Gruppen 1900 in New York, wurden sie explizit ausgeladen. Innerhalb der verschiedenen Tierschutzgruppen wurde ein reformistischer und keinesfalls

---

928 Buettinger, Craig: *Antivivisection in Late Nineteenth-Century America*, in: Wand, Kelly: *The Animal Rights Movement*, San Diego u.a., 2003, S.42.

929 Herzog, Harald: *Power, Money and Gender: Status Hierarchies and the Animal Protection Movement in the United States*, ISAZ Newsletter, 18. November, 1999, S.2; Lederer, Susan E.: *The Controversy over Animal Experimentation in America, 1880-1914*, in: Rupke, 1987, S.238. Dies ist insofern bemerkenswert, als dass amerikanischen Antisklavereiaktivistinnen auf der World Anti-Slavery Convention 1840 in London die Teilnahme verwehrt worden war, wohingegen sie in den Vereinigten Staaten bereits zum öffentlichen Bild der Bewegung dazugehörten. Vgl. Bolt, Christine: *The Women's Movement in the United States and Britain from the 1790s to the 1920s*, New York u.a., 1993, S.70.

930 Beers, 2006, S.55.

931 Buettinger, 2003, S.45ff.

932 Finsen und Finsen, 1994, S.48.

ein abolitionistischer Ansatz gegenüber der Vivisektion vertreten.[933] Die in der 1877 gegründeten Humane Society of the United States vertretenen Gruppen verfolgten einen noch moderateren Kurs als die ASPCA. Sie kümmerten sich bald nur noch um den Schutz von Haustieren.[934] Alleinig das 1884 in Massachusetts verabschiedete Gesetz gegen die Vivisektion im Schulunterricht konnte als Erfolg der Bewegung verbucht werden. Auch nach der Jahrhundertwende schaute die amerikanische Bewegung zwecks Inspiration und Hilfe nach Großbritannien. Führende ProtagonistInnen der britischen Bewegung wurden eingeladen, um beispielsweise über Erfahrungen politischer Lobbyarbeit zu berichten.[935]

Der Vegetarismus wurde in den Vereinigten Staaten, analog zur britischen Bewegung, vor allem von den Bible Christians angestoßen. Es waren sogar Mitglieder der Salforder Gemeinde, die die Emigration zur Verbreitung vegetarischen Gedankengutes nutzen wollten. 1817 gründeten sie in Philadelphia eine vegetarische Kirche nach Salforder Vorbild. Der Hauptgrund für die Emigration war die politische Repression ihrer führenden Köpfe. Deren radikale Ideen wurden in der u.a. durch die Maschinenstürmer aufgeheizten Lage als Gefahr für die politische Ordnung in Großbritannien betrachtet und entsprechend staatlich verfolgt.[936] Reverend William Metcalfe, Mitglied der Gemeinde, publizierte 1821 *‚Abstinence from the Flesh of Animals'*, das von Forward als erste amerikanische Publikation zum Thema Vegetarismus klassifiziert wird.[937] Metcalfe gründete 1850 zudem die American Vegetarian Society (AVS) in New York. Die enge Beziehung nach Großbritannien blieb bestehen.[938] Die Bedingungen, die er in Amerika vorfand, waren jedoch zunächst alles andere als ideal. Der Idee des Vegetarismus wurde wenig Aufgeschlossenheit entgegengebracht und die Praktizierung war aufgrund des einseitigen Nahrungsmittelangebots problematisch.[939] Jedoch bereits kurze Zeit nach der Gründung der AVS konstatierte er:

> *„The time had been when the advocates of the vegetarian principle were looked upon as fanatics. (...) Now, the case was very different: Vegetarianism was not only respectable, but everywhere respected."*[940]

---

933 Lederer, 1987, S.236.

934 Niven, Charles D.: *History of the Humane Movement*, London, 1967, S.109.

935 Hopley, 1998, S.32.

936 Antrobus, Derek: A migrant's story, Salford Local History, 2001, http://www. geocities. com/derekantrobus/SLHmigrant.html, zuletzt besucht 18.10.07.

937 Forward, 1897, S.15.

938 Vegetarian Messenger, Vol. IV, Nr.39, Januar 1853, S.2; Spencer, 1995, S.258.

939 Forward, 1897, S.14.

940 The Vegetarian Messenger, Vol. II, Nr.23, September 1851, S.69.

Ein weiteres prominentes Gründungsmitglied war Sylvester Graham (1794-1851), der auch für die Temperance-Bewegung Vorlesungen organisierte. Graham vertrat die Meinung, dass der Mensch nur das zu sich nehmen sollte, was Adam und Eva vor der Verbannung aus dem Paradies gegessen hätten; seiner Interpretation nach war dies ausschließlich rohes Obst und Gemüse.[941] Auch William Alcott (1798-1859) gehörte zu dem Kreis amerikanischer Vegetarier. Sein *'The Vegetable Diet As Sanctioned by Medical Men and by Experience'* erfreute sich zumindest in den vegetarischen Kreisen einiger Beliebtheit.[942] Zusammen brachten Graham und Alcott ab 1835 die Periodika *Moral Reformer* und *Library of Health* heraus.[943] Auch ein späterer Vorsitzender der AVS, Henry S. Clubb (1827-1922), emigrierte 1853 aus Großbritannien, wo er zuvor in der Vegetarian Society aktiv gewesen war und als Sekretär von James Simpson gearbeitet hatte. Er war als Abolitionsjournalist u.a. für die *New York Tribune* von Horace Greeley tätig, der ebenfalls als Advokat der Tierschutzidee galt.[944] Clubb gründete nach dem Bürgerkrieg seine eigene Zeitung, den *Clarion*, und saß ab 1871 als Abgeordneter im Senat von Michigan.[945] Er war von 1876 bis 1909 Pastor der einzigen Bible Christian Church in Philadelphia, die zu diesem Zeitpunkt in den USA existierte. Sein Name war so stark mit der Organisation der AVS verbunden, dass sein Tod 1922 auch das Ende der Gesellschaft bedeutete.

Die Gründung von Tierschutzgruppen nahm in den Vereinigten Staaten einen rasch ansteigenden Verlauf. Shultz spricht von 434 aktiven Vereinigungen 1910 und 539 zwölf Jahre später.[946] Gemeinsam war den Gruppen, dass sie fast ausnahmslos eine Variation der nach RSPCA Vorbild geformten ASPCA darstellten.[947] Finsen und Finsen weisen jedoch darauf hin, dass dies nicht für Antivivisektionsgruppen zutraf, die zu keinem Zeitpunkt eine so breite Unterstützung gefunden hätten, wie ihr briti-

941 Grahams nachhaltige Bekanntheit liegt in seiner Benennung des gleichnamigen Mehls.

942 International Vegetarian Union: History of Vegetarianism, The American Vegetarian Society, http://www.ivu.org/history/societies/americanvs.html, zuletzt besucht am 30.10.07.

943 Forward, 1897, S.15.

944 The Dietetic Reformer and Vegetarian Messenger, Vol. I, Nr.6, Juni 1872, S.89; Iacobbo, Karen: *Vegetarians in New York, circa 1853*, The VivaVine, September/Oktober 1999, http://www.ivu.org/history/usa19/letter.html , zuletzt besucht am 30.10.07.

945 Gregory, James: A Michigander, a Patriot and Gentleman: H.S. Clubb, President of the American Vegetarian Society, Voices, Kancoll's Online Magazine, http://www.kancoll.org/voices_2001/0701gregory.htm, zuletzt besucht am 30.10.07.

946 Shultz, William J.: *The Humane Movement in the United States, 1919-1922*, New York, 1924, S.24.

947 Zawistowski, Stephen L: *American Society for the Prevention of Cruelty to Animals*, in: Bekoff, 1998, S.10.

sches Pendant.[948] Auch der Vegetarismus blieb isoliert und vermochte nicht Bestandteil einer politischen Bewegung zu werden, etwa als wichtiges Segment anderer Reformbewegungen. Die Übernahme britischer Konstrukte schien für den Tierschutz erfolgreich verlaufen zu sein, für radikalere Ideen hingegen nicht. Zu sehr war die Idee des Vegetarismus an einzelne Personen gebunden, zu wenig war sie als Folge gesellschaftlicher Diskurse und sozialer Bedingungen gewachsen.

Susan Sperling stellt fest, dass die britischen und amerikanischen Bewegungen jeweils der Abschaffung der Sklaverei folgten. Eine Tatsache, die für sie nicht zufälligen Charakters ist. Eine starke Abolitionsbewegung förderte auch nach Dreschers Meinung das Potential für andere Soziale Bewegungen, unter anderem der Tierrechtsbewegung. Darüber hinaus übernahmen Soziale Bewegungen aus den Abolitionsbewegungen wichtige Kenntnisse über Organisation, politische Einflussnahme und öffentliche Mobilisierung.[949] Auch die Methodenauswahl der Tierschutzbewegung, das Petitionensammeln, das *Fundraising,* die öffentliche Aufklärung durch Pamphlete und die Vortragsreisen von AktivistInnen, zeigten klare Parallelen zur Anti-Sklavereibewegung auf. Sie sollten Druck von außen herstellen. Zudem wurde versucht, direkt Parlamentsmitglieder zu gewinnen, die innerhalb des politischen Machtapparates Änderungen bewirken sollten.[950] Auch in den Vereinigten Staaten gab es personelle Überlappungen von der zwischen Abolitions- und der Tierschutzbewegung. So widmete sich etwa Harriet Beecher Stowe der Tierrechtsidee: 1869 verfasste sie einen Essay, der dem Thema *‚Rights of Dumb Animals'* gewidmet t war.[951]

---

948 Finsen und Finsen, 1994, S.48.

949 Sperling, Susan: *Animal Liberators, Research and Morality*, Berkeley u.a., 1988, S.28; Drescher, 1987, S.160; Drescher, Seymour: *Whose Abolition? Popular Pressure and the Ending of the British Slave Trade*, in: Past & Present, Nr.143, 1994, S.138.

950 Wie Halbersleben feststellt, wurden die Abolitionskampagnen, die 1807 zur Beendigung des Sklavenhandels in Großbritannien führten, vor allem durch parlamentsinterne Manöver geprägt, während jene, die zur Emanzipation 1833-38 führten, vor allem dem Druck von außen zu verdanken sind. Vgl. Halbersleben, Karen L.: *Women's Participation in the British Antislavery Movement 1824-1865*, Lewiston u.a., 1993, S.24. Analogien dazu lassen sich auch in der Tierrechtsgesetzgebung finden. Waren die Auseinandersetzungen um die ersten Tierschutzgesetze auf das Parlament beschränkt, so lässt sich im Kampf um ein Verbot der Vivisektion in den 1870er Jahren der Druck von außen, obgleich weniger erfolgreich als die Antisklavereikampagne, als entscheidendes Kriterium feststellen.

951 Vgl. Donovan, Josephine: *Feminist Theory: The Intellectual Traditions of American Feminism,* New York, 1985, S.191 Fußnote 7.

5.2 Deutsche Staaten und Deutsches Reich

Die Tierschutzidee in Deutschland, vor allem die des aktiven Tierschutzes, geht direkt auf die Entwicklungen in Großbritannien zurück. Der positive Verlauf dort, der teils über persönliche Begegnungen mit britischen TierschützerInnen teils durch deren Veröffentlichungen kommuniziert wurde, inspirierte deutsche AktivistInnen.[952] Der erste deutsche Tierschutzverein, der ‚Vaterländische Verein zur Verhütung von Tierquälerei', wurde 1837 in Stuttgart von Pfarrer Albert Knapp (1798-1864) gegründet, der mit seiner Tierschutzethik *‚Das ängstliche Harren der Kreatur'* 1843 versucht hatte, eine neutestamentliche Neubetrachtung des Tieres zu vorzulegen.[953] Kurz darauf wurden in anderen Städten ähnliche Vereine gegründet. Ein Hauptziel dieser Tierschutzvereine war rein anthropozentrisch: Die sittlich-moralische Besserung der Bevölkerung.[954] Sie waren damit im Einklang mit dem anthropozentrischen Tierschutzgedanken, den auch die RSPCA vertrat. Nach ihrem Vorbild bildeten sich auch die deutschen Vereine.

Die deutschen Tierschutzgruppen wuchsen rasant und verfügten bald über die zahlenmäßig größten Vereine in Europa. Damit ist die deutsche Tierschutzbewegung zumindest in diesem Punkt insofern als untypisch für den Rest des Kontinents anzusehen, als dass sie über die meisten Mitglieder überhaupt verfügte, ohne jedoch diese Mitgliederstärke für politisch radikalere Forderungen zu nutzen. Allein der Münchener Verein zählte 1886 über 11.382 Mitglieder, allerdings mit einer großen Diskrepanz zwischen aktiven und überwiegend passiven Mitgliedern.[955] Zu den Gründungsmitgliedern gehörten zumeist Angehörige der gebildeten Oberschicht, die auch die soziale Struktur dieser Vereine nachweislich prägten. In den vegetarischen Vereinen dominierte hingegen die Mittelschicht. Die Struktur in Vereinen war indes für das gesellschaftliche Bild des Kaiserreiches charakteristisch, da jegliche offene politische Aktivität nach der gescheiterten Revolution von 1848 untersagt bzw. mit restriktiven Repressalien belegt war. Vereine besaßen hier also eine gewisse Auffangfunktion, obgleich auch in der Antivivisektionsfrage der Obrigkeitsstaat nur bedingt Agitation zuließ. Dies wurde von Gegnern der Bewe-

---

952 Sauer, Hildegund: *Über die Geschichte der Mensch-Tier-Beziehungen und die historische Entwicklung des Tierschutzes in Deutschland*, Diss. Universität Giessen, 1983, S.39. Diese Dissertation weist zugegebenermaßen einige Ungenauigkeiten auf. So wird beispielsweise die Durchsetzung des Martin's Act Thomas Erskine zugesprochen.

953 Schmidt, 1996, S.111.

954 Zerbel, Miriam: *Tierschutz im Kaiserreich, Ein Beitrag zur Geschichte des Vereinswesens*, Frankfurt a.M. u.a., 1993, S.37. Zerbel untersucht in ihrer hervorragend recherchierten Studie vor allem den Münchner Thierschutzverein (1842), einen der größten deutschen Vereine.

955 Ibid., S.62, 66.

gung durchaus begrüßt und folglich wurde die deutsche Antivivisektionsbewegung von der *,scientific community'* entsprechend weniger als Gefahr gesehen.[956]

In der Geschlechterfrage hielten sich die meisten deutschen Vereine an die Vorgabe des deutschen Vereinswesens, Frauen nicht als wahlberechtigte Vollmitglieder zuzulassen. Lediglich im progressiven Münchener Verein durften Frauen ab 1868 der Mitgliederversammlung angehören.[957] Im radikaleren Internationalen Verein Ernst von Webers (1830-1902) wurden Frauen immerhin aufgrund der ihnen unterstellten hohen Moralität dazu aufgerufen, Mitglieder zu werden. Insgesamt bildeten sie ca. ein Drittel der Gesamtmitgliedschaft, dominierten also nicht wie in Großbritannien das Bild der Tierschutz-/Tierrechtsvereine.[958] Eine engere Verbindung zum Feminismus galt der Bewegung hierzulande als abschreckendes Szenario und wurde entsprechend gemieden.[959] Insoweit boten deutsche Tierschutzgruppen Frauen weit weniger als in Großbritannien die Möglichkeit der semi-politischen und politisierenden Arbeit.

Ab 1884 waren die meisten Tierschutzgruppen, die in der Vivisektionsfrage moderate Ziele vertraten, im Dachverband ,Verband der Tierschutzvereine des Deutschen Reiches' unter der Führung von Otto Hartmann organisiert. Alle strikten Vivisektionsgegner waren qua Beschluss nicht beitrittsberechtigt und die Vivisektion wurde als Themenkomplex soweit als möglich ausgeklammert.[960] Dies führte nicht nur zu einem klaren und nachhaltigen Bruch innerhalb der deutschen Tierschutzbewegung, sondern auch zu Spaltungen innerhalb mancher Vereine.[961]

Angetrieben war die Antivivisektionsbewegung maßgeblich durch ihr mächtiges britisches Pendant. Das von britischen TierrechtlerInnen als Miss- oder lediglich Teilerfolg wahrgenommene Antivivisektionsgesetz bestand als eherner Maßstab, den es auch im Deutschen Reich umzusetzen galt. Exponiertester Vertreter der deutschen Antivivisektionsbewegung war Ernst von Weber, der mit *,Die Folterkammern der Wissenschaft' (1879)*, das Standardwerk für die deutschsprachige Bewegung verfasste.

956 Vgl. de Cyon, 1883, S.499.

957 Zerbel, 1993, S.60f.

958 Tröhler, Ulrich und Maehle, Andreas-Holger: *Anti-vivisection in Nineteenth-Century Germany and Switzerland: Motives and Methods*, in: Rupke, 1987, S.171, vgl. auch: Sachse, Carola: *Von Männern, Frauen und Hunden. Der Streit um die Vivisektion im Deutschland des 19.Jahrhunderts*, in: Feministische Studien, Januar 2006, S.10.

959 Sachse, 2006, S.22.

960 Hartmann, Otto: *Bericht über die Tätigkeit und Entwicklung des Verbandes in den Jahren 1881-1917*, Köln, 1917; Zerbel, 1993, S.93.

961 Für den Berliner Tierschutzverein etwa Rättig, Agnes: *Das Recht der Thiere, Berliner Mittheilungen im Lichte des Thierschutzes*, Hannover, 1884, S.1f.

Das Buch folgte in Aufbau und Illustration Cobbes *,Light in Dark Places'*. Von Weber gründete zudem den ,Internationalen Verein zur Bekämpfung der wissenschaftlichen Thierfolter', deren zweiter Vorsitzender, Dr. Paul Förster (1844-1925), die vegetarische Bewegung in Deutschland prägte. Methodisch hielten sie sich an die englische Agitation. Weitere entscheidende Wegbereiter waren die Bankierstochter Marie-Espérance von Schwartz (1818-1899) und Ernst Grysanowski (1824-1888), die beide im engen Kontakt zu Frances Power Cobbe standen und für eine ganze Reihe, mal wissenschaftlicher, mal literarischer Antivivisektionsschriften verantwortlich zeichneten. Obgleich zahlenmäßig stark, laut dem britischen *Abolitionist* gehörten ihr im Jahr 1898 10 000 Mitglieder an,[962] erlangte die deutsche Antivivisektionsbewegung zu keinem Zeitpunkt den Einfluss ihres britischen Gegenstücks. So berichtete Magnus Schwantje, Vorsitzender der 1907 gegründeten Gesellschaft zur Förderung des Tierschutzes und verwandter Bestrebungen, vom Tierschutzkongress 1909 in London:

> *„Obwohl ich durch englische Zeitschriften und durch mündliche Berichte englischer Freunde schon vorher erfahren hatte, dass unsere Bewegung in England eine viel größere Ausdehnung erfahren hat als in Deutschland, erwartete ich doch nicht, dass so viele Kreise des Volkes an den öffentlichen Versammlungen des Kongresses und an der Prozession teilnehmen und so viele angesehene Blätter durch Veröffentlichungen zahlreicher langer Berichte die Bestrebungen des Kongresses fördern würden."*[963]

Die von Schwantje gegründete Gruppe sah sich als Ableger der Humanitarian League und suchte wie diese, andere progressive Bewegungen in Deutschland mit in ihre Bestrebungen einzubinden. Sie vertrat ein Programm, das alle Arten der Unterdrückung für gleichermaßen bekämpfungswürdig erachtete. Lediglich in der Naturheilbewegung fand sie jedoch damit Anklang.[964]

Um die Jahrhundertwende war die deutsche Antivivisektionsbewegung hingegen in der Bedeutungslosigkeit versunken: Zum einen sah der Gesetzgeber keine Notwendigkeit eines bindenden gesetzesrechtlichen Statuts und ließ es bei Verordnungen bewenden.[965] Zum anderen waren die VerfechterInnen der Vivisektion entsprechend der vorangegangenen Diskurse in Großbritannien durch die Analyse der dort vertretenen Argumente gegen die Vivisektion vorbereitet. EngländerInnen wurden ent-

---

962 The Abolitionist, Vol. I, Nr.10, Januar 1900, S.115f.

963 The Anti-Vivisection Review, Vol. I, November, 1909, S.166.

964 Schwantje, Magnus: The relation of the Animal Defence Movement to other ethical movements, such as reforms in the treatment of disease and diet, The Anti-Vivisection Review, Vol. I, November 1909, S.323.

965 Tröhler und Maehle, 1987, S.154.

sprechend von führenden Vivisektoren in Deutschland für ihre ‚*Gefühlsduselei*', ‚*pietistische Schwärmerei*' und ‚*Bigotterie*' verurteilt.[966] Vor allem wurden die in der britischen Bewegung dominanten Frauen lächerlich gemacht. Carl Vogt, Professor für Zoologie und eifriger Verteidiger der Vivisektion, sagte etwa 1877:

> *„John Bull an und für sich wäre nicht so sehr gefährlich, aber wenn sich seine Schwägerin, die alte Jungfer Threadneedle Snob mit ihren Schoßhündchen und Hauskatzen in die Sache mischt, so können die Dinge sehr unangenehm werden."*[967]

Auf gesetzlicher Seite folgte 1838 zunächst Sachsen und danach andere deutsche Staaten dem Martin's Act von 1822. Mit Gründung des Reiches 1871 wurde mit dem §360 Nr.13 RStGB ein landesweites Tierschutzrecht geschaffen, das jedoch im Vergleich hinter den gesetzlichen Maßnahmen anderer Länder, vor allem Großbritanniens, zurückblieb.[968] Das Appellieren an staatliche Institutionen durch den organisierten Tierschutz erwies sich vor allem aufgrund ungeklärter bzw. verworrener Zuständigkeitskompetenzen als schwierig.[969]

Anders als in Großbritannien waren die organisierten VegetarierInnen relativ abgegrenzt von den Tierschutzvereinigungen. Sie unterhielten allerdings engste Verbindungen zu Gruppen in Großbritannien und in den USA,[970] woher auch die kulturhistorische Inspiration für den Vegetarismus in Deutschland nachzuweisen ist.[971] 1867 wurde die erste deutsche vegetarische Gesellschaft, der Verein für natürliche Lebensweise (Vegetarianer), in Nordhausen auf Anregung und mit Unterstützung von Eduard Baltzer (1814-1887) gegründet. Baltzer war Vorsteher der dortigen freien protestantischen Gemeinde und gab die Vereinsblätter *Thalysia* und das *Vereinsblatt für Freunde natürlicher Lebensweise* heraus, das später in *Vegetarische Rundschau* umbenannt wurde.[972] Der Verein fusionierte 1892 mit anderen, später gegründeten Vereinigungen. Es entstand der

---

966 Bretschneider, Hubert: *Der Streit um die Vivisektion im 19.Jahrhundert: Verlauf – Argumente – Ergebnisse,* Stuttgart, 1962, S.16.

967 Vogt, Carl (1817-1895) zitiert nach: Bretschneider, 1962, S.34.

968 Zerbel, 1993, S.46; Hahn, Ute: Die *Entwicklung des Tierschutzgedankens in Religion und Geistesgeschichte,* Diss. Tierärztliche Hochschule Hannover, 1980, S.123.

969 Zerbel, 1993, S.133.

970 Dietetic Reformer and Vegetarian Messenger, Vol. III, Nr. 5, Juli 1865, S.94. Spencer, 1995, S.274. Zahlreiche prominente englische VegetarierInnen wurden als Ehrenmitglieder der deutschen Vereine geführt. Anna Kingsford etwa war Mitglied im Verein für natürliche Lebensweise, Vgl. Aderholdt, 1891, S.XI.

971 Krabbe, Wolfgang R.: *Gesellschaftsveränderung durch Lebensreform: Strukturmerkmale einer sozialreformerischen Bewegung im Deutschland der Industrialisierungsperiode,* Göttingen, 1974, S.52.

972 Baltzer, Eduard: *Erinnerungen: Bilder aus meinem Leben,* Frankfurt a.M. u.a., 1907, S.87ff.

Deutsche Vegetarier-Bund, der bis 1935 bestehen blieb.[973] Auch in Deutschland waren personelle Überschneidungen zu anderen reformistischen Gruppen auffällig, vor allem mit jenen, die Antivakzination, Abstinenz oder Naturheilverfahren propagierten. Naturalismus, Naturschutzgesellschaften und die Anpreisung der Freikörperkultur gingen ebenfalls, so Spencer, auf englische Praktiker zurück. Vor allem die Freikörperkultur fand jedoch das größte Echo und AnhängerInnenschaft in Deutschland und dort in erster Linie in der Lebensreformbewegung.[974] Diese lebensreform-orientierten VegetarierInnen stießen, so Zerbel, bei den traditionell geführten Tierschutzvereinen auf wenig Akzeptanz.[975] Ihr Ziel, das natürliche Leben, wollten sie in verschiedenen vegetarischen Siedlungen, beispielsweise Eden in Oranienburg (1893), umsetzen.[976] Die Notwendigkeit dieser Umsetzung begründeten sie zudem mit teilweise diffusen sozialistischen Idealen.

Allein in der philosophischen Begründung überschnitten sich Tierschutz- und vegetarische Bewegung in Deutschland. In der ethischen Begründung ihrer Tierschutzidee folgten beide primär Arthur Schopenhauers (1788-1860) Lehre der Wesensgleichheit von Mensch und Tier. Schopenhauer glaubte an die metaphysische Identität aller Lebewesen, die er mit deren geteilten Lebenswillen begründete. Daher war für ihn Mitgefühl das adäquate moralische Mittel des Umgangs mit dem Tier. Schopenhauer räumte dem Menschen Nutzungsrechte am Tier ein, schränkte es jedoch durch das oberste Gebot des Mitleidsprinzips ein. Inspiration fand Schopenhauer auf seiner Reise nach England 1804, wo er ein generelles Interesse am Tierschutz zu erkennen glaubte.[977] Eine herrschaftskritisch systematische Tierrechtsidee, wie sie von Salt und der Humanitarian League formuliert wurde, fand, außer bei Schwantje, keinen Einzug in die deutsche Bewegung.

Gerade in der Frage der Schächtproblematik bezogen zahlreiche deutsche Tierschutzvereine eindeutige antisemitische Positionen. Das ethische Anliegen des Tierschutzes verband sich im rechtsnationalen Lager

---

973 Baumgartner, Judith: Die *Entstehung der vegetarischen Vereine: Entwicklung des Vereinswesens bis 1945*, in: Der Vegetarier, 3/92, S.104. Der Verein verhinderte somit die Gleichschaltung durch den nationalsozialistischen Staat.

974 Der Begriff von Lebensreform und Vegetarismus wurde in der zeitgenössischen Literatur häufig synonym benutzt.

975 Zerbel, 1993, S.110.

976 Brockhaus, Wilhelm (Hg.): *Das Recht der Tiere: Einführung in Naturwissenschaft, Philosophie und Einzelfragen des Vegetarismus*, München, 1975, S.280.

977 Schopenhauer, Arthur: *Die beiden Grundprobleme der Ethik*, Nachdruck, Berlin, 1924, nach: Hahn, 1980, S.59.

mit kulturfeindlichen und rassistischen Ressentiments.[978] Paul Förster etwa war Mitbegründer der antisemitischen Deutschsozialen Partei.[979] Im Thier- und Menschenfreund, dem Magazin des Internationalen Vereins, sprachen er und andere sich durchweg für das komplette Verbot koscherer Schlachtung aus. Darüber hinaus war der der berühmte Komponist und Antisemit Richard Wagner ein begeisterter Anhänger der Antivivisektionsbewegung, der die Vivisektion als Exemplifikation jüdischer Grausamkeit bezeichnete.[980] Der Pastor und Hofprediger Adolf Stoecker konnte mit seinem Antisemitismus durchaus in der Bewegung punkten.[981] Auch ein generellerer Rassismus wurde verlautbar. Von Webers Afrikareisen überzeugten ihn von der angeblichen Inferiorität der Einheimischen.[982] Deren unterstellte Schmerzunempfindlichkeit würde sich nutzbar machen lassen. Daher seien sie dem Tier als Experimentierfelder vorzuziehen.

Völkische Positionen der wilhelminischen Epoche, die den Tierschutz als Heimatschutz auffassten, waren ebenfalls ein zentrales Element deutschen Tierschutzes,[983] der sich hier divergent zum britischen verhielt.[984] Der Schutz der Tiere war jedoch weniger ethischen Bedenken denn ästhetischen Vorstellungen geschuldet. Zudem fürchtete man in der Heimatschutzbewegung eine Kontamination einheimischer Tierarten mit den Genen von exotischen Tieren.[985] Diese Gedanken wurden später von den Nationalsozialisten mit dem *‚Schutz der heimatlichen Scholle'* und der Blut- und Bodenideologie aufgegriffen;[986] Vivisektion als eine von Juden

---

978 Casper, Johannes: *Tierschutz im Recht der modernen Industriegesellschaft: Eine rechtliche Neukonstruktion auf philosophischer und historischer Grundlage*, Baden-Baden, 1999, S.267.

979 Zerbel, 1993, S.141, Fußnote 271. Förster fungierte allerdings auch als Ehrenkorrespondent der BUAV, vgl. The Abolitionist, Vol. I. Nr.1, April 1899, S.12.

980 Barkas, Janet: *The Vegetable Passion: A History of the Vegetarian State of Mind*, London, 1975, S.102; Tester, 1991, S.142.

981 De Cyon, 1883, S.509.

982 Sachse, 2006, S.20.

983 Zerbel, Miriam: *Tierschutzbewegung*, in: Puschner, Uwe; Schmitz, Walter und Ulbricht, Justus H. (Hg.): *Handbuch zur ‚völkischen Bewegung' 1871-1918*, München, 1999, S.550f.

984 Die Verbindung von Nazismus und Tierschutz in Deutschland bedeutet nicht, dass nicht auch einige britische Tierschützer mit rechtsnationalistischen und faschistischen Positionen sympathisierten. Norah und Dudley Elam leiteten beispielsweise 1939 die London and Provincial Anti-Vivisection Society und waren Mitglieder der British Union of Fascists (BUF), Vgl. Kean, 1998, S.192. Die Tierschutzmaßnahmen in NS-Deutschland, wie etwa das fast komplette Verbot der Vivisektion, fanden zunächst außerdem durchaus Unterstützung in der britischen Tierrechtsbewegung. Die politische Komponente des Faschismus wurde ausgeklammert. Vgl. z.B. Progress Today, Magazin der Animal Defence and Anti-Vivisection Society, Vol. XII, 1933.

985 Zerbel, 1999, S.550.

986 Einleitung zum Reichstierjagdgesetz vom 3.7.1934, nach: Hahn, 1980, S.136; Hajós, Géza: *Heimatschutz und Umweltschutz: Kritik an einer biologistischen Ästhetik*, in: Ehalt,

'verunreinigte' Profession wurde verboten.[987] Das Gesetz über das Schlachten von Tieren vom 21. April 1933 untersagte die koschere Schlachtmethode gänzlich und kann somit als eine der frühsten antisemitischen Maßnahmen der Nazis betrachtet werden. Eberstein macht also zu Recht darauf aufmerksam, dass hinter dem Schlachtgesetz die Absicht der Judendiskriminierung und -kriminalisierung stand, nicht die des Tierschutzes.[988] Tierquälerei, zumindest ausgesuchte Formen von ihr, galten als Entartung der deutschen Rasse.[989] So schrieb Förster bereits 1913:

> *„Und diese Aufgabe (*Die Ausbreitung des Tierschutzes, Anm. M.R.*) ist vor allem den germanischen Völkern, als den in geistigen und sittlichen Fragen führenden gesteckt. Darum, oh deutsches Volk, geh auch hier an dein Werk! Deutsch sein heißt: Voran den andern die langen, steilen Wege wandern, zum Heile, zur Vollendung hin."*[990]

Die Nationalsozialisten machten sich die hohe Attraktivität des Sujets vor allem beim Bürgertum zu Nutze. Die Umsetzung des Reichstierschutzgesetzes 1933 versprach erhebliche propagandistische Wirkung,[991] wurde den Deutschen doch, wie den BritInnen, eine immanente Tierliebe unterstellt.[992] Es ging weniger um die Missbilligung von Gewalt gegenüber dem Tier: Vegetarismus vereinigte sich hier mit dem Konzept des gesunden arischen Körpers. Eine generelle Gleichsetzung von deutschem Tierschutz/Tierrecht und Antisemitismus greift jedoch zu kurz. Antisemitische Momente waren immer dann gegeben, wenn sich etwa die Kritik am Schlachten ausschließlich gegen das Schächten richtete, wobei das Resultat sämtlicher Schlachtvorgänge, nämlich der Tod der Tiere, kritikfrei blieb. Aus dieser Einschränkung heraus würde ich die Kritik der Humanitarian League am Schächten als nicht direkt antisemitisch kategorisieren. Ihnen war es ein Fernziel, Tiertötung per se abzu-

---

Huber C. (Hg.): *Zwischen Natur und Kultur: Zur Kritik biologistischer Ansätze,* Wien u.a., 1985, S.403ff.

987 Jasper und Nelkin, 1992, S.24.

988 Eberstein, Winfried C.J.: *Das Tierschutzrecht in Deutschland bis zum Erlaß des Reichs-Tierschutzgesetzes vom 24.November 1933: Unter besonderer Berücksichtigung der Entwicklung in England,* Frankfurt a.M. u.a., 1999, S.252, vgl. auch: Sax, Boria: *Animals in the Third Reich, Pets, Scapegoats, and the Holocaust,* London u.a., 2000, S.110f.

989 Kete, 2002, S.30; Martin, Madeleine: *Die Entwicklung des Tierschutzes und seiner Organisationen in der Bundesrepublik Deutschland, der Deutschen Demokratischen Republik und dem deutschsprachigen Ausland,* Diss. Freie Universität Berlin, 1989, S.23.

990 Förster, Paul: *Die Vivisektion, die wissenschaftliche Thierfolter,* München, 1912, S.130.

991 Klueting, Edeltraud: *Die gesetzlichen Regelungen der nationalsozialistischen Reichsregierung für den Tierschutz, den Naturschutz und den Umweltschutz,* in: Radkau, Joachim und Uekötter, Frank (Hg.): *Naturschutz und Nationalsozialismus,* Frankfurt a.M. u.a., 2003, S.77.

992 Giese, C. und Kahler: *Das deutsche Tierschutzrecht,* Berlin, Vierte Auflage, 1950, S.3.

schaffen. Des Weiteren distanzierten sie sich auch explizit gegen judenfeindliche Diskurse, wie sie in der Schächtdebatte im Deutschen Reichstag geführt wurden und thematisierten die Problematik des Antisemitismus.[993]

Die etablierten Tierschutzvereine wurden von den Nazis nicht verboten, lediglich gleichgeschaltet. Das Führungspersonal wurde ausgewechselt und die Mitgliedschaft auf *'Deutschblütigkeit'* überprüft. Die Vereine wurden zunächst dem Reichsbund für Volkstum und Heimat angegliedert, bevor sie 1936 unter strikte zentralistische Führung des Reichstierschutzbundes e.V. gestellt wurden. Alle weiteren Vereine außerhalb dieses Bundes wurden verboten[994] und radikalere Tierrechtspositionen bekämpft. Magnus Schwantje wurde bereits 1933 verhaftet und sollte in Dachau interniert werden. Günstige Umstände ermöglichten ihm jedoch die Flucht in die Schweiz.

Obwohl also parallel zur britischen Tierrechts- und Antivivisektionsbewegung ebensolche in den USA und Deutschland existierten, war es die britische, die auf intellektuellen, legislativen und politischen Ebenen vorausging. Sie stand Modell für die weniger einflussreichen Gruppen und Vereine in Deutschland und den USA.[995] Eine Tierrechtsbewegung mit der Möglichkeit politischen Druck auszuüben, so wie sie sich zumindest partiell in der britischen Antivivisektionsbewegung manifestierte, konnte sich dort jedoch zu keinem Zeitpunkt entwickeln. Alle Versuche der Etablierung einer entsprechenden Bewegung orientierten sich an britischen Institutionen und Taktiken, wurden sogar häufig von britischen Organisationen angeregt. Die Gründe hierfür müssen sowohl in den strukturellen Gegebenheiten, etwa der unterschiedlichen Progression der Industrialisierung, als auch in der sozialen Konstituierung der Bewegung gesucht werden. Hieraus lassen sich zeitliche Verzögerungen erklären. Die Freistellung der Arbeitskräfte von tiernutzender Agrarwirtschaft etwa wurde in Deutschland und den USA später vollzogen. Besonders der maßgebliche Einfluss der Frauen in der britischen Bewegung lässt Außerdem zeigte sich nur die britische Bewegung, obwohl sie sich selbst klassenspezifisch artikulierte, weit offener für Angehörige aller sozialen Schichten. Zudem konnte die Eigendynamik länderspezifischer Entwicklungen aufgezeigt werden, z.B. in der Entwicklung eines

993 Vgl. Humanity, Vol. I, Nr.25, März 1897, S.22, Nr.26, Mai 1897, S.36ff, Vol. III, Nr.53, Juli 1899, S.150. The Humanitarian, Vol. III, Nr.55, September 1906, S.68. Die Vegetarian Society erkannte keine grundlegenden Unterschiede in den Schlachtmethoden christlicher und jüdischer Schlachter, bediente sich auch keinen antisemitischen Ausführungen, vgl. The Vegetarian Messenger, Vol. V, No, 73, November 1855, S.100f.

994 Fünfte Verordnung zur Ausführung des Tierschutzgesetzes (Tierschutzvereine) vom 11.August 1938, §1; Martin, 1989, S.21; Klueting, 2003, S.88.

995 Beers, 2006, S.23, für Frankreich, vgl. Kete, 1994, S.5ff.

spezifisch antisemitischen Tierschutzes in Deutschland. Zunächst waren es unterschiedliche infrastrukturelle Ausgangsvoraussetzungen, die sich für die Konstituierung der Bewegung verantwortlich zeichneten. Anders gelagerte politische Anbindungen der Bewegungen sorgten zudem für eine mehr oder weniger ausgeprägte Ausweitung der Idee in den breiteren Bevölkerungsschichten. Außerdem kopierten die deutsche und die amerikanische Bewegungen weitgehend Organisationsgrundlagen und Kampagnenmodelle der britischen Bewegungen, ohne jedoch denselben grundlegenden philosophischen und religiösen Hintergrund zu besitzen, oder ihn im selben Maße zu berücksichtigen.

6. Eine Zeit der Stagnation: Die britische Tierrechtsbewegung ca. 1915-1960

Mit Beginn des ersten Weltkrieges stagnierte die Tierrechtsbewegung in Großbritannien. Sie teilte ihr Schicksal mit der Frauenrechtsbewegung. Die Frauenbewegung hatte angefangen, sich auf Selbstbeschränkung als patriotische Pflicht einzulassen und sogar aktiv zu propagieren.[996] Diese auch nach Ende des Weltkrieges fortdauernde Stagnation wirkte sich auf die verschiedenen Teilbewegungen (Antivivisektionsbewegung, Antijagdbewegung, vegetarische Bewegung, praktischer Tierschutz) allerdings in unterschiedlichem Maße aus, wie im Folgenden gezeigt wird. Außerdem war diese Stagnation nicht absolut. In der Zeit von 1915 und 1960 gab es durchaus Aktivitäten der Bewegung.[997] Präziser lässt sich also von einer eingeschränkten, schleichenden Bewegung sprechen, deren Wirkung auf die öffentliche Meinung marginal war. Die Zeit des Ersten und Zweiten Weltkrieges kann insgesamt als deutlichstes Tief der Bewegung betrachtet werden, auch wenn sich die AktivistInnen bemühten, entsprechend akute Themen aufzugreifen: Die Lage der Kriegspferde im Ersten Weltkrieg und die der Haustiere in zerbombten Städten im Zweiten waren Aufhänger für die Tierschutzpropaganda. Ähnliche durch Krieg hervorgerufene Einbrüche in der Bewegung waren bereits in den

---

[996] Die BUAV beispielsweise berichtete von massiven Rückgängen ihrer UnterstützerInnen. So sah sie sich während des ersten Weltkriegs lediglich in der Lage, zum Militärdienst einberufene Männer vor der potentiell letalen Zwangsimpfung zu warnen und zu bewahren. Dies verband sie mit einer patriotischen Propaganda, identifizierte sie doch Vakzination mit den Namen deutscher Bakteriologen, vor allem mit Robert Koch. In dem sie Impfungen mit dem Feind gleichsetzte, versuchte sie zu suggerieren, wie unzuverlässig und heimtückisch diese doch seien. The Abolitionist, Vol. XVI, Nr. 1, Januar 1915, S.26; BUAV Annual Report, 1916, S.7; Paul, 1993, keine Seitenangabe.

[997] In meiner Recherche musste ich feststellen, dass wenig Quellenmaterial zu dieser Zeitspanne vorhanden ist. Somit lassen sich die teilweise großen Zeitsprünge erklären.

Zeiten der Napoleonischen und der Krimkriege zu beobachten gewesen, so Ryder.[998] Sowohl die Humanitarian League als auch die BUAV hatten von zumindest pekuniären Einbrüchen während der Burenkriege berichtet.[999] Dies steht im Einklang mit Tarrows Theorie der Bewegungsrezession in Zeiten erhöhten Konfliktes.[1000] Aber die vorherigen Einbrüche waren von geringerem Ausmaß gewesen bzw. hatten sich lediglich im Rückgang der philosophischen Publikationen manifestiert. Insgesamt hatte sich das 19. Jahrhundert als relativ frei von kriegerischen Auseinandersetzungen mit britischer Beteiligung gezeigt. In dieser Zeit, einer insgesamt gesehen stabilen Periode, gewann das britische Empire an enormer Stärke und Einflusshoheit. Dadurch war es auch der Tierrechtsbewegung gelungen, kontinuierliche Arbeit zu leisten, ohne gravierenden politischen Störungen zum Opfer zu fallen bzw. Einschränkungen hinnehmen zu müssen.

Der Bruch, der sich mit dem Eintritt in den Ersten Weltkrieg vollzogen hatte, war jedoch gravierender, zumindest was die Antivivisektionsbewegung betraf. Ihr gelang es erst ab den 1960er Jahren, wirkliche Anknüpfungspunkte zu finden und die Tierrechtsidee weiterzuentwickeln. Gruppen wie die Humanitarian League, die den Tiermissbrauch insgesamt anprangerten und radikale gesellschaftliche Transformationen auch im Mensch-Tier-Verhältnis einforderten, lösten sich auf, desillusioniert von der mangelnden Unterstützung durch Arbeiterbewegung und Labour Party.[1001] Ihr sozialistisches Ideal war angesichts der Revolutionen in Russland und Deutschland zudem politisch prekär. Insgesamt wurden nach der Auflösung der Humanitarian League SozialistInnen sogar der besonderen Grausamkeit gegenüber dem Tier bezichtigt. So fanden sich in der parlamentarischen Diskussion über die Lage der Minenponys (*Pit Ponies*), die vor dem Hintergrund der Minenarbeiterstreiks 1921 und 1926 stattfanden, antisozialistische Töne. Die Minenarbeiter, so wurde gemutmaßt, würden der bolschewistischen Agitation folgen und auf die Straße gehen und dabei die grausame Situation für die Ponys unter Tage ignorieren.[1002] Die Grausamkeit gegenüber dem Tier wurde folglich als Zeichen sozialistischer *‚Unfreiheit'* bewertet. Die 1927 gegründete Pit Ponies Protection Society vermochte dennoch nicht den politischen Druck

---

998 Ryder, 2000, S.121; Ryder, 1996, S.169. Dies kann jedoch nicht für die Vegetarian Society zur Zeit der Krimkriege (1853-1856) behauptet werden. Hier sind die Mitgliederzahlen konstant geblieben. Dies lag jedoch an der strategischen Betonung des gesundheitlichen Aspekts des Vegetarismus. The Vegetarian Messenger, Vol. V, Nr.68, Juni 1855, S.43ff; The Dietetic Reformer and Vegetarian Messenger, Vol. I, Nr.8, Oktober, 1862, S.98.

999 The Abolitionist, Vol. I, Nr.9, Dezember 1899, S.96.

1000 Tarrow, 1995, S.93f.

1001 Die Humanitarian League löste sich 1919 auf.

1002 Kean, 1998, S.183.

aufrechtzuerhalten. Gleichermaßen scheiterte die National Equine Defence League, trotz zahlreicher Agitationsversuche.[1003] Entsprechende Maßnahmen gegen die Pferdehaltung in Minen wurden erst in den 1970ern umgesetzt.

Anstatt angesichts mangelnder Durchsetzungskraft eine Kräftebündelung anzustreben, fand zudem vielmehr eine weitere Fragmentierung tierschützerischer Arbeit statt. Diese Fragmentierung hatte sich bereits zum Ende des 19. Jahrhunderts mit der Gründung zahlreicher kleinerer Antivivisektionsgruppen abgezeichnet. Dieser Prozess, so monierte man innerhalb der Bewegung, laufe jeglicher Optimierung des UnterstützerInnenpotentials entgegen.[1004] Hierin deutete sich schon die ab den 1970er Jahren eng gefasste Unterscheidung zwischen Tierschutz und Tierrecht an. In diesem Kapitel sollen also zum einen Gründe für die Stagnation aufgezeigt werden. Zum anderen soll dargelegt werden, wo die Schwerpunkte in der Tierrechtsarbeit gesetzt wurden, wo es gelang, auf öffentliche Diskurse Einfluss zu nehmen und wo nicht.

6.1 Antivivisektionsbewegung

Der Antivivisektionsbewegung als wohl größtem und einflussreichstem Segment der Bewegung gelang es nicht, an die Stärke und Durchsetzungskraft anzuknüpfen, die sie vor dem Ersten Weltkrieg besessen hatte. Dies lässt sich trotz steigender Mitgliederzahlen, von den Kriegsjahren einmal abgesehen, erkennen.[1005] Interne Animositäten, Auseinandersetzungen um die richtige Taktik – graduelle oder streng abolitionistische Strategie – und den richtigen Adressaten der Kampagnen – Öffentlichkeit oder staatliche Institutionen – erschwerten das Sichtbarmachen einer Bewegung. Der Streit darum, welche Gruppe wohl die bedeutsamste sei, absorbierte Möglichkeiten der Koalitionsbildung. Diese Eitelkeiten hatten allerdings eine längere Tradition. Stephen Coleridges Aussage vor der Royal Commission 1906 als Vorsitzender der NAVS legte davon bereits Zeugnis ab:

1003 Williams, Jeffrey D.: *The Agony of the Mines*, National Equine Defence Society, März 1923.

1004 Rogers, Frank R.: *The vivisection controversy in Victorian Britain*, PhD-Thesis, University of London, 1979, S.285f.

1005 Es erwies sich als äußerst schwer, genaue Angaben über die Größe der Gruppen zu bekommen. Zuverlässige Zahlen gibt es nur für die BUAV, die als einzige ihre Mitgliederzahlen – zumindest bis 1965 – veröffentlichte. Die NAVS, als zumindest bis zum ersten Weltkrieg größte Antivivisektionsgruppe, vermochte sich selber keinen Überblick über ihre genaue Mitgliederzahl zu verschaffen, wie Stephen Coleridge noch 1906 vor der Royal Commission einräumte. Coleridge, 1907, S.10.

„My object was purely egoistical, to persuade the Commission, if I could, that mine was the most important Society in the anti-vivisection world, and to claim greater attention for my evidence than that of small obscure societies which have hardly any address and no income."[1006]

Trotz dieser Egoismen hatten sich vor dem Weltkrieg die meisten Gruppen geeint dargestellt, um somit ihre Stärke vielseitig präsentieren zu können. Der politische Druck, der von der Bewegung erzeugt wurde, hatte sich bis dahin als durchaus erfolgreich erwiesen. Als ein deutscher Vivisektor 1904 beim britischen Außenministerium anfragte, ob es ihm gestattet sei, in Singapur Versuche mit Affen durchzuführen, wurde er abgewiesen,

„on account of the protest which would be raised by English anti-vivisectionists."[1007]

Und der Vivisektor Sir Fletcher Moulton sprach vor der Royal Commission von einem *‚popular storm'*, den diese AktivistInnen auszulösen vermochten. Er sprach dies abschätzig der *‚power of a certain small number of determined people to prejudice the minds of the public'*[1008] zu. Moulton bezeichnete den Einfluss der Bewegung als so bedeutsam, dass er sie als wahres Hindernis für den Forschungsstandort Großbritannien betrachtete.

Als Resultat des öffentlichen Protestes, der von der Tierrechtsbewegung angestoßen worden war, vollzog sich der Tierversuch noch mehr als zuvor hinter verschlossenen Labortüren. Nur noch autorisiertem Personal wurde Zugang gewährt. Zwischen Innenministerium und Wissenschaftsverbänden bildeten sich Allianzen, die für die AktivistInnen kaum mehr nachvollziehbar waren und bei denen sie zunehmend außen vor blieben. 1948 wurde den Antivivisektionsgruppen gar der Status der wohltätigen Organisation aberkannt, schließlich würden sie sich dem medizinischen Fortschritt entgegenstellen und sich aktiv im politischen Prozess um Gesetzesänderungen bemühen.[1009] Diese *‚Geheimhaltungspolitik'* machte die Bewegung mitunter für einen Mangel radikalen Protestes gegen die Vivisektion verantwortlich. So berichtet Lind-af-Hageby über Stephen Coleridge:

„So certain was he of the deep and abiding humanity of the British race that did they know what went on in the dens of infamy, they would not wait for

1006 Ibid., S.225.

1007 zitiert nach: Westacott, 1949, S.517.

1008 Reports of the Second Royal Commission on Vivisection, 1906-1912, HMSO, col.12764.

1009 National Anti-Vivisection Society v Inland Revenue Commissioners, HL, Justice Simonds, AC 31, 62, 1948; Hopley, 1998, S.56.

supine legislation, but would go in their irresistible thousands and set free the victims from their cages, smash to atoms the horrible instruments of torture and leave every laboratory in the Kingdom a heap of refuse."[1010]

Im Folgenden gelang es der Bewegung nicht mehr, trotz organisiertem, gezieltem und lokal ausgeführtem Protest, beispielsweise gegen das Central Institute of Medical Research in Hampstead 1922 und trotz der zahlreichen *‚Poster Parades'*, hier entsprechendes Durchsetzungsvermögen zu beweisen.[1011] Die von der Bewegung gesteckten Ziele – Verbot oder Reduktion von Tierversuchen – konnten nicht umgesetzt werden. Im Gegenteil: Bereits die 1906 ins Leben gerufene zweite Royal Commission on Vivisection ließ erkennen, dass seit dem Gesetz von 1876 die Zahl der Tierversuche rasant zugenommen hatte (von 481 im Jahr 1878 zu 43 287 im Jahr 1906 und mehr als 266 000 1926). Es habe sich als vollkommen ineffizient gegenüber dem zunehmenden Tiermissbrauch gezeigt, beschwerten sich die AktivistInnen.[1012] Immerhin durften vor dieser Kommission erstmals SprecherInnen der Antivivisektionsgruppen Aussagen machen und Gutachten vorlegen.

Während der Kriege konnten lediglich ihre Kampagnen gegen Zwangsimpfungen von Soldaten die Öffentlichkeit erreichen,[1013] obgleich diese mit Vorwürfen von Antipatriotismus und Illoyalität verbunden waren.[1014] Den Antivivisektionsgruppen wurde sogar aufgrund ihrer vermeintlich unpatriotischen Agitation die Verurteilung wegen Verstoßes gegen den Defense of the Realm Act angedroht. Die Presse boykottierte demnach in vorauseilendem Gehorsam jegliche Publikationen der Bewegung. Dort wurden auch öffentliche Ängste geschürt, dass das Deutsche Reich über einen wissenschaftlichen Fortschritt verfüge, der sich im Krieg zum Nachteil für Großbritannien erweisen könne. Großbritanniens Abhängigkeit von der chemischen und biologischen Industrie Deutschlands, die Tierversuche im großen Stil durchführte, wurde als nationales Manko beschrieben. Die pharmazeutische Industrie wuchs während des Krieges in enormen Maßen an und machte die naturwissenschaftliche Forschung, die von der Bevölkerung zuvor mit Skepsis betrachtete wur-

---

1010 Lind-af-Hageby v. Astor & Others, The High Court of Justice, Kings Bench Division, Fifth Day, Part III, April 7th 1913, S.102.

1011 BUAV, Annual Report, 1922, S.13; Tansey, E.M.: *Protection against dog distemper and Dogs' Protection Bills: The Medical Research Council and anti-vivisectionist protest, 1911-1933*, in: Medical History, 38, 1994, S.10ff.

1012 Leffingwell, Albert: *The Vivisection Controversy, Essays and Criticisms*, The London and Provincial Anti-Vivisection Society, 1908, S.171ff, 224ff.

1013 BUAV, Annual Report 1940, S.15; BUAV, Annual Report, 1941, S.14ff. Die Revokation obligatorischer Impfungen mit der Einführung des National Health Service Acts 1946 wurde entsprechend als Triumph der Bewegung gefeiert. Vgl. BUAV Annual Report, 1947, S.15.

1014 Tansey, 1994, S.8.

de, populär. Auch nach dem Krieg weigerte sich beispielsweise die 1922 ins Leben gerufene BBC, in ihren Radioprogrammen das Thema Vivisektion anzusprechen.[1015] Dies geschah zu einer Zeit, in der das Radio zu einem der wichtigsten Informationsorgane avancierte.

Deshalb weitete die Bewegung ihre Protestaktionen auf die internationale Ebene aus, wo sie im Gegensatz zu Großbritannien auf sich aufmerksam zu machen wusste. Als einen wichtigen Adressaten identifizierte die Bewegung zum Beispiel den Völkerbund, dessen Standardisierungsverfahren von Impfstoffen durch Vivisektion sie bekämpfte.[1016] Lind-af-Hagebys in Genf ansässiges Büro fungierte hier als entsprechender Knotenpunkt des Protestes. Der Widerstand gegen Tierexperimente mit Giftgas für die Kriegsindustrie während beider Weltkriege fand hingegen wenig Unterstützung. Die Offensive gegen Atombombenexperimente an Tieren nach 1945, ebenfalls an ein internationales Publikum gerichtet, erhielt zumindest partielle öffentliche Aufmerksamkeit, war sie doch auch mit Warnungen vor den Folgen radioaktiver Strahlung für Mensch und Natur verbunden. Ein apokalyptisches Bild zeichnend, warnte Lind-af-Hageby 1953:

> *„The earth, outraged, excavated and burnt by explosion and fire would repay human folly and violence by inhospitability."*[1017]

Allerdings ließen sich entsprechende Bilder erst zu einem Zeitpunkt wirksam entwickeln, als diese Thematik mit der Gründung der Campaign for Nuclear Disarmament (CND) 1958 gegen die atomare Bewaffnung Großbritanniens von einer größeren Öffentlichkeit aufgegriffen wurde.[1018]

Dass die historische Antivivisektionsbewegung im Resultat erfolglos blieb, sich ihre Strategien als nicht wirkungsvoll genug erwiesen, muss jedoch auch an anderen Faktoren denn internen Zwistigkeiten festgemacht werden. Jene sozialen Gruppen, deren Rechtsforderungen eng an die Tierrechtsbewegung, und vor allem an die Antivivisektionsbewegung, geknüpft waren (Frauenwahlrechts- und Arbeiterbewegung) konnten für ihre partikularen Kämpfe zumindest partielle Erfolge verbuchen. Das Frauenwahlrecht wurde 1918 bzw. 1928 in Großbritannien

---

1015 Lind-af-Hageby, Louise: *Bombed Animals – Rescued Animals – Animals saved from Destruction – Typical cases from the records of the Animal Defence Society's war work – and some comment*, Animal Defence and Anti-Vivisection Society, London, 1941, S.4f; Hopley, 1998, S.26.

1016 BUAV, Annual Report, 1923, S.10.

1017 Lind-af-Hageby, Louise: *Civilisation: 'Charity' and Justice to Animals*, Animal Defence and Anti-Vivisection Society, 1953, S.27.

1018 Zu CND und der britischen Friedensbewegung vgl. auch: Teil II. Kap.1.

eingeführt,[1019] die Labour Party als politische Interessenvertreterin der Arbeiterklasse stellte 1924 erstmals die Regierung. Das bedeutet, dass die in den vorherigen Kapiteln erwähnten Nebenaspekte tierschützerischer Arbeit bereits realisiert waren und immer weniger Gewicht hatten. Es ging zunehmend also *,nur'* noch um das Tier. Entsprechend verlor die Bewegung an solcher Unterstützung, die in ihr ein Potential für die Austragung sozialer intrahumaner Transformationsprozesse sah. Es kann also nicht als Zufall gewertet werden, dass die zweite Tierrechtsbewegung sich erst in einer Zeit etablierte, als sich eine deutliche Renaissance alter und die Gründung so genannter Neuer Sozialer Bewegungen vollzog. Auch historisch gesehen war, wie gezeigt wurde, eine direkte und enge Verbindung zu philanthropischen Organisationen und Reformbewegungen ein wichtiges Merkmal von Tierschutz und Tierrecht und fand darin nicht nur Motivation, sondern auch Legitimation.

6.2 Vegetarische Bewegung

Noch weniger als bei Tierversuchen vermochte die Tierrechtsbewegung, der Entwicklung und dem Ausbau der modernen Massentierhaltung wirksam etwas entgegenzusetzen. Diese hatte in den 1940er Jahren durch die Entwicklung weit reichender Tierimpfprogramme und durch die Verabreichung von Antibiotika einen signifikanten Sprung erlebt. Wegen der Notwendigkeit umfassender Lebensmittelversorgung vor und während des Zweiten Weltkrieges war es nahezu unmöglich, gegen die industrialisierte Tierproduktion zu agitieren, ohne antipatriotische Verdächtigungen zu riskieren. Der Vegetarian Society gelang es in dieser Zeit nicht, ihre Mitgliederzahlen zu erhöhen. Als noch schwieriger gestaltete es sich, auf öffentliche Diskurse Einfluss zu nehmen, obgleich einige ihrer prominenten Mitglieder im Unterhaus vertreten waren.[1020] Nach dem Krieg verabschiedete die Labour Regierung unter Clement Attlee ein Programm ausgeweiteter Nahrungsmittelproduktion und

---

1019 Auch wenn sich die Kampagnen der Frauenrechtsbewegung auch während und nach dem Ersten Weltkrieg fortsetzten und ultimativ die Erlangungen des Wahlrechts für ihren Einsatz an der Heimatfront mit sich brachten, war diese Zeit dennoch von einem Backlash für die feministische Idee verbunden, der sich auch gegen die Tierrechtsbewegung offenbarte. Ihr Einfluss auf politische Diskurse sank erheblich auch aufgrund der vorherigen Konzentration aufs Wahlrecht und erheblicher Unstimmigkeiten bezüglich weiterer Ziele. Mit ihr verloren auch jene Tierrechtsideen an Moment, die auf die Verbindung von Frauenrechten und Tierrechten fokussierten. Vgl. Pugh, Martin: *Women and the Women's Movement in Britain 1914-1999*, zweite Ausgabe, Basingstoke, 2000.

1020 Spencer, 1995, S.312. Zu den Mitgliedern gehörten beispielsweise die prominenten linken Labour Abgeordneten Fenner Brockway, Stafford Cripps und Ellen Wilkinson. Ihr Einfluss auf die Parteipolitik geschweige denn das Unterhaus war jedoch stets gering.

machte dieses Programm zum festen Bestandteil ihrer Idee vom Wohlfahrtstaat. Mehr Fleisch für eine größere Anzahl von Menschen stellte dabei ein zentrales Ziel dar, teils um ein Zeichen für die *‚affluent society'* zu setzen, teils um dem Klassenbias in der Fleischversorgung etwas entgegenzuhalten.[1021] Da die Jahre der Rationierung noch so präsent waren, zeigte es sich als problematisch, der Gesellschaft den Verzicht auf Fleischkonsum plausibel zu machen. In der Folge war es schwierig, sich der positiven *‚most of our people have never had it so good'*[1022] Propaganda zu entziehen. So übernahm es der moderate Tierschutz sogar, der Professionalisierung der Schlachthöfe das Wort zu reden. Tatsächlich wurden die aus den USA bekannten Massenschlachthöfe, die Vorbild für Fließbandproduktion schlechthin waren, als ein Fortschritt, wenn nicht für die ArbeiterInnen, so doch für das Tier gesehen.[1023]

Die Tierrechtsbewegung war indes nicht gewillt, sich auf die Propagierung des Oxymorons der *‚humanen Schlachtung'* als Reduzierung von Tierleid einzulassen. Der 1944 von Donald Watson gegründeten Vegan Society gelang es jedoch nicht, entsprechende Kritik effektiv in gesellschaftliche Diskussionen einzubringen. Sie blieb zunächst quasi eine Interessenvertretung für Gleichgesinnte, z.B. in Bezug auf die staatlich verordneten Lebensmittelrationierung nach dem Krieg.[1024] In der Auseinandersetzung um den konsequenten Weg zur Vermeidung von Tiernutzung stellte sie bloß eine Diskussionsplattform innerhalb der Vegetarian Society dar,[1025] deren inhaltliche Prägung dort bereits vor dem Ersten Weltkrieg latent vorhanden gewesen war.[1026]

> *„As long as we drink milk, eat butter and cheese, or use leather, we are taking part in the slaughter and cruelty to which certain animals are subject,"*[1027]

schrieb A.W. Duncan, Mitglied der Vegetarian Society, bereits 1912.

Der eingeführte Terminus des Veganismus beschrieb den Verzicht auf sämtliche tierische Produkte. Diese konsequente Haltung musste zu-

---

1021 Gold, 1998, S.120.

1022 Macmillan, Harold, 1957, zitiert nach: Childs, David : *Britain since 1945*, London u.a., 2001, S.80.

1023 Gold, 1998, S.130f; Rifkin, 1994, S.81ff. Zu den menschenunwürdigen Bedingungen in Chicagos Schlachthäusern vgl. auch: Sinclair, Upton: *The Jungle*, 1904.

1024 Vegan News, Quarterly Organ of the Vegan Society, Nr.4, August 1945, S.1, 9ff; The Vegetarian Messenger and Health Review, Vol. 44, Nr.9, September, 1947, S.182.

1025 The Vegetarian Messenger and Health Review, Vol. 44, Nr.2, Februar 1947, S.33f, Nr.45, März 1947, S.55f, Nr.47, Mai 1947, S.103f.

1026 Leneman, Leah: *No Animal Food: The Road to Veganism in Britain, 1909-1944*, Society & Animals, Vol. 7, Nr. 3, 1999, S.222.

1027 The Vegetarian Messenger and Health Review, Vol. 9, 1912, S.130.

nächst übernommen werden, um Mitglied der Vegan Society werden zu können.

> *„The Vegan Society seeks to abolish man's dependence on animals, with its inevitable cruelty and slaughter and to create instead a more reasonable and humane order of society. (...) We seek to emancipate ourselves from parasitism on animals, which we see to be undignified, unhygienic, uneconomic, and inevitably cruel."*[1028]

Somit sollte durch den Veganismus erstmals eine gleichberechtigte Beziehung zwischen Mensch und Tier aufgebaut werden können. Allerdings wurde im Folgenden den Schwierigkeiten Rechnung getragen, die die moderne Nahrungsmittelindustrie mit sich brachte, denn die vegane Ernährung zeigte sich wegen Mangels an geeigneten Lebensmitteln als eine echte Herausforderung für ihre Apologeten. Somit blieb die Wahl des Veganismus für die UnterstützerInnen eine persönliche Angelegenheit. Nachdem beschlossen worden war, dass auch VegetarierInnen zur Gruppe zugelassen werden sollten, stieg die Anzahl der UnterstützerInnen von 50 im Gründungsjahr auf mehrere hundert im Jahr 1946. 1947 gab es darüber hinaus neun lokale Gruppen.[1029]

Innerhalb der Vegetarian Society hatte bereits zuvor die Infragestellung des Vegetarismus als ausreichende Maßnahme zur Vermeidung gewalttätigen Agierens gegenüber dem Tier zu internen Disputen geführt. VegetarierInnen fühlten sich von Anschuldigungen verunglimpft, die ihre Tierliebe in Frage stellten. Aus diesem Grund wurde die offene Auseinandersetzung im Mitteilungsblatt der Vegetarian Society unterbunden bzw. vermieden und die Formierung einer veganen Gruppe innerhalb der Society zurückgewiesen. Damit stagnierte die Entwicklung der Tierrechtsidee innerhalb der vegetarischen Gesellschaften. Der Veganismus blieb eine Randerscheinung.

6.3 Antijagdbewegung

In der Auseinandersetzung um den Jagdsport konnte die Tierrechtsbewegung jedoch auch zwischen den Weltkriegen und danach an jene Epoche im spätviktorianischen und edwardianischen Zeitalter anschließen, in der sie nachhaltiger Bestandteil öffentlicher Auseinandersetzung war. Gerade in der Auseinandersetzung um die Fuchs- und Hirschjagd war die League against Cruel Sports (LACS) als Hauptinitiatorin des Protestes nicht nur begleitende Beobachterin und kritische Berichterstatterin von Jagden, sondern auch Organisatorin von Demonstrationen, Pickets

---

1028 Vegan Society Manifesto, 1944, S.1.

1029 Vegan News, Nr.5, November 1945, S.7, Vol. 2, Nr.1, Frühjahr 1946, S.16, Nr.3, Herbst 1946, S.11, Vol. 3, Nr.1, Frühjahr 1947, S.15f.

und Versammlungen sowie Petentin für die Abschaffung der Jagd.[1030] Sie wurde so auch Objekt zahlreicher Anfeindungen.

> „*When we started some two years ago, we were laughed at by hunting people. Now we are hated by them. Next year they will take us seriously. The year after.... .*"[1031]

Einschränkend muss darauf hingewiesen werden, dass zumindest während des Zweiten Weltkriegs die Regierung die Jagd quasi unterband.[1032] Auch hier konnten patriotische Bezeugungen Anklang finden. Die Fuchsjagd im Besonderen wurde als Schande für die englische Nation bewertet.[1033] Der antiemanzipatorische Charakter der Jagd wurde ebenfalls von GegnerInnen herausgestrichen. Lind-af-Hageby betrachtete beispielsweise jene Frauen, die dem Jagdsport folgten, als ‚*docile*' und ‚*thoughtless*'.[1034]

Mit 800 Mitgliedern im Jahr 1927, von denen sich die meisten als enttäuschte RSPCA Mitglieder erwiesen, war die LACS nur beschränkt handlungsfähig. Sie konnte nicht so intensiv arbeiten, wie sie es für nötig befand. Dennoch stellte sie Gefahr genug dar, um ihre GegnerInnen zu Reaktionen zu bewegen.[1035] Besondere Opposition zeigte die 1930 als Gegenströmung gegründete British Field Sports Society (BFSS). In der Auseinandersetzung um die Jagd war wohl auch noch am nachhaltigsten das Element von Klassenantagonismen als Antriebsmotor für Tierrechtsengagement erhalten geblieben. Die LACS, und vor allem Henry Amos, kritisierte diesbezüglich die RSPCA, die nicht gewillt war, den ‚*Gentlemen-sport*' in Frage zu stellen. Diese heftigen Angriffe auf die Politik der RSPCA führte 1932 wiederum zu interner Fraktionierung und der Abspaltung einer Gruppe Gemäßigter. Zudem wurde die National Association for the Abolition of Cruel Sports gegründet.[1036] Geleitet wurde die NAACS zunächst von H.G. Chancelor und dem Fabianer Sydney Olivier

---

1030 Die LACS ging aus der League for the Prohibition of Cruel Sports hervor.

1031 Cruel Sports, The Official Organ of the League for the Prohibition of Cruel Sports, Vol. I, Nr.2, Februar 1927, S.17, Nr.9, September 1927, S.118.

1032 League Doings, Bulletin of the League against Cruel Sports, April-Juni 1949, S.2.

1033 Cruel Sports, Vol. IV, Nr.7, Juli 1930, S.67. Allerdings versuchte die Jagdlobby genauso ein unpatriotisches Bildnis ihrer GegnerInnen zu zeichnen: Indem sie auf das vom NS Staat bereits 1936 verabschiedete Gesetz gegen die Fuchsjagd mit Hunden hinwies, setzte sie die JagdgegnerInnen mit den Nazis gleich. Vgl. Ridley, J.: *Foxhunting*, London, 1990, S.173.

1034 Lind-af-Hageby, Louise: *The Pleasure of Killing*, National Society for the Abolition of Cruel Sports, London, 1937, S.1.

1035 Cruel Sports, The Official Organ of the League for the Prohibition of Cruel Sports, Vol. I, Nr.10, Oktober 1927, S.122; vgl. Thomas, Richard H.: *The Politics of Hunting*, Aldershot, 1983,S.85. Thomas spricht von 500 Mitgliedern und weist auf inakkurate Mitgliederlisten hin.

1036 Windeatt, 1982, S.25.

(1859-1943). Ihr ging es insbesondere um das Verbot der Fuchsjagd, einem thematischen Dauerbrenner.[1037]

Eine der wichtigsten Kampagnen richtete die League an den 1895 zu Naturschutzzwecken gegründete National Trust. Ihm wurde nahe gelegt, Jagden auf seinen Ländereien zu unterbinden. Durch Landkauf und die dortige Einrichtung von Zufluchtsorten (*Sanctuaries*) sollten Wildtiere ebenfalls effektiv geschützt werden.[1038] Des Weiteren galt es, LandbesitzerInnen zu beraten, die Jagdgesellschaften, *'the redcoated skinheads of the countryside'*,[1039] auf ihrem Besitztum nicht dulden wollten. Schließlich kaufte die LACS ab 1957 eigene Ländereien an strategisch günstigen Punkten, um den Jagdgesellschaften die Jagd über ihr Eigentum zu untersagen. Dies wurde durch Betretungsverbote und bewaffnete Bewachung durchgesetzt.[1040] Auch die Antijagdbewegung versuchte angesichts der Bedeutung des Elends, das Mensch und Tier im Krieg vereine, entsprechende Appelle an die Öffentlichkeit zu richten. Der Vorsitzende der League, Hamilton Fyfe, erklärte 1946:

> *„I do not see how anyone who considers it justifiable to torment and kill animals for fun can ever really look with horror or shame at the killing and wounding of men in battle, and until those feelings are aroused by war we shall never be rid of it."*[1041]

Dennoch blieb der Jagdsport politisch umstritten. Das Ausmaß dieser politischen Kontroverse wurde deutlich, als sich 1949 Attlees Labour Regierung auf Grund vermeintlichen Stimmenverlustes auf dem Land nicht zur Durchsetzung eines entsprechenden Gesetzes zum Verbot von Fuchs-, Hirsch-, Otter- Dachs- und Hasenjagd durchringen konnte, obgleich sich zahlreiche Parteimitglieder und UnterstützerInnen vehement zu deren Abschaffung geäußert hatten.[1042] Eine eigens eingesetzte Kommission unter Scott Henderson wurde von BefürworterInnen der Jagd dominiert. Der Abschlussbericht sprach sich demgemäß für die Beibehal-

---

1037 National Society for the Abolition of Cruel Sports: *Foxhunting*, 1947.

1038 Die erworbenen Gebiete befanden sich strategisch in sonst häufig frequentierten Jagdgebieten (z.B. Exmoor). Mittlerweile besitzt die LACS mehr als 2000 Hektar Land. Auf diesen Grundstücken wurde dann ein allgemeines Jagdverbot festgelegt. Somit ist es Jagdgesellschaften untersagt, im Zuge ihrer Verfolgung der Beute das Land zu betreten bzw. die Meute auf dieses Land laufen zu lassen. Ein Verstoß konnte juristischen Folgen für den einzelnen Jäger wie auch den Master of Foxhounds, als Verantwortlichen, mit sich bringen. Wildlife Guardian, Nr.2, Sommer 1986, S.8f.

1039 Cruel Sports, Vol. IV, Nr.12, Dezember 1930, S.97; League against Cruel Sports, Annual Report, 1969, S.8.

1040 Thomas, R., 1983, S.99.

1041 League Doings, Januar-März 1946, zitiert nach: Kean, 1998, S.186f.

1042 League Doings, Bulletin of the League against Cruel Sports, November und Dezember 1948, S.1, April und Mai 1949, S.1,3; Turner, E.S.: *All Heaven in a Rage*, Fontwell, Sussex, 1992 (erste Auflage 1964), S.236f.

tung der Jagd in seiner damaligen Form aus und kritisierte nur einige wenige Elemente.[1043]

6.4 Praktischer Tierschutz

Auch in anderen Bereichen meist tierschützerisch orientierter Arbeit kann ein Weiterbestehen der Bewegung auch zwischen und während den Weltkriegen nachgewiesen werden. In ihrer Verbindung zum Naturschutz vermochte es die Bewegung, effektiv zu arbeiten, sich sogar weltweit zu vernetzen und dabei federführend zu agieren. So gelang es etwa der RSPB, aufbauend auf erfolgreiche frühere Kampagnenarbeit, in der Problematisierung der Ölverschmutzung und deren Auswirkung auf die Meeresvögel als Sammlungspunkt und Sprachrohr internationaler Verbände zu fungieren. Ihre Petitionen und Lobbyarbeit richteten sich dabei sowohl an nationale Regierungen wie auch, allerdings erfolglos, an den Völkerbund.[1044]

Tierschutz in seiner moderaten, das heißt anthropozentrischen Form, war fester Bestandteil britischer Gesellschaftsdiskurse geworden.[1045] Er half dabei, so Hilda Kean, in Zeiten des Krieges den gesellschaftspolitischen Status Quo aufrechtzuerhalten und Werte wie Kameradschaft, Pflicht und Loyalität als Ideale der britischen Gesellschaftsordnung zu proklamieren. Diese Ideale würden sich im Verhalten zum Tier manifestieren.[1046] Den strategischen Vorteil, der in der Nutzbarmachung patriotischer Befindlichkeiten lag erkannten auch die ADAVS, die NCDL und die Our Dumb Friends League und richteten ihre Aktivitäten entsprechend aus. So organisierten sie die Verschickungen von Haustieren aufs Land, um diese vor den Bombenangriffen der deutschen Luftwaffe zu schützen. Die ADAVS leitete auch Kampagnen gegen die massenhafte Tötung von Haustieren, die ihre EigentümerInnen aus Angst vor Giftgasangriffen unternahmen.[1047] Weiterhin nahm sie sich der durch Bombardements verletzten Tiere an und stillte patriotische Bedürfnisse in der Hervorhebung von treuer Kameradschaft gegenüber dem Tier.

> *„If you could see what these dogs mean to our fighting men, if you could be at one of our kennels and see the joy with which the dog greets his master when he comes on leave, and the pride with which the owner takes him*

1043 Windeatt, 1982, S.27.

1044 Wöbse, Anna-Katharina: *Ölpest und Pechvogel, Zur Frühgeschichte eines internationalen Umweltkonfliktes,* Geschichte in Wissenschaft und Unterricht, Jahrgang 54, Heft 11, November 2003, S.671ff.

1045 Garner, 1998c, S.4.

1046 Kean, 1998, S.175.

1047 Ibid., S.193, vgl. auch: Gardiner, Juliet: *The Animals' War: Animals in wartime from the First World War to the present day*, London, 2006, S.166.

away for a few hours, I feel sure you would realise that to save the lives of these dogs is a real contribution to morale."[1048]

Die *‚Missachtung'* des Patriotismus in Form ihres Angriffs auf die Zwangsimpfung von Soldaten hatte der Bewegung im Ersten Weltkrieg noch staatliche Zensur gekostet. Diesen Fehler, der auch ein vermindertes Einwirken auf öffentliche Debatten zur Folge hatte, wollte man nicht wiederholen und setzte damit bewusst auf patriotische Argumentationen.

Die NCDL kümmerte sich auch um die Haustiere von Flüchtlingen aus NS-Deutschland. So übernahmen sie beispielsweise deren Quarantänegebühren. Auch hierin lag ein nationalistisches Motiv verborgen. Der zivilisatorische Sonderstatus der BritInnen sollte unterstrichen werden:

> *„When, after the war, these people return to their homes the remembrance of this kindness on the part of English men and women would help to improve the lot of the animals in their own countries."*[1049]

Auch durch ein Patronagesystem, das Julian Huxley 1942 für den Londoner Zoo eingerichtet hatte, konnten die BritInnen unter Beweis stellen, dass sie keinesfalls durch den Krieg verrohten. Anders als in anderen europäischen Staaten, wo diese Tiere als erstes dem Krieg zum Opfer fielen, wurde durch Spenden für einen Ernährungsfond sichergestellt, dass die Tiere nicht verhungerten. So konnte das Bildnis des mitfühlenden Patrioten aufrechterhalten werden.[1050] Zudem gedachte man auch der Tiere, die aktiv im Krieg *‚gedient'* hatten. 54 Tiere, darunter Pferde, Hunde und Tauben, bekamen von der People's Dispensary for Sick Animals (PDSA) für ihren Einsatz im Zweiten Weltkrieg die Dickin Medaille für Tapferkeit, dem Äquivalent zum Victoria Cross, der höchsten militärischen Ehrung für Soldaten, verliehen.[1051]

Haustiere wirkten als Magneten der Bewegung. So nahmen sich die ersten erfolgreichen Kampagnen der Antivivisektionsbewegung der Nachkriegszeit insbesondere der öffentlichen Anprangerung von Tierdiebstahl und Tierhandel für Versuchstierzwecke an.[1052] Das Wissen um die Vivisektion an Haustieren bei gleichzeitiger Tatenlosigkeit, so argumentierte die Bewegung, würde jeglichem Gefühl von Anstand und Ritter-

---

1048 Our Dumb Friends League, Flugschrift, August 1942; Die RSPCA war hier weniger engagiert. Sie schläferte die verletzten Tiere zu Tausenden ein. Vgl. Kean, 1998, S.184.

1049 Blue Cross, Annual Report, 1940, S.30, zitiert nach: Kean, 1998, S.192.

1050 Weight, Richard: *Patriots, National Identity in Britain 1940-2000*, London, 2003, S.67.

1051 2004 wurde an der Londoner Park Lane ein Kriegerdenkmal für die *‚Animals in War'* errichtet. Es zeigt zwei Maultiere, ein Pferd und einen Hund, zusammen mit der Anzahl der Tiere, die in Kriegen für Großbritannien ihr Leben ließen. http://news.bbc.co.uk/1/hi/uk/4037873, zuletzt besucht am 23.03.08.

1052 Hopley, 1998, S.57ff.

lichkeit widersprechen, insbesondere gegenüber Hunden, den *,treuen Kameraden'* und *,selbstlosen Dienern'*.[1053] Auch Tierasyle wurden als Mittel praktischen Tierschutzes vermehrt eingerichtet. Nina Duchess of Hamilton, stellte beispielsweise ab 1939 ihr Landgut in Dorset zur Errichtung der Ferne Animal Sanctuary zur Verfügung. Nach ihrem Tod wurde es weiter genutzt und von der ADAVS verwaltet.[1054]

Das Image Großbritanniens als einer *,Nation of Animal Lovers'* hatte sich weltweit durchgesetzt, es bedurfte keiner kontinuierlichen Affirmation mehr. Das Klischee der tierlieben BritInnen avancierte zum Gemeinplatz und zum besonderen Merkmal ihrer Zivilisierungsansprüche. Der etablierte praktische Tierschutz konnte dieses patriotische Bedürfnis erfüllen. Als Konsequenz wurde eine Ausweitung auf Tierrechtspositionen von der Öffentlichkeit und den meisten TierschützerInnen für nicht notwendig erachtet. Damit wurde Tierschutz Teil der ab 1945 vorherrschenden Konsenspolitik, die von Konservativen wie Labour Regierungen übernommen wurde. Einher ging dies mit der Verständigung auf den Wohlfahrtsstaat und der Inkorporation außerparlamentarischer Gruppen, wie den Gewerkschaften, in politische Entscheidungsprozesse.[1055] Die eingangs skizzierte *,Political Opportunity Structure'* machte jedoch die Verständigung auf den Konsens zur Voraussetzung. Tierschutzgruppen waren somit eifrig darum bemüht, nicht all zu sentimental zu wirken und ihre Forderungen nicht in radikaler Manier zu akzentuieren.[1056]

Der RSPCA gelang es, noch mehr als zuvor, öffentliche Anerkennung zugesprochen zu bekommen. Gerade in der Zeit zwischen 1915 und der Entstehung der zweiten Tierrechtsbewegung ab den 1960er Jahren bewies sie Kontinuität in Ausrichtung, Politik und Methode. Sie vermochte zudem, internen Zersetzungen entgegenzuwirken und sogar vorher lediglich assoziierte oder sogar freie SPCAs an die Gruppe zu binden. Heikle Themen wie etwa die Jagd wurden nur vorsichtig angetastet. Zwar hatte eine Mitgliederbefragung 1921 ergeben, dass sich 2/3 der Befragten für die Abschaffung der Hirschjagd aussprachen, eine eindeutige Position dazu wurde jedoch erst 1956 lautbar gemacht. Auf der Jahreshauptversammlung der RSPCA 1932 hatte ihr Präsident Lord Malmesbury noch die Militanz der LACS angemahnt und sie als *,cranks and fad-*

1053 Anzeige der Animal Defence and Anti-Vivisection Society in The Times, 21. Dezember, 1942.

1054 Lind-af-Hageby, Louise: *Civilisation: 'Charity' and Justice to Animals,* Animal Defence and Anti-Vivisection Society, 1953, S.6; vgl. Nina, the Duchess of Hamilton: *The Chronicles of Ferne,* Ferne, 1951; Gold, 1998, S.18f.

1055 Pugh, Martin: *Britain since 1789, A Concise History,* Basingstoke, 1999, S.212ff.

1056 Ryder, 2000, S.163.

dists' tituliert.[1057] Die umstrittene Frage nach der Fuchsjagd blieb weiterhin ausgeklammert.[1058]

Der Tierschutz verlor zudem den intellektuellen Funken. Er war kaum noch Bestandteil philosophisch-ethischer Auseinandersetzung. Außerhalb des engeren Kreises um TierrechtlerInnen war er weder Teil akademischer noch öffentlicher Debatten, so wie man sie noch in den Diskussionszirkeln der Humanitarian League vorgefunden hatte. An diese wurde frühestens mit Brigid Brophys *'The Rights of Animals'* 1965 wieder angeknüpft, bevor sie in den 1970er Jahren aufzublühen begann und wieder Teil öffentlicher Auseinandersetzung werden konnte.[1059] Diese Institutionalisierung des Tierschutzes hat, der Theorie der zyklischen Entwicklung von Sozialbewegungen zufolge, durchaus zu einem rezessiven Moment in der Bewegungswahrnehmung führen können: Der Staat schuf mit dem Cruelty to Animals Act von 1911 eine legislative Basis, die zwar aus tierrechtlerischer Perspektive völlig unzulänglich erscheinen musste, die jedoch erstmals alle Haus- und Wildtiere (mit Ausnahme von Schlacht- und Versuchstieren) vor *'unnötigem Leid'* bewahren wollte. Hierdurch wurden vielerorts Grundlagen des Protestes entzogen, und es konnte nicht in demselben Maße die Notwendigkeit politischer Maßnahmen proklamiert werden.

Man gab sich innerhalb der Bewegung also bemüht, sowohl in den Forderungen nach Tierschutzmaßnahmen als auch im politischen Kontext moderat zu wirken. Das bedeutet nicht, dass Tierschutz nicht politisch agierte, im Gegenteil: Wie gezeigt, vermochte sich die Bewegung durch ihre Einbindung in die sozialen Fragen der Zeit mit der Bedienung bestimmter Konzepte von Geschlecht und Klasse politisch zu verorten, auch wenn diese Konzepte und die politische Ausrichtung nicht einheitlich waren. Darüber hinaus gelang es ihr, ein politisches Handwerkszeug zu entwickeln, Methoden des Lobbying, der Petitionensammlung, Demonstrationen und der öffentlichen Rede einzuüben. Der Diskurs um die Subjekte der Auseinandersetzung, die Tiere, war aber vor allem moralischer Natur geblieben. Diese moralische Tierethik erwies sich jedoch nicht als kraftvoll genug, um Tiergebrauch per se dauerhaft hinterfragen zu können. Angesichts medizinischer Entdeckungen wie Penicillin und Insulin, durch Tierversuche getestet, dominierten anthropozentrische In-

---

1057 Windeatt, 1982, S.25.

1058 Brown, 1974, S.32, 75,82ff.

1059 Brophy, Brigid: The Rights of Animals, The Sunday Times, 10. Oktober 1965, nach: Ryder, Richard D: *The Struggle against Speciesism,* in: Paterson, David und Ryder, Richard: *Animal Rights – a Symposium,* Fontwell, Sussex, 1979, S.10, Garner, 1998a, S.150.

teressen.[1060] Um den Graben zwischen den Spezies überbrücken zu können, bedurfte es einer potentiell weit greifenderen Tierethik und einer konsequenteren Tierrechtspolitik.

Eine solche Entwicklung war angesichts der Gräueltaten von Menschen an Menschen in den Weltkriegen, besonders im Hinblick auf die Schlacht an der Somme 1916 und der Shoah, noch nicht denkbar. Es bedurfte also eines zeitlichen Abstands, um erneuerte und substanziellere Tierrechtskonzepte zu denken und den Versuch zu wagen, sie umzusetzen. Weiterhin brauchte es des Beweises, dass es durchaus Alternativen zu Tierprodukten gab und medizinische Forschung sich beispielsweise durch in vitro Verfahren verwirklichen ließ. Diese Entwicklung zeichnete sich jedoch erst ab den 1970ern ab.[1061] Zuvor dominierte ein Forschungsbegriff, der auf einen *‚hit-and-miss'* Ansatz hinauslief und zu Rekordzahlen von über 5 Millionen Versuchstieren im Jahr 1975 führte.[1062] Die rasant ansteigende Nachfrage nach Medikamenten durch die Arzneimittelkostenfreistellung mit Etablierung des National Health Service 1948 sowie die Etablierung größerer chemischer Versuchslabors und multinationaler Chemie- und Pharmakonzerne wie Unilever oder ICI Mitte der 1960er, deren Absatzmärkte ständig wuchsen, verlangten nach immer mehr Produkten, die an Tieren getestet wurden.[1063]

Die Argumentation, dass sich die zweite Tierrechtsbewegung gerade in der Frage der Antivivisektion von ihrer Vorgängerin etwa in der Annahme zu distanzieren suchte, ihr sei es ausschließlich um die Vermeidung *‚unnötigen'* Leids gegangen und dass sie aus diesem Grund dieses Problemfeld nicht mehr wirkungsvoll genug zu besetzten vermochte, ist jedoch in der Begründung ahistorisch. Hier wird ignoriert, so resümiert Elston ganz richtig, dass es der historischen Bewegung in ihren Kampagnen gleichsam um die Konsequenzen für den Menschen und das Schicksal der Tiere ging. Die Bewegung bediente sich ja geradezu der Angst der Bevölkerung vor einer materialistisch orientierten Medizin. Es muss vielmehr festgestellt werden, dass die neue Kritik am Tierversuch mit der generellen zeitgenössischen Wahrnehmung medizinischer Forschung zusammenfiel, die von Colin Dollery als Endes des Zeitalters des Optimismus gegenüber der Medizin beschrieben wurde.[1064] Sich dieser Unsicherheit bedienend, nahm sich also die neue Tierrechtsbewegung

---

1060 Damit soll nicht behauptet werden, diese Fortschritte hätten nicht auch auf anderen Methoden medizinischer Forschung aufbauen können.

1061 Ryder, 1996, S.172.

1062 Scottish Society for the Prevention of Vivisection, Annual Review, 1982, S.33.

1063 Marwick, Arthur: *British Society since 1945*, vierte Ausgabe, London u.a., 2003, S.6, 34, 84, 260.

1064 Elston, Mary Ann: *Victorian Values and Animal Rights*, in: New Scientist, Vol. 134, Nr.1822, Mai 1992, S.28ff.

unbewusst einer Rhetorik an, die sich bereits zuvor als wirksam gezeigt hatte, sich aber erst in neuen öffentlichen Diskursen über potentielle Gefahren medizinischer Forschung Gehör verschaffen konnte. Somit reflektierten sowohl die erste als auch die zweite Tierrechtsbewegung zunehmende soziale Ängste in Bezug auf wissenschaftliche und technologische Transformationsprozesse.[1065]

6.5 Sozialstruktur der Bewegung

Die soziale Konstitution der Tierrechtsbewegung bzw. Antivivisektionsbewegung war in den letzten 100-130 Jahren einer signifikanten Verschiebung und Veränderung unterworfen, wie Rupke richtig heraushebt.[1066] Diese strukturellen Veränderungen vollzogen sich jedoch zunächst schleichend. Auch zwischen und nach den Weltkriegen dominierten *'betitelte'* Personen in der öffentlichen Wahrnehmung die Tierschutz- und Antivivisektionsgruppen, während die Mitgliedermehrheit sich aus der Mittelschicht rekrutierte. Die Duchess of Hamilton and Brandon fungierte etwa als Vorsitzende der ADAVS. Air Chief Marshal Lord Dowding (1882-1970) konnte als *'Held'* der *'Battle of Britain'* nicht nur dem Patriotismus genügen, sondern auch seinen gesellschaftlichen Einfluss für die Thematisierung tierschützerischer Anliegen nutzen. Er bediente sich seines Sitzes im Oberhaus, um, wenn auch wenig erfolgreich, auf die moralischen Implikationen von Tierversuchen aufmerksam zu machen.[1067] Dowdings Frau Muriel (1908-1993) war die treibende Kraft hinter seinem Engagement. Nicht nur startete sie 1952 die Kampagne und Firma *'Beauty without Cruelty'*, die tierproduktfreie Kosmetikartikel ohne Tierversuche sowie falsche Pelze vermarktete. Sie war darüber hinaus Präsidentin der NAVS. Unter ihrer Leitung wurden sowohl Versuche unternommen, BUAV und NAVS wieder zusammenzuführen,[1068] als auch eine gemeinsame Stiftung einzurichten. Diese Stiftung bot Forschungen, die auf Tierversuche verzichteten, finanzielle Unterstützung. Der daraus resultierende Lawson Tait Memorial Fund nahm 1961 seine Arbeit auf.[1069] Nach erneuten Unstimmigkeiten mit der BUAV zog sich die NAVS aus dem Projekt zurück und gründete ihrerseits 1973 den Air Chief Marshal the Lord Dowding Fund for Humane Research.

1065 Jamison, Wesley V. und Lunch, William, M.: *Rights of Animals, Perception of Science, and Political Activism: Profile of American Animal Rights Activists*, Science, Technology, & Human Values, Vol. 17, Nr.4, Herbst 1992, S.441.

1066 Rupke, 1987, S.11.

1067 Dowding, Muriel: *Beauty – not the Beast, An Autobiography by Muriel, the Lady Dowding*, Jersey, 1980, S.153ff.

1068 1959 scheiterte ein Vereinigungsversuch an *'finanziellen Hindernissen'*, 1961 an *'organisatorischen'*. Hopley, 1998, S.65.

1069 Dowding, 1980, S.180.

Dass die stratifikatorischen Änderungen innerhalb der Tierschutzbewegung wie auch gesamtgesellschaftlich durchaus problematisch für die Organisation von Gruppen sein konnten, wird an einem Appell der BUAV für freiwillige Helfer von 1949 deutlich:

> *„The leisured class in Britain has sunk to very small proportions. Even so, there must still be plenty of people with some time to spare; and the Executive Committee earnestly appeals to members to offer active help to Branches."*[1070]

Dieser Mangel an *‚geeigneten'* AktivistInnen wurde folglich für den Rückgang des Einflusses der Bewegung verantwortlich gemacht. Die Versuche, die Arbeiterklasse in die Bewegung einzubinden wurden seit der Auflösung der Humanitarian League nicht mehr ernsthaft verfolgt. Die in der Mitgliedschaft dominierende Mittelschicht blickte lieber auf die hierarchisch Übergeordneten. Ähnliches lässt sich auch für die vegetarische Bewegung feststellen, die ja zuvor von der Arbeiterklasse sogar dominiert worden war. Die Idee des Vegetarismus verlor den Funken an Progressivität, der ihr zuvor angehaftet hatte und wurde zu einer durch und durch von der Mittelschicht geprägten Angelegenheit.[1071]

Insgesamt konnte der in der Literatur beschriebene Bruch der Bewegung nach 1915 in seiner beispielsweise von Ryder formulierten Absolutheit nicht nachvollzogen werden.[1072] Diese Annahme kann jedoch in der häufig durchgeführten Gleichsetzung von Antivivisektionsbewegung und Tierrechtsbewegung begründet liegen. Weitaus hilfreicher erscheint mir hier der Verweis auf die Theorie zyklischer Erscheinung sozialer Bewegungen.[1073] Auch die Frauenrechtsbewegung war diesen *‚Wellen'* unterworfen.[1074] Die neue Tierrechtsbewegung muss daher vielmehr als ideologische Erbin der Bewegung des 19. und frühen 20. Jahrhunderts betrachtet werden, auf deren Wirken sie teils unbewusst, teils bewusst aufbaute. Dabei rekurrierte sie auf ihre Vorgängerbewegung mitunter sowohl historisch verklärend als auch historisch verkennend. Nicht nur wurde nämlich das Bild einer *‚Nation of Animal Lovers'* beschworen, der es nur aus widrigen Umständen bis dato noch nicht gelungen sei, ihre Tierliebe effektiv und als Vorbild für andere Nationen umzusetzen, auch ihre historischen ProtagonistInnen wurden zu *‚Heiligen'* stilisiert und damit historisch entkontextualisiert.

1070 BUAV Annual Report, 1949, S.16.

1071 Spencer, 1995, S.336.

1072 Vgl. Ryder, 2000, S.142.

1073 Brand, 1990, S.25ff; Tarrow, Sidney: *Democracy and Disorder*, 1989, nach: Byrne, 1997, S.15.

1074 Byrne, 1997, S.8, 121.

Wenn man den Erfolg der historischen ersten Tierrechtsbewegung anhand der Nachwirkung messen möchte, die sie auf das Mensch-Tier-Verhältnis und den gesellschaftlichen Miss- und Gebrauch von Tieren insgesamt hatte, muss man ihn als gering einstufen. Dies lässt sich anhand der Betrachtung der Zunahme von Tierversuchen von einigen Hundert im 19. Jahrhundert zu mehreren Millionen in den 1970er Jahren sowie der Entstehung der modernen Massentierhaltung nachvollziehen, wo, trotz einer gesellschaftlich durchgesetzten Absage an das cartesianische Modell, Tiere wie Automaten behandelt werden. Dennoch vermochte sie, grundlegende Fragen in den öffentlichen Diskurs einzubringen und Methoden und Organisationsformen zu schaffen, die von der zweiten Bewegung aufgegriffen und adaptiert werden konnten. Diese Methoden waren schon in der historischen Bewegung variantenreich und trugen bereits damals, entgegen landläufiger Meinung, ein militantes Potential in sich.

Ein Unterschied zwischen erster und zweiter Tierrechtsbewegung manifestierte sich u.a. in dem Glauben an die Verwirklichung der Utopie. Die noch stark religiös bzw. durch Aufklärung geprägte historische Tierrechtsbewegung glaubte an die Perfektibilität des Menschen im Sinne Percy Shelleys, also an die Veränderung durch Entwicklungen. Henry Salt spekulierte optimistisch auf die Weiterentwicklung der Zivilisation, in der das Tier irgendwann den *‚Fesseln der Unterdrückung'* entkommen würde. Die Wahl der Methoden konnte deshalb gleichermaßen abolitionistisch und pädagogisch orientiert sein.[1075] Die Sichtweise der zweiten Tierrechtsbewegung war hingegen eine andere. Allein durch Taten würden Veränderungsprozesse stattfinden, so die gängige Meinung, denn *‚Action speaks louder than words'*. Das von den AktivistInnen geteilte pessimistische Menschenbild musste daher nahezu zwangsläufig in politischer Radikalisierung münden. Weitere signifikante Divergenzen zwischen erster und zweiter Tierrechtsbewegung sind Gegenstand der folgenden Kapitel.

[1075] Humanity, Nr.2, April 1895, S.2.

Teil II: Zweite Tierrechtsbewegung

Die Tierrechtsbewegung und ihre grundlegenden Ideen hatten sich also etabliert, auch wenn sie prozessualen Veränderungen unterworfen waren. Im Rekurs auf diese Ausgangsannahme wird sich der zweite Teil der Arbeit mit der Weiterentwicklung der Bewegung beschäftigen. Das erste Kapitel nimmt sich der politischen und sozialen Inspiration für das Wiedererstarken der Tierrechtsbewegung an, gefolgt von der Illustration der philosophischen Neuüberlegungen, die im zweiten Kapitel vorgestellt werden. Die insgesamt festgestellte Radikalisierung der Bewegung wird im dritten Abschnitt beschrieben. Das vierte Kapitel wird sich mit den äußeren Merkmalen der Bewegung befassen, wobei im ersten Abschnitt das Methodenrepertoire der Bewegung erarbeitet wird – insbesondere in Hinblick auf Weiterentwicklungen im Vergleich zur ersten Tierrechtsbewegung. Das Gleiche gilt für die im zweiten Abschnitt beschriebenen Wandlungen in der Organisationsform. Kapitel Fünf und Sechs thematisieren die Sozialstruktur der Bewegung und werden sich, analog zum ersten Teil, mit geschlechter- und klassenspezifischen Aspekten der Bewegung befassen. Kapitel Sieben überprüft den Zusammenhang zwischen Tierrecht und Nation im Bezug auf die Selbstverständigung der *‚Nation of Animal Lovers'*. Das Aufkommen einer Märtyrerhuldigung ist Bestandteil von Kapitel Acht bevor das letzte Kapitel Neun, wie bereits im ersten Teil, die britische Bewegung in einen internationalen Vergleich stellt.

1. Inspiration der zweiten Tierrechtsbewegung

Die fünfziger Jahre waren kulturell wie sozial von schleichender Auflösung traditioneller englischer Gesellschaftsvorstellungen geprägt. Die *‚Angry Young Men'* etwa versuchten, die Literatur zu revolutionieren und wieder für Sozialkritik zu öffnen.[1076] Jedoch zeigten sich erst in den 1960ern konkrete Möglichkeiten auf, aus der Infragestellung gesellschaftlicher Verhältnisse neuartige Sozialbewegungen wachsen zu lassen. Jimmy Porters Aussage in John Osbornes Drama *‚Look back in Anger'* (1956) *„There aren't any good, brave causes left"*[1077] wurde als Aufforderung betrachtet, den Beweis des Gegenteils anzutreten. Dieser Aufforderung folgte zunächst die neue Friedensbewegung. Insbesondere die 1958 gegründete Campaign for Nuclear Disarmament (CND) avancierte zum Brennglas der Kritik an hochtechnisierten Gesellschaften. *‚Die Bombe'*

1076 Allsop, Kenneth: *The Angry Decade, a survey of the cultural revolt in the nineteen-fifties*, London, 1964, S.17; Taylor, John Russell (Hg.): John Osborne: *Look back in Anger*, Basingstoke, 1968, S.14.

1077 Osborne, John: *Look back in Anger*, London, 1958, S.84.

stand als Sinnbild für die negativen Auswirkungen gesellschaftlicher Modernisierungsprozesse. Damit stand CNDs Inspiration in der Tradition antimoderner Anstoßmomente in der zyklischen Erscheinung Sozialer Bewegungen, wie Brand sie definiert hat.[1078] CNDs Argumentationen waren noch im Moralischen verhaftet,[1079] genau wie die der bis Anfang der 1960er stagnierenden Tierrechtsbewegung. Vielleicht machte gerade dies ihr Erfolgspotential aus. Immerhin galt CND als größte *single-issue* Gruppe der Zeit und vermochte mehr Menschen zu mobilisieren als jede andere Bewegung.[1080] Die sich progressiv gebenden PhilanthropInnen der *,radical middle-class'*,[1081] von der die Proteste zunächst dominiert waren, wurden daher von einer im Entstehungsprozess befindlichen *,Neuen Linken'* als essentiell konservativ gebrandmarkt.[1082] Ihre auf viktorianischen Werten und Zuschreibungen basierenden sozialen Konventionen wurden jedoch ab den späten 1950ern unterhöhlt und gesellschaftspolitischen Transformationen unterzogen.[1083] Trotz weitgehender Reformprozesse und Verstaatlichungsprogramme sowie dem Ausbau des so genannten Wohlfahrtsstaates durch die von Clement Attlee geleitete Labourregierung wurde diese Zeit als Konsensphase bezeichnet. Dies war deshalb verwunderlich, als dass die Konservativen in jedem staatlichen Eingreifen eine Gefahr für den freien Markt sahen.

Dennoch gab es bereits Anstöße für Reformbestrebungen im außerparlamentarischen Sektor.[1084] Fundamentale Veränderungen fanden jedoch erst mit der Aufkündigung dieses forcierten gesellschaftspolitischen Konsenses statt, der auch durch Entkolonialisierungsprozesse und Im-

---

1078 Brand, 1990, S.29.

1079 Green, Jonathan: *All dressed up, The Sixties and the Counter Culture*, London, 1998, S.13.

1080 Byrne, 1997, S.88.

1081 Sinfield, Alan: *Literature, Politics and Culture in Postwar Britain*, London u.a., 2004, S.270; Parkin, Frank: *Middle Class Radicalism, The Social Base of the British Campaign for Nuclear Disarmament*, Manchester, 1968, S.99. Die Existenz einer solchen *,radikalen Mittelschicht'* wurde in der soziologischen Forschung nicht einvernehmlich akzeptiert, sondern war Gegenstand wissenschaftlicher Diskussion. Vgl. Savage, Mike; Barlow, James; Dickens, Peter und Fielding, Tony: *Property, Bureaucracy and Culture: Middle-Class Formation in Contemporary Britain*, London u.a., 1992, S.187. Roger King weist zudem zu Recht darauf hin, dass der Terminus der Mittelschicht stratifikatorisch unsauber ist. Sie setze sie sich aus Individuen mit unterschiedlichsten ökonomischen Interessen zusammen, deren einzige Gemeinsamkeit er in dem wachsenden Willen konstatiert, sich außerhalb des Parteiensystems zu organisieren. King, Roger: *The Middle Class in Revolt?*, in: King, Roger und Nugent, Neill: *Respectable Rebels, Middle Class Campaigns in Britain in the 1970s*, London u.a., 1979, S.2.

1082 Dieser Trend setzte sich fort. Der Thatcherismus etwa war geprägt durch die Unterstützung einer Mittelschicht, die sich vormals mit ihrer progressiven Ausrichtung gebrüstet hatte. Marwick, 2003, S.172.

1083 Ibid., S.113.

1084 Thompson, Edward P. und Saville, John: *Beyond the Bomb*, New Reasoner, Frühjahr 1958, in: Widgery, David: *The Left in Britain 1956-68*, Harmondsworth, 1976, S.124f.

migration aus Staaten des ehemaligen Empires verstärkt wurde, also mit sozialen Umstrukturierungen innerhalb der britischen Gesellschaft einherging.[1085] Aufzuzeigen, inwieweit diese Transformationsprozesse sich generell auf die Entwicklung Sozialer Bewegungen und deren spezifische neue Erscheinungsform ausgewirkt haben, kann in dieser Arbeit nicht geleistet werden. Jedoch soll dargestellt werden, welche gesellschaftspolitischen Akteure hier eine Rolle vor allem in Bezug auf die sich neu etablierende Tierrechtsbewegung spielten und welche Möglichkeiten der Interaktion die neuen Bewegungen entwickelten. Die Bezugrahmen und Inspirationsquellen, die gerade die Friedens-, Studierenden- und Alternativbewegung der 1960er darstellten, widersprechen deutlich der in der Literatur formulierten These, die Tierrechtsbewegung habe sich alleinig durch die Entwicklung der moderndenTierethik ab den frühen 1970ern neu konstituiert.[1086] Auch die Vermutung, dass dies auf die politische Verweigerungshaltung der Parteien, sich der Thematik adäquat anzunehmen zurückzuführen sei, kann nur bedingt überzeugen.[1087] Vielmehr ist nachweisbar, dass gesellschaftliche Umbrüche, angeregt durch zahlreiche Protestbewegungen und deren neuartige Organisations- und Handlungspotentiale, primäre Anregungspunkte waren, die allerdings durch eine neue Tierrechtsphilosophie Ergänzung fanden. Zudem bedurfte nach der stetigen Fragmentierung und schließlichen Auflösung des Empires und dem Verlust des Status als Kolonial- und Weltmacht auch das nationale Selbstwertgefühl der BritInnen scheinbar anderweitige Bestätigung. Die Tatsache, als Siegermacht aus dem Zweiten Weltkrieg hervorgegangen zu sein, konnte das nationale Gemüt nicht für immer zufrieden stellen.[1088] Eine Möglichkeit, mit der sich diese Lücke der nationalen Bedeutsamkeit schließen ließ, lag erneut in der Betonung auf den zivilisatorischen Sonderstatus und der Vorbildfunktion, die Großbritannien für sich in Anspruch nahm. Gerade CND wollte durch ihren Protest gegen atomare Bewaffnung als moralisches Aushängeschild ein Zeichen für eine friedfertige, zivilisierte Gesellschaft setzen, dem die Welt folgen sollte.[1089] Und auch der Tierschutz sollte eine solche Funktion übernehmen können.

1085 Diese Konsensaufkündigung orientierte sich zumeist auch an der präferierten politisch-ökonomischen Strategie. Vgl. etwa Marquand, David: *The Decline of Post-war Consensus*, in: Gorst, Anthony; Johnman, Lewis und Lucas, W.Scott: *Post-war Britain, 1945-64*, London u.a., 1989, S.1ff.

1086 Vgl. Garner, Guither, abgeschwächt auch Ryder.

1087 Vgl. Garner, Robert: *Defending Animal Rights*, in: Parliamentary Affairs, 1998, S.458.

1088 Marwick, 2003, S.76, Vgl. auch: Kumar, Krishan: *The Making of English National Identity*, Cambridge, 2003, S.235.

1089 Parkin, 1968, S. 106; Morgan, Kenneth O.: *The People's Peace, British History 1945-1989*, Oxford u.a., 1990, S.181.

1.1 Friedens- und Antiatombewegung

Die 1960er und 70er Jahre waren zweifellos geprägt von einer Atmosphäre der Dringlichkeit und einem Gefühl der Ungeduld, das Reformwillige verspürten. Einher ging diese Ungeduld mit einer steigenden Sorge um den Erhalt der natürlichen Umwelt. Für Teile der zweiten Tierrechtsbewegung sollte radikaler Tierschutz auch eine Art Kultur- und Zivilisationskritik an fortgeschrittenen Industriegesellschaften mit ihrem übertriebenen Materialismus und exzessiven Konsumverhalten darstellen. Damit teilte sie Ideen der *‚Neuen Linken'*, die dem Vormarsch der Technologie, anders als die traditionelle Linke, kritisch gegenüber stand und sich für weit reichende kulturelle Veränderungen einsetzte.[1090] Die Protestbewegungen der 1960er und 1970er hinterfragten grundlegende Aspekte moderner Gesellschaften: Den uneingeschränktem ökonomischen Wachstum als politische Zielsetzung, die uneingeschränkte Nutzung von Wissenschaft und Technologie und den Variantenreichtum gesellschaftlicher Unterdrückungsmechanismen.[1091] Die Auseinandersetzung mit den Folgen menschlichen Verhaltens auf Natur- und Tierwelt avancierte langsam aber stetig zum Bestandteil öffentlicher Debatten. Bilder einer zerstörten Natur als Folgen möglicher atomarer Katastrophen stellten Verbindungslinien zwischen CND und Umwelt- und Tierschutzgruppen her.[1092] Donald Soper (1903-1998), methodistischer Geistlicher und ein führendes Mitglied von CND, der für die Labour Party 1964/1965 im Greater London Council (GLC) und ab 1965 im House of Lords vertreten war, äußerte sich beispielsweise als entschiedener Vivisektionsgegner. Weiterhin war er als Pazifist bereits seit 1937 in der Peace Pledge Union aktiv. Hieraus resultiere auch seine resolute Ablehnung der Jagd. Von 1967 an bis zu seinem Tod übernahm er die aktive Präsidentschaft der League against Cruel Sports. Dass die Verbindung zur Friedensbewegung sich als fruchtbar erweisen konnte, hatte bereits Lind-af-Hagebys diesbezügliches Engagement gezeigt. Durch diese Verknüpfung gelang es der Tierrechtsbewegung, im öffentlichen Diskurs präsent zu bleiben und letztlich den Sprung ins neue Zeitalter zu vollziehen.

Die Fraktion der Friedensbewegung um das 1957 gegründete Emergency Committee for Direct Action against Nuclear War (kurz Direct Action Committee, DAC) und später das Committee of 100 (gegründet 1960) trat darüber hinaus, anders als CND, in der Erprobung gewaltloser *‚Direkter Aktion'* hervor und sollte damit Vorbildfunktion für zahlreiche Gruppen der nächsten Dekaden haben. Sie schnitt hierdurch die Diskus-

---

1090 Green, 1998, S.238.

1091 Jasper, 1999, S.70.

1092 Morgan, 1990, S.182.

sionen um Legalität und Illegalität bestimmter Aktionsformen und moralisch gerechtfertigtem Gesetzesbruch an. Die Friedensbewegung kann auch in ihrer Praktizierung des zivilen Ungehorsams als Inspirationsquelle für die zweite Tierrechtsbewegung betrachtet werden. So richtete der ehemalige konservative Abgeordnete Howard Johnson, Vorstandsmitglied der LACS, 1963 einen Appell an die Gruppe:

> *„I have a vision in the coming stag and foxhunting season of whole numbers of you sitting in the roadway at meets of the hunt doing exactly what the anti nuclear demonstrators do."*[1093]

Auch die Gruppe um die seit 1936 erscheinenden *Peace News* ist als ein Bindeglied der sich überlappenden Friedens- und Alternativbewegung mit *‚radikal-pazifistischen'* bzw. *‚gewaltlos-anarchistischen'* Positionen zu betrachten,[1094] die als Ausgangsbasis für neuere Netzwerke fungierte. Ronnie Lee, Mitbegründer der Animal Liberation Front, sah sich lange Zeit ihrer Tradition verpflichtet.[1095] *Peace News* nahm das Thema Tierschutz/ Vegetarismus und Tierrechte als festen Bestandteil ihrer Berichterstattung auf, stellte der Animal Liberation Front später sogar eine Infrastruktur zur Verfügung. Gerade die Waffen herstellende Industrie entwickelte sich zum gemeinsamen politischen Gegner von Friedens- und Tierrechtsbewegung. Die experimentelle Militäranlage bei Porton Down, das Microbiological Research Establishment (MRE), wurde zum Kristallisationspunkt des Protestes gegen die *‚kriegstreibende'* und *‚tierausbeutende'* Industrie.[1096] 1954 organisierte die BUAV ihre erste große Protestaktion gegen Porton Down, wo Tierversuche vor allem in der Giftgasentwicklung durchgeführt wurden.[1097] An diesem Protestschauplatz vermochte sich die Tierrechtsbewegung nebst CND auch die Unterstützung der Studierendenbewegung zu sichern, die ihren Protest gegen den Vietnamkrieg kundtaten.[1098] Spezielle Aktiven-Camps, thematisierten die von ihnen kritisierten Versuche an Menschen und Tieren zur Entwicklung chemischer Kampfstoffe und zeigten damit, dass sich die Koalition von Tierrechts- und Friedensbewegung auch weiterhin als fruchtbar er-

---

1093 Daily Telegraph, 15. Mai 1963, zitiert nach: HSA: The History of the Hunt Saboteurs Association, 2004.

1094 Murphy, Detlef: *Von Aldermaston nach Greenham Common, Politischer Protest und neue soziale Bewegungen in Großbritannien*, in: Brand, 1985, S.171.

1095 Ronnie Lee, Persönliches Gespräch, 4. Oktober 2004. Zu Lee, vgl. Teil III. Kap.2.

1096 Anti-Vivisectionist, Vol. 68, Nr.3, Mai/Juni 1967, S.184; Anti-Vivisectionist, Vol. 69, Nr.6, November/Dezember 1968, S.63.

1097 Hopley, 1998, S.70.

1098 Caute, David: *Sixty-Eight, The Year of the Barricades*, London, 1988, S.303; Widgery, David: *The Left in Britain 1956-68*, Harmondsworth, 1976, S.473.

wies. Noch 1983 bestand beispielsweise ein *,Porton Down Women's Camp for Peace and Animal Liberation'.*[1099]

Allerdings war gerade auch die Friedensbewegung zyklischen Schwankungen unterworfen. Sie blühte nach einem Fall in die relative Bedeutungslosigkeit in den 1970ern erst ab den 1980ern wieder auf. Zumindest kann dies für ihre größte Vertretergruppe, die CND, gesagt werden.[1100] CND markierte dennoch die nachhaltige Transformationsphase in der Sozialstruktur von Sozialen Bewegungen. Noch deutlich geprägt von VertreterInnen der Ober- und Mittelschicht stand CND in der Tradition des liberalen Humanismus, deutete jedoch schon die Option größerer partizipatorischer Freiheiten und demokratischer Strukturen an, die ab den 1960ern bestimmend wurden.[1101] Diese Transformationsphase machte sich außerdem im Handlungsrepertoire bemerkbar. So waren die frühen CND-Demonstrationen deutlich durch ihren ordnungsgemäßen Ablauf gekennzeichnet, der die Respektabilität der TeilnehmerInnen unterstreichen sollte. Dagegen waren die studentisch dominierten Proteste gegen den Vietnamkrieg Ende der 1960er von Elementen des offenen Straßenkampfes mit der Staatsmacht geprägt.[1102] Dieser Übergang war allerdings nicht plötzlich. Vielmehr markierte er die allmähliche und kontinuierliche Veränderung in der Sozialstruktur der Sozialen Bewegungen insgesamt, durch die maßgeblich auch die Tierrechtsbewegung gekennzeichnet war. Gerade in der Antivietnamkriegsbewegung, wie in der Schwulen-, Studierenden- und Frauenbewegung, wurden darüber hinaus *,anti-establishment attitudes'* entwickelt; ein Erbe anarchistischer Kritik an Hierarchien, mittels derer sich auch neue Utopien entwickeln ließen.[1103] Diese führten dazu, dass sich bewusst von traditionellen Organisationsformen der meisten alten Sozialen Bewegungen abgewendet wurde.[1104]

1099 Liberator, März/April 1983. Vgl. auch: Animals' Defender, September/Oktober 1984, S.84, Peace News, Nr.2115, 2. März 1984, S.5. Allerdings gab es auch Gegenstimmen. Als in Animal Aids Magazin Outrage! gemeinsame Kampagnen von CND und Animal Aid vorgeschlagen wurden, da viele Animal Aid Mitglieder mit CND sympathisierten, reagierten LeserInnen mit entschiedener Kritik. Animal Aid solle überparteilich bleiben. Eine Unterstützung von CND würde sie hingegen offensichtlich als politisch links einordnen. Vgl. Outrage!, Nr.18, Januar/Februar 1982, S.9.

1100 Murphy, 1985.

1101 Marwick, 2003, S.96.

1102 Bloom, 2003, S.458f; Ali, Tariq: *Street Fighting Years, Autobiographie eines '68ers*, Köln, 1998, S.148ff. Als die CND Führung auf zu enge Kontakte zur Labour Party bestand, kam es zu Abspaltungen und Radikalisierungstendenzen. Vgl. Green, 1998, S.20f.

1103 Roseneil, 1995, S.20.

1104 Dalton, Kuechler und Bürklin, 1990, S.14.

1.2 Die Studierendenbewegung

Die Studierendenbewegung trat in Großbritannien ab 1966 erstmals an der London School of Economics (LSE) mit Protesten gegen deren Personalpolitik in Erscheinung. Dort hatte man Walter Adams, zuvor Universitätsrektor in der unter weißer Minderheitsdiktatur stehenden Kolonie Rhodesien, zum Präsidenten ernannt. Die Studierendenbewegung stellte gesellschaftliche Verhältnisse mit einer umfassenden Ideologiekritik in Frage, entdeckte für sich alte Formen politischen Widerstands wieder und entwickelte neue Methoden des Protestes. Obgleich die Studierendenbewegung relativ schnell wieder verebbte bzw. in Großbritannien niemals zu einer Massenbewegung werden konnte – auch aufgrund mangelnder Studierendenzahlen – gelang es ihr doch, als Marker für eine neue Welle sozialen Wandels zu fungieren.[1105] Gerade in ihrer Ablehnung hierarchischer Organisationsmodelle und der Etablierung informeller Netzwerke bot sie sich als Orientierungsmodell für andere Sozialbewegungen an.[1106] In ihren Zielen, sich in Vorbereitung der *‚Revolution'* mit der Arbeiterklasse zusammenzutun, scheiterten sie jedoch genauso wie die Studierendenbewegungen auf dem Kontinent. Nicht nur wurde sie von der konservativen und klassenbewussten Arbeiterschaft als Ausbund bürgerlicher Sozialisation und Herkunft diskreditiert, sondern als *‚gefährliche Rote'* angefeindet.[1107] Von besonderer Bedeutung ist die britische Studierendenbewegung jedoch, da sie als Erbin des konsensorientierten Wohlfahrtstaates dessen *‚repressive Toleranz'* nachhaltig in Frage stellte, die gerade an Universitäten herrschte.[1108] Damit erteilte sie der auf Kompromiss ausgelegten Politikform endgültig eine Absage. Sie öffnete den Weg für andere Bewegungen, die eine radikale Herausforderung an Staat und Gesellschaft anvisierten.

Besonders inspiriert durch den Protest, der Hierarchie in Frage stellte, zeigte sich die Antijagdbewegung. Bereits 1963 hatte sich eine Gruppe von JagdgegnerInnen von der sich auf politischen Kompromiss und Gemäßigtheit orientierten LACS abgespalten und die Hunt Saboteurs Association (HSA) gegründet.[1109] Nicht nur die Hierarchie wurde von

---

1105 Obgleich, so sei angemerkt, das vormals stark elitäre britische Universitätssystem in den 1960ern eine gravierende Ausweitung erfuhr.

1106 Byrne,1997, S.33. Allerdings waren nicht alle studentischen Gruppen antihierarchisch organisiert. Einige orientierten sich stark an leninistischer Doktrin einer straff organisierten revolutionären Speerspitze. Auch die Netzwerkbildung gestaltete sich aufgrund weit verbreiteter politischer Splitterungen und Grabenkämpfe mitunter mühsam.

1107 Green, 1998, S.243.

1108 Morgan, 1990, S.294.

1109 Die HSA gibt an, dass der damalige LACS Vorsitzende Raymond Rowley die HSA mitbegründete, um zweigleisig fahren zu können, dass heißt das Potential für milideren AktivistInnen in Frage gestellt, sondern auch in der Methodenfrage wollten die JagdsaboteurInnen sich anderweitig orientieren. *,Direct Action'* war das Gebot der Stunde und dem folgte auch die HSA. Sie fing an, direkt in das Jagdgeschehen einzugreifen und sich zwischen Meute und Beute zu stellen. Im Folgenden organisierte sie, inspiriert durch entsprechende Aktionen der Studierenden, *,Sit-ins'* bei Zusammenkünften der British Field Sport Society (BFSS), dem Lobbyverband der JägerInnen.[1110]

Die Neuen Sozialen Bewegungen, allen voran die Studierendenbewegung, brachten also neue Handlungsformen hervor. Sie demonstrierten sowohl die Möglichkeit für deren Anwendung, als auch Erfolge in der Erlangung öffentlicher Aufmerksamkeit. Für die zweite Tierrechtsbewegung hatten sie Vorbildcharakter. Die Umorientierung in der Methodenfrage ging mit einer deutlichen Verjüngung des Protestes einher, die sich ganz besonders in der Tierrechtsbewegung, aber auch in anderen Protestbewegungen deutlich bemerkbar machte. Manche Kommentatoren veranlasste diese Verjüngung dazu, von einer regelrechten *,youth revolt'* zu sprechen.[1111] HSA-Mitbegründer Dave Wetton beobachtete:

> *„It was a good time when the hippy period came along. You could more or less set out your own agenda. There was this feeling too that the young had much more of a say in these things – a sense that if you feel it is the right thing to do you should go and do it."*[1112]

Die von dieser *,Jugendrevolte'* getragene *,counter culture'* vereinigte die Kämpfe gegen Technisierung, das nukleare Zeitalter, die Kolonialkriege, US-amerikanische Militäreingriffe in Vietnam etc. und setzte ihre eigenen Ideale von freier Liebe, Harmonie zwischen den Geschlechtern bzw. Mensch und Natur dagegen. Dies ging einher mit einer Renaissance ganzheitlicher Gesundheitsmaxime in deren Zug der Vegetarismus wieder populär wurde.

> *„It was a radical period to be in, that part of the sixties – anti-Vietnam war, The Beatles and so on. We were very much part of that questioning, anti-establishment spirit."*[1113]

Wettons Bericht zeugt von einer aktiven Teilhabe der Tierrechtsbewegung an den kulturellen Veränderungsprozessen, die von den Sozialen Bewegungen der 1960er angestoßen wurden. Sie erlangte Aufmerksam-

---

tanten Widerstand zu kanalisieren. Vgl. HSA: The History of the Hunt Saboteurs Association, 2004.

1110 Dave Wetton, Vortrag, 10. September 2004.

1111 Morgan, 1990, S.292.

1112 Dave Wetton zitiert nach: Gold 1998, S.88.

1113 Ibid..

keit. Die HSA bekam schnell öffentliche Beachtung vor allem durch die gewalttätigen Reaktionen der Jäger und deren Gefolgsleute auf ihre *,Direkten Aktionen'*. Doch auch andere Teile der Tierrechtsbewegung wurden beeinflusst. 1969 vereinigte sich beispielsweise die Vegetarian Society in Manchester mit der Londoner Gruppe, um neues Potential für sich nutzbar zu machen und um ihr Mitgliederkontingent effektiver aufstocken zu können.

Ganz besonders galt der Innovationsschub, den die gesellschaftlichen Transformationsprozesse mit sich brachten,, für die Antivivisektionsgruppen, vor allem der BUAV. Die Anzahl ihrer Mitglieder stieg rapide an, von ca. 2000 im Jahr 1966 auf 20 000 im Jahr 1980.[1114] Das eher zeremonielle Amt des Präsidenten/der Präsidentin wurde abgeschafft und durch ein von den Mitgliedern gewählten Rat ersetzt. Dies ging mit einer deutlichen Radikalisierung der Gruppe einher, die sie auch Sympathien für den militanten Flügel um die Band of Mercy/ALF bekunden ließ. Diese Inspirationswelle führte zudem zum Erstarken traditioneller Tierschutzvereine, wie der RSPB. Deren Mitgliederzahlen verzehnfachten sich zwischen Mitte der 1960er und 1985 von 38 000 auf 380 000 und auf nahezu eine Million im Jahr 1997.[1115] Die LACS verdreifachte ihren Mitgliederstamm von 6000 in den 1950er Jahren auf 15 000 im Jahr 1989 und auch die Mitgliederzahl der Vegetarian Society stieg um 20%.[1116] Zahlreiche neue Gruppen gründeten sich, die meisten und größten davon im Bereich Tier- und Umweltschutz,[1117] und vermochten nahezu jeden Bereich tierlichen Missbrauchs abzudecken.

Die zweite Frauenbewegung, die in Großbritannien etwa ab 1968 aktiv und sichtbar wurde, war ebenfalls auf dieser kulturellen Ebene von Relevanz. Dass das Persönliche eine politische Dimension besitzt, kann als signifikante Erkenntnis des modernen Feminismus betrachtet werden. Kämpfe um die Errichtung persönlicher Freiräume und das Recht auf Entscheidung über den eigenen Körper, das sich etwa in der Forderung eines Rechtes auf Schwangerschaftsabbruch manifestierte, gehörten zu den fundamentalen Forderungen.[1118] Auch hier machten sich, wie bei der ersten Tierrechtsbewegung, personelle und inhaltliche Überlappungen bemerkbar.[1119] Vor allem die am radikalen Feminismus orientierten Gruppen, zu denen auch einige JagdsaboteurInnen gehörten, griffen

1114 Anti-Vivisectionist, Vol. 67, Nr.3, März/April 1966, S.91; Harris, John: *Animal Liberation, The Road to Victory*, Red Rat Library, London, 1987, ohne Seitenangabe.

1115 Grant, 2000, S.1 Die RSPB stellt damit die größte britische NGO dar.

1116 Garner, 1993b, S.334.

1117 Grant, 1991, S.33.

1118 Byrne,1997, S.109ff; Pugh, 2000, S.317ff.

1119 Ausführlicher dazu Kapitel 2.3 und 5.

Tiermord als sexualisierte Gewalt an, die sich strukturell auch gegen Frauen richte. Häufig zu finden sind in den Publikationen demnach Anschuldigungen sexueller Perversion und sadomasochistischer Tendenzen, die im Jagdsport ausgelebt werden würden.[1120]

1.3 Die Alternativbewegungen

Den nachhaltigsten Eindruck auf die radikale Tierrechtsbewegung hinterließen wohl die Alternativbewegung, die sich um Selbstbestimmung und politische Autonomie bemühten und dies vehement gegen den Staat durchzusetzen versuchten. Die Gegenkulturen der 1960er Jahre verstanden den Vegetarismus als Teil einer antimilitaristischen Alternative.[1121] Man könne nur glaubwürdig gegen kriegerisches Morden argumentieren, wenn man sich selbst von mörderischem Verhalten gegenüber dem unschuldigen Tier praktisch distanziere, so die Darlegung. Vegetarismus war also zum Bestandteil des kulturellen Wandels avanciert, der mit politischen und sozialen Veränderungen einherging. Das Insistieren darauf, den Vegetarismus als persönlichen Schritt und gleichsam als politischen Akt zu begreifen, förderte eine Politisierung, die sich maßgeblich auf die zweite Tierrechtsbewegung auswirkte.

Auch die politische Hausbesetzerbewegung war für die Tierrechtsbewegung von Relevanz, verband sie doch die Forderungen nach Wohnraum mit einer Lebenskultur, die die Schaffung von *‚veganen Infrastrukturen'* in Formen von Bio- und Naturkostläden und Food-Coops einforderte und entwickelte.[1122] Spiritualistische und esoterische Strömungen in der Alternativbewegung übernahmen makrobiotisch-vegane Ernährungsformen als Lebensweise, die helfen sollte *‚den Geist zu beseelen'*.[1123] Dieser dietärische Wandel wurde als Ausdruck der Kritik moderner Massentierhaltung verstanden, der durch die Publikation von Ruth Harrisons *‚Animal Machines'* (1964) Einzug in die öffentliche Diskussion hatte. 1965 wurde ihre Darstellung der Bedingungen, die Tiere unter dem System

---

1120 Howl, Nr.3, 1974, S.3.

1121 Gaard, Greta: *Vegetarian Ecofeminism*, in: Frontiers, Vol. 23, Nr.3, 2002, S.124.

1122 Hausbesetzungen wurden in Großbritannien in großer Menge durchgeführt. Bereits in den direkten Nachkriegsjahren wurden Hausbesetzungen als legitimes Mittel zur ökonomischen Grundsicherung begriffen. Eine richtige Bewegung formierte sich jedoch erst ab Ende der 1960er Jahre. Sie verband die ökonomische Notwendigkeit finanzierbaren Wohnraums mit weiteren politischen Forderungen zum Erhalt und Schaffung alternativer Lebensräume und Selbstverwaltung. Vgl. Friend, Andrew: *The post war squatters*, in: Wates, Nick und Wolmar, Christian (Hg.): *Squatting, the real story*, London 1980, S.110ff; Franklin, Adrian: *Squatting in England 1969-79: A Case Study of Social Conflict in Advanced Industrial Capitalism*, University of Bristol, School for Advanced Urban Studies, Working Paper Nr.37, 1984.

1123 Kean, 1998, S.203.

der Massentierhaltung zu erleiden haben, auf parlamentarischer Ebene auch vom Brambell Committee aufgegriffen. Der Brambell-Report diente fortan als Grundlage für Vorschläge zur Verabschiedung einiger gesetzlich bindender Minimalstandards, den *,Fünf Freiheiten'*.[1124] Dieser Bericht war nicht nur einflussreich für britische Gesetzgebungsprozesse, sondern wirkte weltweit nach, obgleich sich die in ihm formulierten Vorschläge nicht durchsetzen konnten.[1125] Der Tierrechtsbewegung gelang es jedoch, in Anknüpfung an weltweite Ausbeutungsszenarien des Menschen, Bilder des ausgebeuteten Tieres in die Öffentlichkeit zu tragen und damit wieder stärker in den Diskurs der zu berücksichtigenden *,Anderen'* einzubinden.[1126] Die Visualisierung wurde als erster Schritt verstanden, unsichtbares Tierleid zu thematisieren und über Missstände aufzuklären. Das Bild des leidenden Tieres wurde säuberlich von der tierverarbeitenden Industrie verborgen und mit einer romantischen Ikonografie der Natürlichkeit der Tierwirtschaft auf dem Land unterstützt. So führte Ruth Harrison die Ausbreitung der modernen Massentierhaltung auf falsche oder bewusst verklärte Vorstellungen in der Öffentlichkeit zurück:

> *„Most people, especially in towns, tend to be ignorant of the processes by which food reaches their table, or if not ignorant they find it more comfortable to forget. Farm produce is still associated with mental pictures of animals browsing in fields and hedgerows, of cows waiting patiently in picturesque farmyards for milking, of hens having a last forage before going to roost or sheep being rounded up by zealous dogs (...)."*[1127]

Dieses, durchaus noch mit dem Sinnbild einer *,Nation of Animal Lovers'* in Einklang zu bringende *,mentale Bild'* nahm langsam Risse an, die zur Zeit der Entstehung des Phänomens Massentierhaltung noch nicht existierten. Diese Bilder verursachten auch eine Störung des gesellschaftlichen Konsenses, der über die *,legitime'* Tiernutzung bestand. Vor allem der Hinweis auf die negativen Folgen für die menschliche Gesundheit, die beispielsweise mit der Verabreichung von Antibiotika an Tiere in Zusammenhang gebracht wurden, konnte noch einmal eine ganz andere Wirkmächtigkeit entwickeln. Der Hinweis auf die Gesundheitsschädigung stieß jedoch erst ab den 1970ern auf offene Ohren. Mit der Ausbreitung von Salmonelleninfektionen, BSE, Scrapie und Maul- und Klauen-

---

1124 Harrison, Ruth: *Animal Machines*, London, 1964; Brambell, F.W.R: Report of the Technical Committee to Enquire into the Welfare of Animals Kept Under Intensive Husbandry Systems, HMSO, 1965. Die Fünf Freiheiten beinhalten: *,Freedom from hunger and thirst, freedom from discomfort, freedom from pain, injury and disease, freedom to express normal behaviour and freedom from fear and distress.'* Vgl. auch: Radford, 2001, S.264ff.

1125 Guither, 1998, S.3; Gold, 1998, S.122.

1126 Zur Nutzung der Tierbilder, vgl. Kap 4.1.1.

1127 Harrison, 1964, S.2.

seuche ab den 1980er Jahren avancierte er zum dominanten Gegenargument gegen die Massentierhaltung.

Neue Gruppen nahmen sich speziell der Lage der Farmtiere unter den Bedingungen der Massentierhaltung an. Noch bis in die 1960er Jahre hatten sich Tierschutzgruppen auf die Kritik an den Schlachtmethoden sowie der Praktizierung des Lebendtiertransportes beschränkt. Compassion in World Farming (CIWF) wurde im Oktober 1967 von Peter Roberts, einem englischen Milchbauern, und seiner Frau Anna Hearsey gegründet. Um wettbewerbsfähig bleiben zu können, waren sie aus ökonomischen Gründen dazu gezwungen worden, ihre Farm umzustrukturieren und auf Massentierhaltung umzustellen. Die beiden verwehrten sich jedoch dem System, verkauften ihre Farm und verdingten sich fortan als BeraterInnen kleinerer Milchbetriebe, als RepräsentantenInnen und Kontrolleure von Agrarverbänden, und LeiterInnen der Kampagnen gegen Massentierhaltung. CIWF war federführend in der Etablierung des Ende der 1960er Jahre entwickelten sojahaltigen Fleischersatzstoffes TVP (Textured Vegetable Protein) in Großbritannien.[1128] Sie gaben zudem ihrer Opposition gegen die Massentierhaltung eine globale Dimension. Die mit der Fleischproduktion einhergehende Umverteilung der Nahrungsmittel zu Ungunsten so genannter Dritte Welt Länder wurde als Kritik auch von anderen Protestbewegungen der Gegenkultur geteilt.[1129] CIWF organisierte erfolgreich die Kampagne gegen Kälberställe und Legebatterien. Die Kampagne wurde ebenfalls von anderen Tierrechtsgruppen unterstützt, die sich in der National Campaign for the Abolition of Factory Farming organisiert hatten.[1130] Insbesondere die Antivivisektionsgruppen befürworteten die Initiative. Zusammen mit weiteren Tierschutzgruppen war CIWF außerdem im 1977 während des Animal Welfare Jahres gegründeten Lobbyverband Farm Animals Welfare Coordinating Executive (FAWCE) organisiert. Da die Beeinflussung der Gesetzgebung CIWF oberstes Ziel war, versuchten sie weiterhin auf das Farm Animals Welfare Committee (FAWC) Einfluss zu nehmen, einer regierungsnahen Einrichtung, die 1979 von der Thatcher Regierung etabliert worden war. Zum Unmut der Tierrechtsbewegung war dieses Ko-

---

1128 Gold, 1998, S127.

1129 Diese Kritik orientiert sich an der Tatsache, dass zur Fleischproduktion in den Industriestaaten Futtermittel in den Entwicklungsländern angebaut werden. Die Menge dieser Futtermittel würde ausreichen, die heimische Bevölkerung zu ernähren. So aber würde die Bevölkerung so genannter Dritte Welt Länder in einem permanenten Mangelzustand belassen.

1130 Munro, 2005, S.121; Anti-Vivisectionist, Vol. 68, Nr.1, Januar/Februar 1967, S.157; Anti-Vivisectionist, Vol. 68, Nr.6, November/Dezember 1967. Die Mastställe für Kälber wurden 1987 in Großbritannien mit der Welfare of Calves Regulation verboten.

mitee jedoch nahezu ausschließlich mit VertreterInnen der Fleischindustrie besetzt.[1131]

Es war jedoch der konfrontative Aspekt der Alternativbewegung, der einen weiteren Innovationsschub der Tierrechtsbewegung anstieß. Die zunächst an den Rändern der Protestkultur auftretende Hausbesetzer- und Kommunardenszene entwickelte sich schnell zum Mittelpunkt der sich radikalisierenden Gegenkultur. Ab 1970 nahm diese den bewaffneten Kampf in Form der Stadtguerilla in ihr Aktionsspektrum auf. Dies traf vor allem auf die ab 1968 aktive anarchistische Angry Brigade zu. Deren diffuse ideologische und organisatorische Gestalt war von den Situationisten inspiriert, einer avantgardistischen-künstlerischen, politischen Strömung marxistischer Ausrichtung, die vor allem die studentischen Proteste in Paris und Nanterre mittrug.[1132] Der Situationismus war attraktiv für eine Mischung linksradikaler Ideen, die sich aus marxistischen und anarchistischen Konzepten speisten, sich jedoch vor allem in der Ablehnung organisatorischer Strukturvorgaben auszeichneten.[1133] Auch wenn der gesamtgesellschaftliche Einfluss der Angry Brigade sicherlich gering war[1134] und ihre Rhetorik und Programmatik von zahlreichen trotzkistischen Gruppen angefeindet wurde, sprach ihre direkte Rhetorik nachfolgende Untergrundgruppen an, einschließlich der Animal Liberation Front.[1135] Gerade ihr vorgeblicher Verzicht auf Gewalt gegenüber Personen und die Konzentration auf Eigentum sollte hier formativen Charakter haben.[1136]

> *„The guerrillas are the violent activists of a revolution comprising workers, students, trade unionists, homosexuals, unemployed and women striving for liberation,"*[1137]

schrieb der *Evening Standard*. Die Befreiungsrhetorik wurde in der Tat zur Richtschnur linker Politik und ihrer Stellvertreterkämpfe. 1970 gründeten zwei Studenten der LSE, Aubrey Walter und Bob Meller, die britische Sektion der Gay Liberation Front nach amerikanischem Vorbild, die eine antikapitalistische Kritik an der gesellschaftlichen Behandlung von Homosexuellen formulierte. Auch die neue Frauenbewegung verab-

---

1131 Ryder, 2000, S.184.

1132 Vague, Tom: *Anarchy in the UK, The Angry Brigade*, Edinburgh u.a., 1997, S.20ff; Bloom, 2003, S.461ff; Green, 1998, S.273ff.

1133 Carr, Gordon: *The Angry Brigade, The Cause and the Case*, London, 1975, S.20.

1134 Hobsbawm, Eric: *Gefährliche Zeiten, Ein Leben im 20. Jahrhundert*, München, 2003, S.299.

1135 Ronnie Lee, Persönliches Gespräch, 4. Oktober 2004.

1136 *'We attack property, not people'*, The Angry Brigade, Communiqué 5, 27. Januar 1971, in: *The Angry Brigade 1967-1984, Documents and Chronology*, London, 1985, S.25.

1137 Evening Standard, zitiert nach: Green, 1998, S.281.

schiedete sich vom Rechtsbegriff und forderte *,Women's Liberation'*.[1138] Von diesem allgegenwärtigen Freiheitsbegriff wollte auch die Tierrechtsbewegung Nutzen machen. Im November 1973 gab es den ersten Brandanschlag der ALF Vorgängerorganisation Band of Mercy gegen das sich im Bau befindliche Laboratorium des pharmazeutischen Großbetriebs Hoechst in Milton Keynes.[1139] In dem Bekennerschreiben, das der Befreiungsrhetorik folgte, hieß es:

> *"The building was set fire to in an effort to prevent the torture and murder of our animal brothers and sisters by evil experiments. We are a nonviolent guerrilla organization dedicated to the liberation of animals from all kinds of cruelty and persecution at the hands of mankind."*[1140]

Die 1970er Jahre, die auch von ansteigender gewalttätiger Aktivität der *,Provisional'* Irish Republican Army (IRA) auf dem *,mainland'* geprägt waren, können als endgültiger Schlusspunkt der Konsensgesellschaft betrachtet werden. Streik als Mittel ökonomischer Auseinandersetzung wurde vielfach und häufig in Form von wilden Streiks und *,flying pickets'* durchgeführt. Das Bild des durch offene Klassengegensätze geprägten Großbritannien erhielt wieder Aufwind und kulminierte im Jahr 1974, wie im *,winter of discontent'* 1978, in industriellen Auseinandersetzungen. Immigration wurde zum Thema rassistischer Diskurse, rigider Einwanderungspolitik und gewalttätiger Auseinandersetzungen insbesondere 1981; walisische, schottische und irische Nationalisten forderten immer vehementer Autonomie und die Loslösung von englischer *,Okkupation'* und Vereinahmung. Insbesondere die IRA nahm mit der Gründung der *,Provos'* Anfang der 1970er den bewaffneten Kampf verstärkt auf. Interne Umstrukturierungen und die Gründung unabhängig voneinander operierender Zellen ab 1976 ließ sie zum Vorbild für radikale TierrechtlerInnen werden. Insbesondere die Gruppe um Ronnie Lee äußerte Sympathien für deren Kampf und frequentierte Treffpunkte von Republikanern. [1141]

Auch in der späteren Entwicklung der radikalen Tierrechtsbewegung galt die IRA als Orientierungspunkt. In *Arkangel*, dem Magazin der radikalen Bewegung, hieß es beispielsweise 1990:

1138 Pilcher, Jane: *Women in Contemporary Britain: An introduction*, London u.a., 1999, S.160; Banks, 1981, S.225ff.

1139 List of Events, The Wellcome Library Archive PP/WDP/E/1/7/5.

1140 Nachdruck in Animal Liberation Front Supporters Group Newsletter, Nr.17, 1985.

1141 Vgl. Henshaw, David: *Animal Warfare, The Story of the Animal Liberation Front*, London 1989, S.9; Coogan, Tim Pat: *The I.R.A.*, 6. Auflage, London, 1980, S.578ff.

„Admittedly their ideals and aims are totally different from those of the animal rights movement but animal rights campaigners can learn a great deal from studying them (...).“[1142]

Der IRA wurde klare Bewunderung dafür gezollt, den britischen Staat nachhaltig herausfordern zu können.[1143] Man könne viel von der Taktik der IRA lernen, auch was die Abschottung der Bewegung gegen Spitzel bedeute.[1144]

Diese Periode zeichnete sich also durch fundamentale Veränderungen in der Politikvermittlung durch staatliche und nichtstaatliche Akteure aus und bildete zugleich auch den Ausgangs- und Wendepunkt für die Formierung der zweiten Tierrechtsbewegung. Gerade die Antivivisektions- und die Antijagdbewegung formierten sich durch den Verjüngungsprozess neu. Die BUAV rekapitulierte Anfang der 1980er:

„For anti-vivisectionists, the Seventies were ten years of swiftly changing thoughts and patterns. Not all were merely adventures of the mind and/or intellect. Animal Liberation took physical form – and how!“[1145]

Es kam nicht nur zu strukturellen und thematischen Verschiebungen innerhalb etablierter Tierrechtsgruppen, auch das mediale Interesse nahm zu und damit die öffentliche Wahrnehmung der Thematik. Sidney Hicks, Generalsekretär der BUAV, vermerkte:

„At the beginning of the 60's far fewer people had heard anything of this movement. At the start of the 70s, nobody who reads newspapers, listens to radio or watches TV can be in ignorance of the issue.“[1146]

Die im folgenden Kapitel dargestellte Erneuerung des philosophischen Grundgerüstes zur Forderung nach einer Neubetrachtung der Mensch-Tier-Verhältnisse, nebst konkreter Forderungen nach fundamentalen Rechten für nichtmenschliche Tiere, wurde von einer organisatorisch umstrukturierten, verjüngten und im Aktionsspektrum breitgefächerteren Tierrechtsbewegung aufgenommen, die sich Inspiration *‚von außen'* holte. In der Errichtung einer Gegenkultur zum hegemonialen Diskurs, der auch mit infrastrukturellen Erneuerungen einherging und sich mitunter in nichtkonfrontativer Segregation ausdrückte, wurden kommuni-

---

1142 Anon.: Loose Talk, Arkangel Nr.2, 1990, S.48.

1143 Diese Bewunderung schlug in Verachtung um, als die LACS in Undercoveroperationen 1989 herausfand, dass Hundekämpfe in Irland von IRA Schutztruppen gegen Geld gesichert wurden. BerichterstatterInnen, ZeugInnen usw. wurden teilweise tätlich angegriffen. Dabei wurde auf sie geschossen und es wurden Brandbomben gegen sie eingesetzt. Vgl. Wildlife Guardian, Nr.10, Frühjahr 1989, S.10f.

1144 Anon.: Loose Talk, in: Arkangel, Nr.2, Frühjahr 1990, S.48.

1145 Animal Welfare, Januar/Februar 1980, S.3.

1146 AV Times, Dezember 1969, Januar 1970.

taristische, anti-hierarchische Strukturen erprobt, auf die sich zumindest Teile der radikalen Tierrechtsbewegung bezogen. Insgesamt ist weiterhin zu beachten, dass es sowohl zu thematischen, organisatorischen, methodischen wie auch personellen Überlappungen zentraler Bewegungen kam.[1147]

2. Die philosophischen Ansätze der zweiten Tierrechtsbewegung

Vergleichbar mit der Entstehung der ersten Tierrechtsbewegung im 19. Jahrhundert, der ein philosophischer Diskurs über den inhärenten Wert und den moralischen Status nichtmenschlicher Tiere vorausging, brachte die zweite Tierrechtsbewegung eigene philosophische Abhandlungen hervor. Im Unterschied zur ersten Bewegung wurde nunmehr erst gehandelt, der ‚*Propaganda der Tat*' gefolgt, aus dem Bauch heraus (‚*from the gut*') agiert. Die intellektuelle Auseinandersetzung und die philosophische Verteidigung über das hinaus, was bereits als moralphilosophisches Grundgerüst adaptiert worden war, stellte einen unterstützenden Nach- bzw. Beitrag dar.[1148] Zu sehr war die Bewegung davon überzeugt, dass sich durch Philosophie alleine keine fundamentalen Veränderungen durchführen lassen würden.[1149] Dennoch bedurfte es zur Verfestigung der Tierrechtsbewegung dieses ideologischen Grundgerüsts. Das ideologische Fundament stellte einen elementaren Bestandteil neuer Sozialbewegungen dar.[1150] Es diente der Inspiration für Rekrutierende und ihr Publikum.[1151] Zusätzlich wies die Philosophie auf die Inkompatibilität mit der herrschenden Norm und Gesellschaftsordnung hin und unterstrich den von TierrechtlerInnen formulierten Anspruch auf gesellschaftliche Veränderungen.[1152] Die intellektuelle Auseinandersetzung vermochte darüber hinaus, den Zielen der Bewegung eine neue Richtung zu geben. Sie bot mit ihren Ausführungen Begründungen für radikales Handeln an. Dem/der AktivistIn ermöglichte sie, seine/ihre ideologischen Entscheidungen auf moralphilosophische Erklärungen zurückzuführen. Die Philosophie sei für Mitglieder der Tierrechtsbewegung

> *„a vital contribution in arming people with the facts to make their decisions rationally,"*[1153]

hieß es in *Animal Welfare* 1976.

[1147] Dalton, 1994, S.5.

[1148] Garner, 1996, S.xi; Jasper, 1997, S.157.

[1149] AV Times, Dezember 1971.

[1150] Garner, 1993b, S.337.

[1151] Jasper, 1997, S.159; Garner, 1993a, S.63ff.

[1152] Dalton, 1995, S.10f.

[1153] Animal Welfare, September/Oktober 1976, S.11.

Neue philosophische Ansätze fanden daher auch Widerhall in den Medien der Bewegung, wenn auch mit einer gewissen Kritik am akademischen Gestus.[1154] Diese dort präsentierten philosophischen Thesen stellten jedoch keineswegs ein geschlossenes klares Konstrukt dar, vielmehr wurden verschiedene Zugänge und ideologische Ausrichtungen angeboten und akzeptiert.[1155] Die Ideologie der zweiten Tierrechtsbewegung war insgesamt fundamentaler geworden in der Propagierung sozialen Wandels, radikaler auch in der Unmittelbarkeit ihrer Ansprüche.

Angestoßen wurde die erneute Diskussion von der informellen ‚*Oxford Group*', die sich 1971 gründete. Zur Oxford Group gehörten Stanley Godlovitch (geb. 1947), Roslind Godlovitch (geb. 1944), John Harris (geb. 1946), Brigid Brophy (1929-1995), Peter Singer (geb. 1946), Stephen Clark (geb. 1945), Richard Ryder (geb. 1940) und Andrew Linzey (geb. 1952). Die Romanautorin Brophy hatte schon 1965 mit dem *Sunday Times* Artikel ‚*The Rights of Animals*' zu den neuen philosophischen Überlegungen zur Tierethik beigetragen. Hierin argumentierte sie, dass, wenn einmal die Verwundbarkeit der Tiere akzeptiert sei, eine Verpflichtung zur Anerkennung ihrer Lebens- und Freiheitsrechte folgen müsse. Zudem würde die Akzeptanz von Tierrechten die Wirkung von Rechten gegen Unterdrückung per se aufwerten, so war sich Brophy sicher.[1156] Bereits 1953 hatte sie den Roman ‚*Hackenfellers Ape*' veröffentlicht, über den sie selbst sagte:

> *"It started out as a narrative on the (alas, still visionary) theme of Animal Liberation."*[1157]

Die Begründung ihres Vegetarismus, zu dem sie über die Recherche zu ihrem Roman gelangte, lag in der Ablehnung von Unterdrückungsmechanismen generell.

Brophy war nicht nur passionierte Antivivisektionsaktivistin – sie fungierte lange Zeit als Vizepräsidentin der BUAV – sie setzte sich auch gegen den Jagdsport ein und engagierte sich im Kampf um gleiche Rechte für Homosexuelle. 1978 beteiligte sie sich federführend in der Agitation gegen Amnesty International. Amnesty hatten Foltermethoden an Tieren

---

1154 Vgl. beispielsweise die Rezension von Stephen R.L. Clarks '*The Moral Status of Animals*' (1977), Animal Welfare, Juli/August 1977, S.17.

1155 Brand, 1990, S. 26; Tarrow, 1998, S.21.

1156 Brophy, Brigid: *In Pursuit of a Fantasy*, in: Godlovitch, Stanley und Roslind; Harris, John (Hg.): *Animals, Men and Morals: An enquiry into the maltreatment of non-humans*, New York, 1972, S.128ff.

1157 Brophy, Brigid: *My first book*, in: The Author, Vol. 96, Nr. 4, 1985, S.97, zitiert nach: Parker, Peter: *Brigid Brophy*, Oxford DNB, Vol. 7, 2004, S.951-953.

getestet, um wirkungsvoller gegen die Behandlung politischer Gefangenen argumentieren zu können.[1158]

Auch Roslind Godlovitch versuchte sich an der philosophischen Begründung der Übertragung der Rechtswirkung auf Tiere:

> *„If human have natural rights, then so do animals."*[1159]

Die Ausweitung auf Tierrechte müsse allein schon durch das Vorhandensein von Interessen des tierlichen Individuums Legitimation finden.

Obwohl solche Argumentationen nicht ausdrücklich die physische Befreiung der Tiere rechtfertigten, wurde mit derartigen Traktaten ein im weitesten Sinne moralisches Fundament für Aktivitäten radikaler Tierrechtsgruppen geschaffen; ‚*Direkte Aktion*' konnte legitimiert und deren Notwendigkeit proklamiert werden.

> *„Compromise, in the traditional sense of the term, is simple unthinking weakness when one considers the actual reasons for our crude relationships with the other animal."*[1160]

Peter Singer wies in einer überarbeiteten Version seines einflussreichen Textes ‚*Animal Liberation*' darauf hin, dass die Ungeduld angesichts dessen, was Tiere erleiden müssten, illegale Handlungen begreiflich mache. Trotz ihrer Illegalität seien sie moralisch legitimierbar.[1161] Singer bemühte hier den Vergleich mit jenen, die geflohenen Sklaven halfen.[1162] Die Kritik am Fleischessen wurde nunmehr ausschließlich aufgrund ihrer tierfeindlichen Konnotation angebracht, es fehlten – bewusst – religiöse, gesundheitliche und auch ökologische Bezüge.

1977 organisierte ausgerechnet die moderate RSPCA die erste Tagung zum Thema ‚*The Rights of Animals*'. An ihr nahmen neben Brophy, Linzey und Ryder auch Peter Roberts und Ruth Harrison sowie der ameri-

---

1158 Animals' Defender, Juli/August 1977; Animals' Defender, September/Oktober 1978, S.70.

1159 Godlovitch, Roslind: *Animals and Morals*, in: Godlovitch, Godlovitch und Harris, 1972, S.157.

1160 Godlovitch, Godlovitch und Harris, 1972, S.7.

1161 In seinem Werk ‚*Praktische Ethik*' rechtfertigte Singer bestimmte illegale Aktivitäten, wenn etwa schmerzhafte Experimente an Tieren verhinderbar seien. Er distanzierte sich jedoch von zahlreichen Aktivitäten der Animal Rights Militia, aber auch der Animal Liberation Front. Vgl. Singer, Peter: *Praktische Ethik*, Stuttgart, überarbeitete Ausgabe, 1994 (Originalausgabe Ersterscheinung 1979), S.394ff; Atcheson, Richard: Of Animals and Ethics: A conversation with Peter Singer, Professor of Bioethics, Princeton Alumni Weekly, 22.November 2000.

1162 Singer, Peter: *Animal Liberation*, 2. Überarbeitete Ausgabe, London, 1995, (Erstausgabe 1975), S.xxiii.

kanische Philosoph Tom Regan teil.[1163] In der Abschlussdeklaration hieß es unter anderem:

> *„We believe in the evolutionary and moral kinship of all animals and declare our belief that all sentient creatures have rights to life, liberty and natural enjoyment. We therefore call for the protection of these rights."*[1164]

Die Rückbindung zur Philosophie machte Schule. 1979 folgte die Vegetarian Society mit einem Symposium über, *‚Rights for Animals'*.[1165]

Gerade in den letzten zwanzig Jahren gab es einen enormen Output an philosophischer Auseinandersetzung zum Mensch-Tier-Verhältnis und zur Tierethik.[1166] Diese zu erfassen, ist nicht Ziel dieser Arbeit. Jedoch soll darauf hingewiesen werden, dass damit die Debatte um den Status des Tieres vor allem in akademischen Kreisen aufgenommen wurde und nunmehr zum festen Bestandteil des Curriculums in angewandter Ethik gehört. Von Interesse für die vorliegende Untersuchung sind die Philosophien und ihre VertreterInnen, die die erneute Diskussion angestoßen haben. Ihre Rezeption kann direkt in der Tierrechtsbewegung nachvollzogen werden und war hier verstetigendes Element. Entsprechend behandelt das vorliegende Kapitel anhand deren exponiertesten VertreterInnen die vier Hauptströmungen der Tierrechtsphilosophie, die sich als einflussreich für die britische Tierrechtsbewegung erwiesen: Den (Präferenz-)Utilitarismus, das Rechtsprinzip sowie ökofeministische und tiefenökologische Ansätze.

2.1 Präferenzutilitarismus und Peter Singer

Dem Australier Peter Singer muss, trotz seiner in der Tierrechtsbewegung teilweise umstrittenen Positionen, eine durchaus relevante Rolle in der Bildung der zweiten Tierrechtsbewegung zugesprochen werden, zumindest bezüglich der öffentlichen Wahrnehmung. In jedem Fall hat er das ab den 1970ern erwachende neue Interesse an der Auseinandersetzung der Mensch-Tier-Beziehungen in der Philosophie mit angestoßen. Singer wurde 1946 als Sohn jüdischer Emigranten aus Österreich in Melbourne geboren. Angeregt wurden seine Tierethik und sein Veganismus zu seiner Zeit als Student in Oxford von 1970-1973, wo er später auch als Universitätslehrer für angewandte Ethik tätig war. Seine erste themenbezogene Arbeit war eine Rezension von *‚Animals, Men and Mo-*

1163 Vgl. Paterson und Ryder, 1979.

1164 Declaration of Animal Rights, zitiert nach: RSPCA: *Policies on Animal Welfare*, RSPCA, Horsham, 1991.

1165 Animal Welfare, März/April 1979, S.26.

1166 Singer, Peter: *Animal Liberation*, in: The New York Review of Books, Vol. 20, Nr.5, 5. April, 1973.

rals',[1167] herausgegeben von den Godlovitchs und John Harris, in der New York Review of Books.[1168] Diesen Text weitete er in dem 1975 erschienenen ‚*Animal Liberation*' aus, das weltweite Rezeption erfuhr.[1169] Singer versuchte hierin die Verbindung zwischen der Frauenrechtsbewegung, der Befreiung der schwarzen Bevölkerung und der Bewegung zur Befreiung der Tiere aufzuzeigen. Tierbefreiung, so Singer, sei nur der logische nächste Schritt im Fortschritt moralischer Verantwortung. Genauso wie realisiert werde, dass die Diskriminierung von Menschen aufgrund von Ethnie und Geschlecht ethisch inakzeptabel sei, müsse auch die Diskriminierung der Tiere aufgrund ihrer Zugehörigkeit zu einer anderen Spezies als moralisch falsch klassifiziert werden.[1170] Darum sei die Befreiung der Tiere eine folgerichtige Konsequenz, deren Realisation nicht ausschließlich TierfreundInnen überlassen werden dürfe.[1171] Analog zu traditionellen Werten der politischen Linken, der sich Singer durchaus als zugehörig verstanden wissen möchte, müsse man sich auf die Seite der Unterdrückten stellen. Unter die Unterdrückten subsumiert er auch Tiere.[1172] In der Tat entwickelte Singer die Idee der Tierbefreiung an politischen Debatten eben jener Sozialen Bewegungen, die sich seit Anfang der 1960er konstituiert hatten. Tierbefreiung sah er als notwendige Erweiterung dort diskutierter Befreiungsdiskurse. Letztendlich würden sie auch der Befreiung des Menschen entgegenkommen:

> *„Animal Liberation is Human Liberation too."*[1173]

Zentrales Element von Singers Ethik ist das Gleichheitsprinzip. Alle ‚*Tiere*', die Menschen eingeschlossen, sollten in ihren Interessen moralisch gleichberechtigt berücksichtigt werden. Das bedeute aber nicht, so Singer weiter, dass alle praktisch gleich behandelt werden müssten. Es sei zum Beispiel widersinnig, Schweinen das Auto fahren zu erlauben und dieses Recht durchzusetzen. Auto fahren läge nicht im Interesse des Schweins, folglich brauche es in diesem Fall auch nicht besonders berücksichtigt zu werden. Auch bedürften Tiere keines Wahlrechtes.[1174] Seine Argumentation beinhaltet ein klares Nutzenkalkül. Er übernimmt dabei die philosophische Tradition des Utilitarismus, bezieht sich in sei-

---

1167 Godlovitch, Godlovitch und Harris, 1972.

1168 Singer, 1973.

1169 Höchsmann, Hyun: *On Peter Singer*, Belmont, 2002, S.i, Animal Welfare, März 1976, S.1.

1170 Singer, 1995, (Erstausgabe 1975), S.xiii.

1171 Singer, Peter: Animal Liberation, Animal Welfare, AWY Special Edition, 1976.

1172 Singer, Peter: *A Darwinian Left*, London, 1999, S.61f.

1173 Singer, 1995, (Erstausgabe 1975), S.xv.

1174 Anon.: Animal Rights, Debate between Peter Singer and Richard Posner, Slate Magazine, Juni, 2001.

ner Tierethik sogar explizit auf Bentham. Aus dieser Tradition übernimmt er die Annahme, dass jedes Interesse gleich zähle, sowohl das von Menschen als auch das von Tieren. Jedes Interesse solle damit dasselbe Gewicht im Entscheidungsprozess haben.

> *„The taking into account of the interests of the being, whatever those interests may be – must, according to the principle of equality, be extended to all beings, black or white, masculine or feminine, human or nonhuman."*[1175]

Auch der Intelligenzquotient stellt für Singer kein maßgebliches Kriterium dar, anhand dessen eine unterschiedliche Behandlung Legitimation fände. Wäre dies der Fall, müsse beachtet werden, dass auch Menschen durchaus unterschiedliche Kapazitäten hätten; dies sei jedoch genauso moralisch unbedeutend.[1176] Vielmehr müsse das Leid, die Frustration und auch das Vergnügen bei allen gleichermaßen Berücksichtigung finden. Vor allem die Fähigkeit zu leiden und Schmerzen zu empfinden habe als moralisch signifikante Größe zu gelten. Singer macht hierbei einen Unterschied zwischen dem Zufügen von Schmerzen und Töten. Das erste hält er für moralisch verurteilenswert, das zweite jedoch für in bestimmten Fällen legitimierbar. Diese Position sah sich massiver Kritik von TierrechtlerInnen ausgesetzt, für die auch der Tötungsprozess moralisch verurteilenswert erscheint. Sie sei, so der Vorwurf, eher im Einklang mit dem *‚anti-cruelty'* Prinzip klassischen Tierschutzes denn mit einer allumfassenden Tierethik. Seine Bevorzugung einer graduellen Abschaffung von Tierunterdrückung, so wie er sie in *‚Animal Liberation'* anhand von Tierexperimenten und Massentierhaltung exemplifiziert, zeigte sich in dem 1993 von ihm mitbegründeten Great Ape Project. Dieses bemüht sich um die Ausweitung grundlegender Menschenrechte auf große Menschenaffen und deren Aufnahme in die *‚Gemeinschaft der Gleichen'*.[1177]

Zur Kritik der gesellschaftlichen Position von Massentierhaltung sagte Singer:

> *„To non-speciesists, the typical consumer's mixture of ignorance, reluctance to find out the truth, and the vague belief that nothing really bad could be allowed seems analogous to the attitudes of ‚decent Germans' to the death camps."*[1178]

1175 Singer, 1995, (Erstausgabe 1975), S.5.

1176 Singer, 1973.

1177 Campaign Report, Herbst 1993; Singer, Peter: *Writings on an Ethnical Life,* New York, 2000, S.81ff, nach: Höchsmann, 2002, S. 25f; Neuseeland hat mit dem Animal Welfare Act von 1999 Versuche an Menschenaffen aufgrund ihrer emotionalen und kognitiven Kapazitäten untersagt. Vgl. http://www.biosecurity.govt.nz/legislation/animal-welfare-act/part6/index.html, zuletzt besucht am 30.10.07.

1178 Singer, 1973.

Damit ist er zu den zahlreichen TheoretikerInnen und AktivistInnen zu zählen, die sich des Holocausts als vergleichbare Größe und Bezugspunkt zum Tiermissbrauch bedienten. Singers Argumentationskette bezieht weiterhin den Vergleich zwischen solchen Menschen mit ein, die aufgrund von Alter und/oder Behinderung ein vergleichbares Bewusstsein und Handlungsautonomie besitzen wie zumindest einige Tiere. Singer spricht, analog zu Lockes Personenbegriff, hier von Personen und Nichtpersonen. Zu erster Kategorie zählt er alle gesunden erwachsenen Menschen sowie einige Primaten, Delfine und evtl. andere Säugetiere. Nichtpersonen seien Säuglinge, komatöse PatientInnen und schwer geistig Behinderte sowie die Mehrzahl aller Tiere.[1179] Er nimmt hier also eine Hierarchisierung vor, die zwar nicht speziesistischer Natur ist, dafür aber an bestimmte Fähigkeiten geknüpft wird. Nur Personen hätten die Fähigkeit, ihr Weiterleben dem Sterben vorzuziehen, so Singer. Die Tötung einer Person ist also nach präferenzutilitaristischen Gesichtspunkten schlimmer als die Tötung einer Nichtperson. Nur sie stelle ein direktes Unrecht dar.[1180]

Eine Handlung ist nach Singers präferenzutilitaristischem Prinzip zudem immer dann moralisch falsch, wenn sie der Präferenz einer Person entgegensteht, ohne dass die Präferenz durch entgegenstehende Präferenzen ausgeglichen werden kann.[1181] Die Tötung einer Nichtperson sei deshalb immer dann – und nur dann – zu legitimieren, wenn dies für sie vorteilhafter sei, als sie am Leben zu lassen.[1182] Diese Präferenz allerdings aufgrund von Spezieszugehörigkeit a priori festzuschreiben, etwa wenn es darum geht evtl. letale invasive Versuche an ihnen durchzuführen, sei schlichter Speziesismus.[1183] Dies bedeutet nicht, dass Singer Menschenversuche propagiert. Ihm geht es um die Heraufsetzung des Tieres und deren unbedingte Berücksichtigung durch die Gleichheitsmaxime. Dabei sei die Zugehörigkeit zu einer *‚Rasse'* oder einem Geschlecht genauso wie zu einer Spezies mit keiner unmittelbar moralisch relevanten Eigenschaft verbunden. Wenn es moralisch falsch sei, Menschen aufgrund ihrer Zugehörigkeit einer biologischen Art und einer sozial konstruierten

1179 Singer, 1994 (Erstausgabe 1979), S.147ff.

1180 Flury, 1999, S.124, 155.

1181 Meyer, Nadja: *Die Relevanz Peter Singers in der Diskussion um die Rechte der Tiere,* in: Tierrechts-Aktion-Nord (Hg.): *Euthanasie und Tierrechte am Beispiel Peter Singer,* 1996, S.6.

1182 Hierin liegt Singers Verteidigung der freiwilligen und bisweilen nichtfreiwilligen (nicht jedoch unfreiwilligen) Euthanasie. Singer, 1994 (Erstausgabe 1979), S.226ff.

1183 Der Begriff des Speziesismus wurde erstmals 1970 von Richard D. Ryder verwendet und wurde von ihm analog zu Rassismus und Sexismus verstanden. Speziesismus sei eine Form von Vorurteil und zeige eine eigennützige Missachtung des Leidens und der Interessen anderer Lebewesen, nämlich der Tierwelt. Nach Ryder ist Speziesismus: *„The assumption that man is superior to all other species of animals and that he is therefore justified in exploiting them for his advantage."*

Identität zu töten, treffe dies auch auf Tiere zu. Zwangsläufiges Ergebnis von Singers Deduktion ist sein Beharren auf den Vegetarismus als allein ethisch vertretbare Ernährungsform.[1184] Singer betont die Rationalität seiner Argumentation, weist Sensibilität und Rührseligkeit weit von sich und verweist darauf, dass diese Bezugnahme auf Sentimentalität der Bewegung historisch eher geschadet habe.

Singers Einfluss auf die Tierrechtsbewegung, als deren Vater er sich gerne betitelt wissen möchte,[1185] gründet sich im Wesentlichen auf die Publikation von *‚Animal Liberation‘*, das zumindest im englischen Sprachraum sein bekanntestes Werk ist. Mit seinen späteren Überlegungen zur moralischen Indikation von Euthanasie nicht lebenswerten Lebens,[1186] in denen er auch Tierrechtspositionen mit Euthanasieforderungen verknüpft, ist Singer jedoch auf entschiedenen Widerstand der radikalen Tierrechtsbewegung gestoßen – oder sie wurden ignoriert.[1187] Während Animal Liberation Front Pressesprecher John Harris das Werk 1987 als maßgeblich für die Konstituierung der Bewegung deutete, gab Hunt Saboteurs Ikone Dave Wetton an, es nie gelesen zu haben. Für ALF Mitbegründer Ronnie Lee war es in seinen Forderungen nicht weit reichend genug, und er warnte davor, Singers Ansichten als die einzige Wahrheit zu sehen.[1188] Außerdem kritisierte er Singers Ablehnung gewisser Formen Direkter Aktion.[1189] So ist zu vermuten, dass Singers Werk eine signifikante Funktion in der Vermittlung nach außen hatte, bewegungsintern die Rezeption jedoch begrenzt war.

1184 Singer macht Ausnahmen etwa bei den Inuit, da sie zum Überleben in Ermangelung alternativer Nahrungsmittel Fleisch benötigen würden. Vgl. Singer, 1994, (Erstausgabe 1979), S.91.

1185 In seiner Rezension von *‚Animals, Men and Morals‘* hatte er das *‚Privileg‘* als BegründerInnen der Tierrechtsbewegung zu gelten noch, historisch gesehen jedoch genauso fragwürdig, den HerausgeberInnen zugebilligt. Singer, 1973.

1186 Vgl. Singer, Peter mit Kuhse, Helga: *Should the Baby Live? The Problem of Handicapped Infants*, Oxford u.a., 1985; Singer, 1994, (Erstausgabe 1979), darin vor allem Kapitel 7.

1187 Animal Welfare, Februar/März 1981, S.23; Ronnie Lee, Persönliches Gespräch, 4. Oktober 2004.

1188 Harris, 1987; Dave Wetton, Vortrag, 10. September 2004; Ronnie Lee, Persönliches Gespräch, 4. Oktober 2004; Arkangel, Nr.1, Winter 1989, S.40.

1189 Lee, Ronnie: Sense or Censorship, in: Animal Liberation Front: Action Reports, Nr.6, 1986.

2.2 Rechtsprinzip

Die moralische Tradition, die als zentralen Ausgangspunkt die Integrität des autonomen Individuums annimmt ist ein fester Bestandteil der Rechtstheorie des Amerikaners Tom Regan. Regan konstatiert, dass das autonome Individuum einen inhärenten Wert besäße und über sein/ihr Leben selbst bestimmen können müsse. Es habe das Recht darauf, sein/ ihr Dasein nicht zum Vorteil oder Nutzen anderer zu fristen.[1190] Anders als viele frühere VertreterInnen des Rechtsprinzips, ist Regan der Meinung, dass diese Rechtsverpflichtung dem Tier direkt geschuldet sei. Nicht nur die brutalen bzw. letalen Ausformungen ihres Gebrauches würden gegen seine Rechte verstoßen, so Regan weiter, sondern alle externen Einwirkungen, die das Lebewesen nicht von sich aus anstrebe.[1191]

Regan, der 1938 in Pittsburgh geboren wurde, studierte Philosophie an der Universität von Virginia und ist seit 1967 Professor für Philosophie an der North Carolina State University und Mitbegründer des dortigen National Bioethics Institutes. Sein Interesse an Tierethik entwickelte er aus seiner Ablehnung des Vietnamkrieges und konsequentialistischen Überlegungen zur Gerechtigkeit und Ungerechtigkeit des Tötens.[1192] Der Vegetarismus ist für Regan jedoch nur der erste Schritt, den die AktivistInnen der Tierrechtsbewegung in Richtung völliger Gleichheit von Mensch und Tier gehen müssten:

> *„The struggle for animal rights is also a struggle with self. What we are trying to do is to transform the moral zombie society would like us to be into the morally advanced being we are capable of becoming. All liberation movements have this common theme. That's only one of the ways our Movement resembles other rights movements of the past."*[1193]

Regan vertritt in seinem Hauptwerk ‚*The Case for Animal Rights*' von 1983 die Ansicht, dass Menschen direkte Pflichten gegenüber jenen Tieren

---

1190 Regans Begriff des inhärenten Wertes ist zugegebener Maßen etwas unscharf. Er definiert den Begriff lediglich als etwas, was eben nicht mit Nützlichkeit und Erfahrungspotential in Verbindung stehe. An der Schwammigkeit des Begriffs wurde entsprechend Kritik geübt: z.B.: Goffi, Jean-Yves: *What Animal Rights? A critical reading of Thomas Regan*, in: Chapoutier, Georges und Nouët, Jean-Claude: *The Universal Declaration of Animal Rights, Comments and Intentions*, Ligue Française des Droit de l'Animal, Paris, 1998, S.54ff; Flury, 1999, S.226f.

1191 Clark, Stephen R.L.: *Animals, Ecosystems and the Liberal Ethic*, in: The Monist, Vol. 70, Nr.1., Januar 1987, S.121.

1192 Regan, Tom: *The Bird in the Cage: A Glimpse of My Life – An Autobiography*, nach: http://www.lib.ncsu.edu/archives/exhibits/regan/writingsandresearch.htm,zuletzt besucht am 10.01.05. Konsequentalistische Ethik gibt Ordnungskriterien für alternative Weltzustände an. Sie gebietet den Akteuren, jenen Handlungen zu folgen, die in ihrer Konsequenz zum bestmöglichen Weltzustand führen würden.

1193 Ibid..

hätten, die zumindest über hohe geistige Fähigkeiten und Bedürfnisse verfügen würden.[1194] Das Werk gilt als Grundlage für die philosophische Auseinandersetzung um Tierrechte, Basis damit auch für die moderne Tierrechtsbewegung. In seiner Verbreitung ist es zumindest diesbezüglich Singers *‚Animal Liberation'* gleichzusetzen. In seiner intellektuellen Stringenz, Logik und seinem Aufbau ist es jedoch weit reichender.

Regans Tierrechtstheorie ist auf fünf Stufen aufgebaut: Alle Menschen seien zum ersten, als zur Reflexion fähige Wesen, moralisch Handelnde (*‚Moral Agents'*). Als solche hätten sie zweitens die Pflicht, anderen moralisch handelnden Individuen keinen Schaden zuzufügen, sie also mit Respekt zu behandeln. Schaden misst sich auch in Regans Konzeption am Schmerzerleben, womit Überschneidungen zu Singers Ansatz vorhanden sind. Diese Pflicht sei dem Individuum selbst gegenüber geschuldet – nicht etwa der Gesellschaft.[1195] Damit ist Regans Ansatz den individualistischen Rechtsprinzipien zuzuordnen. Es wäre zum dritten ungerecht, so Regan weiter, solche Menschen aus dem Kreis der zu Berücksichtigenden auszuschließen, die aufgrund etwa einer Behinderung oder Alters nicht die Fähigkeit haben, selbst moralisch zu handeln. Da sie dennoch *‚Subjekte-eines-Lebens'* mit inhärentem Wert seien und in den Genuss moralischer Handlung kommen sollen, seien sie *‚Moral Patients'* (Empfänger moralischer Behandlung).[1196] Da viertens auch manche Tierarten in der Lage seien, Fähigkeiten zu entwickeln, die denen der *‚Moral Patients'* nicht unähnlich seien, sollten auch sie zu dieser Kategorie gezählt werden. Regan zieht die Grenze der Zugehörigkeit einer solchen Kategorie eng, indem er nur solche Tiere einbezieht, die das *‚Subjekt-eines-Lebens'* sind, die also u.a. über Wahrnehmungsvermögen, Gedächtnis, Bedürfnisse, Anschauungen, Selbstbewusstsein und Zukunftssinn verfügen. Er beschränkt sich somit explizit auf bestimmte Säugetiere ab einem Lebensalter von einem Jahr, obgleich er dies nicht restriktiv bzw. abschließend betrachtet sehen möchte.[1197]

> *„As a matter of strict justice, then we are required to give equal respect to those individuals who have equal inherent value, whether they be moral*

1194 Regan, Tom: *The Case for Animal Rights,* Berkeley u.a., 1983, S.174ff.

1195 Mit der Konzentration auf das Individuum macht Regan eine klare Absage an tiefenökologische und bioregionalistische Konzepte. Diese würde teilweise ökofaschistische Potentiale mit sich bringen, so Regan. Regan, 1983, S.361f.

1196 Regan, 1983, S.151ff; 243ff.

1197 Ibid., S.391. Regan zog die Grenze aus rhetorischen Gründen so eng. Jüngst wollte er diesen Rahmen zumindest auf Vögel erweitert wissen. Vgl. An American Philosopher: The Tom Regan Interview, Vegan Voice, nach: http://www.animallib.org.au/more_interviews/regan/, zuletzt besucht am 26.03.03.

agents or moral patients, and, if the latter, whether they be humans or animals."[1198]

Schließlich haben menschliche moralisch Handelnde eine direkte Verpflichtung gegenüber diesen Tieren, da sie nicht von menschlichen *,Moral Patients'* zu unterscheiden seien:

> *„To deny that we have direct duties to those animals who have an experiential welfare, but to affirm this in the case of human moral patients like these animals in the relevant respects,* ***would*** *be symptomatic of an unsupported, and unsupportable, speciesist understanding of morality."*[1199]

Regan entwickelte dieses Konzept aus einer Kritik am Utilitarismus heraus. Utilitarismus könne extrem ungleich behandelnd wirken, da er Interessen der Gemeinschaft über die des Individuums stelle. Damit vermöge der Utilitarismus letztendlich nicht, wirksam gegen Tiergebrauch einzuschreiten; er helfe sogar, das Töten bzw. die Qual des Individuums zu legitimieren, wenn er das Glück der Gesellschaft als das wertvollere betrachte.[1200] Das Individuum fände hier keine Beachtung. Darüber hinaus kritisiert Regan, dass die Interessen derjenigen, die vom Tiermissbrauch profitieren, ebenfalls in das utilitaristische Abwägungssystem fallen.[1201]

> *„Morally, we are never to take the life, invade or injure the body, or limit the freedom of any animal just because we personally or society in general will benefit."*[1202]

So viel Anerkennung Singer auch für das Aufgreifen tierethischer Diskurse verdiene, die Regan auch als seine persönliche Inspiration beschreibt, sei seine präferenzutilitaristische Theorie nicht fähig, Tieren ein gleichwertiges Lebensrecht zu gewähren. Es plädiere nicht wirksam genug für einen obligatorischen Vegetarismus.[1203]

> *„But utilitarianism is not the theory its initial reception by the animal rights movement may have suggested. It provides no basis for the rights of animals and instead contains within itself the grounds for perpetuating the very speciesist practises it was supposed to overthrow. To secure the philosophical foundation for animal rights requires abandoning utilitarianism."*[1204]

1198 Regan, 1983, S.264.

1199 Ibid., S.184, Hervorhebung im Original.

1200 Ibid., S.210ff.

1201 Regan, Tom: *Defending Animal Rights*, Urbana u.a., 2001, S.37.

1202 Cohen, Carl und Regan, Tom: *The Animal Rights Debate*, New York u.a., 2001, S. 213.

1203 Regan, 1983, S.220ff; Regan, Tom: *All that dwell therein, Animal Rights and Environmental Ethics*, Berkeley u.a., 1982, S.40f.

1204 Regan, 1983, S.315.

Regans Rechtsprinzip soll genau das vermeiden. Regan unterscheidet zwischen gesetzlichen und moralischen Rechten sowie zwischen erworbenen und nicht erworbenen Rechten (so genannten Grundrechten), das heißt Rechten, die unabhängig von gesetzlicher Verteidigung existieren.[1205] Dies geht einher mit Diskursen über Naturrechte oder fundamentale Menschenrechte, wie sie bereits von VertreterInnen der Rechtstheorie in der historischen Bewegung aufgegriffen worden waren. Diese Grundrechte müssten für alle moralisch Handelnden und jene verfügbar sein, die einen inhärenten Wert besäßen und daher respektvollen Umgang verdienten. Zumindest einige Tiere müssten also berücksichtigt werden. Dabei gibt es für ihn keine Hierarchisierung des Rechts. Alle Rechte seien gleichwertig, das bedeutet, Tiere hätten das gleiche Recht auf Respekt.

> „*The ultimate objective of the rights view is the total dissolution of the animal industry as we know it.*"[1206]

Seine Tierrechtsforderungen, von deren langfristiger Realisierung er überzeugt ist, sind somit absolutistischer Natur. Er fordert eben nicht bloße Reformen, nicht größere Käfige, sondern die Einstellung jeglicher Tiernutzung, sei es durch Wissenschaft, Sport oder als Konsumgut. Dies allerdings beinhaltet nicht die Forderung nach Gleichbehandlung, da z.B. unterschiedliche, speziesspezifische Interessen bestehen.[1207] Wegen der permanenten Unfähigkeit der Tiere, diese Rechte selber einzufordern, käme deren Durchsetzung den TierrechtsaktivistInnen zu.[1208]

Weiterhin sieht Regan in der Tierrechtsbewegung eine logische Erweiterung und Ergänzung der Bewegung für Menschenrechte. Sie sei somit alles andere als misanthropisch.

> „*The theory that rationally grounds the rights of animals also grounds the rights of humans. Thus those involved in the animal rights movement are partners in the struggle to secure respect for human rights – the rights of women, for example, or minorities, or workers. The animal rights movement is cut from the same moral cloth as these.*"[1209]

Die Idee, fundamentale Rechte an Tiere zu vergeben, gehört wohl zur durchgesetztesten in der Tierrechtsbewegung. Dabei wird das Tierrechtsprinzip inhaltlich unterschiedlich gefüllt. Nicht alle AktivistInnen,

---

1205 Ibid., S.267ff.

1206 Ibid., S.348.

1207 Ibid., S.279.

1208 Diese Unfähigkeit basiere primär auf fehlenden Kommunikationsmöglichkeiten zwischen den Spezies, so Regan.

1209 Regan, Tom: *The Case for Animal Rights*, In: Sterba, James P. (Hg.): *Earth Ethics: Environmental Ethics, Animal Rights and Practical Applications*, Englewood Cliffs, New Jersey, 1995.

die sich des Rechtsbegriffs bedienten, folgten Regans Lehre. Manche verstehen ihn wie Regan als abstraktes Recht, dass als logische Konsequenz aus Menschenrechtsdiskursen abzuleiten sei. Andere TierrechtlerInnen wollten der Forderung nach Rechten mit konkreten gesetzestechnischen Maßnahmen entgegenkommen, somit verbriefte, einklagbare Rechte einführen. Ähnlich wie Lind-af-Hageby versuchte man deshalb auch 1978 eine universelle Tierrechtserklärung bei den Vereinten Nationen einzureichen, deren erster Artikel grundlegende Existenzrechte für Tiere einräumt.[1210]

2.3 Ökofeminismus und Feministische Philosophie

Ab den späten 1970ern bekam die philosophische Auseinandersetzung um das Mensch-Tier-Verhältnis einen neuen konzeptionellen Input vom Ökofeminismus. Vor allem in den Vereinigten Staaten wurden hier Vorstellungen vorangebracht, die sich um eine Verbindung von ökologischen Ansätzen, Feminismus und Geschlechterdiskursen bemühten. Die sich zunächst aus Graswurzelorganisationen von Frauen entwickelnde Auseinandersetzung um die Position der Frau in der Natur wurde ab Mitte der 1980er auch als akademischer Diskurs wahrgenommen. Entwickelt wurde der Ökofeminismus im Zuge der zweiten Frauenbewegung mit der Postulierung radikalökologischer Ideen, mit der Frauen der steigenden Umweltverschmutzung entgegen treten wollten.[1211] Ökofeministische Theorie wirkte in der Tierrechtsbewegung nach. Es kann davon ausgegangen werden, dass die auch für die neue Tierrechtsbewegung nachweisbare Dominanz von Frauen die Verbindung zu feministischen Ansätzen und Perspektiven begründet.[1212] Neben Tierbefreiung nahm sich die ökofeministische Bewegung vor allem der Thematik von Abrüstung und Nuklearwaffenkontrolle, Antikolonialismus, Reproduktionsrechten, Agrarwirtschaft, Bioregionalismus und Sozialökologie an. Dabei bestand eine Verbindung zur radikalen Umweltschutzbewegung, wie beispielsweise zu Earth First!. Gruppen wie Feminists for Animal Rights setzen die Tiere praktisch auf die Tagesordnung radikal-feministischer Politik.[1213]

1210 Animal Welfare, September/Oktober 1978, S.3; Animals' Defender, Januar/Februar 1978.

1211 Birke, Lynda: *Women, Feminism and Biology: The Feminist Challenge*, Brighton, 1986, S.116f.

1212 Sturgeon, Noël: *ecofeminist Natures: Race, Gender, Feminist Theory and Political Action*, London u.a., 1997, S.7. Zur Geschlechterstruktur der zweiten Tierrechtsbewegung vgl. Kap.5.

1213 Arkangel, Nr.21, 1999.

Die ökofeministische Theorie beeinflusste Soziale Bewegungen, ohne jedoch genaue Handlungsanweisungen vorzugeben. In Großbritannien wurde der Ökofeminismus sowohl von der Antiatomkraftbewegung, der Friedensbewegung, vor allem dem Greenham Common Women's Peace Camp der 1980er Jahre, als auch von der Tierrechtsbewegung rezipiert und konnte hier als Verbindungsstück zwischen Frauen- und Tierrechtsbewegung fungieren.[1214] Beispielsweise bezog sich Jill Phipps, die am 5. Februar 1995 bei den Auseinandersetzungen um Lebendtiertransporte in Coventry ums Leben kam, auf ökofeministische Konzepte ganzheitlicher, naturintegrierender Akzeptanz.[1215] Sie ging, wie andere Ökofeministinnen auch, von geteilter Erfahrung struktureller Unterdrückungsmechanismen aus.[1216]

Dem Ökofeminismus liegt die Theorie zugrunde, dass Ideologien, die die Ungleichbehandlung aufgrund von Geschlecht, Klasse und *,Rasse'* legitimieren, in Verbindung stehen mit solchen, die die Ausbeutung der Natur sanktionieren.[1217] Ökofeministische Theorie verfolgt keine stringente Linie. Die von Ökofeministinnen vertretenen Ansichten sind nicht einheitlicher Natur. Alle Ansätze basieren jedoch auf der Annahme, dass die Unterdrückung von Frauen und Natur konzeptionell verbunden sei. Im Prozess der sozialen Herabsetzung sei diese Verbundenheit bestärkt worden.[1218] Wenn sich feministische Theorie ernsthaft mit den Spezifika der Frauenunterdrückung auseinandersetzen wolle, so die ökofeministische Position, müsse sie akzeptieren, dass diese Unterdrückung auf der Entwertung und Ausbeutung der nichtmenschlichen, *,natürlichen'* Wesen aufbaue.[1219] Das *,Andere'*, Weibliche und *,Natürliche'*, werde in der herrschenden Dichotomie instrumentalisiert und von hegemonialer Männlichkeit ausgebeutet. Die Ausbeutung von Natur würde durch ihre Feminisierung Legitimation finden, genauso wie die Ausbeutung der Frau durch deren Naturalisierung Begründung fände.[1220] In der Verortung und Inbezugsetzung von Frau und Natur als *,Andere'*, käme damit Frauen eine spezielle Aufgabe in der Beendigung der Naturunterdrückung

---

1214 Sturgeon, 1995, S.113.

1215 Aussage ihres Lebensgefährten Justin Timson in: The Guardian, 15. Februar 1995, nach: Rowbotham, 1997, S.569f.

1216 Peek, Charles W, Bell, Nancy J. und Dunham, Charlotte C.: *Gender, Gender Ideology, and Animal Righ*ts, Gender & Society, Vol. 10, Nr.4, August 1996, S.464.

1217 Gaard, Greta: *Living Interconnections with Animals and Nature,* in: dieselbe (Hg.): *Ecofeminism: Women, Animals, Nature,* Philadelphia, 1993, S.1.

1218 Twine, Richard T.: *Ecofeminism in Process,* www.ecofem.org/journal, zuletzt besucht am 26.07.07.

1219 Cuomo, Chris J.: *Feminism and ecological communities: an ethic of flourishing,* London u.a., 1998, S.23f.

1220 Warren, Karen J.: *Ecological Feminist Philosophie*s, Bloomington u.a., 1996, S.37, nach: Cuomo, 1998, S.29.

und der Entfremdung menschlicher und nichtmenschlicher Natur zu.[1221] Der Ökofeminismus möchte somit die Heraufstufung des *'Anderen'* als moralisch relevante Größe erreichen.

Einen wichtigen Anstoß für ökofeministische Theorie lieferte Carolyn Merchant 1980. In *'The Death of Nature'* präsentierte sie einen historischen Abriss darüber, inwieweit die naturwissenschaftliche Revolution und eine zunehmend mechanistische Weltsicht dazu verhalfen, Frauen und Natur zu kategorisieren und zu konzeptualisieren.[1222] Ihr Werk lieferte damit Begründungen dafür, die Solidarisierung der Frau mit der nichtmenschlichen Welt einzufordern. Merchant stellte dar, dass Frauenunterdrückung ein Teil eines weit reichenden Mechanismus der Beherrschung, des Missbrauchs und der Ausbeutung der Natur sei. Das Bild von Weiblichkeit und Natur sei historischen Veränderungen unterworfen gewesen, so Merchant. Hätte zunächst eine positive Besetzung des Bildes der *Mutter Natur/Mutter Erde* dominiert, das in der Huldigung von Fruchtbarkeit und Mütterlichkeit ihren Niederschlag gefunden habe, habe Baconianisches Denken das Bestialische beider Kategorien suggeriert, der es beizukommen galt.[1223]

War in der ökofeministischen Theorie zunächst eine kulturelle Interpretation feministischer Ansprüche vorherrschend, entwickelten sich auch hier Theorieansätze, die typologisch grob mit radikalem, kulturellem und sozialistischem Ökofeminismus bezeichnet werden können.[1224] In seiner kulturellen Ausformung argumentiert der Ökofeminismus tatsächlich primär essentialistisch.[1225] Frauen wird eine natürliche, biologisch determinierte Nähe zur Natur zugewiesen. Ökofeministische Theorie stellt ferner eine Identitätskongruenz zwischen dem Schicksal der Natur und dem Schicksal der Frau her. Begleitet wird dies mitunter von spiritualistischen Vorstellungen einer Muttergöttin, weiblicher Personifi-

---

1221 King, Ynestra: *The ecology of feminism and the feminism of ecology*, In: Plant, Judith (Hg.): *Healing the Wounds: The Promise of Ecofeminism*, London, 1989, S.18.

1222 Merchant, Carolyn: *The Death of Nature: Women, Ecology, and the Scientific Revolution*, San Francisco u.a., 1980.

1223 Merchant, 1980, S. 20ff, 41, 164ff. Andere Ökofeministinnen, wie Val Plumwood, machen die klassische griechische Philosophie und ihre Heraushebung des Rationalismus für die Unterdrückung der Natur verantwortlich. Vgl. Plumwood, Val: *Feminism and the Mastery of Nature*, New York, 1993, S.72ff.

1224 Zur Typologie vgl. Sturgeon, 1997, S.169ff; Merchant, Carolyn: *Ecofeminism and Feminist Theory*, in: Diamond, Irene und Orenstein, Gloria Feman (Hg.): *Reweaving the World: The Emergence of Ecofeminism*, San Francisco, 1990, S.10off. Andere typologische Einordnungen sehen kulturellen Feminismus als einen Teilaspekt radikalen Feminismus. Sayers, Janet: *Biological Politics: feminist and antifeminist perspectives*, London u.a., 1982, S.188.

1225 Überwog das essentialistische Theoriebildnis in der Anfangszeit des Ökofeminismus, so lassen sich ab den 1990ern nur noch sporadisch essentialistische Argumentationen erkennen.

zierung von Natur und ahistorischer Überbewertung der einstigen Blüte matriarchaler Kulturen.[1226] Diese biologisierte Verbindung bestärkt dualistische Ansichten von Männlichkeit und Weiblichkeit und konstruiert die Frau als natürlicherweise *‚gut'* und *‚naturverbunden'*. Ein Angriff gegen die Natur bzw. deren Ausbeutung erscheint aus dieser Sichtweise gleichbedeutend mit Frauenunterdrückung.

> *„Wir Feministinnen müssen den Kampf gegen diese Unterdrückung als Teil unserer ganzheitlichen, biophilen Vision deutlich machen. Denn es ist eine Tatsache, daß keine Frau frei sein wird, bevor nicht alle Tiere frei sind und die Natur von der skrupellosen Ausbeutung durch die Männer erlöst ist"*,[1227]

schrieb Andrée Collard in *‚Rape of the Wild'* 1988. Die Verdinglichung und Instrumentalisierung von Frauen, Tieren und Natur sei ein Eingriff in deren Integrität und gleiche damit einer Vergewaltigung.[1228] Die Unterdrückung der Natur diene somit als Modell für die Ausbeutung und Beherrschung der Frau.[1229] Bereits 1975 hatten sich eine Reihe von Tierrechtsgruppen anlässlich des World Day for Laboratory Animals auf die Fahnen geschrieben, die Ausbeutung der natürlichen Umwelt aufzuhalten, denn

> *„Earth exploitation is a monster born from the rape of our planet by Man."*[1230]

Weiter stellt die ökofeministische Theorie fest, dass Frauen durch einen, der patriarchalen Gesellschaft immanenten, Frauenhass sensibilisiert seien. Nur sie würden über die notwendigen emotionalen Fähigkeiten verfügen, Grausamkeiten von Tierausbeutern zu durchblicken, deren Treiben eine verächtliche und geringschätzige Einstellung gegenüber Natur, Tieren und Frauen zugrunde läge.[1231] Diese Emotionalität sei notwendig,

---

1226 Vgl. z.B. Griffin, Susan: *Woman and Nature, The Roaring Inside Her*, New York, 1978; Collard, Andrée: *Die Mörder der Göttin leben noch, Rape of the Wild*, München, 1988; Spretnak, Charlene: *Towards an Ecofeminist spirituality*, in: Plant, 1989, S.127ff; Adams, Carol J. (Hg.): *Ecofeminism and the Sacred*, New York, 1993. Die spiritualistische Begründung für Ökofeminismus ist jedoch innerhalb des akademischen Diskurses sehr umstritten, da sie abträgliche Geschlechterstereotypen bestärken helfen würden. Warren, Karen J.: *A Feminist Philosophical Perspective on Ecofeminist Spiritualities*, in: Adams, 1993, S.119. Zur weiteren Kritik: Biehl, Janet: *Sozialer Ökofeminismus*, Grafenau, 1991, S.61ff.

1227 Collard, 1988, S.15.

1228 Zur Vergewaltigungsmetapher siehe auch: Merchant, 1980, S.188ff; Berman, Tzeporah: *The Rape of Mother Nature?: Women in the Language of Environmental Discourse*, in: The Trumpeter, 1992; Anon.: FemiVeganism, Green Line Magazine, Vol. 141, März 1997, S.15.

1229 Seeger, Joni: *Earth Follies: Feminism, politics and the environment*, London, 1993, S.210.

1230 AV Times, September 1975.

1231 Collard, 1988, S.102.

um wirkungsvoll gegen Tierausbeutung agieren zu können. Vertreterinnen des kulturell separatistischen Feminismus dieser Art behaupten, die Kultur der Frau als pazifistisch und ökologisch ganzheitlich erkannt haben zu wollen. Im Gegensatz dazu stehe die Kultur des Mannes, die sich auf prähistorische Erfahrungen der Jagd und des Fleischessens stützen würde.[1232] Die Kultur des Fleischessen wird demnach von Carol Adams mit der Herausbildung des Patriarchats gleichgesetzt.[1233] Sie widerspricht auch deshalb, genau wie Josephine Donovan und andere, vehement Singers und Regans Beharren auf Rationalität.[1234] Dieses Beharren auf Rationalität folge eben jenem (Natur-)Wissenschaftsduktus, der durch die Dichotomie Rationalität vs. Emotionalität, Mensch vs. Natur die Verdinglichung und Ausbeutung von Tieren zu legitimieren half.

Indem Emotionalität hier als weibliche und Destruktivität als männliche Attribute essentialistisch festgehalten werden, wird auch die Unterdrückung der Tierwelt, verbunden etwa mit der massenhaften Schlachtung von Tieren, in den Verantwortungsbereich der Patriarchen gestellt.[1235] Karen Warren weist etwa darauf hin, dass Rationalität nicht das ausschlaggebende Moment sein dürfe, um zu bestimmen, was dem Menschen moralisch im Umgang mit Tieren gestattet sei.[1236] Rationalität als Argument habe zudem immer eher als Moment des Ausschlusses gedient, unter dem, historisch gesehen, gerade Frauen zu leiden gehabt hätten.[1237] Des Weiteren würden sich rationale Tierrechtstheorien zumeist auf Schmerzprinzipien in der Ablehnung von Speziesismus stützen. Damit ignorierten sie, so führt Chris Cuomo die Kritik weiter, dass Ausbeutung und Missbrauch auch ohne die Zufügung von physischem Schmerz möglich sei.[1238]

Das Rechtsprinzip als Postulat des Individuums im Spannungs- und Konkurrenzverhältnis zu anderen Individuen würde sich zudem männ-

---

1232 Donovan, Josephine: *Feminist Theory: The Intellectual Traditions of American Feminism*, New York, 1985, S.169.

1233 Adams, Carol J.: *The Oedible Complex*, in: Covina, Gina und Galana, Laurel (Hg.): *The Lesbian Reader*, Oakland, 1975, S. 151 nach: Donovan, 1985, S.169.

1234 Collard, 1988, S.132, ebenso: Donovan, Josephine: *Animal Rights and Feminist Theory*, in: Gaard, 1993, S.167f. Dagegen argumentiert Garner, vgl. Garner, 2005, S.169.

1235 Gruen, Lori: *Dismantling Oppression: An Analysis of the Connection Between Women and Animals*, in: Gaard, Greta (Hg.): *Ecofeminism: Women, Animals, Nature*, Philadelphia, 1993, S.77.

1236 Warren, Karen J.: *Ecofeminist Philosophy: A Western Perspective on What It Is and Why It Matters*, New York u.a, 2000, S.54.

1237 Spretnak, Charlene: *Critical and Constructive Contributions of Ecofeminism*, in: Tucker, Peter und Grim, Evelyn (Hg.) *Worldviews and Ecology*, Philadelphia, 1993, S.183.

1238 Cuomo, 1998, S.32.

lichen Erfahrungshorizonten unterwerfen, nicht weiblichen.[1239] Dabei entwickelte sich die feministische und ökofeministische Tierbefreiungskonzeption eben aus der emotionalen Verbundenheit und dem Proklamat des *‚caring'*. Diese Heraushebung der Fürsorge als moralisches Prinzip suggeriert, dass es ein *‚weibliches'* Gegenstück zum von Ökofeministinnen als männlich kategorisierten Rechtsgedanken gäbe. Das Prinzip des *‚caring'* lehnt sich vor allem an Carol Gilligans Untersuchung geschlechtspezifischer und genderbewusster Moralvorstellungen an.[1240] So sagte etwa Charlene Spretnak:

> *„(...) females are predisposed from a very early age to perceive the connectedness in life; for example, females are more empathetic, and they remain more aware of the subtle, contextual 'data' in interpersonal contacts throughout adulthood."*[1241]

Die Unterdrückung der Natur und damit auch der Tiere sei folglich nicht primär Produkt anthropozentrischer Herrschaftsansprüche, sondern des allseits dominanten Androzentrismus, der im Patriarchat seine politische Ausformung fände. Vor allem Adams entwickelte eine spezifisch feministisch-vegetarische Kritik, die auf strukturelle Parallelen in Hierarchisierung und Unterdrückungsmechanismen von Frauen und Tierausbeutung hinweist. In *‚The Sexual Politics of Meat'* beleuchtet sie in einer kulturellen Analyse den Zusammenhang zwischen Fleisch als Symbol von Macht und der Gesellschaftsstruktur männlicher Dominanz im Patriarchat.[1242] Sie stellt hierin die Forderung auf, dass eine wirkliche feministische Theorie zwangsläufig auch vegetarisch sein müsse, da die Unterdrückung von Frauen und Tieren im Patriarchat nicht nur eng miteinander verbunden sei, sondern sich sogar bedinge. Dafür gibt sie viele Beispiele aus Literatur, Sprache und gesellschaftlichem Handeln.

> *„The Sexual Politics of Meat means that what, or more precisely who, we eat is determined by the patriarchal politics of our culture, and that the meanings attached to meat-eating include meanings clustered around virility. We live in a racist, patriarchal world in which men still have considerable power over women, both in the public sphere (...) and in the private*

1239 Adams, Carol J.: *Neither Man Nor Beast*, New York, 1995, S.138; Curtin, Deane: *Toward an Ecological Ethic of Care*, 1991, in: Adams, Carol J. und Donovan, Josephine (Hg.): *Beyond Animal Rights: A Feminist Caring Ethic for the Treatment of Animals*, New York, 1996, S.64f.

1240 Vgl. Gilligan, Carol: *In a Different Voice: Psychological Theory and Women's Development*, Cambridge, MA, 1982; Larrabee, Mary Jeanne: *An Ethic of Care: Feminist and Interdisciplinary Perspectives*, London u.a., 1993, S.5.

1241 Spretnak, Charlene: *States of Grace: The Recovery of Meaning in the Postmodern Age*, New York, 1991, S.35, zitiert nach: Cuomo, 1998, S.116.

1242 Adams, 2002, vgl. auch: Berman, 1992.

sphere (....) Patriarchy is a gender system that is implicit in human/animal relationships."[1243]

Deane Curtin geht noch weiter, indem sie den Veganismus gerade aus Frauenperspektive als quasi obligatorisch darstellt. Der Konsum von Eiern und Milch würde unmittelbar in die Reproduktionsfähigkeit weiblicher Tiere eingreifen. Dies schließt sich an im Ökofeminismus geführte Debatten über Reproduktionstechniken und Bevölkerungspolitik an.[1244]

Wie die anderen philosophischen Konzepte auch, fand auch der Ökofeminismus nicht universellen Anklang innerhalb der Bewegung. Innerhalb der feministischen Theorie war er sehr umstritten. Die Kritik am Ökofeminismus bezog sich zumeist auf den Essentialismus seiner Aussagen. Die unterstellte Verbindung von Natur und Frau, genauer auch von Tier und Frau, übersehe wesentliche Merkmale sozialer Gefüge, beispielsweise in Hinblick auf Ethnie und Klasse.[1245] In erster Linie wird in derart ganzheitlichen Argumentationslinien und biologistischen Begründungen für weibliche Sympathien für die Natur eine Gefahr für einen reaktionären Backlash gesehen.[1246] Weiterhin würde der Ökofeminismus den Natur-Kultur und Mann-Frau Dualismus nicht wirklich in Frage stellen.[1247] Damit ist er auch nicht imstande Mensch-Tier Dualismen aufzubrechen.[1248] Dennoch war der Ökofeminismus insofern von Relevanz für die Tierrechtsbewegung, als dass bereits in der ersten Bewegung genutzte Konzepte von der Verbindung von Frau und Tier wieder aufgegriffen, philosophisch ausgearbeitet und radikalisiert worden sind. Zudem brachte er den Tierrechtsdiskurs in die breitere feministische Wissenschaft, die mit der zweiten Frauenbewegung aufblühte.

1243 Adams, 2002, S.16.

1244 Gaard, Greta: *Vegetarian Ecofeminism*, in: Frontiers, Vol. 23, Nr.3, 2002, S.139.

1245 Cuomo, Chris: *On Ecofeminist Philosophy*, in: Ethics & Environment 7:2, 2002, S.7f. Die Kritik, dass feministische Theorie dazu neigt, nichtwestliche Kulturen zu kolonisieren, sieht sich auch der Feminismus nichtökofeministischer Prägung ausgesetzt. Butler, Judith: *Das Unbehagen der Geschlechter*, Frankfurt a.M. u.a., 1991, S.18ff. Vgl. auch: Riley, Denise: *Am I that Name? Feminism and the Category of ,Women' in History*, Basingstoke u.a., 1988, S.17.

1246 Hier vor allem Janet Biehl, vgl. Biehl, Janet: *Rethinking Ecofemist Politics*, Boston, 1991, ebenfalls Birke, 1986, S.11.

1247 King, 1989, S.23.

1248 Roscher, 2007.

2.4 Biozentrismus und Tiefenökologie

Schließlich ist als philosophisches Konstrukt, das direkten Einfluss auf die neue Tierrechtsbewegung nahm, der vor allem in den 1980ern und 1990ern populäre *‚Deep Ecology'* Ansatz zu benennen. Der biozentristische und tiefenökologische Ansatz bildete sich aus den Thesen des amerikanischen Naturforschers John Muir (1838-1914) über die Wissenschaft der Ökologie heraus und wurde als Terminus erstmals 1973 von dem norwegischen Philosophen Arne Naess in seinem Aufsatz *‚The Shallow and the Deep'* eingeführt.[1249] Waren Muirs Thesen ein erster Anstoß für eine veränderte Umweltphilosophie, wurde diese erst ein Jahrhundert später mit der Veröffentlichung von Rachel Carsons *‚Silent Spring'* über die ökologischen Folgen von Pestiziden 1962 radikalisiert. Ihr Buch fand auch in der Tierrechtsbewegung und Tierethik entsprechende Rezeption.[1250] In Großbritannien hatten ebenfalls die Veröffentlichung von *‚A Blueprint for Survival'* von 1972, einem Plan zum ökologischen Überleben der britischen Inseln, und *‚The Limits of Growth'* maßgeblichen Einfluss auf das Anwachsen der dortigen Ökologiebewegung.[1251]

Die Tiefenökologie geht über einen schrittweisen, *‚seichten'* Zugang zu ökologischen Problemen hinaus und versucht, eine allumfassende philosophische Betrachtung des Menschen in der Natur zu verwirklichen. Tiefenökologie bestimmt die Erde selbst als lebendes Subjekt. Alle Dinge in der Natur seien miteinander verbunden und der Mensch nur eine unter Millionen von Spezies, die die Evolution hervorgebracht habe.[1252] Deshalb komme allen biologischen Entitäten das gleiche Recht auf Leben zu. Alle Wesen hätten einen inhärenten Eigenwert, der nicht an ihrer Produktivität gemessen werden dürfe, sondern der allein aus der Tatsache ihrer Existenz (Stichworte: *‚Biosphärischer Egalitarismus'*, *‚Biozentrische Gleichheit'*) entspringe. Tiefenökologische Philosophie kennt keine Hierarchie von Lebensformen. Das heißt, der Mensch ist ihren Ausführungen zufolge den Tieren und allen anderen Lebensformen hierarchisch gleichgestellt: Es gäbe keine absolute Trennlinie zwischen Menschen und der nichtmenschlichen Natur.[1253] Die Tiefenökologie befürwortet also eine nichtdualistische Weltsicht. Wichtiger als das Individuum sind der

---

1249 Naess, Arne: *The Shallow and the Deep, Long Range Ecology Movements – a Summary*, Inquiry, Vol. 16, Oslo, 1973.

1250 Vgl. Carson, Rachel: *Silent Spring*, Boston, 1962.

1251 Vgl. The Ecologist: *A Blueprint for Survival*, Harmondsworth, 1972, Club of Rome: The *Limits of Growth*; Pearce, 1991, S.11f; Wall, 1999, S.103.

1252 Devall, Bill; Sessions, George: *Deep Ecology: Living as if nature mattered*, Salt Lake City, 1985, S.125f; Foreman, Dave: *Confessions of an Eco-Warrior*, New York, 1991, S.2f.

1253 Orton, David: *Deep Ecology and Animals*, paper given at the 'Representing Animals' Conference, Brock University, Ontario, 2003, Green Web Bulletin, Nr.74, http://home.ca.inter.net/~greenweb/DE-Animals.html, zuletzt besucht am 30.10.07.

Tiefenökologie die Wildnis und der Strom des Lebens, die frei von menschlicher Manipulation sein müssten. Daraus folgt, dass Bakterien, Austern und Bandwürmer ein gleichberechtigter Platz in der *,biotischen Gemeinschaft'* eingeräumt wird.[1254] In allem, was Menschen täten, müsse der langfristige Effekt auf die biologische Vielfalt beachtet werden und ihr Bestehen Priorität haben. Erst danach komme das Wohlergehen der Menschheit. Das Überleben des Planeten – das Weiterbestehen der Natur – ist oberstes Gebot tiefenökologischer Philosophie – das Überleben der Menschheit nicht.[1255] Der Mensch sei nur einer von tausend Arten, nicht wertvoller und nicht weniger Wert als ein Grizzlybär oder auch ein Grashalm.

Der tiefenökologische Ansatz war für die Tierrechtsbewegung attraktiv, weil er Tieren einen eigenständigen Wert unabhängig von ihrer Beziehung zum Menschen einräumte. Dem Menschen wurden keinerlei Nutzungsrechte über sie zugestanden.[1256] Insofern erkannte etwa Noel Molland, Mitherausgeber des *Green Anarchist* und Tierrechtler, im tiefenökologischen Ansatz eine Erweiterung des Tierbefreiungsansatzes.[1257] Steven Chase klassifizierte die Tierbefreiungsethik als einen Teil tiefenökologischer Theorie.[1258] Tiefenökologische Kritik am Tierrechtsprinzip liberalethischer Tradition und an der Tierrechtsbewegung fokussiert auf der Annahme, sie stellten bloß eine Erweiterung des Anthropozentrismus dar. Anstatt sich also mit dem Schmerz empfindenden Individuum zu befassen, müsse die Natur als ganzheitliches System Ausgangspunkt ethischer Analyse sein. Während sich Tiefenökologie mit der Spezies, dem Ökosystem und der Population befasst, liegt der Schwerpunkt des Rechtsprinzips auf dem leidensfähigen Individuum.[1259]

Auf praktischer Ebene hat die tiefenökologische Philosophie vor allem bei der radikalen Umweltschutzorganisation Earth First! Nachklang und Verbreitung gefunden.[1260] Earth First! ging es vor allem um eine neue Prioritäteneinstufung. Die Wildnis sollte an erster Stelle ethischer Berücksichtung stehen, so lautete ihr Credo. Damit würde es gelingen, jeglicher Lebensform die gleiche Wertschätzung zukommen zu lassen. Dies

---

1254 Finsen und Finsen, 1994, S.241.

1255 Naess, Arne: *Identification as a Source of Deep Ecological Attitudes*, in: Tobias, Michael: *Deep Ecology*, San Diego, 1985, S.268.

1256 Naess, 1985, S.268. Naess Rechtsbegriff ist, wie er selbst zugesteht, äußerst schwammig. Er benutzt ihn aus Ermangelung eines Alternativbegriffes und wegen der Bedeutungsschwere, die ihm beigemessen werden kann.

1257 Wall, 1999, S.55, 158.

1258 Chase, Steven: *Whither the Radical Ecology Movement?*, in: Chase, Steven (Hg.): *Defending the Earth: A Dialogue between Murray Bookchin & Dave Foreman*, Boston, 1991, S.8.

1259 Orton, 2003.

1260 Foreman, 1991, S26f.

würde wiederum die biologische Diversität fördern.[1261] Somit kooperierte Earth First! mit der Tierrechtsbewegung bei solchen Themen, die die Tierrechtsfrage mit der Sorge um den Erhalt des Ökosystems und nichtmenschlicher Spezies verbanden.[1262] In Großbritannien hatte Earth First!, anders als in den Vereinigten Staaten, wo sie 1980 gegründet wurde, neben einem biozentrischen Fokus immer auch einen sozialökologischen Zugang. Ihr ging es also um eine Analyse sozialer Ungleichheiten innerhalb gesellschaftlicher Zustände, die es zu verändern gelte.[1263]

Doch nicht nur Earth First! folgte der tiefenökologischen Theorie. 1984 wurde zudem das Green Anarchist Network gegründet, das über die Zeitschrift *Green Anarchist* einen Austausch über radikale ökologische Ideen à la Earth First! und Tierbefreiungsthematiken anstrebte.[1264] Verbindungen von radikalen Umweltschutzgruppen und TierrechtlerInnen gab es zudem vor allem in Kampagnen gegen den Straßenausbau, etwa in Twyford Down 1991-1994 oder Newbury 1995/96, über die auch im *Green Anarchist* berichtet wurde.[1265] Proteste gegen den Ausbau der Autobahnen wurden im europäischen Vergleich nirgends so vehement geäußert wie in Großbritannien. Die Proteste spiegelten zugleich die radikalisierte Speerspitze der britischen Umweltschutzbewegung wider.[1266] Die radikale Ökologiebewegung fand ihren Kulminationspunkt mit der 1992 in Brighton gegründeten Earth Liberation Front (ELF), die sich am ALF-Modell orientierte.[1267] Ihre erste Aktion, am 1. April 1992, war ein Anschlag auf eine Firma, die Torf abbaute. Die ELF sah sich primär als antikapitalistische Kraft. In den USA kam es nach 1996 zu engen persönlichen wie institutionellen Überschneidungen von ALF und ELF.[1268]

1261 Wall, 1999, S.4.

1262 Taylor, Bron: *Religion, Violence and Radical Environmentalism: From Earth First! to the Unabomber to the Earth Liberation Front*, in: Terrorism and Political Violence, Vol. 10 Nr.4, Winter 1998, S.20.

1263 Anon.: *Reflections on Biocentrism*, Do or Die – Voices from the Ecological Resistance, Nr. 9, 2000, S.46; Wall, 1999, S.144f.

1264 Ibid., S.34.

1265 Green Anarchist, Nr.32, Sommer 1993, S. 3; Green Anarchist, Nr.40/41, Frühjahr 1996, S.1; Booth, Stephen: *Into the 1990's with Green Anarchist*, Camberley, 1996; Byrne, 1997, S.145; Wall, 1999, S.54f.

1266 Rüdig, Wolfgang: *Between Moderation and Marginalization: Environmental Radicalism in Britain*, in: Taylor, Bron Raymond (Hg.): *Ecological Resistance Movements: The Global Emergence of Radical and Popular Environmentalism*, Albany, 1995, S.238.

1267 Forward with the Earth Liberation Front, Green Anarchist, Nr.30, Sommer 1992, S.15; Molland, Noel: *A Spark that ignited the Flame, The Evolution of the Earth Liberation Front*, in: Best, Steven und Nocella II, Anthony J.: *Igniting a Revolution, Voices in Defense of the Earth*, Oakland und Edinburgh, 2006, S.49; Leader, Stefan H. und Probst, Peter: *The Earth Liberation Front and Environmental Terrorism*, in: Terrorism and Political Violence, Vol. 15, Nr.4, Winter 2003, S.38.

1268 Leader und Probst, 2003, S.44.

Die tiefenökologische Bewegung stützte sich vor allem auf die 1984 von George Session und Arne Naess verfasste tiefenökologische Plattform. Hierin wurde u.a. auch eine Verringerung der menschlichen Erdbevölkerung gefordert.[1269] Dabei wurde mitunter auf malthusianistische Prinzipien Bezug genommen. Hierin liegt auch der, zu Recht, erhobene Vorwurf der Misanthropie und potentiell ökofaschistischer Tendenzen begründet, der gegen TiefenökologInnen vorgebracht wurde.[1270] Naess u.a. verwehrten sich hiergegen. Sie machten darauf aufmerksam, dass es ihnen vor allem um den Ressourcenverbrauch in den Industriestaaten ginge und dass sie keinesfalls, im Vergleich zu einigen Earth First!lerInnen, aktive Bevölkerungsreduktion befürworten würden.[1271] Doch nicht nur Earth First! wollte weniger Menschen: Auch ALF Begründer Ronnie Lee befand die *‚Überbevölkerung'* der menschlichen Spezies als Hindernis für die Befreiung der Tiere und der Natur. Im *Liberator*, dem Mitteilungsblatt der BUAV, ließ er 1981 verlautbaren:

> *„Animal Liberation cannot truly come about until the human population is drastically reduced. Every time I see people 'goo-goo' over a human baby I shed an inward tear for the number of animal lives its existence will cost."*[1272]

1990 wurde er noch deutlicher:

> *„True Animal Liberation will not come merely through the destruction of the Dachaus and Buchenwalds that the occupiers have built for their victims, but demands nothing less than the driving back of the human species to pre-invasion boundaries."*[1273]

Er proklamierte demnach, dass wahre TierrechtlerInnen auf Kinder verzichten müssten.[1274] Er war damit nicht allein. Auch andere prominente

---

1269 Naess, Arne: *Ecology, community and lifestyle*, Cambridge, 1989, S.29. Das *‚Statement of Principles'* von Earth First! US von 1980 greift bereits zahlreiche Punkte der Plattform auf u.a. auch den des inhärenten Wertes aller Lebewesen, vgl. Lee, Martha F.: *Earth First! Environmental Apocalypse*, Syracuse, 1995, S.39.

1270 Vgl. beispielsweise Bookchin, Murray: *Looking for Common Ground*, in: Chase, 1991, S.29ff; Seager, 1993, S.232ff.

1271 Naess, Arne: *The Deep Ecology Movement: Some Philosophical Aspects*, in: Zimmermann, Michael E. et al (Hg.): *Environmental Philosophy: From Animal Rights to Radical Ecology*, Upper Saddle River, NJ, 2001, S.193; Glasser, Harold: *Demystifying the Critiques of Deep Ecology*, in: Zimmermann et al, 2001, S.208, Chase, 1991, S.10, 20. Zum berechtigten Vorwurf der Misanthropie gegen einige Faktionen von Earth First! US, siehe Lee, M., 1995, S.61ff, 92f.

1272 Liberator, Dezember 1981, S.10.

1273 Lee, Ronnie: Animal Liberation – But not too much?, Arkangel, Nr.2, Frühjahr 1990, S.39. Der unbedarfte Vergleich zwischen dem Holocaust und Tierausbeutung lässt sich gerade in den Anfängen der neueren Tierrechtsliteratur finden. Laboratorien und Massentierhaltungsanlagen werden darin mit Konzentrationslagern verglichen.

1274 Wicklund, Freeman: *Keep Fighting, Three Interviews with Britain's Animal Liberation Front Press Officers*, Roberts Creek, BC, 1991, S.25.

ALF Mitglieder, wie Robin Webb, teilten diese Ansicht und erklärten: „*We need to reduce our numbers.*"[1275] Damit waren tiefenökologische Ansätze auch in der radikalen Tierrechtsbewegung angekommen.

Ähnlich wie in der historischen Bewegung orientierten sich die in der Tierrechtsdebatte vertretenen ethischen Positionen primär an den philosophischen Theorien des Utilitarismus und der Rechtsposition. Ganz gleich ob die Tierrechtsideen sich auf die Konsequenzen einer Handlung, wie sie dem Utilitarismus unterliegen, oder auf a priori Festlegungen des Rechtsstatus beriefen, sind sie in ihren Absolutheitsansprüchen radikaler geworden. Damit halfen sie, einen militanteren Zugang der Tierrechtsbewegung in Bezug auf Forderungen und Methoden zu legitimieren. Jedoch ergaben sich – gerade in der Suche nach Begründungen für Ablehnungen anthropozentrischer Herrschaft und der Aufwertung des Tieres – auch alternative philosophische Strategien, die nicht minder radikale Umwälzungen forderten. Sie wurden daher für die neue Tierrechtsbewegung als philosophische Grundlagen attraktiv. In der Affinität zur Ideologie radikalen Umweltschutzes wurden Möglichkeiten für Tierrechte ebenso erkannt wie in feministischer Herrschaftskritik. Diese Gemeinsamkeiten konnten durchaus auch zur Zusammenarbeit auf praktischer Ebene führen. Die teilweise heftige Kritik der theoretischen Positionen aneinander, die, wie dargestellt, auch zur Unvereinbarkeit bestimmter Ansätze führte, ließen sich in der Bewegung selbst jedoch nur bedingt rekonstruieren und nachvollziehen. Nicht nur wurde sich hier der Theorien situationsbedingt bedient, es kam mitunter auch zu einer scheinbar wahllosen Aneinanderreihung sich entgegenstehender Ansätze, das heißt, dass auf die Feinheiten ihrer Aussagen nicht geachtet wurde. Schließlich wurden sie als schmückendes, legitimierendes Beiwerk für etwas betrachtet, was zuvor auf irrationaler Ebene mit dem Herz entschieden wurde.[1276] In der Außenwirkung verschafften jedoch zumindest Singers und Regans Konzepte der Bewegung die notwendige akademische Respektabilität.[1277] Zudem ließ sich mit den philosophischen Ausführungen den Vorwürfen von Irrationalität und Anti-Intellektualismus entgegentreten.

1275 Ibid., S.56.

1276 Ronnie Lee, Persönliches Gespräch, 4. Oktober 2004.

1277 Garner, 1993a, S.63.

3. Radikalisierung

Die Radikalisierung der britischen Tierrechtsbewegung fand auf unterschiedlichen Ebenen statt und war nicht auf philosophische Neuinterpretationen der Tierrechtsidee beschränkt. Zum einen kam es innerhalb etablierter Gruppen zu internen Veränderungen auf personeller wie organisatorischer Ebene. Sie folgten damit auch generationsbedingten Umbrüchen, die sich sowohl gesamtgesellschaftlich als auch in anderen Sozialen Bewegungen vollzogen.[1278] Die Radikalisierung in Forderung und Zielsetzung war jedoch auch mit einer steigenden Radikalität in Handlung und Rhetorik verbunden. Somit markierten die 1970er Jahre den endgültigen Bruch zwischen Tierschutz- und Tierrechtsbewegung. Diese ideologische Differenzierung blieb auch für den moderaten Tierschutz nicht ohne Folgen. Sie wurden zu einer Reaktion gezwungen. Mehr als zuvor kam es beispielsweise innerhalb der RSPCA bereits ab den frühen 1960ern zu heftigen internen Zwistigkeiten bezüglich des Jagdsports, wie im Folgenden ausgeführt werden wird. Diese Verjüngung der Tierschutz- und der Tierrechtsgruppen als Resultat des Generationswechsels fordere geradezu ein Überdenken der Struktur und Praxis heraus, so konstatierte auch Lord Donald Houghton of Sowerby (1898-1996), Vizepräsident der RSPCA. Sein Eindruck vom Publikum des Tierrechtskongresses 1977 in Cambridge war, dass

> *„they wanted action, some display of militancy and wanted to get rid of the middle-class concept that is conducting our welfare and business. (...) Their attitude to Parliament is that it is irrelevant; you don't bother with Parliament. You are on the streets; you break the windows. You may be called vandals but you really are martyrs… .“*[1279]

Um das Potential, das die jüngere Generation für die Bewegung aufzubieten hatte, zu nutzen, wurden gezielt Anzeigen in Jugendzeitschriften und denen mit jugendlichem und studentischem Publikum, wie dem *New Musical Express* (NME), geschaltet.[1280] Der Jagdsaboteur und Tierbefreier Mike Huskisson beschrieb diese Aufbrauchstimmung als ein Ge-

---

1278 Der hier verwendete Generationsbegriff ist nicht streng systematisch-chronologisch zu verstehen, sondern vielmehr als ein kulturelles und selbstreferentielles Deutungsmuster, das übereinstimmende Wertehaltungen, Verhaltensdispositionen und Handlungsintentionen begründet. Vgl. Schulz, Andreas und Grebner, Gundula: *Generation und Geschichte: Zur Renaissance eines umstrittenen Forschungskonzepts,* in: Schulz, Andreas und Grebner, Gundula (Hg.): *Generationswechsel und historischer Wandel,* Historische Zeitschrift, Beiheft 36, 2003, S.1ff.

1279 Lord Houghton, zitiert in: Animal Welfare, November/Dezember 1977, S.18.

1280 Liberator, September-November 1981, S.14. 1987 folgte die HSA dem Beispiel der BUAV und schaltete Anzeigen im NME. Damit erwirkte sie eine rasant ansteigende Mitgliedschaft, vgl. Howl, Nr. 37, Herbst 1987 Allerdings schien auch die musikalische Ausrichtung des NME, zumindest für die HSA, eine Rolle gespielt zu haben. Howl, Nr.81, Sommer 2004, S.20.

fühl der Dringlichkeit, das die neue Generation verspüre: Sie wollten eine spürbare Verbesserung für die Tierwelt innerhalb der eigenen Lebenszeit erreichen. Es war für ihn

„time to buckle down and do something about it!"[1281]

Die Radikalisierung war weder ein einheitliches, noch stetiges Phänomen, sondern vielmehr Schwankungen und internen Disputen unterworfen sowie der öffentlichen Rezeption geschuldet. Im ersten Teil dieses Kapitels wird etwa anhand der Entwicklung der vegetarischen Bewegung gezeigt, inwiefern radikale Momente schnell vom Mainstream aufgegriffen und damit quasi ihrer Progressivität beraubt wurden. Daran anschließend werden zwei Gruppen näher beleuchtet, bei denen der Generationswechsel fundamentale Veränderungen bewirkte. Die RSPCA sah sich durch den öffentlichen wie internen Druck dazu genötigt, gewisse Zugeständnisse an ein sich veränderndes Bild modernen Tierschutzes zu machen. Die BUAV hingegen betrachtete sich gewissermaßen als Motor dafür, diesen Wandel anzuschieben.

3.1 Die vegetarische Revolution

Noch bis in die 1970er Jahre stellte der Vegetarismus eine klare Ablehnung der hegemonialen ‚*food ideology*'[1282] dar. Er galt als fade Ernährung und seine BefürworterInnen als asketische Genussfeinde. Entsprechend versuchten auch etablierte vegetarische Gruppen, sich ein neues Image zu geben, das solche Klischees durchbrechen sollte. Gerade die Vegetarian und Vegan Societies bewarben die vegetarische Kostform als Element des zeitgemäßen Umgangs mit der Tierwelt und dem eigenen Körper. Besonders die ‚*radical middle class*' sollte hierdurch ihren progressiven Lebensstil verstetigen können.[1283] Die Vegan Society brachte es 1995 auf nur 3000 Mitglieder, obwohl zur selben Zeit ca. 100 000 Menschen einer veganen Diät folgten. Nicht nur schwand ihre Mitgliedschaft, auch stieg der Alterdurchschnitt der Gruppe an.[1284] Deswegen versuchte auch sie, ein radikaleres Bild im Sinne ihres kompromisslosen diätetischen Vorgehens zu präsentieren. Der Vegetarian Society gelang es nämlich, ihre Mitgliederzahlen von 7500 im Jahr 1980 innerhalb von zehn Jahren auf rund 19 000 mehr als zu verdoppeln.[1285] Im Vergleich zu anderen europäischen Staaten und Nordamerika war die Anzahl der VegetarierInnen in Großbritannien prozentual am höchsten. Bis zu 10% der Bevölkerung at-

---

1281 Animal Welfare, Mai/Juni 1979, S.11.

1282 Charles, N. und Kerr, M.: *Women, Food and Families*, Manchester, 1988, S.4.

1283 Spencer, 1995, S.337.

1284 Vegan-Info, Nr.4, Februar 1995, S.5.

1285 Spencer, 1995, S.338.

testierte Garner 2004 eine fleischfreie Ernährung.[1286] 1993 hatte er noch eine Anzahl von 7% festgestellt.[1287] Nicht alle Studien kamen zu einem so hohen Ergebnis. Einig war man sich jedoch in der Tatsache, dass sich die Anzahl der VegetarierInnen in Großbritannien zur Jahrtausendwende stabilisiert hatte[1288] und gar als Massenphänomen betrachtet werden konnte.[1289] Dies kann jedoch nicht ausschließlich in einen Zusammenhang mit der Tierrechtsbewegung gebracht werden. New Age Religionen inkorporierten Vegetarismus in ihre Lehre, um spirituelle Reinheit zu beschwören.[1290] Die Immigration einer bedeutsamen Anzahl von Menschen aus dem indischen Subkontinent Ende der 1960er Jahre und der damit verbundenen Verbreitung des hinduistischen Glaubens, bei dem die vegetarische Ernährung eine große religiöse Bedeutung hat, brachte zudem ein vegetarisches Angebot, das auch von ethischen VegetarierInnen genutzt werden konnte.[1291] Der kulturelle Kontakt mit Indien, der als Folge kolonialer Beherrschung und ihrer gesellschaftsverändernden Konsequenzen stattfand, beeinflusste auch den westlichen Vegetarismus.[1292]

Zudem passte der Vegetarismus in idealer Weise in das Schema des *'healthy living'*, das seit den 1970ern von weiten Teilen der Mittelschicht propagiert wurde.[1293] Gravierende Lebensmittelskandale sowie das Aufkommen der BSE Seuche führten ebenfalls zu einem Anstieg der sich vegetarisch ernährenden Bevölkerung. Die Vegetarian Society versuchte auch hier in den Diskurs einzugreifen, indem sie ihre Kampagnenzielrichtungen änderte: Wurde zuvor der tierrechtlerische Aspekt betont, unterstrich man nun den Vegetarismus als die gesundheitlich unbedenklichste Ernährungsform.[1294] Dennoch zeigte eine Meinungsumfrage 1991, dass ca. 60% der VegetarierInnen aus moralischen Gründen auf den

---

1286 Garner, 2005, S.157.

1287 Garner, 1993a, S.48.

1288 Mintel International Group Ltd.: Attitudes towards Vegetarianism – UK, 2006, http://www.marketresearch.com, zuletzt besucht am 25.08.07; Kean, 1998, S.205.

1289 Beardsworth, Alan und Keil, Teresa: *The vegetarian option: varieties, conversions, motives and careers*, in: The Sociological Review, Vol. 40, Nr.2, 1992, S.289.

1290 Cusick, Edmund: *Religion and Heritage*, in: Storry, Mike und Childs, Peter: *British Cultural Identities*, London u.a., 1997, S.300.

1291 Ibid., vgl. auch: Booth, Heather: *The Migration Process in Britain and West Germany*, Aldershot, 1992, S.69.

1292 Twigg, Julia: *Vegetarianism and the Meanings of Meat*, in.: Murcott, Anne: *The Sociology of Food and Eating*, Aldershot, 1983, S.19.

1293 Savage, Mike; Barlow, James; Dickens, Peter und Fielding, Tony: *Property, Bureaucracy and Culture, Middle Class Formation in Contemporary Britain*, London u.a., 1992, S.109ff.

1294 Smart, Andrew: *Adrift in the mainstream: Challenges facing the UK vegetarian movement*, British Food Journal, Vol. 106, Nr.2, 2004, S.87.

Konsum von Fleisch verzichteten. Zumindest gaben sie dies als Primärgrund an.[1295]

Da den BritInnen zunehmend eine vegetarische Infrastruktur geboten wurde, musste die Konversion zum Vegetarismus keinen Verzicht mehr bedeuten. Der 1976 in Brighton von Anita Roddick gegründete *Body Shop* und *Beauty without Cruelty* versorgten die ethische Konsumentin zudem mit tierversuchsfreien Kosmetika. Einige der Food-Kooperativen der 1960er und 1970er Jahre etablierten sich als kommerzielle Bioläden.[1296] Ab den frühen 1990er Jahren boten auch die großen Supermarktketten wie Tesco und Sainsburys tierversuchsfreie Produkte an und konnten so den Markt, der zweifelsfrei für die vegetarische Produktpalette bestand, für sich erschließen.[1297] Über 2000 Produkte erhielten im Jahr 2006 das Gütesiegel der Vegetarian Society.[1298] Das ‚V'-Symbol wurde unter einer Lizenzstrategie an willige Unternehmen verkauft und stellte somit per se einen gewissen Marktwert dar. Die Tierrechtsbewegung warf der Vegetarian Society entsprechend den Ausverkauf der vegetarischen Ideologie vor. Als die Vegetarian Society 2004 sogar ihr Label der Fastfood-Kette McDonald's zur Verfügung stellte, kam es zum endgültigen Bruch mit der Tierrechtsbewegung.[1299] Dies beruhte besonders auf dem Feindbild, das McDonald's für die Tierrechtsbewegung zunehmend repräsentierte. Daran zeigte sich der multinationale Konzern nicht ganz unschuldig. Im Jahr 1990 hatte er ein Verleumdungsverfahren gegen zwei Mitglieder der Gruppe London Greenpeace, einer Tierrechts- und Umweltschutzgruppe, angestrengt. Die Verleumdungsklage basierte auf einem Flugblatt, das Mitglieder der Gruppe vor Filialen des Konzerns verteilt hatten, und auf dem McDonald's unter anderem der Tierquälerei und der Umweltverschmutzung bezichtigt wurde.[1300] Das Verfahren, bekannt als der *McLibel Fall*, dauerte sieben Jahre und war damit der längste Prozess der britischen Rechtsgeschichte. Zwar wurden die beiden Angeklagten, David Morris und Helen Steel, schuldig gesprochen, dennoch entpuppte sich das Ganze als Pyrrhussieg für McDonald's. In der aufwändigen Beweisführung wurden einige Anklagepunkte fallen gelassen. Unter anderem sah es das Gericht als erwiesen an, dass McDonald's zur Gesund-

---

1295 Beardsworth und Keil, 1992, S.256.

1296 Spencer, 1995, S.321.

1297 Garner, Robert: *The Animal Lobby*, in: Political Quaterly, Vol. 62, 1992, S.290.

1298 Mintel International Group Ltd.: Attitudes towards Vegetarianism – UK, 2006, http://www.marketresearch.com, zuletzt besucht am 25.08.07.

1299 Vegetarian group backs McDonald's, BBC News, 1. Oktober 2004; Brook, Stephen: Vegetarian Society backs McDonald's products, The Media Guardian, 1. Oktober 2004.

1300 'What's wrong with McDonald's: everything they don't want you to know' auf http://www.mcspotlight.org/case/factsheet.html, zuletzt besucht am 28.08.2007.

heitsschädigung ihrer Angestellten beitrage, ihre Werbung irreführend sei und sie für Grausamkeiten im Umgang mit den Schlachttieren verantwortlich seien.[1301]

Eins zeigt die Kommerzialisierung des Vegetarismus indes ganz deutlich: Das Angebot vegetarischer Kostform war eben nicht mit einer generellen Akzeptanz der Tierrechtsidee gleichzusetzen, wie Andrew Smart ganz richtig hervorhebt.[1302] Es sei vielmehr so, dass die grundsätzliche Akzeptanz der vegetarischen Ernährung das radikale Moment der Idee absorbiere, somit aus *‚campaigners'* nur noch *‚consumer'* mache.[1303] Somit war der Vegetarismus nach einer kurzen, revolutionären Phase, in der er mit alternativen Lebensstilen und radikaler Tierethik in Verbindung gebracht wurde, ab spätestens den 1990ern im Mainstream angekommen, auch indem er sich von einer puristischen Tierrechtsideologie entfernte. Veganismus wurde demnach bei den meisten TierrechtlerInnen zum Usus. Dieser allein konnte helfen, den gesellschaftsverändernden Anspruch der radikalen Bewegung zu bewahren und die ideologische Reinheit zu beschwören. Vegetarismus war für die Radikalen hingegen durch die Politik der Vegetarian Society und der Einstellung vieler VegetarierInnen moralisch korrumpierbar und mit einer konsequenten Tierrechtskritik immer weniger in Einklang zu bringen.

3.2 Richard Ryder, die RSPCA Reform Group und das Bekenntnis zur Jagdgegnerschaft

Die RSPCA blieb die größte Tierschutzgruppe des Landes. Sie konnte auf einen ansehnlichen MitarbeiterInnenstab und ein gesichertes Grundeinkommen bauen. Dies speiste sich zumeist, wie das anderer Tierrechtsgruppen auch, aus Erbschaften.[1304] Die RSPCA betrieb nach wie vor Tierschutz der klassisch humanistischen Façon, die keine grundsätzliche Kritik von Tiernutzung vorsah. Bis weit in die 1970er Jahre unterstützten zahlreiche Mitglieder weiterhin die Jagd bzw. agierten selbst als JägerInnen. In jeder Äußerung der RSPCA zu diesem Thema sahen diese Mitglieder eine politische Gefahr. Entsprechend wurde versucht, JagdgegnerInnen auszuschließen, da sie vermeintlich gegen die Grundsätze

---

1301 Vidal, John: *McLibel: Burger Culture on Trial*, New York, 1998; McDonald's Corporation and McDonald's Restaurant v Steel and Morris, Queens Bench Division, 19. Juni 1997; McLibel Victory, Arkangel, Nr.18, 1998. Im Jahr 2005 sah es der Europäische Gerichtshof für Menschenrechte als erwiesen an, dass den beiden Angeklagten von der britischen Regierung sowohl das Recht auf ein gerechtes Verfahren als auch das Recht auf freie Meinungsäußerung versagt worden war. Vidal, John: Legal aid with that? Guardian unlimited, 15. Februar 2005.

1302 Smart, 2004, S.80.

1303 Ibid., S.85f.

1304 Sogar für die ALF stellen Erbschaften die Haupteinnahmequelle dar.

der politischen Neutralität der Gruppe verstießen. Der steuerbevorteilte Status als gemeinnützige Organisation schien gefährdet.

Doch auch die RSPCA, als eindeutige Tier*schutz*organisation, wurde in den 1970ern Schauplatz für interne Auseinandersetzungen, die sich an Tierrechtsdiskursen und dem Umgang mit radikalen Ansätzen orientierten.[1305] Die Radikalisierungstendenzen anderer Gruppen und philosophischen Neubetrachtungen gingen an ihr nicht vorbei. Die 1970 unter Leitung von Brian Seager, Stanley Cover, John Bryant und Richard Ryder gegründete Reform Group regte interne Umstrukturierungen, Demokratisierung und Innovation der RSPCA-Programmatik an. Einige dieser Anregungen wurden aufgegriffen. 1977 folgte die RSPCA dem radikalisierten Kurs in einer moderateren Variante und ernannte Richard Ryder zu ihrem Vorsitzenden, nachdem er 1972 bereits in den Vorstand gewählt worden war. Die Kritik der Reform Group traf vor allem die undemokratische Struktur der ‚*Society*'. Diese zeige sich u.a. in einer Abneigung gegenüber der wachsenden Anzahl meist jüngerer Mitglieder, denen ein entschiedeneres Vorgehen gegenüber dem wachsenden kommerziellen Miss- und Gebrauch von Tieren vorschwebte, so die Reform Group. Dabei könne es der RSPCA gelingen, durch ein reflektiertes Vorgehen im Tierschutz und mit der Umsetzung wichtiger Kritikpunkte, ihr Image von Grund auf zu ändern. Also versuchte man fortan, sich zeitgemäß und modern zu geben. Garner stellt fest, dass die RSPCA nunmehr anfing, theoretische und praktische Aktionsfelder zu beschreiten, die zehn Jahre zuvor noch undenkbar gewesen wären.[1306] Stärker als zuvor nahm sich die RSPCA der politischen Lobbyarbeit und Kampagnen gesetzlicher Reformierungen an.[1307]

Die Reform Group trug des Weiteren erstmals eine eindeutige Antijagdposition in die RSPCA. Diese zeigten sie praktisch bei einem Protest gegen eine Fuchsjagd 1971 in Warwickshire. Diese Jagd war ausgerechnet von einem RSPCA Mitglied organisiert worden. Vera Sheppard, Mitorganisatorin des Protestes, sah sich danach vom Ausschluss aus der RSPCA bedroht. Den konnte sie nur abwenden, indem sie auf Unterwanderungsversuche von Pro-Jagdverbänden in die RSPCA hinwies.[1308] Zwar war die Reform Group somit zunächst marginalisiert. Sie vermochte es dennoch, 1974 in den reformierten Vorstand gewählt zu werden. 1976 setzte sie schließlich auch das Bekenntnis der RSPCA gegen die

---

1305 Für eine kritische Stimme zu den Erneuerungsprozessen innerhalb der RSPCA, siehe Brown, 1974, S.82ff.

1306 Garner, 1993a, S.59.

1307 Radford, 2001, S.170.

1308 Ryder, 2000, S.173.

Fuchsjagd mit Hunden durch.[1309] Die Versuche der Reform Group, eine Distanzierung vom Königshaus aufgrund deren Jagdbesessenheit zu erreichen, waren jedoch zum Scheitern verurteilt. Zu gerne schmückte man sich mit der königlichen Patronage.[1310] Allerdings formulierte die RSPCA nunmehr eindeutig ablehnende Grundsatzerklärungen zur Massentierhaltung und zu Lebendtiertransporten.[1311] Von da an rief auch die radikale Hunt Saboteurs Association dazu auf, sich in der RSPCA zu engagieren. Richard Ryder wurde als Sprecher zu deren Jahreshauptversammlungen eingeladen.[1312]

So wie zahlreiche Mitglieder der RSPCA hatte sich auch Richard Ryder (geb.1940), Sohn eines reichen Landbesitzers aus Dorset, zuvor aktiv an den Freizeitvergnügungen seiner Klasse, das heißt dem Jagen und Schießen, beteiligt. Dies änderte sich erst während seiner Studienzeit in Cambridge, wo er später auch als Psychologe lehrte. Während seines Studiums wurde er erstmals mit Tierversuchen seiner Kollegen konfrontiert. 1969 schrieb er eine Reihe von Leserbriefen an den *Daily Telegraph*, die sich gegen die an der Universität vorgenommenen Experimente im Speziellen und die Vivisektion im Allgemeinen richteten. Hierdurch kam er in Kontakt mit Brigid Brophy und der Oxford Group. Zu deren Sammelband *‚Animals, Men and Morals'* leistete er 1972 einen Beitrag. Hierin ging es ihm in erster Linie darum, die Situation der Tierversuchsopfer und deren völlig unzureichenden gesetzlichen Schutz aufzuzeigen.[1313] Er veröffentlichte weiterhin Leserbriefe, kurze Pamphlete und Journalbeiträge zum Thema. Bereits 1970 publizierte er einen kurzen Text, in dem er erstmals den Begriff des Speziesismus einführte. Es gelang ihm im Folgenden, den Widerstand der RSPCA gegen Tierversuche zu revitalisieren.[1314] Dies verdankte sich auch der Publikation seiner detaillierten Abhandlung über Tierversuche, *‚Victims of Science'*, die 1975 erfolgte.[1315] Dieses Buch war für die Bewegung von besonderer Relevanz, verknüpfte es doch philosophische Elemente mit naturwissenschaftlichen Argumenten gegen Tierversuche. Auch ALF-Mitbegründer Ronnie Lee zeigte sich maßgeblich von dieser Publikation beeindruckt.[1316]

1309 Outrage!, Nr.138, Frühjahr 2005, S.17.

1310 Garner, 1993a, S.56.

1311 Garner, Robert: *Political Animals: A Survey of the Animal Protection Movement in Britain*, in: Parliamentary Affairs, Oxford u.a., 1993, S.339.

1312 Howl, Nr.7, Herbst 1976.

1313 Ryder, Richard: *Experiments on Animals*, in: Godlovitch, Godlovitch und Harris, 1972, S.41ff.

1314 Liberator, März 1982, S.5.

1315 Vgl. Ryder, 1975.

1316 Ronnie Lee, Persönliches Gespräch, 4. Oktober 2004.

Von 1977 bis 1979 übernahm Ryder das Amt des Vorsitzenden des RSPCA Vorstands. In dieser Funktion organisierte er gemeinsam mit David Paterson, Bildungsbeauftragter der RSPCA, 1977 ein Symposium am Trinity College in Cambridge über philosophische, historische, politische und praktische Implikationen von Tierrechten. An dem Symposium nahmen fast 200 Personen teil. Ryder versuchte hier den Tierrechtsbegriff an die RSPCA zu binden.[1317] Unter seiner Ägide formulierte die RSPCA erstmals ein Zielverständnis, in dem die Bereiche der Massentierhaltung, des Wildtierschutzes und der Versuchstierthematik inkorporiert waren. Die Themen wurden durch entsprechende Komitees institutionalisiert. Im Folgenden gründete Ryder gemeinsam mit Brian Davies die Political Animal Lobby (PAL), deren Ziel es war, Parteien mit großzügigen Spenden in die Pflicht zu nehmen: So denn gewählt, sollten sie restriktivere Tierschutzgesetze verabschieden. 1983 trat Ryder selbst zu den Parlamentswahlen als Kandidat für die Liberal Party in Buckingham an.[1318] Ihm war zwar kein Erfolg beschert, dennoch übte er innerhalb der Partei weiterhin den Vorsitz über die Liberal Democrats Animal Welfare Group aus.

Trotz dieser internen Radikalisierungsversuche gelang es der RSPCA stets, den Anstrich der Respektabilität beizubehalten. Sie grenzte sich deutlich von radikaleren Gruppen ab. Dies zeigte sich besonders in den 1980er Jahren. 1985 wies sie Mitgliedschaftsanträge von BUAV AktivistInnen mit Verweis auf deren angebliche Organisierung gewalttätiger und krimineller Aktionen ab. 1981 hatten es sowohl Kim Stallwood, der in der BUAV das Amt des *‚Campaign Officers'* bekleidete, als auch seine Kollegin Angela Walder geschafft, in das RSPCA Council gewählt zu werden. Als Stallwood jedoch für eine abolitionistische Position zum Thema Tierversuche plädierte, wurde er aus Amt und Mitgliedschaft entlassen.[1319] All jene Mitglieder, die aufgrund von Tierrechtsaktivitäten von Gerichten verurteilt worden waren, galten als untragbar und wurden aus der Gruppe ausgeschlossen.[1320] Gleichzeitig kam es innerhalb der RSPCA zu Zwistigkeiten. Die RSPCA Action Group (RAG), eine abermals radikalisierte Version der Reform Group, kritisierte die Finanzpolitik der Society. Insbesondere angemahnt wurde die angebliche Unterstützung von Tierversuchen und Massentierhaltung und die Präsenz von Vivisektoren sowie Mitgliedern von RDS, BFSS und der National Farmers Union (NFU) in Gremien der RSPCA. RAGs Anliegen war, ein Netzwerk radikaler RSPCA Mitglieder zu bilden, Tierrechte in die

1317 Vgl. Paterson und Ryder, 1979.

1318 Outrage!, Nr.25, März/April 1983, S.5.

1319 Henshaw, 1989, S.170.

1320 Liberator, April/Mai 1986.

RSPCA-Politik hineinzutragen und die Wahl radikaler Mitglieder in den Vorstand zu erleichtern.[1321] Entsprechende Aufrufe an TierrechtlerInnen, sich um Mitgliedschaft zu bemühen, wurden in sämtlichen Tierrechtspublikationen geschaltet.[1322] Bereits zuvor wurden Wahlvorschläge zum Vorstand abgegeben.[1323] Diese Strategie blieb jedoch erfolglos.

1987 wurde eine weitere interne Fraktion innerhalb der RSPCA tätig. Der RSPCA Members' Watchdog bemühte sich darum, die RSPCA an ihre Grundsätze zu erinnern und die Politik des Headquarters zu überprüfen. Vor allem kritisierte sie die von der RSPCA vorgenommenen Einschläferungen ungewünschter Haustiere.[1324] Hierin waren sie insofern erfolgreich, als dass sich die RSPCA, zumindest auf dem Papier, dazu verpflichtete, Tiere grundsätzlich nicht mehr zu töten, sondern zu sterilisieren, um weitere ungewollte Tiere zu verhindern.[1325] An der Umsetzung haperte es jedoch. Dies war vor den Aktiven der Bewegung immer schwieriger zu rechtfertigen.[1326] Unter den Mitgliedern der Watchdog Gruppe befand sich beispielsweise der Jagdsaboteur Dave Wetton sowie andere AktivistInnen, die sich um die Verfestigung des Tierrechtsgedankens innerhalb der RSPCA sorgten. Watchdog stieß nicht auf besonderes Wohlwollen der RSPCA. Vielmehr wurden bereits 1989 einige UnterstützerInnen aus der RSPCA ausgeschlossen.[1327] Deren Verbindung zum radikalen Flügel war zu eng. 1992 trat auch der 1989 in den Vorstand gewählte Robin Webb zurück, als seine Tätigkeit als Pressesprecher der ALF bekannt wurde. Er kam damit einem Ausschlussverfahren zuvor.[1328] Bereits vorher hatte er sich in *Arkangel* positiv auf die Aktionen der ALF bezogen.[1329] Die Watchdog Gruppe bemühte sich ihrerseits um den Ausschluss jener Mitglieder aus dem Vorstand, die wie der konservative Parlamentsabgeordnete und BFSS Vizepräsident Michael Colvin den Jagdsport unterstützten.[1330] Watchdog war kein Erfolg beschert. Im Gegenteil, die RSPCA übertrug Colvin 1992 die lebenslange Mitgliedschaft.[1331]

1321 Outrage!, Nr.39, Juli/August1985, S.5; The Campaigner, Juli 1986, S.9.

1322 The Campaigner, Januar/Februar 1986, S.23.

1323 The Campaigner, Januar/Februar 1984, S.4; Outrage!, Nr.30, Januar/Februar 1984, S.11.

1324 RSPCA Members' Watchdog, Nr.1, 1987.

1325 Ryder, 2000, S.177.

1326 Garner, 1993a, S.83.

1327 Arkangel, Nr.1, Winter 1989, S.16.

1328 RSPCA Members' Watchdog, Nr.28.

1329 Arkangel, Nr.4, S.35f.

1330 Arkangel, Nr.3, Sommer 1990, S.11. Colvin verteidigte den Jagdsport auch im Parlament, beispielsweise bei der Debatte um die Wild Animals Protection Bill 1995, vgl. Hansard, House of Commons Debates, 3. März 1995, col. 1299.

1331 RSPCA Members' Watchdog, Nr.20, 20. Juli 1992.

3.3 *‚Old Guard'* gegen *‚Young Turks'*: Kim Stallwood und die BUAV

Den Radikalisierungen innerhalb der Tierrechtsbewegung ging zumeist ein Umbruch in der Personalstruktur der Gruppen voraus. Umstrukturierungen fanden in nahezu allen etablierten Gruppen statt, besonders jedoch in den Antivivisektionsgruppen. In *Animal Welfare* hieß es 1979:

> *„Like any other non-static organisation, the BUAV is currently showing a typical period of unrest in common with other animal welfare societies, where a number of its more lately joined members are at variance with the Old Guard with regard to the latter's running of the Union."*[1332]

1979 wurde der bis dato von Betty Earp geleitete Vorstand abgewählt.[1333] Die personellen Verschiebungen hatten sich indes bereits zuvor angedeutet. Sie wurden Ende der 1960er Jahre bei den Versuchen offenkundig, BUAV und NAVS zu einer großen einheitlichen Antivivisektionsgruppe zusammenzuführen. Das sukzessive Scheitern der Fusionierung aufgrund unterschiedlicher Vorstellungen von Organisation und Taktik legte Zeugnis von diesem Generationsbruch ab.[1334] Zahlreiche Führungsmitglieder der BUAV, die der älteren Generation von AktivistInnen zuzurechnen waren, traten wegen der favorisierten *‚Step-by-step-policy'* zur NAVS über.[1335] Bei der BUAV war man sich jedoch sicher, dass

> *„the recent troubles in the Coalition had been caused mainly by lack of single-mindedness... There have been strenuous efforts to alter our policy... We have been up against the old enemy of compromise...It is so obvious where this half-hearted policy leads. The English Law of 1876 should have been a warning for all time."*[1336]

Kompromisslos sollte sich von nun an auch die BUAV nach Außen präsentieren. Entsprechend kam es auch bei der Ämtervergabe zu massiven Veränderungen: Die *‚alte Garde'* wurde abgelöst.[1337] Die Entstehung eines radikalen Flügels der Tierrechtsbewegung Mitte der 1970er Jahre führte damit auch zur ideologischen Radikalisierung etablierter Tierschutzgruppen.[1338] Gerade die BUAV wurde durch junge Aktive neu inspiriert. Bereits 1968 meldeten sie an, dass sie mehr Einfluss und mehr Handlungsfreiheit haben wollten. Andrew Linzey, zu diesem Zeitpunkt Vorsitzender des Young Oxford Anti-Vivisectionist Movement, merkte an:

1332 Animal Welfare, Oktober/November 1979, S.2.

1333 Hopley, 1998, S.85ff.

1334 Anti-Vivisectionist, Vol. 69, Nr.2, März/April, 1968, S.13.

1335 Anti-Vivisectionist, Vol. 69, Nr.3, Mai/Juni 1968, S.28ff.

1336 AV Times, September 1969.

1337 Animal Welfare, Dezember 1979, S.2.

1338 Garner, 1998c, S.94.

„I am asking for a real recognition of young people; of their views, of their plans to see a new organisation emerge. For, if the BUAV is telling young antivivisectionists that there is no longer any idealism, any basic principle remaining, then the time has come for every youth section to disband.“[1339]

1979 waren folglich zahlreiche junge Mitglieder und solche, die bei HSA und der Tierrechtsgruppe Animal Aid organisiert waren, zur Jahreshauptversammlung erschienen um aktiv am Transformationsgeschehen Teil zu haben. Sie wählten radikale Mitglieder in den Vorstand und Animal Aids Jean Pink zur Vorsitzenden. Die noch den Vorstand dominierende alte Garde versuchte im Folgenden, die Radikalen zu entlassen sowie die Wahlregeln dahingehend zu verändern, dass nur diejenigen zur Wahl berechtigt wären, die auf eine wenigstens fünfjährige Mitgliedschaft zurückblicken konnten. Der Versuch scheiterte. 1980 wurden vielmehr noch mehr Radikale in den Vorstand gewählt.[1340] 1981 hatte auch der professionelle Flügel im Hauptbüro den Generationswechsel seiner Angestellten und Verantwortlichen vollzogen.[1341] Auf der Jahreshauptversammlung wurde die *‚old Guard'* zu Gunsten der *‚young Turks'* abgewählt. Jean Pink, Mitbegründerin von Animal Aid wurde in ihrem – bisher nur vorübergehend ausgeübten – Amt der Vorsitzenden bestätigt.[1342] Damit war auch der Generationswechsel, der in den 1970ern begonnen hatte, nahezu abgeschlossen. Dieser Generationenkonflikt markierte weit reichende soziale Veränderungsprozesse und das Infragestellen tradierter britischer *‚Werte'*. Weder mit der Konsensgesellschaft der 1950er und 1960er Jahre erklärte man sich einverstanden, noch mit einer Gesellschaft, die nur für die Erweiterung persönlicher Vorteile stand.[1343]

Die 1980er Jahre wurden mit der programmatischen Umgestaltung zur *‚Decade of Animal Rights'* der BUAV.[1344] Dieser Prozess ging jedoch nicht reibungslos vonstatten, viel mehr kann von einer Rebellion gegen Führungsstil und Zielsetzungen der alten Generation gesprochen werden. Die nunmehr von der BUAV fest angestellten KampagnenkoordinatorInnen teilten radikalere Zugänge. Kim Stallwood, der bereits 1978 eine leitende Position bei der BUAV einnahm und ab 1980 das Amt des Kampagnenkoordinators ausführte, verstand sich als expliziter Tierrechtler. 1981 sagte er in *Animal Welfare*:

1339 Anti-Vivisectionist, Vol. 69, Nr.4, Juli/August 1968, S.45.

1340 Stuart, Malcolm: Attempt to change rules fails to stop radicals, The Guardian, 23. Juni 1980.

1341 Hopley, 1998, S.96.

1342 Animal Welfare, Februar/März 1981, S.6.

1343 Animal Welfare, April/Mai 1981, S.9, vgl. auch: Byrne, 1997, S.32f.

1344 Powell, Andrew: The Decade of Animal Rights: The Loss of Innocence, Liberator, Januar/Februar 1989, S.20.

„I believe Animal Rights is an important and integral part of a vast social revolution now taking place. We must hold the Animal Liberation banner high at feminist, black liberation, anti-nuclear power and anti-war demos. Animal liberation is our liberation."[1345]

Damit trat die BUAV nun eindeutig ins Lager der TierrechtlerInnen ein: Das Ideal der Tierbefreiung galt als die zeitgemäße Option.[1346] Gemeinsam mit Margaret Manzoni gab Stallwood der BUAV-Publikation eine ideologisch neue Ausrichtung, der auch die Gruppe folgte.[1347] Sie überarbeiteten nicht nur das von der BUAV verwendete Propagandamaterial und schlugen neue Wege in der Kampagnenführung ein, sondern wählten auch insgesamt eine direktere und radikalere Herangehensweise. Der Name des Mitteilungsblattes wurde erneut geändert.[1348] *‚Animal Welfare'* klang nicht zeitgemäß genug: *‚The Liberator'* vermochte eher die neue Politik der BUAV widerzuspiegeln und das junge radikalisierte Image der Gruppe zu vermitteln. Stallwood übernahm die Herausgabe des Magazins, das auch inhaltlich eine neue, auf Tierrecht abzielende, Ausrichtung erfuhr. Diese Ausrichtung führte auch dazu, dass die BUAV, zumindest zeitweilig, die Band of Mercy/Animal Liberation Front programmatisch wie ideologisch unterstützte. Als Ergebnis dieser radikalisierten Haltung stiegen die Mitgliederzahlen der BUAV Anfang der 1980er Jahre deutlich an.[1349]

1985 kam es noch einmal zu Auseinandersetzungen auf der Jahreshauptversammlung. Was folgte war eine Revolte gegen die Radikalen: Sieben Exekutivkomiteemitgliedern drohte die Abwahl, da sie Manzoni und andere mit dem Vorwurf aus dem Amt entlassen hatten, diese hätten zuviel Geld in bestimmte Kampagnen gesteckt, die als nicht radikal genug bewertet wurden.[1350] Auch Stallwood musste 1986 gehen. Er emigrierte im Folgenden in die USA, um ab 1987 seine Expertise der sich im

---

1345 Animal Welfare, April/Mai 1981, S.9.

1346 Liberator, September-November 1981, S.14.

1347 Ronnie Lee machte die Unterstützung der ALF durch die BUAV an der sympathisierenden Haltung Kim Stallwoods fest. Ronnie Lee, Persönliches Gespräch, 4. Oktober 2004.

1348 Das originäre Mitteilungsorgan der BUAV, *‚The Abolitionist'* wurde nach 50 Jahren Existenz 1949 in *‚The Anti-Vivisectionist'* umbenannt, um die Zielsetzung der Gruppe bereits im Namen festhalten zu können. Eine weitere Umbenennung fand 1969 in *‚AV-Times'* statt sowie daran anschließend 1976 in *‚Animal Welfare'*. Der *‚Liberator'* wurde 1991 zum *‚Campaign Report'*, um die Struktur und das neue Organisationskonzept der BUAV zu zementieren. Eine ähnliche Veränderung fand bei der NAVS statt. Zum *‚Animal's Defender'* kam 1982 der *‚Campaigner'* hinzu, der über die Aktivitäten der einzelnen *Branches* berichtete, um drei Jahre später zum *‚Campaigner and Animal's Defender'* zusammengeführt zu werden.

1349 Liberator, Mai 1982, S.3; Howell, Georgina: The 'bête noire' who bit back for animal rights, The Times, 22. April 1983.

1350 The Times, 5. Juni 1985.

Aufbau befindlichen Gruppe People for the Ethical Treatment of Animals (PETA) anzubieten, bei der er bis 1992 im Vorstand beschäftigt war.[1351] Danach übernahm er die Herausgabe der *Animal's Agenda*, einem der einflussreichsten Magazine der amerikanischen Bewegung. Der Trend zur Professionalisierung führte jedoch zu erneuten internen Disputen zwischen radikalen und moderaten Mitgliedern. Auf einer außerordentlichen Generalversammlung kam es 1994 gar zu handgreiflichen Auseinandersetzungen, die durch die Polizei beendet werden mussten.[1352] 1996 sprach sich die BUAV auch erstmals wieder für Versuche aus, den reformierten *Vivisection Act* von 1986 kleinschrittig verbessern zu wollen. Damit sagte sie sich von der kompromisslosen Haltung gegenüber jeglicher Art von Reform der Tierversuche los, die sie zuvor vertreten hatte.[1353] Sieben Jahre zuvor hatten sie ihren Wahlspruch ‚*Campaigning to end all animal suffering*' bereits um das ‚*all*' erleichtert.[1354]

Die Radikalisierung der Tierschutz-/Tierrechtsbewegung ab den 1970ern führte einerseits zur Neugründung zahlreicher Tierrechtsgruppen sowie zu Abspaltungen von moderateren Vereinen. Andererseits versuchten AktivistInnen, die traditionellen Gruppen von innen heraus zu reformieren. Der damit verbundene Generationsbruch wurde von den meisten AktivistInnen gut geheißen. Im *Liberator* wurde kommentiert:

> „*There is now no looking back on the old days; the BUAV is an alive and campaigning society with a radical committee and an active staff.*"[1355]

Die *Times* kommentierte ebenfalls den Generationswechsel:

> „*Young vegetarians and Positive Punks have replaced kindly middle-aged ladies in hats.*"[1356]

Dieser Generationswandel vollzog sich ganz offen: Konspirative Unterwanderungsversuche, wie sie von GegnerInnen der Bewegung gesehen wurden, entspringen bestenfalls Verschwörungstheorien, so wie etwa David Henshaw sie entworfen hat und die teilweise unhinterfragt von der wissenschaftlichen Forschung übernommen wurden.[1357] Diese Theorien über aggressive Unterwanderung durch eine radikale neue Generation stehen im Einklang mit der von John Muncie festgestellten medialen

---

1351 Scarce, Rik: *Eco-Warriors, Understanding the Radical Environmental Movement*, Chicago, 1990, S.140.

1352 Hopley, 1998, S.96.

1353 Campaign Report, Herbst 1996.

1354 BUAV Annual Report 1990, S.11.

1355 Liberator, April 1982.

1356 The Times, 22. April 1983, Rechtschreibung im Original.

1357 Henshaw, 1989, S.156ff. Guither übernimmt beispielsweise die Unterwanderungstheorie. Vgl. Guither, 1998, S.154. In Teil III der vorliegenden Arbeit wird noch näher auf Henshaws Ausführungen eingegangen.

Repräsentation jugendlichen Protestausdrucks als deviant.[1358] Vielmehr müsste diese Radikalisierung jedoch als Teil des Generationsbruchs betrachtet werden. So konstatiert Jasper, dass einflussreiche Gruppen innerhalb der Bewegung, die sich zu stark in die gesellschaftlich zugewiesene kulturelle Praxis einbinden ließen, dazu neigten, ihren Status als oppositionelle Kräfte zu verlieren und sich damit dem militanteren Flügel zu entfremden.[1359] Gerade die jüngeren AktivistInnen würden jedoch dazu tendieren, so Jasper weiter, neue Vorgehensweisen bezüglich der angemessenen Strategie und Methode zu favorisieren. Sie würden dazu neigen, die Wirksamkeit der bestehenden Bewegung mit ihrer moderaten Haltung in Frage zu stellen und als archaisch und überholt zu betrachten.[1360] Damit entwickelte die neue radikalisierte Tierrechtsbewegung ein Generationsbewusstsein, dass sich in Wertehaltungen, Handlungsintentionen und Verhaltensdispositionen bewusst von dem der Vorgängergeneration abgrenzte.[1361]

4. Merkmale moderner Tierrechtsgruppen

4.1 Methoden

Mit dem Aufkommen neuer philosophischer Ansätze und gruppeninterner Radikalisierung ging die Entwicklung bzw. Weiterentwicklung eines methodischen Repertoires einher. Diesem bediente sich die zweite Tierrechtsbewegung, um ihr Anliegen an die Öffentlichkeit und den Gesetzgeber weiterzureichen bzw. um aktiven Tierschutz zu betreiben. Nicht alle Methoden waren neu, sondern fanden bereits in der ersten Tierrechtsbewegung Anwendung. Sie wurden jedoch in den meisten Fällen radikalisiert und strukturellen Änderungsprozessen angepasst. So ließ sich die im ersten Abschnitt des folgenden Kapitels beschriebene Verwendung von Tierbildnissen für Propagandazwecke nur mit der Weiterentwicklung fotografischer Möglichkeiten und dem Ausbau einer medialen Infrastruktur entsprechend neu nutzen. Auch die Entwicklung des Internets als Kommunikationsmedium stellte einen gewaltigen Schritt in der Verbreitung der Dokumentation von Tierleid dar. Dies erkennend, suchte die Tierrechtsbewegung nach Möglichkeiten, noch näher vom Geschehen der Tierausbeutung zu berichten. Ermöglichen ließ

1358 Muncie, John: *Anarchy in the United Kingdom? Youth in Britain 1975-1985*, in: Dowe, Dieter (Hg.): *Jugendprotest und Generationenkonflikt in Europa im 20.Jahrhundert*, Bonn, 1986, S.261.

1359 Jasper, 1997, S.159.

1360 Ibid., S.245.

1361 Vgl. Schulz und Grebners Begriff von Generationsbewusstsein, Schulz und Grebner, 2003, S.4.

sich derartige Berichterstattung nur dadurch, dass AktivistInnen ZeugInnen des Missbrauchs wurden. Die Methode der Infiltration, die in einem dritten Abschnitt beschrieben wird, stellte somit eine Reaktion auf die Wirksamkeit der Illustration des Vergehens Tiernutzung hinsichtlich öffentlicher Agitation dar.

Andere Elemente des Methodenrepertoires nahmen lediglich moderne, zeitgemäße Formen an: Sowohl die im zweiten Abschnitt erläuterte Nutzung prominenter Vorbilder für die Sache als auch die Durchführung von Demonstrationen, so wie sie im fünften Abschnitt Darstellung findet, erhielten kosmetische Überarbeitungen. Auch den legislativen Weg beschritt man weiterhin, erkannte doch der Großteil der Bewegung, dass ohne entscheidende gesetzestechnische Änderungen, Tiernutzung niemals enden würde. Entsprechend wählte man neue Taktiken und formierte sich in neuen Netzwerken, um auf den politischen Prozess Einfluss zu nehmen. Dies wird im vierten Abschnitt des Kapitels erläutert. Die letzten beiden Abschnitte widmen sich Methodenrepertoires, die in der ersten Tierrechtsbewegung noch nicht bzw. nicht in dieser Form existierten. Zum einen geht es um die *‚Direkte Aktion'*, zum anderen um das *‚Campaigning'*, bei der ein vielschichtiges Spektrum methodischer Strategien Anwendung fand.

4.1.1 Die Verwendung von Tierbildnissen

Der gesellschaftlich formulierte Wunsch nach dem Kontakt und der Information über das Tier folgte aus der Entwicklung ihrer bildlichen Darstellung in den Medien sowie ihrer Aufladung mit bestimmten Bedeutungsmustern.[1362] Tiere mussten, wie Jonathan Burt ganz richtig festgestellt hat, erst einmal gesehen werden, bevor man sich ihrer in einer Weise näherte, die den Zielen der Tierrechtsbewegung entsprach.[1363] Ihre Visualisierung war demnach der erste Schritt, den TierschützerInnen gehen mussten, ehe sie mit Forderungen nach Erweiterung ihres Schutzes bzw. ihrer Rechte in den öffentlichen Diskurs treten konnten. Somit folgte dem veränderten Blick auf das Tier früherer TierschützerInnen die mediale Repräsentation der Tiere in Dokumentarfilmen, Büchern und Journalen. Die Verbreitung von Haustieren in Großbritannien, etwa 48% der Bevölkerung lebten 1990 mit einem Tier zusammen,[1364] verstärkte das durch grafische Repräsentation positiv aufgewertete Bild vom Tier.

1362 Franklin, Adrian: *Animals & Modern Cultures: A Sociology of Human-Animal Relations in Modernity*, London u.a.,1999, S.189.

1363 Burt, Jonathan: *John Berger's "Why look at Animals?": A close reading*, in: Worldviews, Vol. 9, Nr.2, 2005, S.213.

1364 Jacobs, Eric und Worcester, Robert: *We British: Britain under the MORIscope*, London, 1990, S.45.

Sie wurden als Familienmitglieder außerhalb des gängigen Mensch-Tier Dualismus angeordnet.[1365] Ihre Abbildungen ließen sich entsprechend häufig in der Tierschutzpropaganda finden. TierrechtlerInnen hatten sich bereits zuvor der bildlichen Darstellung des Tieres bedient, um für ihre Sache zu werben. Waren die Abbildungen, die in den Mitteilungsorganen der Bewegung auftauchten, in der Darstellung zunächst jedoch eher abstrakt – Versuche am Tier wurden lediglich grafisch illustriert – nahm ab Mitte des 20. Jahrhunderts mit der Weiterentwicklung fotografischer Reproduktion das realistische Tierbild mehr und mehr Raum ein.

In den 1960er und 1970er Jahren dominierten vor allem Darstellungen von Haustieren die Magazine der Bewegung. Im *Anti-Vivisectionist,* dem zweimonatlichen Organ der BUAV, sowie in deren Folgeschriften *AV-Times* und *Animal Welfare* waren sie ebenso zu sehen wie im *Animals' Defender,* dem Mitteilungsblatt der NAVS. Die RSPCA hatte sich auch programmatisch auf den Schutz von Haustieren eingestellt und verwendete entsprechendes Material. Tiere dienten historisch als kulturelle, religiöse und politische Symbole und gleichsam als offene Projektionsflächen für gesellschaftliche Ordnungsfunktionen.[1366] Die Tierrechtsbewegung bediente sich dieser Attraktivität, indem sie sich in der Auswahl ihrer Abbildungen an anthropomorphisierte Tiere hielt: Solche mit großen Augen, menschlichem Antlitz und babyhaften Zügen.[1367] Kreiert wurde ein intimes, familiäres Gegenüber.[1368] Diese ‚*Bambifizierung*'[1369] funktionierte – sowohl bewegungsintern als auch als Sendung nach außen. Die Fotografien von Robbenbabies in den britischen Zeitungen sorgten 1978 beispielsweise für einen Tötungsstopp auf den Orkney Inseln, aufgrund der öffentlichen Empörung, die sie auslösten.[1370] Diese Kampagne lief analog zu Brian Davies Bemühungen in Kanada, die immerhin zu einem Einfuhrverbot von Seehundhäuten in die Europäische Gemeinschaft führten.[1371] Zuvor hatte kein anderes Thema ähnliche Mengen an Briefpost auf die Tische der Unterhausabgeordneten gebracht.[1372]

Wie Eskilden gezeigt hat, waren besonders solche Fotografien erfolgreich, die sich in das Erinnerungsvermögen des Betrachters einzuschrei-

---

1365 Baker, 1993, S.13.

1366 Berger, 1980, S.2.

1367 Gould, Stephen Jay: *Eine biologische Huldigung an Mickey Mouse,* in: Ders.: *Der Daumen des Panda, Betrachtungen zur Naturgeschichte,* Basel u.a., 1987, S.105.

1368 Jasper und Nelkin, 1992, S.12.

1369 Pearce, 1991, S.42.

1370 Goyder und Lowe, 1983, S.79.

1371 Davies, Brian: *Red Ice: My fight to save the seals,* London, 1989; Wenzel, George: *Animal Rights, Human Rights: Ecology Economy and Ideology in the Canadian Arctic,* London, 1991.

1372 Ryder, 1996, S.175.

ben vermochten, und das waren primär solche, in denen Konstellation, Gestik und Mimik auf menschliches Verhalten schließen lassen konnten.[1373] Auch die Erfolgsgeschichte von Greenpeace ist eng an deren Nutzung dieser Bilder sowie ihrer Anti-Walfangkampagne, mit dem Wal als einem weiteren ikonografischen Magneten, gebunden. Bei der Anti-Walfangkampagne zeigte Greenpeace zudem deutliche Überschneidungen mit radikalen TierrechtlerInnen, besonders mit denen von Sea Shepherd.[1374] Verbreitet war auch das ästhetisierende oder gar romantisch verklärende Tierbild, das das harmonische Miteinander von Mensch und Natur beschwören sollte.[1375] Gerade moderate Tierschutzgruppen bedienten sich dieses Images für die Verbreitung ihres Anliegens auf Postkarten, Kalendern und Postern, repräsentierten sie doch

> *„animals as they should be seen."*[1376]

Dies wurde von der Tierrechtsbewegung genutzt, um Mitgliederzuwachs zu erwirken.[1377] Auch an Beschützerinstinkte sollte entsprechend appelliert werden. Die Fotografien von Tierbabys machen das besonders deutlich. Die radikale Bewegung bediente sich der Ähnlichkeit zwischen Primaten und Menschensäuglingen, um auf den emotionalen Schaden der Trennung vom Muttertier aufmerksam zu machen. Ängstlich aneinander geklammerte Äffchen und in tiefer Depression zusammengesunkene Affenmütter sollten das Herz des Betrachters erweichen. Das gleiche Ziel verfolgten Anti-Pelz-Kampagnen, die mit Bildnissen von Fuchswelpen, denen die Aussage *„Does your mother own a fur coat? Mine has lost hers"* beigestellt war, für Unterstützung werben sollten. Damit wurde an stereotype Familienbilder angeschlossen. Wie Milton ganz richtig festgehalten hat, waren es stets menschliche Protagonisten, die als Referenzen dafür dienten, tierliches Verhalten zu interpretieren.[1378]

Jedoch konnten auch abschreckende Bilder eine Wirkmächtigkeit entfalten. Gerade die Antivivisektionsbewegung, sowohl die des 19. wie 20.

1373 Eskildsen, 2005, S.29.

1374 Baringhorst, 1998, S.335. Arkangel, Nr.2, Frühjahr 1990, S.28. Sea Shepherd wurde 1977 von Paul Watson gegründet und bekämpft seit dem den legalen und illegalen Walfang. Dabei versenkten sie mehrere Schiffe. Watson war auch Gründermitglied von Greenpeace. Greenpeace distanzierte sich jedoch von Watson, als dieser schärfere Maßnahmen einforderte. Vgl. Watson, Paul: *Sea Shepherd: My fight for Whales and Seals*, New York, 1981.

1375 Wiedenmann, Rainer E.: *Spiegel und Fenster, Zur Semantik der Blicke in Tierfotografien*, in: Eskilden und Lechtreck, 2005, S.186

1376 Zitiert nach: Baker, 1993, S.190.

1377 Jasper, 1997, S.160.

1378 Milton, Kay: *Anthropomorphism or Egomorphism? The Perception of Non-human Persons by Human Ones*, in: Knight, J. (Hg.): *Animals in Person. Cultural Perspectives on Human-Animal Identity*, Oxford u.a., 2005, S.255.

Jahrhunderts, bediente sich grausamer Bilder verstümmelter Tiere, so genannten *‚pictorial appeals'*, um ihr Anliegen vorzutragen. Der Anfang der 1980er Jahre vom neu gegründeten Fernsehsender Channel 4 ausgestrahlte *‚Animals Film'*, der in deutlichen Bildern den Ge- und Missbrauch von Tieren dokumentierte, war für viele TierrechtlerInnen Ausgangspunkt ihres ideellen Wandels.[1379] Noch eindrucksvoller offenbarten die farbigen Bilder der Verbrennungen von BSE infizierten Rindern in den 1990ern und die der Opfer der Maul- und Klauenseuche 2001 den grausamen Umgang mit der Tierwelt, die den Konsumenten zum direkt Betroffenen und zugleich Verantwortlichen machten.[1380] Die Massentötung und die damit verbundenen Tierleichenverbrennungen und Massengräber weckten apokalyptische Vorstellungen.[1381] Entsprechend wurde nach abbildbaren Szenarien gesucht, die den gewünschten *‚moral shock'* medial transportierbar machten.[1382] Lyle Munro stellte in Interviews mit AktivistInnen fest, dass es primär diese Schockmomente gewesen seien, die er als *‚fateful moments'* bezeichnet, die sie dazu animierten, sich in der Bewegung zu engagieren.[1383]

Die schockierenden Bilder von ausgebeuteten, missbrauchten Tieren stellten wahrscheinlich das wirksamste Werkzeug dar, dem sich die Bewegung bedienen konnte. Tiere in engen Käfigen, aufgeschnitten und verstümmelt in Tierversuchen, von Jagdmeuten zerrissen, lebendig gehäutet etc. sprachen für die Bewegung und bedurften meist keiner weiteren Erläuterung. Sie dokumentierten die *‚verborgenen Hinterbühnen des tagtäglichen Grauens'*.[1384] Entsprechend fanden sich derartige Darstellungen ab den 1980ern in den meisten Tierrechtsmagazinen. Aus gutem Grund: Der klare Vorteil des Fotos, zumindest vor der Zeit der einfachen computergestützen Manipulationsmöglichkeit, lag in der Tatsache, dass es

> *„usually less easy to refute than the written word"*[1385]

war.

1379 Vgl. etwa Mann, Keith: *From Dusk 'til Dawn: An insider's view of the growth of the Animal Liberation Movement*, London, 2007, S.83.

1380 Eskildsen, 2005, S.26; Cook, Judith: *The Year of the Pyres: The 2001 Foot-and-Mouth Epidemic*, Edinburgh, 2001, S.10.

1381 Gruber, Malte-Christian: *Rechtsschutz für nichtmenschliches Leben*, Frankfurt a.M. u.a., 2006, S.17.

1382 Zum Konzept des *‚moral shocks'*, vgl. Jasper, 1997, S.106f.

1383 Munro, 2005, S.66.

1384 Wiedenmann, 2005, S.187.

1385 Phillips, Tim: In Focus: A Look at Animal Rights Photography, Turning Point, Nr.17, 1990, S.26ff.

Vor allem *Outrage!*, das Magazin der 1977 gegründeten Gruppe Animal Aid, als auch der *Liberator* und das HSA Blatt *Howl* machten von Horrorbildern Gebrauch. Fotografien von Tieren mit Schrauben im Körper und Elektroden im Kopf bestätigten Ängste vor der entfesselten Wissenschaft.[1386] Als Transporter des bereits erwähnten *‚moral shocks'* wirkten sie gleichsam als Propagandamittel als auch als Legitimationsbasis und Selbstbestätigung für die Bewegung. Gerade die Ablehnung des Tierversuchs stieß dabei auf breite öffentliche Resonanzen. Deren moralische Zurückweisung lag im Großbritannien der 1980er Jahre weit über der Ablehnung der Todesstrafe oder gar der Euthanasie.[1387]

Auch die radikalen Gruppen bedienten sich des Bildnisses vom geschundenen Tier, stellten ihnen jedoch stets Bilder von deren Errettung durch ihre menschlichen *‚BefreierInnen'* bei. Dies wird eindrücklich am Beispiel des *Animal Liberation Front Supporters Group Newsletters* deutlich, der diesbezüglich als Inspiration für ähnliches Material gelten muss. Durch die Synthese von AktivistInnen mit dem Tier sollte eine positive Ikonografie geschaffen werden, die von der Erfolgsverheißung der Mission Tierbefreiung erzählen konnte. Das Bildnis der vermummten TierbefreierInnen hatte nämlich, neben einer Sicherheitsmaßnahme zur Verhinderung von Kriminalisierungsversuchen, für die radikale Tierrechtsbewegung auch eine wichtige symbolische Funktion und muss deshalb als ein Merkmal der kollektiven Identität der Bewegungsakteure gewertet werden.

4.1.2 Vom Königshaus zum Punkrocker: Die illustre Unterstützung

Analog zur ersten Tierrechtsbewegung galt es zumindest den moderateren VertreterInnen der zweiten Bewegung, prominente Galionsfiguren für ihre Sache zu finden. Vor allem Film- und Fernsehstars sowie MusikerInnen ersetzten jedoch mehr und mehr die im 19. Jahrhundert quasi obligatorische königliche oder zumindest adlige Schirmherrschaft. Die TitelträgerInnen schmückten zwar immer noch die Briefköpfe der RSPCA und der RSPB, wurden jedoch von der Tierrechtsbewegung vor allem wegen ihrer Beteiligung am Jagdsport als ungeeignete RepräsentantInnen betrachtet. In den 1960er und 70er Jahren waren es Spike Milligan, Joanna Lumley und Celia Hammond, die auf Benefizveranstaltungen Werbung für die Sache machten und sich entsprechend äußerten.[1388] später übernahmen vor allem Linda und Paul McCartney sowie Chrissie Hynde und Morrissey diese Aufgabe. Diese Transformation hatte auch

---

[1386] Jasper und Nelkin, 1992, S.44.

[1387] Jacobs und Worcester, 1990, S.87ff.

[1388] Gold, 1998, S.24.

politische Gründe: Die LACS beispielsweise wollte durch die Auswahl ihrer SchirmherrInnen alle Bevölkerungsschichten ansprechen und beschloss 1982, nur noch nach VizepräsidentInnen aus der Unterhaltungsbranche zu suchen.[1389] Gerade das prominente Vorleben des Vegetarismus sollte dessen Attraktivität erhöhen.[1390]

Gleichsam wurde Vegetarismus zum Lifestyle-Moment und eine einfache Methode, eine Antihaltung zum gesellschaftlichen Mainstream zu präsentieren. Vor allem Punkrock machte die Thematisierung von Tierrechten und Vegetarismus zum elementaren Bestandteil ihrer kulturellen Nische. *The Smiths, Crass, Conflict, Chumbawamba* und *Oi Polloi* sangen von der Befreiung der Tiere und legten ihren Tonträgern Informationsmaterial über Tierausbeutung und Tierrechte bei.[1391] Die aus den USA stammende Straight Edge Bewegung, die bewusst auf jegliche Art von Drogen verzichten wollte, setzte den Vegetarismus/Veganismus als moralische Voraussetzung eines ausbeutungsfreien Lebens auf ihre Agenda.[1392] Hier verband eine Subkultur die musikalischen Einflüsse der Hardcore Musik mit einem Widerstandsmoment, das auch in der Praktizierung des Vegetarismus/Veganismus und im Einsatz für Tierrechte zum Ausdruck gebracht werden sollte.[1393] Mit der Ausbreitung dieser Musik in Europa wurde auch der mit ihr verbundene Lifestyle als kollektive Identität übernommen.[1394] So propagierte beispielsweise der Mitherausgeber des *Green Anarchist*, Saxon Wood, die Straight Edge Ideologie.[1395] Ronnie Lee übernahm die praktischen Implikationen von Straight Edge, die totale Ablehnung aller Drogen, Alkoholika und Zigaretten.[1396]

MusikerInnen spielten auch eine wichtige Rolle in den Verteidigungskampagnen verurteilter TierrechtlerInnen. Tracy Young nahm 1986 eine

---

1389 Thomas, Richard H.: *The Politics of Hunting*, Aldershot, 1983, S.92f.

1390 Smart, 2004, S.88.

1391 Vgl auch: O'Hara, Craig: *The Philosphy of Punk, More than Noise!!*, San Francisco, 1995, S.113.

1392 Anon.: Drug-free for the Animals, Arkangel, Nr.7, Frühjahr 1992; Vegan Straight Edge, Arkangel, Nr.22.

1393 Haenfler, Ross: *Rethinking Subcultural Resistance: Core Values of the Straight Edge Movement*, in: Journal of Contemporary Ethnography, Vol. 33, Nr.4, August 2004, S.427; Williams, Patrick J. und Copes, Heith: *'How Edge Are You?' Constructing Authentic Identities and Subcultural Boundaries in a Straightedge Internet Forum*, in: Symbolic Interaction, Vol. 28, Nr.1, 2005, S.70; Schwarz, Thomas: *Veganismus und das Recht der Tiere. Historische und theoretische Grundlagen sowie ausgewählte Fallstudien mit Tierrechtlern bzw. Veganern aus musikorientierten Jugendszenen*, in: Breyvogel, Wilfried (Hg.): *Eine Einführung in Jugendkulturen: Veganismus und Tattoos*, Wiesbaden, 2004, S.128ff.

1394 Haenfler, Ross: *Collective Identity in the Straight Edge Movement: How Diffuse Movements Foster Commitment, Encourage Individualized Participation, and Promote Cultural Change*, in: The Sociological Quarterly, Vol. 45, Nr.4, 2004, S.790.

1395 Vgl. Molland, Noel: The Gandalf Trial, Arkangel, Nr.19, 1998.

1396 Vgl. Wicklund, 1991, S.17.

Single für verurteilte Aktivisten der South Eastern Animal Liberation League (SEALL) auf, die es sogar in die britischen Charts schaffte.[1397] Das Mitte der 1990er Jahre produzierte Album *,This is the ALF'* entpuppte sich als Dauerbrenner.[1398] Punk- und Hardcorebands brachten unzählige Benefitalben und Tapes für die ALF heraus.[1399] Das bekannte Musikmagazin *New Musical Express* (NME) nahm die Thematik auf, interviewte gar Ronnie Lee in den 1980ern.[1400] Doch auch für weniger radikale Elemente in der Bewegung ließ sich die entsprechende Prominenz finden. Anders als in den Vereinigten Staaten, wo PETA ganz besonders auf den Prominentenbonus setzte, wurde die Werbung mit Berühmtheiten in Großbritannien nur als eine Methode unter vielen genutzt, um das Thema in der Öffentlichkeit zu halten.

4.1.3 Infiltration und Dokumentation

Mit der Entwicklung von Kommunikationstechnologien wurde die Progression von Sozialen Bewegungen erleichtert. Pamphlete und Mitteilungsblätter bildeten den Anfang. Auch das Radio wurde schnell als Propagandaorgan entdeckt.[1401] Gerade der Ausbau der modernen Massenmedien und der Informationstechnologie des späten 20. Jahrhunderts ermöglichte der Bewegung die Nutzung von Kommunikations- und Mitteilungsstrukturen in nie da gewesenem Maße.[1402] Durch ihre offensichtliche Resonanz auf die Aktivitäten von Sozialen Bewegungen übernahmen die Massenmedien eine propagandistische Funktion, die der Bewegung die aktive Mobilisierung abnahm.[1403] Gute Kontakte zu den Medien waren daher immer mehr zu einem bestimmenden Faktor in der Aktionsausrichtung der Tierrechtsgruppen geworden. Sie waren wichtig, um in der Öffentlichkeit für die Unterstützung ihrer Sache zu werben.[1404] Die Tierrechtsbewegung versuchte somit sowohl den öffentlichen Diskurs selbsttätig zu beeinflussen als auch aus der medialen Artikulation des

---

1397 Roberts, J.J.: *Against all Odds, Animal Liberation 1972-1986*, London, 1986, S.46.

1398 V/A: This is the ALF, Mortarhate Records, 1993.

1399 O'Hara, C., 1995, S.116.

1400 Henshaw, 1989, S.136.

1401 Die BUAV versuchte beispielsweise bereits ab den 1930ern ihr Anliegen in Diskussionsforen im Radio zu präsentieren. Zu diesem Zeitpunkt wurde Antivivisektion jedoch als Thema der *,schwarzen Liste'* behandelt und entsprechend abgelehnt. Vgl. Hopley, 1998, S.47f.

1402 Tilly, 2004, S.84ff. Tilly weist jedoch zu Recht auf die selektiven Zugriffsmöglichkeiten auf moderne Kommunikationsmittel hin. Diese variieren erheblich je nach sozialer Verortung.

1403 Vgl. Gamson, W.A.: The *Strategy of Social Movements,* Belmont, 1990; Grant, 2000, S.129f; Raschke, 1987, S.265.

1404 Goyder und Lowe, 1983, S.74.

,*Problems'* Tiermissbrauch zu schöpfen. Sie inszenierte zu diesem Zweck kollektive Aktionen, um mediale Aufmerksamkeit an sich zu ziehen.[1405]

Auch die Aufmerksamkeit der Medien richtete sich primär nach dem ikonografischen Marktwert der Tierrechtsbewegung. Nicht nur ließen sich die spektakulären Bilder von Tierbefreiungen, die in der Ikonografie des vermummten Tierbefreiers ihren symbolischen Niederschlag gefunden haben, gut im Medienmarkt platzieren, auch die Objekte der Befreiung, die Tiere, genossen eine unglaublich weit reichende Abbildung in der Medienlandschaft.[1406] Dies traf auch dann zu, wenn die Bilder Zeugnis von ihrem Missbrauch ablegten. Gerade die Antivivisektionsbewegung setzte hier Schwerpunkte ihrer Arbeit. Die Bekanntmachung von Fällen besonderer Grausamkeit übernahmen InfiltrantInnen, die sich zum Zweck der Informationsbeschaffung Anstellung in entsprechenden Institutionen suchten.[1407] Dass sich mit derartiger Dokumentation Politik machen ließ, erkannte man an dem Erfolg, der bereits Louise Lind-af-Hageby beschert worden war, als sie 1903 die Tierversuche am King's College in London öffentlich machte.[1408] Legale oder illegale Informationsbeschaffung zwecks weiterer Aufdeckung des vermuteten Tiermissbrauchs und die Entwicklung wirksamer Bekämpfungsstrategien war damit zum integralen Bestandteil des Aktionsspektrums der zeitgenössischen Tierrechtsbewegung geworden. Die Veröffentlichung des grausamen Umgangs mit Tieren nahm ab den 1970ern eine exzeptionelle Rolle im Methodenrepertoire der Tierrechtsbewegung ein. Auf individueller Ebene versuchten einzelne TierrechtlerInnen in Laboratorien, bei Jagdgesellschaften oder Tierzüchtern Anstellung zu finden, um ,*undercover'* Informationen zu beschaffen und sukzessive an die Medien weiterzureichen. So vermerkte die BUAV 1975 zu den Experimenten mit Beaglen bei Imperial Chemical Industries (ICI):

> *„It must be stated that the main significance of this ICI Smoking Dogs case lies in the extent and visual impact of its news coverage in a major Sunday newspaper."*[1409]

Diese Undercoverarbeit war sogar in gemeinsamer Absprache von der BUAV und *The Sunday People* durchgeführt worden.[1410] 1975 gelang es

1405 Mueller McClurg, Carol: *Building Social Movement Theory*, in: Morris, Aldon D. und Mueller McClurg, Carol (Hg.): *Frontiers in Social Movement Theory*, New Haven u.a., 1992, S.15.

1406 Baker, 1993, S.68, 193ff. Zur medialen Darstellung der TierbefreierInnen vgl. Teil III, Kap.7.2.

1407 Jasper, 1997, S. 138.

1408 Lind-af-Hageby und Schartau, 1903.

1409 AV Times, Mai 1975.

1410 AV Times, März 1975.

der Journalistin Mary Beith unbemerkt als Tierpflegerin bei ICI Anstellung zu finden, um so deren Arbeitsmethoden zu dokumentieren.[1411] ICI experimentierte mit Beaglen und zwang sie, Tabaksubstituenten zu inhalieren. Die Veröffentlichung ihrer Berichte sowie fotografischer Materialien in *The Sunday People* riefen eine gewaltige Resonanz in der Bevölkerung und hitzige Debatten im Unterhaus hervor. Diese resultierten schließlich in der staatlich verfügten Beendigung der Experimente.[1412]

Die von Brian Davies schon Ende der 1960er Jahre begonnenen Kampagnen zur Beendigung der Robbenjagd der Baby Harp Seals bauten ebenfalls auf Dokumentationsmaterial auf, das er bei der Begleitung solcher Jagden gesammelt hatte.[1413] Dieses Informationsmaterial diente auch in Großbritannien 1978 dazu, zu einem Boykott kanadischer Güter aus Protest gegen die Robbenjagd in Neufundland aufzurufen und einen permanenten Protestposten vor der kanadischen Botschaft aufzustellen.[1414]

Ab 1989/90 gab es gleich mehrere erfolgreiche Versuche der Undercoverarbeit, die entsprechend mit medialer Aufmerksamkeit belohnt wurden. 1989 sorgte Sarah Kites Bericht aus dem Huntingdon Research Center (HRC) in Alconbury für öffentliche Aufregung und Debatten im Parlament.[1415] Kite, Mitglied der BUAV, fand als Laborassistentin Anstellung bei HRC,[1416] Europas größtem kommerziellen Tierversuchslabor.[1417] Ihre sechs Monate währende Recherche und deren Publikation führte dazu, dass das Home Office HRC die Lizenz für bestimmte Versuche für drei Jahre strich, bis diese die notwendigen Schritte unternahm, zumindest dem Animals (Scientific Procedures) Act von 1986 gerecht zu werden.[1418] 1990 veröffentlichten Advocates for Animals das auf Zelluloid gebannte Ergebnis einer zweijährigen Recherche der Animal Cruelty Investigation Group Mitglieder Mike Huskisson und Melody Macdonald beim National Institute for Medical Research (NIMR) in Mill Hill. Das 40 Stunden umfassende filmische Beweismaterial wurde beim Innenministerium eingereicht. Im Ergebnis sahen sich die involvierten Forscher dazu ge-

---

1411 Ibid..

1412 ICI directors should replace dogs in smoking experiment – Labour MP, The Times, 11. April 1975; Garner, 1998b, S.451; Animals' Defender, März/April 1975, S.35.

1413 Anti-Vivisectionist, November/Dezember 1966, S.147; Davies, B., 1989.

1414 Animal Welfare, März/April 1978, S.4.

1415 Liberator, Sommer 1990, S.6; Kite, Sarah: *Secret Suffering, Inside a British Laboratory*, London, 1990.

1416 HRC ist das größte der drei Tierversuchslaboratorien von Huntingdon Life Sciences (HLS). HLS betreibt weitere Laboratorien in Eye, Sussex und in New Jersey, USA.

1417 Liberator, Winter 1989.

1418 Kite, 1990.

zwungen ihre Vivisektionslizenz abzugeben.[1419] 1991 verfasste die NAVS einen 30seitigen Bericht auf Grundlage von Materialien über die Zustände an der Lancashire Polytech, die ihr von der ALF zugespielt worden waren. 160 Tiere waren bei der Aktion befreit worden. Der Bericht über die Aktion und die Situation der Tiere wurde wiederum an die Presse weitergereicht.[1420] Die NAVS nahm jedoch auch von sich aus verdeckte Ermittlungen auf: 1984 dokumentierten sie Versuche an Beaglehunden mit Pestiziden im Toxicol Laboratorium in Herefordshire. Es folgten Dokumentationen in den Laboratorien von Smithkline Beecham 1990, im St. Bartholomew's Hospital London 1991, St. Mary's Hospital Medical School, ebenfalls in London ein Jahr später, bis dann 1993 Toxicol ein zweites Mal Ziel der Recherche wurde. Eine Dokumentation über die grausamen Tötungsmethoden an der Charing Cross and Westminster Medical School in London führte 1994 zur vorläufigen Aussetzung der Vivisektionserlaubnis durch das Innenministerium. Gleiches traf für die im folgenden Jahr vorgenommene Untersuchung von Katzenversuchen am Londoner Institute for Technology zu.[1421]

Sarah Kites Vorbild folgend, gelang es auch Zoe Broughton 1997 bei Huntingdon Anstellung zu finden. Ihr gefilmtes Material, das Grundlage für die Dokumentation *,It's a dog's life'* bei Channel 4 war, führte zu der Verurteilung mehrerer Laborassistenten wegen Tierquälerei.[1422] Dies war das erste Mal, dass die filmischen Aufnahmen zu einer Verurteilung unter dem Animal (Scientific Procedures) Act von 1986 ausreichten.[1423] 2003 gelang es der Kampagne Stop Huntingdon Animal Cruelty (SHAC), entsprechendes Material auch von der amerikanischen Schwesterfirma von Huntingdon in Princeton zu erlangen.[1424] Dieses Material diente als Aufhänger für verstärkte Mobilisierungsversuche in den Vereinigten Staaten. Die Legitimation für die verdeckten Operationen sah man vor allem in der schlechten staatlichen Überwachung der Tierversuche:

> *„Well documented evidence from the NAVS and others has shown that government guidelines and the 'Code of Practice for the Housing and Care of Laboratory Animals' are not diligently enforced and that the Home Office leans towards protection of vivisection industry interests rather than towards serving the public will."*[1425]

1419 Liberator, Sommer 1990, S.9ff; Turning Point, Nr.18, Juli-September 1990, S.18ff; Macdonald, Melody: *Caught in the Act: The Feldberg Investigation*, London, 1994.

1420 Turning Point, Nr.21, April-Juni 1991, S.5.

1421 http://www.navs.org.uk/about_vivisection/27/42/332/, zuletzt besucht am 06.08.2007.

1422 Corporate Watch, Nr.5, Winter 1997, S.22f; Campaign Report, Sommer 1997.

1423 Broughton, Zoe: Cagey questions, The Guardian, 22. November 2006.

1424 http://www.shacnet/movies/videos_cruelty.html, zuletzt besucht 06.08.07.

1425 NAVS: *Accountability, animal experiments and freedom of information*, London, 1997, S.1.

Vor allem die BUAV machte die Undercoverarbeit zu einem Hauptbetätigungsfeld ihrer Arbeit. Dabei beschränkte sie sich nicht auf Großbritannien. Filmisches Material über den Primatenfang in Südostasien wurde von ihr genauso zusammengestellt wie ein Undercoverbericht beim Vertragslabor Covance bei Münster in Deutschland, die dort jedoch für weniger Aufregung sorgten als in Großbritannien. Ein BUAV Mitglied hatte sich hier fünf Monate lang als Mitarbeiter betätigt und schockierende Bilder von Experimenten des auf Primaten spezialisierten Versuchslaboratoriums aufgenommen.[1426] Die Undercoveraufnahmen dienten dazu, mediale Aufmerksamkeit für Kampagnen, wie die gegen Tierversuche für Kosmetikzwecke, zu wecken.[1427] Auf innerstaatlicher Ebene machte die BUAV damit Werbung, sich durch teilweise verdeckte Ermittlungen um den Haustierdiebstahl zu Versuchszwecken zu kümmern.

Die Methode der Infiltration war jedoch nicht auf den Bereich der Antivivisektion beschränkt. LACS Mitglieder infiltrierten Jagdgesellschaften, die auf Dachsjagd gingen, eine Blutsportart, die 1992 verboten, jedoch bereits zuvor teilweise unter dem Protection of Animals Act von 1911 bestraft wurde. 1989 führte eine solche Überwachungsarbeit zur Verurteilung einiger Jäger.[1428] Nach dem Verbot der Fuchsjagd mit Hunden 2004 machten die Antijagdverbände die Überwachung der Einhaltung des Gesetzes und die Dokumentation seiner Überschreitung zu einer ihrer primären Aufgaben. Die LACS gründete eine Hunt Crime Watch Kampagne und auch die Hunt Saboteurs Association beteiligte sich bei der Beobachtung. Eine eigens im Februar 2005 gegründete Gruppe, Hunt Watch, übernahm von Norfolk aus diese Arbeit.[1429] Dabei sah Hunt Watch ihre Aufgabe ganz klar definiert:

> *„Investigating possible offences is a matter for the police; taking the case to court is a matter for the Crown Prosecution Service: It is our job to get the evidence and liaise with these bodies to get that conviction."*[1430]

Dies wurde von der Opposition durchaus wahrgenommen. So ließ ein Jäger im Pro-Jagd Organ Horse & Hound verlautbaren:

> *„It's not the police we've got to watch, it's the antis with their video cameras."*[1431]

1426 Animal News, 16. Dezember 2003.

1427 Hopley, 1998, S.101.

1428 Wildlife Guardian, Nr.12, Winter 1989, S.1.

1429 Outrage!, Nr.140, Herbst 2005, S.18.

1430 http://www.huntwatch.info, zuletzt besucht am 07.08.07.

1431 Horse & Hound, 10. Februar 2005.

Die Überwachung illegaler Hundekämpfe gehörte ebenfalls zum Aufgabengebiet der Antijagdverbände. Auch die RSPCA nahm, angesichts des Erfolgs, den derartige Infiltrationsarbeit bewirkte, die verdeckte Ermittlung mit in ihr Methodenrepertoire auf. Einer eigens gegründeten RSPCA Special Operation Unit gelang 2006 mit der *‚Operation Lace'* die Zerschlagung eines Ringes, der illegal Hundekämpfe organisierte.[1432] Über die Zustände in der Massentierhaltung wurden im Folgenden gleichermaßen Dokumentationen erstellt. 2003 glückten Vegetarians International Voice for Animals (VIVA!) Aufnahmen in einem Schweinemastbetrieb, der als Zulieferer der Supermarktkette Tesco tätig war.[1433] Die Verbreitung der Informationen über zum Teil madenzerfressene Ferkel stieß auf entsprechendes mediales Echo und sorgte für Umsatzeinbußen bei Tesco. Auch Zoos und Zirkusse waren Ziele von verdeckten Ermittlungen. Besonders der 1957 gegründeten und abolitionistisch ausgerichteten Captive Animals Protection Society (CAPS) gelang es durch ihre Dokumentationen, lokale Behörden dazu zu bewegen, keine Zirkusse in ihrer Gemeinde auftreten zu lassen.[1434]

Als derart erfolgreich erwiesen sich die filmischen Darstellungen grausamer Tierbehandlung, dass sich alsbald Gruppen gründeten, die nichts weiter taten, als sich der Dokumentation zu widmen. Die 1990 von Mike Huskisson gegründete Animal Cruelty Investigation Unit konzentrierte sich auf die Dokumentation des Tiermissbrauches im Jagdsport und nach der Verabschiedung des Hunting Acts 2004 auf Verstöße gegen das Gesetz. Das Internet half bei der Verbreitung derartiger Filme. So existierten bald mehrere Webseiten, unter anderem *www.undercovertv.org*,[1435] auf denen ausschließlich heimliche Filmaufnahmen eingestellt waren, deren Gemeinsamkeit in der Dokumentation tierlichen Leids bestand. Überhaupt schien sich das Filmmaterial nicht nur bestens als Propagandamaterial verwenden zu lassen, um öffentlichen Druck auf Entscheidungsträger auszuüben. Auch zur Mobilisierung der eigenen Reihen und zur Rekrutierung neuer AktivistInnen ließ es sich besonders gut nutzen. Die hergestellten Videoaufnahmen dienten auch als ein Marketingartikel der Gruppe, die in ihrem *‚Shop'* erworben werden konnten. Somit konnte sich der/die engagierte TierschützerIn ein Bild davon machen, wie es in der Realität der Tierhaltung aussah, ohne selbst direkt als Zeuge vor Ort gewesen sein zu müssen. Entsprechend wurde auch auf

---

1432 http://www.rspca.org/servelot/Satelite?pageha-RSPCA/RSPCAARedirecct&pg=NewsFeature&articleId=1177591387007, zuletzt besucht am 07.08.07.

1433 http://www.viva.org.uk/campaigns/pigs/tesco_investig..html, zuletzt besucht am 06.08.07.

1434 http://www.captiveanimals.org/history/history.html, zuletzt besucht am 17.08.07.

1435 http://www.undercovertv.org, zuletzt besucht 06.08.2007.

öffentlichen Veranstaltungen oder Straßenständen nicht auf die Präsentation derartigen Materials verzichtet. Die 1977 gegründete Gruppe Animal Aid erstellte nicht nur Aufnahmen von illegalen Aktivitäten auf Tiermärkten. Sie konnte damit beispielsweise durch einen 2002 aufgenommen Film über den Henley-in-Arden Livestock Market auch erfolgreich zur Schließung derartiger Nutztiermärkte beitragen. Auch die Käfighaltung von Wildvögeln zu Abschussübungen konnte sie entsprechend publik machen und hier Gesetzesänderungen anstoßen.[1436]

Die scharfe staatliche Überwachung der Tierrechtsszene und die Durchleuchtung potentieller MitarbeiterInnen erschwerte jedoch zusehends das erfolgreiche Praktizieren der Infiltrationsmethode. Somit war man zum einen auf den illegalen Erwerb von Dokumentation durch Einbrüche der ALF oder der Animal Liberation Leagues angewiesen, oder aber auf Informationen, die von MitarbeiterInnen, so genannten *'whistleblower'*, bereitgestellt wurden. Gerade im Bereich der Tierversuche, die schon seit jeher eher im Verborgenen stattfanden, wurden *'whistleblower'* als besonders wichtig erachtet.[1437] In diesem Sektor bedeutete die interne Dokumentation nicht selten das Ende der Tierversuche, zumindest vorübergehend.[1438] Am 28. Februar 1981 brach ein ALF-Kommando in das Vertragslaboratorium von Wickham ein und entwendete Unterlagen über dort praktizierte Versuche. Zuvor hatten sie einen Tipp von einem Mitarbeiter des Labors enthalten. Dazu hieß es in *Outrage!*:

> *„This isn't the first time that a laboratory worker has given information to the ALF and this is becoming more and more frequent. People employed in labs to do cleaning, admin work or look after the animals often contact the ALF after becoming aware of the cruelty of animal experimentation."* [1439]

Entsprechend traten Tierrechtsgruppen mitunter direkt an Angestellte von Laboratorien heran, um sie zur Weitergabe von Informationen zu bewegen.[1440] Animal Aid bot sogar Geld für die Übermittlung von geeigneten Erkenntnissen. 1990 glückte so die Dokumentation von Misshandlungen, die im Londoner Zoo stattfanden.[1441] Im Jahr 2000 gelangten Dokumente über Xenotransplantationsexperimente aus dem Labor von Huntingdon Life Sciences in die Hände der Tierrechtsgruppe Uncaged.

1436 Outrage!, Nr.140, Herbst 2005, S.9f.

1437 Bainbridge, Ross: Animal Welfare Whistleblowers, http://EzineArticles.com/ ?expert=Ross_Bainbidge, zuletzt besucht 06.08.07.

1438 Rhodes, R. und Strain, J.J.: *Whistleblowing in academic medicine*, in: Journal of Medical Ethics, Vol. 30, Nr.1, 2004, S.35-39.

1439 Outrage!, Nr.14, Mai/Juni 1981, S.4.

1440 Be a Hero to Animals in Labs, http://www.stopanimaltests.com/Whistleblower.asp, zuletzt besucht 07.08.2007.

1441 Outrage!, Juni/Juli 1990, S.13.

Auch wenn diese nach einem Gerichtsbeschluss die Dokumente nicht verwenden durfte, erfolgte immerhin eine Untersuchung des Innenministeriums.[1442] 2005 wurden der NAVS interne Dokumente vom Inveresk Research Labor in der Nähe von Edinburgh zugespielt.[1443] Im Falle der Überwachung des Jagdsports wurde die Öffentlichkeit dazu aufgerufen, jeden beobachteten Verstoß gegen das Jagdgesetz zu melden und, wenn möglich, zu dokumentieren.[1444]

Die Infiltration zwecks Erkenntnisgewinnung über Tiermissbrauch war eine Weiterentwicklung der von der ersten Tierrechtsbewegung praktizierten Zusammenstellung von Augenzeugenberichten und dem Zusammentragen von Fakten. Die RSPCA und die RSPB hatten bereits zum Anfang des 20. Jahrhunderts *‚watcher committees'* gegründet, um dem *‚Zeugnis ablegen'* eine institutionelle Form zu geben.[1445] Da jedoch der größte Teil des Tiermissbrauchs noch mehr als zuvor nicht öffentlichen Charakters war, wurde die Methode den neuen Bedingungen angepasst.

4.1.4 *‚Putting Animals into Politics'*: Animal Welfare Year und politische Lobbyarbeit

Die von Tierrechtsgruppen erstellten Dokumentationen tierlichen Leids dienten in erster Linie dazu staatliche Verbote zu erwirken. Die klassischen Methoden des Lobbying beim Parlament waren entsprechend bei einigen Tierrechtsgruppen, allen voran etwa der NAVS, immer noch primäres Mittel politischer Betätigung. Direkte Aktionen sollten, wenn überhaupt, die Aufmerksamkeit auf die Bewegung und ihr Anliegen richten. Für langfristige Änderungen bedurfte es nun einmal des legislativen Weges, so waren sich – mit Ausnahme der militanten – die meisten Tierrechtsgruppen einig. Sie richteten demgemäß eigene Ämter ein, deren Aufgabenbereich sich ausschließlich darauf konzentrierte, Parlamentsmitgliedern zu konsultieren. Die BUAV hatte bereits 1907 eine *Parliamentary Association* gegründet, die als eigenständige Instanz der Föderation agierte. Durch einen speziellen Fond wurden Gelder für Kandidaten gesammelt, die sich gegen die Vivisektion stark machten. Auch die RSPCA verfügte über *Parliamentary Liaison Officers,* die Kontakt zum Parlament hielten.[1446] 1942 taten sich die britischen Antivivisektionsgruppen zusammen, um in einem British Council of Anti-Vivisection

1442 Bright, Martin: Inside the Labs where lives hang heavy in the balance, The Observer, 21.Januar 2001.

1443 Edwards, Gareth: Lothian Lab in Cruelty Probe, Edinburgh Evening News, 27. April 2005.

1444 http://www.huntcrimewatch.com, zuletzt besucht am 07.08.07.

1445 Vgl. Wöbse, 2003, S.675.

1446 Hopley, 1998, S.16; Brown, 1974, S.73.

Societies (BCAVS) pointiert an das Parlament heranzutreten bzw. gemeinsame Strategien besprechen zu können. Über geneigte Abgeordnete wurden dann Petitionen eingereicht und Gesetzesentwürfe vorgelegt. Die NAVS bildete erst 1965 ein *Parliamentary Team*. Der ausschlaggebende Grund dafür war der von einem parlamentarischen Untersuchungsausschuss, dem Littlewood Committee, verfasste Bericht über die Notwendigkeit neuerer legislativer Maßnahmen zur Tierversuchsproblematik,

> *„in view of the alarming recommendations which it contained."*[1447]

Dieser Bericht beinhaltete keinerlei Aussicht darauf, Tierversuche langfristig zu verringern, geschweige denn zu beenden. Das Littlewood Committee war 1963 vom Innenministerium einberufen worden und sollte Verbesserungsvorschläge für die Vivisektionskontrolle erarbeiten.

Vor allem über die *Private Member's Bills*, also Gesetzentwürfen parlamentarischer HinterbänklerInnen, sollte das Anliegen dem Parlament vorgebracht werden. Insbesondere die Revokation und Neubearbeitung der *‚Vivisectors Charta'*, dem so häufig kritisierten Gesetz von 1876, galt den AktivistInnen als erstrebenswertes Ziel. Nicht immer bedurfte es des Gesetzentwurfes, um das Thema auf der parlamentarischen Bühne zu halten. Mithilfe mündlicher und schriftlicher Anfragen an die jeweiligen Minister,

> *„the animals' cause was constantly brought before the attention of the House."*[1448]

Die Erforschung von Alternativmethoden zum Tierversuch stellte ein weiteres politisches Anliegen dar, mit dem die Bewegung an die Öffentlichkeit trat. Die Antivivisektionsgruppen im Besonderen unterstützten Studienprojekte, die sich mit Alternativen zum Tiergebrauch befassten, um auch argumentativ den Abgeordneten etwas vorlegen zu können. Preise wurden gestiftet, die Forschungsprojekte mit nicht invasiver Methodik unterstützten, Stipendien an DoktorandInnen vergeben, die sich der Erforschung von Alternativen angenommen hatten. Die NAVS gründete 1973 den Lord Dowding Fund, die BUAV 1970 den Dr. Hadwen Trust for Humane Research. Die Regierung wurde von NAVS und BUAV zudem dazu gedrängt, endlich ein Forschungsinstitut zur Förderung alternativer Forschungsmethoden einzurichten und nicht invasive Forschung zu unterstützen. Der 1969 gegründete Fund for the Replacement of Animals in Medicine (FRAME) hatte hierzu bereits konkrete Vorschläge für ein Dokumentationszentrum zusammengestellt.[1449] 1984

1447 Animals' Defender, Vol. 12, Nr.5, Mai 1968, S.4f.

1448 Animals' Defender, Vol. 12, Nr.5, Mai 1968, S.8.

1449 AV Times, August 1972, S.3.

zeigte diese Lobbyarbeit erstmals Erfolge: Staatsmittel flossen in FRAME und den Universities Fund for Animal Welfare (UFAW).[1450]

Letztendlich sollte die Heraushebung alternativer medizinischer Verfahren auch helfen, mit Klischeebildern von emotionalen TierrechtlerInnen aufzuräumen. Dieses Bildnis der Wissenschaftsfeindlichkeit müsse als historisches Relikt ad acta gelegt werden, ließ man in *AV Times*, dem BUAV Mitteilungsblatt, 1973 wissen. So viel den PionierInnen der ersten Tierrechtsbewegung auch mit der Thematisierung von Tierversuchen zu verdanken sei, müsste bewiesen werden, dass man nun im 20. Jahrhundert angekommen sei, hieß es weiter. Vivisektoren als die Ausgeburt des Teufels darzustellen, sei wenig hilfreich gewesen.

> *„The bogeyman era (...) began to die in the years following the Great War, so it is high time that an up-to-date anti-vivisection movement buries the rest of its useless relics before this continuing kind of prejudice causes lasting damage to the movement's slowly improving image."*[1451]

Dass nicht alle AktivistInnen auf den Metaphernreichtum des Gut-Böse Schemas verzichten wollten, wird im Verlauf dieser Arbeit noch illustriert werden.[1452] Der strikt abolitionistische Ansatz, der von Antivivisektionsgruppen wie der BUAV verfolgt wurde, ging jedoch zunehmend mit einem Beharren auf einer nicht-emotionalen Strategie und dem Verweis auf medizinische Alternativen zum Tierversuch einher.[1453] ExpertInnen berichteten über den wissenschaftlichen Lapsus Tierversuch oder über den psychischen Stress, dem Wildtiere bei der Jagd und so genannte Nutztiere in der Massentierhaltung ausgesetzt seien. Zahlreiche Tierrechtsgruppen beschäftigten demzufolge Fachkräfte, die glaubhaft und seriös vor parlamentarischen Ausschüssen Rede und Antwort stehen konnten.[1454]

Jedoch zeigte sich bereits in der Diskussion über das Littlewood Committee, dass die ideologischen Gräben tiefer wurden. Die BUAV als Vertreterin des absolutistischen Ansatzes weigerte sich dem Komitee zuzuarbeiten und lehnte die erarbeiteten Vorschläge gänzlich ab.[1455] Interne Fragmentierungen folgten.[1456] Allerdings war auch die NAVS mit den Empfehlungen nicht einverstanden, sie sah es im Gegensatz zur BUAV jedoch als ihre Pflicht an hier entsprechende Lobbyarbeit zu betreiben.[1457]

1450 Garner, 1993a, S.204.

1451 AV Times, Januar/Februar 1973.

1452 Vgl. Teil II, Kap.8.

1453 AV-Times, August, 1972.

1454 Garner, 1993a, S.203f.

1455 Anti-Vivisectionist, November/Dezember 1965, S.62.

1456 Hopley, 1998, S.72.

1457 Animals' Defender, Vol. 10, Nr.9, 1966, S.98.

Allenfalls halbherzig unterstützte die BUAV den Gesetzentwurf des konservativen Abgeordneten Rafton Pounder 1966. Der Gesetzentwurf sollte den Export von Versuchstieren unterbinden. Getragen wurde der Entwurf von der NAVS sowie einer Reihe kleinerer Antivivisektionsgruppen, die in der Association of British Anti-vivisection Societies (ABA-VS) organisiert waren.[1458] Die ABA-VS wurde 1970 aus den Resten des zuvor bei Parlamentswahlen aktiven BCAVS gegründet. Sie sollte gleichermaßen die parlamentarische Arbeit der Gruppen vereinfachen, jedoch die unterschiedliche Verfasstheit der Mitgliedsgruppen berücksichtigen.[1459] Auch der von dem ebenfalls konservativen Richard Body 1968 eingebrachte Vorschlag zur strengeren Zertifizierung von Vivisektoren unter dem Gesetz von 1876 und sein zweiter Versuch, den Versuchstierexport zu stoppen, nachdem Pounders Vorschlag gescheitert war, traf nicht auf Zustimmung der BUAV. Zwar hieß man die Thematisierung von Antivivisektionsanliegen im House of Commons willkommen, kritisierte die Gesetzesentwürfe jedoch wegen ihrer Unzulänglichkeiten.[1460]

Dies zeigte wieder einmal deutlich, dass es sich bei der Tierrechtsbewegung um keine einheitliche Bewegung handelte. Immer noch wurde darüber diskutiert, wessen Schwerpunkt wohl der richtige sei. Alle Versuche, dieser fortwährenden Fragmentierungen entgegenzutreten, zerschlugen sich. Als NAVS und BUAV sich 1967/68 um eine Zusammenführung beider Gruppen bemühten, scheiterte dies wieder einmal am mangelnden Konsens bezüglich der richtigen Strategie.[1461] Bei der NAVS fühlte man sich angefeindet und hintergangen, da die Gesetzesentwürfe in der Konsequenz nicht mitgetragen wurden. Als man 1974 erneut auf eine mögliche Vereinigung beider Gruppen zu sprechen kam, gab man sich bei der NAVS, aufgrund des *‚bitter experiment of 1968'* reserviert.[1462]

Von daher besann man sich auch auf andere Methoden parlamentarischer Einflussnahme. Tierschutz und Tierrechtsgruppen riefen ihre Mitglieder dazu auf, sich schriftlich an ihre Abgeordneten zu wenden. Es wurde jedoch darum gebeten, mit der notwendigen Sorgfalt ans Schreiben zu gehen. So sollte, wenn möglich, auf emotionale Sprache verzichtet werden. Tränen auf dem Papier seien auch nicht hilfreich, trügen sie

1458 Animals' Defender, Vol. 11, Nr.11, 1967, S.287ff.

1459 Animals' Defender, Vol. 10, Nr.4, 1966, S.37; AV Times, Juli 1972, S.3.

1460 Anti-Vivisectionist, ol.67, Nr.6, November/Dezember 1966, S.137; Anti-Vivisectionist, Vol. 69, Nr.1, Januar/Februar 1968, S.3,12; Anti-Vivisectionist, Vol. 69, Nr.4, Juli/August 1968, S.40.

1461 Animals' Defender, Vol. 11, Nr.12, 1967, S.319; Anti-Vivisectionist, Vol. 69, Nr.4, Juli/August 1968.

1462 Animals' Defender, November/Dezember 1974.

doch dazu bei, das Schriftstück unleserlich zu machen.[1463] Garner stellt entsprechend fest, dass kein anderes Thema so viel Aufmerksamkeit der Abgeordneten in Anspruch nahm wie Tierschutzanliegen: Sie machten ab den 1970ern den größten Anteil der schriftlichen Anfragen der WählerInnen an ihre Abgeordneten aus.[1464] Allein die Kampagne gegen die Schlachtung von Seehunden brachte 1978 innerhalb einer Woche über 17000 Briefe auf den Tisch des Premierministers. Hierzu hatte der International Fund for Animal Welfare (IFAW) in einer landesweiten Zeitungskampagne aufgerufen.[1465] Ein ähnliches Bild zeigte sich bei der Kampagne gegen die Lebendtiertransporte. Hier hatten sich 1993 innerhalb von zehn Monaten 100 000 Menschen schriftlich an ihre Abgeordneten gewandt. 27 000 weitere hatten entsprechende Petitionen unterzeichnet. 70 000 BürgerInnen adressierten 1998 Protestschreiben an ihre Abgeordneten und verlangten von ihnen, einen dem Parlament vorliegenden Gesetzesvorschlag zum Jagdverbot zu unterstützen.[1466] Petitionen blieben ebenfalls ein beliebtes Mittel, um auf die Regierung einzuwirken. Sie wurden wiederholt eingesetzt und thematisierten all jene Formen des Tiermissbrauchs, derer sich die Tierrechtsbewegung annahm. 130 000 Unterschriften sammelte die BUAV und weitere 150000 die NAVS beispielsweise im Protest gegen die ‚*Smoking Beagles*' bei ICI.[1467]

Während AktivistInnen Anfang und Mitte der 1970er Jahre mit ihrem Ersuchen an die Regierung den *Vivisection Act* zu reformieren zunächst noch wie ein subversives Element betrachtet wurden, wie Ryder seine Erfahrungen als Mitglied des Animal Experimentation Committees der RSPCA im Jahr 1976 resümiert, änderte sich dies ab den 1980er Jahren. Auch aufgrund des großen öffentlichen Interesses nahm Tierschutz ab diesem Zeitpunkt einen nicht zu unterschätzenden Teil parlamentarischen Geschehens ein.[1468] Zwischen 1985 und dem Jahr 2000 allein wurden ca. 100 Gesetzesentwürfe zum Tierschutz im Unterhaus diskutiert.[1469] Abgeordnete wie Lord Houghton ebneten hier den Weg. Bereits 1976 hatte er gemeinsam mit anderen ParlamentarierInnen und Mitgliedern von Tierrechtsgruppen dem Innenministerium einen Zehnpunkteplan übergeben: Das Houghton-Platt Memorandum riet zu einer eindeutigen Verschärfung des *Vivisection Acts* und verlangte mehr Offenlegung

1463 Anti-Vivisectionist, Vol. 67, Nr.1, Januar/Februar 1966, S.76.

1464 Garner, 1998b, S.464.

1465 Ryder, 2000, S.181.

1466 Radford, 2001, S.178.

1467 AV Times, April 1975, S.1; Animals' Defender, Juli/August 1975, S.76.

1468 Ryder, 1996, S.171.

1469 Radford, 2001, S.407ff.

der Versuche.[1470] Houghton war von 1949-1974 Parlamentsabgeordneter für die Labour Party und unter Wilson zunächst Minister im *Privy Council* (Kronrat) und später Fraktionsvorsitzender im Parlament. 1974 wurde er geadelt und zog ins House of Lords ein. Houghton übernahm auch den Posten des Vizepräsidenten der RSPCA. Er machte sich insbesondere für den parlamentarischen Weg stark, zu dem er keine Alternative sah.[1471]

Das Themenfeld Vivisektion und seine parlamentarische Bearbeitung bildete somit auch die Basis für verstärktes politisches Vorgehen der Tierrechtsbewegung. 1976 wurde anlässlich des hundertjährigen Bestehens des *Vivisection Acts* das Animal Welfare Year ausgerufen. Zur angemessenen Thematisierung des Gesetzes und seiner Auswirkungen wurde ein Netzwerk gebildet, an dem fast 70 Tierrechts- und Tierschutzorganisationen beteiligt waren. Deren primäres Anliegen war die Koordination einer verstärkten Öffentlichkeitskampagne.[1472] Erstmals wurde hier der Versuch unternommen Tierrechtsgruppen, die sich in verschiedenen Teilgebieten der Tierrechtsarbeit engagierten, zusammenzubringen. Die BUAV kommentierte:

> *„In one brief year, Animal Welfare Year, the UK animal welfare movement has suddenly matured from the self-interested kindergarten of mostly unfriendly and unco-operative separated societies into albeit long-delayed adulthood."*[1473]

Allerdings schien sich das Engagement der verschiedenen Gruppen recht unterschiedlich zu gestalten:

> *„It is a fact however, that some of the Societies appear to be taking the view that having lent their name to Animal Welfare Year as a Participating Organisation this is the end of all their obligations."*[1474]

Nicht alle Gruppierungen wollten sich an den Bemühungen beteiligen. RSPB und UFAW waren die Ziele zu kompromisslos. Sie fürchteten mit den radikaleren Gruppen verwechselt zu werden und den Status der Gemeinnützigkeit zu verlieren. Der NAVS gingen die Forderungen nicht weit genug.[1475] Dennoch ging 1978 aus dieser neuen Netzwerkbildung unter anderem das Committee for the Reform of Animal Experimentati-

---

1470 Hollands, Clive: Achieving the Achievable: A Review of Animals in Politics, in: Alternatives to Laboratory Animals, Nr.23, Januar/Februar 1995, S.33ff; Animals' Defender, Juli/August 1975, S.75.

1471 Lord Houghton: *Animals and the Law: Moral and Political Issues,* in: Paterson und Ryder, 1979, S.206, S.209.

1472 Hollands, Clive: *Animal Welfare Year in Retrospect,* in: Paterson und Ryder, 1979, S.206.

1473 Animal Welfare, September/Oktober 1977, S.2.

1474 AWY, Newssheet, Nr.4, Februar 1977, S.4.

1475 Garner, 1993a, S.206.

on (CRAE) hervor, das die Houghton/Platt Gruppe formalisierte. Auch eine für Wahlkampfzwecke gegründete Gruppe, das General Election Coordinating Committee for Animal Protection (GECCAP), hatte seine Wurzeln in diesem Netzwerk. Unter maßgeblicher Führung von Richard Ryder, dem langjährigen Vorsitzenden der Scottish Society for the Prevention of Vivisection Clive Hollands (1930-1997) und Lord Houghton ging es in der Kampagne darum, den Parteien Tierschutzpolitik näher zu bringen bzw. *,to put animals into politics'*.[1476] Jedoch zeigte sich auch hier bald deutlich, dass es schwer war, Tierrechte und Tierschutz miteinander zu verbinden bzw. AbolitionistInnen und PragmatikerInnen ideologisch wie praktisch zu vereinen. Die militanten Gruppen zogen sich fast gänzlich aus den Versuchen parlamentarischer Beeinflussung zurück. Im radikalen Tierrechtsmagazin *Arkangel* wurde zwanzig Jahre später rückblickend kommentiert:

> *„They* (die PragmatikerInnen, Anm. M.R.) *believed that asking for complete abolition would be dismissed as extremism, whereas by appearing to be moderate politicians would listen to them. As history shows, asking for a little from government means getting nothing at all."*[1477]

Auch bei den weniger radikalen Gruppen gab man sich jedoch bisweilen skeptisch. So trugen BUAV, NAVS und Animal Aid keinen der Versuche mit den *Vivisection Act* zu reformieren. Stattdessen tat man sich in der Kampagne *,Mobilisation for Laboratory Animals – Against the Government's Proposals'* zusammen, um den 1983 bereits in einem White Paper angekündigten Gesetzentwurf zu verhindern. Diese Bemühungen waren allerdings wenig erfolgreich.[1478] Der 1986 verabschiedete Animal (Scientific Procedures) Act entsprach in keiner Weise ihren Forderungen, enthielt er doch weiterhin die Gestattung der umstrittenen LD50 und Draize Tests.[1479] Das im Animal Welfare Year gegründeten CRAE signalisierte hingegen die Unterstützung des Vorhabens. Zahlreiche Tierrechtsgruppen kritisierten den von CRAE formulierten Vorschlag, der sich auch an der 3R-Zielsetzung (*Reduction, Refinement, Replacement*) orientierte. Daraufhin wurden sie nicht nur vom politischen Beteiligungsprozess ausge-

---

1476 Garner, 1998c, S.104; Ryder, 1996, S.175; Ryder, 1998, S.34.

1477 Armitage Shanks (Pseud): Never mind the ballots, Arkangel, Nr. 17, 1997.

1478 Hopley, 1998, S.789ff.

1479 Der Animal (Scientific Procedures) Act beschränkt sich jedoch lediglich auf die Verringerung der Anzahl der Tiere, die pro Versuchseinheit genutzt werden dürfen. Er verbietet keine gesonderte Form von Experimenten, so auch nicht den umstrittenen LD50 Test (Lethal Dose 50). Dieser Test ist derart gestaltet, dass 50% der Versuchstiere getötet werden, um die letale Dosis einer bestimmten Substanz zu erforschen. Beim so genannten Draize Test, der ebenfalls nicht unter die Versuchsbeschränkung fällt, werden potentiell toxische Substanzen am Bindegewebe von Tieren, vor allem Kaninchen, getestet. Vgl. HMSO: Animals (Scientific Procedures) Act 1986.

schlossen, sondern verweigerten sich diesem auch aktiv.[1480] Richard Ryder trat von seinem Posten als RSPCA Vorstandsmitglied aus Protest gegen deren Unterstützung des Gesetzes zurück.[1481] Das Netzwerk ‚*Mobilisation for Laboratory Animals'* versuchte seine Ablehnung zumindest so zu formulieren, dass sie damit noch auf die öffentliche Meinung Einfluss zu nehmen vermochten. Sie verwiesen darauf, dass das Gesetz bloß eine kosmetisch überarbeitete Fassung des 1876er *Vivisection Acts* darstelle.[1482] So veranstalteten sie am 12. Mai 1984 beispielsweise eine 9000 Menschen starke Demonstration durch London, die in einem fulminanten ‚*Die-In'* auf dem Trafalgar Square gipfelte.[1483]

Genau wie in der parlamentarischen Zuarbeitung zur Agrarpolitik, das 1979 gegründete Farm Animal Welfare Committee (FAWC) fand bereits Erwähnung, wurde mit der Verabschiedung des Animals (Scientific Procedures) Act von 1986 ein ständiges Komitee gegründet, das dem Innenministerium helfend beiseite stehen sollte.[1484] Das Animals Procedures Committee (APC), deren Mitgliedschaft sich zum größten Teil aus praktizierenden TierexperimentatorInnen zusammensetzte, machte sich auch in Tierschutzfragen bemerkbar. Es setzte sich beispielsweise für härtere Strafen für, des Tiermissbrauchs überführte VivisektorInnen ein. Von den Antivivisektionsgruppen wurde die Eignung und die Ausgewogenheit des Komitees und seiner Mitglieder jedoch fortwährend in Frage gestellt, auch dann, wenn etwa mit Dr. Jill Langley exponierte VivisektionsgegnerInnen in ihm vertreten waren.

Bei der Verabschiedung des Gesetzes im Parlament kam es zu massiven Störungen auf der Zuschauertribüne. Der Protest richtete sich vor allem gegen die Sektion 24 des Gesetzes, die ‚*secrecy clause'*, die Angestellte in Laboratorien zum Stillschweigen über die Experimente verpflichtete und somit ‚*whistleblowing'* illegalisierte.[1485] Die Entscheidung über das Gesetz im Kabinett war zuvor verschoben worden. Die *Times* nannte als Grund möglichen

> *„trouble from many potentially dangerous interest groups."*[1486]

1480 Garner, 1993b, S.345. Die BUAV organisierte sogar eine ‚*Week of Action'* gegen die Reformierungsvorschläge der britischen Regierung, Liberator, Februar/März 1984; Murphy, 1985, S.187ff.

1481 The Campaigner, Januar/Februar 1986,S.24; Young, Robin: RSPCA man resigns over Bill on experiments, The Times, 29. November 1985.

1482 Liberator, April/Mai 1984.

1483 Liberator, Juni/Juli 1984; Animals' Defender, Juli/August 1984, S.67.

1484 Radford, 2001, S.176f.

1485 The Campaigner, Januar/Februar 1986,S.16.

1486 The Times, zitiert in: Outrage!, Nr.39, Juli/August 1985, S.2.

Auch die von Antivivisektionsgruppen in der 1993 begonnenen Kampagne ,*Unlock the Labs'* unternommenen Versuche, den Freedom of Information dahingehend zu verändern, dass er genauere Angaben über durchgeführte Tierexperimente machen sollte, scheiterten im Parlament. Grund sei die Gefahr, die von militanten TierrechtsaktivistInnen ausgehe.[1487] Im Freedom of Information Act 2000 waren Informationen über VivisektorInnen explizit herausgenommen worden.[1488]

Ab Ende der Siebziger Jahre fand Tierschutz zudem Einzug in die allgemeine Parteipolitik. So versuchten Tierschutz-/Tierrechtsgruppen bereits im Vorfeld von Parlamentswahlen Einfluss zu nehmen. Sie forderten ihre Mitglieder beispielsweise dazu auf, solche Kandidaten zu unterstützen, die sich etwa gegen Tierversuche oder für das Verbot der Jagd aussprachen. Um ihren Mitgliedern die Auswahl zu erleichtern, übernahmen es die Gruppen an die Kandidaten heranzutreten und eine Meinung zu erfragen.[1489] Der aussichtsreichere Zugang schien, sich im Vorfeld von Parlamentswahlen an die Parteien zu richten und die Formulierung der Wahlprogramme zu beeinflussen. Das GECCAP wurde hier entsprechend aktiv.[1490] Zur Parlamentswahl 1979 hatte jede der großen Parteien eine Tierschutzplattform in ihr Wahlprogramm aufgenommen. Insbesondere die Labour Party wurde, wie bereits zuvor, als geeigneter Adressat bestimmt. Dabei stieß das GECCAP innerhalb der Partei durchaus auf offene Ohren. Tony Benn bemühte sich bereits 1978 darum, eine eindeutige Verbotsabsicht der Jagd in das Wahlmanifest seiner Partei zu integrieren. Tatsächlich nahm sich die Labour Party 1979 in ihrem Leitliniendokument ,*Living Without Cruelty – Labour's Charter for Animal Protection'* neben dem Blutsport auch anderer relevanter Themen wie Tierversuchen oder Massentierhaltung an. So gab *Animal Welfare* 1979 auch einen eindeutigen Wahlvorschlag zugunsten der Labour Party ab.[1491]

In den 1980er übernahmen zahlreiche von Labour dominierte Lokalverwaltungen ,*Animal Charters'*, die zumindest auf dem Papier einen aufgeklärten Umgang mit dem Tier vorsahen.[1492] Ihnen wurden Versprechungen abgerungen, Zirkusse, Tierausstellungen und Jagdveranstaltungen zukünftig nicht mehr auf dem Gemeindeland zu dulden. Allerdings reagierten auch andere Parteien auf das Wählerpotential, das durch Tier-

1487 The Campaigner, September-Dezember, 2000, S.83; The Campaigner, Januar-April 2001, S.3ff.

1488 Home Office: Freedom of Information Act 2000 (Section 50) Decision Notice, Section 38.

1489 AV Times, Juni 1970.

1490 Ryder, 1996, S.175.

1491 Animal Welfare, März/April 1979, S.5.

1492 Garner, 1993a, S.191.

schutz relevante Themen mobilisierbar war. So wurde vor der Parlamentswahl 1979 eine Liberal Animal Welfare Group ins Leben gerufen.[1493] Danach gaben sich Tierschutzgruppen bereits bei den jährlichen Parteikonferenzen die Klinke in die Hand. Im Vorfeld von Parlamentswahlen wurde diese Mobilisierung verstärkt durchgeführt, um Abgeordnete und Parteimitglieder mit Nachdruck von der Richtigkeit ihres Anliegens und dem WählerInnenpotential der Tierschutzfrage zu überzeugen.[1494]

Der politische Druck wurde jedoch auch von anderer Seite als von dem den ParlamentarierInnen und Parteimitgliedern zugewandten TierrechtsaktivistInnen verstärkt. Als man 1979 das Thema Tierschutz im Parlament diskutierte, wurde angemerkt, dass man handeln müsse, sonst seien weitere Eskalationen, so wie sie sich mit der Etablierung der ALF abzeichneten, unvermeidlich.[1495] So wurde die Radikalisierung der Tierrechtsbewegung auch als ein Indiz dafür gelesen, dass sich die etablierten Parteien der Thematik bis dato gar nicht oder nur sehr oberflächlich angenommen hatten.

In der Thematik des Tierschutzes zeichneten sich somit im Folgenden parteipolitische Argumentationen ab. Zur Parlamentswahl 1983 trat die GECCAP erneut an. Allerdings blieb sie in diesem Jahr nicht das einzige Netzwerk innerhalb der Tierrechtsbewegung, das sich hier engagierte. Auch die Animal Protection Alliance, zusammengesetzt aus LACS, BUAV und CIWF, forderte ein stärkeres Engagement der Parteien.[1496] 1991 formte sich erneut ein Bündnis, um dem durch interne Fragmentierung befürchteten Verlust an Einfluss auf die Politik vorzubeugen. Im *'Manifesto for Animals'* trafen sich universelle Tierrechtsforderungen, die von BUAV, CIWF und der Anti-Pelz Gruppe Lynx (jetzt: Respect for Animals) gemeinsam getragen wurden.[1497] Parteien realisierten alsbald, wie sehr Tierrecht entscheidend für die Stimmabgabe sein konnte. Insbesondere durch die Thematisierung der umstrittenen Frage zum Verbot der Fuchsjagd mit Hunden ließen sich urbane WählerInnenstimmen mobilisieren. Tierschutz wurde zum *„key factor in British politics"*, wie der Politikwissenschaftler John Gray resümierte, so dass sogar Sinn Fein inzwischen ein Tierschutzprogramm habe.[1498]

1493 Animal Welfare, Mai/Juni 1980, S.9.

1494 z.B. Animals' Defender, September/Oktober 1978; Grant, 2000, S.162f.

1495 Hansard, House of Commons Debates, Vol. 964, 23. März 1979, col.1875.

1496 Garner, 1993a, S.206.

1497 Liberator, Frühjahr 1991, S.8.

1498 Gray, John: Misguided man: Voters know we shouldn't treat the planet like a factory. The politicians need to catch up, The Guardian, 31. Juli 1999.

Die Tierschutzidee wurde mit zunehmender Professionalisierung der moderaten Tierrechtsbewegung auch weiterhin von den Parteien wahrgenommen. Das im Vorfeld der Parlamentswahlen von 1997 erschienene Wahlprogramm *‚New Labour – New Britain – New Life for Animals'* versprach nicht nur das Verbot der Pelztierzucht und das Ende der Tierversuche für kosmetische Zwecke sowie die Reduzierungen der Lebendtiertransporte, sondern auch eine freie Wahl im Unterhaus zum Thema Fuchsjagd mit Hunden, die ohne Fraktionszwang angesetzt werde. So wurde Labours Wahlkampf 1997 von einem Netzwerk von Tierrechts-/Tierschutzgruppen und der Political Animal Lobby (PAL) mit 1,1 Million Pfund unterstützt.[1499]

Neben der versuchten Einflussnahme auf die Gesetzgebung in Punkto Antivivisektion, wollte man das Parlament vor allem in der Jagdgesetzgebung zur Schaubühne für Tierschutzinteressen erheben. Zwischen den späten 1970ern und 2000 gab es über zwanzig Versuche die Fuchsjagd qua Gesetz zu verbieten. Diese Gesetzesentwürfe waren zumeist so genannte *‚Private Members' Bills'*, das heißt, dass es viele Vorlagen nicht einmal bis zur zweiten Lesung schafften bzw. wegen eines zu knappen Zeitrahmens aus dem Zeitplan des Parlaments entfernt wurden.[1500] Diejenigen, die erfolgreich das Unterhaus passierten, wurden spätestens in dem vom Erbadel dominierten Oberhaus gestoppt, wie 1997 Michael Fosters Gesetzesvorschlag zum Verbot der Fuchsjagd mit Hunden. Aus diesem Grund gab es die League against Cruel Sports bald auf, sich an einzelne ParlamentarierInnen zu wenden und richtet ihre Agitation verstärkt auf die Labour Party. Nur ein von einer Labour Regierung eingebrachter Gesetzentwurf würde den gewünschten Erfolg bringen, so war man sich sicher.[1501] 1979 nahm die Labour Party erstmals die Aussicht auf ein Jagdverbot in ihr Wahlprogramm auf. Erst 1997, nachdem Labour nach 18 Jahren konservativer Regierungen wieder im Amt war, konnte jedoch mit einem Versuch der Umsetzung gerechnet werden. Die Regierung versprach die Entscheidung über die Jagd einer freien Abstimmung im Parlament zu unterziehen. Zögerlich setzte sie jedoch 1999 zunächst ein Komitee unter Lord Burns ein, dessen Abschlussbericht 2000 in der Jagd eine ernsthafte Gefährdung des Wohlergehens des Fuchses erkannte.

Der erneute Versuch eines Fuchsjagdverbotes scheiterte 2003 wiederum im House of Lords. 2004 endlich setzte das Unterhaus unter Zuhilfenahme des Parliament Acts das Jagdverbot mit Hunden durch. Der Par-

---

1499 Grant, Wyn: *Pressure Groups: Huntingdon Life Sciences: a case study of direct action*, in: Developments in Politics, Bd.13, 2002, S.62.

1500 Radford 2001, S.177ff.

1501 Grant, 2000, S.154.

liament Act von 1949 vermag solche Entscheidungen des Oberhauses zu überstimmen, zu denen es bereits in zwei konsekutiven Sitzungsperioden erfolgreiche Abstimmungen im Unterhaus gegeben hat. Der Hunting Act trat im Februar 2005 in Kraft, illegalisierte jegliche Jagd mit Hunden und betraf damit 318 registrierte Hundemeuten, die noch in England und Wales zugelassen waren.[1502] Schottland hatte die Fuchsjagd mit Hunden bereits 2002 illegalisiert.[1503] Nach dem staatlichen Verbot übernahmen es HSA und LACS, die Einhaltung dieses Verbots zu überwachen und Übertretungen zu melden.[1504] Im August 2006 erstritt die LACS vor Gericht die Verurteilung der Exmoor Hunt wegen Verstoßes gegen den Hunting Act.

Auf Initiative der Tierrechtsbewegung fanden sich auch andere Tierschutz relevante Themen auf der Agenda der Parlamentarier. Gerade im Bereich der Tierhaltung für Schlachtzwecke versuchte CIWF ebenfalls auf das Mittel der Private Members' Bills zurückzugreifen. 1990 initiierte sie beispielsweise die Pig Husbandry Bill, die vom konservativen Abgeordneten Richard Body eingebracht wurde. Im selben Jahr gründeten Richard Ryder und Brian Davies PAL. Sie versuchten allerdings nicht mehr, an die HinterbänklerInnen heranzukommen. Vielmehr bemühten sie sich darum, ministerialen Kontakt herzustellen sowie parteiinterne TierschutzsprecherInnen auszusuchen, um mit ihnen in konstanten Austausch treten zu können.[1505]

Auch solche Gruppen, die nicht über Insiderstatus verfügten, versuchten bisweilen, das Parlament und die Parteien direkt zu beeinflussen. Der mutmaßliche Angehörige der Animal Rights Militia Barry Horne, der 1997 zu einer drakonischen – weil für diesen Straftatbestand ungewöhnlichen – achtzehnjährigen Haftstrafe u.a. wegen Brandstiftung gegen den Pharmabetrieb Boots verurteilt worden war, forderte die Einstellung der staatlichen Unterstützung von Tierversuchen binnen fünf Jahren.[1506] Er zeigte 1998 seinen Protest mit einem von insgesamt vier Hungerstreiks, an denen er letztendlich 2001 starb. Mit der Methode des Hungerstreiks, die in der Tierrechtsbewegung erstmals 1975 von Ronnie Lee in Zusammenhang mit den Tierexperimenten in Porton Down angewandt wurde,[1507] wollte er auf die Lage der Tiere und auf die nicht eingelösten Wahlversprechen der Labour Party aufmerksam machen.[1508]

1502 HMSO: Hunting Act 2005.

1503 Childs, 2001, S.377f.

1504 Outrage! Nr.139, Sommer 2005, S.14.

1505 Ryder, 2000, S.203.

1506 Arkangel, Nr.17, 1997.

1507 AV Times, April 1975; Lee brach seinen Hungerstreik jedoch relativ schnell ab.

1508 Munro, 2005, S.145.

„It is now necessary for us all to show this government (and all governments) that we, the movement, cannot be ignored or defeated, and that we will fight until we win."[1509]

In der Tat sah sich die Regierung genötigt sich mit Repräsentanten Hornes zu treffen.[1510] Die Parlamentarier Tony Banks, Tony Benn und Andrew Bowden unterstützten Hornes Forderungen.[1511] Die Adressierung parlamentarischer Kräfte sollte jedoch für die militante Bewegung eher die Ausnahme bilden. Ansonsten stellten sich die militanten Tierrechtsgruppen, wie die ALF Supporters Group, auf die Bekämpfung der Wirtschaft ein. 1986 hieß die Parole

„(...) the Animal Liberation Front Supporters Group view Westminster as a no-go area regarding the struggle for animal rights. Since it is naive to suppose that anyone will try to abolish their own vested interests the ALF have no policy in connection with parliament except to ignore it."[1512]

Somit ließ sich anhand des Umgangs mit dem Methodenrepertoire des Lobbying zwar nicht aufzeigen, inwieweit sich Tierrechts- und Tierschutzideen unterschieden, jedoch inwieweit sich militante und moderate Gruppen voneinander absetzten. Inhaltlich ging es um die Frage, inwieweit die Bewegung die Politik, sowohl Parteipolitik wie Parlament, überhaupt als Adressat berücksichtigen müsste und welche Form diese Adressierung haben sollte.

4.1.5 Großdemonstrationen: World Day

Eine wichtige Methodenform, die von der ersten Tierrechtsbewegung übernommen worden war, war die der Demonstration. Demonstrationen gegen Tiernutzung, vor allem gegen Tierversuche, nahmen jedoch neue Formen an und wurden den veränderten äußeren Umständen angepasst. Hatte die erste Tierrechtsbewegung noch primär in Märschen und von zentralen Kundgebungsorten aus agiert, wurden nunmehr *‚VerursacherInnen'* identifiziert und der Protest zu ihnen getragen. So fanden sich Demonstrierende vor kommerziellen Laboratorien, Universitäten, Farmen von TierzüchterInnen und Tiermärkten ein. Im Sommer 1966 fuhren ca. 300 Demonstrierende mit einem Autokonvoi vom Versuchstierzüchter Carworth Farms in Alconbury zu einem zentralen Kundgebungsort in London. Mit dieser Zahl an AktivistInnen stellte diese Demonstration

1509 Horne, Barry, in: Arkangel, Nr.20, 1999; ALF Supporters Group Newsletter, 2001, S.24f.

1510 Animals Betrayed Coalition, Newsletter Nr.6, 21. November, 1998.

1511 Green Line Magazine, Nr.140, 1997, S.17.

1512 Liberator, April/Mai 1986.

die größte ihrer Art seit Ende des Zweiten Weltkrieges dar.[1513] Zahlreiche weitere Demonstrationen folgten über die Jahre, vermochten jedoch selten größere Menschenmengen zu mobilisieren. Daher versuchte man, größer angelegte Demonstrationen auf bestimmte ausgesuchte signifikante Daten, etwa dem 24. April als *‚World Day for Laboratory Animals'* oder dem 10. Dezember als *‚International Animal Rights Day'* zu konzentrieren, um ein größtmögliches UnterstützerInnenpotential zu kanalisieren. Der 24. April war von der NAVS als Erinnerung an den Geburtstag ihres langjährigen Patron Lord Dowding initiiert worden.

Neben den *‚alltäglichen'* Demonstrationen und Pickets, die in Kampagnen eingeschlossen waren, stellten die Großdemonstrationen eine konzentrierte Aktionsform dar. Während des Falklandkrieges war 1982 beispielsweise Porton Down Ziel des Weltversuchstiertages. Etwa 5000 Menschen beteiligten sich an einer Demonstration, die sich im Folgenden gewaltsam Eintritt auf das Gelände verschafften.[1514] Die Demonstrierenden hatten sich in Schutzanzüge gekleidet und Gasmasken aufgesetzt, um deutlich auf die Gefahr der in Porton Down produzierten Chemiewaffen hinzuweisen. 1983 marschierten 8000 Menschen gegen das Forschungslaboratorium der British Industrial Biological Research Association (BIBRA) in Carshalton in Sussex, wobei es zu teilweise heftigen Auseinandersetzungen mit der Polizei kam.[1515] 1985 galt der Protest den Wickham Laboratories. Zusätzlich zu dem Protest gegen die dort praktizierten Tierversuche sollte hier Solidarität mit denjenigen gezeigt werden, die wegen Eindringens in das Labor im Rahmen einer Aktion der Animal Liberation Leagues vor Gericht standen.[1516] Ab den 1990ern nahmen die Demonstrationen stattliche Ausmaße an: 1991 waren schon mehr als 15 000 Menschen beteiligt,[1517] 1992 und 1993 kamen gar über 20000 Menschen zusammen, 1994 immerhin 18 000 – jeweils zur Großdemonstration in London.[1518] Ab 1983 wurde der World Day for Laboratory Animals auch international begangen. In den USA zogen in diesem Jahr erstmals 5000 Menschen im Protestmarsch gegen das Primatenzentrum der Universität von Wisconsin.[1519]

Je größer diese Events wurden, desto schwieriger gestaltete sich die Einigkeit über Ziele, Routen der Demonstrationen und die Auswahl der

---

1513 Anti-Vivisectionist, Vol. 67, Nr.4, Juli/August 1966, S.113; Animals' Defender, Vol. 80, Nr.8, 1966, S.90.

1514 Liberator, Juli/August 1982.

1515 Liberator, Juni/Juli 1983; The Campaigner, November/Dezember 1983, S.4.

1516 Zur Geschichte der Animal Liberation Leagues vgl. Teil III, Kap.4.

1517 The Campaigner, April-Juni 1991, S.23.

1518 The Campaigner, April-Juni 1994; The Campaigner, April-September 1993, S.19; Turning Point, Nr.24, Juli-September 1992, S.11.

1519 Finsen und Finsen, 1994, S.130.

SprecherInnen. Zu den Gruppen, die im Allgemeinen zu den Events aufriefen, gehörten nahezu alle Antivivisektionsgruppen sowie solche, die themenübergreifende Tierrechtspositionen vertraten. 1993 sah sich die NAVS dazu genötigt, festzuhalten:

> „*The ALF has tried to force their way onto the speakers platform at the rally, both this year and last, and SARP* (Support Animal Rights Prisoners, Anm. M.R.) *has criticized us in their magazine for not allowing prisoners to speak at the rally.*"[1520]

Die Kritik war wechselseitig. Radikale Aktivisten beschwerten sich, dass sie auf dem ‚*World Day*' kein Forum bekamen, um sich zu äußern und dass die ALF explizit ausgeladen wurde.[1521] Dennoch ließ sich zumindest die ALF Supporters Group die Anwesenheit auf derartigen Events nicht verbieten, schließlich bekam sie hier wie kaum sonst die Möglichkeit, Spendengelder zu sammeln und Informationen zu verteilen.[1522] Dies traf auch auf die Demonstrationen um die Jahrtausendwende zu. Zwar hatte die Kriminalisierung derart gegriffen, dass die ALF nicht mehr öffentlich in Erscheinung trat, jedoch zeigten andere radikale Kräfte der Bewegung ihren Einfluss in der Gestaltung der ‚*World Day*' Demonstrationen. 1998 kam es in Hillgrove Farm beim World Day zu teils gewalttätigen Auseinandersetzungen. 2004 wurde die zentrale Kundgebung in Cambridge gegen Huntingdon Life Science in den Rahmen der Stop Huntingdon Animal Cruelty Kampagne gestellt, an der sich immerhin 2000 AktivistInnen beteiligten. 2006 war Oxford das Ziel und die Demonstration damit in eine Kampagne eingebettet, die das dort geplante Versuchslabor stoppen sollte.

Doch auch andere zentrale Demonstrationskonzepte zeigten Erfolg. 1980 begann Animal Aid die Kampagne gegen den Kosmetikhersteller Revlon mit Demonstrationen. Revlon sei für den Missbrauch von Kaninchen im so genannten Draize Test verantwortlich, mit dem ihre Produkte getestet würden, so die AktivistInnen. Animal Aid gelang es am 29. November, dem ‚*Remember the Revlon Rabbits Day*', 137 Demonstrationen in Großbritannien und noch weitere weltweit zu koordinieren.[1523] Eine ähnliche Kampagne wurde auch gegen den ebenfalls in der Kosmetikbranche tätigen Avon Konzern eingeleitet. Letztere gestaltete sich sehr schnell insofern als erfolgreich, als dass alternative Testmethoden ausgebaut wurden.[1524] Demonstrationen blieben also eine beliebte Methode der Tierrechtsbewegung, um auf ihr Anliegen öffentlich aufmerksam zu machen,

---

1520 The Campaigner, April-September 1993, S.49.

1521 Arkangel, Nr.12.

1522 Animal Liberation Front Supporters Group Newsletter, Frühjahr 1994, S.2.

1523 Animal Welfare, Februar/März 1981, S.10.

1524 Outrage!, Nr.14, Mai/Juni 1981, S.10.

zumal wenn sie in eine Kampagne eingebunden waren, die im Laufe dieses Kapitels noch nähere Erläuterung findet.

4.1.6 *'Action speaks louder than words'*: Direkte Aktion

Neue Soziale Bewegungen sind eng mit dem Begriff der so genannten *'Direkten Aktion'* verbunden. Direkte Aktionen bedeuten zunächst eine Unmittelbarkeit; Intermediäre Instanzen wie Parteien, die etwa in der Lobbyarbeit eine Rolle spielten, sollten umgangen werden. Unter Direkten Aktionen sind Aktionsformen vom politischen Streik, Boykott, Sabotage von Hungerstreiks und lokale Besetzungen bis zu komplexen Formen gewaltsamen bzw. gewaltfreien Aufstands zu subsumieren. Eindrücklichste Beispiele Direkter Aktionen in der Tierrechtsbewegung sind wohl vor allem die tatsächliche Befreiung von Tieren aus Käfigen und die Zerstörung von unmittelbar Tier ausbeutenden Ökonomiezweigen. Sie sind zum Synonym der Bewegung an sich geworden. Die Betonung auf Direkten Aktionen im Handlungsrepertoire der Neuen Sozialen Bewegungen bedingt sich durch situationsbedingte Kosten-Nutzen Abwägungen sowie vor allem durch den autonomen Status einzelner Gruppen innerhalb der Bewegung und deren individuellen Vorstellungen.[1525] Das Spektrum an Gruppen mit verschiedensten methodischen und ideologischen Ansätzen ist derart breit, dass ein relativ weites Handlungsoptionsfeld beschreibbar bleibt.

Die oben beschriebenen Demonstrationen und Informationsbeschaffungsmaßnahmen sind ebenfalls Bestandteile dessen, was in der politikwissenschaftlichen Literatur mit dem Namen der Direkten Aktion belegt ist.[1526] Allerdings umfasst die Definition noch einiges weiteres an Aktionsmomenten und unterscheidet generell nur zwischen solchen die legaler oder illegaler Natur sind. Letztere umfassen die Befreiung von Tieren und die Zerstörung von Besitz, etwa durch Brandanschläge, die am ehesten mit der Animal Liberation Front in Verbindung gebracht werden und im dritten Teil der vorliegenden Arbeit ausführlicher beschrieben werden. Allerdings sei festgehalten, dass sich die Bedeutung Direkter Aktion explizit nicht auf bewaffnete Aufstände oder Guerillakämpfe erstreckt.[1527] Historisch ist der Begriff der Direkten Aktion an die AnarchosyndikalistInnen gekoppelt. Er folgte zunächst ihrer Begriffsbestimmung als *'Propaganda der Tat'*, erfuhr jedoch durch die gandhianische Tradition eine *'gewaltfreie'* Neuinterpretation.[1528] Grant definiert Direkte Aktionen

---

1525 Rucht, 1990, S.161.

1526 Grant, 2000, S.139.

1527 Carter, April: *Direct Action and Democracy Today*, Polity Press, Cambridge, 2005, S.1.

1528 Ibid., S.6.

ex Negativum als all jene Methoden, die nicht konventionelle Politikformen in der Zuarbeitung zum parlamentarischen Gesetzgebungsprozess beinhalten.[1529] Dazu muss unterschieden werden zwischen Aktionen, die einen bloß symbolischen Charakter annahmen und solchen, die direkt die Vernutzung der Tiere verhindern helfen sollten. Aus diesem Grund werden in einem engeren Sinne Direkte Aktionen als solche verstanden, bei denen den AkteurInnen nicht ausschließlich an legislativer oder diskursiver Beeinflussung liegt, sondern bei denen sie in das Geschehen um sie herum direkt einzugreifen gedenken.[1530]

In dem Anwendungsspektrum der Handlungsoptionen, die unter dem Begriff der Direkten Aktion subsumiert sind überschneiden sich Tierrechts- und Umweltschutzbewegung.[1531] Allerdings verfüge die Tierrechtsbewegung in Großbritannien, so Rüdig, über eine weit größere Palette direkter Aktionsformen als die Umweltschutzbewegung.[1532] Das klassische Beispiel hierfür ist sicherlich die Jagdsabotage, so wie sie ab Mitte der 1960er Jahren von den Hunt Saboteuren durchgeführt wurde. Ihnen ging es konkret darum, das gejagte Tier zu schützen.[1533] Auch Greenpeaces Aktionen gegen den Walfang und das Besprühen des Felles von Robbenbabys durch Sea Shepherd oder IFAW können hier beispielhaft genannt werden. Viele Direkte Aktionen stellten eine Mischform von symbolischen Handlungen und Tierrettung dar. Hierunter sind insbesondere Blockade-Aktionen vor Schlachthöfen oder der Lebendtiertransporte zu zählen.[1534] Zum einen waren sie dazu ausgelegt, den Tieren ihren sicheren Tod zu ersparen bzw. ihn herauszuzögern, zum anderen sollte der Öffentlichkeit das grausame Prinzip Schlachtung vor Augen geführt werden. In eine ähnliche Richtung gingen Besetzungsaktionen. Im Rahmen der Kampagne gegen Huntingdon Life Science wurden etwa Büroräume der Geldgeber besetzt. Ein besonders beliebtes Mittel gewaltfreier Direkter Aktionen war das Anketten an Zäune von Laboratorien, Zirkussen, Zoos, Botschaften usw. So genannte *‚lock-ons'* sollten den betroffenen Unternehmen eher Unannehmlichkeiten bereiten, als den Betrieb ernsthaft stören. Rein symbolischer Natur waren öffentlichkeitswirksame Maßnahmen, die vor allem von der Attraktivität der Tierrechtsbewegung Zeugnis ablegen sollten. AktivistInnen in Tierkostümen

---

1529 Grant, 2000, S.139.

1530 Doherty, Brian, Paterson, Matthew und Seel, Benjamin: *Direct Action in British Environmentalism,* in: Seel, Benjamin, Paterson, Matthew und Doherty, Brian: *Direct Action in British Environmentalism,* London u.a., 2000, S.1.

1531 Rucht, 1990, S.165.

1532 Rüdig, 1995, S.239 n6.

1533 Zur Geschichte der HSA, siehe Teil III, Kap.1.2.

1534 Joyce, Peter: *The Politics of Protest, Extra-Parliamentary Politics in Britain since 1970,* Basingstoke, 2002, S.20.

erhielten nicht nur ein potentielles Medienecho, sie stellten auch eine positive Konnotation zum Objekt der eigenen Bemühungen her. Doch auch anderweitig ließ sich mit Symbolik arbeiten. So organisierte etwa die lokale Gruppe der BUAV in Hastings eine ‚*Crusade against Vivisectio*n', in der eine Kreuzzugsabteilung nachgestellt wurde.[1535]

Auch das Verteilen von Flugblättern und die Errichtung von Straßenständen zur Aufklärung der Öffentlichkeit können insofern als direkte Aktionsform gewertet werden, als dass sie auf direkten Wege eine Gegenöffentlichkeit erzeugen wollten, ohne die vorgegebenen, institutionalisierten Wege zu begehen.[1536] Dieser personalisierten Beschreibung folgend erfasst Garner auch den persönlichen Lifestyle und in diesem Kontext die Entscheidung für eine vegane/vegetarische Lebensform als, wenn auch symbolisches, Element Direkter Aktionen.[1537] Die mobile Form des Informationsstands wurde ebenfalls wiederentdeckt. Bereits Anfang des 19. Jahrhunderts hatten sich die national agierenden Tierrechtsgruppen um automobilen Untersatz bemüht, von dem aus sie agitieren konnten. 1987 erwarb die BUAV einen Reisebus, der zu einem mobilen Informationszentrum umfunktioniert wurde, um ihre ‚*choose cruelty-free'* Kampagne zur Propagierung tierversuchsfreier Kosmetik zu unterstützen.[1538] Die Entwicklung derartiger Produkte diente gleichsam als Alternative zu einer weiteren Form im Methodenrepertoire der Direkten Aktion: Dem Boykott. Boykottaufrufe formierten sich vor allem in jenem Feld der Kosmetikproduktion sowie ganz besonders gegen das Pelze tragen. Diesem wurde durch Stürmungen von Laufstegen bei Modeschauen, auf denen Pelzware präsentiert wurde, eine noch direktere Form des Protestes beigestellt. Boykottaufrufe richteten sich aber auch gegen übergeordnete Instanzen. Zum Beispiel wurden Kunden der NatWest Bankengruppe, die dem Forschungslabor Huntingdon Life Sciences Kredit gewährte, dazu aufgefordert, ihre Konten aufzulösen. Der Druck sorgte tatsächlich zu NatWests Rückzug aus dem Geschäft. Damit folgte die Tierrechtsbewegung dem erfolgreichen Protest gegen Barclay's Bank wegen ihres finanziellen Engagements im südafrikanischen Arpartheidssystem.[1539]

1535 Anti-Vivisectionist, Vol. 68, Nr.5, September/Oktober 1967.

1536 McKay, George: *DiY Culture, Party & Protest in Nineties Britain*, London, 1998, S.4f. Zum Begriff der Gegenöffentlichkeit vgl auch: Wimmer, Jeffrey: *(Gegen-)Öffentlichkeit in der Mediengesellschaft: Analyse eines medialen Spannungsverhältnisses*, Wiesbaden, 2007.

1537 Garner, 2005, S.157.

1538 Hopley, 1998, S.92.

1539 Joyce, 2002, S.18.

Direkte Aktionen zeigten also Wirkung. Als dies auch die etablierten Gruppen begriffen, nahmen sie sie in ihr Handlungsrepertoire auf, ohne jedoch Gewalt gegen Gegenstände zu legitimieren.

> *„That kind of enthusiasm that expresses itself in direct action [will not] stop now that it has been seen – even by those who deplore it – to be so dramatically and traumatically effective against those establishments who, until recently, considered themselves physically inviolable."*[1540]

Protest, der ganz auf Direkte Aktionen verzichte – gewaltfrei oder nicht – sei nicht mehr nur nicht zeitgemäß, sondern stumm, hieß es in *Animal Welfare*. Die Bewegung sei an einem Punkt angekommen, an dem sich abzeichne, dass

> *„words are only suitable for mourning the passing of creatures whom words alone cannot protect."*[1541]

Entsprechende ‚*Action Workshops*' sollten die AktivistInnen auf alle Eventualitäten vorbereiten. In ihnen wurde nicht nur das Anketten, Jagdhornblasen usw. gelehrt – Jagdhörner kamen bei der Jagdsabotage zum Einsatz, um die Meute von ihrer Fährte abzulenken. Auch der richtige Umgang mit den Polizeikräften gehörte nunmehr zum Repertoire, das der/die geneigte AktivistIn zu lernen hatte. Gerade die JagdsaboteurInnen, die sich nach der Verabschiedung des Criminal Justice Acts von 1994 mit staatlichen Repressionsmaßnahmen konfrontiert sahen, übten ihr Verhalten bei Arbeitstreffen und formulierten dort auch Hinweise für potentiell Betroffene.[1542] Ab Ende der 1990er veranstalteten radikale Tierrechtsgruppen darüber hinaus international angelegte Trainingscamps für AktivistInnen, bei denen sich über mögliche Strategien Direkter Aktionen ausgetauscht werden sollte.[1543] Damit wurden die weiterhin stattfindenden Vorträge zu verschiedenen Themen des Tiermissbrauchs, die nahezu alle größeren Tierrechtsgruppen an Schulen und Universitäten, auf Kongressen und vor sozial engagierten Gruppen abhielten, durch solche ergänzt, die die strategische Notwendigkeit der Direkten Aktion hervorhoben.

1540 Animal Welfare, September/Oktober 1977, S.2.

1541 Animal Welfare, März/April 1979, S.3.

1542 Howl, Nr.55, Herbst 1994, S.7. Zum Criminal Justice Act Vgl. Teil III, Kap.7.3.

1543 Vgl. Taylor, Matthew: Animal rights activists hit training camp to sharpen up battle plans, The Guardian, 6. September 2004.

4.1.7 The Road to Huntingdon: Campaigning – Die neue Dimension der Kampagne

Die ab spätestens den 1990er Jahren gängigste Aktions- und Organisationsform radikaler TierrechtlerInnen war die Kampagne. Kampagnen sind dazu angelegt, mit möglichst gebündelter Aktionskraft gegen wenige ausgesuchte Ziele anzugehen.[1544] Der Begriff selbst stammt aus der Militärgeschichte und bedeutet, einen gezielten Feldzug durchzuführen. Kampagnen gelten als zeitlich befristete Aktionen, deren Intention die koordinierte Zusammenarbeit mehrerer Personen und Gruppen gegen ein bestimmtes individuelles Zielobjekt darstellt. Baringhorst begreift die Beschränkung auf ein individuelles Zielobjekt als notwendige Simplifizierung des Protestzweckes, in dem einzelne Personen, identifizierbare Unternehmen oder Regierungen und nicht strukturelle Probleme oder Systemfelder skandalisiert werden.[1545] Durch diese Kräftebündelung erhoffte sich die Tierrechtsbewegung, effektiver agieren zu können. Dabei orientierte sie sich an erfolgreichen Kampagnen anderer Bewegungen, so wie an Greenpeaces Erfolg gegen den Ölmulti Shell im Konflikt um die Bohrplattform Brent Spar.[1546] Die Tierrechtskampagnen können jedoch auch selbst als Beispiel für ein gelungenes Engagement auf diesem methodisch-politischen Sektor gelten. Beispielsweise führten die gezielten Kampagnen gegen Lebendtiertransporte in britischen Hafenstädten in den Jahren 1994/95 dazu, dass die größten Fährunternehmen P&O und Stena Line aufgrund des massiven Drucks und der Boykottandrohungen ihre Transporte einstellten.[1547] Die Kampagne gegen den Lebendtiertransport von Schlachttieren, vor allem von Rindern, Schafen und Mastkälbern, auf den Kontinent bildete also nicht nur einen weiteren Schwerpunkt von Tierrechtsarbeit in den 1990ern, sie initiierte mit der Fokussierung auf eine neue Methode einen Epochenwechsel tierrechtlerischer Arbeit. Auch die erste Tierrechtsbewegung hatte sich zwar bereits gegen den Lebendtiertransport engagiert – es sei noch einmal an Ada Coles Einsatz gegen den Transport von Pferden zu Schlachtzwecken erinnert –, sie vermochte jedoch nicht den gleichen Einfluss auf die öffentliche Debatte zu nehmen wie dies in den 1990ern der Fall war. Auch die zweite Tierrechtsbewegung war zunächst nicht erfolgreicher: Die RSPCA Kampagne *‚Stop Live Export of Food Animals'* in den 1970er Jahren hatte wenig

---

1544 Garner, 2005, S.158.

1545 Baringhorst, 1998, S.335f.

1546 Jordan, Grant und Ridley F.F. (Hg.): *Protest Politics: Cause Groups and Campaigns*, Oxford u.a., 1998, S.16ff.

1547 McLeod, Rhoda: *Calf Exports at Brightlingsea*, in: Jordan und Ridley, 1998, S.42; Anon.: *Shoreham: Live Exports and Community Defence* in: Do or Die – Voices from Earth First!, Nr.5, S.75.

mobilisierende Wirkung.[1548] Eine 1978 von dem Reform Group dominierten RSPCA Vorstand organisierte nationale Demonstration gegen den Transport von Schlachttieren in Dover hatte zu diesem Zeitpunkt bestenfalls symbolischen Charakter.[1549]

Obwohl die Kampagnenform auf eindeutige zeitgenössische und historische Beispiele zurückgriff, die sich immer schon als signifikant für Soziale Bewegungen zeigten, wurde sie in der Tierrechtsbewegung in einem Maße radikalisiert wie sie zumindest für die internationale Tierrechtsbewegung beispielhaft wurde. Bereits 1991 hatte Ronnie Lee die Kampagnenarbeit als erfolgsversprechende Aktionsform propagiert:

> *„It is very important for the movement to have victories and it is very important to carry out that type of campaigning that yields victories."*[1550]

CIWF und RSPCA hatten zu Beginn der Lebendtiertransportkampagne filmisches Material über die Zustände der Tiere an Bord von Fährschiffen und bei ihrer Ankunft auf dem Kontinent veröffentlicht.[1551] Diese fungierten als Zündfunke für die Protestserie der 1990er Jahre. Die südenglischen Häfen, insbesondere die Häfen von Plymouth, Dover, Shoreham und Brightlingsea sowie die Flughäfen von Coventry und Swansea waren unterlagen zeitweise einem wahren Belagerungszustand. Darüber hinaus wurden Briefkampagnen an die Fährunternehmen organisiert, an denen sich Hunderttausende beteiligten.[1552] Ein Sprecher des Fährunternehmens Stena Sealink kommentierte:

> *„The number of people taking the trouble to make their feelings known to us about this issue has gone through the roof. We're talking about hundreds of thousands of letters and cards."*[1553]

Es war primär das Einbrechen der Passagierzahlen, das ein Einlenken der Unternehmen hervorrief. Die Konflikte um die Lebendtiertransporte stellten für die Tierrechtsbewegung auch insofern ein Novum dar, als dass hier die lokale Bevölkerung aktiv in die Auseinandersetzung eingebunden war, das Protestbild sogar meist dominierte.[1554] Als Hauptorganisatoren des Protestes betätigten sich CIWF und Animal Aid, jedoch beteiligten sich auch zahlreiche andere Gruppen an den regelmäßigen Pro-

---

1548 Hawkins, Alun und Merrick, Linda: *‚Dewy-eyed veal calves': live animal exports and middle class opinion 1980-1995*, Agricultural History Review, Vol. 42, Teil 2, 1999, S.80ff.

1549 Ryder, 2000, S.180.

1550 Wicklund, 1991, S.13.

1551 Ryder, 1998, S.115.

1552 Brass, Elaine und Poklewski Koziell, Sophie: *Gathering Force, DIY Culture – Radical action for those tired of waiting*, London, 1997, S.22.

1553 Western Morning News, 31. August 1994, zitiert nach: Gold, 1995, S.10.

1554 Vgl. Lewin, Nicky: *Animal War: Brightlingsea 1995*, Colchester, 2000.

testen und Blockaden. Die South England Animal Rights Coalition (SEARC) koordinierte die lokalen Gruppen und die Sea Sabs verhinderten durch den Einsatz von Booten mitunter das Auslaufen der schon mit lebender Fracht beladenen Schiffe.[1555] Es war die Kombination verschiedener Handlungsstrategien, die hier zum Erfolg führte. 1994 gaben Stena Sealink, P&O und Britanny bekannt, zukünftig keine lebenden Schlachttiere mehr über den Kanal zu transportieren.[1556] Diese Proteste gelten als eine der größten Aktionen selbstgesteuerten Protestes der 1990er Jahre und als Beispiel für die gelungene breite Skandalisierung eines Kampagnenthemas.[1557]

Im Kampf gegen die Lebendtiertransporte wurde auch erstmals im größeren Stil vom Mittel des *‚Hausbesuchs'* (*‚Home visits'*) Gebrauch gemacht: Farmer, die in das Geschäft mit den Lebendtiertransporten involviert waren, wurden privat von Protestierenden aufgesucht.[1558] Es galt, den Verantwortlichen ihre Anonymität zu nehmen. Besonders erfolgreich wurde diese Methode gegen Pelz- und Vivisektionsbetriebe ab Mitte der 1990er Jahre eingesetzt und wird im Zusammenhang mit der Kampagne um Huntingdon Life Science weiter unten noch ausführlicher besprochen. Das breite Spektrum der in der Kampagne gegen die Lebendtiertransporte angewendeten Methoden sowie der Facettenreichtum der sie ausführenden AktivistInnen führte 1995 auch zu einer parlamentarischen Debatte um die Frage der Lebendtiertransporte im Allgemeinen und zur Natur des Protestes im Besonderen. Vor allem ein vermeintlicher radikalisierender Einfluss der radikalen Tierrechtsbewegung auf moderate Gruppen beunruhigte viele ParlamentarierInnen, man fürchtete gar deren Unterwanderung.[1559]

Bereits die 1980er Jahre lieferten Vorbilder für die erfolgreiche Durchsetzung des Kampagnenmodells. So führten z.B. die Auseinandersetzungen um den Club Row Tiermarkt im Osten Londons seit Anfang 1980 zum Verbot des Marktes durch die Gemeinde Tower Hamlets im November 1982 sowie zu einer parlamentarischen Überarbeitung des Pet Animal Acts, der fortan jedweden Straßenverkauf von Haustieren untersagte.[1560] Zuvor war an jedem Sonntag zu Protestveranstaltungen aufgerufen worden, an denen zahlreiche AktivistInnen teilnahmen und der ab 1981 so-

---

1555 Arkangel, Nr.14, S.27; The Link, Mai 1993.

1556 Turning Point, Nr.32, Juli-September 1994, S.3.

1557 McKay, 1998, S.37f.

1558 Barber, Alison: Living in the Shadow of the ALF, Western Morning News, 1. Juni 1995.

1559 Hansard, House of Commons Debates, 22. Februar 1995, col.268f.

1560 HMSO: Pet Animal Act 1951 (Amendment) Act 1983; Liberator, Januar/Februar 1983, Outrage!, Nr.24, Januar 1983, S.11.

sogar von der RSPCA aktiv unterstützt wurde.[1561] Weiterhin führte man gemeinsam Demonstrationen durch, zu denen landesweit mobilisiert wurde und an denen bis zu 4000 Menschen teilnahmen. Auch die ALF führte begleitende Aktionen durch, indem sie die HändlerInnen bzw. ihr Eigentum angriff und Tiere entwendete.[1562]

Im Unterschied zu früheren Kampagnen, die BUAV hatte bereits 1966 gemeinsam mit der NAVS gegen große Laboratorien wie das Huntingdon Research Centre und den Versuchstierzüchter Carworth agiert,[1563] konzentrierte man sich nunmehr auf *ein* Ziel. Es gelang jedoch hier weder, eine breitere Unterstützung der Öffentlichkeit zu erlangen, noch lieferte die Tierrechtsbewegung ein kontinuierliches Protestbild und es misslang, ihre AnhängerInnen in aller Breite zu mobilisieren[1564]

1997 sollte sich als einschneidend für die Kampagnenführung erweisen. Die Hillgrove Cat Farm in Witney wurde in diesem Jahr Schauplatz einer Kampagne, bei der es um die praktische Zusammenführung legaler und illegaler Aktionsformen und die Einbeziehung eines vielschichtigen Netzwerkes von Gruppen ging. In Hillgrove züchtete der Landwirt Christopher Brown Katzen für Tierversuchszwecke. Von 1997 bis zur Schließung der Farm im August 1999 kam es hier zu vielerlei Protestaktionen seitens der Tierrechtsbewegung. Das Netzwerk, das die Kampagne trug, basierte auf einer UnterstützerInnenliste, die zuvor, 1996, bei der zehnmonatigen erfolgreichen Kampagne gegen die Beaglezucht Consort Kennels in Hertfordshire zusammengestellt worden war. Diese Liste konnte innerhalb von zwei Jahren (1997-1999) von 500 auf 8000 Personen aufgestockt werden.[1565]

Auch Hillgrove war bereits seit den frühen 1980er Jahren Ziel von Angriffen und Tierbefreiungen gewesen,[1566] jedoch bildete sich nunmehr ei-

---

1561 Animal Welfare, Februar/März 1981, S.12f; Liberator, September-November 1981, S.14.

1562 Liberator, Juli/August 1982.

1563 Anti-Vivisectionist, Vol. 67, Nr.2, März/April 1966, S.92.

1564 Anti-Vivisectionist, Vol. 67, Nr.4, Juli/August 1966, S.113; Animals' Defender, Vol. 10, Nr.8, 1966, S.90.

1565 The Hillgrove Campaign, Victory Newsletter, August 1999. Schon bei Consort war es zu konzentrierten Aktionen und zahlreichen Großdemonstrationen gekommen, die auch zu gewaltsamen Auseinandersetzungen mit der Polizei und zur Stürmung der Anlage durch TierrechtsaktivistInnen führten. Außerdem kam es innerhalb eines Jahres zu drei Überfällen der ALF, bei denen insgesamt 26 Hunde entwendet wurden. Als das Unternehmen schließen musste, wurden die verbliebenen 176 Tiere von Tierschutzgruppen aufgekauft. Mail on Sunday, 20. April 1997; Toolis, Kevin: In for the kill: Is human life of greater importance and worth than animal life?, The Guardian, 5. Dezember 1998.

1566 Schon 1981 hatten ALF-AktivistInnen Katzen befreit, vgl. Animals' Defender, Januar/Februar 1981, S.75, Outrage!, Nr.17, November/Dezember 1981, S.6f.

ne Kampagne heraus, die sich als prägend für alle ihr folgenden Kampagnen erweisen sollte: Zum einen kam es zu zahlreichen Demonstrationen. Bei diesen gab es mitunter gewalttätige Auseinandersetzungen zwischen der Polizei und Protestierenden. Am 18. April 1998, zum Anlass des *'World Day for Laboratory Animals'*, gelang es Demonstrierenden trotz hohen Polizeiaufgebots, den Zaun der Farm einzureißen. 3000 Menschen nahmen an der Demonstration teil, 300 von ihnen wurden dem radikalen Spektrum zugerechnet. Der *Sunday Mirror* konstatierte:

> *„Hard-core members of the Animal Liberation Front mingled with families screaming abuse and chanting protest songs."*[1567]

Als Reaktion darauf verhängte das Innenministerium ein Demonstrationsverbot im Umkreis von fünf Meilen um die Farm.[1568] In einer Begründung stellte Innenminister Straw kontrafaktisch fest:

> *„They call themselves animal rights terrorists and that is how they behave."*[1569]

Daraufhin verschob sich der legale Protest nach Oxford,[1570] unter anderem wurde nunmehr Straws Haus belagert,[1571] während das radikale Spektrum noch mehr als zuvor mit Direkten Aktionen, Brandanschlägen usw. gegen den Besitzer der Farm, Christopher Brown, vorging. 1999 wurde gar Browns Ehefrau Katherine entführt und in der Nähe des Hauses an einen Zaun gefesselt.[1572] Bei der Demonstration, die ein Jahr später stattfand, bemühte sich daraufhin die Organisationsgruppe 'Save the Hillgrove Cats', geleitet von Greg und Heather Avery, die Respektabilität des vielfältigen Protestes zu betonen. So hieß es in ihrem Informationsblatt:

> *„The crowd, as always, consisted of a mixture of ages and professions – all decent, compassionate, caring human beings (...)."*[1573]

1567 McGee, Dave: Thousands battle with police at breeding farm, The Sunday Mirror, 18. April, 1998.

1568 Demonstrationsverbote, bzw. Betretungsverbote, so genannte *'Injunctions'*, wurden erstmals in den frühen 1980er Jahren von Gerichten ausgestellt, um Proteste gegen das Pharmaunternehmen Boots zu unterbinden und um Pelzgeschäfte vor öffentlichen Aktionen zu schützen. Liberator, Januar/Februar 1983. Seit diesem Zeitpunkt sind sie das gebräuchlichste Mittel, diese Art von Protest zu unterbinden. Obgleich einer Injuction zunächst eine individuelle Identifizierung als StörerIn und eine persönliche Aushändigung zu Grunde lag, konnten sie sich nunmehr generell gegen *'radikale TierrechtlerInnen'* richten, wobei die Interpretation den Polizeiorganen zustand.

1569 Hansard, House of Commons Debates, Vol. 307, 2. März 1998, col.694.

1570 Brown, Sarah: Traffic chaos as demo switches to Oxford, The Oxford Times, 17. Juli 1998.

1571 Green Anarchist, Nr.49/50, Herbst 1997.

1572 Animal Liberation Front Supporters Group Newsletter, Juli 1999.

1573 The Hillgrove Campaign, Newsletter Nr.12, April 1999.

Insgesamt 350 Festnahmen wurden während der Kampagne gezählt, 21 der festgenommen Personen wurden mit Gefängnisstrafen belegt.[1574]

Heather und Greg Avery hatten zuvor auch die Kampagne gegen Consort koordiniert. Heather Avery, 1967 als Heather James geboren, wuchs in einer veganen Familie in Neath in der Nähe von Swansea auf. In ersten Kontakt zur Tierrechtsbewegung trat sie bei deren Protesten gegen die Lebendtiertransporte am Flughafen von Swansea und den dort organisierten Blockaden, denen sie sich anschloss.[1575] Dort traf sie auch auf Greg Avery, einen schon erfahrenen Tierrechtsaktivisten. Bereits im Alter von fünfzehn Jahren hatte sich der 1966 geborene, gelernte Schneider der Bewegung angeschlossen.[1576] Als Mitglied der Northern Animal Liberation League (NALL) hatte er auch schon an Befreiungsaktionen teilgenommen.[1577] Mehrere Male musste er Gefängnisstrafen wegen des Verdachts der Anstachelung zu Gewalttaten oder versuchter Brandstiftung absitzen.[1578]

Neben den Demonstrationen wurden als weiteres Aktionsmittel tägliche und nächtliche Mahnwachen vor der Farm und dem anliegenden Wohnhaus der Familie Brown durchgeführt.[1579] Diese waren gezielt dazu angelegt, Brown und seine Angestellten mürbe zu machen. Des Weiteren wurden hier erstmals Ziele angegangen und als legitimer Gegenstand des Protests angesehen, die nur indirekt mit der Versuchstierzucht zu tun hatten. So wurde das British Tourist Board dazu aufgefordert, jegliche Werbung für das von Browns Ehefrau betriebene Bed & Breakfast zu unterbinden.[1580]

Im Protest gegen Hillgrove Farm verdeutlichten sich auch klare Trennlinien zwischen Tierschutz und Tierrecht: Die Tierschützer der RSPCA verurteilten zwar Form und Ziel der Proteste, nahmen sich jedoch nach der Schließung der Farm im August 1999 der 800 Katzen an, die sich auf der Farm befunden hatten.[1581] Gleichzeitig machte der Protest deutlich, dass die Bewegung in der Lage war, staatliche Kräfte herauszufordern.

1574 *Stop Huntingdon Animal Cruelty (SHAC)* in: *Extremists Groups: Information for Students*, Vol. II, Detroit u.a., 2006, S.793.

1575 Outrage!, Nr.117, Winter 1999/2000.

1576 Durman, Paul und Elliott, Valerie: Animal welfare activists target City, The Times, 15. Februar 2000

1577 Toolis, Kevin: In for the kill: Is human life of greater importance and worth than animal life?, The Guardian, 5. Dezember 1998.

1578 *Stop Huntingdon Animal Cruelty (SHAC)* in: *Extremists Groups: Information for Students*, Vol. II, Detroit u.a., 2006, S.794.

1579 The Hillgrove Campaign, Newsletter Nr.13, ohne Datumsangabe; Outrage!, Nr.114, Frühjahr 1999, S.17.

1580 The Hillgrove Campaign, Newsletter Nr.1, Oktober 1997.

1581 Tyler, Andrew: The cat's out of the bag, Brief an The Guardian, 16. August, 1999.

So schrieb ein Verwaltungsbeamter des britischen Innenministeriums auf Anfrage über die Gründe zur Schließung von Hillgrove:

> „*This decision was undoubtly influenced by the level of intimidation and harassment that he* (Brown, Anm. M.R.)*, his family and staff were subjected to by some of the protesters.*"[1582]

Der Polizei war es auf lange Sicht nicht möglich bzw. zu kostspielig gewesen, den Schutz der Farm aufrechtzuerhalten: £ 2.8 Millionen habe der Polizeieinsatz jährlich gekostet, gab die Thames Valley Police bekannt.[1583] So galt der Kampagnenführung der Kampf auch nicht nur der Katzenfarm, sondern

> „*the establishment as a whole.*"[1584]

Diese Art der Kampagnenpolitik machte Schule. Im Jahr 2000 schloss Shamrock Primate Farm in Brighton nach einer sechsmonatigen konzentrierten Kampagne durch ‚Save the Shamrock Monkeys' die Tore. Ziel von Protesten war die Farm seit vielen Jahren: Schon 1984 führten Proteste der South Eastern Animal Liberation League gewesen zu einem zumindest kurzfristigen Transportstopp der Primaten.[1585] 1992 war es der BUAV gelungen, die Farm zu infiltrieren und Videomaterial zu erstellen.[1586] Jedoch wurde Shamrock alsbald nur ein Ziel unter anderen in der Bekämpfung des internationalen Primatenhandels. Die Stringenz in der Kampagnenführung fehlte.[1587] Erst nach der Schließung von Hillgrove Farm verstärkte sich der Protest[1588] und führte schließlich zum Erfolg. In einer nachfolgenden Kampagne gegen Regal Rabbits reichte es bereits aus, auf diesen Erfolg zu verweisen, um das Ziel auch hier zu erreichen. Dem Besitzer William Pitcher wurde mit Verweis auf Hillgrove und Shamrock angedeutet, mit welchem Ausmaß an Protest er zu rechnen habe, sollte er sich gegen die Schließung der Farm wehren. Er übergab seine Hasen der RSPCA nur wenige Tage später.[1589]

Es war vor allem jedoch die Kampagne gegen Huntingdon Life Sciences, die sich nachdrücklich vor allem auf öffentliche Diskurse auswirken soll-

---

1582 Home Office, Animals, Byelaws and Coroners Unit, Ref. Nr. AP/99 6/6/6, September 1999.

1583 The Campaigner, Mai-August 1999, S.33.

1584 The Hillgrove Campaign, Newsletter Nr.4, März/April 1998.

1585 Roberts, J.J., 1986, S.40.

1586 Campaign Report, Herbst 1992.

1587 BUAV: *Paradise Lost: A Review of UK Primate Research*, London, Juli 1994; Campaign Report, Herbst 1994, Sommer 1995.

1588 Hillgrove's Gone – Shamrock's Next, Save the Shamrock Monkey Newsletter, Nr.4, 1999.

1589 Mann, Keith: Not so Regal now Billy! Animal Liberation Front Supporters Group Newsletter, Sommer 2000, S.8f.

te. Auch Huntingdon Life Sciences war ein konstantes Ziel tierrechtlerischen Protestes, zunächst ohne eine kontinuierliche Kampagne, bevor es Ende der 1990er Jahre zum zentralen Protestschauplatz der Tierrechtsbewegung avancierte. 1988 hatte sich zwar die Gruppe Huntingdon Animal Concern auf lokaler Ebene um die Schließung des Labors bemüht,[1590] sie war jedoch zu sehr von der medialen Aufmerksamkeit abhängig, die 1987 Sarah Kites Berichterstattung ihrer Undercoverarbeit im Labor auf sich zog, als dass sie langfristig hätte die Auseinandersetzung bestimmen können.[1591] Huntingdon bot sich für die Bewegung erst 1999 als viel versprechendes Ziel an, da es durch den 1997 bei Channel 4 ausgestrahlten Film, *‚It's a dog's life'* bereits große öffentliche Aufmerksamkeit erhalten und sich die Kampagnenpolitik nun mehrfach als erfolgreich erwiesen hatte. Die mehrfachen nachweislichen Verstöße gegen Tierschutzgesetze bei Huntingdon ließen sich zudem propagandistisch besonders gut verwerten[1592] Die mediale Öffentlichkeit strich nicht nur die Grausamkeit der Experimente heraus, sie zeigte auch allgemeines Verständnis für entsprechende Aktionen der Tierrechtsbewegung. Der *Guardian* kommentierte:

> *„It wasn't so much the brutality as the hopelessness of the place that made grim viewing ...This is why animal libbers resort to bolt cutters and petrol bombs."*[1593]

Als Resultat der Veröffentlichung des filmischen Beitrags wurden beteiligte Angestellte zu Geldstrafen verurteilt, Direktor David Christopher musste seinen Sitz im parlamentarischen Beratungskomitee Animal Procedures Committee (APC) räumen.[1594] Zudem zogen sich einige GeldgeberInnen aus der Finanzierung von HLS zurück. Der Aktienkurs sank 1998 von 122p auf 46p ab, im Jahr 1999 gar auf 10,5p.[1595] Als erste Reaktion auf den drohenden wirtschaftlichen Kollaps verzichteten prominente Auftraggeber des Labors, wie Glaxo Wellcome, Zeneca und Proctor & Gamble, auf zukünftige Zusammenarbeit.[1596]

Das Unternehmen befand sich also in einer finanziell prekären Lage. Die Kampagne mit dem Namen Stop Huntingdon Animal Cruelty nahm sich ab 1999 deshalb vor allem den GeldgeberInnen des Labors an. Im Jahr 2000 wurden HLS Aktien aus dem New York Stock Exchange entfernt.

1590 Arkangel, Nr.3, Sommer 1990, S.17.

1591 Liberator, Spring 1990, S.13; Kite, 1990.

1592 Campaign Report, Sommer 1997.

1593 Guardian, 27. März 1997, zitiert nach: Kean, 1998, S.212.

1594 The Campaigner, Juli-Dezember 1997, S.27.

1595 Campaign Report, Frühjahr 1998, Stop Huntingdon Animal Cruelty, Newsletter 2, 1999, S.3.

1596 Campaign Report, Winter 1998.

Ihr Kurs war unter das vorgesehene Minimum gefallen; 2001 folgte der London Stock Exchange.[1597] Auch bei SHAC fungierten Heather und Greg Avery als Koordinatoren, bis zu ihrer Trennung. Danach nahm Averys neue Ehefrau Natasha einen wichtigen Platz in der Kampagnenführung ein. Auch Animal Aid unterstützte die Kampagne. Sie merkten an, dass sich erst mit der Übernahme des Konzeptes von Hillgrove wirkliche Veränderungen hinsichtlich der Erfolgsaussichten feststellen ließen.[1598]

Es blieb nicht bei Protesten gegen die Finanziers. Sämtliche Vertragspartner, auch wenn sie nur sekundär von der Tierausnutzung profitierten, wurden nunmehr als legitime Ziele begriffen.[1599] Dies fing mit Protestaktionen gegen den Gaslieferanten, die Wasser- und Stromversorgungsunternehmen an, ging über Unternehmen, die HLS mit Labormaterialien versorgten und endete mit Reinigungsbetrieben und Lebensmittellieferanten.[1600] Diese Ausweitung der Kampagnenziele markiert einen zentralen Wendepunkt in der Kampagnenführung. Ein weiteres zentrales Element der konzentrierten Kampagnen war, wie bereits erwähnt, der *‚Hausbesuch'*. *‚Home visits'* bei Angestellten sollten zweierlei bewirken: Zum einen sollten die Personen eingeschüchtert und zum anderen aus ihrer nachbarschaftlichen Anonymität gerissen werden. Ziel sollte die soziale Isolation sein, in der Angestellte in der Öffentlichkeit nicht mehr über ihren Beruf Auskunft geben könnten, ohne in eine Diskussion zu geraten.[1601] Man wollte sie als *‚Tierausbeuter'* brandmarken. Ronnie Lee sprach sich ausdrücklich für diese Aktionsform aus:

> *„Those are the people who are personally responsible for what is happening so I believe they should be attacked on a personal basis."*

Entsprechend erhielten sie Anrufe und Briefe, in denen sie dazu aufgefordert wurden, sich aus der Arbeitsverbindung mit HLS zu lösen. Die AktivistInnen unterschieden jedoch zwischen einfachen Angestellten und Führungspersonal. Ersteren gab man noch die Chance, sich zu distanzieren und möglicherweise weitere Informationen zur Verfügung zu stellen, sich somit als *‚whistleblower'* zu betätigen.[1602] Anders betrachte man die leitenden Angestellten und die Firmenführungen. Bereits 1983

1597 Lab firm ditched by share brokers, http://news.bbc.co.uk/1//hi/business/1247506.stm, zuletzt besucht 30.05.01.

1598 Outrage!, Nr.122, Frühjahr 2001, S.17, 22.

1599 Anon.: *Shac Attac, Targeting Companies Animal Rights Style,* in: Do or Die, Nr.10, 2003, S.103.

1600 Für einen Überblick: http://www.shac.net/ACTION/current_targets.html zuletzt besucht 14.08.07.

1601 Kampagne gegen die Consort Beagle Zucht, Factsheet, Birmingham 1996.

1602 Anon.: *Shac Attac, Targeting Companies Animal Rights Style,* in: Do or Die, Nr.10, 2003, S.104.

,besuchten' 90 Mitglieder von SEALL Shamrock Farm Direktor Peter Savage.[1603] Zudem wurden ab 1998 massenhaft Lieferungen verschiedenartigster Produkte an die MitarbeiterInnen der ins Visier der Tierrechtsbewegung geratenen Unternehmen geschickt. Christopher Cliffe, damals Vorsitzender von HLS, stellte fest:

> *„There were unwanted deliveries from the Military and Aviation Book Society about the Waffen SS; the Dance of Time music package and the Adventures of Noddy arrived from Compton and Woodhouse; Timelife sent ,Classic Rock'; home shopping with Ambrose Wilson sent three dresses of varying sizes; the Legendary Trains Maxi-Card collection came from Orbis (...)."*[1604]

Ergänzend wurden Anzeigen geschaltet, die besonders günstige Ware unter den Telefonnummern der Angestellten feilboten.[1605] Dabei zeigten sich die staatlichen Behörden beeindruckt vom *,intelligence gathering system'* der AktivistInnen.[1606] Mit der Breite der Aktionen, die bei der Kampagne gegen HLS eingesetzt wurden, gilt die SHAC-Kampagne inzwischen als klassisches Beispiel dieser konzentrierten Aktionsform.[1607]

Nachdem mehrere Banken, darunter die Royal Bank of Scotland und NatWest, aus Angst vor Protesten ihre Kredite für das Labor zurückgezogen hatten, Fondsunternehmen ihre Anteile an HLS zurückgaben,[1608] das Versicherungsunternehmen Marsh seine Police zurückzog, stellte die britische Regierung finanzielle Sicherheiten.[1609] Des Weiteren stellte sie spezielle Geldmittel für die örtlichen Polizeikräfte zur Verfügung.[1610] Dies führte dazu, dass auch bei den TierrechtlerInnen ein Adressatenwechsel vorgenommen wurde: Waren es zuvor primär Privatunternehmen bzw. Forschungseinrichtungen und Universitäten, die zum Ziel von

---

1603 Outrage!, Nr.31, März/April 1984, S.14.

1604 Cliffe, Christopher: *Dog Days in Huntingdon. Lessons from a corporate crisis*, März 2000, S.113.

1605 Stop Huntingdon Animal Cruelty, Newsletter 2, 1999.

1606 Home Office: Animal Rights Extremism. Government Strategy. A Consultation Document, 2001.

1607 Garner, 2005, S.158.

1608 Durman, Paul und Elliott, Valerie: Animal welfare activists target City, The Times, 15. Februar 2000.

1609 Grant, 2002, S.61ff; Knowdley, Jo: Lab that tests Labour's ethical policy, The Sunday Telegraph, 23. Januar 2000.

1610 Hansard, House of Commons Debates, Vol. 362, 12. März 2001, col. 618; Home Office: Animal Rights Extremism: Government Strategy Responses to the Consultation Document, www.homeoffice.gov.uk/docs/consultation_animal_rights.html, zuletzt besucht 26.05.2004.

Kampagnen wurden, geriet nunmehr der Staat selbst in den Fokus der AktivistInnen.[1611] Der *Guardian* kommentierte:

> *„So HLS is not the site of a minor skirmish, but of a war between the animal rights movement and a science-based state."*[1612]

Sollte HLS, ein multinationaler Konzern und Europas größtes Tierversuchslabor, aufgeben, so würde das quasi das Ende pharmakologischer Forschung in Großbritannien bedeuten, wurde von der Politik gemutmaßt.[1613]

> *„The animal rights extremists are driven by an ideology which threatens to undermine economic and academic research in the United Kingdom."*[1614]

Diese Zuspitzung der Problematik auf eine, die quasi als Gefahr für Großbritannien gelesen werden sollte, nicht bloß für einen, zumal umstrittenen, Industriezweig, zeigt, dass auch die Opposition eine absolutistische Rhetorik übernahm.

Nicht alle AktivistInnen hielten sich an den legalen Protest. Die ALF und andere radikalere Gruppen flankierten die Kampagne mit Brandanschlägen auf Eigentum von Angestellten der involvierten Unternehmen. Im Jahr 2000 führte die ALF beispielsweise Anschläge auf Autos von fünf MitarbeiterInnen von HLS durch.[1615] Dabei machte die ALF ganz deutlich, um was es ihr ging:

> *„If you support or raise funds for any company connected with Huntingdon Life Sciences, we will track you down, come for you and destroy your property with fire,"*[1616]

wurde die ALF vom *Guardian* zitiert. Diese Kombination von legalen und illegalen Aktionen erwies sich tatsächlich als für die Bewegung erfolgreich. In dem Bericht eines Unterhausausschusses wurde bestätigt:

> *„The combination of violent attacks and targeting of the company's financial support pushed it to the brink of bankruptcy."*[1617]

1611 Grant, 2002, S.63.

1612 Toolis, Kevin: To the death, The Guardian, 7. November 2001.

1613 Hansard, House of Commons Debate, 19. März 2003, col. 251 WH; Do or Die, Nr.10, 2003, S.63; Home Office: Animal Welfare – Human Rights: protecting people from animal rights extremists, Juli 2004, S.8.

1614 Home Office: Animal Welfare – Human Rights: protecting people from animal rights extremists, Juli 2004, S.9.

1615 Animal Liberation Front Supporters Group Newsletter, Sommer 2000, S.16.

1616 Leville, Sandra und Campbell, Duncan: Animal Rights Activists in Arson Spree, The Guardian, 23. Juni 2005.

1617 zitiert nach: Broughton, Zoe: Cagey questions, The Guardian, 22. November 2006.

Dieser aktionistische Teil der Kampagne nahm zu Beginn des neuen Jahrtausends noch zu. Die ALF begründete dies:

> *„In a time of increasing state repression, where protests are controlled and regulated by restrictive injunctions, we have no choice but to turn to direct action."*[1618]

Rund 80% aller ALF-Aktionen seit 1999 sowohl in Großbritannien als auch in den Vereinigten Staaten seien gegen Objekte gerichtet gewesen, die in Zusammenhang mit HLS ständen, berichtete 2004 SHAC USA Koordinator Kevin Jonas.[1619] Damit waren insgesamt militante Aktionen gegen den Gebrauch von Tieren für Versuchszwecke noch einmal deutlich angestiegen.[1620] Entsprechend verloren die Kampagnen jegliche Chance, den eingangs skizzierten Insider Status zu bekommen bzw. ihr Anliegen im Parlament vorzubringen.[1621] Das Home Office weigerte sich 2001, eine Petition von 300 000 Unterschriften, die die Schließung von HLS forderten, anzunehmen.[1622]

Staatliche Reaktionen blieben nicht aus. Bereits 1997 wurde der Protection from Harassment Act verabschiedet. Obgleich als Anti-Stalking Gesetz angelegt, wurde es in der Folge überwiegend gegen TierrechtlerInnen angewendet.[1623] Betretungsverbote auf seiner Grundlage erfassten *‚any person holding himself out to be an animal rights activist.'*[1624] Diese personalisierte Form des Betretungsverbotes wurde für notwendig erachtet, da namentlich genannte Gruppen plötzlich unter anderen Namen auftauchten, um der Kriminalisierung zu entgehen.[1625] Greg und Natasha Avery und Heather James wurden auf Basis dieses Gesetzes immer wieder zu kurzen Haftstrafen verurteilt. 2005 nahm der Serious Organised Crime and Police Act in §146 explizit die Bedrohung von Tierversuchseinrichtungen, ihren Kunden oder Zulieferern als Verbrechen auf, das mit bis zu fünfjähriger Haftstrafe zu ahnden sei und im März 2007 erstmals gegen drei SHAC Aktivisten angewendet wurde.[1626] Zurück

---

1618 Animal Liberation Front Supporters Group Newsletter, Sommer 2004, S.7.

1619 Jonas, Kevin. *Bricks and Bullhorns*, in: Best, Steven und Nocella II, Anthony J. (Hg.): *Terrorists or Freedom Fighters; Reflections on the Liberation of Animals*, New York, 2004, S.267.

1620 Childs, 2006, S.379.

1621 Zum Insider Status, vgl. Grant, 2000, S.19f.

1622 Outrage!, Nr.123, Sommer 2001, S.21.

1623 Vgl. auch: Home Office: Animal Rights Extremism. Government Strategy. A Consultation Document, 2001.

1624 HLS Injunction gegen BUAV, nach: Campaign Report, Frühjahr 1998; Infield, Paul und Platford, Graham: *The Law of Harassment and Stalking*, Haywards Heath, 2000, S.19.

1625 Outrage!, Nr.24, Januar 1983, S.1.

1626 HMSO: Serious Organised Crime and Police Act 2005; Walker, Peter: Animal Rights Militants Losing the War, The Guardian, 1. Mai 2007.

ging diese Maßnahme auf ein von der Regierung im Juli 2004 veröffentlichtes Strategiepapier, ‚*Animal Welfare – Human Rights: Protecting People from Animal Rights Extremists*'.[1627] Am 1. Mai 2007 war das Gesetz Grundlage der bis dato größten Polizeiaktion gegen die britische Tierrechtsbewegung (sog. ‚*Operation Achilles*'), an der mehr als 700 PolizeibeamtInnen beteiligt waren, und in dessen Zuge über 30 AktivistInnen festgenommen wurden, unter ihnen abermals die Averys und James.[1628] ‚*Operation Achilles*' dauerte noch mehrere Tage an und weitere Personen wurden festgenommen. Auch die Medien, so Garner, seien seit spätestens 2004 voller Schauergeschichten über ein transatlantisches Netzwerk gefährlicher Tierrechtsterroristen, das in der Lage sei, sich frei zwischen ihren Hauptaktionsorten in den USA und Großbritannien zu bewegen.[1629] Die betroffenen Firmen haben inzwischen eine Belohnung von £10 Millionen für diejenigen in Aussicht gestellt, denen es gelänge, die SHAC-Kampagne zu stoppen.[1630]

Neben Huntingdon ist es ein geplantes Laboratorium der Oxford University, bei dem der Protest der Bewegung kulminiert. Dieser Protest wird von der Gruppe SPEAK geleitet, deren Pressesprecher Mel Broughton ebenfalls auf eine lange Karriere im radikalen Tierschutz zurückblicken kann.[1631] Die Gruppe SPEAK bzw. ihre Vorgängerorganisation konnte hier auf Erfahrungen aus einer vorhergehenden Kampagne gegen den Ausbau des Versuchslabors an der Universität von Cambridge zurückgreifen: Die Erweiterung des Labors wurde noch vor Baubeginn gestoppt. Sicherheitsbedenken[1632] und eine aufgrund der Proteste zu erwartende Kostenexplosion führten zur Aufgabe des Projekts. Sowohl die BUAV, X-CAPE (Cambridge Against Primate Experiments) als auch die radikalere Gruppe SPEAC (Stop Primate Experiments at Cambridge), die Vorgängerin der SPEAK Kampagne, hatten zuvor kontinuierliche Demonstrationen unternommen. Auch vor Gericht wurde über die Notwendigkeit des Laboratoriums gestritten.[1633] Zwar diente der Protest mittelbar dem System Tierversuch bzw. Tiermissbrauch, jedoch waren alle

1627 Home Office: Animal Welfare – Human Rights: protecting people from animal rights extremists, Juli 2004; HMSO: Serious Organised Crime and Police Act 2005, Explanatory Notes.

1628 Hampshire Constabulary Press Office: Press Conference Script, 1. Mai 2007.

1629 Garner, 2005, S.159.

1630 Rossen, Nigel und Miller, Chris: £10m ‚bounty' for animal rights protest, Evening Standard, 29. März 2006.

1631 Animal Liberation Front Supporters Group Newsletter, Sommer 2004, S3f; Dear, Paula: Anatomy of an animal rights protest, BBC News Online, 5. Oktober 2004; Der Name SPEAK hat keine nähere Bedeutung. Er wurde in Anlehnung an die Vorgängergruppe SPEAC (Stop Primate Experiments in Cambridge) gewählt.

1632 Campaign Report, Frühjahr 2004; The Campaigner, Frühjahr 2004, S.1ff.

1633 Outrage!, Nr.134, Frühjahr 2004, S.4f.

diese Kampagnen bewusst individuell ausgelegt und sollten individuelle Ziele und einzelne Akteure treffen.

Radikaler gingen Teile der Tierrechtsbewegung im Falle der Meerschweinchenfarm in Newchurch vor. Die Kampagne ‚Safe the Newchurch Guinea Pigs' wurde 1999 ins Leben gerufen.[1634] Der Familie Hall, der die Farm gehörte, wurde ein normales Leben unmöglich gemacht. Wie bei den anderen Kampagnen auch wurden nicht nur die Betreiber der Farm selbst, sondern auch MitarbeiterInnen und KundInnen angegangen.[1635] Darüber hinaus kam es immer wieder zu Befreiungsaktionen auf der Farm. 1999 allein entwendete die ALF 600 Meerschweinchen.[1636] 2004 stahlen dann Aktivisten der Animal Rights Militia (ARM) die Leiche von Gladys Hammond, der Schwiegermutter des Betreibers. Damit wurde eine Taktik übernommen, die in der Entweihung von Gräbern bereits Vorläufer in der Bewegung aufweisen konnte.[1637] Hall gab letztlich 2006 sein Geschäft auf. Im selben Jahr wurden vier AktivistInnen unter dem Vorwurf der Erpressung, die mit dem Leichenraub in Verbindung stand, zu bis zu zwölfjährigen Haftstrafen verurteilt.[1638] Sie hätten die Herausgabe des Leichnams, so der Vorwurf, von der Schließung der Farm abhängig gemacht.

Die von der zweiten Tierrechtsbewegung angewendeten Methoden unterlagen also sowohl taktischen als auch politischen Neuinterpretationen. Sie waren insofern nicht nur im Einklang mit neuen philosophischen Entwürfen und politischer Radikalisierung, sondern auch mit den organisatorischen Transformationen, die im nächsten Kapitel beschrieben werden sollen. In ihrer neuen, abgewandelten, häufig auch radikalisierten Form rief die Anwendung dieser Methoden auch veränderte Reaktionen von staatlichen Kräften hervor. Zum einen wurden staatliche Autoritäten bewegt, tierschutzrelevante Themen in ihrer Politik stärker zu berücksichtigen. Zum anderen forderte die Bewegung durch die Radikalisierung der Methoden den Staat derart heraus, dass er mit der Kriminalisierung der Bewegung reagierte. Die Reduzierung der Bewegung auf ein enges, in Teil III noch näher ausgeführtes, Methodenrepertoire machte es zudem der parlamentarischen Opposition leichter, den Terrorismusdiskurses in ihrem Sinne zu bestimmen.

1634 Safe the Newchurch Guinea Pigs, Arkangel, Nr.22.

1635 Animal Liberation Front Supporters Group Newsletter, Winter 2003/2004, S.6ff; BBC Radio 4, Face the Facts: Animal Rights, 20. August 2004, Transkript

1636 Liberation Now!, Newsletter of the Save the Newchurch Guinea Pigs Campaign.

1637 Brown, Jonathan und Herbert, Ian: Desecrating graves, a chilling tactic revived from the annals of animal rights extremism. The Independent, 16. Oktober 2004; Vgl auch: Teil III, Kapitel 1.2.

1638 The Guardian, 11. Mai 2006.

4.2 Wandel der Organisationsstrukturen

Ein deutliches Zeichen für die Transformationen von der ersten zur zweiten Tierrechtsbewegung sind die strukturellen Veränderungen, die die Organisation der Gruppen betrafen. Waren die Gruppen zuvor relativ hierarchisch geordnet und unter zentralistische Führung eines Präsidiums gestellt, lösten sich diese strengen Strukturen spätestens ab den 1980er Jahren mehr und mehr auf – wenn auch nicht in allen Gruppen im gleichen Maße und nicht ganz ohne Widerstand. Diese Auflösung rigider Strukturen führte zu Mitgliederzuwachs und einige Gruppen, wie zum Beispiel die BUAV, erkannten gerade in der dezentralen Gliederung eine Möglichkeit, ihren Einfluss auszubauen. Dieser organisatorische Wandel verlief nicht nur in der Tierrechtsbewegung, sondern war zentrales Element im Entstehungsprozess der Neuen Sozialen Bewegungen. Besonders in der Umweltschutzbewegung fand eine Abwendung von den alten Conservation Societies und deren zentralistischen Ausrichtung statt. Die neuen Gruppen, wie beispielsweise die 1970 gegründeten Friends of the Earth (FoE), waren bewusst basisdemokratisch organisiert. Dies hatte hier primär ideologische und nicht taktische Gründe. Gleiche Prozesse lassen sich auch in der Frauenrechtsbewegung finden. Zahlreiche dieser Gruppen gaben das strenge basisdemokratische Prinzip jedoch später wieder auf, um sich am formalen politischen Prozess beteiligen zu können.[1639]

Im folgenden Kapitel soll dieser – ideologische – Strukturwandel für die Tierrechtsbewegung anhand der RSPCA, BUAV, NAVS, Animal Aid und LACS analysiert werden. Es soll zunächst beschrieben werden, wie die jeweiligen Transformationsprozesse verliefen. Die Weigerung einiger großer Gruppen, sich den Demokratisierungsprozessen zu stellen, führte zu einer verstärkten Gründung lokaler Gruppen, die ihre Kampagnen künftig selbst organisieren wollten. Dies wird im dritten Abschnitt des vorliegenden Kapitels ausgeführt. Des Weiteren spalteten sich Gruppen auch aus taktischen Gründen. Wie bereits erwähnt, wurde den Antivivisektionsgruppen in den 1940ern der Status der Gemeinnützigkeit entzogen. Um dennoch als förderungswürdig zu gelten, teilten sich Untergruppen ab, die sich beispielsweise ausschließlich der Erforschung und Unterstützung von Alternativen zu Tierversuchen widmeten und somit gemeinnützige Aufgaben übernahmen. Abschnitt zwei wird dies näher erläutern.

[1639] Byrne, 1997, S.163f.

4.2.1 Dezentralisierung und lokale Autonomie

Dezentralisierungs- bzw. Demokratisierungsprozesse verliefen je nach Ausrichtung und Größe der Gruppen unterschiedlich ab. Die RSPCA blieb die größte Tierschutzgruppe Großbritanniens. Im Jahr 2000 verfügte sie über 55 000 wahlberechtigte Mitglieder sowie 750 000 UnterstützerInnen. Damit gingen bei ihr Veränderungen in der Struktur am langsamsten vonstatten und stießen hier auf den größten Widerstand. In ihrer Organisationsstruktur war sie zweigeteilt. Zum einen besaß sie den professionellen und hauptamtlichen Flügel mit seinem Hauptsitz in Horsham, in dem sowohl die Verwaltung als auch die meisten der InspektorInnen und TierärztInnen untergebracht waren. Zum anderen gab es das gewählte Präsidium, das insofern an den professionellen Flügel geknüpft war, als dass es für diese Aufgabe vergütet wurde. Es stellte das Bindeglied zwischen Mitgliedern und Beschäftigten dar. Das Präsidium bestand zunächst aus 46 Mitgliedern, von denen die Hälfte von allen Mitgliedern gewählt wurde, 16 von den einzelnen *Branches* und die restlichen acht kooptiert waren.[1640] Um in das Präsidium gewählt zu werden, bedurfte es der Unterstützung und des Vorschlages von zwei Mitgliedern sowie der Unterschriften von zehn weiteren Mitgliedern. Dies sollte die ‚*cranks*' außen vor halten.[1641] Die Mitglieder waren 1974 in 207 *Branches* und weiteren 3317 Unterstützungsgruppen organisiert, die als Satelliten der *Branches* fungierten. Der von Richard Ryder mitformierten Reform Group der RSPCA gelang es 1973, eine interne Kommission zu initiieren, die sich um zeitgemäßere Repräsentation bemühte. Der umgesetzte Vorschlag umfasste die Halbierung des Vorstands von 46 auf 23 (später 25) Mitglieder, die ExpertInnen sein müssten. Zukünftig sollten zudem alle Präsidiumsangehörigen von der breiten Mitgliedschaft gewählt werden.

Die politische Problematik, die sich vor allem in den bereits erwähnten Konflikten um richtige Strategie und angemessene Themenwahl äußerte, blieb auch in Bezug auf Organisationsfragen bestehen. Vorbehalte bestanden insbesondere gegenüber einem offeneren Zugang zum Vorstand. Diese Bedenken äußerten sich 1980, als es in einer außerordentlichen Generalversammlung zu Auseinandersetzungen kam: Elf vermeintlich radikale Unterwanderer sollten als Präsidiumsmitglieder abgewählt werden. Die Traditionalisten beschuldigten sie, einer nicht näher definierten Gruppe von ‚*extreme left wing militants*' anzugehören. Diese Anschuldigungen wurden von der Presse aufgegriffen. Der *Daily Telegraph* witterte eine Verschwörung mit dem Ziel, diese alte, ehrwürdige Organisation zu infiltrieren, um die Gelder, Namen usw. linksgerichteten

1640 Brown, 1974, S.77.

1641 Ibid..

Gruppierungen zufließen zu lassen.[1642] Die *Times* sah dies gelassener und konstatierte hier vielmehr den sich vollziehenden Wechsel von einem *,rest home for old majors'* hin zu einer zeitgemäßen aktiven Gruppe.[1643] Entsprechend versuchten führende Mitglieder der etablierten *,dogs and cats brigade'* zu betonen, dass die Tierschutzbewegung durch und durch unpolitisch sei. Vor allem sie als linksextremistisch zu bezeichnen, so Richard Ryder, diene ausschließlich der Verleumdung.[1644]

> *„Far from being the more progressive parties, it is the reactionaries who have taken over in the '80s, and while shouting about Left Wing infiltration, it is the Right which has seized control of the RSPCA."*[1645]

Tatsächlich gab es bald wieder Beschwerden: Dem am 28. Juni 1980 schließlich gewählten konservativen Präsidium wurde vorgeworfen, es entzöge den einzelnen Sektionen ihr zuvor gestärktes Mitspracherecht.[1646] Zahlreiche radikalere TierrechtlerInnen wurden in der Folgezeit aus dem Präsidium ausgeschlossen. Zum Teil wurde ihnen sogar die Mitgliedschaft entzogen. 1981 traf es Richard Course, der ebenfalls als Exekutivkomiteevorsitzender der LACS amtierte. Man hatte ihm Offenlegung von vertraulichen Dokumenten vorgeworfen. Entzündet hatte sich der Streit allerdings aufgrund seiner Kritik an der königlichen Familie.[1647] 1982 nahmen gleich vier Präsidiumsmitglieder, Lord Houghton, Lady Dowding, Clive Hollands und Richard Adams, ihren Hut. Ihnen hatte an einer weiteren Politisierung und Demokratisierung gelegen.[1648] Doch auch bei anderen Gruppen machte die RSPCA Führung von ihrem Recht Gebrauch, Mitgliedern den Zutritt zu verweigern. Ab den späten 1990ern versuchten Mitglieder von Pro-Jagd Verbänden wiederholt, sich den Einfluss der RSPCA zu sichern und das Antijagdbekenntnis der RSPCA zu kippen. Die RSPCA reagierte mit Ausschlussverfahren, auch vor Gericht.[1649] Ab den 1990ern beruhigten sich zunächst die Gemüter. Das Präsidium bestimmte den groben Finanzrahmen für seine nunmehr 175 Sektionen, ihre 38 Tierkliniken sowie 33 Tierheime und gab Direktiven für deren Handeln aus. Zudem bestimmte es sowohl über die zeremoniellen Ämter der SchirmherrInnen und die ausführenden Ämter der DirektorInnen einzelner Subdepartments als auch über das Amt des/der

---

1642 Ag, the Journal for Non-Violence in Agriculture, Nr.57, Jan/Feb 1980; Nr.58, April 1980. Vgl auch: Ryder, 2000, S.186.

1643 Fur flies among the animal lovers, The Times, 20. Januar 1982.

1644 Animal Welfare, Oktober 1980, S.12.

1645 Outrage!, Nr.17, November/Dezember 1981, S.13.

1646 The Times, 30. Juni, 1980.

1647 Clayton, Hugh: Expulsion increases conflict in RSPCA, The Times, 29. Oktober 1981.

1648 Young, John: Richard Adams resigns as RSPCA chief, The Times, 30. September 1982.

1649 Maguire, Kevin: RSPCA defends ban on pro-hunt lobby bar at court, The Guardian, 14. November 2000; Howl, Nr.73, Frühjahr 2001, S.6.

PräsidentIn. Radikalere Mitglieder wie Ryder wurden erneut ins Präsidium gewählt, jedoch deutlich gebremst in ihren Ambitionen, die RSPCA zu einer kompromissloseren Tierrechtsgruppe umzustrukturieren. Durchgesetzt hatte sich immerhin das allgemeine Wahlrecht zur Vorstandswahl für alle Vollmitglieder.[1650]

Anders, jedoch nicht weniger turbulent, vollzog sich der Wandel in den Antivivisektionsgruppen. Insbesondere die BUAV machte eine Reihe von organisatorisch-strukturellen Änderungen durch. Noch in den 1960er Jahren entzog sie den *Branches* insofern einen Teil der Autonomie, als dass sie die Hälfte ihrer Mitgliedsbeiträge, von ihnen einforderte. Damit sollte es dem Headquarter gelingen, größere und wirkungsvollere Kampagnen zu bestreiten. Ab Anfang der 1980er wurden hingegen basisdemokratischere Strukturen geschaffen: Das Amt des/der Präsidenten/in wurde 1983 als antiquiert und als nicht im Einklang mit dem neuen radikalen Image der BUAV bewertet und abgeschafft.[1651] Alle richtungweisenden Entscheidungen wurden von nun an im Rahmen von Mitgliedervollversammlungen gefällt. Diese Demokratisierungsprozesse waren nicht immer auf allgemeines Wohlwollen gestoßen. Auf der Generalversammlung der BUAV 1966 quittierte Laurence Goodburn, Mitglied des Vorstands, Angriffe auf seinen diktatorischen Führungsstil mit einem *‚ironischen' „Heil Hitler"*.[1652] Als sich auf der Jahresvollversammlung 1980 die neue Generation bei der Wahl des Vorstands durchsetzen konnte, nachdem sie strukturelle Veränderungen angekündigt hatte, wurde angemerkt:

> *„What has happened here today and what has happened over the last few months is a revolution. Only now is this organisation truly democratic, with its members making their feelings known, and having some influence over what is going on."*[1653]

Des Weiteren fanden vorübergehende Dezentralisierungsprozesse statt. Tierrechtsgruppen waren mehr und mehr als lokale Zusammenschlüsse aktiv, die nur durch AnsprechpartnerInnen, so genannten *‚contacts'*, an die großen nationalen Gruppen angegliedert waren. Kontaktpersonen stellten somit eine Verbindung zwischen lokalen Tierrechtsgruppen und der BUAV dar, machten gleichzeitig Werbung für die Arbeit der BUAV und organisierten lokale Aktionen, die im Einklang mit vom Headquarter initiierten Kampagnen standen.[1654] Im *Liberator* ließ sich nachlesen,

---

1650 http://www.rspca.org, zuletzt besucht am 13.04.08.

1651 Hopley, 1998, S.87.

1652 Anti-Vivisectionist, Nr.5, Vol. 61, September/Oktober 1967, S.198.

1653 Animal Welfare, Februar/März 1981, S.8.

1654 Hopley, 1998, S.87.

wieso soviel Wert auf dezentrale Aktivitäten mit gemeinsamer Koordination gelegt wurde:

> *„The whole history of successful social struggle indicates that the structure most likely in any given circumstances to achieve political reform is one that is based on local organisation with regional back-up and national co-ordination."*[1655]

Die BUAV verfügte Anfang der 1980er Jahre über gerade mal 20 *Branches*. Indem die *Branches* mehr und mehr durch lokale Tierrechtsgruppen ersetzt wurden, die wiederum nicht mehr vollkommen *‚auf Linie'* mit der BUAV Politik sein mussten, stieg die BUAV Mitgliederzahl rasant an. Lokale Kontakte agierten entsprechend als AnsprechpartnerInnen für die Gruppe und KoordinatorInnen der BUAV Kampagnen vor Ort. Gleichzeitig fand eine eindeutige Professionalisierung im Hauptquartier statt. Hauptberufliche *‚Campaign-Officers'* wurden eingestellt, um Kampagnenziele zu eruieren, landesweite Protestveranstaltungen zu organisieren und Broschüren, Poster usw. zu entwerfen und landesweit zu verschicken. PressesprecherInnen hielten den Kontakt zu den Medien. Auch die lokalen Kontakte wurden entsprechend geschult.[1656] Das Schlagwort war *‚Liberty'*. Unter dem Freiheitsbegriff sollte vor allem die relative Unabhängigkeit der föderal organisierten Gruppen subsumiert werden.[1657] Eine weitere Umstrukturierung Ende der 1980er Jahre sollte die Branchensegmentierung noch weiter zugunsten einer Anbindung lokaler UnterstützerInnengruppen aufgeben, um mehr einer Graswurzelvereinigung zu entsprechen. Ab Mitte der 1980er kam es zu Disputen über das gruppeninterne Wahlsystem. Das von den Radikalen bevorzugte Anwesenheitswahlsystem wurde nach heftigen Streitigkeiten, die bis vors Gericht gingen, zugunsten eines Wahlsystems aufgegeben, das die Briefwahl zuließ. Im November 1996 kam es erneut zu einem fundamentalen Wechsel in der Organisationsstruktur. Der moderate Flügel hatte sich schließlich durchgesetzt und kehrte zurück zu einer zentralistischen Struktur: Alle *Branches* wurden aufgelöst, die lokalen Kontakte direkter Weisung unterworfen.[1658] Alle Entscheidungen wurden von nun an ausschließlich von der Londoner Zentrale getroffen.[1659]

Die NAVS hatte bereits 1968 ihren *Branches* finanzielle und organisatorische Unabhängigkeit zugebilligt.[1660] Sie hatte zuvor ähnliche Organisati-

---

1655 Liberator, Mai 1982, S.3.

1656 Liberator, Dezember 1986/Januar 1987.

1657 Anti-Vivisectionist Nr.2, Vol. 69, März/April, 1968, S.13.

1658 Campaign Report, Frühjahr 1997; Ronnie Lee, Persönliches Gespräch, 4. Oktober 2004.

1659 Hopley, 1998, S.95f.

1660 Animals' Defender, Vol. 12, Nr.12, 1968, S.112.

onsexperimente gemacht. Ihre Umstrukturierungsmaßnahmen führten die Gruppe von einer zentralistischen Organisation zu einer, die mit einem gemischten System aus *Headquarters, Branches* und lokalen Kontakten funktionierte. 1986 existierten 100 *Branches*/Kontakte.[1661] Zu diesem Zeitpunkt hielt Jan Creamer den Vorsitz der Gruppe. Weniger als bei der BUAV war der Organisationswandel auch an eine ideologische Radikalisierung geknüpft. Entsprechend weniger problematisch zeigten sich hier die Transformationen. Um effektiver arbeiten zu können, nahm die NAVS eine Dreiteilung der Gruppensegmente vor. Der bereits 1973 gegründete Lord Dowding Fund übernahm die Unterstützung wissenschaftlicher Erforschung von Tierversuchsalternativen. Animals Defenders International, 1990 von Jan Creamer gegründet, bildete zum einen die Jugendsektion der NAVS und umfasste zum anderen einen breiter angelegten Aktionsradius in der Themenwahl Tierschutz. Neben dem politischen Kampf gegen die Vivisektion öffnete sie ihr Anliegen für die Bekämpfung von Zirkussen, Massentierhaltung, Umweltverschmutzung sowie der Propagierung von Vegetarismus/Veganismus. Alle drei Organisationen unterstanden jedoch dem gleichen geschäftsführenden Rat, der von den Mitgliedern gewählt wurde.[1662]

Neu gegründete Gruppen machten sich ebenfalls Gedanken um die effektivste Organisationsstruktur. Die 1977 von der Grundschullehrerin Jean Pink ins Leben gerufene Tierrechtsgruppe Animal Aid wählte ebenfalls das föderale System. Allerdings waren lediglich die Aktionsmöglichkeiten der einzelnen lokalen Gruppen dezentralen Charakters. Als Sprachrohr diente der in Tunbridge Wells ansässige Vorstand. Von dort aus wurden zudem die Kampagnen vorgeschlagen und koordiniert. Dabei wählten die einzelnen *Branches* Delegierte, die sich zur Wahl des Exekutivkomitees aufstellen lassen konnten.[1663] 1985 existierten bereits 29 solcher lokaler Einheiten. Animal Aid wollte damit explizit auf Graswurzelstrategien zurückgreifen, deren Erfolgspotential sie in Studierenden- und Friedensbewegung erkannt haben wollte. Ab 1983 fungierte Mark Gold als zweiter Kampagnenorganisator, der ab 1985 das Amt von Jean Pink übernahm. Zuvor hatte er das gleiche Amt bei CIWF ausgeübt. Den Schwerpunkt legte Animal Aid immer auf Öffentlichkeitsarbeit. Zu diesem Zweck etablierte die Gruppe ab 1985 die jährliche Veranstaltungsmesse *‚Living without Cruelty'*, auf denen tierproduktfreie Lebensmittel, Kosmetik, Kleidung und Medikamente ausgestellt wurden. Der ab den frühen 1990ern als Vorsitzender tätige Journalist Andrew Tyler sorgte noch einmal für eine deutliche Professionalisierung der Gruppe,

---

1661 The Campaigner, Januar/Februar 1986, S.14f.

1662 NAVS, Annual Report, 2004.

1663 Outrage!, Nr.38, Mai/Juni 1985, S.4.

sowohl das Management des Vorstands als auch in die Außenwirkung betreffend. Diese Professionalisierung sollte sich vor allem durch das Hochglanzmagazin *Outrage!* vermitteln, das alle zwei Monate publiziert wurde. Animal Aid widmete sich zunächst vor allem den Tieren in der Massentierhaltung und den Tierversuchslaboratorien. Als ausgewiesene Tierrechtsgruppe erweiterte sie jedoch schon bald den Radius ihrer Themengebiete, um zukünftig auch gegen Jagd, Pelzmode und Zoos vorzugehen.[1664] Auch stand sie für einen universellen Veganismus ein.[1665] Damit wurde Animal Aid zu einer der am schnellsten wachsenden Gruppen des Landes. Verfügte sie Ende der 1970er Jahre gerade einmal über 200 Mitglieder, stieg deren Anzahl bis 1980 schon auf über 3000 und bis 1981 auf 8000. 1983 verfügte die Gruppe über 11 000 Mitglieder. Dieser Erfolg verdankte sich einer äußerst aktiven Propaganda, die in Form von Flugschriften landesweit für Aufsehen sorgte. Flugschriften wurden vielerorts verteilt: Vor Konzertorten, Schulen und Bahnhöfen usw..[1666]

Auch die AktivistInnen der League against Cruel Sports waren sowohl in einer Mitgliederversammlung als auch in lokalen *Branches* organisiert. Anders als die Antivivisektionsgruppen mochte die LACS jedoch nicht auf das eher zeremonielle Amt des/der Präsidenten/in verzichten. Lord Soper, der dieses Amt noch bis 1997 innehatte, übertrug es an Lord Houghton, als die Gruppe sich in einer Zeit der internen Krise befand: Mitgliederzahlen sanken und Konkurrenzvereinigungen wie die HSA konnten ein weitaus radikaleres Image liefern. Houghton beharrte auf dem legislativen Weg, den die LACS beschreiten sollte. Dies blieb nicht unumstritten im LACS Führungskomitee. Innere Querelen gingen also weiter.

1979 wurde das Führungsgremium umstrukturiert, nicht nur personell, sondern auch strukturell. Fortan übernahm jedes Mitglied des Vorstands auch einen geschäftsführenden Posten.[1667] Die Gründe dafür lagen in einer Zweiteilung der Gruppe: Sie agierte sowohl als Aktiengesellschaft, um politisch tätig werden zu können, als auch als gemeinnütziger Verein unter dem Charity Act. Alle Mitglieder waren auch Shareholder und durften nach einem Jahr Mitgliedschaft den Aufsichtsrat wählen, der gleichsam auch das Führungsgremium der Gruppe bildete und damit alle Entscheidungen traf. Der gemeinnützige Teil der Gruppe wurde 2006 von Working for Wildlife in League Trust umbenannt. Ein ähnliches Organisationsmodell wählte auch die 1969 aus der Vegetarian Society und

---

1664 Outrage!, Nr.17, November/Dezember 1981, S.8.

1665 Munro, 2005, S.118.

1666 Ronnie Lee, Persönliches Gespräch, 4. Oktober 2004.

1667 Thomas, R., 1983, S.91.

der London Vegetarian Society zusammengeführte Vegetarian Society of the United Kingdom.[1668]

4.2.2 Der Kampf um die Gemeinnützigkeit

Als Ende der 1940er Jahre das oberste Gericht, die Law Lords, den Antivivisektionsgruppen den Status der Gemeinnützigkeit entzog, war dies vor allem ein finanzieller Schlag für die Gruppen. Nicht nur wurde ihnen damit die Steuerbefreiung gestrichen, auch bei öffentlichen Geldern aus Lotterieerlösen wurden sie nicht mehr bedacht. Die LACS machte darauf aufmerksam, wie wichtig der Status der Gemeinnützigkeit für sie, und damit auch für andere Tierrechtsgruppen sei:

> *„It is important to recognise the contribution charity status can bring to these campaigns – the League is now attracting lots of new people to the cause."*[1669]

Grundlage der Gerichtsentscheidung war ein Gesetz elisabethanischen Ursprungs, dass nur solche Gruppen als gemeinnützig ansah, die dem Gemeinwohl dienten und denen nicht daran läge, politische Veränderungen durchzusetzen.[1670] Dies erklärt, warum insbesondere die RSPCA sehr genau darauf achtete, nicht in den Verdacht der politischen Parteilichkeit zu geraten. Als sie 1982 aufgefordert wurde, sich an der General Election Coordinating Committee for Animal Protection (GECCAP) Kampagne zu beteiligen, antwortete sie

> *„As a charity, the RSPCA could not be involved in any organization telling people how to vote."*[1671]

In der Folgezeit der Entscheidung der Law Lords milderten die Gerichte den Grundsatz der Abwesenheit politischer Zielsetzung etwas ab. Sie hielten die Aberkennung der Gemeinnützigkeit nur noch für diejenigen Gruppen aufrecht, deren erklärtes Primärziel Gesetzesänderungen wären. Alle Tierrechtsgruppen verloren somit den Status der Gemeinnützigkeit. Sie gründeten folglich Töchtergruppen, um bestimmte Ziele besser verfolgen zu können, die aus dem Rahmen der strikten politischen Klassifizierung heraus fielen.[1672] Die BUAV etwa gründete Ende der 1950er Jahre Dog Rescue, später umbenannt in Animal Aid, um praktischen Tierschutz leisten zu können. Nach einer weiteren Umbenennung

---

1668 Smart, 2004, S.82.

1669 http://www.league.org.uk/content.asp?CategoryID=1841, zuletzt besucht am 24.08.07.

1670 Radford, 2001, S.172f.

1671 zitiert nach: Clayton, Hugh: RSPCA to stay out of new groups, The Times, 3. Dezember 1982.

1672 Radford, 2001, S.174.

1971 in Animal Welfare Trust erhielt sie wieder die Anerkennung als gemeinnützige Organisation.[1673] Auch der Lord Dowding Fund for Humane Research, der der NAVS angegliedert war und der Dr. Hadwen Trust galten als gemeinnützige Organisationen und konnten zumindest mit Steuerbefreiungen rechnen. Ihnen wurde der Wille zur öffentlichen Bildung als Primärgrund ihrer Arbeit anerkannt. Gleiches galt für den League Fund, der sich um die Erforschung alternativer Regulierung des natürlichen Gleichgewichts ohne die Notwendigkeit der Jagd bemühte.

Der 2006 verabschiedete Charities Act definierte erstmals ‚*the advancement of animal welfare*' ausdrücklich als wohltätigen Zweck unter dessen Prämisse ein steuerbevorteilter Status zu erreichen wäre. Das Gesetz diente insbesondere der Präzisierung: Tierschutz sollte nach wie vor als Element anerkannter Philanthropie gelten können. Alle radikaleren Ziele, insbesondere im Antivivisektionsbereich, blieben explizit aus der Bestimmung dessen, was als wohltätig galt, ausgeklammert.[1674]

4.2.3 Zurück zu den (Gras-) Wurzeln: Lokale Gruppen

Neben den landesweit operierenden Gruppen gab es bereits ab den 1970ern eine Phalanx lokaler Gruppen, die entweder den nationalen Gruppen angegliedert waren oder ganz selbstständig existierten. Der Existenz dieser Gruppen verdankte die Tierrechtsbewegung ihr Durchhaltevermögen und ihre breite öffentliche Wahrnehmung. Lokale Gruppen waren entweder ‚*single-issue*' Gruppen, beispielsweise gegen die Lebendtierexporte von englischen Häfen, oder aber sie nahmen sich einer Vielzahl unterschiedlicher Thematiken an. Die Ausbreitung der Gruppen hing eng mit der Radikalisierung der nationalen Gruppen zusammen. Das Primat der Graswurzelentscheidung, also der basisdemokratischen Konsensfindung, das aus den Organisationsmodellen der Alternativgruppen der 1960er und 1970er Jahren übernommen wurde, ließe sich effektiv nur auf lokaler Ebene verhandeln, so waren sich die kleineren Zusammenschlüsse sicher.[1675] 1978 gründeten Kim Stallwood, Angela Walder und Fay Funnel von der BUAV das Netzwerk ‚Co-ordinating Animal Welfare'. Es sollte lokale Gruppen und Einzelpersonen zusammenbringen und gemeinsame Ziele und Taktiken grob abstecken. Ab den 1990ern gab es auch Netzwerke lokaler Gruppen, die sich in so genannten Animal Rights Coalitions (ARC) zusammentaten, um zu besonderen Themen gezielter arbeiten zu können. Ähnliche Zusammenschlüsse gab es auch auf regionaler Ebene: Die Southern Animal Rights Coalition

1673 AV Times, Mai 1971.

1674 Vgl. Office of Public Sector Information: Charity Act 2006 §2 (2) (k).

1675 Garner, 1993a, S.46, 51.

(SARC) koordinierte Jagdsaboteure, Tierschutz- und Tierrechtsgruppen im Süden des Landes, genau wie SEARC dies im Südosten tat. Die East Anglia Animal Rights Coalition sah sich primär in einer Unterstützerinnenfunktion für lokale Gruppen sowie als ersten Anlaufpunkt für neue AktivistInnen. Dieses Netzwerk sollte die (Gras-)wurzeln der zweiten Bewegung unterstreichen helfen, die auf antihierarchischen Organisationsstrukturen gründeten. In *Arkangel* hieß es:

> *„The power-base, once held by certain national societies, who have a tendency to dictate and dominate, can now be pushed to the fringes of the movement and localised, smaller groups can come to the fore."*[1676]

Die antihierarchische Struktur zahlreicher radikaler Tierrechtsgruppen ergab sich jedoch nicht nur aus ideologisch-politischen Konzepten allein, sondern war auch einem Sicherheitsgedanken geschuldet. Gruppen ohne formale AnführerInnen waren weniger in ihrer Funktion eingeschränkt, wenn sie von Kriminalisierungen getroffen wurden. Darüber hinaus konnte so die Abhängigkeit von einigen zentralen Personen vermieden werden. Damit wollte man auch verhindern, dass diese Personen zu Ungunsten der Bewegung agierten oder sich gar gegen sie stellten. Diese Befürchtung war nicht ganz unbegründet und traf beispielsweise auf einige Führungsmitglieder der LACS zu, die sich im Amt plötzlich ihrer Liebe zur Fuchsjagd entsannen. So machte beispielsweise der langjährige Vorsitzende der LACS, Richard Course, 1990 mit Briefen an ParlamentarierInnen auf sich aufmerksam, in denen er darum bat, die Fuchsjagd mit Hunden doch aus einem vorliegenden Antijagdgesetzentwurf auszuklammern.[1677]

Die Größe der lokalen Gruppen variierte, genauso wie ihr Einfluss. Manche von ihnen umfassten lediglich wenige Personen, die in ihrem Handlungspotential somit auf die Verteilung von Flugblättern oder andere, wenig personalintensive, Aktionen beschränkt waren. Andere jedoch, wie die 1994 gegründete London Animal Action (LAA), nahmen nahezu den Status einer nationalen Gruppe ein. LAA setzte sich aus den Überresten verschiedener kleinerer lokaler Londoner Gruppen zusammen.[1678] Grundsätzlich nahmen sie sich dem Kampf gegen jede Form von Tiermissbrauch an,[1679] eine ihrer Hauptkampagnen richtete sie jedoch gegen den Pelzverkauf, der in der Hauptstadt ausgedehnter war als im Rest des Landes. Darin waren sie durchaus erfolgreich. *‚Fur Free London'* vermochte trotz zahlreichen Betretungsverboten, Platzverweisen und Haftstrafen von AktivistInnen, die Anzahl der Pelzgeschäfte massiv zu redu-

1676 Arkangel, Nr.14, S.2.

1677 Lee, Ronnie: One People, Arkangel, Nr.3, Sommer 1990, S.3.

1678 Arkangel, Nr.13, S.6.

1679 London Animal Action: Information Pack.

zieren. LAA brachte einen monatlichen Newsletter heraus, *London Animal Rights News*, der zur Koordinierung der Aktionen aller Londoner Gruppen dienen sollte.

Lokale Gruppen bildeten sich häufig an Universitäten oder in Universitätsstädten. Zu den langfristig aktiven Gruppen zählt hier beispielsweise die Brighton Animal Rights Campaign (BARC), die sowohl an den Kampagnen gegen die Lebendtiertransporte und gegen die Shamrock Farm teilnahmen als auch Proteste gegen das örtliche Delphinarium organisierten. Andere Gruppen, wie West Midlands Animal Action wollten es TierrechtlerInnen aus der Region ermöglichen, an den nationalen Demonstrationen teilzunehmen und organisierten entsprechende Transportmöglichkeiten. Zur Jahrtausendwende hatte nahezu jede Stadt Großbritanniens eine eigene Tierrechtsgruppe.

Die Organisation der Tierrechtsgruppen war nach den 1960er Jahren also erheblichen Strukturänderungen unterworfen – zumindest vorübergehend.[1680] Einige Gruppen gaben im Zuge gesellschaftlicher Demokratisierungsprozesse den Posten des/der Vorsitzenden auf, wie die BUAV 1983. Wollte man zunächst vor allem den Bemühungen um eine größere Beteiligung der Mitglieder in Demokratisierungsverfahren Rechnung tragen und der ideologischen Radikalisierung auch auf organisationsspezifischer Ebene entgegenkommen, wurde bei den nationalen Gruppen ab spätestens der zweiten Hälfte der 1980er ein Weg der Professionalisierung gewählt. Im Ergebnis lösten sich zahlreiche *Branches* ab, um lokale Einheiten zu gründen, oder es bildeten sich parallel lokale Gruppen, die dem Graswurzelansatz treu bleiben wollten. Insgesamt zeigte sich die Verbindung aus lokalen und nationalen Gruppen, die sich mitunter in Netzwerken organisierten, als insgesamt erfolgreich.

[1680] AV Times, August 1969.

5. Geschlecht

Genauso wie hinsichtlich des Methodenrepertoires zwischen erster und zweiter Tierrechtsbewegung Kontinuitäten nachgewiesen werden konnten, ist dies auch hinsichtlich der Sozialstruktur zu vermuten, gerade was die geschlechterspezifischen Strukturen der Bewegung betrifft. In einem ersten Schritt soll in diesem Kapitel überprüft werden, inwieweit sich die Dominanz von Frauen in der Tierrechtsbewegung weiterhin konsolidieren konnte und wie weit ihr Einfluss zu spüren war. Ein zweiter Schritt überprüft die genderspezifische Lesart der Bewegung. Wie bereits im ersten Teil der vorliegenden Arbeit ausgeführt, wurde die Geschlechtlichkeit der Bewegung ein konstituierendes Element, das auch spezifisch britische Vergleichsparameter bestimmte, und die britische Bewegung von den Bewegungen der Vergleichsländer unterschied. Diskriminierungen, Stigmatisierungen und die Verhöhnung der Bewegung fand ja gerade wegen der großen weiblichen Beteiligung statt und weil Tierschutz als ‚*Frauenthema*' klassifiziert wurde. Gleichzeitig wirkte die Teilnahme an den Aktivitäten der Bewegung als emanzipatorisches Moment für die an ihnen beteiligten Frauen. Daher gilt es, die Frage zu stellen, ob die Verbindung zur Tierrechtsbewegung diese Gleichberechtigungsdiskurse weiter forcieren konnte. Kam es zu Veränderungen in der geschlechtlichen Darstellung der Bewegung und wenn ja, war dieser Paradigmenwechsel selbst- oder fremdbestimmt? Schließlich sollen im letzten Teil dieses Kapitels die geschlechtsspezifischen Kampagnen der Bewegung untersucht werden.

5.1 Engagement von Frauen in der zweiten Tierrechtsbewegung

Die Dominanz von Frauen in der Tierrechtsbewegung ist ein historisches Kontinuum, darin ist sich die Forschung einig. Sie bildeten zumindest weiterhin die Mehrheit in den Tierrechtsorganisationen, so wie dies bereits für das 19. und frühe 20. Jahrhundert festgestellt wurde. Laut Carol Adams ist die Tierrechtsbewegung in ihrer Mitgliederstruktur zu 75% von Frauen bestimmt.[1681] Übereinstimmend gibt Jasper als Ergebnis seiner Forschung über die amerikanische Tierrechtsbewegung einen Frauenanteil von 75% an, und auch Lowe und Ginsberg konstatieren in ihrer Erhebung von 2000 einen 3:1 Ratio – zumindest für die amerikanische Bewegung.[1682] Rhoda McLeods Untersuchung der Kampagnen gegen die Lebendtiertransporte zeigt ein ähnliches Bild: 82% der Aktiven waren

---

1681 Adams, 1995, S.199; Lowe, Brian M., Ginsberg, Caryn, F.: *Animal Rights as a Post-Citizenship Movement*, in: Society & Animals, Vol. 10, Nr.2, 2002, S.207.

1682 Jasper, 1997, S. 166f, auch: Libby, Ronald T.: *Eco-Wars: Political Campaigns and Social Movements*, Columbia University Press, New York, 1998, S.54.

Frauen.[1683] Ryder kam in Umfragen zu dem Ergebnis, dass der Frauenanteil im Durchschnitt bei 2/3 lag, wobei er bei manchen Gruppen bis zu 80% erreichte. Hierzu zählte beispielsweise die RSPCA, die in einer internen Studie darüber hinaus feststellte, dass ihre weiblichen Mitglieder zum überwiegenden Teil aus der südenglischen Mittelschicht stammten.[1684]

Im Kontext der Genderstruktur kann keine signifikante Diskrepanz zwischen Tierschutz- und Tierrechtsgruppen nachgewiesen werden. Auch von der rhetorischen wie praktischen Radikalität bleiben diese Mitgliederzahlen relativ unberührt. Die ALF gab an, dass in den 1980er Jahren etwa 60% ihrer AktivistInnen Frauen gewesen seien, und so findet sich die allgemein vorherrschende Geschlechterstruktur der Bewegung auch in ihrem radikalen Flügel wieder.[1685] Eine Studie von Watkins geht hingegen davon aus, dass auf informelleren Treffen von lokalen Tierrechtsgruppen und radikalerem Flügel ein Geschlechtergleichgewicht herrschte, allerdings ist ihr Sample relativ klein.[1686] Und inwieweit Frauen auch in direkter agierenden, teils illegalen Gruppen den Ton angaben und sich an entsprechenden Aktivitäten beteiligten, bleibt eine offene Frage. HSA Frauen forderten 1987 zumindest gleiche Beteiligungsrechte auch bei militanteren Aktionen.[1687] Hier schien also Nachholbedarf zu bestehen.

Auch die Dominanz von Frauen in Führungspositionen der gemäßigten Gruppen ist eine historische Konstante. Die BUAV verblieb fest in weiblicher Hand: Von 1948 bis 1958 führte Beatrice Kidd die Gruppe. Sie war bereits seit der Gründung 1904 aktiv im Vorstand gewesen. Betty Earp war von 1972-1979 im Amt.[1688] 1972 gab es überhaupt nur weibliche Kandidatinnen, die sich um das Amt der Präsidentin der BUAV bemühten.[1689] 1979 übernahm Jean Pink den Vorsitz, nachdem sie zuvor die Tierrechtsgruppe Animal Aid ins Leben gerufen hatte.[1690] Auch nach der Abschaffung des PräsidentenInnenamtes und mit der Institutionalisierung eines professionellen Flügels, der sich der Kampagnenleitung widmete, setzte sich der Trend fort. Margaret Manzoni, Vertreterin des radi-

---

1683 McLeod, 1998, S.44f.

1684 Henshaw, 989, S168.

1685 Garner, 1993a, S.66ff, Roberts, Yvonne: Animal Rights: The painful decisions, The Times, 22. Mai 1985.

1686 Watkins, Ki-Li: *An Examination of Women's Involvement in Contemporary Campaigns Around Animal Welfare and Animal Rights*, Sociology Working Papers, University of Manchester, Manchester, 1999, S.22.

1687 Howl, Nr.36, Sommer 1987.

1688 Hopley, 1998, S.80.

1689 AV-Times, August 1972.

1690 Garner, 1992, S.286.

kalen Flügels der BUAV, übernahm 1981 das Management der Gruppe. Unter ihrer Ägide verfestigte sich das radikalisierte Image. Dem Vorstand der NAVS gehörten, zumindest zwischen 1987-1989, mehr Frauen als Männer an und von den 27 RSPCA Vorstandsmitgliedern waren 1990 15 Frauen.[1691]

Engagement von Frauen in Tierschutz/Tierrechtsgruppen[1692]

	Anzahl der Kontakte	Anzahl der Frauen	Prozentsatz der Kontakte/ UnterstützerInnen
NAVS	93	62	57,6%
Animal Aid	104	68	70,2%
CIWF	103	80	82,4%
ALF			60%

Peer et al. gehen davon aus, dass neben einer unterschiedlichen Sozialisation, die den Frauen mütterliche Qualitäten des *‚caring'* beibringen würde, eine größere Erfahrung mit hierarchischen Unterdrückungsmechanismen Frauen zu einer egalitären Genderideologie tendieren lasse. Dieses egalitäre Moment sei es, das den Weg von Frauen in die Tierrechtsbewegung ebne.[1693] Damit wurde ein rhetorischer Faden aufgenommen, der sich ungebrochen an der Argumentationslinie viktorianischer Antivivisektionsaktivistinnen orientierte, im weiter oben beschriebenen Ökofeminismus seine theoretische Begründung fand und kaum objektiv überprüfbar ist.[1694] Diese, teilweise biologistische, Erklärung zeichnet jedoch einen subjektiven Empfindungsstatus nach, der den realen Bedingungen immer weniger entsprach. Die separaten Sphären hatten sich spätestens mit dem Zweiten Weltkrieg in Auflösung befunden und konstituierten sich neu. Nicht nur wurde bezahlte Berufstätigkeit ein offeneres Feld, das Frauen besetzen konnten, auch die Männerrolle änderte sich: Die Sorge um Kinder und Haushalt wurde auch für Männer geöffnet.[1695]

Politische Erneuerungen ab den 1970er Jahren und der rasante Anstieg von Frauen auf dem ersten Arbeitsmarkt ermöglichten Frauen selbst-

1691 Garner, 1993a, S.67.

1692 Zahlen nach: Garner, 1993a, S.66ff.

1693 Peek, Bell und Dunham, 1996, S.466.

1694 Vgl. Roscher, 2007.

1695 Marwick, 2003, S.44; McCloskey, Deirdre: *Paid Work*, in: Zweiniger-Bargielowska, Ina: *Women in Twentieth-Century Britain*, Harlow, 2001, S.168ff; Clarke, Peter: *Hope and Glory: Britain 1900-2000*, zweite Ausgabe, London, 2004, S.303.

ständigeres Arbeiten und mehr Verfügungsgewalt über ihre Zeit.[1696] Frauen traten erstmals in neue Berufszweige ein. Abgesehen von der Nutzung ihrer Arbeitskraft an der Heimatfront zu Kriegszeiten, war ihnen dieser Schritt durch die männliche Vormachtsstellung zuvor häufig verwehrt worden. Jedoch bedeutete gerade die Aufnahme bezahlter Arbeit, dass Frauen nicht wie zuvor für ehrenamtliche Tätigkeit zur Verfügung standen. Tatsächlich machte sich dies bei philanthropischen Einrichtungen wie dem Roten Kreuz oder der Heilsarmee bemerkbar, die jetzt nicht mehr in gleichem Maße auf die unbezahlte Hilfe von Frauen bauen konnten.[1697] Somit wurde durch das soziale Engagement ein Extra an Zeit abverlangt. Diese Aufopferung von Zeit wurde alsbald so gedeutet, dass sie die Ernsthaftigkeit des Engagements für soziale Anliegen, beispielsweise im Tierschutz, unterstreichen helfen sollte. Dies spricht für die Existenz einer eingangs eingeführten kulturorientierten Bewegung, die Selbstbeschränkung als identitätsstiftenden Faktor definierte.[1698] Das Argument, dass Frauen über mehr Freizeit verfügten und sich daher eher als Männer der Tierrechtsarbeit hätten widmen können, so wie Jasper und Nelkin es behaupten, vermag somit nicht wirklich zu überzeugen.[1699] Nicht nur weil sie gleichsam deren akademischen Bildungsstandard hervorheben, der Frauen nach wie vor stärker belastete als Männer (Stichwort Doppelbelastung), ergibt diese Aussage keinen Sinn. Frauen hatten zunehmend immer weniger Zeit als Männer sich entsprechend wohltätig zu engagieren. Vielmehr sind also der verhältnismäßig offene Zugang zur Bewegung sowie die relative Hierarchiefreiheit als Grund für starke Frauenbeteiligung zu benennen.

Neue Soziale Bewegungen, so die gängige, obwohl selten empirisch abgesicherte Meinung, tendierten dazu, einen weitaus höheren Frauenanteil zu inkorporieren als traditionelle Strukturen politischer Zusammenschlüsse.[1700] Zwar war der Gang in die politische Vertretung seit 1928 nicht mehr offiziell beschränkt, jedoch nahmen Frauen noch bis in die 1990er Jahre wenig Raum in der politischen Führung ein, sieht man einmal von der Premierministerin ab.[1701] Duffys Vermutungen, das höhere Lebensalter der Frau und damit potentielle Zeit sei Grund für deren verstärktes Engagement, muss ebenso hinterfragt werden wie die These über ein Mehr an Zeit.[1702] Richard Ryder etwa stellte explizit heraus, dass

---

1696 Rowbotham, 1997, S.406ff.

1697 Holden, Katherine: *Family, Caring and Unpaid Work*, in: Zweiniger-Bargielowska, 2001, S.146.

1698 Raschke, 1987, S.198.

1699 Jasper und Nelkin, 1992, S.39.

1700 Byrne, 1997, S.19, 62ff, 75ff.

1701 Charles, Nickie: *Gender in Modern Britain*, Oxford u.a., 2002, S.152ff.

1702 Duffy, Maureen: *Men & Beasts: An Animal Rights Handbook*, London, 1984, S.7.

sich ab den 1970ern das Bild der Tierschutz-/Tierrechtsbewegung geändert hätte. Sei es zuvor von älteren Frauen der Mittelschicht dominiert gewesen, präsentierte es sich nunmehr klassenlos und jung.[1703] Auch wenn sein empirisches Material bisweilen dünn erscheint: Der Verjüngungsprozess wurde auch von der Bewegung wahrgenommen.[1704] Somit überzeugt einzig die Annahme, dass der offene Zugang zur Bewegung als Anstoß gedient habe.

Darüberhinaus ist es die langjährige Geschichte erfolgreicher weiblich geprägter Protestbewegungen, die m.E. hier eine zentrale Rolle spielt: Protest, der von Frauen initiiert wurde, konzentrierte sich nicht nur auf die Erweiterung der eigenen Rechtssphäre. Gerade auch Umweltschutzthematiken wurden früh thematisiert.[1705] Frauen gelang es, in ihrem Beharren auf gleiche Rechte, auf Strukturen und Traditionen der Suffragettenbewegung zurückgreifen, die sich in feministischen Gruppen der Arbeiterbewegung verfestigen konnten.[1706] Der Protest kulminierte in den 1980er Jahren vor allem gegen Margaret Thatchers Aufrüstungspolitik und manifestierte sich symbolisch gegenüber der Raketenbasis in Greenham. In Greenham protestierten 1981 bis zu 30 000 Frauen und präsentierten sich damit als eigenständig Kämpfende.[1707] Von dort aus nahm die Verbindung von radikaler Frauenbewegung und Ökologie- bzw. Friedensbewegung neue Formen an, die sich weniger in der theoretischen als in der praktischen Verbindung der partikularen Kämpfe offenbarte, wie das 1983 errichtete *‚Porton Down Women's Camp for Peace and Animal Liberation'* zeigte.[1708] Auch in der Praxis übernahmen Frauen Taktiken aus anderen Sozialen Bewegungen. Greenham sollte hier ebenfalls ein zentrales Beispiel darstellen. Die Proteste dort machten zudem die Straßenproteste von Newbury und Twyford und manche Tierrechtsaktion erst möglich.[1709]

Damit wurde eine bereits zuvor beobachtbare Entwicklung der Transformation und Radikalisierung weiblichen Engagements verstärkt.[1710] Im Protest gegen die Lebendtiertransporte nach Kontinentaleuropa in den 1990ern erkennt auch die Frauengeschichtsforschung eine Vermengung

---

1703 Ryder, 1996, S.169.

1704 Animal Welfare, November/Dezember 1977, S.18; Dave Wetton zitiert nach: Gold, 1998, S.88.

1705 Rowbotham, 1997, S.418.

1706 Banks, 1981, S.216.

1707 Liddington, Jill: *The Road to Greenham Common, Feminism and Anti-Militarism in Britain since 1820*, Syracuse, 1991, S.246.

1708 Roseneil, 1995, S.113.

1709 Ibid., S.172.

1710 Pugh, 2000, S.316ff.

feministischer Ideen und praktischer Tierrechtspolitik.[1711] Zwar vermochte die zweite britische Frauenbewegung nie zu einer Massenbewegung zu avancieren, zahlreiche ihrer Themen wurden politisch kooptiert,[1712] dennoch erwiesen sich solche Verbindungen für beide Bewegungen als fruchtbar. Die zweite Frauenrechtsbewegung trat erstmals 1970 auf einer National Women's Liberation Movement Conference zutage, auf der die Ziele der Bewegung grob festgesteckt wurden: Gleiche Bezahlung und gleiche Bildungschancen für Frauen, Ausbau der Kinderpflegeeinrichtungen sowie freie Verhütungsmittelausgabe und freie Abtreibung auf Anfrage. Allerdings kam es zu keinem Zeitpunkt zu der engen personellen Verzahnung, die für die ersten Tierrechts- und Frauenrechtsbewegungen nachgewiesen worden sind.

Die Vorstellung der *,tierfreundlichen Frau'* dominierte nach wie vor auch innerhalb der Bewegung. Hier fand also kein interner Paradigmenwechsel statt. So gab es Forderungen, den Beratungskomitees zur Aushandlung neuer Gesetzesvorschläge gegen Tierversuche obligatorisch Frauen beizustellen.[1713] Die Präsentation nach außen und die äußere Wahrnehmungsebene unterlagen jedoch spürbaren Transformationsprozessen.

5.2 Aus Hysterikerinnen werden Fanatiker: Transformation der Gendermatrix

Das mit weiblicher Dominanz verbundene abwertende Bild gegenüber TierrechtsaktivistInnen hat in der zweiten Tierrechtsbewegung eine gravierende Änderung erfahren, wie Kenneth Shapiro feststellt.[1714] Es waren eben nicht länger primär Frauen aufgrund deren Präsenz nun eine Stigmatisierung erfolgte und die als Ausrede für Marginalisierung von Tierrechtsforderungen herangezogen wurden. Nichtsdestotrotz finden sich auch noch in den 1990er Jahren die althergebrachten sexistischen Deutungsmuster: Munro nennt in diesem Zusammenhang Beispiele aus der bewegungskritischen Berichterstattungen über die Proteste gegen die Lebendtiertransporte, wo analog zur viktorianischen Antivivisektionsbewegung von *,crazed spinsters'* gesprochen wurde. Zwar gab es bisweilen noch Anschuldigungen, die sich auf die *,hysterischen'* Frauen bezogen, eine Charakterisierung, die sich beispielsweise BUAV Koordinatorin Angela Walder von der Gegenseite gefallen lassen musste.[1715] Dieses

---

1711 Rowbotham, 1997, S.569f.

1712 Pugh, 2000, S.344.

1713 Animal Welfare, Mai 1976, S.20.

1714 Shapiro, Kenneth: *The Caring Sleuth: Portrait of an Animal Rights Activist*, 1994, in: Adams und Donovan, 1996, S.127.

1715 Howell, Georgina: The 'bête noire' who bit back for animal rights, The Times, 22. April 1983.

Bild blieb jedoch nicht diskursbestimmend.[1716] Gerade durch das Auftreten der vermummten KämpferInnen der Animal Liberation Front wurde das Image der exzentrischen alten Frauen aus dem öffentlichen Diskurs verdrängt.[1717] Stattdessen fanden die Auseinandersetzungen um die geschlechtliche Repräsentation eher innerhalb der Bewegung statt. Es war weniger eine Debatte, die der Tierrechtsbewegung aufgezwungen wurde. Best und Nocelli etwa sprechen in der Einleitung zu ihrem Sammelband *,Terrorists or Freedom Fighters'*, einer Zusammenstellung tierrechtsaktivistischer Positionen, davon, dass durch die Annahme einer radikalen Tierrechtsposition auch an der Unterhöhlung bestehender Geschlechterrollen gearbeitet werden könnte. Die positiven Elemente weiblich gegenderter Aspekte (Mitgefühl und Empathie) sollten herausgestrichen, während die Negativen (Passivität und Schwäche) überwunden werden könnten.[1718]

Der öffentliche Diskurs wandte sich somit zusehends ab vom antagonistische Bildnis der allein stehenden Frauen, die sich in Ermangelung männlicher Begleitung dem Tier zuwandte, konnte in jedem Fall nicht mehr aufrechterhalten werden, stand ihre Figur, zumindest ab den 1980er Jahren, doch eher für einen Erfolgsdiskurs: Sie verzichtete aufgrund von Karrieremöglichkeiten auf Familie.[1719] Vielmehr war es nunmehr das Bild des gewaltbereiten, vermummten *,Terroristen'*, der die Tierrechtsbewegung in der öffentlichen Meinung in Gefahr zu bringen drohte.[1720] Die vermummte Person wurde männlich kodiert, zumindest in der medialen Darstellung.[1721] Es kam zu einer Maskulinisierung der Bewegung sowohl in der medialen Verhandlung als auch in der Selbstrepräsentation, die mit den oben aufgeführten empirischen Ergebnissen nicht kongruent war. Vivian Smith, ALF Pressesprecherin der frühen 1980er Jahre, wurde beispielsweise im medialen Diskurs und vor Gericht nur als Leutnant betitelt.[1722]

Die Terrorismusanalogie war einfach zu ziehen. Sturmhaube und Tarnkleidung waren nur allzu leicht einem Paradebeispiel des Terroristen zuzuordnen, das man schon von dem Selbstbildnis der IRA kannte. Das machohafte Gebären des Aktivisten in Tarnkleidung erinnerte vor allem an eine männlich kodierte Militärikonografie. Die Verbindung dieses

---

1716 Munro, 2005, S.156.

1717 Garner, 1998b, S.464.

1718 Best, Steven und Nocella II, Anthony J. (Hg.): *Terrorists or Freedom Fighters, Reflections on the Liberation of Animals*, New York, 2004, S.20.

1719 Rowbotham, 1997, S.561.

1720 Shapiro, 1996, S.127.

1721 Watkins, 1999, S.30; Baker, 1993, S.68, 193ff.

1722 Zur medialen Verhandlung des Terrorismusdiskurses vgl. Teil III, Kap.7.2.

toughen äußeren Images mit einer rationalen Philosophie, wie sie die Tierethik anbot, führte insgesamt zu einem härteren Image der Bewegung. Das Machoimage wurde bisweilen genderkritisch kommentiert, reduziere es doch auch Tiere auf ‚*damsels in distress*', die auf den muskulösen männlichen Held für ihre Errettung warteten.[1723] Nicht alle waren mit dieser neuen Selbstdarstellung einverstanden. Trotz der zahlenmäßigen Überlegenheit beschwerten sich Frauen mitunter über sexistisches Verhalten, das sich als Resultat dieser Maskulinisierung gerade in den radikaleren Gruppen zuweilen offenbare. Das ‚*Rambo comes Robin Hood*' Image habe außerdem abschreckende Wirkung auf Neulinge der Bewegung, so beschwerten sich Aktivistinnen im HSA Blatt *Howl* 1988.[1724]

Um also in der öffentlichen Wahrnehmung an Stärke zu gewinnen, nahm sich die Tierrechtsbewegung eines Männlichkeitsideals an, das sich um das Prinzip hegemonialer Männlichkeiten zentrierte und Klischees von übersentimentalen Frauen und verweichlichten Männer abwehren helfen sollte.[1725] In der Auswahl verschiedener kultureller Männlichkeitsideale wurde also eines ausgesucht, das Virilität auszudrücken vermochte.[1726] Da die 1970er Jahre auch einen Generationsumbruch in der Tierrechtsbewegung mit sich brachten, kann davon ausgegangen werden, dass die Veränderung in der Darstellung nach außen ein intentionales Vorhaben darstellte. Auch die Beschwörung des rationalphilosophischen Ansatzes anstatt emotionaler Zugänge, wie er ja von ökofeministischen TheoretikerInnen kritisiert wurde, sollte den Wandel symbolisieren.[1727] Das heißt, dass der Ökofeminismus sich tatsächlich nur noch für die meist, aber nicht ausschließlich, moderateren TierrechtlerInnen eignete, die dieser Transformation kritisch gegenüber standen. Anders als in der ersten Tierrechtsbewegung waren also öffentliche Wahrnehmung und Selbstdarstellung der Bewegung nicht mehr kongruent. Die öffentliche Wahrnehmung bestärkte das toughe Selbstimage durch einen Terrorismusdiskurs, der in der Darstellung der Animal Liberation Front noch näher erläutert werden wird. Die Selbstdarstellung war widersprüchlicher: Zum einen lieferte sie die Bilder für das harte Image, zum anderen bestand sie auf der Respektierung weiblich kodierter Qualitäten.

1723 Jones, Pattrice: *Mothers with Monkeywrenches: Feminist Imperatives and the ALF*, in: Best und Nocella II, 2004, S.151.

1724 Howl, Nr. 38, Winter 1988.

1725 Connel, Robert W.: *Gender and Power: Society, the Person and Sexual Politics*, Cambridge, 1987, S.186.

1726 Seidler, V.J.: *Transforming Masculinities. Men, cultures, bodies, power sex and love*, Abingdon, 2006, S.43.

1727 Herzog, Harold A.: *„The Movement Is My Life": The Psychology of Animal Rights Activism*, in: Journal Of Social Issues, Vol. 49, Nr.1, 1993, S.107f.

5.3 Tierrechtsbewegung und sexistische/genderrelevante Propaganda

Die Auflösung der herkömmlichen Geschlechterrepräsentation führte bisweilen zu einer sexistischen Diffamierung von Frauen in ihrer Rolle als Konsumentinnen von Tierprodukten, speziell von Pelz und Kosmetika. Die Kampagnen gegen diese Produkte waren, ähnlich der Kampagnen gegen die Federmode des späten 19. Jahrhunderts, auf weibliche Adressaten gemünzt, deren feminine Eigenschaften in Frage gestellt wurden.[1728] Spätere Kampagnen fußten auf einer Konsumkritik, die sich auf das Körperliche stützte. Dieser körperliche Aspekt war zuvor etwa mit dem Bezug auf *‚female maladies'* gegen die Bewegung verwendet worden. Dies blieb als Methode nicht unumstritten. Massive Kritik gab es etwa an Kampagnen von großen Tierrechtsgruppen, wie PETA oder Greenpeace/Lynx, die sich auf sexistische Werbung verließen. *‚I'd rather go naked than wear fur'*, eine Kampagne der 1990er Jahre, machte mit nackten Supermodels Stimmung gegen Pelzkonsum. Der Werbespruch *‚It takes up to forty dumb animals to make a fur coat... But only one to wear it,'* verband Speziesismus mit Mysogenie. Auch das Format *‚Rich Bitch, Poor Bitch'* (unter einem Foto, das zum einen eine Frau mit einem Pelzmantel, zum anderen eine tote Füchsin zeigte) sollte Tierschutz vor allem *‚an den Mann'* bringen. Mit dieser Strategie waren die Kampagnen in Bezug auf die Werbewirksamkeit durchaus erfolgreich: Garner attestiert ihnen, die wirkungsvollste Boykottwelle ihrer Art angestoßen zu haben.[1729] Aufgrund von Spendengeldern, die PETA 1994 durch die Veröffentlichung von Nacktfotos im Magazin *Playboy* erhalten hatte, mit dem PETA auch gemeinsame Galaabende veranstaltete, wurde deren Vorsitzende Ingrid Newkirk vom Board of Advisors der Gruppe Feminists for Animal Rights ausgeschlossen.[1730]

Die vermeintlich geschlechtsspezifische Kleiderordnung – unter PelzträgerInnen wurden fast immer ausschließlich Frauen vermutet – war bereits zuvor mit sexistischen Zuschreibungen einhergegangen. Bei einem Protest gegen Pelzmode, der 1978 vor dem Hintergrund der Robbenjagd anlässlich eines Dinnerballs in der kanadischen Botschaft in London abgehalten wurde, merkte der Berichterstatter in *Animal Welfare* an, dass sich die Models von Beauty Without Cruelty wohltuend gegenüber den älteren, pelzbekleideten Gästen abheben würden,

> *„many of whom in the light rain smelt of mothballs."*[1731]

1728 Wöbse, 2004, S.48; Roscher, 2009, noch nicht erschienen.

1729 Garner, 1993a, S.186f.

1730 Francione, Gary L.: *Rain without Thunder, The Ideology of the Animal Rights Movement*, Philadelphia, 1996, S.76.

1731 Animal Welfare, Mai/Juni 1978, S.7.

Somit waren Frauen sowohl die Adressatinnen als auch die Zielscheibe der größten Kampagnen gegen die Pelzindustrie und gegen Tierversuche für Kosmetika. Frauen und Mädchen wurden insbesondere angesprochen, sich für die Tiere zu engagieren. In Magazinen wie ‚*Just Seventeen*' oder ‚*Bunty*' wurde über kosmetische Tests oder die Robbenschlachtung berichtet.[1732] Die dort abgedruckten Schminktipps beinhalteten fortan auch Informationen über den ökologischen Aspekt der Produkte und insbesondere *Body Shop* Kosmetik wurde beworben.[1733]

Obwohl sich also in der Geschlechterstruktur der Bewegung nur wenig im Vergleich zur ersten Tierrechtsbewegung verändert hatte, fanden in der Binnenbetrachtung wie in der Außenrepräsentation Neuverhandlungen über die Geschlechtlichkeit der Bewegung statt. Genderantagonismen herrschten allerdings weiterhin vor, bloß wurden sie anders wahrgenommen. So kam es auf der einen Seite zu einer Fortschreibung des Aspekts, der Frauen eine spezielle Verantwortung gegenüber der Tierwelt zuschrieb und jeden Verstoß, beispielsweise das Tragen von Pelzmänteln, ganz besonders ahndete. Anderseits kam es zu einer Glorifizierung des männlichen Kämpferideals, der das Weibliche in zumindest einigen Gesichtspunkten für ungenügend betrachtete. Dabei wurde dieses weibliche Modell nach wie vor mit tradierten Rollenvorstellungen von Mutterschaft gedacht. Der emanzipatorische Effekt war hier nicht mehr ausschlaggebend.

1732 Rowbotham, 1997, S.472.

1733 McRobbie, Angela: *Feminism and Youth Culture: From Jackie to Just Seventeen*, Boston, 1991, S.174.

6. Klasse

Obgleich die 1960er Jahre in der Literatur bisweilen als Anfangspunkt der klassenblinden Gesellschaft betitelt werden, ist diese Einordnung weder bezüglich real existierender stratifikatorischer Differenzen noch eigener Selbstwahrnehmung, sprich Klassenbewusstsein,[1734] für die britische Nachkriegs- und Gegenwartsgesellschaft zutreffend.[1735] Die Ablehnung einer Kategorisierung nach Klasse war vor allem politischen Gründen geschuldet. Sowohl Thatcher als auch New Labour fanden in ihrer Anwendung keinerlei Gebrauchswert mehr, betrachteten Klasse eher als Relikt marxistischer Forschung, die bewusst Klassenhass heraufbeschwören wollte und damit für sozialen Unfrieden verantwortlich zu zeichnen sei.[1736] Auch poststrukturalistische Geschichtsschreibung hielt die Kategorisierung nach Klasse für überholt und sah Klassenunterschiede als ein vor allem durch Sprache vermitteltes Phänomen.

Dennoch möchte ich mich David Cannadine anschließen. Er sagt, dass die Verschiebung der sozialen Wahrnehmung der britischen Klassengesellschaft genau so wichtig sei, wie der gesellschaftliche Wandel selbst. In der Analyse der Beziehung zwischen diesen sozialen Anschauungen und sozialer Struktur spiele das Konzept von Klasse weiterhin eine wichtige Rolle für die Geschichtsschreibung.[1737] Nirgends waren auch in der Nachkriegszeit Klassenkonflikte so bestimmend wie in Großbritannien, insbesondere im Bezug zu den Vergleichsländern. Das heißt nicht nur, dass Klasse als Kategorie relevant blieb, sondern dass sich Auseinandersetzungen über die Ablösung von Traditionen und gesellschaftliche und kulturelle Diskurse über den Austragungsort sozialer Klasse weiterhin verstetigten. In dem folgenden Kapitel geht es also darum, zu klären, inwieweit die Kategorie Klasse von Relevanz für die Ortsbestimmung der britischen Tierrechtsbewegung im Hinblick auf nationale Spezifika blieb. Dabei soll, soweit dies durch empirische Forschungsergebnisse möglich erscheint, die tatsächliche stratifikatorische Einordnung der sich in der Bewegung verorteten Menschen vorgenommen werden. Die Einordnung anhand der Sozialen Bewegungsforschung hilft hier bei der Klärung. In einem zweiten Schritt soll untersucht werden, inwieweit sich ein klassenbewusster Sprachgebrauch als rhetorisches Mittel behauptete und inwieweit sich Klassenzugehörigkeit und -bewusstsein deckten, denn Klasse half bei der Etablierung sozialer Identitäten und bei der Umschreibung der gesellschaftlichen Selbstverortung.

1734 Auch wenn der Begriff des Klassenbewusstseins nicht im klassisch marxistischen Sinne zu verstehen ist.

1735 Marwick, 2003, S.124; Cannadine, 2000, S.161.

1736 Cannadine, David: *The Rise and Fall of Class in Britain*, New York, 1999, S.2, 13.

1737 Ibid., S.24.

Im dritten Abschnitt wird ausgeführt, inwieweit es sich bei der Bemühung der Klassenrhetorik eher um die Austragung eines Konflikts zwischen urbanen und ländlichen Interessen handelte. Dass sich Teile der politischen Linke im Bezug zur Tierrechtsbewegung der Sprache des Klassenkampfes bedienten oder dieser Bedienung verdächtigt wurden, wird schließlich im vierten Abschnitt dargestellt.

6.1 Tierrechtsbewegung und Klassenzugehörigkeit

Neue Soziale Bewegungen, so sagen Dalton et al., sind anders als ihre Vorgängerbewegungen nicht klassenspezifisch zuzuordnen. Darüber hinaus würden durch ihre Anliegen nicht länger Klasseninteressen aufgeschlagen. Ihre Basis hätten sie nicht bei den sozial Benachteiligten.[1738] Calhoun, der dieser Aussage generell zustimmt, sieht jedoch auch bei den so genannten Alten Sozialen Bewegungen nicht immer und überall Klasse im Vordergrund ihrer Aspirationen (mit Ausnahme der Arbeiterbewegung). Auch Bewegungen wie jene, die sich der Abolition der Sklaverei angenommen haben, seien stratifikatorisch viel schwieriger einzuordnen gewesen, als dies den Anschein gehabt hätte.[1739] Byrne geht hingegen davon aus, dass der/die durchschnittliche AnhängerIn von Sozialen Bewegungen eindeutig der neuen Mittelschicht zuzuordnen sei.[1740] Diese habe sich nach den 1960ern allerdings auf neue Formen der Direkten Aktionen konzentriert, die zuvor lediglich im ArbeiterInnenkampf bekannt waren. Zudem kam es in Großbritannien Mitte des 20. Jahrhunderts zu signifikanten Verschiebungen in der Klassenstruktur. Roger King etwa beobachtete einen spürbaren Anstieg in dem Bevölkerungsanteil, der der Mittelschicht zugerechnet wurde und vor allem mit dem Ausbau des öffentlichen Servicesektors voranging.[1741] Der erweiterte Zugang zum sekundären und tertiären Bildungssektor führte zu einer Ausdehnung dessen, was als Mittelschicht gewertet wurde. Soziologen attestierten in diesem Zusammenhang die Entstehung einer neuen Klasse, die auch jenseits ökonomischer Interessen agierte und damit das Rückgrat Neuer Sozialer Bewegungen, und hier speziell der Umweltschutzbewegung, bilden würde.[1742] Diese seien überdurchschnittlich häufig dazu bereit, Direkte Aktionen durchzuführen, um die Regierung zu Maßnahmen

1738 Dalton, Kuechler und Bürklin, 1990, S.12.

1739 Calhoun verweist hier auf Drescher, 1987, Calhoun, 1995, S.191.

1740 Byrne, 1997, S. 63. Unter der neuen Mittelschicht versteht er jene Angehörige der Mittelschicht, die anders als die Bourgeoisie die Kontrolle der Produktionsmittel nicht mehr über das Eigentum verfestigen, sondern deren Erfahrung und Sachkenntnis ihnen Kontrolle über die Produktionsmittel gebe.

1741 King, R. 1979, S.11.

1742 Savage, Barlow, Dickens und Fielding, 1992, S.206ff.

im Umweltschutzsektor zu bewegen.[1743] Dabei war es ja eigentlich das mit der Mittelschicht verbundene Ideal der Respektabilität, das derartigem Aktionismus bisher entgegenstand. Und so sagte Lord Houghton auf einem 1976 an der Universität Cambridge ausgerichteten Tierrechtssymposium:

> *„The kid-gloves of respectable middle-class campaigning will have to come off for the next round in this contest. What is known as the 'animal lobby' needs a new dynamism, a militancy which springs from the crusading spirit."*[1744]

Ob die Mittelschicht diesem Aufruf folgte, wird bisweilen angezweifelt. Rollin etwa schreibt zumindest Großbritannien viele der militantesten TierrechtlerInnen der Arbeiterklasse zu.[1745]

Die Mittelschicht im ausgehenden 20. Jahrhundert wird von SoziologInnen als dreigeteilt klassifiziert, wobei sie der oberen Mittelschicht vor allem gut ausgebildete AkademikerInnen, die etwa als ÄrztInnen, JuristInnen oder hohe VerwaltungsbeamtInnen tätig sind, zuordnen. Zur mittleren Mittelschicht zählen sie diejenigen, die kleinere Geschäftsbetriebe führen oder im mittleren Management beschäftigt sind, während die untere Mittelschicht typischerweise als Büroangestellte arbeiten würde. Lowe und Goyder haben in ihrer Studie über Umweltschutzgruppen die moderate Tierschutzgruppe RSPB als durch die untere Mittelschicht dominiert gekennzeichnet, während die radikaleren Friends of the Earth eher der oberen Mittelschicht zuzurechnen seien.[1746] Auch die vegetarische Bewegung bezog ihr Rekrutierungspotential aus der *‚progressiven'* Mittelschicht: KünstlerInnen und SchriftstellerInnen, SozialarbeiterInnen, LehrerInnen und StudentInnen. Jedoch vermochte die Einbindung in die Gegenkultur hier strikte Klassenzuordnungen aufzubrechen. Die eindeutige Besetzung der vegetarischen Idee durch die Arbeiterklasse, so wie sie für das 19. Jahrhundert nachgewiesen werden konnte, verlor indes absolut an Substanz. Nicht länger wurde im Vegetarismus ein Mittel der individuellen Selbstverbesserung und ein Werkzeug sozialen Aufstiegs gesehen. Meinungsumfragen in den späten 1980er Jahren zeigten, dass die Mehrzahl der neuen VegetarierInnen aus unteren Einkommensschichten kam, die AktivistInnen der Vegetarian Society jedoch zumeist der radikalen Mittelschicht zuzuordnen waren.[1747] Der *Observer* erkannte

---

1743 Cotgrove, Stephen und Duff, Andrew: *Environmentalism, Middle-Class Radicalism and Politics*, in: The Sociological Review, Vol. 28, Nr.2, 1980, S.342.

1744 Lord Houghton, 1979, S.214.

1745 Rollin, 1990, zitiert nach: Perlo, Katherine: *Marxism and the Underdog*, in: Society & Animals, Vol. 10, Nr.3, Leiden, 2002, S.311.

1746 Goyder und Lowe, 1983, S.10f.

1747 Spencer, 1995, S.336f.

im Kampf gegen die Lebendtiertransporte ebenfalls eine radikalisierte Mittelschicht als Initiator und wird darin von dem Politologen Paul Byrne bestätigt.[1748] Auch Garner zitiert aus Statistiken, die auf das Bild einer, von einer weißen Mittelschicht dominierten Bewegung hinweisen, stellt jedoch auch ausdrücklich die Beteiligung aus der Arbeiterklasse fest.[1749] Richard H. Thomas Studie zur Geschichte und sozialen Struktur von Jagd- und Antijagdlobby unterstreicht dieses Bild. Die Mitglieder der von ihm untersuchten Hunt Saboteurs Association rechneten sich zu 56% der Mittelschicht und 38% der Arbeiterklasse zu.[1750] Der Oberschicht fühlten sich gerade einmal 4% zugehörig. Damit stellten die Mitglieder der HSA einen deutlichen Kontrast zur Masters of Foxhounds Association (MFHA) dar, wo diese soziale Klasse eindeutig dominierte. Somit blieb die Jagd, wie im Jahrhundert zuvor, ein Marker für soziale Grenzziehung und Selbstpositionierung.

Auch anderswo wurde die Rolle der Oberschicht und speziell der Aristokratie immer marginaler. Als SchirmherrIn suchten sich auch viele traditionellere Gruppen Unterstützung eher bei anderen Berühmtheiten. Eindeutige Kritik wurde innerhalb der Tierrechtsbewegung gegenüber der Monarchie geäußert. Die Tatsache, dass der Name des Königshauses in unmittelbarer Nähe zum Jagdsport stand, bedeutete für die Bewegung nicht nur, dass sie nicht mehr unterstützbar waren, sondern auch dass ihre Angehörigen ihrer Vorbildfunktion nicht gerecht wurden. Hierin fand eine recht fundamentale Kritik an der Monarchie Nachklang, die Anfang der 1990er Jahre in einem *‚Movement against the Monarchy'* kulminierte, deren Hauptangriffspunkt Lebensstil und Kosten der königlichen Familie waren.[1751] Zuvor hatte es zu diesem Punkt bereits gemeinsame Stellungnahmen mit der 1981 gegründeten Gruppe Class War gegeben, die vor allem durch ihre großformatige Zeitschrift gleichen Namens von sich Reden machte.[1752]

Auch wenn also Klasse immer weniger als primärer Initiator für Protest fungierte, wurde die Klassenzugehörigkeit des Gegners dennoch hervorgehoben, insbesondere im Fall des Jagdsports. Gerade der aufstrebenden Mittelschicht wurde eine Mitschuld an der Kontinuität dieser Praxis zugesprochen. In der *AV Times* hieß es 1970:

1748 'The middle class goes militant', The Observer, 22. Januar 1995, nach: Marwick, 2003, S.399; Byrne, 1997, S.149.

1749 Garner, Robert: *Political Agency and Animal Rights*, Empty Cages Conference, Raleigh, 2. Oktober 2004, S.6.

1750 Thomas, R., 1983, S.160.

1751 Childs, 2006, S.294.

1752 Für einige Beispiele siehe: Bone, Ian: *Class War, A Decade of Disorder*, London, 1991.

„For there is little sympathy these days either for the old-established land-owning lay-about who continually indulges in casual destruction out of habit and reverence to the past, nor for the would-be-if-they-could-be carpet-bagger kind of 'gentlemen' who now bear the major cost of this vacuous way of life."[1753]

Insgesamt dominierten also Mittelschicht und in einigen Gruppen auch die Arbeiterschicht weiterhin die Tierrechtsbewegung. Eindeutig unterrepräsentiert war die Oberschicht, deren Lebensstil gleichzeitig für den kontinuierlichen Tiermissbrauch verantwortlich gemacht wurde.

6.2 Klasse als rhetorisches Stilmittel

Nicht nur wurde der politische Gegner somit klassenspezifisch kategorisiert, auch auf der Suche nach Verbündeten traf man eine entsprechende Auswahl. Die radikale Tierrechtsbewegung etwa solidarisierte sich 1984 mit den streikenden Minenarbeitern, um gemeinsam *‚gegen die Tyrannei der herrschenden Klasse'* vorzugehen. Gemeinsame Veranstaltungen sollten Geld für die jeweilige Sache einbringen, wie etwa das Fußballspiel der Northern Animal Liberation League gegen eine Auswahl der Minenarbeiter am 28. Juli 1984.[1754] Auch mit dem linken Greater London Council (GLC) wurde in den 1980ern eine aktive Verbindung zwischen Tierrechtsbewegung und linker Politik geknüpft, die den Klassenaspekt herausstreichen sollte.[1755] Als Parlamentsabgeordneter übernahm GLC Mitglied Tony Banks es später, das Thema Tierschutz und Tierrecht auf die Agenda des Unterhauses zu setzen. Die Londoner Gemeinden von Islington und Lambeth, geprägt durch ihre in Arbeiterkultur verwurzelten Verwaltungen, verabschiedeten in den 1980er Jahren recht weitgehende *‚Animal Rights Chartas'*, um die Verbindung zu akzentuieren.

Die Sprache des Klassenkampfes wurde von radikalen TierrechtlerInnen zudem bemüht, um die eigene Position zu stärken und den außerparlamentarischen Kampf zu rechtfertigen. Die ALF ließ wissen, dass der parlamentarische Weg von vornherein zum Scheitern verurteilt sei, da die Loyalität der Abgeordneten ihrer sozialen Klasse und nicht der Wählerschaft gelte. Diese Klasse würde, so die Annahme weiter, von Tiermissbrauch profitieren und sei deshalb ohnehin nicht gewillt, Zugeständnisse zu machen.[1756] Als politische Einordnung nimmt Jaspers deshalb eine

---

[1753] AV-Times, April 1970.

[1754] Liberator, August/September 1984. Um der wissenschaftlichen Genauigkeit Rechnung zu tragen: Die VeganerInnen gewannen mit 3 zu 1.

[1755] Garner, 1993a, S.200.

[1756] Animal Liberation Front: *The Animal Rights Movement Should Use Economic Sabotage*, in: Rohr, Janelle (Hg.): *Animal Rights – Opposing Viewpoints*, San Diego, 1989, S.210f.

links(liberale) Ausrichtung der Bewegung an. Gerade die Skepsis gegenüber kapitalistischer Produktionsweise, die Tiere notwendigerweise nur als reine Ressource kenne, führe zur Ablehnung gegenwärtiger Gesellschaftsformation.[1757] So sagte Animal Aid Mitbegründerin Jean Pink 1980 über die RepräsentantInnen des hiesigen Regimes:

> *„They do not answer the needs of the defenseless because they are agents of oppression. (..) I know that our government is working within the context of a capitalistic society, where profit comes before ethics – and this is equally true for a Labour or a Conservative government – I just don't believe that it is possible to make any real changes within this framework."*[1758]

Und in einer Erklärung der ALF hieß es 1993:

> *„Animal abuse is an inevitable consequence of a system based upon hierarchical power. Animals are imprisoned, used, tortured and destroyed as are humans because no species is free under capitalism."*[1759]

David Cannadine hat in seiner Analyse der britischen Klassengesellschaft herausgearbeitet, dass, neben einer dichotomen Charakterisierung des Klassensystems, vor allem die Klassifizierung der britische Gesellschaft als eindeutig hierarchisch zur Interpretation des sozialen Gefüges herangezogen wird. Auch die radikale Tierrechtsbewegung bediente sich dieser Charakterisierung.[1760] Das bedeutet, dass für die ALF sowohl Staat wie Kapital Ziele des Protestes waren. Dem Selbstverständnisschreiben einer ALF Zelle aus Leeds war entsprechend zu entnehmen:

> *„Only when all the crimes and evils caused by the governments are attacked is there hope for us all."*[1761]

Auch Garner sieht in der Verbindung, die die Tierrechtsbewegung zu anderen progressiven Kämpfen entwickelte, mehr eine politisch-ideologische denn eine soziale Dimension ihrer Aktivitäten.[1762] Diese Entwicklung kann meines Erachtens jedoch nicht für alle Gruppen nachgewiesen werden. So sprachen VertreterInnen der Antivivisektionsgruppen sowohl vor Konservativen wie vor den Young Socialists.[1763] In Bob Marriots Kalender, er war zu diesem Zeitpunkt Vorsitzender der nordöstlichen Gruppen der BUAV, standen im Frühjahr 1967 Termine

---

1757 Jasper, 1997, S.167.

1758 Outrage!, Nr.8, Mai/Juni 1980, S.2.

1759 ALF: *Into the Nineties with the ALF*, ohne Datumsangabe.

1760 Cannadine, 2000, S.166.

1761 Snarl! Handbook of the Leeds Animal Liberation Front, 1986, zitiert nach: Tester, 1991, S.183.

1762 Garner, 1998c, S.77.

1763 Anti-Vivisectionist, Vol. 66, Nr.5, September/Oktober 1965, S.59f.

„(...) ranging from Ladies' Club, over 60's, Old Age Pensioners' Association meetings, Young Farmers and other groups to Theosophists."[1764]

Sie agierten also eher opportunistisch und ließen sich politisch nicht ausschließlich auf Koalitionen mit solchen Gruppen ein, die den Status quo insgesamt in Zweifel zogen bzw. eine linke Politik verfolgten. In der *AV-Times* sowie in der Nachfolgezeitschrift *Anti-Vivisectionist* wurde daher auch vor einer zu engen Affiliation mit politisch radikalen Gruppen gewarnt. Anfang der 1970er Jahre sagte die BUAV von ihren Mitgliedern, sie seien:

„a cross section of individuals with sometimes eccentric ideologies, not all of the best interest to the movement itself or to be pertinent to the aims of the BUAV in particular."[1765]

Diese Mischung der Bewegung sollte konstituierenden Charakter haben und erschwerte staatliche Kriminalisierungsversuche. Der 1986 eingerichtete polizeiliche Animal Rights National Index (ARNI) gab zu,

„the big problem was sorting out the little old ladies from the thugs."[1766]

Eine besonders zentrale Rolle spielen klassenrhetorische Strategien im Kampf der Bewegung gegen die Fuchsjagd mit Hunden. Zwar gab man sich skeptisch, ob die Labour Regierungen, die ja mehrfach die Abschaffung dieses Sports in ihr Wahlprogramm integriert hatten, sich wirklich diesem Unternehmen widmen würden. Jedoch spekulierten die JagdgegnerInnen auf die Wirkung, die die Klassenrhetorik auf das WählerInnenpotential der Partei haben würde. So hieß es in *Howl*:

„Has Tony Blair finally realised that there are more votes (and ready cash) in banning hunting than in appeasing bloodthirsty toffs that have never supported his party anywhere?"[1767]

Bei keiner anderen Tierrechtsfrage blieb somit das Element der Klassenantagonismen stärker zentrales Element als bei der Auseinandersetzung um den Jagdsport. UnterstützerInnen der Jagd behaupteten entsprechend, dass die *‚Sabs'* voller Klassenhass agieren würden.[1768] Wie Stokes herausgearbeitet hat, sollte die Insistierung auf der Klassenfrage die Debatte um die ethische Begründung zum Verbot der Fuchsjagd verschleiern.[1769]

1764 Anti-Vivisectionist, Vol. 68, Nr.3, Mai/Juni 1967, S.184.

1765 AV-Times, Februar 1972, S.2.

1766 ARNI zitiert in: Henshaw, 1989, S.173.

1767 Howl, Nr. 68, Sommer 1999.

1768 Windeatt, 1982, S.29.

1769 Stokes, Elisabeth: *Hunting and Hunt Saboteurs: A Censure Study*, University of East London Publication Series, 1996.

Es soll jedoch darauf hingewiesen werden, dass die HSA, wie auch die LACS, sich tatsächlich meist gegen das Establishment positioniert haben. Ihre Rhetorik bejahte den Klassenkampf als Element zur Überwindung des tiernutzenden Systems.[1770] Die Argumente gegen die Jagd hatten also weiterhin zwei prinzipielle Wurzeln: Das Hauptargument war moralischer Natur und bestand darauf, dass die Jagd grausam und unwürdig für ihre Opfer sei. Das Nebenargument analysierte soziale Grundgegebenheiten und griff die Jagd als einen die soziale Spaltung manifestierenden Sport an.

Leahy behauptet daher, dass nicht alle JagdsaboteurInnen auch dem Tierrechtsgedanken verpflichtet seien. Vielmehr sei die Auseinandersetzung um die Jagd per se ein Zeichen von Klassenantagonismus, eine allgemeine Ablehnung gegenüber der Sorte Mensch, die sich ihre Freizeit mit dieser Art des *‚Sports'* vertreibt.[1771] Tatsächlich war die breite Unterstützung der Öffentlichkeit, die die gesetzliche Abschaffung der Jagd forderte, nicht unwesentlich diesem Faktum zuzuschreiben. Den Beweis dafür, inwieweit dies jedoch auch als maßgebliche Antriebsfeder für die HSA galt, bleibt Leahy allerdings schuldig.

6.3 Spatiale Dichotomien im Klassengewand

Debatten über die Dichotomie zwischen urbanen und ruralen Lebensrealitäten und Interessen spielen eine noch zentralere Rolle in der modernen Tierrechtsbewegung als die o.g. klassenspezifischen Trennlinien. So finden sich die aktivsten Tierrechtsgruppen seit jeher im dicht besiedelten, von urbanen Strukturen geprägten, Südosten Englands. Seit dem späten 19. Jahrhundert konsolidierte gerade die Metropole London ihre internationale Position, die den Grundstein für ihre Dominanz in der Interpretation von ökonomischen, politischen und kulturell-sozialen Lebensstilen Großbritanniens bildete.[1772] Das noch im 19. Jahrhundert verklärt romantische Bildnis von ruraler Lebensweise vermochte auch angesichts der dort ab der Mitte des 20. Jahrhunderts praktizierten Massentierhaltung eben immer weniger zu überzeugen: Einen patriotischen Bezug ließ diese quasi als Antonym zum *‚Green and Pleasant Land'* existierende Agrarform immer weniger zu.[1773] Die Konflikte zwischen einem verklärten Naturbild, landwirtschaftlichen Realitäten und der Einflusshoheit auf dem

---

1770 Thomas, R., 1983, S.93.

1771 Leahy, Michael P.T.: *Against Liberation, Putting Animals in Perspective,* London u.a., 1991, S.245.

1772 Trainor, Richard: *Neither Metropolitan nor Provincial: The Interwar Middle Class,* in: Kidd, Alan und Nicholls, David: *The Making of the British Middle Class? Studies of Regional and Cultural Diversity since the Eighteenth Century,* Stroud, 1998, S.203.

1773 Weight, 2003, S.724f.

Land ließen sich wiederum vor allem im Bereich des Jagdsports beobachten. Diskussionen hierüber wurden von spatial mobilen, progressiven Mittelschichtsangehörigen zurück in ländliche Bereiche getragen.[1774]

Viel mehr als der vermeintliche Klassenunterschied wurde also zunehmend das vermutete Schisma zwischen Stadt und Landbevölkerung hervorgehoben. Dies ließe sich auch bei den unterschiedlichen Standpunkten von AnhängerInnen der Jagd und ihren GegnerInnen entdecken, so die VerteidigerInnen des Blutsports. Die 1998 von BFSS und weiteren Pro-Jagdverbänden gegründete Countryside Alliance begriff es entsprechend als ihr Anliegen, *,ländliche Interessen'* in einer urbanisierten Gesellschaft zu vertreten. Immerhin 87% der städtischen Bevölkerung hatten sich nämlich, einer Umfrage von 1997 zufolge, für das Verbot der Jagd ausgesprochen.[1775] Bei der Countryside Alliance war man sich sicher, dass es sich bei der Kampagne um eine Marotte von Städtern handeln würde, die längst die Verbindung zum Tier verloren hätten.[1776] Sie beschwor weiterhin symbolische Metaphern über das Landleben, die mit nationaler Identität und ländlicher Idylle belegt waren.[1777] Dabei arbeitete sie mit geographischen Vorstellungen, die das spatiale und soziale direkt aneinander geknüpft sahen.[1778] Die Countryside Alliance betrachtete es weiterhin als ihr Ziel

> *„to advance animal welfare and expose the dangers of the 'animal rights' agenda."*[1779]

Die Jagd wurde als aktiver Tierschutz herausgestrichen: Nur durch sie könne ein natürliches Gleichgewicht der Spezies aufrechterhalten werden. Die Countryside Alliance machte vor allem durch zwei größere Demonstrationen 1997 und 1998 in London auf sich aufmerksam. Angeblich griff sie ein breites Spektrum ruraler Themen auf, fokussierte ihre Bemühungen, so *Howl*, jedoch auf die Verteidigung der Jagdrechte.[1780] So machte sich die Countryside Alliance rurale Bedürfnisse in einer urbani-

---

1774 Savage, Barlow, Dickens und Fielding, 1992, S.208f.

1775 Ryder, 2000, S.207.

1776 Kean, 1998, S.202.

1777 Wallwork, J. and Dixon, J. A. : *Foxes, green fields and Britishness: on the rhetorical construction of place and national identity*, British Journal of Social Psychology, Nr.43, 2004, nach: Anderson, Alison: *Spinning the Rural Agenda: The Countryside Alliance, Fox Hunting and Social Policy*, in: Social Policy and Administration, Vol. 40, Nr.6, Dezember 2006, S.725.

1778 Evans, Rhys: *Contesting Spaces and Places – Conflicting Geographic Imaginaries in the Countryside March, London, March 1, 1998*, in: Hillebrand, Hans, Goetgeluk, Roland und Hetsen, Hans (Hg.): *Plurality and Rurality, The role of the countryside in urbanised regions*, Agricultural Economics Research Institute, Den Haag, 1999, S.66.

1779 www.countryside-alliance.org/alliance/brochure.htm, zuletzt besucht 22.3. 2004.

1780 Howl, Nr.70, Frühjahr 2000, S.1, vgl. auch: Garner, 1998b, S.463.

sierten Gesellschaft zu Nutze, um ein UnterstützerInnenpotential aufbauen zu können.

> *„rural frustration is certainly a better button to press than asking people to defend a sport pursued by a minority."*[1781]

schrieb der *New Statesman* anlässlich der Demonstrationen.

Entsprechend der Kontroverse um vermeintlich rurale Werte wurde auch die parlamentarische Diskussion geführt. Der Labour Abgeordnete Peter Bradley merkte zum Verbot der Fuchsjagd 2004 an, dass sich dieses als Klassenkampf gegen *„the last hurrah of the feudal system"* vollzogen habe.[1782] Bereits 1994 in der Debatte um die Criminal Justice Bill, die bestimmte Aspekte der Jagdsabotage illegalisieren sollte, hatte der konservative Abgeordnete Cranlley Onslow seinerseits angemerkt, dass der urbane Protest, den die JagdsaboteurInnen ausführen würden, einer Gefährdung ländlicher Idylle gleichkäme:

> *„The saboteur movement has its roots not in the countryside but in the towns. Anyone who has seen busloads of Millwall [a London football team] supporters brought in to disrupt a hunt knows exactly what I am talking about."*[1783]

David Sibley erkennt in dieser pauschalisierten Abgrenzung eine Fortsetzung des Diskurses, der in jedem Wandel ruraler *‚Werte'* eine Verunreinigung des urenglischen Ideals erkennt, und der zu verschiedenen Zeiten entweder mit der urbanen Arbeiterschicht oder EinwanderInnen aus (ehemaligen) Kolonien assoziiert wurde.[1784] Die Tierrechtsbewegung wurde in dieser Denktradition ebenfalls als eine derartige Gefahr gesehen und der Kontamination der britischen Gesellschaftsordnung verdächtigt.

Der Autor George Monbiot schrieb in seiner Kolumne für den *Guardian*, dass sich im Jagdsport hierarchische Bestrebungen verstärken würden. Seine Praktizierung spiegele das Verlangen wider, der Land besitzenden Oberschicht anzugehören:

> *„Not everyone who hunts today is a member of the aristocracy – far from it. But this is the way in which you aspire to become one. To look posh you buy*

1781 Daniel, C.: Hunters lay a false scent – campaign on rural poverty issues, New Statesman, 24. Oktober 1997, zitiert nach: Anderson, 2006, S.725.

1782 White, Michael: Hunt ban is a class war, admits MP, The Guardian, 22. November 2004.

1783 Hansard, House of Commons Debates, 11. Januar 1994, zitiert nach: Sibley, David: *Endangering the Sacred, Nomads, youth cultures and the English countryside*, in: Cloke, Paul und Little, Jo (Hg.): *Contested Countryside Cultures: Otherness, marginalisation and rurality*, London u.a., 1997, S.220. Zum Criminal Justice Act vgl. Teil III, Kap.7.3.

1784 Sibley, 1997, S.220.

a Landrover, green wellies, a tweed hat and a waxed jacket: the livery of fieldsports. You buy a house in the country. You get yourself a horse and you join the hunt."[1785]

Damit rekurrierte er auf die Annahme, dass die Land besitzende Aristokratie das Herz der britischen Klassengesellschaft bilde. Deren Landsitze, so sagt Rhys Evans, stünden in der urbanen Gesellschaft symbolisch für reaktionären Widerstand gegen Demokratisierung, Gerechtigkeit und sozialen Wandel.[1786]

Über das rhetorische Mittel des Klassenkampfes bzw. der Klassenantagonismen ließen sich auf wohl bekannte Weise Dichotomien des *,Wir'* gegen das *,Sie'* aufrechterhalten, die in jedem Zugeständnis einen Verlust der eigenen Identität fürchteten.[1787] Die mediale Repräsentation der Auseinandersetzung zum Verbot der Fuchsjagd war durchzogen von der stetigen Beschwörung der Existenz eines aktiven Klassenkampfes.[1788] Auch Garner erkennt in dem Erfolg der Antijagdkampagne gegen die Fuchsjagd mit Hunden die Aufrechterhaltung des Klassenbias. Nur dadurch, dass sich die Kampagne der Unterstützung der Arbeiterbewegung gegen die Interessen der ländlichen Aristokratie versichern konnte, habe sich die Labour Party zu dem Verbotsentscheid drängen lassen.[1789]

6.4 Die Linke und die diskursive Vermischung von Tierrecht und Klassenkampf

Wie Cannadine herausstreicht, ist die britische Gesellschaft nicht notwendigerweise stärker stratifiziert als die anderer Industrienationen, jedoch wird nirgends anders Klasse als soziologisches Konzept stärker strapaziert, gesellschaftliche Veränderungen mehr über Klasse artikuliert und verhandelt als in Großbritannien.[1790] Dementsprechend fanden auch die Auseinandersetzungen zwischen der Tierrechtsbewegung und ihren politischen GegnerInnen entlang des Klassenbegriffes statt. Kampagnen gegen Schlachthäuser machten auf die miserablen Arbeitsbedingungen der in diesem Bereich Beschäftigten aufmerksam und addierten sie damit zur ausgebeuteten Gruppe.[1791] Gerade der Thatcherismus, der vorgeblich eine *,klassenlose'* Gesellschaft propagierte, setzte mit seinem Feldzug gegen die Minenarbeiter und mit der Einführung der Kopfsteuer

---

1785 Monbiot, George: Class War on the Hoof, The Guardian, 14. September 2004.

1786 Vgl. Evans, 1999, S.69.

1787 Cannadine, 2000, S.166.

1788 Anderson, 2006, S.728ff.

1789 Garner, 2004, S.4.

1790 Cannadine, 2000, S.166.

1791 Garner, 2004, S.5.

diese dichotome Sichtweise fort. Allerdings fand unter Thatchers Regierung eine Verschiebung von Klassengrenzen statt, unter der Teile der Arbeiterklasse *‚geadelt'* wurden.[1792] Die Bewegung bot sich somit an, oppositionelle Politik zu vertreten, ohne sich notwendigerweise einer eher auf Exklusivität bedachten fragmentierten Linken anschließen zu müssen.

Dabei war das Thema Tierrechte in der radikalen politischen Linken Großbritanniens alles andere als unumstritten. Eine Ausnahme bildete das 1991 gegründete *‚Socialist Movement for Animal Rights'*, deren Ziel es war

> *„to firmly establish the connection between socialism and animal rights."*[1793]

Ihr Einfluss war jedoch eher marginal. Während die meisten marxistischen und sozialistischen Gruppen sich relativ klar distanzierten, kam es in den 1980ern innerhalb der autonomen anarchistischen Linken zu einer Spaltung über diese Thematik.[1794] Vor allem Class War befürwortete die Aktionen der radikalen Tierrechtsbewegung und bot ihr Platz in ihrem Mitteilungsorgan an. Nachdem 1990 ein Anschlag auf das Verwaltungsgebäude der Universität von Bristol verübt worden war, mutmaßte der *Daily Express*, dass die ALF nun auch versuche, den *‚Poll Tax Mob'* unter dem Pseudonym der *‚Class War Federation'*[1795] zu manipulieren. Dabei wurde auf eine polizeiliche Quelle Bezug genommen, die aussagte, dass die ALF und Class War untrennbar miteinander verbunden seien.[1796] Tatsächlich führte Class War lediglich in ihren Publikationen ALF Häftlinge unter der Rubrik *‚Politische Gefangene'* an und äußerte sich sympathisierend zur politischen Ausrichtung und zum Handlungsrepertoire der radikalen Tierrechtsbewegung. Bereits in den Verfahren um die Ausschreitungen gegen die Kopfsteuer 1990 wurde Class War als Triebfeder des militanten Protestes gebrandmarkt, zu Unrecht wie Danny Burns nachweist.[1797] Dennoch ließ die Konstruktion der Verbindung eines militanten Mobs mit der Tierrechtsbewegung den Entwurf neuer Bedrohungsszenarien zu, die eine Gefahr für die britische (Klassen-) Gesell-

---

1792 Clarke, 2004, S.367.

1793 Liberator, Frühjahr 1991.

1794 Anon.: *Shoreham: Live Exports and Community Defence*, in: Do or Die – Voices from Earth First!, Nr.5, S.80.

1795 Die Class War Federation ist ein Zusammenschluss von Gruppierungen, die sich 1986 auf einem Treffen in Manchester auf Ziele verständigten, die dem der originären Londoner Class War Gruppe entsprachen, vor allem der Propagierung des militanten Klassenkampfes.

Zum Bombenanschlag in Bristol vgl. Teil III, Kap.3.2.

1796 The Daily Express, 15. April 1990.

1797 Burns, Danny: *Poll Tax Rebellion*, Stirling, 1992, S.101.

schaft zu bedeuten schienen. Anders herum erkannte Class War in der Kriminalisierung der Tierrechtsbewegung

> *„consequences for all sorts of protestors (and for the working class as a whole)."*[1798]

Als am 18. Juni 1999 der so genannte ‚*Carnival against Capitalism*' gegen das Treffen der G7 Staaten in London, der auch von zahlreichen TierrechtlerInnen frequentiert wurde, zu heftigen Auseinandersetzungen mit der Polizei führte, erging die Polizei sich hernach in der Vermutung, dass deren professionalisiertes Handlungsrepertoire für die Ausschreitungen verantwortlich zu zeichnen sei.[1799] Wall stellte immerhin fest, dass der Protest von der radikalen Umweltschutzbewegung getragen wurde, unter die er die ALF in diesem Fall subsumiert.[1800] Entsprechend fragte sich die sozialistische Linke, was man von der Tierrechtsbewegung bezüglich Mobilisierung und Erfolg versprechender Kampagnenführung lernen könne.[1801] Auch die Antiirakkriegsmobilisierung im Jahr 2002/2003 wurde von der britischen Tierrechtsbewegung mitgetragen.[1802] Sie stellte hier die Infrastruktur einer etablierten Sozialen Bewegung zur Verfügung.

Bloom will nachgewiesen haben, dass es sich bei der Animal Liberation Front zudem um die wichtigste anarchistische Gruppierung Großbritanniens des ausgehenden Jahrtausends gehandelt habe.[1803] Ein anarchistisches Grundverständnis zeigte sie vor allem in der Organisationsdebatte. Kim Stallwood gibt an, dass sich dieser anarchistische Flügel erst Ende der 1970er herausgebildet habe, nicht jedoch von den Gründern der ALF verfolgt wurde.[1804] Er übersieht jedoch, dass Ronnie Lee schon sehr früh mit anarchistischem Vokabular hantierte und seine Bewunderung der Angry Brigade offen formuliert hatte. Man verstand sich ja als die ultimative Befreiungsbewegung, die in der Absicht handelte, sämtliche Un-

---

1798 London Calling, The Bulletin of London Class War, August 2004, Rechtschreibung im Original.

1799 The Times, 12. April 2000.

1800 Wall, Derek: *Snowballs, elves and skimmingtons? Genealogies of environmental direct action*, in: Seel, Paterson und Doherty, 2000, S.82, vgl. auch: Police clash with protesters at Carnival against Capitalism, The Guardian Unlimited, 18. Juni 1999.

1801 Coen, David: Animal Rights and the Class Struggle, in Socialist Outlook, Frühjahr 2007.

1802 Animal Liberation Front Supporters Group Newsletter, Sommer 2004, S.1.

1803 Bloom, 2003, S.474.

1804 Stallwood, Kim: *A Personal Overview of Direct Action in the United Kingdom and the United States*, in: Best, und Nocella II, 2004, S.84.

terdrückungsmechanismen unisono anzugehen.[1805] Allerdings war diese anarchistische Haltung, wenn überhaupt, wenig theoretisch fundiert.
Das Konzept von sozialer Klasse blieb also wichtig für die Identitätsbildung der zweiten Tierrechtsbewegung, so wie für die Konstruktion britischer Identität allgemein.[1806] Besonders ließ sich die Abgrenzung zur Oberschicht über die Bewegung zementieren. Vor allem der Konflikt zwischen urbanen und ländlichen Interessen im Bezug zum Jagdsport wurde über den Klassenbegriff verhandelt. Eine entsprechende Rhetorik sollte der eigenen Selbstversicherung dienen, spiegelte jedoch eher ideologische denn ökonomische Kategorien wider. So entsprach das Selbstbildnis der radikalen Tierrechtsbewegung nicht unbedingt deren wirklicher sozialer Konstituierung, half jedoch, das Thema Tierrechte auf die Agenda der politischen Linken Großbritanniens zu hieven.

7. Tierrecht und Nation

Tierschutz blieb keine Prärogative der politischen Linken. Auch die extreme Rechte Großbritanniens machte, angesichts der Popularität des Sujets, Tierschutz zu ihrem Thema. In den 1970er und 1980er Jahren verteilten rechte Gruppierungen beispielsweise Flugblätter gegen bestimmte Arten von Tierversuchen. Hitler wurde auf ihnen mit seinem Hund Blondie abgebildet.[1807] Man argumentierte, dass es zum nationalen Kanon dazugehöre, sich um das Tier zu kümmern. Der Mythos, der sich um eine intakte Natur Britanniens entwickelte, stieß auf einen kulturellen Resonanzboden, den auch die Rechte bespielen wollte.[1808] 1984 überzeugten Rechtsradikale in Bradford Mitglieder einer örtlichen Tierrechtsgruppe, an ihrer Seite gegen muslimische Schlachtmethoden zu demonstrieren.[1809] 1985 warnte die Eastern Animal Liberation League (EALL) vor Unterwanderungsversuchen rechter Gruppierungen. So berichtete sie von der Infiltration der faschistischen November 9th Organisation in ihrer Gruppe. Nachdem diese durch das antifaschistische Magazin Searchlight aufgedeckt worden war, unternahm man eifrige Schritte, den Schaden zu begrenzen.[1810] Aufgespürt wurden auch Verbin-

---

1805 Webb, Robin: *Animal Liberation – By „Whatever Means Necessary"*, in: Best und Nocella II, 2004, S.76.

1806 Schöpflin, George: *Nations, Identity, Power, The New Politics of Europe*, London, 2000, S.311ff.

1807 Ryder, 1996, S.168.

1808 Thurlow, Richard: *Fascism in Britain: From Oswald Mosley's Blackshirts to the National Front*, überarbeitete Ausgabe, New York, 1998, S.270.

1809 Clayton, Hugh: Dispute over violence causes new split in animal rights lobby, The Times, 24. April 1984.

1810 Liberator, Juli/August 1985.

dungen britischer Faschisten zum anarchistischen Magazin *Green Anarchist*. Deren Herausgeber Richard Hunt musste Anfang der 1990er Jahre seinen Stuhl räumen, als seine nationalistischen Überzeugungen bekannt wurden.[1811]

Bei diesen Versuchen blieb es nicht. Die HSA und die BUAV galten den Faschisten ebenfalls als Ziele in ihrem Bestreben, in der Tierrechtsbewegung Fuß zu fassen. Allerdings wurden sie dort zurückgewiesen.[1812] Ähnliche Bestrebungen zeigte Anfang der 1990er Jahre die National Front – unter Zuhilfenahme ihre Untergruppe Greenwave. Eine Beschreibung der Gruppe wurde sogar im radikalen Heft *Arkangel* abgedruckt, eine Maßnahme, die später von AktivistInnen heftig kritisiert wurde.[1813] Greenwave trat 1989 erfolglos für einen Sitz bei einer Parlamentsnachwahl an.[1814] Die Tatsache, dass die National Front insbesondere Schächten und Halal Schlachtungen angriff, offenbarte das antisemitische, antiislamische und fremdenfeindliche Primärinteresse.[1815] Die 1990 von der National Front abgespaltene International Third Position (ITP) Gruppe unter Nick Griffin suchte explizit die Verbindung aus faschistischer Ideologie und Tierrechtsideologie. Sie befürwortete daher das Engagement in der Tierrechtsbewegung. Die Mitglieder von ITP wurden dazu aufgerufen, in lokale Tierrechts- und Jagdsaboteursgruppen einzutreten.[1816] Auch die 1990 gegründete Gruppe Third Way, eine Abspaltung der British National Party, hofierte Tierrechtsideen. In der ihr zugehörigen Publikation *Mother Earth* wurde sogar das *Arkangel* Magazin positiv rezipiert.[1817] 1978 wurde HSA Mitglied David MacCalden aus der Jagdsaboteursgruppe ausgeschlossen, nachdem dessen Verbindung zur National Front bekannt geworden war.[1818] Zuvor hatte er zwei Jahre bei

---

1811 Wall, Derek: Another Green World: Darker Shades of Green, http://another-greenworld.blogspot.com/2006/05/darker-shades-of-green.html, zuletzt besucht am 26.07.07.

1812 Anon.: Nazi Scum, Direct Action Animal Bulletin, News from the Animal Liberation Movement, ohne Datumsangabe.

1813 Arkangel, Nr.2, Frühjahr 1990, S.12. Lane, Robin: Good or Bad, Arkangel, Nr.3, Sommer 1990, S.48. In Arkangel Nr.4 wurden mehrfach Meinungen von NF Mitgliedern und Pro-Lifern abgedruckt, die sich von Ausschluss bedroht und politisch diskriminiert fühlten. Da Arkangel eine *‚No Censorship'* Politik verfolgte, wurden auch keine Kommentare der Herausgeber beigestellt.

1814 Derek Wall nach: Do or Die, Nr.1, 1993.

1815 Wall, Derek: Another Green World: Darker Shades of Green, http://another-greenworld.blogspot.com/2006/05/darker-shades-of-green.html, zuletzt besucht am 26.07.07.

1816 O'Mahoney, Bernard: *Hateland: Fascism today – Groups in Britain*, http://www.bernardomahoney.com/forthcb/ootdie/articles/ftgib.shtml, zuletzt besucht am 30.10.07.

1817 http://en.wikipedia.org/wiki/Third_Way_%28UK%29; www.altculture.org/motherearth/index.html, zuletzt besucht am 02.08.2007.

1818 Thomas, R., 1983, S.107.

der Herausgabe von *Howl* geholfen.[1819] Als Konsequenz war die HSA maßgeblich an der Gründung der gruppenübergreifenden Organisation *‚Vegetarians against the Nazis'* beteiligt.[1820] Aus dem Gefängnis heraus meldeten sich die ALF Gefangenen Dave Blenkinsop und Martyn Eggleton zu Wort:

> *„Those who seek to dominate us, enforce compulsory repatriation and division between cultures and races are as much part of the cycle of abuse as the animal abusers themselves."*[1821]

ALF Mitbegründer Ronnie Lee war diesbezüglich weniger kleinlich. 1989 schrieb er in *Arkangel*, dass auch National Front Mitglieder TierrechtlerInnen sein könnten und man sie als solche nicht automatisch ausschließen dürfe, sie vielmehr in der Diskussion von Fehlern in ihrer Ideologie zu überzeugen habe.[1822] Im Jahr 2000 versuchten Rechtsradikale erneut, sich in der Tierrechtsbewegung zu etablieren. Die Kampagne Save the Shamrock Monkeys unterlag Infiltrationsversuchen durch die Animal Support Group, einer Schwestervereinigung von Englander 88.[1823] Earth First! positionierte sich eindeutig antifaschistisch und proklamierte *‚Monkey Wrench a Fascist'* in Anlehnung an ihr methodisches Repertoire.[1824] Diese Infiltrationsversuche wurden jedoch nicht selten eher aus taktischen denn politischen Gründen zurückgewiesen: Patriotische Untertöne ließen sich nämlich in der gesamten Tierrechtsbewegung vernehmen.

Das Proklamat der *‚Nation of Animal Lovers'* zog sich ungebrochen in die zweite Tierrechtsbewegung hinein. Dabei wurde dieses Proklamat entschieden gegen ein anderes patriotisches Regulativ vertreten, das *‚Merry Old England'* mit Roastbeef und Fuchsjagd in Verbindung gebracht sehen wollte. Vielmehr machte man eine intakte Fauna zur Voraussetzung eines idyllischen Lebens zwischen Mensch und Tier. So genannte *‚Grüne Themen'* vermochten schon zuvor, patriotische Bedürfnisse zu befriedigen.[1825] Man hatte ja auch allen Grund dazu, Nationalstolz zu zeigen.

1819 The Times, 27. Juni 1978, S.4.

1820 Thomas, R., 1983, S.169.

1821 Fascism & Animal Liberation, Expose Them & Beat Them (But Never Ever Condone Them), Animal Liberation Front Supporters Group Newsletter, Winter, 1992/1993.

1822 Arkangel, Nr.2, Frühjahr 1990, S.3.

1823 Bloomfeld, Ruth: Neo-nazis infiltrate animal rights organisations, Time Out, Januar 2000, S.11.

1824 Wall, Derek: *Deeper Shades of Green*, in: Red Pepper, August 1996. Monkeywrenching ist der Begriff für die Zerstörung von Maschinen, den Earth First! verwendet. Er leitet sich von dem Begriff für Schraubenschlüssel ab (monkey wrench).

1825 Worpole, Ken: *Village School or blackboard jungle?*, in: Samuel, Raphael (Hg.): *Patriotism: The Making and Unmaking of British National Identity, Vol. III: National Fictions*, London u.a., 1989, S.137.

Nirgends anders auf der Welt würde man so leicht auf tierische Produkte verzichten können, wusste der/die erfahrene Reisende zu berichten.[1826] Es wurde jedoch nicht ausschließlich die Selbstversicherung angestrengt, sondern auch externe Bestätigung gesucht. Deshalb wurde es nahezu als nationale Schande erachtet, wenn die globale Vorreiterrolle zur Disposition stand. Die NAVS machte sich Sorgen:

> *„For many years it has been axiomatic that ours is a country of animal lovers. We pioneered in the introduction of protective legislation for animals. We were the first country in the world to do anything about the use of living animals as experimental material in connection with human disease investigations. We have protective societies concerned with the welfare of horses, dogs, cats and smaller animals. But are we really in the lead today?"*[1827]

Diese Vorreiterrolle musste vor allem in Abgrenzung zum als *‚Anders'* konstruierten Bestand haben. Dieses *‚Andere'* war flexibel interpretierbar. Waren es im 18.-19. Jahrhundert noch primär KatholikInnen, die der Kategorisierung als *‚tierfeindlich'* unterworfen waren, verschob sich diese Kategorisierung im 20. Jahrhundert. So hatten die Proteste gegen die Lebendtiertransporte eine nationalistische Konnotationen: Ein Argument für die Proteste war, dass die Tiere auf dem europäischen Kontinent weniger human geschlachtet werden würden.[1828] Die *„veal crates of Johnny Foreigner"*[1829] waren es, vor denen britische Tiere geschützt werden mussten. Hier griff man auf ähnliche Argumente zurück, die auch schon gegen den Pferdetransport Anfang des 20. Jahrhundert angebracht wurden. Gleiches ließ sich in der Agitation gegen den Transport von in Großbritannien gezüchteten Tieren für ausländische Versuchlaboratorien feststellen. 1966 warnte die NAVS, dass die Tiere nicht den Schutz erhielten, der ihnen in Großbritannien zukäme. So gering dieser Schutz auch wäre, er wäre immer noch besser, als die

> *„many experiments conducted on animals which can only be described as wicked and diabolical."*[1830]

Derartige Argumentationen halfen auch dabei, wirkungsvoller an das Parlament heranzutreten. Der Abgeordnete Rafton Pounder unterstrich bei seinem Gesetzentwurf zum Verbot des Exportes von Versuchstieren, ihm gehe es nicht um die Abschaffung der Vivisektion, sondern um de-

---

1826 U.K. is a Paradise for Vegans, Vegan Views, Nr.75, Neujahr 1997, S.9.

1827 Animals' Defender, Vol. 9, Nr.9, 1965, S.12.

1828 Anon.: *Shoreham: Live Exports and Community Defence*, Do or Die – Voices from Earth First!, Nr.5, S.759.

1829 Mann, 2007, S.437.

1830 Animals' Defender, Vol. 10, Nr.8, 1966, S.91.

ren Kontrolle, die er nur in Großbritannien gegeben sah.[1831] Und in einer Generaldebatte über Tierschutz im House of Commons am 23. März 1979 betonte der konservative Abgeordnete David Renton:

> *„Our standards are very high compared with what one has seen in other parts of the world. (…) Let us therefore try to set the highest possible standards as an example to other countries – not for the first example that Britain has set the world."*[1832]

Und der konservative Abgeordnete Silkin ergänzte, dass nahezu alle Konventionen zum Schutz der Tiere auf Initiative Großbritanniens zurückzuführen seien bzw. dass die dortige Gesetzgebung Modell stand.[1833] Damit wurde das Bildnis der brutalen Arbeiterklasse, das im frühen 19. Jahrhundert als Abgrenzungsmoment in der Herausstreichung der eigenen humanistischen Geisteshaltung einstehen musste, durch das der tierfeindlichen Nicht-BritInnen ersetzt bzw. der bereits bestehende nationalistische Diskursstrang verstärkt.[1834] Mit der Selbstverständigung auf die eigene Tierliebe ließen sich neo-imperialistische Deutungsmuster herausarbeiten, die in der Herausstreichung der eigenen Tierliebe einen Appell beinhalteten. Dieser Appell richtete sich zum einen an die eigenen MitbürgerInnen, alles daran zu setzen, mit gutem Vorbild voran zu schreiten. Außerdem wurden alle anderen aufgefordert, es der britischen Nation gleichzutun. Nicht nur der moderate Tierschutz wollte erkannt haben, dass, wenn überhaupt, es der britischen Nation oblag, den Weg der – wie auch immer gearteten – Errettung des Tieres zu gehen. Auch der ALF-Aktivist Keith Mann kommentierte die Motivation zur Herausbildung der ALF wie folgt:

> *„It was surely logical for this nation – if any – to go out of its way to free the animals from slavery and the deliberate infliction of harm."*[1835]

Die als quasi inhärent britisch diagnostizierte Tierliebe, so war man sich einig, sei prestigeträchtig. Allerdings, so merkte der liberale Abgeordnete Ross an, müsse man weiterhin daran arbeiten,

> *„if our claim to be the most animal-loving nation in the world is to be substantiated."*[1836]

Ab den 1990er Jahren betonten alle großen Parteien in ihren Wahlmanifesten den zivilisatorischen Grundton, der sich im Tierschutz offenba-

---

1831 Anti-Vivisectionist, Vol. 68, Nr.1, Januar/Februar 1965, S.149.

1832 Hansard, House of Commons Debates, Vol. 964, 23. März 1979, col.1892.

1833 Hansard, House of Commons Debates, Vol. 964, 23. März 1979, col.1913.

1834 Kean, 1998, S.21.

1835 Mann, 2007, S.51.

1836 Hansard, House of Commons Debates, Vol. 964, 23. März 1979, col.1950.

re.[1837] Die Antivivisektionsgruppen machten sich diesen patriotischen Gestus ebenfalls zu Eigen. Wenn Großbritannien einmal den Weg Richtung Verbot von Tierversuchen einschlagen würde, könnte die Welt diesem zivilisierten Beispiel folgen. Animal Aid's *Outrage!* ließ 1980 verlautbaren:

> *„As a nation which has a reputation for justice and fair play, we consider that Britain should take the lead in this matter and introduce courageous and radical legislation which would bring about the release of laboratory animals. We feel sure that if Britain leads the world by introducing legislation (...) then other countries who, as always, have looked to us to lead the way in such matters, would be quick to follow suit and change their laws accordingly."*[1838]

Erklärungsversuche für dieses nationale Phänomen zeitigen mitunter bizarre Stilblüten. So konstatierte die Schriftstellerin und Tierrechtsaktivistin Maureen Duffy, dass der Mangel an emotional-physischem Kontakten der BritInnen untereinander dazu führe, dass sie diese Bedürfnisse mit dem Tier, insbesondere dem Haustier, ausleben würden. Das merkwürdige Verhältnis zur Sexualität, was sie darüber hinaus gerade britischen Frauen unterstellte, sei dafür verantwortlich, dass diese eher den Bezug zu Pferd, Hund, Katze oder Vögeln denn zu menschlichen (männlichen!) Partnern suchen würden.[1839] Hiermit wiederholte sie die bereits im 19. Jahrhundert verwendete essentialistische Stereotype gegen Antivivisektionsaktivistinnen, als biologisch näher am Tier verortet, ohne dies jedoch als explizit abwertend zu begreifen.

Tierschutz- und Tierrechtsgruppen erkannten allerdings ein Problem darin, diese *‚inhärente'* Tierliebe für ihre Arbeit nutzbar zu machen. Schnell musste man feststellen, dass der Tierschutz trotz des antizipierten *‚tierliebenden'* Grundgestus der britischen Bevölkerung nur bedingt Fortschritte machte. Clive Hollands schrieb in seinem Zwischenresümee zum Animal Welfare Year 1977:

> *„It is a sobering thought to realise that those involved in animal welfare (paid-up members of societies) number certainly no more than half a million people out of a total population in this animal loving country of nearly sixty million souls."*[1840]

Allerdings waren auch die Radikalen davon überzeugt, dass, wenn man die Bevölkerung erstmal über das Grauen des Tiermissbrauchs, etwa in der Vivisektion, aufgeklärt hätte, ein wahrhaftiges Bild der Tierbefreier-

---

1837 Radford, 2001, S.171.

1838 Outrage, Nr.7, März/April 1980, S.2.

1839 Duffy, 1984, S.69.

1840 Animal Welfare Animal Welfare Year Special, Februar 1977, S.3.

Innen von den Medien gezeichnet werden würde. Die Umsetzung entsprechender Verbotsverfügung wäre dann nur noch Formsache.[1841] Deshalb wurde das nationale Element fleißig bedient, zumal wenn es darum ging, Aufmerksamkeit zu erlangen. Gerade die Boulevardblätter nahmen Berichte willentlich an, um Wahrheiten über britische Geisteshaltung mit patriotischen Untertönen zu verbreiten. *„Experiments that shame Britain"*, titelte *Today* am 23. März 1995 und rekurrierte auf die Primatenversuche mit illegal importierten Makaken, die von der BUAV aufgedeckt worden waren.[1842]

Im Rekurs auf traditionelle britische Werte wurde, wenn dies für notwendig erachtet wurde, auch auf die königliche Unterstützung zurückgegriffen. Die zuvor festgestellte Ablehnung der Monarchie wies dann Brüche auf, wenn sich ihre VertreterInnen gegen Tierversuche aussprachen, wie etwa Prinz Charles 1995.[1843] Grundlegend abgelehnt wurde die Verbindung von Königshaus und Tierschutzverbänden dann, wenn sich selbiger wieder einmal beim Jagdsport betätigte. Sitte und Brauchtum spielten dennoch auch in der Beschwörung eines als tierlieb markierten nationalen Images eine große Rolle. In Berufung auf die lange Geschichte britischer Tierrechtsarbeit wurde somit eine Tradition begründet. Diese half, den konstanten Wandel der Moderne zu strukturieren.[1844] Gegenwart wurde somit durch ein teils verklärtes historische Bild konstruiert.[1845]

Wieso blieb diese nationale Versicherung der eigenen Tierliebe bestehen? Richard Ryder erkannte darin eine institutionalisierte Größe. Zur RSPCA als Personifizierung eines nationalen Tierschutzgefühls sagt er:

> *„It is hard to explain to foreigners the unique status of the RSPCA in British society. It is a by-word, an institution known to well over 90 percent of the adult population and as well known, or better known than the name of the Prime Minister (...) Furthermore, it is woven into the fabric of British humour and, more importantly, into our culture's system of values. It is like cricket or Buckingham Palace – a revered part of our national way of life."*[1846]

1841 Mann, 2007, S.55.

1842 In: Campaign Report, Sommer 1995.

1843 Campaign Report, Winter 1995/96.

1844 Hobsbawm, Eric: *Introduction: Inventing Traditions,* in: Hobsbawm, Eric und Ranger, Terence.: *The Invention of Tradition,* Cambridge, 1983, S.2.

1845 Lunn, Kenneth: *Reconsidering 'Britishness': The construction and significance of national identity in twentieth century Britain,* in: Jenkins, Brian und Sofos, Spyros, A.: *Nation and Identity in Contemporary Europe,* London u.a., 1996, S.86.

1846 Ryder, Richard: Animal Revolution, Outrage, Nr.17, November/Dezember 1981, S.12.

Durch diese psycho-soziale Institutionalisierung bot Tierschutz eine verlässliche Größe, die politisch besetzbar war. Tierschutz konnte den Rahmen für einen positiv ausgeleuchteten Patriotismus bieten, der gesamtgesellschaftlich zugänglich war. ‚*Mehr'* Tierschutz als der, den die RSPCA anbot, war jedoch politisch ungewollt. Alles andere würde die Grundfesten der Gesellschaft bedrohen, die die RSPCA doch so sorgsam kittete. Als 1986 24 Aktivisten der Eastern Animal Liberation League wegen des Einbruchs in das Laboratorium des Chemielabors von Unilever verurteilt wurden, begründete der vorsitzende Richter seine scharfen Urteile folgendermaßen:

> *„You are enemies of society – that is your true purpose.... it is hypocrisy to say you act for love of animals."*[1847]

Und auch staatliche Maßnahmen gegen die radikale Tierrechtsbewegung wurden mit der Versicherung begonnen, dass man stolz auf die Tierfreundlichkeit der BritInnen und ihrer Gesetzgebung sein könne.[1848] Tierschutz sollte helfen, eine nationale Identität zu bewahren und eine kollektive Form von Glaube und Zugehörigkeitsgefühl aufrechtzuerhalten. Diese nationale Identität stand gerade zum ausgehenden Jahrtausend immer häufiger zur Disposition.[1849] Angesichts öffentlich geäußerter Ängste vor dem drohenden Verlust britischer Identität im Zuge der europäischen Erweiterung, versuchte die Major Regierung, die Bevölkerung mit dem Hinweis für die Zustimmung zu Europa zu bewegen, dass die britische Nation auch noch in fünfzig Jahren an essentiellen kulturellen Bestandteilen wie warmem Bier, grünen Landschaften und ihrer Liebe für Hunde zu erkennen sein werde.[1850] Auch New Labour beschwor eine englische ‚*cultural identity'* für das moderne Zeitalter, die angesichts steigender Immigrantenzahlen bewahrt werden müsse.[1851] Diese konzeptionelle kulturelle Identität hob sich von den Entwürfen ihrer konservativen Vorgänger in der Betonung moderner junger Werte ab. Diese Wer-

---

1847 Turning Point, Nr.5, Herbst 1986, S.19.

1848 Home Office: Animal Welfare – Human Rights: protecting people from animal rights extremists, Juli 2004, S.3.

1849 Parekh, Bhiku: *Defining British National Identity,* in: The Political Quarterly, Vol. 71, 2000, S.4.

1850 The Guardian, 23. April 1993, Kumar weist zu Recht auf die Überlagerung von ‚*Britishness'* durch ‚*Englishness'* hin. Englische Kultur dominiere alles, was als genuin ‚*britisch'* kategorisiert werde. Nach: Kumar, Krishan: *The Making of English National Identity,* Cambridge, 2003, S.227ff. Für die britische Tierrechtsbewegung kann dies jedoch lediglich für den antiirischen Antikatholizismus des 18. und 19. Jahrhunderts festgestellt werden (Vgl. Teil I, Kap.1.3 dieser Arbeit). Die von John Major hervorgehobene ‚*Liebe zum Hund'* kann keinesfalls als rein englisches Phänomen betrachtete werden. In Schottland zeigten sich die Bestrebungen, die Fuchsjagd mit Hunden abzuschaffen als mindestens genau so stark wie in England. Die Fuchsjagd wurde dort bereits 2002 verboten.

1851 Childs, 2006, S.368.

te sollten die moralische Vorreiterrolle von ‚*middle England*' aufrechterhalten.[1852] Tierschutz ließ sich in beide Konzepte kultureller Identität bestens integrieren. Damit bildete der patriotische Bezug auch weiterhin eine Konstante, die britischen Tierschutz ausmachte: Tierschutz wurde an eine zivilisatorische Sonderstellung angelegt, die Großbritannien von anderen Nationen abheben helfen sollte.

8. Kriegsrhetorik und Märtyrertum

Begleitet wurde die Radikalisierung der zweiten Tierrechtsbewegung, zumindest bei Teilen der Bewegung, mit einem Bekenntnis zu einer totalen Aufopferung für die ‚*Sache*'. Hierbei wurde das eigene Leben gar als Verhandlungsbasis eingesetzt und in den Dienst der Bewegung gestellt. Diese Mentalität leistete der Genese von MärtyrerInnen für die Bewegung Vorschub. Bereits 1972 übergoss sich BUAV-Mitglied Olive Parry mit Parafin und setzte sich selbst in Brand, um auf die Lage der Tiere bei der Vivisektion aufmerksam zu machen. Die BUAV reagierte auf den Tod der Frau mit Bewunderung für ihren Einsatz:

> *„The BUAV was, as an organisation, both deeply moved by this supreme act of sacrifice for its common ideal and yet saddened at heart to realise how hopeless Olive Parry thought this cause to be on that morning."*[1853]

Das Märtyrertum entwickelte sich vor allem in dem Bestreben, der Bewegung eine narrative Struktur und eine Historizität zu geben, die über tagespolitische Berichterstattung hinauszugehen und sich ins kollektive Gedächtnis einzuschreiben vermochte.[1854] Das Paradigma des Märtyrerdaseins half dabei, den Erfahrungen von Hilflosigkeit und Verzweiflung eine Bedeutung zu geben, der es gelang, über persönliche Wahrnehmungen hinauszugehen.

Auch die Offerte, sich selbst als Ersatz für Versuche von Tieren herzugeben, bereits im 19. Jahrhundert von Anna Kingsford praktiziert, fand in der zweiten Tierrechtsbewegung NachahmerInnen. 1975 boten Lady Parker, Mrs. Horam und Mrs. Cockram an, sich für die ICI *Smoking Beagles* ersetzen zu lassen und an deren Stelle an den Zigarettenexperimenten der Tabakindustrie teilzunehmen.[1855] Damit wollten sie nicht bloß auf die Versuche im eigentlichen Sinne aufmerksam machen, son-

---

1852 Parekh, 2000, S.13.

1853 AV Times, April 1972.

1854 Pannewick, Friederike: *Martyrdom in Literature: Visions of Death and Meaningful Suffering in Europe and the Middle East from Antiquity to Modernity*, Wiesbaden, 2004, S.1.

1855 AV Times, März 1975.

dern auch generell Tierversuche für menschliche Bedürfnisse in Frage stellen.

Das Märtyrerdasein nahm bei der ALF und noch radikaleren Gruppen, wie der im Laufe der Arbeit noch näher beschriebenen Animal Rights Militia und dem Justice Department, einen signifikanten Platz ein. Die Gefangenen der Bewegung wurden als politische Gefangene für die Sache betrachtet und als HeldInnen behandelt. Es ihnen nachzutun galt quasi als Pflicht für jede/n überzeugte/n TierrechtlerIn. 1981 sagte Ronnie Lee:

> „*Of course such militant action carries with it the risk of eventual imprisonment, but I feel this is a very small price to pay when one considers the appalling suffering that millions of animals undergo every day. The ALF should be looked upon as a sort of 'National Service' by all in the animal rights movement, with only those who are too old, too young or too infirm, or who have already 'done time' for the cause having a valid excuse not to 'join up'.*"[1856]

Und Animal Aid's Jean Pink gab zu bedenken,

> „*We need the people who are ready to risk life and limb – or at least their freedom – and break into laboratories to obtain vital evidence on animal suffering.*"[1857]

Den AktivistInnen, die nach dieser Maxime handelten, wurde in quasireligiöser Weise ein ewiges Leben in der kollektiven Erinnerung der Bewegung versichert:

> „*In this age of insanity you may be branded a terrorist, but you will one day be remembered as a selfless warrior who dared to fight for what is right.*"[1858]

Ergänzend wurde argumentiert, dass die Gefangenen eine wichtige Rolle für die *Publicity* der Sache spielen würden. Zudem könne man sich als Gefangene/r zu einem gewissen Maße in die Lage der Tiere hineinversetzen, die gesellschaftlich forcierte Verweigerung autonomer Lebensentwürfe mit einem Leben im Käfig somit nachvollziehen und ihr Leiden empathisch teilen.[1859] Immerhin hätte man jedoch als Mensch die Gewissheit der ‚*strength of our cause*' hinter sich.[1860] Diese bliebe den Tieren

---

1856 Liberator, Dezember 1981, S.10.

1857 Outrage!, Nr.10, September/Oktober 1980.

1858 Anon.: Animal Liberation through direct action, Flugschrift, ohne Datumsangabe.

1859 Liberator, Juli/August 1982.

1860 Brief von Duggs Carre, der 1986 zu einer zweijährigen Gefängnisstrafe wegen Beteiligung bei dem Angriff auf Unilever verurteilt wurde, an Howl Nr. 36, Sommer 1987.

in Ermangelung der Rezeption von Solidaritätsbekundungen permanent versagt.

Neben Parry gab es bald ganz unfreiwillige MärtyrerInnen. 1991 kam der achtzehnjährige Jagdsaboteur und ALF-Aktivist Mike Hill während einer Sabotage ums Leben, als er von einem Wagen überrollt wurde. Die Tierrechtsbewegung, zunächst geschockt von dem Vorfall, reagierte alsbald mit Vergeltungsmaßnahmen, die sich in Aktivitäten gegen seinen mutmaßlichen *‚Mörder'* entluden.[1861] Ronnie Lee rief in *Arkangel* dazu auf, die Politik der Gewaltlosigkeit um aktive Selbstverteidigung zu erweitern, damit solche Zwischenfälle sich nicht wiederholten.[1862] Vergebens: 1993 wurde der erst fünfzehnjährige Tom Worby von einem Truck der Cambrigdeshire Hunt erfasst, der die Hundemeute transportierte, und verstarb noch vor Ort.[1863] Beiden kam somit der gleiche Heldenstatus zu, den auch Jill Phipps, geb. 1964, erhielt, nachdem sie 1995 von einem Tiertransporter überrollt wurde. Sie waren *‚killed in action'*, im Kampf für die Tiere.[1864] Phipps Mutter Nancy war bereits eine aktive Tierrechtlerin gewesen, arbeitete als Mitglied der ALF Supporters Group und verbüßte 1986 eine Haftstrafe wegen Eindringens in das Versuchslaboratorium von Unilever. Der Familie wurde folglich die vollkommene Unterstützung der radikalen Bewegung zu Teil. Auch den schottischen ALF-AktivistInnen Davy Barr und Valerie Mohammed wurde gedacht. Psychisch überfordert von den Gefängnisstrafen, die sie absitzen mussten, begingen sie 1990 Selbstmord.[1865] Den ultimativen Märtyrertod starb jedoch Barry Horne. Ein 2001 im Gefängnis durchgeführter Hungerstreik endete für ihn tödlich. Mark Juergensmeyer konstatiert in seiner Arbeit über religiös motivierte Gewalt, dass diese Selbstaufopferung eine Aufwertung der Moral sowohl für Individuum wie Bewegung erwirke.[1866] Tatsächlich lassen sich hier eindeutige Parallelen ziehen. So sicher waren sich einige AktivistInnen der Bewegung der eigenen Sache, dass sie für sie gewissermaßen religiöse Züge annahm. In *Outrage!* hieß es 1980:

> *„(...) It is our task to show that we are surrounded at present by evil forces, and to urge people to wake up and fight on the side of the good. (...) We*

1861 Wildlife Guardian, Nr.16, Frühjahr 1991, S.7, Arkangel, Nr.5, Frühjahr 1991, S.2; Green Anarchist, Nr.27, Sommer 1991, S.24.

1862 Lee, Ronnie: Some comment on our loss, Arkangel, Nr.5, Frühjahr 1991, S.40.

1863 Turning Point, Nr.29, April-Juni 1993, S.11.

1864 Howl, Nr.73, Frühjahr 2001, S.12.

1865 Mann, 2007, S.145f; Arkangel, Nr.5, Frühjahr 1991.

1866 Juergensmeyer, Mark: *Terror in the mind of God: a global rise of religious violence*, Berkeley u.a., 2000, S.167.

know the Truth. Vivisection is evil and must be abolished. It is as simple as that."[1867]

Horne hatte zuvor gleichermaßen diese Rhetorik bedient. In einem in *Arkangel* abgedruckten Brief an die Bewegung ließ er wissen:

> *„The fight is not for us, not for our personal wants and needs: It is for any animal that has ever died. (...) We can create that justice, we can deliver that freedom: The animals have no-one but us, we will not fail them."*[1868]

Er war also sehr wohl dazu bereit, ein Opfer in diesem Krieg zu sein. Zur Kampagne gegen Shamrock Farm in Brighton, die ab 1983 gemeinsam von der BUAV und der South Eastern Animal Liberation League geführt wurde, ließ der *Liberator* verlautbaren:

> *„We will need strength and tenacity to overcome the evil of Shamrock Farms, but the force of good will prove stronger than the force of evil."*[1869]

Man gab sich dem Anschein hin, für eine heilige Sache zu kämpfen.[1870] Dieser Vorstellung bedienten sich auch radikale UmweltschützerInnen.[1871] Das ‚*Wenn nicht wir, wer dann*?'-Schema beschwor milleniaristische Endzeitvorstellungen, die den menschlichen Umgang mit Tier und Natur als eine dauerhafte Kriegshandlung interpretierten. Im technisch fortgeschritten Zeitalter fände diese Kriegshandlung in der vollkommenen Vernichtung der Tierwelt, exemplarisch etwa in der BSE Seuche, ihren Ausdruck.[1872] Durch die Bedienung der Gut-Böse Dichotomie als rhetorischem Stilmittel wurde dem Gegenüber gleichsam jegliche Legitimation einer Meinung abgesprochen, konstatieren Jasper und Nelkin.[1873] Der ‚*Satanisationsprozess*' in der Definition des Gegners stellte die Fronten klar.[1874] Das Mitteilungsorgan der radikalen Szene wurde entsprechend *Arkangel* genannt, sah man sich doch als die wahren Schutzengel der Tiere.[1875] Auf dessen Titelseiten fand man entsprechend klischeehaft vermummte TierrechtlerInnen, die engelsgleich den Tieren den Weg aus der Unterdrückung wiesen.

Die deutliche Loslösung der zweiten Tierrechtsbewegung von ihrem religiös-humanistischen Wurzeln des 19. Jahrhunderts führte für einige

---

1867 Outrage, Nr.7, April/Mai 1980, S.2.

1868 Arkangel, Nr.20, S.4.

1869 Liberator, April/Mai 1984.

1870 Herzog, 1993, S.117.

1871 Taylor, 1998, S.10.

1872 Nash, David S.: *Secular Millenialism*, in: Landes, Richard A. (Hg.): *Encyclopedia of Millenialism and Millenial Movements*, London u.a., 2000, S.378.

1873 Jasper und Nelkin, 1992, S.3.

1874 Juergensmeyer, 2000, S.182.

1875 Wicklund, 1991 S.3.

dazu, die Tierrechtsidee selbst zu einem religiösen Dogma werden zu lassen. An Stelle christlicher Aufopferungsbekenntnisse traten säkularisierte Lehrsätze, die nicht weniger Anziehungskraft verbreiten sollten. Somit könne die Tierrechtsbewegung, so die Soziologin Grace Davie, durchaus als fundamentalistische Gruppierung kategorisiert werden, wobei sie Fundamentalismus als eine Weltsicht definiert, die bestimmte, selbst konstruierte ‚*Wahrheiten*' heraushebt, die an die Realitäten des 20. Jahrhunderts angelegt würden.[1876]

Ein militärischer Jargon sollte darüber hinaus die Ernsthaftigkeit und Bedeutung der ‚*Sache*' unterstreichen helfen. Man befand sich im Krieg mit der tierausbeutenden Gesellschaft und hatte mit den entsprechenden Folgen zu rechnen. Im *Animals' Defender* warb ein Leser für Toleranz verschiedener Strategien:

> *„This battle, like any other, won't be won without casualties. Those who feel that they are more valuable behind the lines should at least respect those who are prepared to be front-line soldiers."*[1877]

Und auch Ronnie Lee beschwor 1989 aus dem Gefängnis den Kriegszustand, der jedoch auch helfen könnte, die Bewegung im Kampf zu einen.

> *„In a war the people fighting on one side become united and are prepared to sink their differences for the common good."*[1878]

Indem die Auseinandersetzung in einen größeren Kontext des ewigen Kampfes von Gut gegen Böse eingebettet wurde, zeigte sich deutlich, dass die ‚*Schlacht*' erst dann vorbei sein könnte, wenn alle Tiere befreit wären. Kurzzeitige Erfolge waren also von weniger Bedeutung als das langfristige Ziel.[1879] All diejenigen, die dieser ‚*kosmische Krieg*' vereine, so sagt Juergensmeyer, versicherten sich, dass sie Teil einer großen Geschichte seien. Diese Geschichte würde auf lange Sicht als Triumph für die Bewegung ausgelegt werden, auch wenn dies erst nach der Lebenszeit der gegenwärtigen Generation von AktivistInnen der Fall sein würde.[1880] Auch das Bild einer Widerstandsbewegung wurde gerne und oft gezeichnet;[1881] mit einem Widerstandskampf, der eine speziesübergreifende Solidarität einfordere.[1882] Da man ja nicht selbst Opfer war, bedurfte es jedoch erst einer Identifizierung der Feinde, die, je nach Radikalität der Gruppen, divergent ausfiel und von einzelnen TiernutzerInnen bis

1876 Davie, Grace: *The Sociology of Religion*, London, 2007, S.183ff.

1877 Animals' Defender, Januar/Februar 1982, S.67.

1878 Lee, Ronnie: One People, in: Arkangel, Nr.1, Winter 1989, S.3.

1879 Vgl. Juergensmeyer, S.164f.

1880 Ibid., S.165.

1881 Jasper und Nelkin, 1992, S.126.

1882 Zum Begriff der Speziessolidarität siehe: Garner, 1998c, S.72.

hin zum politischen System und der Gesamtgesellschaft reichte. Tatsächlich ließen sich zumeist primäre und sekundäre Feinde identifizieren: Solche, die als direkt Beteiligte an der Tiervernutzug identifiziert wurden, und solche, die eine UnterstützerInnenfunktion einnahmen.[1883] Für die radikalsten Gruppen galten beide Feindgruppen als legitime Ziele, wie bei der Auseinandersetzung um Huntingdon Life Sciences bereits illustriert werden konnte.

Barry Hornes Tod 2001 brachte AktivistInnen dazu, den Tod als nachdrücklichste Aufopferung für die Sache zu rühmen. Seine Beerdigungszeremonie ähnelte denen der IRA Kämpfer. Jill Phipps wurde ebenfalls mit einem jährlichen Event geehrt. *‚Jill's day'*, erstmals 2005 ausgerichtet, also zehn Jahre nach ihrem Tod, sollte sowohl an die vergangenen Aufopferungen erinnern als auch aktuelle Aktivitäten publik machen.[1884] Die ALF-Aktivisten Keith Mann und John Curtin waren davon überzeugt, dass es im Krieg für die Tiere weitere Opfer geben werde.[1885] Die Kriegsrhetorik sollte helfen, auch gewaltsame Aktionen zu legitimieren. In der Herausforderung von Status quo und politischem System existierte man durch dieses Stilmittel als mindestens gleichwertiges und rechtmäßiges Gegenüber. Auch andere radikale Gruppen bedienten sich derartiger Argumentationslinien.[1886]

Stärker noch als in Großbritannien übernahmen amerikanische AktivistInnen die Selbstbetitelung als *‚warrior in defence of animals and mother nature'.*[1887] So hieß es in einem Text der amerikanischen ALF:

> *„We show great respect, not only to our Earth Mother and her Animal Children but also to each other. We are warriors. The rear guard who must defend the weak, sick and voiceless who cannot defend themselves against the evil that many humans have become."*[1888]

Rod Coronado, führender ALF-Aktivist in den USA, sah Tiere entsprechend als Kriegsgefangene an, die man, mit welchen Mitteln auch immer, zu befreien habe.[1889] Nicht alle AktivistInnen mochten sich jedoch

---

1883 Juergensmeyer, 2000, S.176.

1884 Honigsbaum, Mark: Woman who died in veal protest becomes martyr of wider cause, The Guardian, 5. Februar 2005.

1885 Vidal, John: Animal rights activist buried, The Guardian, 17. November 2001.

1886 Viera, John David: *Terrorism at the BBC, The IRA on British Television,* in: Alali, A.Odasuo und Eke, Kenoye Kelvin: *Media Coverage of Terrorism, Methods of Diffusion,* London u.a., 1991, S.77.

1887 Western Wildlife Unit of the Animal Liberation Front: *Memories of Freedom,* ohne Datumsangabe.

1888 Ibid..

1889 Rod Coronado zitiert in: Tobias, Michael: *Voices from the Underground, For the Love of Animals,* Pasadena, 1999, S.130, S.87.

der Kriegsrhetorik anschließen. Robin Lane, ab 1992 Mitherausgeber von *Arkangel* und zu diesem Zeitpunkt auch ALF-Pressesprecher, urteilte:

> *„We must never use war as an excuse, as wars are caused by nationalism and greed and result in the mass murder of both humans and animals."*[1890]

Die Kriegsrhetorik bediente in erster Linie Selbstvergewisserungsaspekte und unterstützte die Bestimmung von Feindbildern. Sie sollte, wie auch Bron Taylor für die radikale Umweltschutzbewegung konstatiert, nicht mit einem Aufruf zur Bewaffnung gleichgesetzt werden.[1891] Vielmehr gingen martialische und revolutionäre Rhetorik mit dem Beharren auf gewaltloser Direkter Aktion Hand in Hand. Das bedeutete auch, dass sich die allermeisten AktivistInnen der radikalen Bewegung zwar des militanten Jargons bedienten, ihre *‚explosiven'* Konsequenzen jedoch nicht unbedingt guthießen. Die AktivistInnen, die sich zu Bombendrohungen und Verschickung von Briefbomben bekannten, wurden nicht mit derselben Unterstützung und Huldigung beehrt, wie dies bei anderen, zumeist islamistischen AttentäterInnen beobachtet werden kann. Dennoch wurde die Kampagne gegen die kanadische Regierung, die sich gegen deren Aufrechterhaltung der Robbenjagd richtete, mit zahlreichen Bombendrohungen gegen die Gebäude der kanadischen Botschaft begleitet.[1892] Eine Autobombenexplosion 1990, bei der ein Kind verletzt wurde, konnte mit der Kriegssprache entschuldigt werden. Barry Horne ließ 1990 verlautbaren,

> *„there is a war going on out there (...) and in any war innocent civilians unfortunately get hurt."*[1893]

Die umstrittene Strategie der Briefbomben und Autobomben wird im dritten Teil der vorliegenden Arbeit näher beleuchtet. Hier sei nur festgehalten, dass sich zwar die gesamte Bewegung der Kriegsrhetorik bediente, jedoch die wenigsten Gruppen auch nach ihr handelten.

Mit ihrer quasi-religiösen Ausrichtung bewies die Tierrechtsbewegung nicht nur Anschlussmöglichkeiten an moralische Diskurse, die in einer säkularisierten Zeit eine kollektive Identität zu schaffen in der Lage waren. Ihr gelang es zudem, sich rhetorisch auf der Seite der Guten zu verorten, deren Kampf als ethisch und politisch legitimierbar klassifiziert werden konnte. Der Rekurs auf einen heiligen Kampf sollte die Motivation der AktivistInnen stärken und sie enger an die Bewegung binden.

1890 Lane, Robin: Good and Bad, Arkangel, Nr.3, Sommer 1990, S.48.

1891 Taylor, 1998, S.8.

1892 Animal Welfare, März/April 1978, S.12.

1893 Horne, Barry: The Real World, Arkangel, Nr.4.

9. Die zweite Tierrechtsbewegung im nationalen Vergleich

Auch nachdem sich in den Vereinigten Staaten und in Kontinentaleuropa längst Tierrechtsvereinigungen konstituiert und sich eine Bewegung begründet hatte, bestand man in Großbritannien auf den richtungweisenden Vorbildcharakter der britischen Tierrechtsbewegung. In *Arkangel* hieß es 1993:

> *„The movement in this country is the most advanced in the world and we feel more needs to be done to assist campaigners abroad."*[1894]

Man wollte dabei helfen, eine Bewegung britischen Charakters weltweit zu schaffen, die sich sehr wohl daran erinnern sollte, wem sie die Inspiration zu verdanken hätte. Dabei schien sich die britische Bewegung ganz in der Tradition imperialistischer Philanthropie zu befinden. Ein ausgeprägtes Sendebewusstsein vermittelte britische Traditionen des Tierschutzes als den *‚richtigen Weg'*. Nicht immer gab man sich jedoch, angesichts von Entwicklungen im eigenen Land, derart optimistisch. 1998 war im gleichen Magazin zu lesen:

> *„People in other countries look upon the UK as some kind of haven for animals but nothing could be further from the truth!"*[1895]

Das Image einer *‚Nation of Animal Lovers'* aufrechtzuerhalten und die Autorität der *‚civilized nation'* zu konsolidieren, verlangte nach fortwährenden Bemühungen: Schließlich würden gerade auch in Großbritannien noch viel zu viele Tiere der tierverbrauchenden Industrie zum Opfer fallen. Auch in anderen Ländern, so erkannte man sogar im Vereinigten Königreich, fand eine Neuerfindung der bestehenden Tierschutz-/Tierrechtsbewegungen statt. Analog zu Teil I, Kap.5 dient das folgende Kapitel daher der vergleichenden Perspektive. Behielt die britische Tierrechtsbewegung ihre Vorreiterrolle? Inwieweit nahm sie auf Entwicklungen in den Vergleichsländern Einfluss? Ausgehend von diesen Fragen soll die Geschichte der Tierrechtsbewegungen der Vereinigten Staaten respektive der Bundesrepublik Deutschland knapp nachgezeichnet und auf Abweichungen überprüft werden. Unterschiedliche Ausgangsbedingungen nach dem Zweiten Weltkrieg zeichneten deutliche Spuren in der Entwicklung der nationalen Bewegungen. Internationale Vermengungen in der Tierrechtsfrage schienen, anders als im Naturschutz, in weite Ferne gerückt.[1896] Der *‚Deutsche Sonderweg'* muss aus der

---

[1894] Arkangel, Nr.9, Frühjahr 1993, S.2.

[1895] Arkangel, Nr.19, S.2.

[1896] Wöbse, Anna-Katharina: *Naturschutz global – oder: Hilfe von außen: Internationale Beziehungen des amtlichen Naturschutzes im 20.Jahrhundert*, in: Frohn, Hans-Werner und Schmoll, Friedemann: *Natur und Staat: Staatlicher Naturschutz in Deutschland 1906-2006*, Bonn-Bad Godesberg, 2006, S.678ff.

Perspektive seiner Abweichung von *‚normalen'* Modernisierungspfad Betrachtung finden.[1897] Die Progression der Tierrechtsbewegung musste damit zumindest in der Bundesrepublik zunächst autark verlaufen. Damit lassen sich Abweichungen in Herangehensweise und Aktionsmodalitäten und eine asymmetrische Entwicklung erwarten.

9.1 Die Vereinigten Staaten von Amerika

Die Tierschutzbewegung in den Vereinigten Staaten hatte den Zweiten Weltkrieg recht *‚unbeschadet'* überstanden und keine größeren Einbrüche erlebt, jedoch auch keine weiteren Erfolge verbuchen können. Die relativ ausgeprägte Aktivität des späten 19. Jahrhunderts konnte allerdings auch in den USA, ähnlich wie in Großbritannien, nicht aufrechterhalten werden. Als allzu mächtig hatte sich die Opposition, gerade im biomedizinischen Bereich, erwiesen. Im öffentlichen Diskurs wurden Tierversuche als fortschrittlich gutgeheißen.[1898] Außerdem mangelte es an charismatischen Führungspersonen, die der Bewegung ein Gesicht hätten geben können.[1899]

Die Nachkriegszeit zeigte zunächst eine organisatorische Umstrukturierung auf geschlechterpolitischer Ebene. Weiterhin dominierten amerikanische Tierschützerinnen die Mitgliedschaft in der Bewegung, aber auch in leitenden Positionen waren sie nunmehr überdurchschnittlich oft zu finden.[1900] Ab 1945 fand somit eine *‚Feminisierung'* tierschützerischer Arbeit auch auf Führungsebene statt.[1901] Genderspezifische Beschränkungen, die zuvor, wie in Deutschland auch, Frauen als Vereinsvorstände verhindert hatten, wurden aufgehoben. Empirische Arbeiten liegen jedoch erst für die Zeit nach 1990 vor. Bis zu 70% der Mitgliedschaft machten Frauen in den 1990ern aus, stellen Finsen und Finsen fest.[1902] Auch Jamison und Lunch gehen in ihrer Studie über die soziale Zusammensetzung der amerikanischen Tierrechtsbewegung im selben Zeitraum von einer ähnlichen Zahl, 68% der Aktiven, aus. Sie bemerken weiterhin, dass diese zu einem überdurchschnittlichen Anteil weiße Frauen aus der Mittelschicht seien, die über eine universitäre Ausbildung verfügten.[1903]

1897 Siegrist, 2003, S.309.

1898 Rowan, Andrew N.: *Of Mice, Models and Men: A Critical Evaluation of Animal Research*, Albany, 1984, S.51.

1899 Finsen und Finsen, 1994, S.52f.

1900 Beers, 2006, S.148.

1901 Ibid., S.10.

1902 Finsen und Finsen, 1994, S.246.

1903 Jamison, Wesley V. und Lunch, William, M.: *Rights of Animals, Perception of Science, and Political Activism: Profile of American Animal Rights Activists*, in: Science, Technology & Human Values, Vol. 17, Nr.4, Herbst 1992, S.444f.

Hier bildete sich folglich ein zwar ähnliches, aber nicht identisches Profil im Vergleich zum britischen Pendant heraus, wo zumindest der Klassenaspekt anders gewertet werden muss.

Von einer genuinen Tierrechtsbewegung kann man in Bezug auf die Vereinigten Staaten erst ab den 1980er Jahren sprechen. Zuvor war sie in programmatischer wie ideologischer Ausrichtung noch fest im paternalistisch geprägten Tierschutz verwurzelt. Entsprechend seiner These, dass Kriege grundsätzlich zu Verschiebungen und Stagnationen tierrechtlicher Arbeit und öffentlicher Einflussnahme führen, macht Richard Ryder den Vietnamkrieg für die zeitliche Verschiebung des Aufkommens der zweiten Tierrechtsbewegung bzw. für die Revitalisierung und Radikalisierung der Tierschutzbewegung verantwortlich.[1904] Wenn man dieser Annahme folgt, lässt sich jedoch lediglich nachvollziehen, dass sich zumindest die Umsetzung gesetzlicher Tierschutzmaßnahmen bis nach der Zeit des Endes des Vietnamkrieges hinzog, denn dem Aufbau neuer Gruppen tat diese Zeit keinen Abbruch. Ihr Einfluss war lediglich noch nicht spürbar. Finsen und Finsen gehen sogar davon aus, dass zahlreiche AktivistInnen, die sich den Protesten gegen den Krieg angeschlossen hatten, ebenfalls in der Tierrechtsbewegung aktiv wurden.[1905] Allerdings verzögerten sich die legislativen Maßnahmen aufgrund Zuständigkeitsschwierigkeiten innerhalb des föderalen Systems. Beers bietet in diesem Kontext eine überzeugendere These als Ryder an: Die repressiven 1950er Jahre mit McCarthys Kommunistenverfolgung forderten von den AktivistInnen Konservatismus und Moderation, um nicht gewaltsam aus öffentlichen Diskursen ausgeschlossen bzw. kriminalisiert zu werden.[1906] Entsprechend verzögerten sich Bestrebungen innerhalb der Tierschutzbewegung radikale Elemente zuzulassen. Man verpflichtete sich vielmehr dazu, den zivilisatorisch-patriotischen Gestus beizubehalten.

Gerade die Tierversuchsproblematik, durch die in Großbritannien neben dem Konfliktfeld Jagd die Bewegung am frühesten radikalisiert wurde, blieb bis Ende der 1970er Jahre ein wenig angetastetes bzw. nur vorsichtig angesprochenes Thema.[1907] Die Legitimation der Versuche wurde nicht grundsätzlich in Frage gestellt, lediglich Versuche zur Erprobung von Militärtechnologie und Konsumartikeln angegangen. Erst ab Mitte der 1980er Jahre übernahmen die großen Tierschutzgruppen eine, wenn

---

1904 Ryder, 1998, S.28.

1905 Finsen und Finsen, 1994, S.26. Anders als in Europa hatte sich zur Zeit des Ersten Weltkrieges keine pazifistische Bewegung in den USA herausgebildet. Entsprechende Verbindungen zur Tierrechtsbewegung konnten insofern nicht aufgebaut werden.

1906 Beers, 2006, S.155.

1907 Ibid., S.168.

auch nach wie vor reformistische, Antivivisektionsposition.[1908] Auch hier waren, wie in Großbritannien, aktive TierrechtsaktivistInnen in wichtige Ämter gewählt worden. Sie vermochten jedoch nicht, es ihren britischen Counterparts gleich zu tun und entsprechend radikale Positionen voranzutreiben.

Die Praxis der staatlichen Behörden, Hunde aus Tierheimen für Versuchszwecke freizugeben, fungierte als Initiationsthema der revitalisierten Tierschutzbewegung in den Vereinigten Staaten. Besonders empörte man sich darüber, dass dies mit Billigung der ASPCA geschah.[1909] Auch gegen den Haustierdiebstahl zum gleichen Zweck wurde agitiert.[1910] Die Humane Society of the United States (HSUS), gegründet 1954, avancierte zur größten und einflussreichsten Tierschutzgruppe des Landes. 2004 verfügte sie über nahezu 10 Millionen Mitglieder.[1911] Sie hatte sich in Abkehr zur American Humane Association gegründet, deren Position zur humanen Schlachtung sie für ganz und gar unzureichend hielt.[1912]Aus ebendiesen Gründen hatte sich bereits 1951 das Animal Welfare Institute (AWI) unter der Leitung von Christine Stevens formiert. Sein Erfolg blieb jedoch beschränkt. Man versuchte Gesetzesgrundlagen durchzusetzen, die dem britischen Tierschutzrecht glichen, insbesondere dem dort so heftig kritisierten *Vivisection Act* von 1876. Dieses Unterfangen blieb jedoch bis Mitte der 1980er Jahre erfolglos.[1913]

In der Thematik der Jagdgegnerschaft zeigten sich deutliche Unterschiede zwischen US-amerikanischer und britischer Herangehensweise. Ganzheitliche Ansätze, die die Wildnis als zu schützendes Gesamtkonzept betrachten wollten, dominierten hier klar vor der Errettung des Individuums. Tiefenökologische Ansätze waren deshalb in den Vereinigten Staaten auch stärker verbreitet als in Großbritannien. Die Jägerschaft wurde folglich vor allem wegen ihres Eingriffs in natürliche Habitate angegangen. Sie bedrohe damit natürliche Gleichgewichte und habe somit unnatürliche Populationszahlen zu verantworten. Die quasi-religiöse Aufwertung der Natur durch die sich in den 1960er Jahren entwickelnde Gegenkultur kulminierte in der Zelebrierung des ‚*Earth Days*' ab 1970.[1914] 1967 gründete Cleveland Amory den Fund for Animals, der sich zunächst gegen die Nutzung von Tierfallen engagierte und dann andere

---

1908 Sperling, 1988, S.203.

1909 Garner, 1998c, S.93.

1910 Jasper und Nelkin, 1992, S.61.

1911 http://www.hsus.org/about_us/About-Us.html, zuletzt besucht 03.05.2007.

1912 Beers, 2006, S.160.

1913 Tobias, 1999, S.76.

1914 Farrell, James J.: *The Spirit of the Sixties: The Making of Postwar Radicalism*, London u.a., 1997, S.209.

Kampagnen zum Schutz von Wildtieren anstieß.[1915] Die Pelzindustrie wurde schon ab Anfang der 1970er Jahre Ziel amerikanischer AktivistInnen. Insbesondere die 1969 gegründete Gruppe Friends of the Earth vermochte das Thema im öffentlichen Diskurs zu platzieren. Brian Davies Kampagne gegen die kanadische Robbenjagd konnte ähnliche Resonanz verbuchen wie in Großbritannien.

Die Forschung scheint sich darin einig zu sein, dass die neue Tierethik, speziell Peter Singers *'Animal Liberation'*, der Grund für die plötzlich rasant ansteigende Zahl von Tierschutz- und Tierrechtsgruppen nach 1975 in den USA war.[1916] Leider kann in dieser Arbeit nicht geklärt werden, wie stark auch andere Inspirationsquellen für diese Entwicklung verantwortlich sind.[1917] So lässt sich lediglich festhalten, dass in Großbritannien bereits vor Singers Buch eine Radikalisierung stattgefunden hatte, das Werk also eher als Ergebnis neuer Diskurse zu betrachten ist. In den Vereinigten Staaten hingegen stellte es eine viel wichtigere Inspirationsquelle dar und erfuhr eine breitere Rezeption. Ideologisch folgten die meisten Tierrechtsgruppen in den USA Peter Singers Ansatz, ausgenommen der Animal Liberation Front, die sich mehr mit Tom Regans Rechtskonzept identifizierte.[1918] Henry Spira, ein New Yorker Lehrer und Gewerkschaftsaktivist, zeigte sich beispielsweise beeinflusst von Singers Aussagen und organisierte 1976 eine erfolgreiche Kampagne gegen Tierversuche am New Yorker Museum of Natural History.[1919] Im Folgenden konzentrierte er seine Kampagne auf die Abschaffung eines Gesetzes, das es Laboratorien gestattete, *'ungewollte'* Haustiere zu Versuchszwecken einzuziehen sowie gegen den Draize Test.[1920] Hier gelang es ihm durch eine konzentrierte Kampagne, den Kosmetikkonzern Revlon zur Aufgabe von Tierversuchen für seine Produkte zu bewegen. Zahlreiche andere Kosmetikhersteller folgten Revlons Beispiel.[1921] Ein Netzwerk von über 400 Tierschutz-/Tierrechtsgruppen hatte sich hierbei entsprechend erfolgreich engagiert.[1922] Zwar hatte sich also schon vor der *'theoretischen Unterfütterung'* eine tierschützerische Infrastruktur gebildet, diese war jedoch, anders als in Großbritannien, noch relativ unbeeinflusst von radikalen Tendenzen.

1915 Finsen und Finsen, 1994, S.55; Guither, 1998, S45.

1916 Beers, 2006, S.3; vgl. auch: Sperling, 1988, S.82; Finsen und Finsen, 1994, S.74.

1917 Dazu möchte ich auf Beers, 2006, S.148ff und Jasper und Nelkin, 1992, S.21ff verweisen.

1918 Libby, 1998, S.58.

1919 Singer, Peter: *Ethics into Action, Henry Spira and the Animal Rights Movement*, New York u.a., 1998, S.54ff; Rowan, 1984, S.61.

1920 Finsen und Finsen, 1994, S.61, 76.

1921 Jasper und Nelkin, 1992, S.2.

1922 Rowan, 1984, S.61.

Es liegt die Vermutung nahe, dass die Ausweitung und Radikalisierung der amerikanischen Bewegung außerdem durch die Entwicklung in Großbritannien beeinflusst wurde. Zumindest für die Animal Liberation Front kann diese Verbindung nachgewiesen werden.[1923] 1981 schrieb das amerikanische Magazin Feedstuffs, das Interessensorgan der Agrarwirtschaft, dass sich noch zeigen werde, ob die amerikanische Tierrechtsbewegung an das Potential der britischen heranreichen könne.[1924] Zumindest begann in den Vereinigten Staaten Mitte der 1980er Jahre eine neue Hochphase der Tierrechtsaktivitäten. Dort war die Tierrechtsbewegung zu diesem Zeitpunkt zu einer der am schnellsten wachsenden Sozialen Bewegungen überhaupt avanciert.[1925] In den 1990er Jahren zählten Jasper und Nelkin mehrere tausend Tierschutz- und mehrere hundert Tierrechtsorganisationen.[1926] Ein Drittel aller Anfragen an Kongressabgeordnete befasste sich mit dem Thema Tierschutz/Tierrecht.[1927] Neue Gruppen hatten sich vor allem in Reaktion auf den Fall der Silver Spring Monkeys in Maryland 1981 formiert. Im neurobiologischen Forschungslabor Silver Spring hatte Alex Pacheco im Rahmen von verdeckten Nachforschungen Tierquälereien beobachten und dokumentieren können.[1928] Die Beweise reichten für eine staatliche Durchsuchungsaktion und ein Gerichtsverfahren, das den angeklagten Direktor Edward Taub des Tiermissbrauches schuldig befand. Dieser Fall bildete sowohl den Anschub für ein breiteres Interesse an Tierrechten in den Vereinigten Staaten als auch für eine Radikalisierung der Bewegung. Caroline Fraser vermerkte im *New Yorker*:

> *„Millions of Americans have seen the monkeys' faces on posters and pamphlets, and on the evening news. To hundreds of thousands more, the monkeys became individuals with names and personalities, political prisoners to be sprung from their laboratory jails."*[1929]

Pacheco hatte im Jahr zuvor zusammen mit Ingrid Newkirk People for the Ethical Treatment of Animals (PETA) gegründet. Ingrid Newkirk, 1949 in Kingston upon Thames geboren, kam bereits in ihrer frühen Kindheit, die sie in Neu Delhi verbrachte, in Kontakt mit Tieren, als sie einer Nachbarin bei deren Katzenzuflucht half. Als Jugendliche zog sie

---

1923 Zur amerikanischen ALF, vgl. Teil III, Kap. 7.1.

1924 Feedstuffs, 18.Mai 1981, nach: Liberator, September-November 1981, S.12.

1925 Jasper, 1999, S.65.

1926 Jasper und Nelkin, 1992, S.3.

1927 Kuntz, P: Animal rights activists find themselves on defensive, Congressional Quarterly, 21. Juli 1990, S.2300-2302, zitiert nach: Jamison und Lunch, 1992, S.439.

1928 Pacheco, Alex und Francione, Anna: *The Silver Spring Monkey Case*, in: Wand, 2003, S.187.

1929 Fraser, Caroline: The Raid at Silver Spring, The New Yorker, 19. April 1993, S.66.

mit der Familie nach Florida.[1930] Sie arbeitete dort später in einem Tierheim für Hunde, in dem sie dazu angehalten wurde, alle Tiere zu töten, die nach drei Tagen nicht abgeholt wären. Einen anderen Weg suchend holte sie sich Inspiration in Großbritannien, wo zumindest schmerzfrei euthanasiert wurde. Zurück in den Vereinigten Staaten lernte sie Pacheco kennen, der sich bereits der Tierrechtsphilosophie verschrieben hatte. Pacheco, geboren 1959 in Mexiko, war mit der Sea Shepherd, Paul Watsons Antiwalfangsschiff, unterwegs gewesen und hatte sich für mehrere Monate den britischen Jagdsaboteuren angeschlossen.

Silver Spring war ein Thema, das auch britische TierrechtlerInnen beschäftigte. Entsprechende Berichte ließen sich in deren Publikationen wieder finden.[1931] Ähnliche öffentliche Nachwirkungen wie Silver Spring erzielte im Folgenden die Verbreitung von entwendetem Filmmaterial aus der University of Pennsylvania 1984. Hier wurde Traumaforschung an Affen betrieben. Vergleichbar wirkten auch die Fotografien der im April 1985 aus dem Labor der University of California befreiten Tiere, allen voran des Makakensäuglings Britches, dem man die Augen zugenäht hatte.[1932] All diese Fälle halfen dabei, PETA zu nationaler wie internationaler Bekanntheit zu verhelfen.

PETA avancierte zur mitgliederstärksten Tierrechtsgruppe der USA.[1933] Waren 1984 noch 8000 Personen Mitglied, erhöhte sich deren Anzahl auf 300 000 bis 1990.[1934] Der rasante Anstieg setzte sich fort: 1999 verfügte sie über mehr als eine halbe Million Mitglieder, 2005 gar über 850 000.[1935] 1994 gründete PETA eine Tochtergruppe in Großbritannien,[1936] vermochte dort jedoch nie wirklich Fuß zu fassen. Der Marktanteil für eine junge, professionalisierte Gruppe mit radikalem Antlitz war hier schon durch Animal Aid belegt. Tatsächlich war Tierschutz ab spätestens den 1980er Jahren zu einem Markt avanciert, in dem sich die einzelnen Gruppen Konkurrenz um Mitglieder und, damit verbunden, finanzielle Ressourcen machten. In den USA verfügte PETA bereits 1990 über ein jährliches Budget von $10 Millionen und beschäftigte etwa einhundert professio-

---

1930 Tobias, 1999, S.88; Fraser, Caroline: The Raid at Silver Spring, The New Yorker, 19. April 1993, S.69.

1931 The Campaigner, Oktober/November/Dezember 1990, S.106; Turning Point, Nr.4, Frühjahr 1986, S.12ff.

1932 Finsen, Lawrence und Finsen, Susan: *The ALF and the "Unnecessary Fuss" Video*, in: Wand, 2003, S.203ff; Liberator, September/Oktober 1985.

1933 PETA bezeichnet sich selbst als Tierrechtsgruppe. Dies wird jedoch von den Radikalen mitunter in Frage gestellt, zeige sich die Gruppe doch eher *‚tierschützerisch'* etwa in Fragen des Veganismus und der Massentierhaltung. Vgl. Rogausch, Günther: Tierrechte von PeTA verkauft und verraten?! Tierbefreiung, Nr.34, Dezember 2001, S.42ff.

1934 Jasper und Nelkin, 1992, S. 31.

1935 Tobias, 1999, S.87; Animal Times, Sommer 2005, S.2.

1936 Turning Point, Nr.31, April-Juni 1994, S.15.

nelle MitarbeiterInnen.[1937] Ihren Bekanntheitsgrad verdankte sie aggressiven Vermarktungsstrategien und dem Eingehen ungewöhnlicher Koalitionen, beispielsweise mit dem Männermagazin *Playboy*.[1938] Ihr vierteljährliches Mitteilungsblatt *Animal Times* erreichte eine Auflagehöhe von über 700 000 Exemplaren und wurde damit zum diskursbestimmenden Meinungsbildner der amerikanischen Bewegung.[1939] Es vermarktete vor allem den Vegetarismus/Veganismus als trendigen Lifestyle, der Tiermissbrauch antiquiert wirken lassen sollte. Dabei nutzten die OrganisatorInnen vor allem populäre SchauspielerInnen, Popstars und Supermodels als Aushängeschilder, die diesen Lifestyle vorlebten. Diese vorgelebte Identität sollte besonders attraktiv auf junge Leute wirken. Damit erhoffte man sich, den notwendigen Ansporn zu vermitteln, sich gleichermaßen zu engagieren.[1940] Die Professionalisierung verdankte PETA der Tatsache, dass die Gruppe wie ein Wirtschaftsunternehmen geführt wurde, indem man Tierschutz als ein Markenprodukt feilbot.[1941] Nicht zuletzt deswegen blieb PETAs Kampagnenpolitik und ihr autoritärer Führungsstil nicht unumstritten.[1942] Kampagnen für den Konsum von Walfleisch stießen auf Unverständnis, ihre Vermarktung der Shoah auf internationale Ablehnung.[1943] Eine derartige Kommerzialisierung von Tierschutz fand in der britischen Tierrechtsbewegung nicht statt, zumindest nicht in diesem Maße. Einen weiteren Unterschied kann man nach Jasper und Nelkin in der fehlenden politischen Aufladung der Thematik erkennen, die diese der amerikanischen Bewegung attestieren. Sie zeige sich dort sogar bewusst apolitisch.[1944] Durch ihre hohe Medienpräsenz verschaffte sich PETA das Image der führenden Tierrechtsgruppe. 1987 absorbierte sie die New England Anti-Vivisection Society, eine der ältesten und wohlhabendsten Antivivisektionsgruppen.[1945]

Es blieb jedoch auch bei PETA bei einer eher selektiven Bekämpfung von Tiernutzung. Jagdgegnerschaft, Antivivisektion und Kritik an der Pelz-

---

1937 Blum, Deborah: *The Monkey Wars*, Oxford u.a., 1994, S.113.

1938 Guither, 1998, S.49f.

1939 Tobias, 1999, S.112.

1940 Tilly, 1998, S.8.

1941 Finsen und Finsen, 1994, S.80.

1942 Jasper und Nelkin, 1992, S.31; Rudacille, 2000, S.143.

1943 2003 initiierte PETA die Kampagne ‚*The Holocaust on your plate*'. Der Kampagne war eine Ausstellung beigestellt, in der Fotografien in Auschwitz ermordeter Juden neben Schlachthofbildern positioniert waren. Teather, David: 'Holocaust on a plate' angers US Jews, The Guardian, 3. März, 2003. Bereits 2001 hatte die Kampagne ‚*Eat the Whales*' KonsumentInnen dazu aufgefordert, Walfleisch anstatt anderer Fleischsorten zu essen. www.eatthewhales.com, zuletzt besucht am 26.10.07, Vgl. Bunting, Chris: Outrage at 'eat whales' campaign, The Times, 22. Juli 2001.

1944 Jasper und Nelkin, 1992, S.43.

1945 Guither, 1998, S.39.

industrie dominierten noch bis in die 1990er Jahre die Kampagnen der amerikanischen TierrechtlerInnen. Die Ausbeutung des Tieres in der Landwirtschaft, gerade zur Gewinnung von Fleisch- und Milchprodukten, blieb thematisch marginalisiert.[1946] Moderatere Tierschutzgruppen wie HSUS kritisierten bestenfalls intensive Massentierhaltung, und auch das erst unter Einfluss britischer Tierrechtsinitiativen.[1947] Der britische Aktivist und Tierarzt Michael W. Fox übernahm in den späten 1970ern die Führung der HSUS und damit die Agenda britischer Tierrechtsgruppen in Bezug auf Massentierhaltung,[1948] ohne jedoch ähnlichen Einfluss ausüben zu können.

9.2 Bundesrepublik Deutschland

Nach Ende des Zweiten Weltkriegs reinstitutionalisierte sich der Tierschutz in der BRD. 1948 wurde der Deutsche Tierschutzbund (DTB) in Frankfurt aus den Ruinen des Reichstierschutzbundes gegründet. Federführend war hier der von den Alliierten eingesetzte Bürgermeister Kolb, ein SPD Mann.[1949] Die Vereinssatzung wurde weitgehend aus dem NS-Verband übernommen und auch die personelle Ebene blieb ungebrochen. Aus der Satzung heraus verstand sich der DTB auch weiterhin als Verbund aller deutschen Tierschutzorganisationen. Diejenigen mit radikaleren, vor allem pazifistischen Tierrechtsideen hatten mit der Machtübernahme der Nazis das Land verlassen müssen und kehrten nicht zurück. So war kein ‚*Nachwuchs*' für einen auf Tierrecht basierenden Handlungszugang in Sicht. Deutscher Tierschutz blieb auch aus diesem Grund, anders als der Naturschutz,[1950] zunächst international isoliert. Erst Mitte der 1960er Jahre sprach man von einer ‚*gelungenen Anknüpfung*'.[1951] Tierschutz bot sich in den 1950ern bestens dazu an, sich als besonders human und geläutert zu geben. Da er, trotz der Vereinnahmung der Thematik durch die Nazis, politisch nicht eindeutig und offensichtlich besetzt war, ließ sich mit ihm vortrefflich an eine unpolitische Vereinszusammenkunft anschließen. Die Tatsache, dass der ab 1962 gewählte Vorsitzende des DTB Hermann Stolting eine nationalsozialistische Vergangenheit hatte und als Verteidiger im Auschwitzprozess auftrat,

---

1946 Libby, 1998, S.55.

1947 Ibid., S.55f.

1948 Ibid., S.57.

1949 Zoebe, Gerhard: *Zwanzig Jahre Deutscher Tierschutzbund 1948-1968*, Frankfurt, 1968, S.58f, vgl. auch: Wöbse, Anna-Katharina: *Der kleine Tierfreund – Zur Jugend der deutschen Umweltbewegung*, in: Jahrbuch Ökologie 2007, München, 2007.

1950 Wöbse, 2006.

1951 Martin, Madeleine: *Die Entwicklung des Tierschutzes und seiner Organisationen in der Bundesrepublik Deutschland, der Deutschen Demokratischen Republik und dem deutschsprachigen Ausland*, Diss. Freie Universität Berlin, 1989, S.30.

wurde kaum diskutiert.[1952] Schließlich führte dieser *‚pflichtbewusste Mann'*[1953] als Beweis seines *‚Humanismus'* seine Karriere im Tierschutz an, die er mit der Übernahme des Amtes vorantrieb. Der Bezug zum Reichstierschutzgesetz sollte jedoch noch bis in die 1970er Jahre ein positives Verständnis für Tierschutzanliegen erschweren, besonders in der äußeren Wahrnehmung.[1954] Die fehlende Distanzierung vom Tierschutz des NS-Staates führte auch damit zu einer asymmetrischen Entwicklung auf internationaler Ebene, insbesondere im Vergleich und im Verhältnis zu Großbritannien. Die Nichtthematisierung nationalsozialistischen Tierschutzes bei gleichzeitiger Herausstellung seiner Leistung war typisch für viele Bereiche der westdeutschen Nachkriegsgesellschaft. Jens Ivo Engels hat eine ähnlich widersprüchliche Betrachtungsweise beispielsweise für die deutsche Naturschutzbewegung nachgewiesen, die in diesem Punkt eindeutige Parallelen zum Tierschutz aufweist.[1955]

Bereits 1955 hatten sich fast 300 lokale Tierschutzgruppen dem DTB angeschlossen.[1956] Man gab sich ultrapragmatisch und wollte sich vom vermeintlich sentimentalen Tierschutz lösen, der in seinem utopischen Bestehen auf Vegetarismus und ausbeutungsfreien Umgang mit dem Tier seinen Ausdruck fände.[1957] Vielmehr wollte man sich der Jugendarbeit widmen und anhand von Werbeblättern, Tierschutzkalendern und dem Kleinen Tierfreund, dem monatlichen Jugendmagazin des Bundes, Jugendlichen den Tierschutz näher bringen.[1958] Zumindest in der Frage der Tierversuche unterschied sich der 1951 gegründete Christliche Bund gegen den Missbrauch der Tiere. Auch der 1952 gegründete, ebenfalls christlich ausgelegte Bund gegen den Missbrauch der Tiere vertrat eine gemäßigt abolitionistische Haltung. Er wollte per Tierschutzgesetz diejenigen vom Kontakt zum Tier ausschließen, die für unzurechnungsfähig erklärt, als Sadisten verurteilt oder als *‚Trunkenbolde'* bekannt seien. Man wollte nur *‚charakterlich einwandfreie'* Menschen mit der Pflege insbeson-

---

1952 Stolting wurde während des Prozesses wegen seiner Beteiligung an illegalen Todesurteilen in seiner Funktion als Staatsanwalt von Bromberg einer offensichtlichen Navivergangenheit beschuldigt. Vgl. von Raques, Valeska: *Namen, die keiner mehr nennt*, Vorwärts, 10. Juni 1964, S.3; Pendas, Devin O.: *The Frankfurt Auschwitz Trial, 1963-1965, Genocide, History and the Limits of the Law*, Cambridge u.a., 2006, S.95.

1953 Zoebe, 1968, S.112.

1954 Casper, Johannes: *Tierschutz im Recht der modernen Industriegesellschaft: Eine rechtliche Neukonstruktion auf philosophischer und historischer Grundlage*, Baden-Baden, 1999, S.270f.

1955 Engels, Jens Ivo: *‚Hohe Zeit' und ‚dicker Strich': Vergangenheitsdeutung und -bewahrung im westdeutschen Naturschutz nach dem Zweiten Weltkrieg*, in: Radkau, Joachim und Uekötter, Frank (Hg.): *Naturschutz und Nationalsozialismus*, Frankfurt a.M. u.a., 2003, S.364.

1956 Zoebe, 1968, S.83 Das Tierschutzgesetz wurde 1972 geändert.

1957 Martin, 1989, S.29.

1958 Ibid., S.27.

dere von Versuchstieren betraut wissen.[1959] Auch wenn der Jurist Julius Pfeiffer die 1950er Jahre als eine *,Zeit der Vorstöße und Entwürfe'* in Sachen Tierschutz benennt,[1960] verbleiben diese *Entwürfe* eindeutig in einem auf dem zivilisatorischen Aspekt beharrenden minimalen Tierschutz bestehen, der, wie Pfeiffer selbst sagt, zu keinerlei gesetzlichen Änderungen führte. Vielmehr sollten Tierschutzideen dazu dienen, der deutschen Nation zu einem neuen patriotischen Selbstvertrauen zu verhelfen, das sich an den *,bedeutsamen Kulturtaten'* deutschen Tierschutzes orientieren könnte.[1961] So schrieb Kolb 1950 in einem Vorwort für eine Neuauflage des von Giese und Kahler herausgegebenen Kommentars zum deutschen Tierschutzrecht:

> *„Wenn Tierschutz ein Gradmesser für die Kultur eines Volkes ist, so glaube ich, können wir Deutsche zumindest mit unseren Gesetzen und sonstigen Vorschriften vor der Kulturwelt bestehen."*[1962]

Wie Casper herausgearbeitet hat, versäumten es deutsche TierschützerInnen, die industrielle Nutzung von Tieren zu thematisieren; Die Mitteilungsorgane der Bewegung glänzten vor allem durch Infantilisierungen und nette Tiergeschichten.[1963] So konnte Tierschutz als ein *,Wahrzeichen kollektiver Entlastung'*[1964] angepriesen werden, wie Stolting dies ja auf individueller Ebene für sich in Anspruch genommen hatte. Nicht zuletzt könnte der Bezug zu Natur und Tieren dabei helfen, die Schrecken des Krieges vergessen zu machen, argumentierten Natur- und TierschützerInnen.[1965] Zudem bot der moderate Tierschutz auch im Modernisierungsprozess des Wiederaufbaus ein *,Zurücktasten zum Altvertrauten'*.[1966] Wie Schildt und Sywottek ausgeführt haben, bedurfte es diesem gemäßigten Zugang, um traditionelle Werte neu zu definieren und in Einklang mit dem neuen Zeitabschnitt zu bringen.[1967]

1959 zitiert nach: Pfeiffer, Julius Ludwig: *Das Tierschutzgesetz vom 2. Juli 1972: Die Geschichte des deutschen Tierschutzrechts von 1950 bis 1972,* Frankfurt a.M. u.a., 2004, S.48f.

1960 Ibid., S.65.

1961 Mit diesem Wortlaut rühmten die Abgeordneten des Deutschen Bundestages das Reichstierschutzgesetz. BT Drucksache IV/85, nach: Pfeiffer, 2004, S.87.

1962 Giese, C. und Kahler: *Das deutsche Tierschutzrecht,* Berlin, Vierte Auflage, 1950, S.III.

1963 Casper, 1999, S.280f.

1964 Bänsch, Dieter (Hg.): *Die Fünfziger Jahre, Beiträge zu Politik und Kultur,* Tübingen, 1985, S.10.

1965 Engels, 2003, S.369.

1966 Schildt, Axel: *Modernisierung im Wiederaufbau: Die westdeutsche Gesellschaft der fünfziger Jahre,* in: Faulstich, Werner (Hg.) *Die Kultur der 50er Jahre,* München, 2002, S.11.

1967 Schildt, Axel und Sywotek, Arnold: *,Reconstruction' and ,Modernization': West German Social History during the 1950s,* in: Moeller, Robert G. (Hrg.): *West Germany under Construction, Politics, Society, and Culture in the Adenauer Era,* Ann Arbor, 1997, S.440.

Nachdem der DTB 1962 eine Koalition mit Jagdverbänden einging, traten zahlreiche Mitglieder aus. Gegründet wurde im Folgenden die Arbeitsgemeinschaft Deutscher Tierschutzverbände, 1986 umbenannt in Bundesverband Tierschutz, der sich zumindest in Punkto Jagd anders positionierte. Ab diesem Zeitpunkt war die Hegemonie des Deutschen Tierschutzbundes gebrochen. In den 1970er Jahren kam es zu zahlreichen Neugründungen von Tierschutzgruppen und zu Zersplitterungstendenzen innerhalb der bereits bestehenden. Anders als in Großbritannien führte dies jedoch nicht zu Radikalisierungen methodischer oder theoretischer Art und war auch nicht durch die entstehende Tierrechtsphilosophie beeinflusst.[1968] Vielmehr ging es um die Errichtung neuer Tierheime und um praktischen Tierschutz im In- und Ausland. Vor allem der ‚*Kulturschande*' Stierkampf erklärte man den Krieg.[1969] Bezüglich der Problematik von Schlachttieren forderte man neben schärferen Auflagen für den Transport von Tieren, insbesondere von Pferden, auch den Verzicht auf Ausnahmebestimmungen für rituelle Schlachtmethoden. Zwar wurden nicht mehr offen antisemitische bzw. antimuslimische Positionen vorgetragen, sie schwangen aber im Unterton mit. Auch die Massentierhaltung regte nun das Gemüt, wenngleich primär aus anthropozentrischer KonsumentInnensicht, die sich in der Sorge um die Qualität des Tierproduktes äußerte.[1970] 1984 konnte der Deutsche Tierschutzbund ca. 500, 000 Mitglieder aufweisen, der abolitionistische Bundesverband der Tierversuchsgegner verfügte immerhin über 10 000 Mitglieder[1971] – und das erst zwei Jahre nach seiner Gründung. Bis 1986 war deren Anzahl bereits auf 30 000 Personen angestiegen.[1972] Diese kamen primär aus dem konservativ-bürgerlichen Spektrum, die einen niedrigschwelligen Zugang zur Thematik favorisierten. Im Mittelpunkt bestehen blieb ein ethisch motivierter Tierschutz.[1973]

Doch auch in der Bundesrepublik kam es in den 1980er Jahren zu einer Radikalisierung der Bewegung, jedoch weniger innerhalb etablierter Gruppen als durch Neugründungen, deren Wurzeln außerhalb des Tierschutzes lagen und in der radikalen Linken zu suchen sind. 1985 wurde

---

1968 Martin, 1989, S.177.

1969 Jacob, D.: *Aufgaben des Deutschen Tierschutzbundes*, 1967, zitiert nach: Martin, 1989, S.30.

1970 Wildner, Susanne: *Die Tierschutzproblematik im Spiegel von Einstellungen und Verhaltensweisen der deutschen Bevölkerung: Eine Literaturanalyse*, Arbeitsbericht, Lehrstuhl für Agrarmarketing, Universität Kiel, 1998, S.1.

1971 Grüne Zelle Lurch, Der Spiegel, Nr. 10, 1984, S.54.

1972 Martin, 1989, S.50.

1973 Wöbse, Anna-Katharina: Rezension von Pfeiffer, Julius Ludwig: Das Tierschutzgesetz vom 2.Juli 1972: Die Geschichte des deutschen Tierschutzrechts von 1950 bis 1972, Frankfurt a.M. u.a., 2004, in: sehepunkte 6 (2006), Nr.1, http://www.sehepunkte.de/2006/01/7377.html, zuletzt besucht 30.07.07.

der Bundesverband der TierbefreierInnen gegründet. Ihm lag einerseits an der öffentlichen Vermittlung militanter Aktionen in der Bundesrepublik und er bot somit der Tierbefreiungsfront eine mediale Plattform.[1974] Andererseits wollte er auch selbstständig im legalen Rahmen gegen Tiermissbrauch agieren.[1975] 1987 kam es des Weiteren zur Gründung der Tierrechts-Aktion-Nord (T.A.N.) in Hamburg, die für ihre Aufsehen erregenden und öffentlichkeitswirksamen Aktionen und für ihre linksautonome Politik bekannt wurde.[1976] Der Bundesverband bot der T.A.N. Platz in seinem Mitteilungsorgan *Tierbefreiung aktuell*, die diese Offerte 1995 aufkündigte.[1977]

Eindeutig war bei der T.A.N. der Einfluss aus der autonomen Szene nachzuvollziehen, regte sie doch eine Auseinandersetzung mit der ‚*Unity of Oppression*'-Theorie an, die auf die Verzahnung aller Ausbeutungsszenarien hinwies. Auch orientierte sich dieser von T.A.N. und anderen kleineren Tierrechtsgruppen formulierte Lehrsatz an Theorien der Autonomen, die zu diesem Zeitpunkt den ‚*Triple Oppression*' Ansatz diskutierten.[1978] Dieser Ansatz lehnte die Unterscheidung von Haupt- und Nebenwidersprüchen marxistischer Lesart ab und beharrte auf der Gleichwertigkeit kapitalistischer, rassistischer und sexistischer Unterdrückungsmechanismen. Die Beistellung des Speziesismus als weiterem Widerspruch wurde von Teilen der autonomen Szene jedoch als ideologische Verwirrung autonomer Denkart gelesen und zurückgewiesen.[1979] Wurden Tierrechte in den 1980ern und 1990ern zumindest in der autonomen Bewegung diskutiert, fand dort zum Ende des Jahrtausends ein Rückzug auf althergebrachte Themen, vor allem zur Organisation des antifaschistischen Widerstands, statt. Das Verhältnis zwischen Autonomen und autonomer Tierrechtsbewegung blieb im Folgenden ambiva-

---

1974 Zur Tierbefreiungsfront vgl. Teil III, Kap. 8.2.

1975 1998 nannte sich der Verein in die tierbefreier e.V. um. Zum einen wollte man sich einen eingängigeren Namen geben, der sich vom Lobbyverband-Image lösen sollte, zum anderen versuchte man durch die Kleinschreibung eine genderneutrale Bezeichnung zu finden. Tierbefreiung aktuell, Ausgabe 20, März 1998, S.2.

1976 T.A.N. nannte sich zunächst Tierschutz-Aktiv-Nord, wollte jedoch mit der Namensänderung ihren Standpunkt konkretisieren.

1977 Der Grund lag in dessen Umgang mit einer Vergewaltigung innerhalb der Bewegung sowie inhaltlicher Unstimmigkeiten. Tierbefreiung aktuell, Vol. 3, Nr.4, November 1995, S.11.

1978 Schultze, Thomas und Gross, Almut: *Die Autonomen, Ursprünge, Entwicklung und Profil der Autonomen Bewegung*, Hamburg, 1997, S.185; Lejeune, Martin und Lindenbaum, Harry: *Ferien auf den Bahamas – oder: Geschichte unseres Scheiterns*, in: T.A.N. (Hg.): *My Brother's Keeper: Zur Tierrechtsbewegung – Meinungen, Gedanken, Erfahrungen*, Hamburg, 2002, S.76f.

1979 A.G. Grauwacke: *Autonome in Bewegung, Aus den ersten 23 Jahren*, Berlin u.a., 2003, S.35.

lent.[1980] Durch die Marginalisierung der Tierrechtsproblematik in der deutschen Linken, aus der sich die radikale Bewegung gespeist hatte, konnte die radikale deutsche Tierrechtsbewegung nicht in gleichem Maße diskursbeeinflussend agieren wie in Großbritannien.

Vor allem mit ihrer Kampagne gegen den Tierpark Hagenbeck, der noch in den 1930er Jahren so genannte Völkerschauen ausgerichtet hatte,[1981] wollte die T.A.N. auf die Kontinuitäten in der Ausbeutungspraxis aufmerksam machen. Sie verstand sich als Sprachrohr des *‚Autonomen Tierschutzes'*, unter dessen Banner sich die militanten TierrechtlerInnen in der Bundesrepublik sammelten. Autonomer Tierschutz hatte nichts mit Tierschutz der traditionellen Lesart zu tun, vielmehr war die Position autonomer TierschützerInnen in der Radikalität ihrer Forderungen an denen britischer Tierrechtlerinnen angelehnt. Die Namensgebung basierte auf Positionierungen innerhalb der radikalen bundesdeutschen Linken, denn auch hier fand man Anlehnungen an Diskussionen, die gerade zu Beginn der 1990er Jahre mit der Neugründung des Netzwerkes Antifaschistische Aktion um den *‚Autonomen Antifaschismus'* als organisatorisch wie ideologisch unabhängige Organisationsform geführt worden waren.[1982] Nachdem T.A.N. zahlreiche Aktionen im Hamburger Raum durchgeführt hatte, kam es 1989 zu Ermittlungen gegen Mitglieder der Gruppe wegen Unterstützung und Mitgliedschaft in einer kriminellen Vereinigung.[1983] 1989 wurde darüber hinaus die Vegane Offensive Ruhrgebiet (VOR) ins Leben gerufen, die vehement auf den tagtäglichen Speziesismus bei der Nahrungsaufnahme hinwies und dabei Diskussionen innerhalb der deutschen Tierrechtsbewegung anzustoßen vermochte. Das norddeutsche Äquivalent, die Vegane Attacke Nord (VAN), blieb weitgehend unbeachtet. Jedoch animierten diese Gruppen bundesweit die Neugründung lokaler Tierrechtsgruppen Anfang der 1990er Jahre.[1984]

Die radikalen Gruppen in der Bundesrepublik zeigten sich weniger von den Werken Singers und Regans inspiriert – Singer wurde wegen der Euthanasie-Gedanken seiner Ausführungen zurückgewiesen[1985]–, sondern, je nach Radikalität der Gruppe, von Neuinterpretationen der Mit-

---

1980 Siehe hierzu beispielsweise die Diskussion, die während der von T.A.N. organisierten Tierrechtswoche im Juni 1995 in Hamburg geführt wurden, vgl. T.A.N.: *Abschlussreader der Tierrechtswoche*, ohne Datumsangabe.

1981 Lewerenz, Susann: *Die Deutsche Afrika-Schau (1935-1940). Rassismus; Kolonialrevisionismus und postkoloniale Auseinandersetzung im nationalsozialistischen Deutschland*, Frankfurt a.M. u.a., 2006, S.81; Thode-Arora, Hilke: *Für fünfzig Pfennig um die Welt Die Hagenbeckschen Völkerschauen*, Frankfurt a.M. u.a., 1989, S.175; Rothfels, 2002, S8ff.

1982 A.G. Grauwacke, 2003, S.294ff.

1983 Tierbefreiung aktuell, Sonderheft, ohne Datumsangabe.

1984 Mika, Bascha: Militant ohne Lederjacke, die tageszeitung, 16. Juni 1995, S.3.

1985 Tierrechts-Aktion-Nord (Hg.): *Euthanasie und Tierrechte am Beispiel Peter Singer*, Hamburg, 1996.

leidsethik Schopenhauers oder der kritischen Theorie Max Horkheimers, Theodor W. Adornos und Herbert Marcuses. Allerdings wurden solche Werke, die sich der naturwissenschaftlichen Ablehnung von Tierversuchen widmeten, wie etwa Richard Ryders ‚*Victims of Science*', als wirkungsvolle Waffe gegen Vivisektion auch positiv rezipiert.[1986] Dies traf zumindest für die Gruppen zu, die sich ausschließlich der Bekämpfung von Tierversuchen widmeten. Nach der Jahrtausendwende begriffen sich die von linker Politik beeinflussten Teile der Bewegung zudem mehr und mehr als antispeziesistisch. Mit der Einführung des Terminus des Antispeziesismus wollte man auch Unklarheiten über den Rechtsbegriff umgehen, an dem sich KritikerInnen der Bewegung rieben.

Neben den autonomen Tierrechtsgruppen wurde 1987 animal peace (ap) von Andreas Wolff in Frankfurt gegründet, eine Tierrechtsgruppe, die sich PETA-Kampagnen zum Vorbild nahm. Sie stand damit aufgrund ihres fragwürdigem Aktionismus und ihrer (un-)politischen Haltung gleichermaßen im Kreuzfeuer der Kritik autonomer TierschützerInnen. Zwar war Wolff selbst einer der ersten gewesen, der Tierbefreiungen nach Beispiel der ALF auch in Deutschland durchführte, jedoch nahm die Gruppe Abstand von dieser Methode. Sie wollte ausschließlich im legalen Rahmen agieren. animal peace wurde vor allem Anfang der 1990er Jahre durch die mediale Präsenz von Silke Ruthenberg, die seit 1993 als Vorsitzende fungierte, bundesweit bekannt. Ruthenberg gab an, die größte inländische Tierrechtsgruppe zu repräsentieren. Über 20 000 Menschen wollte die Gruppe 1995 zu ihren Mitgliedern gezählt haben.[1987] Das Hauptbetätigungsgebiet von ap war der Süden des Landes. Hier machte sie sich in erster Linie mit ihrer öffentlichen Sabotage und ihrem Protest gegen Jagdveranstaltungen bekannt. Vor allem die Staatsjagden und andere Treibjagden, die in Norddeutschland eher sporadisch denn systematisch durchgeführt wurden, eigneten sich für ap als Ziel ihres Protestes. Auch ap bemühte den Klassenaspekt der Jagd: Jäger verfügten laut ap über ein überdurchschnittlich hohes Einkommen und verträten daher die Interessen der oberen Klasse.[1988] Sie vermochte diesen Aspekt jedoch nicht in gleicher Weise diskursbestimmend und mobilisierend einzusetzen, wie dies in Großbritannien gelang. Im Gegensatz dazu fand im Norden des Landes der Protest gegen die Jagd zumeist in Form der Jagdgerätsabotage, sprich dem Zerstören von Hochsitzen durch Mitglieder der Tierbefreiungsfront oder vergleichbarer Gruppen, statt.

1986 Bulla, Gisela und Walden, Sina: *Endzeit für Tiere: Ein Aufruf zu ihrer Befreiung*, Reinbek, 1984, S.176.

1987 Recht für Tiere, Nr.1/2, Sommer 1995, S.5, vgl. auch: Precht, Richard David: Haben Tiere Rechte? Die Zeit, 26. April 1995.

1988 http://www.animal-peace.org/frameseite.htm, zuletzt besucht 30.07.07.

Zwischen dem Bundesverband der TierbefreierInnen und ap kam es auch aus diesem Grund schnell zum Zwist: Der Bundesverband griff ap ob deren *‚unsolidarischen Verhaltens gegenüber der Tierrechts-Szene und des Autonomen Tierschutzes'* an und fasste einen Unvereinbarkeitsbeschluss.[1989] In der Folgezeit verlor ap ihren *‚Marktanteil'* an PETA, die ab 1994 auch in Deutschland aktiv waren und noch wirkungsvoller vermochten, sich in den Medien zu präsentieren. ap's Mitgliederzahl sank auf 5000 im Jahr 2005.[1990] Die um die Jahrtausendwende gegründete Initiative zur Abschaffung der Jagd, ein Zusammenschluss aus Einzelpersonen und Gruppen, versuchte im Folgenden geschlossen den Antijagdstandpunkt zu unterstützten. Sie wurde jedoch als Knotenpunkt der christlichen Sekte Universelles Leben genutzt, die versuchte Fuß in der Tierrechtsbewegung zu fassen.[1991] Von der radikalen Bewegung zwar eindeutig abgelehnt,[1992] gelang ihr dieser Schritt zumindest in der Platzierung ihrer Produkte auf dem *‚veganen Markt'*, in Reformhäusern und Naturkostläden.

Zur Geschlechterstruktur der deutschen Tierrechtsbewegung liegen leider noch keine Untersuchungen vor,[1993] allerdings gab es keinerlei innere Sperrklauseln im Vereinsrecht mehr, die Frauen am Engagement in der Bewegung gehindert hätten.[1994] Eigene empirisch nicht abgesicherte Beobachtungen lassen jedoch auf eine ähnliche Geschlechterstruktur wie in Großbritannien schließen.

Um die Jahrtausendwende nahm man sich ein Beispiel an der in Großbritannien so erfolgreichen Kampagnenpolitik. Die *‚Offensive gegen die Pelzindustrie'* vermochte große Warenhausketten, wie C&A, Peek & Cloppenburg und Karstadt/Quelle zum Verzicht auf Pelzverkauf bewegen.[1995] Damit schloss die deutsche Tierrechtsbewegung an internationale Entwicklungen an.

Die Entstehungsgeschichte der zweiten Tierrechtsbewegung und ihre Radikalisierung ist in den drei Vergleichsländern somit unterschiedlich

---

1989 Tierbefreiung aktuell, Vol. 5, Nr.1, März 1997, S.30.

1990 http:///wikipedia.org/wiki/Animal_Peace, zuletzt besucht am 09.05.07.

1991 Sektenexperte: Vor Unterwanderung der Tierschützer-Szene gewarnt, Frankfurter Rundschau, 30. Juli 2002.

1992 Was steckt wirklich hinter dem Universellen Leben? Eine Gefahr für die Tierrechtsbewegung? Voice, Nr.31, Oktober, 2002.

1993 Insgesamt besteht in der wissenschaftlichen Untersuchung der deutschen Tierrechtsbewegung der Nachkriegszeit ein enormes Forschungsdefizit, das in der vorliegenden Arbeit weder aufgefangen werden kann noch soll, auf das hiermit jedoch hingewiesen wird.

1994 Das deutsche Vereinsrecht war bereits 1908 entsprechend geändert worden.

1995 Tierbefreiung, Nr.31, März 2001, S.3; 10ff.

verlaufen. In Großbritannien kamen die radikalen Elemente aus der bereits fest etablierten Tierschutzbewegung, die ihrerseits durch die radikalen Bewegungen der 1960er und 1970er Jahre inspiriert waren und bestehende Gruppen radikalisierten sich hier von innen heraus. Dies trifft für die Vereinigten Staaten nur bedingt zu. In Großbritannien spielten gerade die Antivivisektionsgruppen eine wesentliche Rolle bei der Formulierung einer Tierrechtsidee. Die Bewegung konnte hier auf Methoden und ein Verständigungsrepertoire der ersten Tierrechtsbewegung zurückgreifen, die sich in ihrer Formierung als Soziale Bewegung längst manifestiert hatte.[1996] In den USA führten vor allem neue philosophische Überlegungen zur Gründung von Tierrechtsgruppen, die sich somit hier einflussreicher erwiesen als in Großbritannien. Die ProtagonistInnen der Bewegung verfügten nur über bedingte Erfahrungen im traditionellen Tierschutz. In der BRD schließlich kamen radikale Bestrebungen aus der autonomen Linken, die jedoch insgesamt auf Distanz ging und eine relative Marginalisierung der deutschen radikalen Tierrechtsbewegung zur Folge hatte. Die in der ersten Tierrechtsbewegung so prägenden Unterschiede in der Geschlechterstruktur der Bewegung wurden in der Repräsentation weitgehend nivelliert bzw. erfuhren eine illustrative Neuinterpretation. Die Politisierung der Thematik in klassenrhetorischer Weise bestand fast ausschließlich in Großbritannien. Die Aufladung der Klassenfrage mit dem Konflikt zwischen Stadt und Land hing unmittelbar mit der Fuchsjagd mit Hunden zusammen, einem britischen Phänomen. Die britische Tierrechtsbewegung verblieb die im Vergleich einflussreichste Bewegung ihrer Art im Hinblick auf den Eindruck, den sie in politischen wie öffentlichen Diskursen zu hinterlassen vermochte und ihrem Vermögen, aktiv auf tierschützerische Maßnahmen einzuwirken.[1997] Zudem hatte sie durch einen kulturellen Transfer bedingten Einfluss auf Entwicklungen in den anderen beiden Ländern, initiiert zumeist durch persönliche Kontakte und personellen Austausch. Sie unterschied sich jedoch zum Teil grundsätzlich in institutioneller Verankerung, ideologischer Ausrichtung und der Möglichkeit, sich Gehör zu verschaffen von ihren, hier zum Vergleich herangezogenen, Pendants.

1996 Tarrow, 1998, S.31ff.

1997 Im Vergleich zwischen Deutschland und Großbritannien konnte Brunner eine deutlich häufigere Nennung von Tierrechtsgruppen im medialen Diskurs feststellen. Brunner, Petra: *Tierschutz in Deutschland und im Vereinigten Königreich*, Diss. Ludwig-Maximilian-Universität München, 1995, S.102.

9.3 Internationalisierung

Insgesamt kam es neben der Konsolidierung nationaler Bewegungen zu einer klaren Internationalisierung des Protestes. Dies war nicht zuletzt auch der Internationalisierung des politischen Gegners geschuldet.[1998] Global agierende Konzerne, beispielsweise moderne Fastfoodketten wie McDonald's und international operierende Tierversuchslabore wie Huntingdon Life Sciences oder Covance, machten Netzwerkbildungen und die Erweiterung des nationalen Horizontes notwendig. Gerade die bereits erwähnte SHAC Kampagne sollte jedoch mehr sein als ein internationales Unterfangen, vielmehr stellte sie für die amerikanische und auch die deutsche Bewegung eine taktische Inspiration dar. Der führende Kopf von SHAC USA Kevin Jonas[1999] schrieb in einem Artikel mit der Überschrift English Lessons 2003:

> *„The galvanization of the grassroots movement behind one coherent campaign target is arguably another of the most important British imports."*[2000]

Jonas hatte zuvor geraume Zeit in Großbritannien verbracht, um die dortige Bewegung zu studieren und hatte sich dort als aktives Mitglied verschiedener Gruppen engagiert. Als HLS ihre Hauptbetätigung in die USA verlegen wollte war die dortige Bewegung bereits gerüstet.[2001] Gleiches galt jedoch für die staatlichen Verfolgungsorgane. Jonas wurde 2006 gemeinsam mit fünf anderen Mitgliedern von SHAC USA wegen Verstoßes gegen den Animal Enterprise Protection Act zu einer sechsjährigen Freiheitsstrafe verurteilt. Sie wurden angeklagt zu Straftaten aufgerufen und Menschen belästigt zu haben. Auch außerhalb des angloamerikanischen Sprachraumes war SHAC aktiv. In insgesamt 18 Staaten, vornehmlich in Europa und Nordamerika, kam es zu Protesten gegen HLS Kunden.

Auch Staatenbünde wurden wieder ins Visier der LobbyistInnen und Aktiven genommen. In Großbritannien gebärdete sich jedoch auch die Tierrechtsbewegung zunächst als Euroskeptiker, was das Vertrauen in internationale Zusammenschlüsse auf staatlicher Ebene betraf. Schließlich war man davon überzeugt, dass nirgendwo anders als in Großbritannien Tiere eine Lobby besäßen und Rechtsschutz, wenn auch rudimentär, vorhanden sei.[2002] Später nutzte man die Politik der EU, die es für Nichtregierungsorganisationen relativ leicht machte, effektive Lob-

---

1998 Tilly, 2004, S.114.

1999 auch: Kjonaas.

2000 Jonas, Kevin: English Lessons, Arkangel, Nr.28, 2003, S.4.

2001 Anon.: *Shac Attac, Targeting Companies Animal Rights Style,* Do or Die, Nr.10, 2003, S.106.

2002 AV Times, August 1971.

byarbeit zu gestalten.[2003] Auf europäischer Ebene fand unter eindeutigem Einfluss britischer TierschützerInnen eine anwachsende Thematisierung von Tierschutz statt. Der 1980 unter Ägide von Richard Ryder gegründete Zusammenschluss europäischer Tierschutz- und Tierrechtsgruppen Eurogroup for Animal Welfare konnte zumindest in einigen Teilbereichen, etwa dem angestrebten Verbot von Tierversuchen für Kosmetika, Erfolge verbuchen.[2004] Eine entsprechende Unterschriftenkampagne eines Netzwerks europäischer Antivivisektionsgruppen zum Verbot von Tierversuchen in der Kosmetikproduktion zeigte jedoch 1990 Eindeutiges: Nahezu die Hälfte aller Unterschriften kam aus dem Vereinigten Königreich.[2005] Daraufhin übernahmen es britische Tierrechtsgruppen, allen voran die BUAV, die europaweite Kampagne zu koordinieren.[2006] *'Vanity'*, ein gigantisches Plüschmaskottchen, das ein Kaninchen nach einem Tierversuch darstellte, wurde durch ganz Europa geschickt.[2007] Die britischen AktivistInnen erkannten, dass man über die Europäische Union eher noch als auf nationaler Ebene, ein Verbot von Tierversuchen für Kosmetik erwirken könne. Das EU-Parlament hatte sich bereits 1992 für ein solches Verbot ausgesprochen. Letztlich war es jedoch die britische Labourregierung, die 1998 erstmals Versuche an Tieren für Kosmetika illegalisierte.[2008] Auch die Kampagne *'Paradise Lost'* gegen den internationalen Primatenhandel für Versuchszwecke wurde von Großbritannien aus geleitet. Britische Gruppen, allen voran die BUAV, übernahmen sogar die Koordination vor Ort, etwa in Belgien.[2009] Es waren ebenfalls britische TierrechtlerInnen, die erfolgreich für die Aufnahme eines Tierschutzprotokolls in den Amsterdamer Vertrag agitierten.[2010]

Tom Regan sagte der internationalen Tierrechtsbewegung, warum sie sich an das britische Vorbild halten sollten:

> *„Parts of the world still look to Britain for moral leadership. The most civilised of nations, it is not surprising that Britain was once the leader in legislation designed to protect animals."*[2011]

Dies bewies, dass der selbst-proklamierte Führungsanspruch britischer TierrechtlerInnen international nur wenig in Frage gestellt wurde. Die

---

2003 Grant, 2000, S.118.

2004 Wilkins, David B.: *Animal Welfare in Europe, European Legislation and Concerns*, London u.a., 1997, S.xi, 98.

2005 Liberator, Sommer 1991, S.10.

2006 Liberator, Winter, 1991.

2007 Campaign Report, Herbst 1991, BUAV Annual Report 1991.

2008 Campaign Report, Frühjahr 1999; Outrage!, Nr.114, Frühjahr 1999, S.18.

2009 Campaign Report, Herbst 1996.

2010 Ryder, 2000, S.204f.

2011 Outrage!, Nr. 34, September/Oktober 1984, S.17.

oben beschriebene konzertierte Aktion gegen ein Ziel wurde auch auf internationaler Ebene aufgegriffen. SHAC war nunmehr in all jenen Ländern vertreten, in denen HLS Kontraktlabore besaß oder Auftraggeber hatte. Andere Kampagnen wurden erst durch britischen Anschub ins Rollen gebracht. Die deutsche Kampagne gegen das Covance Versuchslabor in Münster beispielsweise basierte auf Informationen, die die BUAV nach einer fünfmonatigen Undercoverarbeit veröffentlicht hatte.[2012] Die Koordination gegen das Biomedical Research Centre (BPRC) in den Niederlanden übernahm die Coalition to End Experiments on Chimpanzees in Europe (CEECE).[2013] Damit blieb, trotz internationaler Ausrichtung, ein bestimmendes Moment an Großbritannien verhaftet.

2012 Campaign Report, Frühjahr 2004, Sommer 2004.

2013 Campaign Report, Herbst/Winter 2001.

Teil III: Die Animal Liberation Front und die radikal-militante Tierrechtsbewegung

Um das Besondere der Tierrechtsbewegung in Großbritannien verstehen zu können, bedarf es auch der Darstellung ihres radikalsten Flügels. Wie Robert Garner festgestellt hat, wurde dieser überproportional oft in den Medien erwähnt.[2014] Anders jedoch gestaltet es sich in der wissenschaftlichen, insbesondere der historischen Betrachtung. Weder gibt es eine Monografie zur Thematik noch erschöpfende wissenschaftliche Aufsätze.[2015] Der folgende letzte Teil dieser Arbeit widmet sich daher der Beschreibung der historischen Entwicklung des radikalsten Segments der britischen Tierrechtsbewegung. Durch eine chronologische Darstellung soll die stetige Radikalisierung nachgezeichnet werden, die ihre Geschichte kennzeichnete. Wie bei der moderaten bzw. weniger radikalen Tierrechtsbewegung handelt es sich auch hier um kein einheitliches Gebilde, auch wenn dies in den Medien bisweilen so dargestellt wurde. Entsprechend bemüht sich der dritte Teil um eine differenzierte Darstellung der einflussreichsten Gruppen der radikal-militanten Tierrechtsbewegung.

Die bereits erwähnten Jagdsaboteure gelten im Allgemeinen als Ausgangspunkt für Radikalisierungstendenzen. Ihnen widmet sich folglich das erste Kapitel dieses Teils der Arbeit. Darauf folgend wird im zweiten Kapitel die Entwicklung der Animal Liberation Front beschrieben. Die ALF ist eng mit dem Namen Ronnie Lee verbunden, dem aus diesem Grund besondere Aufmerksamkeit geschenkt wird. Die Animal Liberation Front professionalisierte sich früh und entwickelte eigene Solidaritäts- und Mitteilungsstrukturen, um der wachsenden Kriminalisierung Einhalt gebieten zu können. Auch radikalisierte sie die Methoden der zweiten Tierrechtsbewegung vor allem um das Prinzip der Tierbefreiung. Diese neuen Methoden werden im dritten Kapitel aufgezeigt. Aufgrund interner Diskussionen zur Gewaltfrage gab es gleich mehrere Abspaltungen bzw. Weiterentwicklungen. Solche wie die Animal Liberation Leagues, die das klandestine Element der ALF ablehnten und eine Entschleunigung im Radikalisierungsprozess favorisierten, bildeten ein

2014 Garner, 1992, S.285.

2015 Allerdings gibt es einige nichtwissenschaftliche Texte, die als Primärquellen herangezogen werden. Sie offenbaren sich nämlich als tendenziös entweder in der eindeutigen Ablehnung des Untersuchungsgegenstandes, wie der Bericht des Journalisten David Henshaw (Vgl. Henshaw, 1989) oder aber in seiner besonders positiven Darstellung, da persönliches Engagement hervorgehoben wird. Dies trifft zum einen auf den Sammelband von Steven Best und Anthony Nocella zu (Vgl. Best und Nocella, 2004) zum anderen auf das mit biografischen Elementen illustrierte Buch von ALF-Aktivist Keith Mann (Vgl. Mann, 2007).

wichtiges Element insbesondere in Bezug auf die Beeinflussung des medialen Diskurses. Ihnen widmet sich Kapitel Vier. Der mediale Diskurs wurde jedoch zusehends von jenen bestimmt, denen die ALF-Aktivitäten nicht genügten, um effektiv ihre Sache voranzubringen und die zunehmend zu militanteren Mitteln wie Brief- und Autobomben griffen. Den in diesem Zusammenhang zu nennenden Gruppen Animal Rights Militia und Justice Department wird entsprechend ein jeweils eigenes Kapitel gewidmet (Kapitel Fünf und Sechs). Dieser Radikalisierungsprozess wurde zunächst unterschiedlich wahrgenommen, verdichtete sich jedoch zusehends zu einem Diskurs, der den radikalen Flügel der Tierrechtsbewegung als genuin terroristisch einstufte und im siebten Kapitel angesprochen wird. Diese Entwicklung fand zwar auch innerhalb der Tierrechtsbewegung statt, wurde jedoch vor allem von außen forciert. Besonders die Medien vollzogen dabei eine Transformation sowohl in der Berichterstattung innerhalb des Nachrichtenmediums als auch in der fiktionalen Narration, wie näher beleuchtet werden wird. Staatliche Organe griffen die Verfolgung der ALF zu etwa demselben Zeitpunkt verstärkt auf, als sich dieser mediale Wandel vollzogen hatte. Direkte Korrelationen sind zu vermuten. Die Einordnung der Animal Liberation Front als terroristische Vereinigung bildete hier den Kulminationspunkt. Dass die Animal Liberation Front dennoch in der Lage war erheblichen Einfluss auszuüben, wird in einem abschließenden Blick auf die weltweite Entwicklung, insbesondere auf die der Vergleichsländer USA und Deutschland, deutlich. Dieses neunte Kapitel dient wiederum der Komparatistik und damit der Herausstreichung britischer Spezifika.

1. Dave Wetton, Mike Huskisson und die Hunt Saboteurs Association

Direkte Aktionen gegen Tiernutzung und -missbrauch fanden zu allererst gegen die Jagd Anwendung. Dies lässt sich einfach erklären: Die Jagd war, anders als der Umgang mit Tieren hinter den verschlossenen Labortüren, öffentlich wahrnehmbar.[2016] Direkte Aktionen vermochten hier am ehesten sowohl öffentliche Aufmerksamkeit zu erreichen als auch die Praktizierung des Jagdsports erheblich zu stören. Nachdem verschiedene Gesetzesvorschläge in den 1940er Jahren gescheitert waren, versuchte sich die League Against Cruel Sports in den 1950ern entsprechend an der direkten Verhinderung des Jagdsports. Zumindest für einen kurzen Zeitraum versprühte sie beispielsweise Anisspray zur Verwischung der Fährte bei Jagdveranstaltungen. Dies war durchaus erfolgreich, entfernte die LACS jedoch von ihrem Grundsatz ‚*to campaign within the law to change the law.*' Immerhin galt der Jagdsport als legitime

[2016] Garner, 1993a, S.217.

Freizeitbeschäftigung und Direkte Aktionen gegen seine Ausübung bestenfalls als Kavaliersdelikt. Die kurze Welle einer direkteren Methodenwahl verdankte sie vor allem ihrem Vorsitzenden, dem Journalisten Eric Hemingway. Der wusste zudem sein rhetorisches Geschick nutzbar zu machen, so dass die Aktivitäten der LACS – sehr zum Ärger der Jägerschaft – wohlwollend von der Presse aufgenommen wurden. Man orientierte sich an Formen des zivilen Ungehorsams, wie sie vom Committee of 100 präsentiert worden waren. Hemingway, Vorsitzender seit 1956, starb 1963 und damit auch sein Handlungszugang.[2017]

Eine andere Gruppe sollte also diese Funktion übernehmen. Die Hunt Saboteurs Association (HSA) löste sich aus der Verbindung der RSPCA und radikalisierte die Aktionen der LACS. Die LACS hatte sich ja bereits zu einem Zeitpunkt von der Praktizierung direkterer Methoden distanziert, als die Neuen Sozialen Bewegungen damit anfingen, Direkte Aktionen als probates Mittel politischer Auseinandersetzungen zu proklamieren. Dies war auf die politischen Grundsätze des konservativen Generaldirektors Raymond Rowley zurückzuführen, der Hemingway im Amt folgte. Er wollte die beiden Elemente Direkte Aktion vs. traditionelle Jagdbegleitung sauber getrennt wissen. Somit verhalf er indirekt beim Aufbau der HSA.[2018] Die LACS hingegen konzentrierte sich zunehmend auf den Erwerb strategisch wichtiger Ländereien und die politische Lobbyarbeit zugunsten gesetzlicher Verbotsversuche der Jagd.

Gründungsvater der HSA war der Journalist John Prestige (geb. 1942), der 1963 während seiner Arbeit an einem Artikel über die Traditionen der Jagd Zeuge einer Hetzjagd auf eine schwangere Hirschkuh wurde. Die Jagd endete in der Zerfleischung des Tieres durch die Hundemeute. Er war so abgestoßen von dem Anblick, dass er beschloss, die Jagd von nun an direkt zu sabotieren, anstatt sie nur kritisch zu begleiten.[2019] Mit einer Anzahl Gleichgesinnter formierte er 1963/64 die HSA in Devon. Die Ziele und Intentionen wurden im Selbstverständnis der Gruppe festgelegt:

> *„to save the lives of hunted animals by legal, non-violent direct means and to bring to the attention of people and parliament the barbaric cruelties involved in the hunting of animals until such time as these practices are banned by law."*[2020]

Die erste Sabotage der HSA richtete sich am Boxing Day 1963 gegen die South Devon Foxhounds, die zweite nur wenige Tage später, am 10. Ja-

2017 Thomas, R., 1983, S.89.

2018 HSA: The History of the Hunt Saboteurs Association, 2004.

2019 Gold, 1998, S.86.

2020 Howl, Nr.5, Oktober 1975.

nuar, gegen die gleiche Jagdgesellschaft. Innerhalb des nächsten halben Jahres entstanden zahlreiche neue Gruppen, so dass John Prestige davon sprach, dass am Boxing Day 1964 700 Demonstrierende ihren Protest kundtun würden.[2021]

Die strukturellen und konzeptionellen Prinzipien der HSA umfassten eine informelle Organisationsstruktur und Dezentralisierung, was die Abgabe von Entscheidungskompetenzen an lokale Gruppen bedeutete. Die dezentrale Organisationsform ließ die HSA interne Dispute überleben, die für die internen Spannungen zahlreicher anderer Tierrechtsgruppen in den 1970er und 1980er Jahren verantwortlich waren. Die HSA legte ihren Handlungsschwerpunkt auf die Sabotage der Jagd, die Direkte Aktion. Gleichzeitig galt es ihr als Ziel, andere Tierrechts-/Tierschutzgruppen darin zu bestärken, sich um die Illegalisierung der Jagd auf institutionellem Wege zu bemühen. Sie selbst übernahm die Instrumentalisierung des gesetzmäßigen Zugangs als taktisches Konzept:

> *„to remain within (if only just within) the law."*[2022]

Ab 1965 koordinierte die Londoner HSA um Dave Wetton als aktivste Saboteursgruppe die organisatorischen Aufgaben des gesamten Verbandes.[2023] 1968 übernahm Wetton den Vorsitz der HSA.[2024] Als Folge etablierten sich die meisten neuen Gruppen im Südosten Englands, zumeist in und um die Universitätsstandorte.[2025] Erst ab 1972 gab es jedoch einen funktionierenden Vorstand mit (unbezahltem) Pressesprecher und ehrenamtlichen Rechtsberatern. Aktionen und Spendensammeln sollten jedoch fest in den Händen der einzelnen autonom agierenden Gruppen verbleiben.

Bereits während seiner Schulzeit überzeugten Freunde Dave Wettons ihn vom Vegetarismus. Im Folgenden suchte er auch nach anderen Wegen gegen Tiermissbrauch tätig zu werden.[2026] Direkte Aktionen gegen den Jagdsport waren für ihn eine logische Verlängerung der Auseinandersetzungen um den Vietnamkrieg und Anti-Apartheidskampagnen, in denen er zuvor aktiv gewesen war. Wetton war der Sohn einer Arbeiterfamilie aus Tooting mit starkem sozialistischem Background. Er begann nach der Schule eine Ausbildung als Kalkulator. 1964 trat er der HSA bei, nachdem er bereits zuvor als Mitglied von RSPCA und LACS an

---

2021 HSA: The History of the Hunt Saboteurs Association, 2004. Auch Personen außerhalb des HSA Spektrums beteiligten sich an derartigen Jagdprotesten, vgl. Ryder, 1998, S.30f.

2022 Thomas, R., 1983, S.104.

2023 HSA: The History of the Hunt Saboteurs Association, 2004.

2024 Gold, 1998, S.88.

2025 Thomas, R., 1983, S.104.

2026 Dave Wetton, Vortrag, 10. September 2004.

Demonstrationen gegen Jagdveranstaltungen teilgenommen hatte. Nach der Übernahme des Amtes als Vorsitzender übte er dieses bis 1979 aus. In dieser Zeit wuchs die Gruppe von anfänglich ca. 200 Mitgliedern rasant an.[2027] Ausschlaggebend für seinen Rücktritt als Vorsitzender war ein Schuldspruch wegen Körperverletzung gegen Mitglieder einer Jagdgesellschaft. Er insistierte jedoch auf dem gewaltfreien Charakter, den die HSA haben sollte. Er wollte also kein schlechtes Vorbild abgeben. Ein weiterer Grund für seinen Rücktritt war die schwierige Koordination einer mittlerweile 7000 Mitglieder starken Organisation ohne zentrales Büro.[2028] Er verließ die HSA und nahm einen führenden Posten bei der LACS an.[2029] Gleichsam agierte er als Mitglied der RSPCA Reform Group und beharrte hier auf deren Verurteilung des Jagdsports. Gemeinsam mit Gleichgesinnten formierte er 1987 den *RSPCA Members' Watchdog*.[2030]

Der politische Diskurs, der sich um die Jagdsaboteure entwickelte, stellte vor allem deren *'ungebührliches'* Verhalten hervor. Der konservative Abgeordnete Jasper More verkündete entsprechend in einer Parlamentsdebatte bezüglich erweiteter Tierschutzmaßnahmen:

> *„After all the ill-informed statements about field sports, I would add that the organised confrontation at field sports meetings – obviously organised by saboteurs, sometimes brought from a long distance – are disgraceful. They also simply divert the police from their proper duties."*[2031]

Überhaupt schien man sich bei den JagdunterstützerInnen nicht vorstellen zu können, dass jemand aus Überzeugung gegen den Jagdsport sein könnte: Der *'rent-a-mob'* Vorwurf war allgegenwärtig.

> *„All the recent police reports have indicated that the bulk of the saboteurs are young out-of-work people who have been paid handsomely for their service,"*[2032]

ließ die BFSS verlautbaren und John Gilmore, Master of Fyfe Foxhunt, erläuterte:

[2027] Gold, 1998, S.89.

[2028] Die LACS konnte in derselben Zeit einen Mitgliederanteil von 13 000 verbuchen. Vgl. Thomas, R., 1983, S.85. 1986 waren es schon 20 000 Mitglieder. Cruel Sports, Nr.19, Sommer 1986, S.1. 1995 verdoppelte sich die Mitgliederzahl auf 40 000, Byrne, 1997, S.148.

[2029] Gold, 1998, S.90.

[2030] RSPCA Members' Watchdog, Nr.1, 1987.

[2031] Hansard, House of Commons Debates, Vol. 964, 23. März 1979, nach: Hollands, Clive: *Compassion is the Bugler, The Struggle for Animal Rights*, Edinburgh, 1980, S.113.

[2032] BFSS: Tactics of Hunt Saboteurs zitiert nach: Animal Welfare, Januar/Februar 1979, S.23.

„I think there's more to the antis than meets the eye. Some are very dedicated, prepared to do anything to destabilise society. The rest of them are paid."[2033]

Auch darüber, woher das Geld kam, war man sich einig: Aus dem Kreml.[2034] Damit wurde ein Diskurs aufgegriffen, der bereits bei der Friedensbewegung um CND das subversive Eindringen sowjetischer Interessen vermutet hatte.[2035] In einer parlamentarischen Diskussion zu einem Verbot der Fuchsjagd 1995 fragte der konservative Abgeordnete Michael Colvin entsprechend:

„Was it pure coincidence that on the day the poll tax rioters were burning Trafalgar Square, not one hunt in this country was sabotaged?"[2036]

Vor allem das äußere Erscheinungsbild der Saboteure wurde als Zeichen für deren gesellschaftliche Außenseiterstellung gewertet. Diese *‚terrible filthy people'* konnten auf nichts Gutes aus sein:

„They were the smelliest, most evil heap of rubbish imaginable,"[2037]

wurden BeobachterInnen der Saboteure in der *Evening Mail* 1988 zitiert.

Diese medial transportierte Stigmatisierung hatte Konsequenzen: Alle von der HSA angestrengten Versuche, mit der BFSS einen *‚Waffenstillstand'* zu schließen, scheiterten daran, dass letztere die HSA nicht als legitime Organisation anerkannt wissen wollte. Die HSA ließ verlautbaren, dass sie sich als außerhalb des parteipolitischen Spektrums verortet sah und wies Anschuldigungen, es würde sich bei ihnen um eine Bande von *‚Lefties'* handeln, vehement zurück. Außerdem würde sie sich inhaltlich ganz und gar auf die Verhinderung der Jagd konzentrieren. Es handele sich bei ihr somit um eine *‚single-issue group'*. Sie verurteilte anfangs gar die Angriffe auf Vivisektionslaboratorien, um dieser Klassifizierung gerecht zu werden.[2038] John Prestige, selbst überzeugt von der Unterwanderung der HSA durch linksgerichtete Gruppen, sah der Politisierung der Gruppe kritisch entgegen und zog sich aus der HSA zurück.

Nach anfänglichen Startschwierigkeiten führten einige wohlmeinende Medienberichte dazu, dass die Sympathien und damit auch die Mitgliedschaft der HSA anstiegen. Ein Artikel im *Guardian* 1972 kommentierte die Brutalität der Jäger und gratulierte der HSA für ihren progres-

---

2033 zitiert in: Harpers & Queens, März 1987, in: Howl, Nr. 36, Sommer 1987.

2034 Huskisson, Mike: *Outfoxed*, London, 1983, S.16.

2035 Schlesinger, Philip, Murdock, Graham und Elliott, Philip: *Televising 'Terrorism', Political Violence in Popular Culture*, London, 1983, S.3, S7f.

2036 Hansard, House of Commons Debates, 3. März 1995, col. 1316.

2037 Beide Zitate Evening Mail 16. April 1988, zitiert nach: Howl, Nr.40, Winter 1988.

2038 Howl, Nr.5, Oktober 1975.

siven Umgang mit ihnen.[2039] Ein *,Open Door'* Programm, das 1976 auf BBC 2 ausgestrahlt wurde, führte zu großzügigen Spenden für die Gruppe sowie zu zahlreichen Nachfragen auf Mitgliedschaft.[2040] *,Open Door'* war ein Fernsehformat der 1970er Jahre, bei dem Einzelpersonen und Gruppen ein Programm in eigener Verantwortung herstellen und verbreiten konnten. 3000 neue Mitglieder wurden bereits im nächsten Jahr gezählt.[2041] Insgesamt war das Presseecho jedoch eher verhalten bzw. feindselig gegenüber den SaboteurInnen, die mehrheitlich als deviant dargestellt wurden.[2042] Dennoch wurden bis 1975 ca. 40 neue Gruppen gegründet. 1986 existierten bereits 124 Gruppen, die regelmäßig, meist wöchentlich, die Jagden sabotierten.[2043] Nicht nur die Anzahl der Mitglieder änderte sich, sondern auch deren ideologische Ausrichtung: Innerhalb der HSA kam es zu Radikalisierungen, beeinflusst sicherlich auch von der gleichzeitig entstehenden Animal Liberation Front, die aktiv von einigen HSA Mitgliedern unterstützt wurde. Man wollte weiteren Abspaltungen, wie etwa die der Animal Activists 1975, entgegenwirken, die sich durch die ungenaue methodische und ideologische Positionierung ankündigten.[2044] Nach internen Querelen über inhaltliche Ausrichtung, Organisation und um die Begriffsbestimmung der *,gewaltfreien Direkten Aktion'* kam es Ende der 1970er Jahre deshalb zu einer Erweiterung des Aktionsradius. War zunächst die Verhinderung von Jagden, allen voran der Fuchsjagd mit Hunden, das alleinige Ziel der HSA, nahm sie sich ab Mitte der 1980er Jahre auch der Sabotage von Vogeljagden, Angelsport und Wilderei an.[2045] Die HSA agierte jedoch nicht nur auf Jagden. Sie organisierte außerdem Großdemonstrationen, etwa im Januar 1981 in London, um auf diesem Weg das Ende der Jagd zu reklamieren.[2046]

Die von HSA-Mitgliedern angewendeten Taktiken der Sabotage zur Verhinderung der Jagd waren vielfältiger Natur. Hunde wurden am Tag vor der Jagd heimlich gefüttert, so dass ihnen der zur Jagd notwendige Appetit fehlte; die Fährte wurde mit geruchsirritierenden Flüssigkeiten – Anti-Mate Spray oder Zitronella – verwischt; Jagdhörner wurden von unterschiedlichen Richtungen aus geblasen oder *Gizmos* eingesetzt, um

2039 Tweedie, Jill: Otters Hell, The Guardian, 3. Juli 1972.

2040 Howl, Nr.6, Frühjahr 1976, S.1; Wetton, Dave: The Open Door Breakthrough, in: Howl, Nr.81, Sommer 2004, S.20f.

2041 Dave Wetton, Vortrag, 10. September 2004.

2042 Stokes, 1996.

2043 Howl, Nr.36, Sommer 1987.

2044 Thomas, R., 1983, S.109.

2045 Liberator, August/ September 1986.

2046 Animal Welfare, Februar/März 1981, S.26.

die Meute weiterhin zu irritieren.[2047] Darüber hinaus wurden so genannte ‚*Sit-ins*' organisiert, beispielsweise im Hauptbüro der BFSS und anderen Jagdvereinigungen, um deren Jahreshauptversammlungen zu verhindern.[2048] Auch die HSA wurde in ihrer Methodenvielfalt variantenreicher und zeigte sich wiederum deutlich inspiriert durch die ALF. 1982 befreiten AktivistInnen mehrere Beaglewelpen, die zur Jagd abgerichtet werden sollten. Die AktivistInnen wurden gefasst und zu Bewährungsstrafen verurteilt. Einer der Angeklagten, der Sekretär der HSA Robert August, sagte nach Urteilungsverkündung:

> *„I am not sorry I did it. I am only sorry that I was caught.(...) There is a growing number of people willing to take part in raids and they will certainly go on."*[2049]

Die Befreiung von Tieren blieb jedoch die Prärogative der ALF. 1993 befreiten sie 10 Beagles der Cheshire Hunt. Diese Jagdgesellschaft wurde für den Tod von Mike Hill verantwortlich gemacht.[2050] 2001 wurden gar 47 Hunde der Wye College Beagle Hunt, die gesamte Meute, entwendet.[2051]

Die HSA sabotierte insbesondere die Fuchsjagd: Sie machte das Gros des Jagdgeschehens aus. 208 Hundemeuten gab es in Großbritannien 1981 für die Fuchsjagd, 26 für die Hasenjagd, 27 für die Hasenhatz und vier für die Hirschjagd.[2052] Im Jahr des Jagdverbotes 2005 gab es insgesamt 318 Meuten. Allein 1994 führten AktivistInnen ungefähr 3000 Jagdsabotagen durch. Das entsprach ca. 15% aller insgesamt stattfindenden Jagdveranstaltungen.[2053]

Ab etwa ab Ende der 1980er Jahre unterstützte die HSA darüber hinaus die ALF und ähnliche Gruppierungen. Die Namen von Gefangenen der Bewegung sowie Werbungen für das radikale Magazin *Arkangel* wurden nunmehr im *Howl* abgedruckt. Das 1973 gegründete Mitteilungsorgan *Howl* (kurz für ‚*Hands off our wildlife*') berichtete zudem über die verschiedenen Taktiken, die je nach Art der Sabotage angewendet werden müssten. Auch die Opposition wurde unter die Lupe genommen. In der

---

2047 Bei einem Gizmo handelt es sich um ein Sound System, über das die Geräusche der Hunde bei der Witterungsaufnahme abgespielt werden. Wenn die Hunde diese Geräusche hören, denken sie, dass eine andere Meute eine Spur aufgenommen hat und wenden sich von ihrer Witterung ab, um der anderen Meute zu folgen. Ziel ist es, die Meute von ihrer Fährte wegzulocken.

2048 Dave Wetton, Vortrag, 10. September 2004.

2049 zitiert in: Outrage!, Nr.20, März/April 1982, S.9.

2050 Turning Point, Nr.30, Januar/Februar 1994, S.11.

2051 Animal Liberation Front Supporters Group Newsletter, Mai 2001, S.6.

2052 Windeatt, 1982, S.31ff. Bei der Hasenhatz werden die Hasen vorher gefangen und dann gehetzt.

2053 Stokes, 1996

Sparte ‚*Vermin Control*' berichtete *Howl* über Verfahren gegen JägerInnen und druckte deren Adressen und Telefonnummern ab. Weiterhin wurden dort Berichte der einzelnen Saboteursgruppen veröffentlicht und über den Umgang mit den staatlichen Verfolgungsbehörden und neue Gesetze diskutiert. Diese Gesetze umfassten sowohl die, welche sich gegen die Jagdsaboteure richteten als auch über solche, die den Jagdprozess einschränken wollten.[2054]

Eine Besonderheit zeichneten die Konflikte um die Jagd aus. Nirgends anders war die direkte Konfrontation mit der Opposition heftiger als hier. Die körperlichen und gewalttätigen Auseinandersetzung führten, wie bereits erwähnt, zum Tod von Mike Hill (1991) und Thomas Worby (1993) sowie zahlreichen schwer verletzten und vielen leicht verletzten JagdgegnerInnen. Statistiken der HSA zufolge musste im Durchschnitt wöchentlich ein/e Saboteur/in nach Angriffen von JägerInnen ärztlich behandelt werden. Diese Gewalt gegen Jagdsaboteure schien als Gentlemans Delikt durchaus akzeptabel, herrschte doch die Meinung vor:

> *„Horse-whipping a hunt saboteur is rather like beating a wife – they're both private matters."*[2055]

Der Tod der beiden Saboteure koinzidierte mit Kevin McNamaras Private Member's Bill, die 1992 das Verbot der Fuchsjagd anvisierte. Anstatt also moderater zu agieren, bewegte sich die BFSS, durch ein mögliches Verbot bedroht, auf dem Kriegspfad:

> *„From now on we're are going to start hunting the hunt saboteurs,"*[2056]

erklärte deren politischer Berater.

Neben der Sabotage der Fuchsjagd entwickelte die HSA ein weiteres Hauptziel. Sie versuchte die prestigeträchtige Hasenhatz Waterloo Cup zu verhindern. 1976 konnte sie zwar nicht unterbunden, jedoch erheblich gestört werden: Ca. 100 SaboteurInnen, von denen gut die Hälfte im Laufe der Aktion verhaftet wurden, gingen aktiv gegen das ‚*hare coursing*' vor.[2057] Von den Festgenommenen wurde sieben zu Bewährungsstrafen verurteilt.[2058] 1983 gelang es der HSA durch eine Massensabotage mit 400 AktivistInnen, die Durchführung des Waterloo Cups zu verhindern. Die beteiligten Jäger hatten sich in deutlicher Minderheit befun-

---

2054 Insbesondere der Criminal Trespass Act von 1977 und die Public Order Acts von 1986 und 1994. Vgl. dazu Kap. 7.3.

2055 Tim Asplin, Master of Essex Union Foxhunt, 1976, zitiert nach: Howl, Nr.8, Frühjahr 1977, S.1.

2056 zitiert nach: Stokes, 1996.

2057 Howl, Nr.6, Frühjahr 1976.

2058 Howl, Nr.7, Herbst 1976.

den.[2059] 1993 wurde der Waterloo Cup aufgrund einer vom Hunt Retribution Squad angedrohten Bombe ganz abgesagt.[2060]

Auch das Methodenrepertoire der Dokumentation wurde von der HSA übernommen. Mike Huskisson führte 1981 erstmals eine Undercoverrecherche des Jagdsports durch. Er hatte bereits Erfahrung mit dieser Methode gesammelt. 1975 war er bei ICI eingedrungen, hatte zwei in Rauchexperimenten eingesetzte Beagles entwendet und machte noch einmal die Umstände der dort vorgenommenen Versuche publik. Ein gegen ihn angestrengtes Verfahren wegen Einbruchs wurde aus Prestigegründen von ICI fallen gelassen,[2061] Mike Huskisson wurde jedoch auf die Schwarze Liste der RDS gesetzt.[2062] Der studierte Zoologe Huskisson war der Sohn eines Armeeoffiziers und kam ab 1967 in Kontakt mit dem Jagdsport, als sein Vater ein Anwesen in der Nähe von Cambridge erstand, wo die Jagd regelmäßig vorbeizog. Der Kontakt mit den JägerInnen bestärkte ihn in seiner Ablehnung von deren Gestus und der Jagd im Allgemeinen, denn, so erklärte er es in patriotischer Manier:

> *„Like most British people I feel a natural sympathy for animals and a desire to champion the underdog – in this case, the hunted."*[2063]

Bei seiner zweiten Undercoverrecherche gab er sich als Jagdunterstützer und Reporter aus.[2064] Er hatte zuvor seinen Namen in Mike Wilkins geändert. Unter diesem Namen fungierte er auch als Pressesprecher der LACS. Der Namenswechsel war nötig geworden, da er als vorbestrafter Krimineller galt und seine wahre Identität als schädlich für die LACS angesehen wurde.[2065] In seinem 1983 unter dem Titel ‚*Outfoxed*' publizierten Erlebnisbericht berichtete Huskisson, dass außerhalb von Jagdzeiten gejagt wurde und illustrierte die Brutalität, mit der JägerInnen das gejagte Tier behandelten. Als die *Times* diesen Identitätswechsel aufdeckte,[2066] wurde er aus seinem Amt entlassen, kurzzeitig später jedoch wieder als Berater eingestellt. Er blieb sehr aktiv und gründete die Animal Cruelty Investigation Unit, unter deren Ägide er auch 1999 für den Untersuchungsausschuss zum Verbot der Fuchsjagd mit Hunden aussagte.

Huskisson war zunächst ein ‚*Ein-Mann-Kampfkommando*'. Er entwickelte wirkungsvolle Methoden im Verwischen der Spuren des Fuchses durch

---

2059 Outrage!, Nr.2.

2060 Arkangel, Nr.11, S.28.

2061 Roberts, J.J., 1986, S.10.

2062 RDS, internes Memo, The Wellcome Library Archive PP/WDP/E/1/7/5.

2063 Huskisson, 1983, S.13f.

2064 Huskisson, 1983, S.52ff.

2065 Vgl. weiter unten.

2066 Clayton, Hugh: A mole among the hounds, The Times, 2. August 1983.

den Einsatz von Anisspray. Inspiriert zeigte er sich durch die Verwendung ähnlicher Substanzen durch die französische Resistance gegen deutsche Spürhunde. 1971 zog er nach London um Zoologie zu studieren. Dort trat er alsbald der HSA bei. So enthusiastisch engagierte er sich, dass er schnell als ‚*Mike the Nutter*' bekannt war.[2067] Auf seiner ersten Jagdsabotage lernte er Dave Wetton kennen, der ihn wiederum mit Ronnie Lee bekannt machte. 1979 trat er zudem der LACS bei. Die LACS versuchte ebenfalls in den 1970ern ihr Mitgliederpotential aufzustocken und bemühte sich um Verjüngung. Auch wenn einige HSA Mitglieder der LACS beitraten, besaß die HSA zunächst aufgrund ihrer unkonventionellen Methoden noch eine größere Attraktivität für die Jugend. Führende HSA Mitglieder, unter ihnen Wetton und Huskisson, erkannten jedoch die eingeschränkten Erfolgaussichten der HSA auf die Erwirkung des gesetzlichen Verbots der Jagd und nahmen aus diesem Grund Ämter bei der LACS an.

Das Verhältnis zwischen LACS und HSA blieb trotz überschneidender Mitgliedschaft ambivalent. Die LACS konzentrierte ihre Arbeit vor allem darauf, GrundbesitzerInnen dafür zu werben, Jagden auf ihrem Land zu untersagen. Unter GrundbesitzerInnen wurden auch die Gemeinden subsumiert. 1993 hatte sie 70% aller britischen Gemeinden davon überzeugt, den Jagdbetrieb auf ihrem Gelände künftig zu verbieten.[2068] Dies wurde von der HSA als nur unzureichende Maßnahme betrachtet, fanden die meisten Jagden doch nicht auf Gemeindeland, sondern auf privatem Gelände statt. Die Jagdgesellschaften, so beklagte die HSA, seien durch derartige Verbote nur wenig eingeschränkt. 1977 kam es auf der LACS Jahreshauptversammlung zu heftigen Auseinandersetzungen bezüglich deren Repräsentation nach außen.[2069] Dieser Konflikt entzündete sich, wie bei den Antivivisektionsgesellschaften, anhand der Generationenlinie. Die LACS suchte bald die Distanzierung zur HSA und zu radikalen TierrechtlerInnen. Als Mike Hill 1991 von Jagdanhängern zu Tode gebracht wurde, verurteilte die LACS die Vergeltungsmaßnahmen und die eindeutige Vereinahmung Hills für die Tierrechtssache. Diese Vereinnahmung machte sie etwa an der Rede des ALF-Aktivisten John Curtin (geb. 1964) bei Hills Beerdigung fest.[2070] Während der Beerdigung war es in der Tat zu Ausschreitungen gekommen, bei denen zahlreiche ALF-Aktivisten festgenommen und zu Haftstrafen verurteilt wurden.[2071] Weiterhin bestand die LACS darauf, dass sich ihre JagdbeobachterInnen, im

[2067] Ibid., S.14.

[2068] Turning Point, Nr.30, Januar/Februar 1994, S.8.

[2069] Howl, Nr.9, Herbst 1977, S.3.

[2070] Wildlife Guardian, Nr.16, Frühjahr 1991, S.7; Nr.17, Sommer 1991, S.17.

[2071] Mann, 2007, S.257ff.

Gegensatz zu denen der SaboteurInnen, immer rechtmäßig verhalten würden:

> *„Our hunt monitors do not interfere with the hunt, do not offer violence or intimidation in any way. In return we do not expect to be met with such abuse."*[2072]

Der neue LACS Vorsitzende Richard Course vermutete hinter den radikaleren AktivistInnen AnarchIstinnen, die sich der Tierrechtsbewegung als Vehikel ihrer staatsfeindlichen Aktivitäten bedienen würden.[2073]

Die Taktiken der HSA und die ihrer SympathisantInnen wurden tatsächlich auf eine andere, militantere Ebene gesetzt. Gewalt wurde nicht mehr als Mittel ausgeschlossen. 1977 wurden Mitglieder der HSA der Grabschändungen bezichtigt. Ziel des Vandalismus war das Grab von John Peel (1776-1854), der als Begründer der traditionellen britischen Fuchsjagd gilt. Mike Huskisson wurde wegen passiver Beteiligung an der Aktion, bei der der Grabstein beschädigt worden war, zu einer neunmonatigen Gefängnisstrafe verurteilt. Verbüßen musste er die Strafe zeitweise in Durham Prison, dem Hochsicherheitsgefängnis für IRA-Gefangene. Ähnliches geschah 1984 mit dem Grab des Duke of Beaufort.[2074] Hierzu bekannte sich das so genannte Hunt Retribution Squad, dessen Angriff den JägerInnen selbst galt und nicht mehr nur dem Jagdgeschehen. Auf einer vom Squad veröffentlichten *‚Hit-List'* standen auch Mitglieder der königlichen Familie sowie zahlreiche Abgeordnete. In einem Bekennerschreiben an die *Times* teilten sie mit:

> *„It is time the perverted hunters get a taste of their own violent medicine."*[2075]

Das Hunt Retribution Squad ließ intern verlautbaren, dass es zu ihrem Ziel gehöre, die ideologische und politische Mitte der Tierrechtsbewegung zu verschieben. Ihnen ging es vor allem darum, mediale Aufmerksamkeit auf sich zu ziehen.[2076] 1986 wurden zwei Beschuldigte, John Curtin und Terry Helsby, zu jeweils zwei Jahren Haft verurteilt.[2077] Weiterhin zeichnete sich das Squad für die Verwendung einiger Brandbomben verantwortlich, die in Reaktion auf den Tod von Mike Hill und Tom Worby gezündet worden waren.[2078] So wurde im September 1993 auch

---

2072 Wildlife Guardian, Nr.30, Winter 1994/1995, S.3.

2073 Smith, G. Davidson: *Political Violence in Animal Liberation*, in: The Contemporary Review, Nr. 247, Juli, 1985, S.28.

2074 Ryder, 2000, S.170.

2075 Ravitch, Joe: Hunt protesters say they violated Duke's grave, The Times, 27. Dezember 1984.

2076 Roberts, J.J., 1986, S.105.

2077 Turning Point, Nr.6, Winter 1986/87, S.23.

2078 Ridley, J.: *Foxhunting*, London, 1990, S.172.

die Burlington Publishing Company Ziel von Brandanschlägen.[2079] Dieser Verlag brachte u.a. *Shooting Times, The Field* und weitere Jagdzeitschriften heraus. Ende der 1990er Jahre, angesichts der sich zur Countryside Alliance formierenden Projagdlobby, wurde auch von Hunt Saboteurs Seite militanter vorgegangen. Ein Mitglied der Vale of Aylebury Foxhunt berichtete 1998:

> *„I have never seen anything quite like this, nor come across people who were so determined to do harm. They were all in black, everything, coats, jeans and balaclavas."*[2080]

Im Jahr 2000 platzierte das Hunt Retribution Squad mehrere Brandsätze unter den Autos von JägerInnen der Surrey and Burstow Foxhunt.[2081]

Die HSA versuchte auch der Countryside Alliance etwas entgegenzusetzen. AktivistInnen hackten sich beispielsweise in deren Internetseite ein und übernahmen das für den Countryside March 1998 eingerichtete Radio und verwandelten es in *‚The Hunt Saboteurs Broadcasting Corporation'*.[2082] Insgesamt fungierte die HSA als Antriebsmotor für die Entstehung der radikalen britischen Tierrechtsbewegung.

2. *‚General Lee'*: Ronnie Lee, die zweite Band of Mercy und die Gründung der Animal Liberation Front

Mit ihrem Bestreben auf eindrucksvolle und möglichst direkte Weise gegen den Tiermissbrauch zu agieren, stellten die Jagdsaboteure bloß die erste Eskalationsstufe der zweiten Tierrechtsbewegung dar. Mit der Gründung der Band of Mercy folgte 1972 die nächste Stufe. Diese Gruppe entstand unter maßgeblichem Einfluss von Ronald ‚Ronnie' Lee und Clifford Goodman. Lee wurde 1951 in Gloucester geboren. Sein Vater war Ingenieur und zunächst im Flugzeugbau und dann in der Computerindustrie beschäftigt. Lee verließ die Schule mit achtzehn. Da seine Noten nicht für ein Universitätsstudium reichten, vollendete er eine dreijährige Ausbildung zum Rechtsanwaltsgehilfen in London. Durch den Freund seiner Schwester, einem Veganer und Athleten, kam er zur selben Zeit erstmalig in Kontakt mit dem Vegetarismus. Seinem Vorbild folgend, übernahm er die fleischlose Ernährung, zunächst als Vegetarier und dann mit 21 als Veganer. Bereits ein Jahr später befasste er sich näher mit tierrechtsrelevanten Themen. Nachdem er sich mit der Tierrechtsfrage auseinandergesetzt hatte, verließ er aus mangelndem Inte-

---

2079 Green Anarchist, Nr.34, Frühjahr 1994, S.2.

2080 Zitiert in: Arkangel, Nr.19, S.12.

2081 Animal Liberation Front Supporters Group Newsletter, Sommer 2000, S.7.

2082 Arkangel, Nr.19, S.12.

resse seinen Job. In einem Bioladen erstand er ein Exemplar des *Vegetarian*, dem Magazin der Vegetarian Society, in dem Anzeigen verschiedener Tierschutzvereinigungen abgebildet waren, denen er im Folgenden beitrat. Lee kam aus einem politischen Elternhaus, der Vater war ein Anhänger des linken Labourflügels, die politische Diskussion wurde gepflegt. Aus diesem politischen Grundverständnis heraus nahm er an einigen kleineren Antivivisektionsdemos teil, bevor ihn ein Fernsehbericht über die HSA dazu bewegte, sich auch an Direkten Aktionen zu beteiligen.

> *„I've been on some demos and I felt these demos are not really achieving anything, they are not making any difference. People are just standing there, holding up a few placards, and that's it really."*[2083]

Die Jagdsaboteure hingegen, so war er überzeugt, würden direkt das Leben der Tiere schützen. Fortan verbrachte er nahezu jeden Samstag damit, Jagden zu sabotieren. Bei dieser Gelegenheit traf er auf Clifford Goodman. Nach weiteren ein bis zwei Jahren als aktives Mitglied der HSA war er davon überzeugt, dass militantere Aktionen gegen den Missbrauch von Tieren von Nöten seien.[2084] Lee nahm die Situation der Tiere in Großbritannien in allen Zweigen der tiernutzenden Industrien nicht nur als katastrophal wahr, er wollte auch einen Anstieg in deren Missbrauch registriert haben, dem die traditionellen und moderaten Vereinigungen nichts Ernsthaftes entgegenzusetzen vermochten. Er war der Überzeugung, dass es etwas Radikalerem, Militanterem bedurfte, das sich gegen alle Aspekte der Tierausbeutung richten müsse und nicht ausschließlich den Jagdsport angreife.[2085]

Clifford Goodman (geb.1942) kam erstmals 1963 in Kontakt mit der Tierrechtsbewegung, als er der League against Cruel Sports beitrat. Zwar hatte er sich bereits Jahre zuvor für eine vegetarische Ernährung entschieden, sich darüber hinaus jedoch nicht entsprechend engagiert. Als er über die LACS von der Existenz einer Gruppe von JagdsaboteurInnen erfuhr, der HSA, schloss er sich ihr alsbald an und gründete eine Gruppe in Northampton. 1971 trat er der RSPCA bei und engagierte sich in deren Reform Group. Er beteiligte sich weiterhin regelmäßig an Jagdsabotagen, die teilweise von mehreren Gruppen gemeinsam organisiert wurden. Sowohl Goodman als auch Lee waren im Vorstandskomitee der HSA. Deren Handlungspotential ging ihnen jedoch nicht weit genug, und sie gründeten 1972 mit vier weiteren Personen die Band of Mercy in Lon-

[2083] Ronnie Lee, Persönliches Gespräch, 4. Oktober 2004.

[2084] Liberator, Dezember 1981, S.10.

[2085] Ronnie Lee, Persönliches Gespräch, 4. Oktober 2004.

don.[2086] Während anfänglich noch die Sabotage von Jagdgerätschaften im Süden Englands im Vordergrund stand, konzentrierte sie sich schon bald vor allem darauf, Versuchslaboratorien und Transportfahrzeuge für Versuchstiere zu beschädigen. Die Namenswahl erfolgte in Erinnerung an die bereits beschriebene Jugendgruppe der RSPCA aus dem 19. Jahrhundert, der die AktivistInnen um Lee ein radikales Potential unterstellten und deren Geist man durch die Namensgebung wiedererwecken wollte.[2087]

Die erste anderweitige Aktion der Band of Mercy war ein Anschlag auf das sich im Bau befindliche Laboratorium von Hoechst Pharmaceuticals in Milton Keynes im November 1973. Hier hatte man gleich zweimal erfolglos versucht, das gesamte Gebäude niederzubrennen. Trotzdem konnte ein erheblicher Sachschaden verbucht werden.[2088] 1974 folgte die Zerstörung von Booten, die zur Robbenjagd eingesetzt wurden, in Sutton Bridge. Im selben Jahr verübte die Gruppe Brandanschläge auf Transporter der Versuchstierinstitutionen Huntingdon Research Center, Oxford Laboratory Animal Colonies (OLAC) Capel Isaac in Südwales und Phillip Harris Biological Suppliers in Weston-Super-Mare. Gebäude der Roebuck Animal Suppliers in Welwyn sowie Orchard Farm Poultry Breeders in Buckinghampshire wurden ebenfalls beschädigt. Insgesamt entstand ein Sachschaden in Höhe von £57 000.[2089] Im Ganzen verübte die Gruppe acht Anschläge, bevor sie bei der geplanten Zerstörung der Gebäude von OLAC in Bicester gefasst wurde. Nur eine der Aktionen umfasste die Befreiung von Tieren: Aus einer Meerschweinchenzucht in Wiltshire wurden sechs Tiere befreit. Noch fehlten die sympathisierenden Strukturen, um die Tiere entsprechend unterzubringen. Dennoch war die Aktion für die Gruppe von Erfolg gekrönt: In Antizipation weiterer Angriffe aus dem radikalen Tierrechtsspektrum wurde die Farm geschlossen.[2090]

Am 24. März 1975 wurden Clifford Goodman und Ronnie Lee vom Oxford Crown Court zu drei Jahren Haft verurteilt. Ein weiterer Band of Mercy Aktivist, Robin Howard (geb.1955), war bereits am 12. Februar zu einer einjährigen Gefängnisstrafe auf Bewährung verurteilt worden.[2091] Bei den ZuhörerInnen sorgte das Urteil für Aufregung, da die beiden ja gestanden hatten, für die Anschläge verantwortlich zu sein und stießen

2086 Animal Welfare, Juni/Juli/August 1981, S.16f; Lee, Ronnie: Direct History Lessons: The Formation of the Band of Mercy and the A.L.F., No Compromise, Nr.28.

2087 Ronnie Lee, Persönliches Gespräch, 4. Oktober 2004.

2088 Wicklund, 1991, S.11.

2089 List of Events, The Wellcome Library Archive PP/WDP/E/1/7/5.

2090 Ronnie Lee, Persönliches Gespräch, 4. Oktober 2004.

2091 Daily Telegraph, 13. Februar 1975.

mit ihren Aktivitäten durchaus auf Sympathiebekundungen. Dafür sorgte auch Richard Ryder, der in dem Verfahren als Experte angehört wurde. Er zeichnete ein abschreckendes Bild von Tierversuchen und betonte, dass 86% der ca. 5 Millionen Tierversuche in Großbritannien ohne Betäubung vorgenommen würden. Ryder steuerte darüber hinaus £1000 Kaution für Cliff Goodman bei und zeigte sich von den Aktionen beeindruckt.[2092] Auch die Presse verhielt sich insgesamt sympathisierend. Der *Daily Telegraph* resümierte:

> *„These young men, while defying the law, showed great courage."*[2093]

Bereits im Kautionsverfahren im September 1974 hatte Lees Anwalt vermerkt, dass sein Klient kein gewöhnlicher Krimineller sei, sondern vielmehr von ernstzunehmenden Idealen geleitet werde. Er habe es als seine Pflicht angesehen, Tiere zu schützen und sei mit großer Vorsicht zu Werk gegangen, so dass niemand zu Schaden käme.[2094] Diesen Kanon bemühte auch Lee während seines Prozesses in Oxford:

> *„My intentions were to prevent suffering. I did not do it out of hatred and I am not sorry for trying to save weak, helpless animals from death and torture."*[2095]

Lee war davon überzeugt, dass es ausschließlich durch illegale Methoden gelingen würde, nachhaltige Veränderungen zu bewirken. In einem Interview mit *Peace News* ließ er 1974 verlautbaren:

> *„If you say, 'look, I find this so overwhelming that I'm going to take action to stop it because it's a fundamental moral issue', then you may get other people thinking along the same lines and being prepared to do the same sort of thing. (....) To a certain extent, we're walking a tightrope. Because it's illegal and because it's militant, we hope we can wake people up. But because it isn't threatening anyone's life and because the damage is only caused where there is a direct connection with cruelty, we won't get people turning against us."*[2096]

Nach Lees Anklage übernahm *Peace News* die Sammlung von Spenden, die zur Verteidigung von ihm und seinen zwei Mitangeklagten eingesetzt werden sollten. Alle weiteren Gelder sollten nach Lees Wunsch für die ‚*Liberation of animals and the defeat of speciesism*' verwendet werden.[2097] Außerdem fungierte *Peace News* als Kontaktadresse, über die die Band of

---

2092 Oxford Mail, 3. September 1974.

2093 Daily Telegraph, zitiert nach: Molland, Noel: Thirty Years of Direct Action, No Compromise, Nr.18.

2094 Daily Mail, 25. März 1975.

2095 AV Times, April 1975.

2096 Peace News, 20. September 1974.

2097 AV Times, Januar 1975.

Mercy erreicht werden konnte.[2098] Die Aktionen für die Befreiung der Tiere wurden also zumindest von einem Flügel der Friedensbewegung mitgetragen.

Die HSA ging zunächst auf Distanz, allerdings nur zur Taktik der Gruppe:

> *„Although the HSA and HOWL do not subscribe to the activities of the Band of Mercy, we do stress our first hand knowledge of the three men's deep dedication to the alleviation of animal suffering."*[2099]

Goodman und Lee wurden aus dem Vorstandskomitee der HSA entlassen, jedoch kurze Zeit später wieder eingesetzt.[2100] Goodman verblieb weiterhin in der HSA und kam entsprechend bei Jahreshauptversammlungen zu Wort. 1976 referierte er über Möglichkeiten der Bewegung, Druck auf *‚TierausbeuterInnen'* jeglicher Couleur auszuüben.[2101] Zehn Jahre später kommentierte die HSA mit Stolz, dass sie einige der besten und radikalsten Mitglieder der Tierrechtsbewegung hervorgebracht habe.[2102]

Während Lee und Goodman im Gefängnis waren, führten andere AktivistInnen weiterhin Aktionen im Namen der Band of Mercy aus. Am 26. August 1975 verübten sie einen Brandanschlag auf Hobbs Cross Farm in der Nähe von Epping. Das Feuer zerstörte zwei Gebäude und hinterließ einen Schaden von £60 000. Zwei Monate später gab es einen weiteren Anschlag, dieses Mal auf Bower's Pie Factory. In dem Bekennerschreiben an die Press Association hieß es:

> *„We did this in order to bring home to people that there are some of us who will not stand idly by and watch animals be tortured and murdered."*[2103]

Nachdem Lee und Goodman ihre Strafe abgesessen hatten, fanden sie eine veränderte Tierrechtsbewegung vor. Nicht nur war die öffentliche Aufmerksamkeit der Bewegung durch die spektakulären Aktionen der Band of Mercy und dem nachfolgenden Prozess rasant angestiegen, sondern auch die etablierten Tierrechtsgruppen bedienten sich Methoden der *‚Direkten Aktion'* und befanden sich in signifikantem strukturellen Umbruch. Zudem war die Zahl derjenigen, die bereit waren, militante Aktionen durchzuführen, angestiegen. Mike Huskissons Beaglebefreiung hatte nicht nur das öffentliches Interesse geweckt, sondern auch NachahmerInnen inspiriert. Aufgrund des religiös klingenden Namens wurde die Band of Mercy aufgelöst. Um sich mit anderen AktivistInnen

---

2098 Animal Welfare, Mai/Juni 1978, S.15.

2099 Howl, Nr.3, 1974.

2100 Roberts, J.J., 1986, S.10.

2101 Howl, Nr.7, Herbst 1976.

2102 Liberator, August/September 1986.

2103 Oxford Mail, 20. Oktober 1975.

zusammenzutun und sich unter einem gemeinsamen Banner zu vereinen, bedurfte es eines Namens, der das revolutionäre Gefühl der AktivistInnen zu vermitteln vermochte.[2104] Die Animal Liberation Front (ALF) wurde im Juni 1976 gegründet. In einem Interview mit der *Sunday Times* sagte Goodman:

> *„The Band of Mercy no longer exists. It is now the ALF. At this stage very strong action is still called for (...)."*[2105]

Durch die größere Menge an AktivistInnen, zunächst 30 an der Zahl, war es der Gruppe nunmehr möglich, Tiere zu befreien. 1976 wurden erstmals drei Beagles aus dem Labor des Pharmakonzerns Pfizer in Sandwich entwendet. Zehn ähnliche Überfälle fanden allein im Gründungsjahr statt. 1977 waren es bereits 14 Einbrüche in Laboratorien und bei Labortierzüchtern, bei denen ca. 200 Tiere entwendet wurden.

Nun steckte die ALF ihre Ziele auch programmatisch fest: Ihnen ging es um die Befreiung der Tiere von *‚Unterdrückung'*, *‚Ausbeutung'*, *‚Quälerei'* und Tod sowie um deren Unterbringung in sicheren, behüteten Heimstätten, in denen sie ihr restliches Leben ohne Misshandlung verbringen könnten. Diejenigen, die von der *‚Ausbeutung'* und dem Leid der Tiere profitierten, sollten durch ökonomische Sabotage geschädigt und damit langfristig handlungsunfähig gemacht werden. Es war ihre Absicht, den *‚Horror und Schrecken'*, der sich hinter den verschlossenen Türen von Laboratorien und anderen Tiernutzungseinrichtungen verbarg, aufzudecken und in das öffentliche Bewusstsein zu bringen. Kurzfristiges Ziel war, so viele Tiere wie möglich zu befreien und langfristig das Ende allen Tiermissbrauchs zu erwirken.[2106]

Für die Aktionen der ALF wurde hier und da zögerliche Bewunderung geäußert. Das anfänglich positive Medienbild sorgte dafür, dass sich in einem relativ kurzen Zeitraum unabhängige ALF Zellen im ganzen Land, vor allem in Südengland bildeten. Die Polizei zeigte sich, so Stallwood, zunächst nicht sonderlich an der Verfolgung der von ALF-AktivistInnen verübten Straftaten interessiert.[2107] Trotzdem stand Lee 1977 erneut vor Gericht. Er verteidigte seine Taten, sprach von einer Notwendigkeit im juristischen Sinne, die ihn dazu bewogen hätte, in die Mäusezucht in Carshalton einzubrechen und 125 Mäuse *‚zu retten'*. Lees Verhaftung nur vier Stunden nach dem Einbruch erfolgte durch Informationen, die durch Informanten der Polizei gewonnen worden waren. Vor

---

2104 Wicklund, 1991 S.11; Molland, Noel: Thirty Years of Direct Action, No Compromise, Nr.18.

2105 The Sunday Times, 5. Dezember 1976 nach: Animal Welfare, Januar/Februar 1977, S.7.

2106 Arkangel, Nr.1, Winter 1989, S.26.

2107 Stallwood, 2004, S.83.

Gericht versuchte sein Anwalt, Lee als einfaches Gemüt darzustellen, dessen Naivität ihn dazu geführt habe, sich über das Gesetz zu stellen. Lee jedoch versuchte dem Verfahren eine politische Note zu geben und verweigerte insbesondere jegliche Auskunft darüber, wer noch an dieser oder ähnlicher Aktionen, vor allem an Formen des Vandalismus, beteiligt gewesen war.[2108] Diesmal wurde er zu einer einjährigen Haftstrafe wegen Einbruchs und Diebstahls verurteilt. Auch gegen andere ALF Mitglieder wurden 1977/78 Ermittlungsverfahren geführt, so dass die Aktivitäten der Gruppe quasi einschliefen.[2109]

Doch die Ruhe währte nicht lange. Als am 28. Februar 1981 ein ALF-Kommando in ein Vertragslaboratorium in Wickham einbrach und nicht nur Tiere befreite, sondern auch Unterlagen über deren Verwendung in Versuchen entwendete, verfasste sie einen ausführlichen Bericht über die Aktion und publizierte ihn in *Animal Welfare*.[2110] Diese detaillierte Ablaufskizze sollte von der Professionalisierung der Gruppe zeugen. Es sollte gezeigt werden, dass man aus den Fehlern der Vergangenheit gelernt hatte. Im folgenden Monat wurden zeitgleich 50 Pelzgeschäfte im ganzen Land angegriffen.[2111] Ebenfalls 1981 begann die Kampagne gegen den Pharmakonzern Boots. Nachdem eine ALF Zelle 1981 in ein Laboratorium der Firma in Nottingham eingedrungen war und 12 Hunde entwendet hatte, organisierten Animal Aid und die BUAV Demonstrationen vor Boots Filialen. Ein von Boots angestrengtes Verfahren, das Betretungsverbote erwirken sollte, resultierte in der Konzentration der Bewegung auf diese Firma. Noch Jahre später wurden landesweit die Fensterscheiben von Boots Filialen besprüht oder zerstört.[2112] 1990 verschafften sich Mitglieder der ALF Zutritt zu einem Labor von Boots in Thurgarton und befreiten sechs Hunde. Nur Tage später folgte die Animal Liberation Investigation Unit (ALIU) dem Beispiel der ALF und dokumentierte Beagleeinrichtung des Labors.[2113] 43 Personen wurden festgenommen und wegen Verschwörung vor Gericht gestellt,[2114] dort jedoch freigesprochen. Sie hatten sich auf ein Rechtsstatut aus dem 17. Jahrhundert berufen, welches das *‚Entleihen'* von Informationen bei späterer Rückgabe nicht als Diebstahl definierte.

2108 Animal Welfare, November/Dezember 1977, S.8.

2109 Roberts, J.J., 1986, S.11.

2110 Animal Welfare, April/Mai 1981, S.5f.

2111 Animal Welfare, April/Mai 1981, S.4.

2112 Roberts, J.J., 1986, S.14, vgl. auch: Mann, 2007,S.287.

2113 London Boots Action Group: Boots – A Decade of Campaigning, Arkangel, Nr.9, Frühjahr 1993, S.33.

2114 Arkangel, Nr.5, Frühjahr 1991, S.4.

2.1 Das ALF Press Office

Nach seinem zweiten Gefängnisaufenthalt entschied Lee sich dazu, selbst nicht mehr an illegalen Aktivitäten teilzunehmen, sondern die Gruppe in der Öffentlichkeit als Pressesprecher zu repräsentieren. War diese Aufgabe Anfangs eine Nebenbeschäftigung, wurde sie für Lee bald zu einem Vollzeitjob.[2115] Das mediale Interesse an den Aktionen der Gruppe stieg rasant an und über ihre Aktivitäten wurde regelmäßig berichtet. 1982 schrieb Richard North in der *Times*:

> *„Naturally, any ALF raid hits the headlines: Animals strike plangent sentimental chords in the British breast."*[2116]

Lee wurde zum öffentlichen Gesicht der ALF und als solches auch im Fernsehen immer häufiger zu sehen. Dies führte zur Personifizierung Lees mit der Gruppe und schnell wurde ihm die Führung einer führerlosen Gruppe unterstellt. Die Animal Liberation Front trat indes zunächst weiterhin öffentlich auf, ließ sich also nicht ausschließlich durch Pressesprecher bzw. ihre Gefangenen repräsentieren. Bei einer Animal Rights Rally in London, an der am 27. Mai 1978 ca. 2000 Menschen teilnahmen, versammelten sich dutzende AktivistInnen unter dem Banner der ALF. Gemeinsam marschierten sie hier mit einer kuriosen Koalition aus RSPCA, HSA, BUAV und anderen Tierschutz- und Tierrechtsgruppen. Die Radikalisierung hatte die Bewegung vollkommen ergriffen. *Animal Welfare* kommentierte:

> *„Actions speak louder than words. Proof of this old saying is coming from all sides of the animal welfare movement – bar a few much-regretted exceptions who cling to the now out-moded belief that words are a genteel substitute for sterner methods of protest."*[2117]

Tatsächlich kündigte Ronnie Lee bei dieser Rally öffentlich an, dass die ALF ihre Kampagnen gegen Tierversuchslaboratorien und deren Zulieferer noch ausweiten würde. Als zwei Jahre später eine ähnliche Koalition aus Protest gegen die kanadische Robbenjagd auf die Straße ging und es ihr wiederum gelang, etwa 2000 Aktive zu mobilisieren, war die Staatsmacht vorbereitet. Ein ebenso starkes Polizeiaufgebot sorgte dafür, dass aus der Demonstration heraus nicht zu Straftaten aufgerufen wurde. Einige Mitglieder der ALF wurden festgenommen.[2118] Fortan waren Handgreiflichkeiten auf Demonstrationen sowie nicht unwesentliche Sachbeschädigungen bei direkten Konfrontationen mit den polizeilichen

---

2115 Wicklund, 1991 S.12.

2116 North, Richard: Why animal libbers see red, The Times, 16. Februar 1982.

2117 Animal Welfare, Mai/Juni 1978, S.15.

2118 Animal Welfare, März/April 1980, S.13.

Einsatzkräften immer öfter zu beobachten.[2119] Dennoch betätigte sich Lee in seiner Funktion als Pressesprecher der ALF auch 1984 wieder als Redner auf einer nationalen Demonstration, die gemeinsam von ALF, BUAV und Animal Aid organisiert worden war.[2120] Auf diesen Demonstrationen erschienen ALF-AktivistInnen in voller Kampfmontur: Sie waren vermummt und trugen Tarnkleidung.[2121] In erster Linie dürfte dies Sicherheitsbedenken geschuldet sein. Man wollte unerkannt bleiben. Aber auch die Präsentation von Stärke, wie man sie bei IRA Versammlungen in Nordirland beobachten konnte, dürfte als Motiv eine Rolle gespielt haben.

Das Amt des Pressesprechers, das nach Lee ab 1986 von Robin Lane ausgeübt wurde, blieb aufgrund von Repressionsmaßnahmen zeitweise vakant. 1988 wurde auch Lane, wie zuvor Lee 1986, wegen Anstachelung zu Straftaten zu einer 18-monatigen Gefängnisstrafe verurteilt, da er Erklärungen veröffentlicht hatte, die vom Gericht als konspirativ und aufstachelnd interpretiert wurden.[2122] Vor seinem Anschluss an die Tierrechtsbewegung Anfang der 1980er Jahre war Robin Lane in der Antiatombewegung aktiv. Zunächst nahm er an Aktionen der BUAV teil und wurde deren Mitglied. Als Postbote teilte er bald Flugblätter der Gruppe in seiner Nachbarschaft und seinem Austeilungsbezirk aus.[2123] Als er zum radikaleren Zirkel stieß, übernahm er zunächst mit anderen die Publikation und Dokumentation von ALF-Aktionen bevor er zur Animal Liberation Front Supporters Group stieß, die im nächsten Abschnitt näher erläutert wird. Als hilfreich dafür zeigte sich die anarchistische Gruppe RATS, der Lane angehörte.[2124] Lane gründete nach seiner Haftentlassung die Campaign against Leather and Fur (CALF), trat 1991 dem Vorstand der Vegan Society bei und organisiert seit 1998 das jährliche National Vegan Festival.[2125]

Die Zeit ohne offizielles Sprachorgan erwies sich insofern als nachteilig für die ALF, als dass negative Schlagzeilen kein, wenn auch noch so wenig rezipiertes, Korrektiv erfuhren. Auch GegnerInnen der Bewegung konnten sich nunmehr zu Taten bekennen, die mit der Absicht begangen wurden, ein negatives öffentliches Bild der Bewegung zu schaffen und

---

2119 Animal Welfare, Juli/August 1980, S.4.

2120 Outrage!, Nr.34, September/Oktober 1984, S.13.

2121 Peace News, Nr.2229, 21. September 1984, S.20f.

2122 Finsen und Finsen, 1994, S.103; Zu Ronnie Lees Strafe, vgl. Kap.2.2 und 7.3.

2123 Wicklund, 1991 S.29.

2124 Ibid., S.39.

2125 Turning Point, Nr.14, Juli-September 1989, Arkangel, Nr.1, Winter 1989, S.5; Rosenfield, Julie H.: *Vegan Stories*, St.Leonards on Sea, 2002, S.95.

damit dieser zu schaden.[2126] 1992 übernahm Robin Webb das Amt des Sprechers und musste aus diesem Grund auch aus der RSPCA austreten, deren Vorstand er von 1989 angehört hatte. Bis 1989 hatte er zudem als stellvertretender Vorsitzender von Animal Aid agiert.[2127] Da er sich zuvor nicht selbst als Aktivist der ALF betätigt hatte und somit nicht direkt von Kriminalisierungsgefahren betroffen war, erschien er als idealer Kandidat für den Posten.[2128] Dennoch war seine Übernahme des Amtes innerhalb der ALF zunächst nicht unumstritten. Erst nachdem sich u.a. Keith Mann für ihn verbürgt hatte, wurde er zusehends mehr akzeptiert.[2129] Webb plädierte für eine striktere Trennung zwischen der 1982 gegründeten Supporters Group und dem Press Office, um unnötige Komplikationen zu verhindern.[2130] Das Press Office übernahm fortan nicht nur den Kontakt zu den Medien, sondern war auch für diese permanent erreichbar. Die ALF Zellen folgten bei der Bekanntgabe ihrer TäterInnenschaft einem Protokoll, das formulierte, wie die Art und Weise der Vermittlung auszusehen habe. So sollten lokale Medien und Press Office gleichzeitig informiert und, wenn möglich, Fotos zur Dokumentation bereitgestellt werden. In der Begründung der Aktion sollte jeweils herausgestellt werden, dass es sich nicht um eine Protestaktion handeln würde, sondern dass Tiere befreit und ihren NutzerInnen finanzieller Schaden zugefügt werden sollte.[2131] Das Press Office koordinierte weiterhin SprecherInnen, die im Namen der ALF Informationen über die Gruppe auf lokalen Tierrechtstreffen weitergaben. Die Finanzierung fand aus rechtlichen Gründen unabhängig von der Supporters Group durch Spenden statt.[2132] Die Weitergabe eines kompilierten *'Diary of Action'*, in dem alle ALF-Aktivitäten aufgeführt und das regelmäßig vom Press Office veröffentlicht wurde, stellte sich bald als juristisches Problem heraus. Als Gefahr für die HerausgeberInnen wurde es deshalb in seiner Notwendigkeit in Frage gestellt. In der Verbreitung von Informationen über illegale Aktionen sahen die Gerichte einen Aufruf für weitere Straftaten, zumal keine Distanzierungen von den Aktivitäten beigestellt waren. Robin Webb verkündete:

2126 Anon.: Staying on Target and Going the Distance: An Interview with U.K. A.L.F. Press Officer Robin Webb, No Compromise, Nr.22.

2127 Garner, 1993a, S.60.

2128 Mann, Keith: In Defence of the Press Officer, Arkangel, Nr.9, Frühjahr 1993,S.36.

2129 Ibid.; Anon.: Who is Robin Webb we wonder? In: ALF: Into the Nineties with the ALF.

2130 Arkangel, Nr.7, Frühjahr 1992.

2131 Anon.: Interviews with Animal Liberation Front Activists, S.38.

2132 Arkangel, Nr.9, Frühjahr 1993, S.20.

> *„Neither the SG nor the Pressoffice are prepared to throw away an efficient prisoner support, so you (and us!) could have a good read."*[2133]

Die Supporters Group fügte hinzu:

> *„No matter what we print, the truth will still remain the same, and every prisoner unfortunately imprisoned will be a testament to the force that is the Animal Liberation Front."*[2134]

Dennoch blieb das Press Office nicht verschont. Nachdem es bei Webb zu mehreren Hausdurchsuchungen im Zusammenhang mit Aktionen der Poultry Liberation Organisation (PLO), wegen der vermeintlichen Vergiftung von Eiern der Supermarktkette Tesco, kam, wurde er 1995 zusammen mit Dave Hammond unter dem Verdacht des unerlaubten Waffenbesitzes verhaftet und der Anstachelung zur Modifikation von Lebensmitteln angeklagt.[2135] In der Zeit, in der Webb in Untersuchungshaft bzw. mit den Ermittlungen gegen seine Person beschäftigt war, übernahm John Curtin kommissarisch das Amt des Press Officers. Curtin stieß 1983 zur radikalen Tierrechtsbewegung. Er hatte zuvor in Irland gelebt, fühlte sich aber so inspiriert von der britischen Bewegung, dass er migrierte, nachdem er mit der ALF SG in Kontakt getreten war. Curtin hatte vor der Übernahme des Amtes bereits zahlreiche Haftstrafen abgesessen und erwies sich als einer der beständigsten Aktivisten des radikalen Spektrums.

Webb befand sich über den Zeitraum eines Jahres hinweg immer wieder in Untersuchungshaft bzw. hatte strenge Kautionsbedingungen, bevor er im Dezember 1995 von den Anschuldigungen im PLO Fall freigesprochen wurde. Aufgrund der Umstände des Falles und der Informationen, die man in Polizeibesitz glaubte, kam es zu internen Animositäten und Spitzelvorwürfen innerhalb der radikalen Szene.[2136] Dieses führte dazu, dass ALF, Justice Department, Animal Rights Militia und Support Animal Rights Prisoners (SARP) 1998 eine gemeinsame Erklärung zum künftigen Umgang mit Spitzeln veröffentlichten. Professionelle Spitzel wurden als legitime Ziele angesehen, gegen die genauso vorgegangen werde wie gegen ‚*TiermörderInnen*'. Allen, die nicht absichtlich, sondern nur unter Druck in Polizeiverhören Aussagen machten, wurde noch bis September des Jahres Zeit gegeben, ihre Haltung zur Bewegung und ihre eigenen Stärken zu überdenken. Danach galten für sie ähnliche Maßstäbe.[2137] Wie genau die angekündigten Konsequenzen aussehen würden,

---

2133 Arkangel, Nr.11, S.28.

2134 Animal Liberation Front Supporters Group Newsletter, Frühjahr 1994, S.4.

2135 Arkangel, Nr.12, Arkangel, Nr.13, S.32.

2136 An Open Letter to the Animal Rights Movement, Arkangel, Nr.15, S.35.

2137 Animal Liberation Front Supporters Group Newsletter, Januar 1998, S.14.

wurde allerdings nicht näher erläutert. Bereits nach dem Gerichtsverfahren von Sheffield 1987, bei dem u.a. Lee zu einer drastischen Gefängnisstrafe verurteilt worden war, waren zwei der Angeklagten, Isobel Facer und Julie Rogers, als Spitzel gebrandmarkt worden, da sie inkriminierende Aussagen über andere Beteiligte gemacht hatten.[2138]

Kurze Zeit später wurde Webb wieder verhaftet. Diesmal lautete der Verdacht auf gemeinsame Verschwörung zwecks Anstachelung zu Straftaten, die von der Animal Rights Militia, der Animal Liberation Front und dem Justice Department begangen worden seien. Angeklagt waren neben Webb die Autoren der 1984 gegründeten, radikalökologischen Zeitschrift *Green Anarchist* Steve Booth, Saxon Wood, Paul Rogers und Noel Molland, sowie Simon Russell als Mitherausgeber des *ALF SG Newsletters*. Die sechs Angeklagten waren in der *,Operation Washington'* gemeinsam Ziel polizeilicher Überwachung gewesen.[2139] Das Verfahren, das unter der Bezeichnung *GAndALF* bekannt wurde, löste eine heftige Diskussion um Rede- und Pressefreiheit aus. Das Magazin Index on Censorship bewertete die Verurteilung als *„an outrageous intrusion on press freedom."*[2140] Webbs und Rogers Anklage wurde 1997 zunächst auf Eis gelegt, Russell freigesprochen. Die weiteren Angeklagten erhielten dreijährige Freiheitsstrafen,[2141] die in der dritten Instanz jedoch aufgehoben wurden.[2142] Die Anklage gegen Rogers und Webb wurde 1999 schließlich aufgrund von Verfahrensfehlern eingestellt.[2143]

2.2 *,Whatever the sentence...the struggle continues'*: Die Animal Liberation Front Supporters Group

Als Anfang der 1980er Jahre die Aktionen der ALF zahlreicher wurden und sich gleichzeitig immer mehr AktivistInnen vor Gericht verantworten mussten bzw. Gefängnisstrafen abzusitzen hatten, erschien es den AktivistInnen notwendig, eine gesonderte Unterstützungsstruktur aufzubauen, die nicht nur unabhängig von der ALF, sondern auch von der

---

2138 Mann, 2007, S.14.

2139 Green Anarchist, Nr.49/50, Herbst 1997, S.11.

2140 Statewatch, November/Dezember 1997, S.10.

2141 Taylor, Diane: Editors jailed for conspiracy, Big Issue, 17. November 1997; Molland, Noel: The Gandalf Trial, Arkangel, Nr.19. 1998; Russell, Simon: Twelve Weeks in Portsmouth, Animal Liberation Front Supporters Group Newsletter, Januar 1998, S.15ff.

2142 Green Anarchist, Nr.53, Herbst 1998. Der High Court befand, dass der Richter Selwood, der das Magazin als *„the most contemptible document I have ever seen in my entire career"* beschrieb, die Jury falsch gelenkt und exzessive Strafen verhängt habe. Vgl. Statewatch, November/Dezember 1997, S.10; Howl, Nr.68, Sommer 1999.

2143 Animal Liberation Front Supporters Group Newsletter, Herbst, 1998, S.4, Arkangel, Nr.21, 1999.

BUAV und anderen sympathisierenden Gruppen operierte. Die 1982 gegründete Animal Liberation Front Supporters Group (ALF SG) sollte Spenden und Unterstützungsgelder sammeln und sich um andere finanzielle Zuwendungen bemühen. Die Gelder sollten explizit eingesetzt werden, um denjenigen, die aufgrund ihrer mutmaßlichen Mitgliedschaft in der ALF oder aufgrund der Durchführung Direkter Aktionen verurteilt oder kriminalisiert worden waren, finanzielle und psychosoziale Unterstützung anbieten zu können. Zudem galt es als Aufgabe der Gruppe, die ALF weiter publik zu machen und für Unterstützung zu werben. Zu diesem Zweck publizierte die Supporters Group ab 1982 einen zweimonatlichen *Newsletter*, in dem Gefangene zu Wort kamen und Bekennerschreiben abgedruckt wurden.[2144] Weiterhin wollte die Supporters Group all denjenigen TierbefreierInnen ein Tätigkeitsfeld verschaffen, die nicht gewillt waren, das Gesetz zu brechen. Im *Newsletter* wurden zudem Aufrufe gestartet, sich befreiter Tiere anzunehmen: Diese bedürften nun eines sicheren, freundlichen Zuhauses.

Da die meisten Gefangenen in den 1980er Jahren nicht aus den Reihen der ALF, sondern denen der Animal Liberation Leagues kamen, bildete sich 1984, als Reaktion auf die Verfahren gegen AktivistInnen der Eastern Animal Liberation League (EALL), Support Animal Rights Prisoners , eine gruppenübergreifende Unterstützungsgruppe.[2145] Zusammen organisierten beide Gruppen die Besucherrotation und versorgten die Gefangenen der Bewegung mit dem Notwendigsten, von Briefmarken bis zu lederfreien Schuhen. 1990 schlossen sich beide Gruppen zusammen.[2146] Auch die Supporters Group sprach sich für die Unterstützung bzw. Toleranz gegenüber der ALF aus. 1986 schrieb John Harris in seiner Funktion als Mitglied der ALF SG einen Aufruf im NAVS Organ *Campaigner and Animals' Defender*:

> „*So come on NAVS members, don't waste too much time writing to parliamentary waste-paper baskets, get onto the streets and tell the people about the dangers of animal experiments.*"[2147]

Die Unterstützung inhaftierter AktivistInnen blieb jedoch Hauptbetätigungsfeld der ALF SG. Man richtete sich dort auf einen Zustand ein, der die Gefangenen als einen integralen Bestandteil der Bewegung akzeptierte, die mit aller notwendigen Unterstützung von außen zu bedenken sei-

2144 Liberator, September/Oktober 1982.

2145 1994 wurde darüber hinaus die Gruppe Vegan Prisoners Supporters Group (VPSG) gegründet, denen es um das leibliche Wohl der Gefangenen ging und die in Zusammenarbeit mit den Gefängnisbehörden für eine adäquate Versorgung veganer Gefangener arbeiteten. Anlass waren die Gefängnisstrafen von Keith Mann und Angela Hamp.

2146 Arkangel, Nr.3, Sommer 1990, S.5.

2147 The Campaigner and Animals' Defender, März/April 1986, S.40.

en. Mike Nunn (geb.1930), der wegen der Beteiligung an dem Einbruch in die Wickham Laboratories zu einer dreijährigen Haftstrafe verurteilt war, schrieb in einem Leserbrief an den *Campaigner and Animals' Defender*:

> *„I am sure that you are all cognisant of the probability that there will be a constant flow of animal rights folk passing through the penal system for benevolence."*[2148]

Er sollte Recht behalten. Allein in den ersten zehn Jahren ihrer Existenz durchliefen ca. 200 AktivistInnen der radikalen Tierrechtsbewegung Gefängnissystem *‚Ihrer Majestät'*.

Die Dreiteilung der ALF in Unterstützergruppe, Pressebüro und aktive Zellen funktionierte zunächst, war jedoch noch personell durchlässig und Mitglieder der Supporters Group agierten beispielsweise auch als Pressesprecher. 1986 wurden Ronnie Lee, Vivian Smith, Brendan McNally und sieben weitere Aktive in ihrer Funktion als PressesprecherInnen bzw. Mitglieder der Supporters Group vor Gericht gestellt.[2149] Ihnen wurde weiterhin vorgeworfen, für die Brandsätze in Pelzabteilungen von großen Kaufhäusern verantwortlich zu sein, die im nächsten Kapitel näher beschrieben werden. Der ebenfalls unter Anklage stehende Northern Press Officer Roger Yates tauchte in den Untergrund ab.[2150] Die Anklage lautete auf Verschwörung zur Brandstiftung und Anstachelung zu Straftaten. Mit der Festnahme wichtiger Personen, die die ALF nach außen vertraten und ihre Unterstützung koordinierten, wollte man sich von staatlicher Seite des Problems ALF entledigen.[2151] Das Gericht von Sheffield verurteilte alle Angeklagten zu unterschiedlich langen Gefängnisstrafen. Ronnie Lee erhielt eine Strafe von zehn Jahren. Zusätzlich wurde er als Hochsicherheitsgefangener zunächst mit Isolationshaft belegt. Lees hohes Strafmaß war darauf zurückzuführen, dass der Richter ihn als *‚General'* der ALF betrachtete, die anderen jeweils als *‚Leutnants'* oder einfache *‚Fußsoldaten'* klassifizierte.

Diese Einschätzung wurde während seiner Haftzeit auch von seinen Mitgefangenen, die nicht aus dem Tierrechtspektrum stammten, übernommen. Diese betrachteten Lee als Anführer einer radikalen Terrorvereinigung, der dafür sorgen könne, Menschen eliminieren zu lassen. Er blieb daher für sich.[2152] Während seiner Gefängniszeit nahm er das Stu-

---

2148 The Campaigner and Animals' Defender, März-Juni 1987, S.54.

2149 Turning Point, Nr.7, Sommer 1987, S.7; Anon.: A.L.F. on Trial, Capitalism under attack in the 1980s, Flugschrift, ohne Datumsangabe.

2150 The SG Newsletter, Juni 1989.

2151 Gold, 1998, S.175.

2152 Ronnie Lee, Persönliches Gespräch, 4. Oktober 2004.

dium wieder auf; die notwendigen Bücher wurden ihm durch Spendengelder aus der Bewegung zur Verfügung gestellt.[2153] Um nach seiner Entlassung den Tierrechtsbewegungen anderer Länder beim Aufbau eigener Strukturen helfen zu können, machte er Fremdsprachenabschlüsse in Französisch, Spanisch, Italienisch und Deutsch.[2154] Während seiner Gefangenschaft gründete er 1989 zudem das Tierrechtsmagazin *Arkangel for Animal Liberation*, kurz *Arkangel*. *Arkangel* diente als Mitteilungsblatt und Diskussionsforum für die radikale Tierrechtsbewegung und war unabhängig von der ALF. Alle Gruppen – nationale wie lokale und moderate wie radikale – hatten die Möglichkeit, sich im *Arkangel* zu präsentieren. Allerdings galt der ALF ein nicht unerheblicher Teil der Aufmerksamkeit. Was *Arkangel* von anderen Tierrechtsmagazinen unterschied, war der Verzicht auf die Dokumentation von Tiermissbrauch. Stattdessen konzentrierte man sich auf die Berichterstattung der Aktionen gegen ‚*Tierausbeuter*' und auf die positive Darstellung von Tierbefreiungen.[2155] Bereits nach der ersten Ausgabe war Lee dazu gezwungen, seinen Platz als Herausgeber zu räumen, da die Gefängnisregeln weitere Veröffentlichungen untersagten. Stattdessen übernahm Vivian Smith, die inzwischen ihre Haftstrafe verbüßt hatte, das Editorial des Journals.[2156] Um nicht Gefahr zu laufen, zu einer weiteren Haftstrafe wegen Anstachelung verurteilt zu werden, wies sie ausdrücklich darauf hin, dass sie keine Beiträge abdrucken würde, die diesen Straftatbestand erfüllen könnten.[2157]

1991 wurde Vivian Smith gemeinsam mit Keith Mann bei dem Versuch ertappt, einen Transporter einer Legebatterie bei Canterbury in Brand zu setzten. Sie wurde verhaftet und kurze Zeit später zu einer sechsjährigen Haftstrafe verurteilt. Die Polizei konfiszierte auch die nahezu druckfertige Ausgabe von *Arkangel* Nr.6, die sie bei sich hatte. Erst 1992 kam es unter einem vorübergehenden Herausgeberteam, zu dem unter anderen Robin Lane zählte, zu einer neuen Ausgabe.[2158] Nachdem er sechseinhalb Jahre seiner Strafe abgesessen hatte, wurde auch Lee in diesem Jahr wieder aus dem Gefängnis entlassen.[2159] Von der Repression rund um den Prozess von Sheffield war auch die Supporters Group betroffen. Ihr Mitteilungsblatt konnte erst ab 1989 wieder erscheinen und berichtete dann

---

2153 Howl, Nr.36, Sommer 1987.

2154 Animal Liberation Front Supporters Group Newsletter, Winter 1992/1993.

2155 Arkangel, Nr.1, Winter 1989, S.2.

2156 Arkangel, Nr.2, Frühjahr 1990, S.2.

2157 Arkangel, Nr.4, S.2.

2158 Arkangel, Nr.7, Frühjahr 1992, S.2; Wicklund, 1991 S.31.

2159 SG Newsletter, Herbst 1992.

in abgemilderter Form von den Aktivitäten der ALF, um weitere Kriminalisierungen zu vermeiden.[2160]

Da nunmehr zahlreiche AktivistInnen langjährige Gefängnisstrafen verbüßen mussten, wurde die Arbeit der Supporters Group unentbehrlich. Man professionalisierte sich zusehends darin, Kontakt zu geneigten Rechtsanwälten aufzubauen, die vor Gericht gegen die hohen Gefängnisstrafen angingen. Dies traf insbesondere für Keith Mann (geb.1967) zu. Mann wurde Ende Dezember 1994 zu einer Freiheitsstrafe von 14 Jahren verurteilt, nachdem er vom Gericht im Old Bailey als *‚dedicated, ruthless full-time activist'* beschrieben worden war. Die Anklage baute auf dem Besitz explosiver Stoffe, versuchter Brandstiftung, schwerer Sachbeschädigung, Aufruhr und Verschwörung sowie Haftflucht auf. 1991 wurde Mann, wie schon erwähnt, gemeinsam mit Vivian Smith von der Polizei vor einer Legebatterie aufgegriffen, nachdem beide unter dem Code Namen *‚Operation Igloo'* zuvor schon wochenlang beschattet worden waren. Smith stand unter dem Verdacht, für eine ganze Reihe von Brandanschlägen in Kent verantwortlich gewesen zu sein.[2161] Sie wurde in ihrem Verfahren 1991 zu einer sechsjährigen Haftstrafe verurteilt, 1994 vorzeitig entlassen und tauchte dann unter.[2162] Mann war jedoch auch noch in einem zweiten Verfahren Hauptverdächtiger. In diesem wurde gegen zehn mutmaßliche ALF Mitglieder wegen des Verdachts der Verschwörung ermittelt. Die *‚Operation Lance'* der Polizei hatte sich auf die Überwachung eines Hauses in Manchester konzentriert. Der *Guardian* kommentierte die Verurteilung Manns mit den Worten:

> *„He is being sentenced for what he might have done."*[2163]

1995 wurde die Strafe vom Court of Appeal auf 11 Jahre reduziert. Sein Gefangenenstatus blieb über die gesamte Haftzeit der eines Hochsicherheitshäftlings der Kategorie A, war es ihm doch gelungen, zuvor aus der Untersuchungshaft zu entkommen. Die *‚Justice for Keith Mann'* Kampagne bemühte sich deshalb vor allem um die *‚Dekategorisierung'*, damit überhaupt Aussicht auf eine vorzeitige Entlassung bestünde.[2164] Dies gelang: Ende 1995 wurde er als Gefangener der Kategorie B eingestuft, ein Jahr später der Kategorie C. Auch die zweite Dekategorisierung war von

---

2160 SG Newsletter, August 1989; Arkangel, Nr1, Winter 1989, S.6.

2161 SG Newsletter, Herbst 1992; Animal Liberation Front Supporters Group Newsletter, März-Mai 1992; Green Anarchist, Nr.30, Sommer 1992, vgl. auch: Mann, 2007, S.383ff.

2162 Mann, Keith: Down but still kicking, Animal Liberation Front Supporters Group Newsletter, Winter 1994/1995, S.3ff.

2163 zitiert nach: Turning Point, Nr.33, Januar-März 1995, S.6.

2164 Arkangel, Nr.11, S.16.

seiner Unterstützungskampagne eingefordert worden.[2165] 1999 wurde Mann vorzeitig aus der Haft entlassen.[2166]

Keith Mann, der in der Nähe von Manchester aufwuchs, begann sein Engagement bei den Jagdsaboteuren Mitte der 1980er Jahre. Bereits zuvor hatte er einzelne Tiere befreit. 1990 ließ sich Mann als potentielles Mitglied des HSA Councils zur Wahl stellen.[2167] Dort übernahm er für *Howl* die Berichterstattung über die Bekämpfung bereits illegalisierter Blutsportarten, wie beispielsweise der Dachsjagd.[2168] 2005 stand Mann wieder vor Gericht. Er wurde des Diebstahls von 695 Mäusen aus dem Wickham Laboratorium bezichtigt. Der Richter beließ es zunächst bei Arbeitsstunden, die Mann abzuleisten hätte, verurteilte ihn dann jedoch zu einer Haftstrafe, als Mann den Direktor von Wickham verbal zu bedrohen schien.[2169]

Es gab weitere gravierende Haftstrafe, mit der die ALF SG umzugehen hatte. 10 Jahre Haft lautete 1996 beispielsweise das Urteil gegen ALF-Aktivist Dave Callender. Callender war gemeinsam mit Greg Avery beschuldigt worden, Material zu besitzen, das zum Bau von Bomben geeignet sei. Während Avery freigesprochen wurde, fand man in Callenders Haus genug Beweise, um den Straftatbestand der Verschwörung zur Brandstiftung zu erfüllen.[2170] Nachdem Callender mehrmals in Berufung gegangen war, wurde er nach vier Jahren aus der Haft entlassen.[2171]

Die Existenz der UnterstützerInnengruppe wurde von den Gefangenen wiederholt gelobt und für die Aufrechtehrhaltung der Moral für unentbehrlich erachtet. Gemeinsam vermochten Press Office und Supporters Group also die Tierrechtsbewegung und die Öffentlichkeit über die Aktivitäten der ALF zu informieren und gleichzeitig einen Anlaufpunkt für Interessierte zu bilden. Zudem wurde über sie vermittelt, dass man sich jenen annehmen werde, die für ihre Taten zum Wohle der Tierwelt von staatlicher Repression betroffen wären.

2165 Justice for Keith Mann Campaign, Newsletter, August 1997.

2166 Arkangel, Nr.21, S.14; Animal Liberation Front Supporters Group Newsletter, Juli 1999, S.4.

2167 Howl, Nr.44, Sommer 1990.

2168 Howl, Nr.46, Frühjahr 1991.

2169 Bowcott, Owen: Veteran animal rights activist jailed after threat in court, The Guardian, 30. April 2005.

2170 Arkangel, Nr.15.

2171 Mann, 2007, S.448.

3. *‚Animal Liberation... or else!'*: Methoden der ALF

3.1 Methodenspektrum

Seit ihrer Gründung hat sich die ALF einer Bandbreite von Zielen angenommen und sich dabei einer Vielzahl von Methoden bedient. Schlachtereien, Pelzgeschäfte, Mastställe, Fastfoodketten, Pferderennbahnen und Laboratorien gehörten ebenso zu den Zielobjekten der ALF, wie Jagdgerätschaften, Zirkusse und Tierzuchteinrichtungen. Bei Direkten Aktionen wurden Brandsätze genutzt, Schlösser verklebt, Farblöser über Autos geschüttet, Tiere befreit und Fensterscheiben eingeworfen. Es wird weitgehend angenommen, dass die ALF mit steigender Professionalisierung eine sorgfältige Beobachtung jedes von ihr zu *‚besuchenden'* Zielobjektes vornahm. Die Veröffentlichungen der ALF, wie etwa das 1980 erschienene *‚Going Underground for Animal Liberation'* oder *‚Into the Nineties with ALF'*, lieferten detaillierte Beschreibungen, was bei der Auswahl eines Ziels zu beachten sei. Solche *‚Anleitungen'* beschrieben unter anderem, welche Informationen gesammelt werden müssten, um eine *‚erfolgreiche'* Aktion vorbereiten und planen zu können, und welche Vorgehensweise mit welcher Strategie und Ausrüstung (Werkzeug u.ä.) verbunden werden sollte. In *‚An Animal Liberation Primer'* und *‚Arson Around with Auntie ALF'*, die mit der Verbreitung des Internets frei verfügbar wurden, aber auch zuvor schon in Papierform erhältlich waren, fanden sich Beschreibungen von Zeitzündern und Brandsätzen. Ein ähnliches Pamphlet sorgte 1986 für Debatten im House of Commons.[2172] Zusätzlich wurden Dokumente verbreitet, die die Arbeit in der Zellenstruktur thematisierten und Anleitungen zu Vorbereitung und Durchführung von Tierbefreiungen gaben. Auch der Umgang mit der Polizei im Falle einer Verhaftung wurde vordiskutiert.[2173] Doch nicht nur für die eigene Bewegung wurden solche Ablaufskizzen zusammengestellt. Mitte der 1980er Jahre erschienen *‚Interviews with Animal Liberation Front Activists'*, die den Medien die Methoden und Funktion der ALF näher bringen sollten.[2174] Auch hier fanden sich detaillierte Beschreibungen für die Zusammensetzung und den Gebrauch von Brandbomben und Zeitzündern, wie sie vor allem in der Kampagne gegen den Pelzverkauf der großen Kaufhausketten Verwendung fanden. Die ALF Methoden orientierten sich grundlegend an den Prinzipien der Tierbefreiung, der Informationsbeschaffung und der ökonomischen Sabotage, die in diesem Kapitel näher erläutert werden.

2172 Hansard, House of Commons Debates, Vol. 103, 6. November 1986, col.1106.

2173 Anon.: ALF – The way we were, in: Anon.: An Animal Liberation Primer, zweite Auflage, ohne Datumsangabe.

2174 Anon.: Interviews with Animal Liberation Front Activists, S.3.

3.1.1 Tierbefreiungen

Zunächst wollte die ALF treu ihres Namens handeln und bestimmte die Befreiung der Tiere zu ihrer obersten Handlungsprämisse. Wurden Tiere befreit, so standen TierärztInnen bereit, um sich um diese zu kümmern, bevor sie von Sympathisierenden aufgenommen wurden. Bis zu 6000 Tiere hatte die ALF bis 1986 befreit.[2175] Das diese Größenordnung als relativ zu betrachten ist, zeigt folgendes Beispiel: Am 30. Juli 1991 brach die ALF in die Immunologieabteilung des Royal London Hospital in Whitechapel ein und befreite über 1000 Mäuse und vier Beagles.[2176] Anders als zahlreiche TierschützerInnen genügte es der ALF nicht, das Wohlergehen von Haustieren oder anthropomorphisierbaren Tieren zu sichern. Sie befreiten auch Hummer, Fische, Hennen usw.. 1990 befreiten AktivistInnen 153 000 Schnecken.[2177] Im selben Jahr wurden zudem Kröten, Frösche, Taranteln und Kakerlaken aus dem Labor des Ware Colleges in Hertfordshire entwendet.[2178] Auch die Größe der Tiere schien keine wesentliche Rolle zu spielen. Zumindest wurden nicht nur solche Tiere entwendet, die sich tragen ließen. 1991 etwa befreiten ALF-AktivistInnen drei Pferde aus Laundry Farm, der Zuchtstation für die Universität in Cambridge.[2179]

Es ging also weniger um die Spezies der Tiere, als vielmehr darum, welcher Verwendung sie zugeführt werden sollten. Meist handelte es sich um Versuchstiere und solche, die für den Tierversuch gezüchtet worden waren. Im März 1990 brachen AktivistInnen in die Zuchtstation Interfauna ein und befreiten 82 Hunde.[2180] Interfauna galt als Hauptlieferant für HRC/HLS. Obgleich die Verantwortlichen, John Curtin und Daniel Atwood, identifiziert und zu Haftstrafen verurteilt wurden, gelang es der Polizei nicht, die gestohlenen Tiere zu lokalisieren.[2181] Ein Tierarzt hatte sämtliche identifizierbaren Tätowierungen in den Ohren der Hunde entfernt.[2182]

2175 Roberts, J.J., 1986, S.19.

2176 Was die ALF nicht wusste: Auch die BUAV hatte in dieser Abteilung einen Undercoveraktivisten. Dieser flog im Zuge der Ermittlungen auf und wurde der Tat verdächtigt. Erst vom Gericht wurde er freigesprochen. Animal Liberation Front Supporters Group Newsletter, Frühjahr 1994, S.28f.

2177 Turning Point, Nr.17, April-Juni 1990, S.7.

2178 Mann, 2007, S.275.

2179 The Campaigner, Juli-Dezember 1991.

2180 Turning Point, Nr.17, April-Juni 1990, S.12.

2181 Animal Liberation Front Supporters Group Newsletter, März-Mai 1992.

2182 Mann, 2007, S.271.

3.1.2 Informationsaneignung

Neben der Befreiung von Tieren konzentrierte sich die ALF auch auf die Dokumentation des Tierleids und entwendete Materialien, die sie bei ihren Einbrüchen vorfand. Als im November 1976 ein ALF-Kommando in das Hauptquartier der Research Defence Society einbrach, nahmen die AktivistInnen sämtliche Unterlagen über deren Mitglieder an sich. Darüber hinaus enthielten die entwendeten Dokumente Details darüber, welche Mitglieder sich der Methode Tierversuch bedienten.[2183] Es wurden jedoch nicht nur Mitgliedsausweise, Korrespondenzen mit dem Innenministerium, Zeitungsausschnitte, und Investitionsunterlagen mitgenommen, sondern auch alle Daten, die die RDS bereits über die ALF zusammengetragen hatte. Weiterhin wurden Adressbücher, Personalakten sowie Vereinsprotokolle entwendet.[2184] In einem internen Schreiben der RDS an einige Mitglieder wurde angemahnt, nicht die Presse zu informieren. Weder solle über die TäterInnen noch über deren Motive, oder gar über die Wichtigkeit des gestohlenen Materials spekuliert werden. Dabei hatten die TäterInnen keinen Zweifel über ihre Identität gelassen. Ein internes Memo berichtete von einem Anruf vom 29. November:

> *„This is Animal Liberation Front. We've had a good look through your files, and we think you're a very sick lot of people"*[2185]

Unter den gestohlenen Unterlagen befand sich auch eine umfassende Korrespondenz von Colin Blakemore. Der Neurobiologe Blakemore, nunmehr Vorsitzender des Medical Research Councils (MRC), experimentierte Ende der 1970er Jahre an der Cambridge University an Katzen. Dies und seine kontinuierliche Verteidigung von Tierversuchen machten ihn zu einem der Hauptziele der radikalen, wie auch der moderaten Tierrechtsbewegung.[2186] Weihnachten 1990 brach ein ALF Kommando in sein Labor in Oxford ein, wo er seit 1979 eine Professur für experimentelle Biologie innehielt, und befreite sämtliche Katzen.[2187] Als Blakemore 1993 offenbarte, dass, hätte er das Ausmaß an Tyrannei, dem er ausgesetzt sei, voraussehen können, er sich nicht für eine Karriere als Tierexperimentator entschieden hätte, wurde dies von der Bewegung als Sieg gelesen.[2188]

2183 Animal Welfare, Januar/Februar 1977, S.7.

2184 The Wellcome Library Archive PP/WDP/E/1/7/5.

2185 Ibid..

2186 Animals' Defender, November/Dezember 1975, S.106.

2187 Turning Point, Nr.20, Januar-März 1991, S.5; Arkangel, Nr.5, Frühjahr 1991, S.19.

2188 Philipps, David: Missing the Point, Arkangel, Nr.11, S.38; ALF: Into the Nineties with the ALF.

Als im Dezember 1976 ein erneuter Brandanschlag auf ein Labor verübt wurde, lud die RDS potentiell Betroffene zu einem Treffen ein. Professor William Paton, Vorsitzender der RDS konstatierte:

> *„I am aware of certain aspects which lead people to take a low profile over these episodes."*[2189]

Am 6. Dezember 1976 schrieb Paton einen Brief an seinen Kollegen Dr. Nick Humphrey von der Fakultät für Animal Behaviour an der Universität von Cambridge. Darin verwies er darauf, dass er an der Archivierung von Zeitungsartikeln zum Thema Vandalismus gegen Forschungseinrichtungen arbeitete:

> *„It is not so much a question of drawing public attention to the existence of such activity as of getting a picture of what* ***may*** *happen, and warning people. We made no press statement after the break-in to the RDS office, but did warn those we thought might get pestered."*[2190]

Und am 8. Dezember schrieb er:

> *„I'm afraid the Animal Liberation Front may be escalating. If they hadn't cost Hoechst's c. £50,000 by arson etc., I'd have written it off: now I think it depends on how much moral support they get."*[2191]

Im Folgenden schickte Prof. Paton Fragebögen an tatsächliche und potentielle Opfer der Band of Mercy und der ALF, in denen es um Erfahrungsberichte und den Willen zum Austausch von Informationen ging. Am 7. Januar 1974 schrieb der Direktor der in Milton Keynes ansässigen Hoechst Pharmaceutical Research Ltd., J.D. Coombes, in einem Brief an die RDS:

> *„Whilst many research establishments have experienced initial difficulties with local groups of animal protection societies, the difficulties we are having now seem to represent a major escalation of the activities of such groups."*[2192]

Hoechst war im Vorfeld Opfer zweier Brandanschläge durch die Band of Mercy gewesen. Für September/Oktober 1977 lud Catherine Evans, Mitglied im Exekutivkomitee der RDS, all diejenigen, die Opfer der ALF geworden waren, zu einem internen Gespräch ein:

> *„I am writing to you as one of those who have been attacked by the Animal Liberation Front or a similar group. These attacks have been made over a*

2189 Korrespondenz zwischen Prof. William D.M. Paton, Chairman der RDS und J.L. Bowden, Deputy Secretary der Charing Cross Hospital Medical School, 22. August, 24. August, 9. September 1977. The Wellcome Library Archive PP/WDP/E/1/7/5.

2190 The Wellcome Library Archive PP/WDP/E/1/7/5, Hervorhebung im Original.

2191 Ibid..

2192 Ibid..

couple of years; and despite questions by our president, Lord Halsbury, in the House of Lords, and activities by the police, they show no sign of abatin."[2193]

Auch die Laboratory Animal Breeders Association war in gleichem Maße beunruhigt. Bereits 1974 warnte sie ihre Mitglieder vor einer

„fanatical group of so-called ‚animal lovers'."[2194]

Die von der ALF aus dem RDS Büro entwendeten Informationen wurden aktiv genutzt. In der Nacht zum 4. November 1980 wurden 30-40 Häuser, Büros und Fahrzeuge von Vivisektoren im ganzen Land beschädigt.[2195] Bereits im Februar 1977 war ein ALF Kommando bei dem Tierzüchter Evans eingebrochen, hatte einige Tiere entwendet und Sachschaden angerichtet. Nach eigenen Angaben markierte dies die 40. Aktion im Namen der ALF.[2196] Wiederum wurden wichtige Dokumente entwendet:

„We took important documents relating to animal breeders throughout Britain which has given us a lot of new information about places we can raid in the future."[2197]

Das Hauptbüro der British Field Sport Society wurde mit der gleichen Absicht aufgesucht.[2198] Die hier entwendeten Unterlagen wurden Richard Course, Mitglied der LACS, zugespielt. Unter den Unterlagen befand sich prekäres Material, beispielsweise Absprachen zwischen BFSS und der BBC, JagdgegnerInnen keine Sendezeit zur Verfügung zu stellen. Auch über mögliche Strategien, auf indirektem Wege an Premierministerin Thatcher heranzutreten, wurde hierin diskutiert sowie um Informationen darüber gebeten, wie man JagdgegnerInnen innerhalb der Labour Fraktion diskreditieren könnte. Darüber hinaus offenbarten die Dokumente Details über einen BFSS Maulwurf in der LACS. Die BFSS reagierte mit einer Anzeige gegen Course wegen des Tatvorwurfs des unrechtmäßigen Erwerbs gestohlener Güter. Dieser wurde beim folgenden Prozess jedoch freigesprochen.[2199] Obgleich die Publikation der gestohlenen Dokumente sich als eher vorteilhaft für die Bewegung erwies, rief dieses Kapitel interne Auseinandersetzungen innerhalb der LACS hervor, zwischen jenen, die sich der reformierten und radikalisierten

2193 The Wellcome Library Archive PP/WDP/E/1/7/5, vgl. auch: Hansard, Vol. 378, 1976/1977, col.1008w.

2194 Zitiert nach: Henshaw, 1989, S.15.

2195 Animal Welfare, Februar/März 1981, S.24.

2196 Daily Mirror, 25. Februar 1977.

2197 Daily Telegraph, 18. Februar 1977.

2198 Animal Welfare, Januar/Februar 1979, S.23.

2199 Labour Weekly, 19. Januar 1979, S.6.

Tierrechtsbewegung angehörig fühlten und jenen, die sich alleinig auf die GesetzgeberInnen verlassen wollten. Auch die staatlichen Verfolgungsorgane waren Ziel der ALF. 1982 drangen ALF-AktivistInnen in das Hauptquartier der Crime Investigation Unit der Polizei in Edinburgh ein und entwendeten alle Dateien, die sich mit Tierrechtsaktivitäten befassten.[2200]

3.1.3 Sabotage

Im Mittelpunkt der ALF-Aktivitäten lag ab Mitte der 1980er Jahre jedoch die ökonomische Sabotage. Tierbefreiungen, obgleich medientauglicher, würden langfristig nicht die gewünschten Resultate bringen, schrieb Ronnie Lee 1988 aus dem Gefängnis:

> *„Most animal abuse takes place for profit, so if the profits of animal abusers are destroyed through property damage, they are unlikely to carry on with their nefarious business."*[2201]

Außerdem, so konstatierten ALF-AktivistInnen, sei die Befreiung der Tiere mit sehr viel mehr organisatorischem Aufwand verbunden.[2202] Die ökonomische Sabotage umfasste im Fall von Einbrüchen in Versuchslaboratorien auch die Vernichtung der vorgefundenen Forschungsdokumentationen bzw. deren Entwendung für Dokumentationszwecke. Bei dem Einbruch in das Institute of Psychiatry in Beckenham, Kent, im März 1987 wurde beides praktiziert.

> *„All of the experimental records as well as the breeding records and charts, dating back to the 1950's were removed during the raid. The ALF believe that this has caused enormous embarrassment and irreversible damage to the Institute of Psychiatry."*[2203]

In einer der dramatischsten Episoden in der Geschichte der radikalen Tierrechtsbewegung erklärten AktivistInnen der ALF 1984 in zwei Presseerklärungen an die *Times* und an die BBC, dass sie *Mars* Schokoriegel vergiftet und diese in der Auslage von Supermärkten platziert hätten. Sie wollten hiermit gegen Experimente an den Zähnen der Tiere am Guy's Hospital in Südlondon protestieren, die vom Hersteller der Riegel in Auftrag gegeben worden waren. Den Riegeln waren Warnhinweise beigefügt:

2200 Arkangel, Nr.8, Sommer 1992.

2201 Liberator, November/Dezember 1988.

2202 'Cinderella': An Argument for Economic Sabotage vs. Live Animal Liberations, in: Anon.: An Animal Liberation Primer, zweite Auflage, ohne Datumsangabe.

2203 ALF Pressemitteilung, abgedruckt in: Campaigner and Animals' Defender, Januar/Februar 1988, S.8.

„Read Carefully. This is not a joke! This confection has been adulterated. We have no desire in endangering life, but those who persist in buying cruelty based products must accept full responsibility for their actions."[2204]

Der Hersteller sah sich zu einer landesweiten Rückrufaktion gezwungen und musste Einkommenseinbußen in Höhe von vier Millionen Pfund hinnehmen. Die angedrohte Vergiftungskampagne entpuppte sich später als eine wirkungsvolle Täuschungsaktion. Lediglich die zwei an die Presse versandten Schokoriegel waren vergiftet.

Ende der 1980er Jahre kam es zu einer Radikalisierung der Aktionen gegen die Pelzindustrie. Vor allem die Kaufhäuser der House of Fraser Gruppe wurden zur Zielscheibe der ALF. 1987 verursachte ein Brandsatz bei Debenhams in Luton einen erheblichen Schaden. Eigentlich war es Ziel gewesen, lediglich das Sprinklersystem auszulösen, um die Pelzwaren unverkäuflich zu machen, nicht das Gebäude in Brand zu setzten. Auch bei einem Anschlag am 20. Dezember 1988 auf das Dingles Kaufhaus in Plymouth versagte das Sprinklersystem und das Gebäude wurde durch ein Feuer komplett zerstört.[2205] Weitere Brandsätze in London, Birmingham und Cardiff richteten ebenfalls erheblichen Sachschaden an.[2206] In einem Leserbrief an Turning Point meldete sich Ronnie Lee 1988 aus dem Gefängnis zu Wort. Hierin verteidigte er die Anschläge. Das geringe Gefahrenrisiko, das von den Brandsätzen ausgehe, sei allemal durch den Nutzen gerechtfertigt, den sie den Tieren bringen würde.[2207] Diese Meinung sah sich auch innerhalb der eigenen Reihen einiger Kritik ausgesetzt.[2208] Die Kampagne wurde 1990 beendet: Harrods hatte als letztes verbleibendes Kaufhaus angekündigt, den Pelzverkauf einzustellen.[2209] Im Jahr 2000 verbot Großbritannien mit dem Fur Farming (Prohibition) Act als erstes Land die Pelztierzucht.[2210]

Brandstiftung blieb für die ALF ein beliebtes Mittel, um gegen den Gegner vorzugehen. 1991 wurde das Hauptquartier der British Association for Shooting and Conservation, 1992 die lokale Niederlassung der National Farmers Union niedergebrannt.[2211] Das berühmte Grand National Pferderennen wurde Anfang der 1990er Jahre wiederholt heimgesucht

---

2204 Liberator, Dezember 1984/Januar 1985, Rechtschreibung im Original; Contaminated Mars bars found after rat-poison call, The Times, 19. November 1984.

2205 Arkangel, Nr.1, Winter 1989, S.26.

2206 Liberator, März/April 1989, S.5.

2207 Lee, Ronnie: Brief an Turning Point, Nr.11, Juli-September 1988, S.25f.

2208 Vgl. Leserbriefe Turning Point, Nr.12, Januar-März 1989, S.26; Turning Point, Nr.13, April-Juni, 1989, S.25.

2209 Turning Point, Nr.17, April-Juni 1990, S.3.

2210 Outrage!, Nr.122, Frühjahr 2001, S.17.

2211 Arkangel, Nr.5, Frühjahr 1991, S.19; Arkangel, Nr.9, Frühjahr 1993, S.24.

und Hindernisse zerstört. 1993 konnte das Rennen aufgrund einer Stürmung des Geländes durch AktivistInnen nicht stattfinden. Die Buchmacher verzeichneten etwa £80 Millionen Schaden.[2212] In den 1990er Jahren wurden vor allem landwirtschaftliche Betriebe, die in der Massentierhaltung und Milchproduktion tätig waren, Ziel von Brandstiftungen. Dabei konzentrierte man sich weniger auf die Gebäude, sondern vor allem auf die Tiertransporter. Allein zwischen 1991 und 1992 wurden etwa hundert Fahrzeuge in Brand gesteckt.[2213] Auch anderswo zeigte diese Methode den gewünschten Effekt. 1994 schloss Hylyne Rabbits, einer der weltweit größten Züchter von Hasen für Versuchszwecke, seine Tore:

> *„Due to recent severe fire bomb and parcel bomb attacks on Hylyne Rabbit Farm at Lymm, Cheshire the company has been forced to cease trading and go into liquidation."*[2214]

Nicht nur die ALF hatte sich Hylyne als Ziel ausgesucht. Auch das selbsternannte Justice Department hatte Briefbomben an den Besitzer verschickt.[2215]

Auch andere Methoden wurden ausgetestet. Manche schienen primär dem Zweck zu dienen, sich in der öffentlichen Auseinandersetzung zu inszenieren. 1982 drang ein Aktivist in das Hauptquartier der Royal Society ein und zerschlitzte, ganz im Stil der Suffragetten, das Porträt von Rene Descartes.[2216] Als symbolische Handlung sollte diese Aktion Descartes Negation tierlichen Schmerzempfindens in Frage stellen.

Um 1984 waren Übergriffe auf Laboratorien, Zuchtfarmen und Pelzgeschäfte zum fast alltäglichen Ereignis in Großbritannien geworden.[2217] Ungefähr 2000 Aktionen, die jährlich einen ökonomischen Schaden von £6 Millionen verursachten, wurden in einer Fernsehsendung benannt.[2218] Henshaw hielt diese Schätzung noch für untertrieben und konstatierte, dass die ALF die IRA in Bezug auf den wirtschaftlichen Schaden weit überboten hätte.[2219] Robin Webb gab in seiner Funktion als Pressesprecher 1991 in einem Interview an, dass täglich etwa 20 genuine ALF-

---

2212 Mann, 2007, S.225.

2213 Ibid., S.357.

2214 Presseerklärung abgedruckt in: Turning Point, Nr.32, Juli-September 1994, S.5.

2215 Mann, 2007, S.343.

2216 Liberator, April 1982.

2217 ARNI gibt beispielsweise an, 1992 2980 relevante Vorfälle mit Bezug zur Tierrechtsbewegung festgestellt zu haben, in: www.animalrights.net/terrorism_report/other_countries.num. Zuletzt besucht am 05.06.05.

2218 zitiert in: Garner, 1998b, S.460.

2219 Henshaw, 1989, S.176.

Aktionen stattfänden.[2220] Die Gründe für die nunmehr primär ökonomische Sabotage hatte Ronnie Lee bereits 1983 in einem Artikel in *Peace News* festgehalten:

> *„If you go and damage a laboratory they have to pay to put it right and to install extra security measures (...). This money often comes out of their research budget and would be spent on experimentation."*[2221]

Seit den 1970ern gingen die Zahlen der im Versuch genutzten Tiere zurück. Ronnie Lee hielt dies der Animal Liberation Front als Erfolg zu Gute.

> *„It is only since the advent of direct action that these figures have begun to decrease and they have decreased more or less in tandem with the rise in the level of direct action."*[2222]

Um Tierversuche gänzlich Geschichte werden zu lassen, bedürfte es jedoch noch kraftvolleren Aktionen, fügte Cliff Goodman hinzu.[2223] Dies wurde von moderaten Gruppen allerdings in Frage gestellt, die für den Rückgang der Tierversuche ihre kontinuierliche Lobbyarbeit verantwortlich machten.[2224] Wer genau nun für den Rückgang der für Experimente genutzten Tiere die Verantwortung trug, oder ob letztlich ökonomische Rezessionen dem geringeren Gebrauch von Tieren zugrunde lagen, kann und soll hier nicht geklärt werden. Es soll jedoch betont werden, dass sich beide Lager als den jeweils entscheidenden Faktor betrachteten. Dies bezeugt das gestiegene Selbstbewusstsein der Tierrechtsbewegung.

3.2 Organisation der ALF

Dem Konzept der Angry Brigade folgend, verstand sich die ALF nicht im Sinne einer Organisation, sondern einer *‚Disorganisation'*. Formale Mitgliedschaften wurden ebenso abgelehnt wie eine feste Struktur. Dies bedeutete explizit, dass jede und jeder, der oder die sich als Teil dieser spezifischen politischen Auseinandersetzung fühlte, in ihrem Namen agieren können sollte.[2225] Das Konzept wurde jedoch erst zu einem Zeitpunkt als durchsetzbar betrachtet, als abzusehen war, dass sich die Ende der 1970er Jahre stetig wachsende Zahl an ALF-AktivistInnen an die Richtlinien der ALF halten würde. Zuvor hatte man bei Bekennermel-

---

2220 Wicklund, 1991 S.48.

2221 Lee, Ronnie: Free the 4,344,843, Peace News, Nr.2201, 1983, S.5f.

2222 Lee, Ronnie: Brief an The Campaigner and Animals' Defender, Mai/Juni 1986, S.64.

2223 Goodman, Cliff: Brief an: The Campaigner and Animals' Defender, Oktober 1986, S.105.

2224 The Campaigner and Animals' Defender, Mai/Juni 1986, S.64.

2225 Bloom, 2003, S.468.

dungen Codes angegeben, um sich als Gruppe eindeutig identifizierbar zu machen.[2226] Aber auch zu diesem Zeitpunkt gab es weder eine offizielle Mitgliedschaft, noch eine gelenkte Organisations- oder Kommandoebene. Vielmehr war eine klandestine Zellenstruktur auszumachen. Nach Darstellung von Ronnie Lee handelte es sich bei der ALF auch um keine Organisation im herkömmlichen, politisch definierten Sinne, sondern um eine Einstellung: *‚a state of mind'*.[2227] Hierarchien wurden abgelehnt, da sie jene Ausbeutung und Unterdrückungsmechanismen forcieren würden, die ja gerade negiert werden sollten. Zudem konnte die klandestine Struktur dabei helfen, die tatsächliche Größe der ALF zu verschleiern. Damit konnte suggeriert werden, dass *‚TierausbeuterInnen'* unter ständiger Beobachtung durch eine ALF Zelle stünden. Gerade die Rhetorik der Angry Brigade hatte Einfluss auf ALF Communiqués. Redewendungen, wie *„The Angry Brigade is the man or woman sitting next to you. (...) we are getting closer!"*,[2228] zeigten die gleiche politische Drohgebärde, die die ALF später mit *„The ALF is watching you and there is no place to hide"* imitieren würde.

Zur/zum ALF-Aktivistin/Aktivisten wurde man durch das individuelle Bekenntnis zur Ideologie und Aktion im Sinne der ALF.[2229]

> *„Any group of people who are vegetarians or vegans and who carry out actions according to ALF guidelines have the right to regard themselves as part of the ALF."*[2230]

Ein weiterer Grund für die absolute Autonomie einzelner Zellen lag in deren Finanzierung. Je unabhängiger die AktivistInnen voneinander und von einer nationalen Führung seien, desto freiwilliger die Aktion und desto kostenextensiver für die Bewegung, rechnete Ronnie Lee vor.[2231]

Über die Größe der ALF lassen sich aufgrund dieser klandestinen Struktur lediglich Vermutungen anstellen. 1977 sagte Ronnie Lee in einem Zeitungsinterview:

2226 The Sunday Times, 5. Dezember 1976.

2227 Ronnie Lee, Persönliches Gespräch, 4. Oktober 2004.

2228 The Angry Brigade, Communiqué 9, 22. Mai 1971, in: *The Angry Brigade 1967-1984, Documents and Chronology*, London, 1985, S.32.

2229 Der Guardian kommentierte diese offene Zugangsstruktur polemisch: *„Anyone can join the ALF. You just need to pick up a crowbar or a petrol bomb and hit out at ‚animal abusers"*, The Guardian, 5. Dezember, 1998.

2230 Animal Liberation Front Newsletter, Winter 2003/2004, S.3.

2231 Ronnie Lee, Persönliches Gespräch, 4. Oktober 2004.

„We don't keep records. But I should think there are about 150-200 members with about another 300 who will give money or provide homes for animals rescued."[2232]

Eine steigende Anzahl von Aktivitäten deutete auf einen Anstieg der *‚inoffiziellen'* Mitglieder hin. Bereits 1985 mutmaßte die *Times*, dass die Gruppe ungefähr 1000 Aktive und weitere 2000 UnterstützerInnen hätte.[2233] 1993 gibt Garner, den Aussagen von ALF-AktivistInnen folgend, ca. 2500 AktivistInnen an. Für 1997 nennt Monaghan die gleiche Zahl. Die ALF könne darüber hinaus noch einmal mit 2000 UnterstützerInnen rechnen, die der ALF SG finanziell zur Seite ständen. Unter den AktivistInnen würden sich circa hundert extrem gewaltbereite Aktivisten befinden.[2234] Monaghans Gewaltbegriff ist jedoch schwammig. Garner gelingt es hier differenzierter zu argumentieren. Nach seiner Meinung gab es 1993 ca. 250 AktivistInnen, die dazu bereit wären, Tiere zu befreien und entsprechende Einrichtungen aktiv anzugehen. Lediglich fünfzig von ihnen seien jedoch gewillt und in der Lage, Brandsätze zu benutzen.[2235] Diese Zahl bestätigte auch die National Extremism Tactical Coordination Unit im Jahr 2004.[2236]

3.3 Der Gewaltbegriff der ALF

Die ALF selbst begriff sich als eine gewaltfreie, im Untergrund agierende Befreiungsguerilla. Ihre Definition von Gewaltfreiheit schloss jedoch die Zerstörung von Laboratorien, Pelzgeschäften und Schlachttiertransportern, das Versenken von Walfangschiffen und die Sabotage der Jagd als nicht gewalttätig mit ein. Die ALF definierte Gewalt als eine Tat, die einem fühlenden Wesen direkt schade, worunter es physisch und psychisch zu leiden hätte. Auch die Verletzung der Individualität und der Selbstbestimmung stelle einen Gewaltakt dar, so die ALF. Der von ihr formulierte Gewaltbegriff wies zum einen dessen Monopolisierung von Seiten des Staates zurück: Die Ausübung staatlicher Gewalt lehnte sie ab. Zum anderen betonte der von der ALF verwendete Begriff die Gewalt gegen das Tier als ein strukturelles Phänomen. Tatsache sei, so folgerte die ALF, dass Pelzgeschäfte u.ä. keine Schmerzen empfinden könnten, sie keiner Rechte bedürften und es daher unmöglich sei, ihnen gegen-

2232 Evening Echo, 10. August 1977, siehe auch: The ALF Credo and Guidelines, www.animaliberationfront.com/ALFront/alf_credo.htm, zuletzt besucht am 10.09.07.

2233 Roberts, Yvonne: Breaking the Cages, The Times, 21. Mai 1985.

2234 Monaghan, Rachel: *Animal Rights and Violent Protest*, in: Terrorism and Political Violence, Vol. 9, Nr.4, Winter 1997, S.112.

2235 Garner, 1993a, S.220.

2236 Brown, Jonathan und Herbert, Ian: Desecrating graves, a chilling tactic revived from the annals of animal rights extremism, The Independent, 16. Oktober 2004.

über gewalttätig zu handeln. In einem Artikel im *Arkangel* 1989 konkretisierte Ronnie Lee den Gewaltbegriff der ALF. Dabei weigerte er sich, die Zerstörung von Gegenständen als Gewalt zu kategorisieren. Die Sicherung tierlichen und menschlichen Lebens habe immer Priorität. Da die Zerstörung von Pelzgeschäften in seinen Augen keine Gewalt darstellte, sondern im Gegenteil, Tiere vor dem Tod rette, sei sie unbedingt gerechtfertigt.[2237] Gewalt sei immer staatlich definiert und konstituiere, im hegemonialen Interessenskonflikt zum Staat, allenfalls illegitime Ausübung von Macht. Wurde die Ablehnung von Gewalt zunächst als explizit ideologische Position verstanden, gab Ronnie Lee vor allem den taktischen Wert auch im Hinblick auf die positive mediale Rezeption zu bedenken.[2238] Der vorgebliche Verzicht auf Gewalt ließ sich besser vor Öffentlichkeit und eigener Anhängerschaft verkaufen.

Frühe ALF-Aktionen hatten sich dadurch ausgezeichnet, dass sie sich nicht direkt gegen Personen richteten, auch nicht gegen deren Eigentum. Das Leben oder die Gesundheit von unschuldigen, menschlichen und nichtmenschlichen Wesen zu bedrohen, sei ein Gewaltakt. Erst 1980 war das Eigentum eines Forschers erstmals direktes Ziel einer ALF-Aktion. Die Garage von George Sabey, einem Pharmakologen beim Pharmakonzern Wellcome, wurde niedergebrannt.[2239] Die Definition des Gewaltbegriffs sah sich also im Laufe der Existenz der ALF einigen Anzweifelungen auch aus den eigenen Reihen ausgesetzt. So heizte gerade der notorische Fall der vergifteten *Mars* Schokoriegel interne Diskussionen über den Gewaltbegriff an. Im öffentlichen Diskurs verstärkte der Vorfall die von Politik und weiten Teilen der Medien beeinflusste Entwicklung eines negativen Bildes über die radikale Tierrechtsbewegung und insbesondere der ALF. So konnte das Bild einer fundamentalistischen Terroristengruppe etabliert werden. Diese würde sich mehr für Tiere einsetzen als für Menschen und würde zudem deren Beeinträchtigung bzw. Schädigung billigend in Kauf nehmen, so die vorherrschende Darlegung.

Der *Mars Vorfall* konnte somit im öffentlichen Diskurs in einem Zug mit den IRA Bomben von Brighton gegen die Parteikonferenz der Konservativen im selben Jahr gelesen werden.[2240] Einige ALF-Zellen distanzierten sich im Nachhinein von dieser Aktion und verurteilten sie als nicht mit ihren Prinzipien übereinstimmend. Von anderen AktivistInnen wurde die bei dem *Mars Fall* verwendete Methode hingegen begrüßt, zumal durch die Anwendung dieser Aktionsform das angestrebte Ziel erreicht worden war. Der Hersteller zog nach der Aktion alle Gelder aus der For-

2237 Arkangel, Nr.1, Winter 1989, S.34f.

2238 Ronnie Lee, Persönliches Gespräch, 4. Oktober 2004.

2239 Roberts, J.J., 1986, S.12.

2240 Smith, G., 1985, S.26.

schung zurück. Dennoch wurde zukünftig auf diese Vorgehensweise seitens der ALF verzichtet. Zum einen, da sie eben nicht den Primärzielen der Gruppe entsprach, zum anderen, weil sie zu leicht NachahmerInnen fände, deren Motivation es möglicherweise war, Ziele und Ideologie der ALF zu diskreditieren. Für die Öffentlichkeit wäre es in Anbetracht der ihr zugänglichen Informationsquellen schwer, eine Differenzierung vorzunehmen. Einige Jahre später bekannte sich dann die militantere Animal Rights Militia zu der Tat; sie hätte die Schokoriegel vergiftet.[2241] Ob dies geschah, um die *‚reine'* Ideologie der ALF aufrechtzuerhalten, muss Spekulation bleiben. Im öffentlichen Diskurs und in der wissenschaftlichen Rezeption blieb die ALF die verantwortliche Gruppe. Noch 1987 hatte John Harris, Sprecher der ALF SG, sie als genuine ALF-Aktion bestätigt.[2242] Diese Austauschbarkeit führte jedoch nachweislich dazu, dass TiernutzerInnen sich zu derartigen Aktionen im Namen der ALF bekannten. Gewarnt wurde unter anderem vor Rasierklingen in Windeln und Heroin in *‚Cadbury's Cream Eggs'*. Keine dieser Aktionen wurde jedoch von der ALF begangen.[2243] Die einzig andere bekannte Vergiftungskampagne, die der ALF eindeutig zugesprochen werden konnte, war Bleichmittel in einer Shampoomarke. Dies geschah bereits vor dem *Mars Fall*.[2244]

Auch die so genannte *Bristol Bomb* sorgte für erneute Fraktionierungen innerhalb der Bewegung. Anfang 1989 bekannte sich die Animal Abused Society zu einem Bombenanschlag, der das Senate House der Bristol University schwer beschädigte. Protestiert werden sollte gegen die Tierversuche, die hier praktiziert wurden.[2245] Ein nicht unerheblicher Teil des Verwaltungstraktes wurde durch Feuer zerstört. Zwar war im Voraus eine telefonische Warnung eingegangen, so dass das Gebäude evakuiert werden konnte. Der Polizei gelang es jedoch nicht, die Bombe zu lokalisieren. Vor allem das negative Bild, das nunmehr von militanten TierrechtlerInnen und deren SympathisantInnen gezeichnet werden konnte, wurde allgemein als Rückschritt für die Bewegung gewertet. In der Tat machten sich gerade die GegnerInnen der Bewegung die negative Presse zu Nutze. Die Bombe wurde in einem Atemzug mit den Sprengkörpern genannt, die im folgenden Jahr von Aktivisten der Animal Rights Militia unter Autos von ForscherInnen angebracht waren und bei deren Detonation ein Kleinkind verletzt wurde. Die Pelzindustrie wartete mit einer

2241 ARM Communiqué, www.animalliberationfront.com/ALFront/alfarm.htm, zuletzt besucht am 11.08.2004.

2242 Harris, John: *Animal Liberation: The Road to Victory*, Red Rat Library, London, 1987.

2243 Roberts, J., 1986, S.108.

2244 Ibid., S.16.

2245 Arkangel, Nr.1, Winter 1989, S.37.

Posterkampagne auf: Hierauf war ein Baby in einem Auto abgebildet. Beigestellt war der Grafik der Schriftzug:

> *„The only species animal activist are not afraid of hurting."*[2246]

Andere Poster beinhalteten die einfache Parole:

> *„If you eat meat, wear leather or fur, your life could go with a bang."*

Der *Wildlife Guardian*, das Magazin der LACS, berichtete im Folgenden auch über Alan Newberry Street, Mitglied von BFSS und MFHA, der eine Bombenattrappe unter sein Auto gelegt hatte, um dann die Polizei vor einer nicht existenten British Animal Rights Society zu warnen. Die Polizei stellte jedoch Beweismaterial in seinem Auto sicher, das zeigte, dass Newberry Street selbst die Attrappe gebaut hatte. In einem Gerichtsverfahren, bei dem er zu einer neunmonatigen Gefängnisstrafe verurteilt worden war, gestand er:

> *„I did it to discredit the animal rights and hunt saboteurs association."*[2247]

Die ALF in der Wahl ihrer Primärmittel auf Briefbomben oder Autobomben zu reduzieren, wie Munro es tut, ist also nicht nur übertrieben, sondern ist faktisch falsch.[2248] Auch wenn gemutmaßt werden kann, dass die militantere Szene um die Animal Rights Militia oder dem Justice Department in engem Kontakt zur ALF stand bzw. es personelle Übereinstimmungen gab, sollte man diese ideologische, wie taktische Grenzziehung beachten und hier sauber trennen. ALF-AktivistInnen beharrten schließlich darauf, Menschen wie Tieren keinen Schaden zufügen zu wollen. Ihre Aktionen wurden ja gerade aus diesem Grund, zumindest vorläufig, von anderen Gruppen so positiv rezipiert. In *Animal Welfare* hieß es:

> *„It is of vital importance to suggest that in any of these activities there's no danger to any life, animal or human. Members would risk being caught rather than endanger lives."*[2249]

Die Gewaltdiskussion entwickelte sich zum thematischen Dauerbrenner. Jedoch war spätestens Anfang der 1990er Jahre die ALF nicht mehr selbst in der Lage, in den öffentlichen Diskurs einzugreifen. Zur sehr wurden Ziele und Handlungsrepertoire mit denen der militanteren Gruppen vermischt, zu sehr hatte sich das Bild der Bombenleger durchsetzen können, als dass sie ihre eigene Definition von Gewalt effektiv

---

2246 Zitiert nach: Turning Point, Nr.19, Oktober-Dezember 1990, S.7.

2247 Zitiert nach: Wildlife Guardian, Nr.15, Winter 1991/1992, S.5, vgl. auch Howl, Nr. 44, Frühjahr 1991, Kleinschreibung im Original.

2248 Munro, 2005, S.62.

2249 Animal Welfare, Januar/Februar 1977, S.7.

hätten propagieren können. Zudem weichten interne Diskussionen über die Tauglichkeit dieser Definition die Absolutheit des Credos mehr und mehr auf.

4. Die Animal Liberation Leagues

Eine ganz andere Form der Aktion wählten ab 1980 die regional organisierten Animal Liberation Leagues (South Eastern ALL, Central ALL, Northern ALL, Eastern ALL, Western ALL). Sie fokussierten ihre methodische Ausrichtung auf das öffentliche Eindringen in Laboratorien und Massentierhaltungsunternehmen zum Zweck der Informationssammlung und Dokumentation. Anders als der ALF lag den Ligen nicht an der Geheimhaltung ihrer Aktionen. Diese Aktionsform bedurfte einer großen Anzahl von AktivistInnen; gewöhnlich partizipierten zwischen 100 und 300 Personen. Häufig übernahm ein Teil der Gruppe die Dokumentation im Inneren des Laboratoriums, während ein weiterer, größerer Teil, vor dem Betrieb demonstrierte. Es war nicht Ziel der Ligen, Schaden anzurichten; auch die Befreiung von Tieren sollte allenfalls Sekundärzweck bleiben. Das von ihnen zusammengetragene Material wurde vielmehr in strukturierten und wohl organisierten öffentlichen Kampagnen gegen die individuellen Einrichtungen verwendet. Angehörige der Presse wurden explizit eingeladen, sich den Ligen anzuschließen.[2250] Man stellte sich als *‚public guardians'* dar, die der Außenwelt von dem realen Vorgehen hinter verschlossenen Labortüren berichten würden.[2251] In der Tat waren die Medien mehr als willig, die Bilder auch entsprechend weiterzuleiten.[2252]

Die während der Aktionen gemachten Fotos verfolgten zweierlei Zweck. Zum einen sollten sie als Dokumentationsgrundlage nach außen und somit auch als Grundlage für die Legitimation des Vorgehens dienen. Zum anderen nutzten sie auch der Selbstvergewisserung der Bewegung. Auf sie ließen sich besonders gut Kampagnen aufbauen. Insbesondere die Central Animal Liberation League vermochte es, die von ihnen gemachten Bilder zu verkaufen.[2253] T-Shirts, Schlüsselanhänger, Handtücher, Postkarten usw. konnten erworben werden und verbreiteten nicht nur das Wissen um die Ligen, sondern dienten als weitere willkommene Einnahmequelle. Die Verwendung der animalischen Ikonografie baute bewusst auf Annahmen auf, einen tierliebenden Rezipienten in der briti-

---

2250 Liberator, Juni/Juli 1983.

2251 Roberts, J.J., 1986, S.23.

2252 Garner, 1993a, S.219.

2253 Central Animal Liberation League: A History Revisited, Arkangel, Nr.28, 2003, S.27.

schen Öffentlichkeit vorzufinden, der, eher noch als die Medien, die Aktionen zum Wohle der Tiere gutheißen würde. Damit wurde bewusst das nationale Stereotyp genutzt und offensiv verwendet. Gerade in der Nachbarschaft der *‚besuchten'* Laboratorien wurden die Dokumentationen publik gemacht.[2254] Damit wurde auf öffentliche Ausschlussmechanismen gesetzt, die in der bereits beschriebenen Kampagnenarbeit der 1990er Jahre zu einem elementaren Bestandteil werden sollten.

Die Ligen fungierten ebenso in der regionalen Zusammenarbeit als Netzwerke lokaler bzw. unabhängiger Tierrechtsgruppen.[2255] Das Verhältnis zur ALF war vor allem aufgrund der von ihnen gewählten Organisationsformen ambivalent, die dezentrale Zellenstruktur wurde abgelehnt. Gerade in einer Zeit, in der Brandanschläge zu einem beliebten Mittel der ALF avancierten, sah man bei den Ligen ein sehr vorsichtiges Verhältnis zu Sachbeschädigungen; generell lehnte man sie eher ab.[2256] In einem Brief der NALL an die BUAV kritisierte man die Vorstellung von

> *„six or eight individuals creeping about and intent on doing their own thing."*[2257]

Den Ligen gelang eine ganze Reihe öffentlichkeitswirksamer Aktionen. Dies blieb nicht unbemerkt. 1980 wurde die Gefahr für Tierversuchslaboratorien, die von militanten TierschützerInnen ausgehe, erstmals im House of Lords thematisiert. Es konnte jedoch nicht abschließend diskutiert werden, da gerade ein Gericht mit dem Verfahren gegen 18 Mitglieder der Northern und Eastern Animal Liberation League beschäftigt war, die dem Einbruch in Babraham, der experimentellen Außenstelle des Landwirtschaftsministeriums, bezichtigt worden waren.[2258] 200 Aktive waren in das Laboratorium eingedrungen und dokumentierten den Zustand der vorgefundenen Tiere. Als allererste Aktion dieser Art bekam sie ein ansehnliches mediales Echo.[2259] Babraham war im August 1981 erneut Ziel von 400 Demonstrierenden. Auch diesmal kam es zu Auseinandersetzungen mit der Polizei. Dennoch gelang die Stürmung des Firmengeländes und die weitere Dokumentation der dort praktizierten Versuche.[2260] Der von der Eastern und Northern Animal Liberation League gemeinsam geplante Einbruch in die agrarwirtschaftlichen For-

---

2254 Stallwood, 2004, S.85.

2255 The Campaigner, März/April 1984, S.10.

2256 Central Animal Liberation League: A History Revisited, Arkangel, Nr.28, 2003, S.25ff.

2257 Zitiert nach: Roberts, J.J., 1986, S.13.

2258 Animal Welfare, Juli/August 1980, S.5; Outrage!, Nr.10, September/Oktober 1980, S.1, 6f.

2259 z.B. Horsnell, Michael: Anti-vivisection protest at research centre, The Times, 31. Juli 1980.

2260 Liberator, September-November 1981.

schungsstationen der Liverpool University am 13. Dezember 1981, *‚Operation Sunlight'*, wurde bereits von einem massiven Aufgebot der Presse begleitet und entsprechend publik gemacht.[2261]

Die Northern Animal Liberation League war die erste der großen Befreiungsligen. Sie hatte ihre lokalen Schwerpunkte in den Städten Liverpool, Sheffield und vor allem in Manchester, wo sie 1982 ein Büro eröffnete.[2262] Am 29. April 1984 drang die NALL in das Laboratorium von ICI in Macclesfield ein und entwendete in großen Mengen archiviertes Forschungsmaterial. Allerdings wurden zahlreiche Beteiligte bei der Aktion festgenommen und mussten sich im Folgenden vor Gericht verantworten.[2263] Von ihnen wurden 24 zu Haftstrafen verurteilt. Damit hatte man nicht gerechnet, wurde doch auf Milde angesichts der hohen Moralität der Taten spekuliert. Die Angeklagten sahen sich vor allem dem Vorwurf der *‚rechtswidrigen Versammlung'* (*unlawful assembly*) ausgesetzt, ein Vergehen, das auch den streikenden Minenarbeitern im selben Jahr wiederholt vorgeworfen wurde. Der Prozess zog sich über zwölf Monate hin und führte letztlich zum Zusammenbruch der Gruppe. Sie hatte sich nicht ausreichend um eine Verteidigungskampagne bemüht und anders als die ALF keine separate Unterstützungsgruppe aufgebaut. Damit sank auch die Bereitschaft, sich erneut an derartigen Aktionen zu beteiligen, die Anzahl der potentiellen AktivistInnen sank.[2264]

Die erfolgreichste Aktion einer League, der SEALL, war sicherlich das Eindringen in das Labor des Royal College of Surgeons (RCS) am 26. August 1984 in Downe, Kent. Die im September 1983 unter der Ägide von Mike Nunn gegründete SEALL zeigte sich ein Stück weit professioneller und besser organisiert. Das während der Aktion von ca. 60 AktivistInnen entwendete Material wurde von der BUAV genutzt, um die Verantwortlichen wegen Verstoßes gegen den Protection of Animals Act von 1911 anzuzeigen. Um als Zeuge vor Gericht gegen das College aussagen zu können, musste Mike Huskisson, der die Aktion als Fotograf begleitet hatte, sich der Weiterleitung gestohlenen Eigentums schuldig bekennen, aufgrund dessen er ein weiteres Mal für 18 Monate ins Gefängnis geschickt wurde. Dennoch wurde die Aktion als Erfolg verbucht. Immerhin fanden sich die Fotografien der vorgefundenen Tiere in nahezu jeder Tageszeitung wieder und die filmischen Aufnahmen wurden im Fernsehen ausgestrahlt, erwirkten also eine allgemeine, öffentliche Rezeption. Das Bild eines Affen mit dem Wort *‚crap'* auf die Stirn tätowiert,

---

2261 Outrage!, Nr.21, Mai/Juni 1982, S.10.

2262 Liberator, Januar/Februar 1983.

2263 Liberator, Juni/Juli 1984.

2264 Roberts, J.J., 1986, S.29ff.

wurde vielfach abgebildet.[2265] Eine darauf aufgebaute Kampagne, ,*Free Mone*', die sich um die Herausgabe der Versuchstiere, allen voran des Affen ,*Mone*', „*victim and prisoner of the Royal College of Surgeons*",[2266] bemühte, baute genau auf diese neu gewonnene Öffentlichkeit auf. Die Anzeige der BUAV zeigte Wirkung und die Verantwortlichen des Royal College of Surgeons mussten sich vor Gericht verantworten. Sie wurden wegen Verstoßes gegen das Tierschutzgesetz im Falle ,*Mone*' verurteilt, in zweiter Instanz jedoch freigesprochen.

Ein zuvor von AktivistInnen der SEALL ausgeführter Einbruch bei den Wellcome Laboratories in Dartford im September 1983 endete mit der Verhaftung von 70 AktivistInnen, von denen acht zu kurzen Haftstrafen verurteilt wurden.[2267] Jedoch hatte die Firma auf weiterreichende Anzeigen verzichtet, wie sie dies im Umgang mit der ALF zunächst auch getan hatte, um unnötige Aufmerksamkeit auf dort praktizierte Tierversuche zu vermeiden. Durch diese Aktion erfuhr die SEALL viel Zuspruch von Tierrechtsgruppen im Südosten des Landes und es gelang ihr, ihren Mitgliederstamm auszubauen. Anders als die NALL, hatte sie Organisationsfähigkeit bewiesen, die sie für potentielle AktivistInnen attraktiv machte.

1986 löste sich die SEALL auf. Die Hauptorganisatoren, unter ihnen die Aktivisten Mike Nunn und John Curtin, waren nach einem Einbruch in das Labor von Wickham am 28. Oktober 1984 zu Haftstrafen von bis zu drei Jahren verurteilt worden.[2268] Anders als bei der erfolgreichen Aktion gegen RCS waren bei Wickham in Hampshire die Polizeikräfte vorgewarnt: Sie hatten die Organisatoren observiert.[2269] Trotz eines polizeiinternen Fehlers – man hatte den Tag der Aktion verwechselt – erschien die Polizei am Aktionsort. Zuvor hatte es bereits handgreifliche Auseinandersetzungen mit Wickham Direktor David Walker gegeben.[2270] Zwar gelang den meisten AktivistInnen die Flucht, den Planern jedoch nicht. Die begleitende Unterstützungskampagne ,*Wickham 19 are innocent, jail the vivisectors*' vermochte zumindest die mediale Aufmerksamkeit aufrechtzuerhalten. Auch 27 EALL AktivistInnen wurden 1986 aufgrund einer ähnlichen Aktion gegen die Labore des Chemieunternehmen Unilever in Sharnbrook, Bedfordshire, im Jahr 1984 zu annähernd hohen Haftstrafen verurteilt.[2271] Für EALL bedeutete die Kriminalisie-

---

2265 Liberator, Oktober/November 1984; Liberator, April/Mai 1986; Outrage!, Nr.35, November/Dezember 1984, S.7.

2266 The Campaigner, Januar/Februar 1986, S.16.

2267 Roberts, J.J., 1986, S.40.

2268 Liberator, April/Mai 1986; The Times, 5. Dezember 1985.

2269 The Times, 1. Oktober 1985.

2270 Mann, 2007, S.84f.

2271 Liberator, August/September 1986.

rung ebenfalls das Ende.[2272] Da es durch den öffentlichen Charakter der Aktionen relativ einfach war, die Beteiligten zu identifizieren und zur Verantwortung ziehen zu können – und nicht wenige TierrechtlerInnen aus diesem Grund verhaftet und verurteilt wurden – nahm die Tierrechtsbewegung sehr bald Abstand von dieser Methode. Dies geschah, obwohl die Aktionsform nicht nur sehr viel Aufmerksamkeit erregte, sondern auch Sympathien in der Bevölkerung und bei anderen Tierschutzgruppen genossen hatten, die von den Bildern und Berichten aus den Laboratorien abgestoßen waren.[2273] Öffentliche Befreiungsaktionen oder solche, die am helllichten Tag stattfanden, wurden in Großbritannien fortan vermieden. Sie fanden jedoch in anderen Ländern, vor allem in den Vereinigten Staaten und auch in Deutschland Nachahmer.

Die Liberation Leagues veranstalteten regelmäßig Infostände, bei denen die Fotografien der *,Raids'* ausgestellt wurden. Weiterhin hielten sie Vorträge in Schulen und organisierten Protestveranstaltungen.[2274] Personell überschnitten sich die Ligen mit anderen Tierrechtsgruppen, allen voran mit BUAV, Animal Aid und der HSA. Mike Nunn, Sprecher für die SEALL, fungierte auch als Kontakt für die BUAV in East Sussex und ab 1987 als Kampagnenorganisator der NAVS im Süden des Landes.

Die erfolgreichste und am längsten existierende Liga war die Central Animal Liberation League. Ihr gelang es, das Thema Tierrechte in der öffentlichen Diskussion zu einem Zeitpunkt präsent zu halten, als die ALF durch die Gefangennahme und Verurteilung vieler aktiver Mitglieder und PressesprecherInnen personell geschwächt war. Sie sorgte weiterhin dafür, dass Tierbefreiungen wieder als Konzept in Betracht gezogen wurden, als die ALF sich primär auf Sabotage konzentrierte. Als einzige der Ligen setzte sie hier, der ALF ähnlich, einen methodischen Schwerpunkt. 1985 organisierte sie den Einbruch in Oxford Universitys Park Farm in Northmoor, bei dem 30 Hunde befreit wurden.[2275] In Reaktion auf die Befreiungsaktion warnten Vivisektoren vor möglicher Ansteckungsgefahr durch Tollwut und Herpes, mit denen die Tiere infiziert worden seien und die eine tödliche Gefahr für die BefreierInnen darstellen würden. Obgleich nichts Derartiges bekannt wurde, verblieb die möglich Gefahr ansteckender Krankheiten ein machtvolles Motiv in der Bekämpfung von TierbefreierInnen. Der britische Horrorschocker *,28 Days Later'* bediente sich eben einer solchen Situation als Ausgangspunkt

---

[2272] Roberts, J.J., 1986, S.66.

[2273] Gold, 1998, 172f. NALL berichtete bereits 1980 von enormer Unterstützung durch ein breit gefächertes Netz von Tierschutz/Tierrechtsgruppen, von denen sich zahlreiche Mitglieder an den von ihr durchgeführten Aktionen beteiligen würden. Animal Welfare, Oktober 1980, S.6.

[2274] Liberator, Juni/Juli 1983.

[2275] The Black Beast – The Animal Rights Magazine, Nr.2, Herbst, 1986, S.12ff.

für sein Endzeitszenario.[2276] Dennoch wurde die Aktion als Erfolg erachtet, ließe sich doch nachweisen, dass es sich bei zumindest einigen der befreiten Tiere um gestohlene Haustiere handele.[2277] Der CALL gelang es weiterhin, Informationen über den Labortierhandel mit Zootieren zu dokumentieren.[2278] Auch die CALL ereilte 1988 das Schicksal der anderen Ligen, die die staatliche Repression nicht überlebten.

1982 bediente sich auch die ALF zweimal der Methode des *‚mass raids'*. Zunächst wurde das Safepharm Laboratorium in der Nähe von Derby Ziel eines Einbruchs. Man hatte auch die Presse geladen, deren fotografisches Material später zur Verurteilung von Brendan McNally, wie auch weiterer ALF-Aktivisten heran gezogen wurde.[2279] Unter dem Namen *‚Operation Valentine'* fand am 14. Februar zudem ein Einbruch von 100 AktivistInnen in das Life Science Research Laboratory in Chelmsford statt. Anders als den Animal Liberation Leagues, ging es der ALF primär um die Befreiung der dort eingesperrten Tiere und darum, soviel Schaden wie möglich anzurichten. Dies gelang, allerdings wurden nach einem massiven Polizeieinsatz 64 Personen festgenommen, von denen insgesamt acht im folgenden Jahr zu Haftstrafen von bis zu eineinhalb Jahren verurteilt wurden.[2280] Es sollte die letzte öffentliche Befreiungsaktion der ALF bleiben. Man erkannte keinen wesentlichen Vorteil vor geheimen Befreiungsaktionen, auch nicht, was die Publizierbarkeit der Taten betraf.[2281]

1990 gründete Mike Huskisson mit Gleichgesinnten die Animal Cruelty Investigation Unit, deren Ziel in der Dokumentation von Tiermissbrauch lag, die sich also in der Tradition der Ligen verortete. Ihnen ging es aber grundsätzlich auch um die gerichtliche Verfolgung der Akteure. Die Finanzierung der Gruppe wurde durch den Verkauf ihres zusammengestellten Materials an die Medien gesichert.[2282] Das bedeutete, dass das große mediale Interesse nicht nur zur Verbreitung der Tierrechtsidee, sondern auch zur finanziellen Absicherung genutzt wurde. Hier zeigten sich also deutliche Interdependenzen mit der Mediengesellschaft. Die Vernetzung lokaler Gruppen, die die Ligen ebenfalls als Hauptzweck übernommen hatten – die SEALL etwa, setzte sich aus ca. 40 Gruppen zusammen – wurden ab den frühen 1990ern von Animal Rights Coalitions (ARC) übernommen. Diese orientierten sich am Vorbild der South

---

2276 Boyle, Danny: *28 Days later*, British Film Council, 2002.

2277 The Black Beast – The Animal Rights Magazine, Nr.2, Herbst, 1986, S.12ff.

2278 Mann, 2007, S.93.

2279 Ibid., S.71.

2280 Liberator, April 1982; Liberator, Juni/Juli 1983; Liberator, August/September 1983.

2281 Roberts, J.J., 1986, S.14.

2282 Arkangel, Nr.4, S.9.

Eastern Animal Rights Coalition (SEARC), deren Ziel es war, die Kommunikation zwischen lokalen Gruppen durch die Gründung regionaler Netzwerke zu unterstützen. Diese konnten wiederum Kontakt zur nationalen Struktur aufbauen.[2283] SEARCs Hauptbetätigungsfeld war die Koordination der Proteste gegen den Lebendtiertransport an südenglischen Häfen, vor allem gegen das Schifffahrtsunternehmen Sealink. Hierin übernahm Ronnie Lee das Amt des Informationsbeauftragten und Mike Nunn das des Koordinators.[2284] Überhaupt sah Lee seine Rolle nunmehr in der Koordination und im Aufbau lokaler Gruppen, war es ihm doch unmöglich, weiterhin eine exponierte Rolle in der radikalen Bewegung einzunehmen.[2285] Somit war die Lebensdauer der Ligen zwar begrenzt, trotzdem vermochten sie durch medienwirksame Aktionen und offenen Gewaltverzicht, die radikale Tierrechtsbewegung in Großbritannien nachhaltig zu beeinflussen.

5. Die Animal Rights Militia

Ganz anders setzte sich die Animal Rights Militia (ARM) mit der Gewaltfrage auseinander. Zum ersten Mal wurde sie 1982 aktiv, als sie Briefbomben an Personen verschickte, die von ihr als TierquälerInnen identifiziert wurden. Eine dieser Bomben versendete sie an Downing Street Nr.10: Sie war direkt an Margaret Thatcher adressiert. Auch Mitglieder ihres Kabinetts erhielten entsprechende Zusendungen. Die Premierministerin wurde – als angebliche Personifizierung kapitalistischer Staatspolitik – für das Leid der Tiere unmittelbar verantwortlich gemacht. Obgleich sich auch andere Gruppen, genauer die Angry Brigade und die Irish National Liberation Army, zu der Tat bekannten, nahm Scotland Yard alleinig das Bekenntnis der ARM ernst, zumal die Angry Brigade bereits in den 1970ern zerschlagen worden war. Obwohl mit einer Ausnahme keine der Bomben explodierte – die an Downing Street adressierte Bombe detonierte, richtete jedoch keinen nennenswerten Schaden an[2286] – und die ARM sie im Nachhinein als Attrappen bezeichnete, deren Primärfunktion nicht die Detonation gewesen sei,[2287] wurde

2283 Arkangel, Nr.9, Frühjahr 1993, S.41.

2284 Arkangel, Nr.10, S.55, Arkangel, Nr.13, S.35

2285 Wicklund, 1991, S.20

2286 Webster, Philip und Evans, Richard: Strict security at Nr.10 after 'animal rights' fire bombs, The Times, 1. Dezember 1982.

2287 Die Ansicht, dass derartige Vorrichtungen nicht zur Explosion bestimmt sind, wird in den meisten Fällen von den BeamtInnen bei Scotland Yard nicht geteilt. Sie gehen eher davon aus, dass eine relative Unerfahrenheit im Umgang mit Brandsätzen und Zeitzündern bisher schwerwiegendere Explosionen verhinderte, so zumindest Henshaw, 1989, S.118ff.

hier zum ersten Mal theoretisch von der Idee abgewichen, niemals Leben, gleichgültig welches, zu gefährden. Zunächst wurde innerhalb der Bewegung spekuliert, ob es sich bei den Aktivitäten der ARM um vom Staat oder von TiernutzerInnen bewusst verübte Eingriffe handelte, deren Ziel es sei, die Tierrechtsbewegung als skrupellos zu stigmatisieren und zu diskreditieren.[2288] Die Methodik der Briefbomben wurde darüber hinaus innerhalb der Bewegung harsch kritisiert.[2289] Auch die ALF verurteilte ihre Nutzung. Vier Jahre später trat die ARM jedoch wieder in Erscheinung, diesmal, wie Roberts vermutet, aus der Tierrechtsbewegung heraus.[2290]

1986 erschienen Communiqués, in denen die ARM dafür plädierte, notfalls lädierende und auch letale Übergriffe als Ultima Ratio in Betracht zu ziehen, falls solche Aktivitäten der Befreiung der Tiere dienlich sein sollten.

> *„We do not shy away from violence against individual animal abusers (...) everyday our comrades and fellow animals stay behind bars their torment will be avenged, even if this means that some of the filth will lose their lives."*[2291]

Die ARM hatte die Autos von zwei Vivisektoren, die in den Laboratorien der British Industrial Biological Research Association (BIBRA) in Carshalton tätig waren, mit Brandbomben zerstört. Sie drohte im Folgenden weitere Bomben an, die jedoch entschärft werden konnten.[2292] Damit folgte sie, anders als die ALF, direkt einem utilitaristischen Prinzip. Wenn ein/eine WissenschaftlerIn 100 Tieren Leid zufüge und als Reaktion darauf dieser/diese WissenschaftlerIn das Leben genommen würde, so sei das Unglück, das durch seinen oder ihren Tod hervorgerufen würde, durch die Befreiung der Tiere von ihrer Qual völlig ausgeglichen. Diejenigen Menschen also, welche die Rechte der Tiere missachteten, indem sie sie beispielsweise zu Versuchen heranzögen, verlören nach der Logik der ARM die Protektion, die ihnen aus der gleichen moralphilosophischen Tradition zustehen würde.[2293] Wenn also das Leben von Tieren konkret bedroht sei, hätten diese Tiere oder aber deren AnwältInnen – eine Funktion, die die ARM aufgrund des marginalisierten Status nicht-

---

2288 Liberator, Januar/Februar 1983; Animals' Defender, Januar/Februar 1983, S.52; Outrage!, Nr.24, Januar/Februar 1983, S.3; Young, John: More letter bombs sent by animal rights militia, The Times, 17. Februar 1983.

2289 Liberator, Januar/Februar 1983, Liberator, März/April 1983.

2290 Roberts, J.J., 1986, S.106f.

2291 Animal Rights Militia, Communiqué 2, in: ALF SG Supporters Group Newsletter, Nr.17, 1985.

2292 Roberts, J.J., 1986, S.19.

2293 Tester, 1991, S.186f.

menschlicher Tiere und deren Unfähigkeit zur Artikulation übernehmen wollte – das moralische Recht, sich zur Wehr zu setzen. Dies träfe auch dann zu, wenn dies eine Restriktion des Rechts derjenigen impliziere, von denen die Bedrohung ausgehe. Der RDS Vorsitzende William Paton sah in dieser Entwicklung eine Hinwendung des Prinzips der *'no more warnings'*. Er gab weiterhin an, dass die Gruppe später drohte, die Hände derjenigen zu brechen, die sich an Tieren vergehen würden.[2294] Hierfür lassen sich jedoch keine Aussagen aus der Bewegung finden, die diese Behauptung bestätigen würden.

In einem weiteren Communiqué verlautbarte die ARM ihre weiteren Ziele:

> *„The role of the Militia is to widen, with actions, the concept of animal liberation, so that Militia-style actions will take root in all areas of the country with nothing short of a total revolution as the ultimate goal."*[2295]

Die Manifestation dieser Konsequenz ließ nicht lange auf sich warten. 1990 platzierten ARM AktivistInnen Brandsätze unter den Fahrzeugen einiger bekannter VivisektorInnen, die jedoch nach einer Warnung rechtzeitig entschärft werden konnten. 1990 brannten zwei Fahrzeuge von TierexperimentatorInnen vollständig aus, nachdem AktivistInnen einen Zeitzünder mit einem Sprengsatz unter ihren Autos versteckt hatten. Dabei wurden beide leicht verletzt, und ein kleines Kind erlitt Schnittwunden durch ein Schrapnell.[2296] Obwohl sich niemand zu dem Anschlag bekannte, und die Polizei die Beteiligung der ALF ausschloss, vermutete man die ARM hinter dem Anschlag. Weitere derartige Angriffe folgten. Beamte des Animal Rights National Index (ARNI), der mit der Ermittlung gegen TierrechtlerInnen bei Scotland Yard eingerichteten Spezialeinheit, mussten feststellen, dass diese mit der Zeit sowohl in Ausführung als auch Material immer professioneller wurden. Wie schon bei der ALF wurden daher Parallelen zur Politik der IRA gezogen, wiederum die Tatsache missachtend, dass die ARM ausdrücklich ihre Distanz zu derartigen Gruppierungen kundtat. Ihr sei es nicht gleichgültig, ob Außenstehende Schaden nehmen würden oder nicht. Sie hätten sich mit Bedacht auf exakte, klar definierte Ziele konzentriert, eben auf die *'wahren TierfoltererInnen'* wie VivisektorInnen, JägerInnen und SchlachterInnen.

Nach den Autobomben ging die ALF erneut auf Distanz zur ARM. Ronnie Lee schrieb im *Arkangel*:

2294 Paton, William: *Man or Mouse: Animals in Medical Research*, Oxford u.a., 1993, S.238.

2295 Animal Rights Militia, Communiqué 3, zitiert in: Henshaw, 1989, S.121.

2296 Arkangel, Nr.3, Sommer 1990, S.31; List of Events, The Wellcome Library Archive PP/WDP/E/1/7/5.

„Whether or not it is right to kill a vivisector is a question for debate, but actions such as ‚car bombs', that put passers by (which could be animals as well as people) at such a high risk of death or serious injury can surely not be justified."[2297]

1993 warnte die ARM vor von ihnen platzierten Bomben, die von einem Bombenentschärfungskommando kontrolliert gesprengt wurden, bei denen es sich letztendlich jedoch nur um Katzendreck handelte. Niel Hansen und Tracey Stephenson wurden in Folge dessen unter dem Verdacht der Verschwörung zu einem Tötungsdelikt angeklagt.[2298] Sie erhielten eine dreijährige Freiheitsstrafe.[2299]

Im Juli 1995 bekannte sich die ARM zu mehreren Brandanschlägen auf Highstreet-Geschäfte der Firma Boots sowie anderen, von ihnen als Tierausbeuter identifizierter Geschäfte in Cambridge. Im August folgten weitere Anschläge in Oxford und auf der Isle of Wight, die erheblichen Sachschaden verursachten.[2300] Als mutmaßlicher Aktivist der Animal Rights Militia wurde Barry Horne 1996 wegen der Verwendung explosiver Materialien in Bristol festgenommen.[2301] Im anschließenden Verfahren wurde er der Brandstiftung beschuldigt. 1998 verurteilte ihn der Bristol Crown Court aufgrund eines Anschlages auf eine Filiale des Konzerns Boots auf der Isle of Wight und anderer versuchter und durchgeführter Brandanschläge im Süden Englands zu einer achtzehnjährigen Freiheitsstrafe.[2302] Er war bereits 1988 zu einer sechsmonatigen Bewährungsstrafe wegen versuchten Diebstahls eines Delfins sowie 1991 zu einer dreijährigen Strafe wegen Besitzes von Brandbomben verurteilt worden.[2303] Horne unternahm in der Haft mehrere Hungerstreiks, um damit eine Royal Commission für die Untersuchung der Vivisektionspraxis und die Einlösung der Wahlversprechen der Labour Party bezüglich Tierversuchen zu erwirken.[2304] Der Regierung warf er Verrat an den WählerInnen vor.[2305] Die Adressierung der politisch Verantwortlichen unter Akzeptanz des durch allgemeine Wahlen legitimierten Systems

---

2297 Lee, Ronnie: Unjustifiable Explosions, Arkangel, Nr.3, Sommer 1990, S.39; vgl. auch: Ronnie Lee, Persönliches Gespräch, 4. Oktober 2004.

2298 Arkangel, Nr.11, S.28.

2299 Mann, 2007, S.494.

2300 Arkangel, Nr.12.

2301 The Independent, 6. Juni 1996; Webb, 2004, S.8.

2302 de Bruxelles, Simon.: Record Sentence for Animal Rights Bomber, The Guardian, 16. Januar 1998.

2303 Turning Point, Nr.24, Januar-März 1992, S.33.

2304 Animal Liberation Front Supporters Group Newsletter, Herbst 1998, S.14; bereits 1975 hatte Ronnie Lee einen Hungerstreik angedroht, um gegen die Experimente des Verteidigungsministeriums in Porton Down zu protestieren. Daily Mail, 14. März, 1975.

2305 A letter from Barry, Barry Horne Support Campaign, Mailout Nr.3, August 1999.

muss als absurd hinsichtlich des verwendeten pseudorevolutionären Kanons gesehen werden, dem sich die ARM ansonsten bediente. Insgesamt stellte diese Hinwendung für die radikale Bewegung jedoch eher eine Ausnahme dar, da in dem politischen System zumeist die Ursache für Tierausbeutung gesehen wurde.[2306] Man ging sogar davon aus, dass bei verstärktem Einsatz von TierbefreierInnen das Parlament in der Diskussion um Tierechte relativ unbedeutend werden würde.[2307]

Im Oktober 2001 verstarb Horne an den Folgen eines Leberversagens im Hungerstreik. Tatsächlich war die Methode des Hungerstreiks schon vor seiner Festnahme von der ARM diskutiert worden, war also eine durchgeplante Aktion, die nicht nur die Regierung unter Druck setzen, sondern die Bewegung zu Solidaritätsaktionen animieren sollte.[2308] Auch während seines ersten Hungerstreiks 1996 war es zu zahlreichen Sympathiebekundungen in Form Direkter Aktionen gekommen. In Brackley, Northamptonshire, wurden sieben Lebendtiertransporter in Brand gesetzt und Harlan-Olac, Hillgrove Farm und Consort Kennels wurden ebenfalls Ziel von Zerstörungen.[2309] In einem Kommentar schrieb der *Guardian* folglich:

> *„In death Barry Horne will rise up as the first martyr of the most successful terrorist group Britain has ever known, the animal rights movement."*[2310]

Horne war 1987 erstmals zu einem Treffen der Gruppe Northampton Animal Concern erschienen. Diese engagierte sich zu diesem Zeitpunkt vor allem gegen die lokale Pelzindustrie sowie gegen eine von Nonnen geführte Legebatterie, die nach der von NAC durchgeführten Kampagne schließen musste. Über 100 Hennen waren befreit worden. Barry Horne war einer der Aktivisten. Von da an nahm er an zahlreichen Befreiungsaktionen teil: 1990 bei Oxford University Park Farm, Interfauna und Boots Thurgarton Labor.[2311]

Als Barry Horne sich in seinem ersten Hungerstreik befand und sich andeutete, dass er diesen eventuell nicht überleben würde, veröffentlichte die ARM eine Abschussliste, auf der 10 Namen von führenden Vivisektoren standen. An diesen würde im Falle von Hornes Tod Vergeltung geübt werden. Horne überlebte den Hungerstreik und bis zum heutigen Tag ist noch kein/keine VivisektorIn verletzt oder getötet worden. Dennoch wurde hier noch einmal eine drastische Radikalisierung der Akti-

---

2306 Tester, 1991, S.184.

2307 Target, Magazin der SEALL, Herbst 1985.

2308 Animal Liberation Front Supporters Group Newsletter, November 2002, S.14.

2309 Banbury Guardian, 30. Januar 1997; Evening Standard 27. Januar 1997; Oxford Mail, 21. Januar 1997; Arkangel, Nr.17.

2310 Toolis, Kevin: To the death, The Guardian, 7. November 2001.

2311 Animal Liberation Front Supporters Group Newsletter, 2002, S.18f.

vistInnen offenbar. Diese Radikalisierung zeigte die Perspektive auf, auf welche Dimensionen die Aktivitäten der Tierrechtsbewegung hinauslaufen könnten und zwar sowohl bezüglich den Vorgehensweisen radikaler Politik als auch bezüglich des, durch zwangsläufigen Ausschluss aus dem politischen Kommunikationsprozess hervorgerufenen, klandestinen Elitedaseins.

Die ARM benutzte zudem eine radikalere Rhetorik in Hinsicht auf die von ihr anvisierte Überwindung des tierunterdrückenden Systems als etwa die ALF. Sie sah sich als eine revolutionäre Gruppierung, deren Anliegen es war, Tierrechte als ein Ziel der revolutionären Linken Großbritanniens zu etablieren:

> *„British democracy is based on more blood, terror and exploitation than any other country in history. It has a brutal police force whose crimes against people and animals the media will not report and whose government blatantly supports repressive systems of government around the world."*[2312]

Nicht nur verbal, sondern auch ikonografisch folgte die ARM damit linken Guerillagruppen und übernahm deren revolutionären Habitus. Zu ihrem Logo wählte sie einen grünen Stern mit einer schwarzen Kalaschnikow, vor dessen Hintergrund die flammenden Initialen der Gruppe zu sehen waren. Die grün/schwarze Farbgebung sollte zudem die politische Ausrichtung, die Zugehörigkeit zum radikalökologischen Anarchismus symbolisieren. Da die ARM jedoch weder mit umfangreichen Pamphleten noch mit ausführlichen theoretischen Texten ihre Ansichten darstellte, entsteht der Eindruck, dass sich der Aussagegehalt ihrer Äußerungen auf verbalradikale Plattitüden beschränkt.

2003 trat die ARM in Zusammenhang mit der Stop the Newchurch Guinea Pigs Kampagne erneut in Erscheinung. Sie verschickte Briefe an die Angestellten der Farm. Sie waren mit der Warnung versehen:

> *„We are tooled up and ready. ARE YOU?"*[2313]

2004 machte sie ihre Warnung wahr. Sie raubte die Leiche von Gladys Hammond, der Mutter des Farmbesitzers Hall, aus ihrem Grab. 2006 wurden vier beschuldigte AktivistInnen zu bis zu zwölfjährigen Haftstrafen verurteilt. Der Leichenraub konnte ihnen zwar nicht nachgewiesen werden, jedoch hätten sie ihn als Druckmittel gegen die Halls eingesetzt, die Farm zu schließen.[2314]

2312 Animal Rights Militia Communiqué 1, zitiert in: Henshaw, 1989, S.118, Rechtschreibung im Original.

2313 Animal Liberation Front Supporters Group Newsletter, Winter 2003/2004, S.9, Hervorhebung im Original.

2314 Morris, Steven; Ward, David und Butt, Riazat: Jail for animal rights extremists who stole body of elderly women from her grave, The Guardian, 12. Mai 2006.

6. Das Justice Department

Auch das Justice Department ist eine Manifestation interner Spannungen zur Gewaltfrage innerhalb der ALF. Es spaltete sich 1993 von dieser ab. Ähnlich wie die ARM lehnte die Gruppe Gewaltmittel gegen Menschen, die sich in der Tierindustrie betätigen, nicht grundsätzlich ab und griff auf ein vergleichbares Methodenarsenal zurück. Sie sah sich auch dazu berufen, als Verteidigerin der Tierrechtsbewegung vor weiteren physischen Angriffen durch deren GegnerInnen zu agieren.[2315] Im Oktober 1993 platzierte sie insgesamt 32 Bomben, von denen sieben bei ihrer Explosion Menschen leicht verletzten.[2316] Ende November desselben Jahres verschickte sie 13 Paketbomben, von denen eine in einem Labor in West Sussex detonierte. Eine von ihr verschickte Briefbombe explodierte am 6. Oktober 1993 im Postsortierungszentrum von Watford, ohne jedoch jemanden zu verletzen. Paketbomben in Poster-Röhren wurden auch gegen Verantwortliche im Bereich der Lebendtierexporte eingesetzt. 1994 wurden außerdem kleine, als Guillotinen konstruierte Mausefallen an VivisektorInnen versendet, deren Klingen dem Bekennerschreiben zufolge mit HIV-infiziertem Blut kontaminiert seien. Ziel war *„to return the virus to the people who created it"*, hieß es im Bekennerschreiben.[2317] Das Blut wollten die AktivistInnen zuvor in einem Tierversuchslabor gefunden haben. Damit avancierte die Gruppe zum militantesten Ableger der britischen Tierrechtsbewegung. Allein bis 1995 hatte sie nach eigenen Angaben mehr als 150 Briefbomben versendet, denen ein Hinweis auf die Motivation der Gruppe beigefügt war:

> *„We've sat back for years and watched AR* (Animal Rights, Anm. M.R.) *activists ask nicely for all the abuse to stop – the more daring risk their lives and liberty but still the unacceptable number of tortured animals keeps rising (...).We won't be asking anyone to stop messing with animals and make no more excuses for our violent intervention – they've had it good for too long. NO MORE TORTURE, NO MORE LIES..."*.[2318]

Insbesondere die angebliche HIV-Kontamination stieß jedoch auch innerhalb der radikalen Bewegung auf harsche Kritik. Robin Lane äußerte in *Arkangel* sein Unbehagen ob der Gefahr, die für Mensch und Tier von derlei Aktionen ausgehen würde:

2315 Animal Liberation Front Supporters Group Newsletter, Winter 1993/1994.

2316 The Observer, Dezember 1993, in: Arkangel, Nr.11, S.31.

2317 Zitiert nach: Mann, 2007, S.502.

2318 Animal Liberation Front Supporters Group Newsletter, Winter 1993/1994, Hervorhebung im Original.

„AIDS (...) is a modern day horror story and for the Justice Department to threaten to spread the virus is, in my opinion, indefensible."[2319]

Die vom Justice Department verwendeten Mittel wie Briefbomben richteten sich sowohl an VivisektorInnen und andere TiernutzerInnen als auch an PolitikerInnen. Diese Adressierung hatte ja bereits die ARM mit ihren Attacken 1982 vorgemacht. Das Justice Department wandte sich allerdings nicht ausschließlich an die in Regierungsverantwortung stehenden Parteien. So wurde der British National Party eine Bombe geschickt, der die Botschaft beigefügt war:

„Human Liberation, Animal Rights – One struggle, one fight isn't just empty rhetoric. All abuse of the weak and innocent of whatever species is wrong."[2320]

Die Bombe verletzte den Manager des Hauptbüros der Partei. Diese Bomben, obwohl meistens *‚hoax-bombs'*, also originalgetreue, aber nicht scharfe Fälschungen, wurden als Ultimatum verstanden. Die Nachricht, die sie überbrachten, war indes eindeutig. Sie vermittelten, dass AktivistInnen jederzeit in der Lage wären, ihre Zielperson zu verletzen, wenn sie es denn wollten.[2321] Auch David Mellor, 1994 Landwirtschaftsminister der konservativen Regierung, bekam eine solche Bombe zugeschickt. Er galt der Bewegung als Personifizierung der Massentierhaltung.

1994, im Angesicht der Verabschiedung des in Kapitel 7.3 noch näher erläuterten Criminal Justice Acts, nahm sich das Justice Department auch Jagdbefürworter als Ziel ihrer Bomben vor. In einer Presseerklärung erläuterten sie im Februar 1994:

„Now we hope and anticipate more will join the war being fought by so many good people outside the hopelessness of asking people with nasty habits nicely to stop destroying animals' lives. They insult humanity so they deserve to be insulted and humiliated.

They deserve more, we think....soon they'll get it. JD & Co."[2322]

Damit übernahm auch das Justice Departement den vermeintlich zivilisatorischen Gestus, der schon so lange die britische Tierschutzrhetorik geprägt hatte und radikalisierte ihn. Das Justice Department verkündete öffentlich ihr Anliegen, denjenigen Schaden zufügen zu wollen, die sich aktiv ihren Bemühungen entgegensetzten. Im November schickte die Gruppe Rattenfallen, die mit Rasierklingen versehen waren, an Prince Charles, der für sie den Inbegriff des Fuchsjägers darstellte sowie an In-

---

2319 Lane, Robin: The Justice Department – A Point of View, Arkangel, Nr.11, S.39.

2320 Arkangel, Nr. 12.

2321 Blum, 1994, S.115.

2322 zitiert in: Arkangel, Nr.13, S.30, Rechtschreibung im Original.

nenminister Michael Howard, verantwortlich für die Umsetzung des Criminal Justice Acts.[2323]

Scotland Yard hielt die Angaben über die Anzahl der verübten Anschläge und verschickten Briefbomben für propagandistische Übertreibung und ging von einer geringeren Anzahl aus. Gleichwohl bezog es die Gruppe in ihren Tätigkeitsbereich mit ein. Dem Justice Department rechnete es ungefähr 100 Mitglieder zu, kategorisierte sie jedoch eher als Aktionsform denn als autarke Gruppierung. 1995 wurde Gurjeet Aujla für acht solcher Briefbomben, die im Zusammenhang mit den Lebendtiertransporten standen, zur Verantwortung gezogen und zu einer sechsjährigen Haftstrafe verurteilt. 2001 wurde Glynn Harding für elf weitere Briefbomben, die von Dezember 2000 bis Februar 2001 verschickt wurden, verantwortlich gemacht.[2324] Harding wurde vom Gericht in eine forensische Psychiatrie eingewiesen. Er hatte ausgesagt, dass er Stimmen vernommen habe, die ihn zu der Tat aufgerufen hätten.[2325]

Die ALF stellte dem Justice Department trotz unterschiedlicher ideologisch begründeter Methodik eine Infrastruktur durch die Publikation ihrer Schriften bereit. Sie legitimierten deren Handeln mit einem Verständnis für die Frustration, die die Gruppe angesichts der langsamen Fortschritte im Erreichen der Ziele spüren müsse. Darüber hinaus wurde unterstellt, dass, genauso wie im Fall der ARM, die Briefbombenanschläge hätten tödlich enden können, wenn denn nur gewollt. Da dies jedoch nicht die wirkliche Intention der Gruppe gewesen sei, dürften sie nicht als *‚cold blooded killers‘* stigmatisiert werden. Als politische Strategie und Gegenpropaganda bzw. Informationspolitik sei es deshalb richtig gewesen, die Ideen und Gedanken der Gruppe zu publizieren. Auch das Press Office verfolgte eine tolerierende Politik hinsichtlich Veröffentlichungen von Aktionen, die außerhalb des ALF-Aktionsradius fielen:

> *„We will explain, without criticism, any action which has been carried out with the sincere intention of furthering animal liberation.“*[2326]

Das Justice Department wurde 1996 erstmals außerhalb Großbritanniens in Kanada aktiv. Dort verschickte es 65 Briefe mit vergifteten Rasierklingen an Jagdführer.[2327]

Auch weitere radikale Splittergruppen bekannten sich zu Anschlägen: Neben der bereits genannten PLO gab es die Real RSPCA, die Provisional RSPCA sowie die Provisional Animal Liberation Front. Sie nahmen

---

2323 Ibid., S.31, The Sunday Times, 14. Mai 1995.

2324 Hansard, House of Lords Debates, 27. März 2001, col.157.

2325 BBC News, 21. September 2001.

2326 Animal Liberation Front Supporters Group Newsletter, Juli 1999, S.8.

2327 Guither, 1998, S.162.

damit den Vergleich zur IRA gezielt auf.[2328] Als letztere Gruppe 1998 einige Bombenattrappen an von ihnen als TierquälerInnen identifizierte Personen schickte, hieß es im Bekennerschreiben:

> *„(...) anyone who profits in any way from animal abuse is as guilty as those who actually perpetrate the obscenities. (...). None who receives rewards from evil deeds shall be exempt from vengeance until they renounce animal torture."*[2329]

Zudem wollte die Provisional ALF, ganz im Sinne der Provos, VerräterInnen innerhalb der eigenen Bewegung abstrafen. 1998 verschickte sie hernach auch eine Bombenattrappe an Dave Hammond.[2330] Hammond hatte sich in der *‚Justice for Keith Mann'* Kampagne engagiert, dann jedoch deren Gelder einbehalten. Als Polizeiinformant galt er zudem als Persona non Grata in der radikalen Bewegung.[2331]

Somit lässt sich festhalten, dass sich das radikale Spektrum in Großbritannien weitaus variantenreicher gestaltete, als dies in anderen Ländern der Fall war. Im abschließenden Kapitel wird darauf noch eingegangen. Neben der sicherlich zunächst diskursbestimmenden ALF kam es schnell zu internen Auseinandersetzungen bezüglich der Gewaltfrage. Diese Frage wurde von einigen mit der Entschleunigung des Radikalisierungsprozesses und der Stilisierung der Tierbefreiung zum Spektakel beantwortet. So viele Leute wie möglich sollten Zeugen werden, entweder als AktivistInnen oder als KonsumentInnen der Zeitungsmeldung. Auf der anderen Seite kam es mit dem Aufkommen der Animal Rights Militia und dem Justice Department zu einer deutlichen Eskalation der ALF-Methoden. Die Analyse der radikalen Gruppierungen bedarf also einer Trennschärfe. Zwar mag diese Trennschärfe aufgrund möglicher Überschneidungen auf einer persönlichen Ebene, also die ProtagonistInnen betreffend, nicht immer klar nachvollziehen zu sein. Bei der Beschreibung und der Darstellung der Geschichte der radikalen Bewegung ist sie jedoch unerlässlich. Auch wenn die ALF sich nicht direkt von den noch radikaleren Gruppen wie der ARM oder dem Justice Department distanzierte, so konnte doch gezeigt werden, dass sie nicht alle deren Handlungsweisen als positiv erachtete. Aufgrund der Bandbreite von radikalen Gruppen und ihren vielschichtigen Aktionsformen gelang es der radikalen britischen Bewegung, sowohl von ihren GegnerInnen wie von Öffentlichkeit und Medien dauerhaft ernst genommenen zu werden. Allerdings zeigte sich diese Rezeption häufig verkürzt und dürfte dem

---

2328 Der Name Provisional RSPCA begann als eine Persiflage im britischen Fernsehen und wurde dann übernommen. Vgl. Webb, 2004, S.80.

2329 zitiert in: Daily Telegraph, 10. Februar 1998.

2330 Green Anarchist, Nr.51, Frühjahr 1998, S.3.

2331 Mann, 2007, S.464.

Fortschreiten der Bewegung eher geschadet haben. Indem eben nicht mehr auf die Unterschiede zwischen den Gruppierungen geachtet wurde, ließ sich die Einordnung der Animal Liberation Front als genuin terroristisch problemloser durchsetzen.

7. Die Einordnung der ALF als Terroristische Vereinigung

Nicht zuletzt sorgte die eben beschriebene Eskalation dafür, dass das Verhältnis der militanten TierrechtlerInnen zur Öffentlichkeit und zu den Medien als bestenfalls ambivalent zu beschreiben ist. Insbesondere zum Staat entwickelte sich ein tief antagonistisches Verhältnis, das auch der moderate Tierschutz mehr und mehr übernahm. Dies war jedoch nicht immer so. Wie der erste Abschnitt zeigen wird, unterstützten zahlreiche Gruppierungen, vor allem im Bereich der Antivivisektionsarbeit, nicht nur Ziele, sondern auch Methoden der ALF und der Animal Liberation Leagues. Dies änderte sich erst, als die Medien ein verstärkt pejoratives Bild der radikalen Bewegung zeichneten. Abschnitt Zwei illustriert deshalb die Verortung der ALF in der Mediengesellschaft, die durch vielschichtige Überlagerungen gekennzeichnet war. Der Mediendiskurs eröffnete der ALF zum einen breiteren Zugang zur Öffentlichkeit, sie hatte jedoch gleichzeitig wenig Einfluss darauf, welche Form dieser Diskurs annehmen würde. Die diskursive Belegung der ALF als terroristische Vereinigung, so wie sie von staatlicher Seite per Gesetz institutionalisiert worden ist und im dritten Abschnitt erläutert wird, schien sich auch medial mehr und mehr durchzusetzen.

7.1 Das Verhältnis der nationalen Gruppen zur Animal Liberation Front und den Animal Liberation Leagues

In den 1970er und 1980er Jahren war das Verhältnis der sich radikalisierenden nationalen Gruppen zum militanten Flügel durch stetigen Wandel gekennzeichnet. Abhängig vom eigenen Image bzw. auch der medialen Rezeption militanten Tierschutzes, nahm es unterschiedliche Formen an. Die etablierten Tierschutzgruppen taten sich bisweilen schwer damit, den richtigen Umgang mit der ALF zu finden. Insbesondere die Antivivisektionsgruppen reagierten jedoch zunächst empathisch auf die Versuche, Tiere direkt zu befreien sowie das Handlungsrepertoire der moderaten Gruppen um direktere Aktionen, wie Sabotageakte, zu erweitern. Zwar sah sich die BUAV nicht als Austragungsorgan von Tierbefreiungen, jedoch wurden im *Liberator* die Aktionen der ALF wohlwollend publiziert.

„For every hundred pounds' worth of actual damage caused by these mili-

> *tants, the bill the vivisection industry incurs (...) runs into thousands. And on this level – that of purely psychological warfare and the devastation of earnings and profits on the part of this industry, the Liberator is thoroughly delighted."*[2332]

Bereits die Aktionen der Band of Mercy waren als mutige Taten beschrieben worden.

> *„The history of tyranny alone indicates that its downfall is almost inevitable the result of direct action."*[2333]

Den Schein der Gemäßigtheit wahrend, beharrte man in *Animal Welfare* allerdings noch darauf, dass man zwar als Berichterstatter fungieren werde, aber sonst Distanz zum radikalen Flügel zu halten gedenke. Illegale Aktivitäten würden sie in jedem Fall nicht unterstützen:

> *„It* (Animal Welfare, Anm. M.R.) *is in the communications business – it is not anxious to become the focal point for hothead fanatics and the impractical, ineffectual lunatic fringe of the animal welfare movement."*[2334]

Eine solche Aussage ist angesichts möglicher Diskreditisierungs- bzw. Kriminalisierungsversuche allerdings verständlich und muss nicht unbedingt der Meinung der VerfasserInnen entsprochen haben. Als die ALF 1976 zwei Dutzend Beagles aus den Oxford Laboratories Animal Colonies befreite, um deren Herausgabe sich sowohl RSPCA als auch BUAV vergeblich bemüht hatten, wurde die Befreiungsaktion keinesfalls negativ kommentiert.[2335] Weiterhin wollte man sich einer Verurteilung, wie sie von den Tierschutzgruppen zu vernehmen war, schon gar nicht anschließen.[2336] Schließlich bekam die BUAV anfangs zahlreiche Nachfragen, wie man die ALF denn am besten finanziell unterstützen könne.[2337] Entsprechend wurde im Dezember 1980 ein Aufruf der ALF im Mitteilungsblatt *Animal Welfare* abgedruckt, in dem diese um finanzielle Zuwendung bat. Weitere Aufrufe folgten, wenn akut Gelder zur Gefangenenunterstützung benötigt wurden.[2338] Die BUAV organisierte sogar eigenständig Protestaktion gegen die Gefangennahme von ALF-Aktivist#Innen.[2339]

2332 Liberator, September/Oktober/November 1981, S.2.

2333 AV Times, April 1975.

2334 Animal Welfare, März 1976. Diese Aussage wurde auch von der neuen BUAV Leitung 1981 übernommen. Vgl. Animal Welfare, Februar/März 1981, S.7.

2335 Animal Welfare, Januar/Februar 1977, S.6.

2336 Animal Welfare, November/Dezember 1977, S.2.

2337 Animal Welfare, Mai/Juni 1978, S.15.

2338 Liberator, April 1982.

2339 Liberator, September/Oktober 1982.

Alan Whittaker, Generalsekretär der BUAV im Jahr 1977, ging davon aus, dass eine Entwicklung zu radikaleren Maßnahmen unausweichlich sei. In *Animal Welfare* kommentierte er:

> *„If the legitimate voicing of concern is ignored by those in power, if the ‚proper channels' are blocked up and caring but ‚respectable' people fobbed off by Whitehall Mandarins and Big Businessmen alike then a fundamental shift to more militant action would seem inevitable. (...) The Hunt Saboteurs and the Animal Liberation Front, by their actions, have issued notice that the rules of the game are changing. Established animal welfare organisations may not like this, but they must honestly question its implication in their inner hearts. After all their* ***aims*** *are identical; only their* ***methods*** *differ. And one set of methods has been tried for a century."*[2340]

Diese Politik wurde im *Liberator* weitergeführt und noch verstärkt. Monatlich fanden sich nunmehr Vermerke über die Aktionen der ALF. Auch Bekennerschreiben wurden in beiden Magazinen unkommentiert veröffentlicht.[2341] Die von der ALF zur Verfügung gestellten Materialien, beispielsweise Nachweise über die Verwendung gestohlener Haustiere zu Versuchszwecken, wurden selbstverständlich verwendet. 1985 baute die BUAV ihre Kampagne gegen das Royal College of Surgeons und dessen Primatenversuche auf illegal erworbenem Filmmaterial der South East Animal Liberation League auf.[2342] Einzelnen ALF Mitgliedern wurde zudem für die Veröffentlichung ihrer Artikel Platz im Magazin eingeräumt, so etwa Cliff Goodman, der 1979 eine Rezension von Hans Rueschs *‚Slaughter of the Innocent'* verfasste, um das eine eifrig geführte Debatte zwischen *‚Sentimentalen'* und *‚Rationalisten'* entbrannte.[2343] Wenn man die Radikalen nicht zu Wort kommen ließe, würde der Graben zwischen den Generationen sich nur vertiefen, sagte auch Lord Houghton.[2344] Immerhin funktionierte der Verweis auf das radikale Element in der Bewegung auch als Druckmittel auf staatliche Entscheidungsträger, sich mit den Moderaten einzulassen, bevor auch diese zu drastischeren Mitteln greifen würden.[2345] Ronnie Lee, als erster Gefangener der Bewegung, wurde somit auch von moderateren Gruppen unterstützt. Bei seiner Haftentlassung 1978, er hatte seine zweite Gefängnisstrafe abgeses-

2340 Animal Welfare, Animal Welfare Year Special, Februar 1977, S.4, Hervorhebung im Original.

2341 Animal Welfare, Februar/März 1981, S.24.

2342 Hopley, 1998, S.88.

2343 Animal Welfare, Mai/Juni 1979, S.16; Animal Welfare, Juli/August/ September 1979, S.16f.

2344 Animal Welfare, November/Dezember 1977, S.18.

2345 Animal Welfare, März/April 1978, S.12.

sen, nahmen zahlreiche Mitglieder von BUAV, Animal Welfare Trust (AWT) und der ALF an einer Willkommensfeier teil.[2346]

Insbesondere die BUAV erkannte, dass die Verbindung zu anderen, auch militanten, Tierrechts-/Tierschutzgruppen mit anderem inhaltlichen Fokuspunkt durchaus für die eigenen Ziele vorteilhaft sein konnte. Anfang der 1980er Jahre sprachen sich viele derjenigen, die sich für ein Amt bei der BUAV bewarben, für Direkte Aktionen aus. Sie verlangten nach einer deutlichen Radikalisierung der BUAV. Gleichzeitig unterstützen sie – zumindest ideell – die Methoden der ALF, die der Animal Liberation Leagues und die der HSA. Viele waren sogar Mitglieder dieser Gruppen. Der Jagdsaboteur Mike Huskisson war nicht nur im Vorstand der BUAV tätig, sondern fungierte 1982 auch als deren Vizepräsident.[2347] Tim Phillips war aktives Mitglied bei BUAV und Pressesprecher der Central Animal Liberation League sowie Herausgeber des *Black Beast/Turning Point*, einem Gruppen übergreifenden Tierrechtsmagazin. Er übernahm ab 1987 das Amt eines Vorstandsmitglieds bei der NAVS, wo er ebenfalls die Gestaltung des Magazins *The Campaigner* organisierte. Tim Daley, der sich 1985 erfolgreich bei der BUAV zur Wahl als Vorstandsmitglied stellte, zuvor bereits ein führendes Mitglied bei CIWF war und Croydon Animal Aid gründete, gehörte zum engeren ALF Umfeld.[2348] Vivian Smith, Kandidatin für den BUAV Vorstand 1984, fungierte ebenfalls als ALF Pressesprecherin und wurde 1987 wegen ALF Mitgliedschaft und Verschwörung zu vier Jahren Haft verurteilt. Eine Haftstrafe hatte ALF-Aktivist Brendan McNally bereits hinter sich, als er sich im selben Jahr für einen Sitz im BUAV Vorstand bewarb, eine weitere folgte 1987.[2349] McNally war sogar mit der Vizepräsidentschaft der Gruppe beehrt worden, als er sich 1982 nach dem ersten öffentlichen Einbruch in das Laboratorium von Safepharm vor Gericht verantworten musste.[2350]

Als die Kriminalisierung der Bewegung in den 1980ern zunahm, wurde entsprechend auch die BUAV Ziel polizeilicher Kontrolle. Diese Kontrolle zeigte sich etwa bei einer Durchsuchung ihrer Räumlichkeiten am 20. März 1985: Die Polizei vermutete, dort entwendete Dokumente vorzufinden.[2351] Als sich das Medienecho immer mehr auf die Darstellung der Animal Liberation Front als fanatische und terroristische Gruppe verlagerte, sah sich die BUAV zu Distanzierungserklärungen gezwungen, um

2346 Animal Welfare, Mai/Juni, 1978, S.4.

2347 BUAV Annual Report 1982.

2348 BUAV Annual Report 1985, S.14; Ag Scene, Februar 1984, S.14; Henshaw, 1989.

2349 BUAV Annual Report 1984, Turning Point, Nr.7, Sommer 1987, S.7.

2350 Mann, 2007, S.72.

2351 Liberator, Juli/August 1985. Die Durchsuchung wurde auch im Parlament von Tony Banks angesprochen, Hansard, House of Commons Debates, 1. April 1985, nach: Animals' Defender, Juli/August 1985, S.62.

nicht selbst dem Terrorismusverdacht ausgesetzt zu sein.[2352] Denn jeglicher konsultativer Status beim Parlament war ihr mit den Sympathiebekunden und dem engen Kontakt führender BUAV-Mitglieder zur ALF entzogen worden. Da jedoch politische Lobbyarbeit von der BUAV nach wie vor als fundamentales Element ihrer Arbeit betrachtet wurde, entschied sie sich, auf weitere Unterstützungsbekundungen potentiell illegaler Handlungen künftig zu verzichten. Ab 1989 wurde ein Parliamentary Bulletin herausgegeben, das an alle Parlamentsmitglieder geschickt wurde: Lobbyarbeit stand wieder ganz oben auf der Agenda.[2353]

Bereits im April 1984 hatte die BUAV der ALF Supporters Group und Ronnie Lee, der zu diesem Zeitpunkt das Amt des ALF Pressesprechers ausübte, die zuvor gewährte Infrastruktur ihres Büros verwehrt, nachdem Lee sich weigerte, sich von Gewalt als letztem Mittel zu distanzieren.[2354] Zudem hatte die ALF noch eindringlicher als zuvor versucht, an Gelder der BUAV zu gelangen.[2355] Auch *Peace News*, die der ALF von 1980 an ein Postfach zur Verfügung gestellt hatten, machten im November des gleichen Jahres einen Rückzieher. Die ALF habe mit ihren pazifistischen Idealen gebrochen, hieß es.[2356] Der *Liberator* wurde in dieser Zeit umgestaltet. Ein Hochglanzmagazin ersetzte das zuvor als Flugschrift gestaltete Exemplar, das auch mit Fotos befreiter Tiere oder vermummter TierbefreierInnen bestückt war. 1991 wurde der *Liberator* endgültig eingestellt. An seine Stelle trat der *Campaign Report*. Dieser sollte – weit weniger aufwendig als der *Liberator* – lediglich einen kurzen aktuellen Überblick über das Vorgehen der BUAV geben.[2357] Einher ging dies mit einer deutlichen Entradikalisierung in der Präsentation nach außen und im Ausschlussverfahren nach innen. ALF-AktivistInnen wie Keith Mann wurden von der Liste lokaler Kontakte gestrichen.[2358] Versuche einzelner Mitglieder, den *Liberator* als Mitteilungsblatt zu reinstitutionalisieren, hiervon versprach man sich die Einlassung auf radikalere Politik, scheiterten an der notwendigen 2/3 Mehrheit der Jahreshauptversammlung.[2359] Weitere Berichterstattungen über ALF-Aktivitäten und

2352 Hopley, 1998, S.91; Garner, Robert: *The Politics of Animal Protection: A Research Agenda*, Society & Animals, Vol. 3, Nr.1, 1998, S.54.

2353 Garner, 1992, S.289.

2354 Clayton, Hugh: Dispute over violence causes new split in animal rights lobby, The Times, 24. April 1984.

2355 Stallwood, 2004, S.84f.

2356 Peace News Collective: Non-violence and the ALF, Peace News, Nr.2234, 30. November 1984, S.5.

2357 Campaign Report, Herbst 1991.

2358 Mann, 2007, S.175.

2359 Campaign Report, Herbst 1993.

deren *‚prisoner's of war'* Listen im *Liberator* und seinem Nachfolger, dem *Campaign Report*, wurden ab 1988 eingestellt.[2360]

Anders gestaltete sich die Entwicklung des Verhältnisses zu den Radikalen bei der NAVS. Sie gingen sehr früh auf Distanz zur ALF. Der NAVS missfiel insbesondere, dass dieser sehr viel intensivere mediale Aufmerksamkeit zukam als ihnen und ihren friedlichen Aktionen.[2361] Allerdings gab sie, mit einem Verweis auf deren Tatenlosigkeit, der Regierung eine Teilschuld an der Entstehung der ALF.[2362] Den Animal Liberation Leagues räumte sie hingegen Publikationsmöglichkeiten im *Animals' Defender* ein.[2363] Erst mit der Gefangennahme einiger ihrer Mitglieder im Zusammenhang mit Aktionen der Animal Liberation Leagues blickte sie mit differenzierterer Sicht auf die Tierbefreiungsbewegung. Als Mike Huskisson, der dem Vorstand angehörte, wegen der SEALL Aktion gegen das Royal College of Surgeons verurteilt wurde, nahm die NAVS dies zum Anlass, nunmehr auch die Kontaktdaten der *‚Animal Rights Prisoners'* zu veröffentlichen. Sogar die Daten der ALF Gefangenen und deren Briefe an die Bewegung wurden abgedruckt.[2364] Ab 1987 publizierte auch die NAVS Bekennerschreiben der ALF und veröffentlichte deren Gefangenenlisten. Zuvor hatte sie die Aktionen der ALF noch als schädigend für die Reputation der Bewegung erachtet.[2365] Auch die NAVS und andere nationale Gruppen, wie Animal Aid, taten es jedoch zum Ende der 1980er Jahre den Distanzierungsbemühungen der BUAV gleich. Sie versuchten beispielsweise aktiv, die Proteste gegen die Lebendtiertransporte so gesetzesmäßig wie möglich zu halten. AktivistInnen wurden dazu aufgerufen, sich nicht den Lastwagen in den Weg zu stellen.[2366] Dies würde ein zu militantes Bild des Protestes liefern.

Die offensichtliche Politisierung des Themas bedrängte auch den moderaten Tierschutz. Es galt eigene politische Positionen zu finden, denn

> *„the leftish militant groups like Hunt Saboteurs, Animal Liberation, Young Socialists and others (...) are now threatening 'establishment' behaviour."*[2367]

2360 BUAV Annual Report 1990, S.12.

2361 Animals' Defender, Januar/Februar 1981, S.2.

2362 Animals' Defender, Januar/Februar 1977, S.5.

2363 z.B. Animals' Defender, November/Dezember 1984, S.112.

2364 The Campaigner and Animals' Defender, November/Dezember 1986, S.126; The Campaigner and Animals' Defender, Januar 1987, S.17.

2365 Vgl. z.B. NAVS Annual Report 1976/1977.

2366 The Link, Mai 1993.

2367 Lord Houghton of Sowerby: *Putting Animals into Politics,* in: The Contemporary Review, März 1979, S.131.

Das hieß, dass man bestimmte Themen aufgreifen musste, um nicht aus dem öffentlichen Diskurs ausgeschlossen zu werden, gleichsam jedoch eine eigene Plattform zu finden hatte, damit man sich differenziert und distanziert darstellen konnte. Allerdings wurde die Entwicklung des militanten Tierschutzes nicht von allen negativ gesehen. Richard Ryder etwa kommentierte:

> „*Without the extremists the moderates might not be admitted to the centres of influence.*"[2368]

Schließlich sei auch das Thema Tierversuche erst durch die Aktionen der ALF und der Veröffentlichung dessen, was hinter den Labortüren geschehe, wieder in der öffentlichen Meinung präsent gewesen, so Ryder.[2369] Er sympathisierte zunächst mit der ALF, nannte sie als einen der Hauptgründe für die Revitalisierung der Tierrechtsbewegung in den 1970ern und unterstützte Gefangene sowohl finanziell wie moralisch.[2370] Später legitimierte er zumindest noch deren Beweggründe.[2371]

Auch Animal Aid verurteilte nicht unbedingt die Aktionen des militanten Flügels. Als 1980 Todesdrohungen gegen den Katzenexperimentator Colin Blakemore gerichtet wurden, warb Jean Pink für Verständnis.[2372] Animal Aid übernahm sogar später die Kampagne gegen den Forscher.[2373] Gewalt gegen Sachen, z.B. um Tiere zu befreien oder Informationsmaterial zu beschaffen, wurde ausdrücklich entschuldigt.[2374] Über die Aktionen der ALF wurde in *Outrage!*, dem Magazin der Gruppe, kritisch berichtet.

> „*We applaud both the courage of those who instigate such actions and the methods, even though they do not represent actions in which Animal Aid chooses to work. Well planned direct non-violent action with a positive purpose is necessary and welcome; it is only senseless direct action for the sake of direct action, such as breaking butchers windows which we are against, where there is no thought for the consequences for the movement in terms of public opinion.*"[2375]

Animal Aid rief ihre Mitglieder dazu auf, sich bei der ALF zu melden, wenn sie befreiten Tieren ein Zuhause bieten könnten.[2376] Allerdings

---

2368 Ryder, 1996, S.178.

2369 Animal Welfare, November/Dezember 1978, S.14.

2370 Ryder, Richard D: *The Struggle against Speciesism*, in: Paterson und Ryder, 1979, p.14.

2371 Ryder, 2000, S.217f.

2372 Outrage!, Nr.7, März/April 1980.

2373 Arkangel, Nr.1, Winter 1989, S.5.

2374 Outrage!, Nr.9, Juli/August 1980, S.5.

2375 Outrage!, Nr.29, November/Dezember 1983, S.13.

2376 Outrage!, Nr.33, Juli/August 1984, S.16.

herrschte über die Militanten die Meinung vor, dass diese Gruppen versuchen würden, den unmittelbaren Weg zur Tierbefreiung zu gehen. Dieser würde jedoch nicht funktionieren. Langfristige Maßnahmen würden sich nur auf dem institutionellen Weg durchsetzen lassen.[2377] Dennoch gewährte man den Gefangenen der Bewegung nicht nur Unterstützung, sie bekamen durchaus auch ein Forum. Erst unter der Leitung von Mark Gold fand eine Distanzierung zum radikalen Flügel der Bewegung statt.[2378] Auf einem Treffen des Vorstands der Gruppe im Dezember 1990 wurde eine Erklärung abgegeben, die ihre Mitglieder davor warnte, Gelder für die ALF Supporters Group zu spenden, denn

> *„we have no confidence that these funds will not be used to finance terrorist actions."*[2379]

Ab Ende der 1990er Jahre, nunmehr unter der Führung von Andrew Tyler, verlor *Outrage!* an Inhalt. Stattdessen wurde *Outrage!* zu einem sauberen Hochglanzmagazin. Zwar wurden nach wie vor Kampagnen, wie die von SHAC, unterstützt, die ALF wurde jedoch nicht mehr erwähnt. Mit dem Terrorismusvorwurf, der um die Jahrtausendwende eine Ausweitung erfuhr, war man allerdings auch nicht einverstanden:

> *„In a world in which many people live with the constant risk of genuine terror attacks, suicide bombers and open gunfire, this label is wildly alarmist and false."*[2380]

Dass das Verhältnis zwischen radikalen und moderaten Gruppen zumindest zeitweise als uneindeutig zu beschreiben ist, lässt sich erklären. Je weit reichender die Ziele einer Sozialen Bewegung, und die Tierrechtsbewegung fordert nicht weniger als die Revolution des menschlichen Verhältnisses zum Tier, desto komplexer sind auch die Aktionsformen.[2381] Auch Munro konstatiert, dass es eben manchmal genau dieser radikalen Zugänge bedurfte, um moderateren Gruppen Gehör zu verschaffen.[2382] Nick Fiddes stellte fest, dass die Tierrechtsidee zu einem *‚cause célèlebre'* avancierte. Der Grund sei die Publicity, die ihr Dank ihrer militanten Aktivitäten zu Teil kam.[2383] Eine eindeutige Distanzierung zur ALF fand also erst zu einem Zeitpunkt statt, als sich das Terrorismus-Label bereits durchgesetzt hatte.

2377 Outrage!, Nr.27, Juli/August 1983, S.2.

2378 Garner, 1993b, S.349.

2379 zitiert in Arkangel, Nr.4, S.2.

2380 Outrage!, Nr.138, Frühjahr 2005, S.15.

2381 Raschke, 1987, S.290.

2382 Munro, 2005, S.135.

2383 Fiddes, Nick: *Meat, A Natural Symbol*, London u.a., 1991, S.195.

7.2 Die mediale Rezeptionsebene

Das Bestreben der Bewegung, zumal das der Radikalen, möglichst medientauglich bzw. sensationstauglich zu agieren, bestimmte mehr und mehr ihr Handeln.[2384] Also übernahmen die Massenmedien zwar eine wichtige Funktion für Soziale Bewegungen, sie taten dies jedoch zu bestimmten Bedingungen, die durchaus zu den Radikalisierungstendenzen beitrugen. Der von Dena Jones festgestellte Rückgang der Berichterstattung über konventionelle Tierschutzpolitik ab den späten 1980er Jahren könnte ein Grund für die Praktizierung neuerer und medienwirksamerer Aktionen gewesen sein.[2385] Gerade in den letzten zwei Jahrzehnten haben sich die Berichterstattungen häufig auf die sensationalistische Darstellung von ALF-Kommandos beschränkt, die mit einer Heraufbeschwörung des Terrorismusgespenstes einherging.[2386]

War die Animal Libration Front und ihr radikaler Sympathisierendenkreis noch bis Anfang der 1980er Jahre mit ein wenig positivem Skeptizismus betrachtet worden, als eine Bande von *‚Loonies'* und *‚radical bunny huggers'* beschrieben worden, fand spätestens mit dem Marsriegel *Hoax* eine Wende im Diskurs statt. In den 1970er Jahren wurden Tierbefreiungen vorwiegend noch als nachvollziehbarer und daher gerechtfertigter Widerstandsakt von den Medien wahrgenommen und das Hauptaugenmerk auf die befreiten Tiere aus Laboratorien und Pelzfarmen gelegt. Der teilweise erhebliche Sachschaden wurde weitgehend ignoriert oder erklärend legitimiert. Laut Ryder erkannten die Medien, wie viel öffentliche Aufmerksamkeit das Thema Tierschutz auf sich zu ziehen vermochte.[2387] Einher ging der Wandel der Darstellung auch mit einem stärkeren öffentlichen Verlangen nach Berichterstattungen über Verbrechen, so wie die Medienwissenschaftler Schlesinger und Tumber dies in ihrer Analyse der britischen Medienlandschaft festgestellt haben.[2388] 1986 war diesbezüglich ein einschneidendes Jahr für die radikale Tierrechtsbewegung. Die BBC sendete am 19. Juni in ihrer Brass Tacks Reihe einen Film mit dem Titel *‚Animal Warfare'*. Der Autor des Films, David Henshaw, hatte zuvor zahlreiche Interviews mit AktivistInnen aus dem gesamten Spektrum geführt. Gesendet wurde indes nur eines. Der Kommentar Tim Daleys, eines BUAV Mitglieds, war wohl aussagekräftig genug. Da-

---

2384 Raschke, 1987, S.335ff.

2385 Jones, Dena M.: *The Media's Response to Animal Rights Activism*, in: Anthrozöos, Vol. 10, 1997, S.67.

2386 Jasper und Nelkin, 1992, S.4; Kew, Barry: *Appropriating Liberation*, in: Society & Animals, Vol. 11, Nr.1, 2003, S.30.

2387 Ryder, 1998, S.97.

2388 Schlesinger, Philip und Tumber, Howard: *Reporting Crime: The Media Politics of Criminal Justice*, Oxford u.a. 1994, S.144.

ley hatte erklärt, dass er mit dem Gedanken sympathisiere, Vivisektoren auf ihrer Türschwelle niedergeschossen zu sehen.

Henshaws Film führte zu einer Welle medialer Auseinandersetzungen mit den *,Tierrechtsterroristen',*[2389] einer *,gestörten'* Medienrepräsentation, wie Ryder bemerkte.[2390] Diese gestörte Repräsentation verfolgt indes konkrete Ziele. Denn auf einer bedeutungsimmanenten Ebene ist der Terrorismusbegriff mit einer Interpretations- bzw. Beurteilungsfrage unterlegt und dient zumeist dazu, politischen Aufruhr zu entpolitisieren und zu delegitimieren.[2391] Vier Jahre später veröffentlichte Henshaw ein Buch, das den gleichen Titel wie der Film trug.[2392] Innerhalb der Tierrechtsbewegung kam es von Seiten der großen nationalen Gruppen zu eifrigen Distanzierungsversuchen, die die Sprache der Opposition von den *,terroristischen Fanatikern'* übernahmen.[2393] Die ALF SG erwog eine Klage gegen Henshaw einzureichen, aufgrund der *,untruths and distortions about the ALF and ALF SG'*, die sich in diesem Buch befinden würden.[2394] So argumentierte Henshaw, dass sich unter den Gründern der ALF SG ein gewisser Dave Nicholls aus Essex befinden würde, der der faschistischen Organisation British Movement angehörig sei und 1981 eine Naziskinhead Demonstration in Colchester angeführt habe.[2395] Es handelte sich jedoch um eine gänzlich andere Person gleichen Namens.[2396] Trotz dieser und anderer Unstimmigkeiten blieb Henshaws Buch die einzige Studie über die ALF. Wissenschaftliche Autoren benutzen ihn ungebrochen als seriöse Quelle.[2397].

1999 gab es ein ähnliches Schauspiel. Graham Hall hatte für Channel 4 ein Programm für deren Dispatches Reihe zusammengestellt. Hall hatte sich in eine angebliche ALF Zelle eingeschleust und deren Gespräche über vorgeblich ausgeführte Aktionen unter Zuhilfenahme verdeckter Kameratechnik dokumentiert. Die Sendung *,Inside the Animal Liberation Front'* wurde 1997 erstmals im Fernsehen ausgestrahlt und stellte die ALF zum wiederholten Male als misanthropisches, irrationales Gewalt-

---

2389 Liberator, August/September 1986; Turning Point, Nr.5, Herbst 1986, S.17.

2390 Ryder, 1998, S.34.

2391 Cottle, Simon: *Mediatized Conflict: Developments in Media and Conflict Studies*, Maidenhead, 2006, S.147.

2392 Henshaw, 1989.

2393 Arkangel, Nr.1, Winter 1989, S.42ff.

2394 Arkangel, Nr.2, Frühjahr 1990, S.5.

2395 Henshaw, 1989, S.195.

2396 Lee, Ronnie: A good man slandered, Arkangel, Nr.4, S.3.

2397 Auch der Fall Nicholls erfährt beispielsweise in Blooms Studie von 1993 unkritische Wiederholung, vgl. Bloom, 2003, S.478. Garner zeigt sich zumindest kritisch gegenüber seiner absoluten Verdammung der *,Direkten Aktion'* als Methodenrepertoire Sozialer Bewegungen. Vgl. Garner, 1993a, S.240.

syndikat dar. ALF-AktivistInnen brüsteten sich in dieser Dokumentation mit ihren Taten. Darüber hinaus brachten sie in drastischen Formulierungen ihre Verachtung gegenüber TiernutzerInnen zum Ausdruck, mit Hinweis darauf, wie mit ihnen umzugehen sei. Das ALF Pressebüro reagierte nach der Ausstrahlung umgehend und zweifelte sowohl die Authentizität der Bilder als auch die inhaltliche Aussage an.[2398] Zwei Jahre später ging Hall erneut mit der Darstellung an die Presse, die ALF hätte ihn in einer Vergeltungsmaßnahme entführt und die Buchstaben AL-F in den Rücken gebrannt.[2399] Die Bevölkerung und Presseorgane reagierten empört,[2400] bis die *Sunday Times* aufdeckte, dass Hall sich die Verletzungen selber zugeführt hatte, um seiner relativ erfolglosen Karriere als freier Journalist einen Schub zu geben.[2401]

Die RSPCA startete bereits nach der Erscheinung von Henshaws Film eine Kampagne, in der sie die Rechtschaffenheit ihrer eigenen UnterstützerInnen hervorhob. Begleitet wurde dies mit einer landesweit geschalteten Anzeige. In der Anzeige wurde ein Foto eines vermummten Aktivisten gezeigt, der sich anschickte, in ein Laboratorium einzubrechen. Das Foto war mit den Worten unterlegt: *‚Our supporters prefer to use a pair of scissors'.* Gewünscht war das Ausschneiden und Versenden einer Unterstützungserklärung. Damit wurde ein Diskursstrang übernommen, der die eindeutige Verschiebung des maskierten Meuchelmörders von der IRA zur Tierrechtsbewegung initiierte, so stellte Steve Baker, nunmehr führender Vertreter im Bereich der Human-Animal Studies, in seinem Kommentar im *Liberator* fest.[2402] Es hat sich somit auch eine negative Ikonografie durchsetzen können, die in der Lage war, die zeitgenössische Tierrechtsbewegung mit einem gewalttätigen Mob gleichzusetzen. Das Bild des Tieres als ikonografischen Magneten wurde damit überlagert. Da es kaum eine Vorstellung davon gab, wer sich hinter der Sturmhaube verbarg, wurden vor allem die Gefangenen und Pressesprecher einer näheren Begutachtung unterzogen. Der *Daily Telegraph* unterlegte ein Bild von Ronnie Lee mit den Worten:

> *„Take a look at the Picture of Ronnie 'The General' Lee, the Animal Liberation Front activist who was jailed in 1987... and you see a face that might*

[2398] Arkangel, Nr.21.

[2399] Durch den orthografischen Zusatz wurde die Authenzität von Anbeginn angezweifelt.

[2400] Die Sendung wurde zehn Tage vor der ersten Lesung des neuen Terrorismusgesetzes ausgestrahlt. Ob dies als Zufall oder Kalkulation gewertet werden sollte, war Grundlage für Spekulationen.

[2401] The Sunday Times, 14. November 1999 und Green Anarchist, Nr.59, Frühjahr 2000, S.12.

[2402] Liberator, August/September 1986, Vgl. auch: Baker, 1993.

have come from Central Casting's Revolutionaries file. Close-bearded, round wire-frame glasses, Lenin-style cap set back on the head."[2403]

Und der *Guardian* sah sich in seiner Berichterstattung über die Demonstrationen gegen Lebendtiertransporte dazu genötigt, hervorzuheben:

„They lack the youth, the dreadlocks, the crusty dresses and the vegetarian boots that have come to characterise our visual images of these campaigns."[2404]

Der bewegungsübliche *‚Dresscode'* und dessen Außenwirkung verärgerte jedoch auch *‚gesittetere'* Mitglieder der Bewegung, die befürchteten, dass die breite Öffentlichkeit niemals die Wahrheit über Tierausbeutung erführe, wenn sie ihnen von einem *‚ragged, dirty punk with matted hair'*[2405] präsentiert werden würde. Waren also Anfang der 1980er auch die Befreiungsaktionen mit einem positiven medialen Echo beantwortet worden, fand spätestens nach den Nahrungsmittelvergiftungen und Briefbomben Mitte der 1980er eine Kehrtwende statt. Dabei war besonders zu beobachten, dass sich die Medien wenig um die strukturelle Binnendifferenzierung der militanten Tierrechtsbewegung bemühten, der Bezug zur radikalen Tierrechtsidee genügte, um ein entsprechendes Bildnis zu zeichnen. Im *Liberator* suggerierte Steve McIvor 1988, dass andere Bilder und andere Geschichten gebraucht wurden:

„Meanwhile animal suffering itself was running out of news interest and a new story was about to be born. The animal rights 'terrorists' and 'fanatics' were the main course on the menu."[2406]

Was über die Medien ab Mitte der 1980er Jahre kommuniziert wurde, glich einer *‚moral panic'*, so wie Stan Cohen sie 1987 definierte hat. Wenn Gruppen oder Personen erscheinen, die als der Gesellschaftsordnung antagonistisch gegenüber erklärt und von den Massenmedien in einer stilisierten und stereotypisierten Form präsentiert werden, kann diese Gesellschaft von einer *‚moral panic'* heimgesucht werden.[2407] Dabei bewirken massenmedial transportierte Bewertungen eine Einordnung des Devianten gegenüber dem Normalen.[2408] Christopher Rootes bestätigt in seiner Medienanalyse über die Rezeption im Bereich Umweltschutz, dass diese

---

2403 Bailey, Eric: Fanatics behind the Front, Daily Telegraph, 12. Juni, 1990, nach: Baker, 1993.

2404 The Guardian, 3. Juni 1995, nach: McLeod, 1998, S.43.

2405 Leserbrief im Liberator, März/April 1989.

2406 McIvor, Steve: The Media Experience, Liberator, Juli/August 1988, S.23f.

2407 Cohen, Stan: *Folk Devils and Moral Panics: The Creation of Mods and Rockers*, Oxford u.a., 1987, S.9.

2408 Sparks, Richard: *Entertaining the Crisis: Television and Moral Enterprise*, in: Kidd-Hewitt, David und Osborne, Richard: *Crime and the Media: the Post-modern Spectacle*, London und East Haven, 1995, S.51.

vollkommen von der militanten Tierrechtsdebatte dominiert sei. Denn Berichte über die militante Tierrechtsbewegung versprächen Nachrichtentauglichkeit und würden damit ein verschobenes Gesamtbild der Bewegung zeichnen.[2409] Barry Kew erkennt darin einen Backlash in der medialen Bearbeitung der Tierrechtsfrage, die sich, ausgehend von der äußeren Darstellung der Bewegung, gegen deren Ideologien richtet und letztlich den *‚animal using consensus'* unterstütze.[2410] Nur indem sich die Berichterstattung auf die Aktionen, nicht jedoch auf politische Motivation und Begründungszusammenhänge konzentriere, könne ein Bedrohungsszenario suggeriert werden, das von der Bewegung ausgehe.[2411] Mark Gold stellte zudem fest, dass TierrechtlerInnen in Fernsehdramen als humorlose, misanthropische, asexuelle AnarchistInnen dargestellt wurden. Sie würden sich nur deshalb um die Interessensberücksichtigung von Tieren kümmern, da sie auf Grund irgendeiner Unzulänglichkeit nicht in der Lage seien, mit Menschen zu verkehren. Vier Beispiele können dafür exemplarisch angeführt werden. In einer Episode der BBC Seifenoper *‚Casualties'* entscheiden sich TierrechtlerInnen nicht nur für einen Mord an einem Forscher, sie treffen darüber hinaus auch noch die falsche Person, ohne dafür die geringste Reue zu zeigen. Als zweites Beispiel lässt sich die Polizeiserie *‚The Bill'* benennen. In einer Folge dieser Serie dringen drei stereotypisierte TierrechtlerInnen in ein Laboratorium ein und schlagen einen Sicherheitsbeamten bewusstlos, der sich ihnen in den Weg stellt. Anschließend drohen sie, einen sechzehnjährigen Laborassistenten zu ermorden.[2412] In der ITV Serie *‚London's Burning'* schließlich, die den vermeintlichen Alltag einer Londoner Feuerbrigade nachzeichnen soll, schicken Tierrechtsaktivisten Paketbomben per Post und verursachen damit verheerende Brände.[2413] Der fiktionale Charakter der für das Fernsehen produzierten Serien ermöglichte den Entwurf von Szenarien, die auf das Gefahrenpotential Tierrechtsbewegung aufmerksam machen sollten, ohne sich an realistische Vorgaben halten zu müssen. 2007 etwa plante die BBC erneut eine Folge der Serie *‚Casualties'*, in der sich ein Selbstmordattentäter in einem Londoner Bus in die Luft sprengen sollte. War zunächst an einen islamistischen Hintergrund gedacht worden, gab man das Vorhaben auf, da dies zu Konflikten mit der islamischen Gemeinde hätte führen können. Stattdessen wählte man ei-

---

2409 Rootes, Christopher: *Environmental Protest in Britain 1988-1997*, in: Seel, Paterson und Doherty, 2000, S.38.

2410 Kew, Barry: *Fearsome Truths: The challenge of animal liberation*, PhD Thesis, University of Durham, Durham, 1999, S.177, nach: Munro, 2005, S.48; Kew, 2003, S.34.

2411 Cottle, 2006, S.145.

2412 Gold, 1995, S.24.

2413 Mann, 2007, S.505.

nen militanten Tierrechtler als Täter, ohne das Setting anderweitig zu modifizieren.[2414]

Da Fernsehformate, so Sparks, dazu neigen würden, Narrativen zu benutzen, die sich auf Ehrbarkeit, Laster und Gefahr reduzieren ließen,[2415] wurde die Kategorie gewählt, die den Spannungsbogen am längsten aufrechterhalten ließ: Die der Gefahr. Darüber hinaus, so stellten Schlesinger et al. in ihrer Analyse von fiktiven Terrorismusnarrationen im britischen Fernsehen fest, werde oppositionellen Gruppen meist das irrationale und damit pathologisch-kriminelle Moment zugeschrieben, das dem Staat ein moralisches Recht zum Handeln gebe und somit popularisiere.[2416] Auch das Großformat Kino bediente sich ähnlicher menschenfeindlicher Beschreibungen von TierrechtlerInnen, indem diese, beispielsweise in den Produktionen *‚12 Monkeys'* (1996) oder *‚28 Days Later'* (2002), in quasi-apokalyptischen Szenarien für das Ende der Menschheit bzw. der bestehenden Gesellschaftsordnungen verantwortlich gemacht werden.[2417] Häufige Vergleiche mit der Politik der IRA schafften es, das Bild des fanatischen Terroristen durchsetzbar zu machen. Eine weitere, unmittelbare Wirkung dieser Darstellung zeigt sich in der verwendeten Sprache und deren Einfluss auf den politischen Jargon. Richard Ryder stellte fest, dass als gewalttätig definierte Handlungen der Bewegung in den britischen Medien immer auch der Terminus Technicus *‚Animal Rights'* beigefügt sei. Damit werde suggeriert, so Ryder weiter, dass Tierrecht und Gewalt einander bedürften oder sogar kongruent seien. Aus diesem Grunde zeigten sich PolitikerInnen nicht Willens, diese Termini überhaupt zu verwenden, es sei denn, in einem Atemzug mit der Verurteilung derartiger Handlungen. Keine einzige politische Partei hat diesen Begriff benutzt, um ihr Programm im Hinblick auf Tiere zu beschreiben, obwohl dies bei Menschenrechten nunmehr sehr gebräuchlich ist. *‚Animal Protection'* hingegen zeigt sich als beliebter Ausdruck auf politischer Ebene, klingt er doch nicht so antiquiert wie *‚Animal Welfare'* und nicht so revolutionär wie *‚Animal Rights'*.[2418] Wenn Medien jedoch über Tierrechtsaktionen berichten, deren thematischer Gegenstand von der Öffentlichkeit geteilt wird, würden die ProtagonistInnen als *‚Animal Rights Activists'* oder schlimmstenfalls als *‚Radicals'* beschrieben. Bestehe diese

---

2414 Smith, David: Drama over Casualty plot as BBC bans terror script, The Observer, 20. August 2007.

2415 Sparks, 1995, S.52.

2416 Schlesinger, Philip, Murdock, Graham und Elliott, Philip: *'Terrorism' and the state: a case study of the discourses of television*, in: Collins, Richard et al:. *Media, Culture and Society: A Critical Reader*, London u.a., 1986, S.279.

2417 Gilliam, Terry: *12 Monkeys*, Universal, 1995, Boyle, Danny: *28 Days later*, British Film Council, 2002.

2418 Ryder, 1996, S.167.

‚Rückendeckung' nicht, wird auf Worte wie *‚Extremists'*, *‚Fanatics'*, *‚Cranks'* und *‚Terrorists'* zurückgegriffen. Aber nicht alle folgten dem Terrorismusdiskurs. 1992 merkte der Observer an:

> *„(...) it is a strange sort of terrorist campaign, to say the least, that is waged for twenty years without killing anybody."*[2419]

Immerhin: Die ALF und die radikale Tierrechtsbewegung waren in aller Munde. Nirgends anders als in Großbritannien konnte ein Film wie *‚28 Days later'* entsprechend verstanden werden. In dessen Eröffnungsszene dringt ein ALF Kommando in ein Versuchslaboratorium ein und befreit einen infizierten Affen. Den szenischen Sequenzen werden keine erklärenden Sprechtexte beigestellt. Durch die häufige mediale Darstellung der ALF in den britischen Medien bedurfte es dieser Erklärung auch nicht. Die Bilder sprachen für sich selbst.

Überhaupt schien sich die ALF bestens als sozialhistorischer Hintergrund instrumentalisieren zu lassen. Die neuere englische Literatur griff sie als geeignete Staffage mehrfach auf: In Elisabeth Georges Kriminalroman *‚Playing for the Ashes'* wird unter anderem eine militante Tierrechtsgruppe, das Animal Rescue Movement (ARM), des Mordes verdächtigt.[2420] Deren Akronym sollte nicht zufällig an die Animal Rights Militia erinnern, schwankt die Autorin doch von klaren Sympathiebekundungen – eine Rettungsaktion wird besonders in ihrer Beschreibung des Elends der Tiere grafisch dargestellt – und gleichzeitigen Unbehagen gegenüber ihren Protagonisten. Gleiches lässt sich auch über T.C. Boyles *‚A Friend of the Earth'* sagen.[2421] Hier versucht die Gruppe Earth Forever!, nicht nur namentlich, sondern auch ideologisch als quasi Synonym zu Earth First! zu verstehen, in einem apokalyptischen Szenario, die letzten, vom Aussterben bedrohten Tiere einiger Spezies zu retten. Die Gruppe versagt jedoch. Nur der Zoo bleibt zur Errettung der Tiere. Die anthropozentrische Bevormundung wird als einzige Rettungsmöglichkeit für die Tiere angeboten. In Zadie Smiths postkolonialem Roman *‚White Teeth'* findet der interfamiläre Generationenkonflikt anhand der Tierrechtsdebatte statt. Der Sohn bekämpft seinen Vater, einen Gentechnologen, indem er der radikalen Tierbefreiungsgruppe FATE (Fighting Animal Torture and Exploitation) beitritt, um seinen Vater und dessen *‚Future Mouse'* Projekt zu sabotieren.[2422] Auf einer leichtherzigeren Stufe ist auch in J.K. Rowlings *‚Harry Potter and the Goblet of Fire'* eine direkte Analogie zu finden.[2423] Hermione Granger, Heroine des Buches, gründet

---

2419 The Observer, 12. Juli 1992, zitiert in: Arkangel, Nr.11, S.28.

2420 George, Elisabeth: *Playing for the Ashes*, New York, 1994.

2421 Boyle, T.C.: *A Friend of the Earth*, New York, 2000.

2422 Smith, Zadie: *White Teeth*, London, 2000.

2423 Rowling, J.K.: *Harry Potter and the Goblet of Fire*, London, 2000.

S.P.E.W. (Society for the Promotion of Elfish Rights), genannt die ‚*House-Elf Liberation Front*', im Bestreben, diese magischen Kreaturen vor der Unterdrückung der Zauberer zu erretten. Ihr ist allerdings nur mäßiger Erfolg beschert. In paternalistischer Manier wird stetig suggeriert, die Elfen wollten überhaupt keine Befreiung.[2424] Somit wird hier an Argumentationslinien angeschlossen, die auch gegen Tierbefreiungsideen Verwendung fanden. Sehr viel kritischer und ausgewogener wird das Thema Tierrechte in ‚*The Lives of Animals*' des Literaturnobelpreisträgers John M. Coetzee behandelt, in dem auf akademischem Niveau Befürworter und Gegner der Tierrechtsidee zu Wort kommen.[2425] Es bildet somit die Ausnahme. In der Regel übernahm zumindest die Populärliteratur das Bild der fanatischen Terroristen. In Sarah Dunants ‚*Fatlands*' etwa wird die Tochter eines Vivisektors von einer Autobombe getötet. Die ALF ist Hauptverdächtige, der Forscher stand auf ihrer Hit-List. Die Bristol Bombe wird in diesem Zusammenhang als Wendepunkt im militanten Kampf der Tierrechtsbewegung explizit genannt.[2426] Dazu sagt der betroffene Vivisektor: *„If you work with animals the ALF is a fact of life."*[2427] Auch wenn letztendlich die Pharmaindustrie den Mord zu verantworten hat: Das von den Medien gezeichnete Bild der ALF als terroristische Vereinigung wird in dem Buch bestätigt.

Die mediale Gleichstellung von Animal Liberation Front und Terrorismus führte zu einer Ignoranz gegenüber ihrer Geschichte. Das generelle Phänomen der radikalen Tierrechtsbewegung wurde vereinfacht dargestellt und es kam zur Redefinition des von der ALF proklamierten Anliegens.[2428] Das bedeutete, dass die Gleichsetzung der ALF mit Gruppen wie der IRA einfacher funktionieren konnte. Wie Schlesinger festgestellt hat, ist die Darstellung des politischen Gegners als Extremist oder Terrorist Teil der Delegitimierung ihres politischen wie ideologischen Anliegens. Der Bezug zur Ideologie half der Bewegung somit nur bis in die frühen 1980er Jahre. Danach wurde Ideologie als purer Fanatismus gelesen. Tatsächlich, so Schlesinger weiter, werde in der Definition dessen, was als terroristisch zu gelten habe, zumeist der staatlichen Vorgabe Folge geleistet und der offiziellen, wenn auch nicht immer gesetzlich festgehaltenen Definition von Terrorismus entsprochen.[2429] In tagtägli-

2424 Gupta, Suman: *Re-Reading Harry Potter,* Basingstoke 2003, S.120; Heilman, Elizabeth E. und Gregory Anne E.: *Images of the Privileged Insider and Outcast Outsider*, in: Heilman, Elisabeth E. (Hg.) *Harry Potter's World: Multidisciplinary Critical Perspectives*, London u.a., 2003, S.245.

2425 Coetzee, J.M.: *The Lives of Animals*, Princeton, NJ, 1999.

2426 Dunant, Sarah: *Fatlands*, London, 1993.

2427 Ibid., S.53.

2428 Schlesinger, Philip, Murdock, Graham und Elliott, Philip: *Televising 'Terrorism', Political Violence in Popular Culture*, London, 1983, S.3.

2429 Ibid., S.36, Dieselben, 1986, S.265.

chen massenmedialen Diskursen würde das Terrorismus-Label ohne kritische Hinterfragung weitergegeben und produziere so eine Version der Realität, die denjenigen, die an der Macht seien, entgegenkäme, resümiert Schlesinger.[2430] Mit der Gewaltdefinition im Mediendiskurs werden gleichsam die Grenzen legitimierbaren Protestes festgelegt. Mit dem von den Medien deklarierten *‚gewalttätigen Gesellschaft'* würden ganz und gar unterschiedliche Aktivitäten für unterschiedlichste Begründungszusammenhänge auf den gleichen Nenner der Gewalt bzw. des Terrorismus gebracht, so Schlesinger.[2431]

Hand in Hand ging der Terrorismusdiskurs mit einer Gleichstellung von radikalen AktivistInnen und den Tieren, die sie zu befreien gedachten. Waren es im späten 19. Jahrhundert die Frauen der Bewegung, die einer solchen Pathologisierung ausgesetzt waren,[2432] strahlte diese nunmehr auf die TierbefreierInnen ab. In einer Debatte zur experimentellen Tierforschung ließ Baroness Park vermerken, dass es sich bei den Aktiven um SHAC, ALF und SNGP um *‚evil creatures'* handeln würde, die sich für die Beteiligung an der Diskussion um Tierversuche disqualifiziert hätten.[2433]

> *„The evil amoeba is very difficult to pin down."*[2434]

So führte sie weiter aus und sprach damit über Versuche, polizeilich mit dem Phänomen Tierrechtsbewegung umzugehen. Das Bild der Amöbe schien KritikerInnen passend. Auch Henshaw nutzte es, um die zügellose Vermehrung von Tierrechtsgruppen und Netzwerken zu erklären.[2435] Die *Daily Mail* fragte ihre Leser im September 2005,

> *„Who are the real Animals?"*[2436]

Unter dieser Überschrift zeigte sie Porträts von bekannten ALF-Aktivisten. Die Überschrift war bereits in den 1990ern mehrfach im Zusammenhang mit Berichterstattungen über die ALF verwendet worden.[2437] Sie verkörperten *‚Animals who turn to terror'*, wusste der *Daily Express* zu vermelden.[2438] Ein Cartoon, der der Berichterstattung über die

2430 Schlesinger, Philip: *Media, State and Nation: Political Violence and Collective Identities*, London u.a., 1991, S.78f.

2431 Ibid., S.36.

2432 Roscher, 2009, noch nicht erschienen.

2433 Hansard, House of Lords Debate, 18. April 2006, col.998.

2434 Ibid., col.999.

2435 Henshaw, 1989, S.41.

2436 Daily Mail, 3. September 2005.

2437 Baker, 1993, S.208.

2438 Daily Express, 11. Juni 1990.

Bomben von Bristol beigefügt war, zeigte einen Schäferhund in der Szenerie des Attentats, der zur Leserschaft gewandt kommentierte:

> *„And they call us animals."*[2439]

Schließlich wurden den AktivistInnen der ALF ihre Tierliebe bzw. ihr Respekt vor Tieren, der ja zum nationalen Konsens gehörte, abgesprochen. Henshaw führte etwa aus:

> *„The great national cliché, it was hardly believable that it should now be grotesquely transformed into a new and bizarre form of terrorism."*[2440]

Es ist diese Dichotomie zwischen – zumindest vorgegebener – Sympathie gegenüber den Objekten der Befreiung und Ablehnung der Akteure, die das Verhältnis zwischen Medien und Tierrechtsbewegung beachtenswert macht. Auf die Bewegung hatte das gezeichnete Bild jedoch eine differente Binnenwirkung. So wurde der/die maskierte Kämpfer/in durchaus als nachahmenswert und ‚*sexy*' betrachtet.[2441] 1985 schrieb der Terrorismusforscher G.Davidson Smith in der *Contemporary Review*:

> *„The style of dress worn during raids, the hoods and the camouflage smocks or coveralls, and the use of pick-handles and other hazardous items clearly visible in photographs points to an emulation of 'urban guerillas'."*[2442]

Dieser ‚*Dresscode*', der auf Demonstrationen getragen wurde, sollte ein Zeichen der Solidarität mit den aktiven Kämpfern setzen und verfestigte die kulturelle Identität:

> *„full-mask balaclavas and combat wear worn in public during marches or demos as a mark of solidarity and symbolic of the avenging dark angels that the young cadre believed themselves to be."*[2443]

So kam Tester zu der Feststellung, dass mit der Radikalisierung und Selbststilisierung auch die Fetischisierung der Bewegung anstieg.[2444] Gleichzeitig avancierte das Bildnis der ALF-KämpferInnen zum Synonym für die Tierrechtsidee überhaupt.[2445] Das Selbstbildnis als FreiheitskämpferInnen, die sich im Krieg gegen die tierausbeutende Gesellschaft befänden, wie dies bereits nachgezeichnet wurde, ließ sich jedoch nur für Teile der eigenen Bewegung kommunizieren, im öffentlichen Diskurs dominierte das Terrorismuslabel. Eine Anerkennung als Wider-

---

2439 Today, 12. Juni 1990, nach: Baker, 1993, S.207.

2440 Henshaw, 1989, S.1.

2441 Dawn, Karen: *From the Front Line to the Front Page – An Analysis of ALF Media Coverage*, in: Best und Nocella II, 2004, S.214.

2442 Smith, G., 1985, S.28.

2443 Bloom, 2003, S.477.

2444 Tester, 1991, S.183.

2445 Jasper und Nelkin, 1992, S.34.

standsbewegung hätte der Sache ja eine Legitimationsbasis gegeben.[2446] Die freiwillige Annahme des Terrorismus- bzw. Extremismus-Labels durch moderate TierschützerInnen sollte auf der anderen Seite helfen, es ad absurdum zu führen.[2447] Auch gestandene ALF-AktivistInnen nahmen es an. So sagte Keith Mann:

> *„I've been an ALF activist and vegan for many years. I am therefore what some might describe as an animal extremist. If so then I'm proud to be thus labeled if it means I object to every aspect of animal abuse."*[2448]

7.3 *‚The Empire strikes back'*: Staatliche Kriminalisierung der Tierrechtsbewegung

Das politische Setting der späten 1970 und 1980er Jahre war geprägt durch Margaret Thatchers Politik von Investitions- und Subventionskürzungen und der Aufkündigung einer auf Kompromiss und Konsens ausgelegten Politik. Dies führte dazu, dass selbst moderate Gruppen Mühe hatten, erfolgreiche Lobbyarbeit zu leisten. Zu sehr standen die Interessen der Tierrechtsgruppen im Gegensatz zur neoliberal-ökonomischen Politik, die ihre Regierung verfolgte, und zu sehr betrachtete Thatcher Interessensgruppen als potentiell subversive Elemente. Politische Gräben wurden in dieser Zeit verfestigt bzw. ausgebaut.[2449] Der Thatcherismus stand für eine Verbindung freier Marktwirtschaft und Privatisierung mit Beschwörung viktorianischer Werte in nationalistischer Ausrichtung.[2450] Die radikale Bewegung wurde in ein Schema gepresst, das als Antagonismus zum Thatcherweltbild fungierte, welches auf Dichotomien zwischen Gut und Böse fundierte.[2451] Führende Thatcheriten sahen in der Tierrechtsbewegung eine implizite Gefahr für den Kapitalismus.[2452]

Vor allem ab Mitte der 1980er war die gängigste staatliche Reaktion auf das radikale Agieren von TierrechtsaktivistInnen deren Kriminalisierung. Die von staatlicher Seite formulierte Aussage, bei den Beteiligten würde es sich nicht um Protestierende, sondern um gewöhnliche Kriminelle handeln, sei symptomatisch, wenn deutliche, jedoch politisch nicht

2446 Vgl. Viera, 1991, S.77.

2447 Vgl. etwa: Dixon, Doris: *Memoirs of a Compassionate Terrorist*, Ann Arbor, 1998, S.2.

2448 Mann, 2007, S.23.

2449 Marwick, 2003, S.335.

2450 Clarke, 2004, S.380.

2451 Schlesinger, Murdock und Elliott, 1983, S.25.

2452 Vgl. Ryder, 1998, S.35.

durchsetzbare Forderungen erhoben würden, so Hanagan et al.[2453] Auch der IRA wurde vom britischen Staat jeglicher politischer Anspruch abgesprochen.[2454] Thatchers Verfestigung eines *‚Law and Order'* Staates, der sich konfrontativ zu politisch oppositionellen Kräften verhielt, kam dieser Tendenz mit der Durchsetzung zahlreicher Public Order Acts entgegen. Nirgendwo wurde dies deutlicher als in der Auseinandersetzung der Regierung mit den Gewerkschaften. Jedoch auch andere Gruppen, nicht zuletzt im umweltorientierten Bereich, waren davon betroffen. Die Reaktionen auf Thatchers Politik äußerten sich etwa in den teilweise gewalttätigen Auseinandersetzungen bei dem Streik der Minenarbeiter 1984/85. [2455] Auch die Einführung einer Poll Tax zog massive Proteste mit sich. Die Thatcher Regierung setzte einige repressive Mittel gegen unliebsame Protestierende durch und auch die Tierrechtsbewegung stand ganz oben auf ihrer Agenda. So sagte Margaret Thatcher 1985 in einer Parlamentsdebatte:

> *„One can only utterly condemn the activities by the Animal Liberation Movement. (...) We support the police in their action to deal with it. If further legislation were needed, we should not hesitate to pass it."*[2456]

1987 manifestierte sich der Wille zur Kriminalisierung der Bewegung in einem richtungweisenden Gerichtsurteil. Am 5. Februar verurteilte der Sheffield Crown Court Ronnie Lee zu einer zehnjährigen Gefängnisstrafe, sechs weitere mutmaßliche ALF-Mitglieder erhielten jeweils vier Jahre Haft. Richter Lawsons Urteil basierte auf dem Grundsatz der Verschwörung. Er sah es als erwiesen an, dass die Verurteilten, zumindest ideell, für die Anschläge auf Pelzgeschäfte verantwortlich seien.[2457] Damit waren 1987 32 Personen aufgrund von Aktivitäten, die von der ALF oder anderen Gruppen durchgeführt wurden, in Haft.[2458] Scotland Yard eröffnete 1986 mit ARNI die Durchleuchtung, Infiltration und Überwachung der Bewegung, die sich nicht auf verdächtige ALF Mitglieder beschränkte, sondern auch die traditionelleren Vereine mit einschloss.[2459] Jeder Eintrag in der von ARNI geführten Datenbank beinhaltete ausführliche Informationen über die überwachten Personen, vom Geburtsdatum und der Schulbildung bis hin zu Pass- und Kontonummer, über körper-

---

2453 Hanagan, Michael P; Moch, Leslie Page und Te Brake, Wayne (Hg.): *Challenging Authority, The Historical Study of Contentious Politics,* Minneapolis u.a., 1998, S.xviii.

2454 Schlesinger, Murdock und Elliott, 1986, S.279.

2455 Goodman, Geoffrey: *The Miner's Strike,* London, 1985; Callinicos, Alex und Simon, Mike: *The Great Strike; The Miner's Strike 1984-5 and its Lessons,* London, 1985; Burns, 1992.

2456 Hansard, House of Commons Debates, Vol. 197, 8. Mai 1985, col. 249.

2457 Liberator, April/Mai 1987.

2458 Liberator, Oktober/November 1987.

2459 Liberator, März/April 1989, S.5; Black Beast, Nr.3, Winter 1986.

liche Merkmale, Kontakt mit der Polizei, Teilnahme an Demonstrationen und Auflistungen darüber, mit wem bei solchen Gelegenheiten Kontakt aufgenommen oder gehalten wurde. In der Datenbank wurden außerdem Bekannte und FreundInnen angeführt sowie Informationen darüber zur Verfügung gestellt, welchen Organisationen sie faktisch oder mutmaßlich angehörten.[2460]

Beamte der neu etablierten Spezialeinheit gaben an, dass ihre Einheit auf Druck der Lebensmittelindustrie eingerichtet worden sei, die als bedeutender Geldgeber der amtierenden konservativen Regierung auftrat. Die neue Spezialeinheit wurde Scotland Yard zugeordnet, konstituierte sich hauptsächlich aus Kriminalbeamten (CID) und wurde zunächst dem C11 Dezernat zugeteilt, das für Informationsbeschaffungen und die Wahrung der Inneren Sicherheit verantwortlich ist. Die Einheit wurde alsbald unabhängig und obwohl sie im Hintergrund agieren sollte, wurde ihr eine beträchtliche Aufmerksamkeit zuteil. [2461]

Allein in den Jahren 1990 bis 1992 vermeldete sie ca. 3000 illegale Aktionen der radikalen Tierrechtsbewegung.[2462] 1991 hatte ARNI 21 000 Namen gespeichert, 1993 waren es immerhin noch 13 000.[2463] Diese Informationen wurden nach eigenem Ermessen von den Polizeieinheiten des ganzen Landes gesammelt.[2464] Bereits ab Ende der 1970er wurden im Polizeicomputer Details über Jagdsaboteure und deren Autos gespeichert.[2465] Diese Anzahl beweist, dass es den staatlichen Behörden nicht nur um die Bekämpfung der ‚*terroristischen*' Elemente der Tierrechtsbewegung ging, da diese Zahl nicht annähernd mit denen ihrer eigenen Schätzungen über Mitgliederzahlen militanter Gruppen kongruent war. 1995 entschloss sich die Association of Chief Police Officers, den Kommandeur der Antiterroreinheit der Metropolitan Police auch für radikale Tierrechtsaktivitäten abzustellen.[2466] 1991 beschlagnahmte die Polizei bei Hausdurchsuchungen erstmals alle Adressenlisten der ALF SG, der Animal Liberation Investigation Unit, SARP und *Arkangel*. Es folgten zahlreiche Festnahmen von Personen, die verdächtigt wurden, der ALF anzugehören.[2467]

2460 Red Pepper, Green grow the masses, 1997.

2461 Henshaw, 1989, S.173ff.

2462 Daily Telegraph, 4. November 1991, The Times 30. Dezember 1993, nach: Stokes, 1996.

2463 Hansard, Vol. 181, 22. November 1991, col.267w; Hansard Vol. 222, 2. April 1993, col.w.

2464 Hansard, Vol. 202, 22. Januar 1992, col.191w.

2465 Thomas, R., 1983, S.113.

2466 Hansard, Vol. 256, 27. April 1995, col. 679w.

2467 Turning Point, Nr.24, Januar-März 1992, S.12.

Auch auf gesetzesrechtlicher Ebene wollte sich die Regierung nunmehr ernsthaft der radikalen Tierrechtsbewegung annehmen. Margaret Thatcher versprach 1985 dem Parlament, alle notwendigen Gesetze einzuführen, die zur Eindämmung der Bewegung von Nöten seien.[2468] Diesen politischen Backlash spürte auch der moderate Tierschutz.[2469] Im Siegeszug gegen die Gewerkschaften in der Nachlese des Streiks der Minenarbeiter wurden alle Hürden zur, vom Thatcherismus favorisierten, freien Marktwirtschaft eingerissen. 1986 verabschiedete das Parlament diesbezüglich zwei signifikante Gesetze. Zum einen kam es zu einer Überarbeitung des *Vivisection Acts* von 1876, zum anderen wurde 1986 ein neuer Public Order Act beschlossen. Er verschärfte Auflagen für Demonstrationen und spezifizierte die Straftat des *‚Riot'* als Handlung, die *‚erscheint, als könne Gewalt drohen'*. Sektion 38 des Gesetzes führte weiterhin das Verbot der Kontamination von Lebensmitteln ein, wenn diese mit dem Ziel durchgeführt werde, die Öffentlichkeit zu verunsichern. Dabei war es laut Gesetz unerheblich, ob es sich um eine vorgetäuschte Modifikation handelt oder nicht. Die Begründung für diesen Teil des Gesetzes, das eine Höchststrafe von zehn Jahren Gefängnis vorsah, bezog sich unmissverständlich auf den *‚Mars-hoax'* der ALF und war bis dato nicht gesetzlich sanktioniert.[2470]

Hauptziel dieses Gesetzes waren jedoch die Jagdsaboteure. Der unter Sektion 5 eingeführte Straftatbestand des Landfriedensbruchs sollte die Saboteure vom Betreten des Jagdgebietes abhalten. 1987 wurden entsprechend 69 von 70 Saboteuren bei der Störung eines Vogelschießens in Dorset festgenommen.[2471] Als noch gravierender stellte sich der 1994 verabschiedete Criminal Justice and Public Order Act heraus, der *‚Aggravated Trespass'* unter Strafe stellte und sich explizit an die JagdgegnerInnen richtete. Erstmals ließ sich auch im Gesetzeskommentar eine direkte Beziehung des Gesetzes zu den Aktivitäten der JagdsaboteurInnen finden. Dort war definiert, dass der Straftatbestand erfüllt sei, wenn sich JagdsaboteurInnen ihrer bereits beschriebenen Methoden – etwa des Anti-Geruchs-Sprays – bedienten oder sich zwecks Nichtidentifizierung vermummten.[2472] Auch andere Aktionsformen der TierrechtlerInnen, etwa das Stören von Pferderennen oder des Angelns, konnten nunmehr effektiv geahndet werden.[2473] Diese neue Restriktion fand große Zustimmung

---

2468 Hansard, House of Commons Debates, Vol. 97, 8. Mai 1985, col. 249.

2469 Ryder, 2000, S.193.

2470 Roberts, J.J., *Up against the Law, Animal Rights and the 1986 Public Order Act*, London, 1987; Liberator, Februar/März 1987.

2471 Howl, Nr. 38, Winter 1988.

2472 Vermummung selbst wurde erst 1998 mit einem Crime and Disorder Act verboten. Card, Richard und Ward, Richard: *The Crime and Disorder Act 1998*, 1998, S.299ff.

2473 Murdle, Alan, *CJPOA 1994* in: Legal Action, Oktober 1995, S.20.

bei JagdunterstützerInnen, die im Gegensatz zu den Anti-Jagdgruppen bei der Gesetzesvorbereitung konsultiert worden waren.[2474] Gleichermaßen fand es die Billigung der Polizei, da, nach Aussage der Police Federation, das Gesetz ihr tagtägliches Geschäft erleichtern würde.[2475]

> *„At the end of the day we just want to get rid of them, we don't want them here"*,[2476]

drückte ein Beamter die Stimmung der Polizei aus. Ein Memorandum des Home Office illustrierte das Motiv zur Einführung dieses speziellen Gesetzes:

> *„These individuals* (Die JagdsabouteurInnen, Anm. M.R.), *many of them known to police, represent the biggest single public order problem facing rural police forces across the country."*[2477]

Bei den JagdgegnerInnen gab man sich kampfbereit und wohl informiert. Die HSA, die zuvor schon bei der Stop the Criminal Justice Bill Koalition mitwirkte, sah sich nicht zum einlenken bereit:

> *„We must not give up our efforts just because sabbing may become illegal. We must now decide how the fight against animal abuse in the name of sport can continue."*[2478]

Als es bei Großdemonstrationen in London gegen das Gesetz zu Ausschreitungen kam, verdächtigte man entsprechend eine Koalition zwischen Anarchisten und der ALF hinter den StörerInnen.[2479] Im November 1994 organisierte die HSA einen *‚national hit'* gegen die Fuchsjagd in Essex. Aus dem ganzen Land kamen Saboteure. 31 von ihnen wurden festgenommen und unter dem neuen Gesetz angeklagt, jedoch im Folgenden vom Gericht freigesprochen.[2480] Als Folge des CJA vermieden die Saboteure, noch stärker als zuvor, den Kontakt zur Polizei und fingen an, sich mit Sturmhauben zu vermummen. Dennoch schnellte mit Verabschiedung des CJA die Anzahl derjenigen, die im Zusammenhang mit Tierrechtsaktivitäten festgenommen wurden, nach oben. Im Jahr 2000 berichtete der Innenminister über ca. eintausend Verhaftungen jährlich.[2481] Neben der Jagdsabotage war Mitte der 1990er Jahre vor allem der

---

2474 Hansard, Vol. 233, 25. November, 1993, col.155w.

2475 Casey, Claire, *Just the Job*, in: Police Review, 11. November, 1994.

2476 Bucke, Tom und James, Zoë: *Trespass and protest: policing under the Criminal Justice and Public Order Act 1994*, Home Office Research Study 190, Home Office, London, 1998, S.40.

2477 Howl, Nr.72, Herbst 2000, S.25, Rechtschreibung im Original.

2478 Arkangel, Nr.11, S.27.

2479 Hansard, House of Commons Debates, 2. Dezember 1994, col. 1496.

2480 Arkangel, Nr.13, S.30; Arkangel, Nr.14, S.30; Animal Liberation Front Supporters Group Newsletter, Winter 1994/1995, S.31f.

2481 Hansard, 6. Mai 2000, col. 22w.

Protest gegen die Lebendtiertransporte als bestimmendes Element von *‚public order policing'* benannt.[2482]

Nicht nur mit Public Order Acts versuchte man der *‚Gefahr'* Tierrechtsbewegung beizukommen. Vor allem ihre Einordnung als terroristisch sollte wirkungsvolle Mittel bereitstellen, ihrer Herr zu werden. Im Jahr 2000 wurde der überarbeitete Prevention of Terrorism Act verabschiedet, der im Februar 2001 in Kraft trat. Erweitert wurde das Gesetz um eine neue Definition von Terrorismus, die die Bedrohung oder die Zerstörung von Gegenständen als terroristischen Straftatbestand beinhaltete. Darüber hinaus wich es eklatant von der bisherigen Annahme ab, Terrorismus sei Methode von politischen Gruppierungen, Regierungen durch Gewalt zu stürzen oder zu beeinflussen. Innenminister Jack Straw weitete den Begriff auf Versuche aus, die Fundamente der existierenden Gesellschaft zu bedrohen.[2483] Gruppierungen mit derlei Anliegen seien *‚both bad and mad'*.[2484] Die neue gesetzliche Deutung lautete:

> *„the use of serious violence against persons or property, or the threat to use such violence, to intimidate or coerce a government, the public, or any section of the public for political, religious or ideological ends."*[2485]

Zuvor ließ das Innenministerium ein Gutachten erstellen, das die Notwendigkeit eines Anti-Terrorismusgesetzes trotz des Friedensprozesses in Nordirland bezüglich innerstaatlichen Terrorismus überprüfen sollte. Mit Verweis auf die Tierrechtsbewegung wurde diese Notwendigkeit bejaht, stigmatisierte sie sogar als Hauptakteurin autochthonen Terrors.[2486] Obgleich deren Einfluss auf die Notwendigkeit in der Reformierung des Terrorismusparagraphen wohl eher marginal war,[2487] war man der Ansicht, dass mit den Mitteln des Strafrechtes allein der Tierrechtsbewegung nicht mehr beizukommen wäre. Deren Vergrößerung, trotz konsequenter Ausnutzung gesetzlicher Instrumente und Bestrafung, sei ein Beleg dafür gewesen, dass das Strafrecht nicht ausreichend wäre. Damit stand Lord Lloyd, Verfasser des Gutachtens, nicht alleine. Auch der

---

2482 Reiner, Robert: *Policing and Public Order*, in: Catterall, Peter und Preston, Virginia: *Contemporary Britain, an Annual Review 1996*, Aldershot u.a., 1996, S.103f.

2483 Hansard, House of Commons Debates, Terrorism Bill, 14. Dezember 1999, col. 160, vgl. auch: Howl, Nr.71, Sommer 2000, S.10ff.

2484 Hansard, House of Commons Debates, Vol. 362, 12. März 2001, col.617.

2485 Home Office, Prevention of Terrorism Act 2000.

2486 Home Office: Legislation against Terrorism – A consultation paper, Kapitel 3, S.2; vgl. auch: Walker, Clive: *Briefing on the Terrorism Act 2000*, in: Terrorism and Political Violence, Vol. 12, Nr.2, Sommer 2000, S.5; Monaghan, Rachel: *Terrorism in the Name of Animal Rights*, in: Terrorism and Political Violence, Vol. 11, Nr.4, S.159.

2487 Walker, Clive: *Policy Options and Priorities: British Perspectives*, in: van Leeuwen, Marianne: *Confronting Terrorism: European Experiences, Threat Perceptions and Policies*, Den Haag u.a., 2003, S.14.

rechte Terrorismusexperte Richard Clutterbuck sah in der Politisierung der Tierrechtsbewegung und ihrer Beziehung zum militanten Veganismus eine Grundlage dafür, sie potentiell unter der Kategorie Terrorismus zu führen.[2488] Selbiges gilt für den Terrorismusforscher Paul Wilkinson. Dieser hebt jedoch die Besonderheit der ALF hervor. Ihr würde es nicht darum gehen, Menschen zu töten.[2489] Lord Marsh gab in einer Generaldebatte zur Erweiterung des Terrorismusparagraphen im House of Lords zu bedenken:

> *„These terrorists have been responsible for more violence and more bombs than any group in the United Kingdom over the past decade, including the IRA."*[2490]

Insbesondere bestimmte der Terrorism Act 2000, dass jede/r Angehörige einer verbotenen bzw. als terroristisch eingestuften Gruppe zu einer zehnjährigen Gefängnisstrafe verurteilt werden könne, ohne dass ihr/ihm eine direkte Beteiligung an terroristischen Handlungen nachgewiesen werden musste. Als Beweismittel reichte die Aussage eines Polizeibeamten. Auch die Unterstützung einer solchen Gruppierung führte eine Gefängnisstrafe mit sich. Es genügte, auf dem gleichen Treffen wie ein Angehöriger/eine Angehörige der verbotenen Gruppe gewesen zu sein.[2491] Namentlich sind bereits die ALF, die ARM und das Justice Department genannt worden, denen ein Verbot drohe, da sie für hohen Sachschaden an Laboratorien, Schlachthäusern usw. direkt verantwortlich seien.[2492] Außerdem lägen – dank der Arbeit von ARNI – genügend Informationen über ihren UnterstützerInnenkreis vor. Bereits der Besitz von Materialien, die dazu gebraucht werden könnten, eine als nunmehr terroristisch eingestufte Tat zu begehen, wurde fortan unter Strafe gestellt. Sektion 57, so kritisiert Walker, machte schon den Besitz von Sturmhauben und Overalls, die zur Identitätsverschleierung in einer Tierbefreiungsaktion Anwendung finden könnten, zum Element terroristischer Handlung.[2493]

Bereits 1991 wurde der Prevention of Terrorism Act angewendet, um Mitglieder der nordirischen ALF in Untersuchungshaft zu nehmen.[2494]

2488 Clutterbuck, Richard: *The Future of Political Violence, Destabilization, Disorder and Terrorism*, London, 1996, S.101.

2489 Wilkinson, Paul: *Terrorism vs. Democracy, The Liberal State Response*, London u.a., zweite Ausgabe, 2006, S.4.

2490 Hansard, House of Lords Debates, 27. März 2001, col. 158.

2491 Red Pepper, Februar 2000, S.34.

2492 Hansard, House of Commons Debates, Terrorism Bill, 14. Dezember 1999, col.156; col. 223; Walker, Clive: *Blackstone's Guide to the Anti-Terrorism Legislation*, Oxford u.a., 2002, S.40.

2493 Walker, 2002, S.171.

2494 Mann, 2007, S.393.

Die Sonderegelungen für Nordirland ließen diese Maßnahmen zu, obgleich sie später nur verschiedener kleinerer Delikte angeklagt wurden. Die acht Angeklagten erhielten Haftstrafen von bis zu 3 1/2 Jahren. Entsprechend wurde ab Mitte der 1990er neben Scotland Yard auch der Inlandsgeheimdienst MI5 gegen die radikale Tierrechtsbewegung eingesetzt. 1995 hatte MI5 bekannt gegeben, dass

> *„the biggest single terrorist threat now comes from animal rights fanatics."*[2495]

Auch im Zusammenhang mit der bereits erwähnten Festnahme und den Gerichtsverfahren gegen Angehörige der ALF SG und Redakteuren des Magazins *Green Anarchist* konnte der Einsatz von MI5 AgentInnen nachgewiesen werden.[2496] Dort waren Public Interest Immunity Orders ausgestellt worden. Diese dienen im Allgemeinen dem Schutz der Identität von AgentInnen vor Enttarnung. MI5 solle aber nur dann in Aktion treten, wenn *‚normale'* Polizeimethoden erfolglos blieben und sich allenfalls auf die ExtremistInnen konzentrieren, ließ ein Sprecher von ARNI verlautbaren.[2497] Auch die politische Polizei (*Special Branch*) war aktiv an der Kriminalisierung der Tierrechtsbewegung beteiligt und zwar bereits vor der Einrichtung von ARNI 1984. Special Branch Beamte sahen in dem radikalen Flügel der Bewegung die größte Gefahr für die Sicherheit des *‚mainlands'* (also England, Wales und Schottland) nach der IRA.[2498] 2001 wurde zudem dem National Crime Squad eine neue Einheit beigefügt, deren Aufgabengebiet ausschließlich die Bekämpfung der radikalen Tierrechtsbewegung darstellt.[2499] Die im März 2004 eingerichtete National Extremism Tactical Coordination Unit (NETCU), die innerstaatliche Extremisten allgemein bekämpfen soll, befasst sich nahezu ausschließlich mit der radikalen Tierrechtsbewegung.[2500] Ein Austausch mit den Verfolgungsbehörden anderer Länder wird derzeit ausgebaut und führte in der Vergangenheit bereits zu Verhaftungen von TierrechtlerInnen in Neuseeland und den USA.[2501]

Nicht alle GegnerInnen der Bewegung befürworteten die Einordnung als terroristische Vereinigung. Zum einen würde es der Bewegung noch

---

2495 Zitiert nach: Settle, Michael: Now MI5 spies on animal rights extremists, Wales on Sunday, 14. Mai 1994.

2496 O'Hara, Larry: *Turning up the Heat, MI5 after the Cold War,* London, 1994, S.91f; Rogers, Paul: Not the Gandalf Trial, Arkangel, Nr.20.

2497 SchNEWS, 24. Mai 1996.

2498 O'Hara, L., 1994, S.91.

2499 Walker, 2002, S.37.

2500 Home Office: Animal Welfare – Human Rights: protecting people from animal rights extremists, Juli 2004, S.13; Fast alle Pressemitteilungen der Gruppe befassen sich mit der Thematik, vgl. www.netcu.org.uk, zuletzt besucht 30.05.07.

2501 Arkangel, Nr.19.

mehr Publicity verschaffen, zum anderen, so merkte ein Vertreter der tierverarbeitenden Industrie an, wäre diese Einordnung angesichts drohender Gefahren islamisch-fundamentalistischen Terrors übertrieben.

> *„I would rather meet an animal rights campaigner in Oxford Street than a suicide bomber. This is the difference between extremism and terrorism."*[2502]

Insgesamt vermochte sich jedoch eine Sichtweise auf die radikale Tierrechtsbewegung durchzusetzen, die sie als terroristisch ausweist. Diese Sichtweise wurde von staatlicher Seite forciert, spätestens mit der Einführung des Terrorism Acts 2000 auch implementiert und von den Medien entsprechend transportiert. Diese mediale Verbreitung führte zu einer breiten öffentlichen Rezeption der radikalen Bewegung und verschaffte ihr allgemeine Bekanntheit. Diese Bekanntheit ließ sie zu einer narrativen Bezugsgröße werden, anhand derer gesellschaftspolitische Probleme thematisiert wurden. Allerdings kam die Bekanntheit mit einem gewissen Preis: Der zumeist diskreditierenden Darstellung. Das Bild der Extremisten wurde jedoch auch zu großen Teilen von der Bewegung selbst übernommen und zwar in zweierlei Hinsicht. Zum einen kam es, wie beschrieben, zu Distanzierungsversuchen, zum anderen zu Selbststilisierungen und der Fetischisierung von Gewalt.

2502 Zitiert nach: The Times, 2. Oktober 2005.

8. *‚No Justice, Just Us'* – Vorbildfunktion nach Außen: Globale Übernahme des Konzeptes „ALF"

Das Konzept der ALF blieb nicht auf Großbritannien beschränkt, sondern fand weltweite Nachahmung. Nach Angabe des 2006 erschienenen Handbuchs über extremistische Gruppen (das auch Greenpeace und PETA als extremistisch aufführt!) hatte die ALF bis zu diesem Zeitpunkt Zellen in über 20 Ländern.[2503] 1977 befreiten erstmals AktivistInnen der niederländischen Djierensbevrijdingsfront Tiere aus einer Legebatterie in Windhaven.[2504] 1981 berichtete *Animal Welfare* von weiteren Befreiungen: 12 Beagles, 200 Nerze, 3 Füchse und 4000 Fasane wurden aus einem Forschungslaboratorium entwendet.[2505] Auch in Kanada drang die International Animal Liberation Front (IALF) 1981 erstmals in Laboratorien ein, um Tiere zu befreien.[2506]

Zum Ende der 1980er Jahre hatte sich die ALF als weltweites Phänomen ausgebreitet. Europa, Nordamerika, Asien und Ozeanien hatten eigene ALF-Strukturen. Im Jahr 2001 schrieb man im *ALF SG Newsletter*:

> *„The movement abroad, particularly in mainland Europe, is mirroring the situation in Britain in previous years."*[2507]

Das im *ALF SG Newsletter* abgedruckte *‚Diary of Action'* zeigte ab den 1990ern, wie zahlreich diese Aktionen im Ausland geworden waren. Von außen blieb der Blick auf Großbritannien gerichtet. Wie selbstverständlich wurden anfangs Bekennerschreiben zum Press Office nach London geschickt, bis eigene Strukturen aufgebaut waren. Aber auch danach schien es so, als wolle man sich des Segens der britischen ALF vergewissern.

Tatsächlich bezogen sich alle neu entstandenen Tierbefreiungsorganisationen auf die britische Animal Liberation Front, deren Namensgebung sie auch übernahmen. So hörte man 1985 erstmals von der schwedischen Djurens Befrielse Front, die norwegische Dyrenes Frigjorings Front folgte zehn Jahre später.[2508] Die skandinavischen AktivistInnen nahmen sich primär der Befreiung von Pelztieren an. Auch in den Vergleichsländern USA und Deutschland bildeten sich recht früh vergleichbare Nachahmerstrukturen heraus, wobei die Vereinigten Staaten als erstes Land gel-

---

2503 *Animal Liberation Front,* in: *Extremists Groups: Information for Students,* Vol. 1, Detroit u.a., 2006, S.134.

2504 Mann, 2007, S.67.

2505 Animal Welfare, April/Mai 1981, S.4.

2506 Liberator, September-November 1981, S.12.

2507 Animal Liberation Front Supporters Group Newsletter, Mai 2001, S.3.

2508 Anon.: The First Ten Years, The Story of the Swedish ALF, Djurens Befrielse Front, Green Anarchist, Nr.38, Sommer 1995, S.9f; Anon.: Dyrens Frigjorings Front kämpft gegen Pelzhandel, Tierbefreiung aktuell, Vol. 4, Nr.3, Juli 1996, S.7.

ten können, in dem nach Großbritannien entsprechend der ALF-Prinzipien und Handlungszugänge agiert wurde. Allerdings gab es, bedingt durch abweichende sozio-strukturelle, politische und geographische Faktoren, auch Unterschiede etwa die Strategie, die Ziele, aber auch die staatlichen Reaktion betreffend. Dies wird im folgenden Kapitel gezeigt.

8.1 ALF US

Wann genau die erste ALF-Aktion in den USA durchgeführt wurde, ist schwer nachzuvollziehen, denn darüber besteht Uneinigkeit. So gibt Ingrid Newkirk in ihrem ‚*Free the Animals – The Untold Story of the U.S. Animal Liberation Front & Its Founder „Valerie"*' zwar an, die ALF wäre erstmals im Dezember 1982 mit der Befreiung von 35 Katzen aus der Howard University Medical School in Washington, D.C. aktiv geworden.[2509] Ihre Angaben sind aber durch den halbfiktionalen Stil der Narration mit Vorbehalt zu betrachten. Auch die britische ALF SG leugnet, dass sich ‚*Valerie*', die angebliche Begründerin der amerikanischen ALF, wie im Buch beschrieben, mit Ronnie Lee getroffen hätte und in einem ALF Trainingscamp in Großbritannien ausgebildet worden sei.[2510] Rik Scarce gibt 1979 als das Jahr an, in dem die ALF erstmals in Erscheinung trat. Am 14. März dieses Jahres hätten AktivistInnen, in Anlehnung an ihre britischen Vorgänger, einige Tiere aus dem Laboratorium des New York University Medical Centers entwendet. Sie hatten sich als LabormitarbeiterInnen getarnt, um Zutritt zum Gebäudekomplex zu bekommen.[2511] Auch Finsen und Finsen berichten über diese Aktion, benennen jedoch noch einen früheren Vorfall: Bereits 1977 sei eine Befreiung von zwei Delfinen von der ‚*Undersea Railroad*' durchgeführt worden.[2512] Zwei Studenten der Universität von Hawaii hatten die Tiere einer tierexperimentellen Forschungsstation ins Meer entlassen. Eine hinterlassene Notiz wies darauf hin: „*Gone surfing*".[2513]

Fraser nennt das Jahr 1982 als Anfangspunkt für ALF-Aktionen in den Vereinigten Staaten.[2514] Auf einem Kongress, Action for Life, der im Juli

2509 Newkirk, Ingrid: *Free the Animals, The Untold Story of the U.S. Animal Liberation Front & Its Founder „Valerie"*, Chicago, 1992, S.75ff.

2510 Green Anarchist, Nr.38, Sommer 1995, S.15. Auch eine Vertraute von Newkirk gab an, dass das Buch gerade in diesem Bezug durch und durch fiktionalen Charakters sei. Nach: Rudacille, 2000, S.142.

2511 Scarce, 1990, S.120, vgl. auch: Animal Liberation Front: *The Animal Rights Movement Should Use Economic Sabotage*, in: Rohr, Janelle (Hg.): *Animal Rights – Opposing Viewpoints*, San Diego,1989, S.207.

2512 Finsen und Finsen, 1994, S.100, vgl. auch: Guither, 1998, S.152.

2513 Zitiert nach: Mann, 2007, S.64.

2514 Fraser, Caroline: The Raid at Silver Spring, The New Yorker, 19. April 1993, S.77.

1981 in Pennsylvania stattfand, gab es zuvor Trainingseinheiten, die sich der Einübung von Taktik und Methode der britischen ALF widmeten.[2515] Von einschneidender Bedeutung war jedoch zweifelsfrei das Jahr 1984. Im Mai dieses Jahres brachen ALF-AktivistInnen in das Labor der University of Pennsylvania in Philadelphia ein, zerstörten dort Gerätschaften und entwendeten Materialien. Darunter befanden sich dutzende Videobänder, die sie über PETA den Medien zugänglich machten und die von groben Tiermisshandlungen zeugten.[2516] In einem späteren Verfahren, das PETA anschob, führten diese Bänder als Beweismittel zur vorläufigen Schließung des Labors, da sich die GeldgeberInnen zurückgezogen hatten.[2517] Ein von PETA organisiertes, viertägiges *,Sit-in'* beim National Institute of Health im Juni 1985 hatte den Prozess beschleunigt.[2518] Das von PETA zusammengestellte Video *,Unnecessary Fuss'* erlangte weltweite Aufmerksamkeit und fungierte insgesamt als primäres Propagandamittel gegen Primatenversuche. PETA benutzt es weiterhin als Rekrutierungsmittel.[2519] Der Grund dafür ist eindeutig: Das Video lieferte eine unmissverständliche Botschaft. Zum einen wurden Stereotype bedient, die den Vivisektor als unmenschlich und brutal zeichneten. Es griff damit bekannte Diskurse über die moralische Verkommenheit der TierexperimentatorInnen auf. Damit diente es zum zweiten der Legitimation illegaler Methoden in der Verfolgung von Tierrechten.[2520] Nur durch sie, so lautete die Botschaft weiter, könne gezeigt werden, was in den Laboratorien wirklich passiere. Neben der Enthüllung von Philadelphia kann 1984 außerdem als das Jahr benannt werden, in dem die ALF in verstärktem Maß aktiv wurde und aus zahlreichen Laboratorien Tiere entwendete.[2521] Der Einbruch in das Laboratorium des kalifornischen City of Hope National Medical Centers in Duarte erreichte ebensoviel Aufmerksamkeit wie der in die Forschungseinrichtung der Universität von Kalifornien in Riverside. Als Reaktion darauf taten sich US-amerikanische Forscher, an die RDS anlehnend, zur National Association for Biomedical Research zusammen.[2522]

2515 Liberator, September-November 1981.

2516 Robbins, William: Animal Rights: A Growing Movement in U.S., The New York Times, 15. Juni 1984.

2517 Finsen und Finsen, 2003, S.203.

2518 Regan, Tom: *The Animal Rights Movement Should Use Civil Disobedience*, in: Rohr, 1989, S.214.

2519 Blum, 1994, S.118.

2520 Sperling, 1988, S.204ff.

2521 Eckholm, Eric: Fight Over Animal Experiments Gains Intensity on many Fronts, The New York Times, 7. Mai 1985.

2522 Ibid..

Die amerikanische ALF gab sich jedoch bald ein eigenes Profil. Dieses war unabhängig von dem ihrer britischen Vorbilder. Ihre Dokumente zeigen, dass sie zwar Ideen übernahm, jedoch die radikalen Umweltgedanken à la Earth First! weitaus weiter reichenden Einfluss hatten als bei der britischen ALF. Auch auf die Schriften der First Nations ging die amerikanische ALF ein. Die Rede war von *‚Earth Spirits'* und *‚Animal People'*. Insbesondere Rodney Coronado (geb. 1960), Nachkomme des Pasqua Yaqui Stammes und ALF-Aktivist, verkörperte die Symbiose indigener Kultur und Tierbefreiungsphilosophie. Entsprechend wurde die Ausbeutung der Tierwelt mit dem Beginn europäischer Kolonisation, der Kampf gegen Tierausbeutung mit einem antiimperialistischen Befreiungskampf gleichgesetzt.[2523] Coronado wurde 1995 zu einer fünfjährigen Haftstrafe wegen Zerstörung eines Labors der Michigan State University im Jahr 1992 verurteilt. An der Universität wurde für die Pelzzucht experimentiert.[2524] Er war zu diesem Zeitpunkt bereits ein erfahrener ALF-Aktivist. 1986 hatte er gemeinsam mit David Hewitt von Paul Watsons Sea Shepherd aus die isländischen Walfangschiffe Hvalur 6 und Hvalur 7 versenkt und Walfleischverarbeitungsfirmen zerstört. Danach war er in Kanada wegen Angriffen auf Pelzgeschäfte angeklagt worden, floh jedoch vor der Strafverfolgung und kehrte in die Vereinigten Staaten zurück. Dort übernahm er mit anderen die Campaign against Fur Farming (CAFF), die Undercoverarbeiten zur Erforschung der hiesigen Pelzwirtschaft durchführten. Auch an der Etablierung einer Jagdsaboteursgruppe nach britischem Vorbild war Coronado beteiligt. Er hatte sich zuvor bei einem Aufenthalt in Großbritannien von deren Schlagkraft überzeugen können.[2525]

Bis 1987 beschränkte sich die amerikanische ALF auf größere und kleinere Befreiungsaktionen, bis auch sie 1987 zu Zerstörungskampagnen als primärem Aktionsmittel überging.[2526] Das Labor der University of California in Davis wurde niedergebrannt; ein Sachschaden von über $4,5 Millionen entstand. Am 2. April 1989 wurden mehrere Gebäude der Universität von Arizona in Brand gesetzt und etwa 1000 Tiere befreit. Im selben Jahr war das Labor des Forschers John Orem an der Texas Tech University Ziel einer ALF-Aktion; auch hier wurden Geräte zerstört und Tiere befreit. Zur selben Zeit fand auch die Politisierung der amerikanischen Gruppen statt. Man propagierte den Anarchismus als notwendige

---

2523 An Interview with Rod Coronado, Underground, Nr.17, Winter/Frühjahr 2002, S.17.

2524 Bai, Matt: Breaking the Cages, Newsweek, Vol. 130, Nr.13, 29. September 1997.

2525 Moretti, Laura A.: *Rod Coronado*, in: Stallwood, Kim (Hg.): *Speaking out for Animals*, New York, 2001, S.62.

2526 Western Wildlife Unit of the Animal Liberation Front: *Memories of Freedom*, ohne Datumsangabe.

ideologische Konsequenz aus den Tierbefreiungsideen.[2527] Nicht alle Zellen folgten dem Trend. Einige von ihnen propagierten sogar die Euthanasie befreiter Tiere, um sie vor einem Leben im Missbrauch zu schützen.[2528] Diese Diskussion führte zu klaren Distanzierungen von britischen ALF-Aktivisten und kann ausschließlich für die amerikanische ALF nachgewiesen werden.

Anfang der 1990er Jahre erklärten die amerikanischen ALF-AktivistInnen vor allem die Bekämpfung der Pelzzucht zu ihrem Ziel. *‚Operation Bite Back'*, verfolgt von mehreren Zellen vor allem im Nordwesten des Landes, umfasste die Befreiung von Pelztieren sowie die Zerstörung verwandter Einrichtungen. Innerhalb von zwei Jahren wurden mehr als 38 000 so genannter Pelztiere in die Wildnis entlassen.[2529] Mehrere bekannte Aktivisten wie Jonathan Paul, David Barbarash und Darren Thurston wurden verhaftet und wegen ihrer Weigerung, Angaben zur Sache zu machen, von Grand Juries ins Gefängnis geschickt.[2530] Dieses Schicksal teilte 1993 Rik Scarce, der eine Promotion zum Thema verfasste und sich weigerte, seine Interviewquellen offenzulegen.[2531] 1997 kulminierte *‚Operation Bite Back'* in der Befreiung von 10 000 Nerzen von einer Farm in Oregon.

Die radikale amerikanische Bewegung schaute auch weiterhin für Inspiration nach Großbritannien. In dem Mitteilungsblatt der Bewegung, *No Compromise*, dominierten zunächst noch Berichte aus Europa. Ronnie Lee und weitere prominente ALF-AktivistInnen wurden als Autoritäten immer wieder interviewt oder mit Gastkolumnen betraut. 1988 gründete man analog zum britischen Vorbild eine Supporters Group, die, laut Guither, 1998 rund 10 000 Mitglieder zählte.[2532] Auch über ein Press Office verfügte die amerikanische ALF, allerdings war seine Existenz stets durch Personalmangel bedroht. Das bedeutete, dass es vakant blieb, wenn die betreffenden Personen mit Gefängnisstrafen belegt wurden oder aus anderen Gründen aus dem Amt schieden, so wie David Barbarash 2003.[2533] Von 1999 hatte er das Amt von Kanada aus geleitet und das

2527 Ibid.; Scarce, 1990, S.135.

2528 Western Wildlife Unit of the Animal Liberation Front: *Memories of Freedom*, ohne Datumsangabe.

2529 Mann, 2007, S.2001.

2530 Western Wildlife Unit of the Animal Liberation Front: *Memories of Freedom*, ohne Datumsangabe; Anon.: Meeting the people and ideas of the animal liberation movement, ohne Datumsangabe.

2531 BiteBack's Interview with Rik Scarce, Author of ECO-WARRIORS, Nachdruck: http://www.abolitionist-online.com/intrview-issue05_biteback.interview-rik.scarce.s..., zuletzt besucht am 03.05.2007 .

2532 Ibid., S.57.

2533 No Compromise!, Nr.20, Frühjahr 2003.

gesamte nordamerikanische Einzugsgebiet erfasst. 2002 wurde sein Haus von der kanadischen Polizei durchsucht und dabei etliche Materialien sichergestellt.[2534] Obgleich die Durchsuchung im Nachhinein von einem Gericht als illegal eingestuft wurde, machte sie auf erhebliche Mängel des Ein-Personen Pressebüros aufmerksam. 2003 trat Barbarash jedoch aus einem anderen Grund zurück. Er wollte die Aufmerksamkeit von sich als öffentlichem Gesicht der ALF abwenden:

> *„My resignation is a step towards re-focusing the media away from a persona, and towards the real issues of animal exploitation."*[2535]

Man erkannte allerdings schnell, dass es der medialen Zuarbeit bedurfte. 2004 gründete sich aus diesem Grund das North American Animal Liberation Press Office, das gruppenübergreifend als Stimme des militanten Tierschutzes fungieren wollte, über regionale Kontakte im ganzen Land verfügte und nicht mehr auf eine Person und eine Region begrenzt war.[2536] Die Weite des Landes hatte zuvor die regionale Begrenzung notwendig gemacht.

Auch in den Vereinigten Staaten griff der Terrorismusdiskurs. Dabei wurde die ALF als *single-issue* Gruppe der radikalen politischen Linken antizipiert.[2537] Als die Jagdsaboteursbewegung auch in den USA Fuß zu fassen begann, wurden rasch Gesetze gegen diejenigen verabschiedet, deren Anliegen es war, die Jagden zu stören. Diese Gesetze wurden sowohl auf Bundesebene als auch in einzelnen Staaten implementiert. Senator Burns, der für die *‚Hunter harassment'* Sektion einer Prevention of Crime Bill verantwortlich war, stellte entsprechend Protestierende als gefährliche Extremisten dar, vor denen die Jägerschaft geschützt werden müsse.[2538] 1988 wurde Fran Trutt bei dem Versuch festgenommen, ein Gebäude von US Surgical, einem Materiallieferanten für die Tierversuchsindustrie, mittels einer Bombe zu zerstören. Die Aktion entpuppte sich im späteren Verfahren als Hinterhalt. Zuarbeiter der Firma hatten Trutt mit der Bombe versorgt und entsprechend agitiert. Im Diskurs verblieb jedoch die Verantwortung bei der radikalen Tierrechtsbewegung.[2539] 2003 explodierten zwei Bomben bei Firmen in Kalifornien, die ihre Produkte bei Huntingdon Life Science testen ließen. Ein Bekennerschreiben der Revolutionary Cells Animal Liberation Brigade, einer bis

---

2534 No Compromise!, Nr.19. Herbst/Winter 2002.

2535 No Compromise!, Nr.20, Frühjahr 2003.

2536 Vgl. www.animalliberationpressoffice.org, zuletzt besucht am 17.09.2007.

2537 Martin, Gus: *Understanding Terrorism: Challenges, Perspectives, and Issues*, London u.a., 2003, S.327f.

2538 Comninoue, Maria: *Speech, Pornography and Hunting*, in: Adams und Donovan, 1995, S.131.

2539 Rudacille, 2000, S.156.

dato unbekannten Gruppe, stieß aus eben diesem Grund zunächst auf Verwirrung innerhalb der amerikanischen Bewegung, wurde dann aber schließlich authentifiziert.[2540] In einem Communiqué hatte die Gruppe weitere Anschläge angekündigt:

> *„Today it is 10lbs, tomorrow 20.... Until your buildings are nothing but rubble. (...) Bringing the bomb and the bullet back into amerikan politics."*[2541]

Seit 1992 befindet sich die amerikanische ALF auf der Liste der zehn gefährlichsten autochthonen terroristischen Gruppen des FBI.[2542] Der Animal Enterprise Protection Act hatte sie dazu gerechnet. Allein bis 1996 waren dort bis zu 4000 Angriffe auf Versuchstierlaboratorien gezählt worden, so gab zumindest der Verband Medizinischer Hochschulen an.[2543] Erstmals wurde die ALF 1987 auf die FBI Liste gesetzt.[2544] 2002 wurde ihre Gefährlichkeit nochmals unterstrichen.[2545] Der in Verbindung mit den am 11. September 2001 begangenen Anschlägen verabschiedete Patriot Act umfasste zudem eine Definition von Terrorismus, die auf die ALF anwendbar war.[2546] 2006 wurde schließlich der Animal Enterprise Terrorism Act verfasst, der Gewalt und Gewaltandrohungen gegenüber Tiernutzbetrieben als terroristischen Akt begreift. Ziel des Gesetzes ist,

> *„to provide the Department of Justice the necessary authority to apprehend, prosecute, and convict individuals committing animal enterprise terror."*[2547]

Schon zuvor hatten sich nahezu alle moderaten und größeren Tierrechtsgruppen von der amerikanischen ALF distanziert.[2548] Mit einer Ausnahme: PETA übernahm weiterhin eine Sprecherfunktion für die Gruppe.

2540 Dawn, 2004, S.223.

2541 In diesem Communiqué solidarisierte sich die Gruppe zusätzlich mit einer bizarren Bandbreite von *‚Befreiungsbewegungen'* von der IRA über korsische und baskische Nationalisten bis hin zur Antiglobalisierungsbewegung. Vgl. http://www.directaction.info/news_sept30_03.htm, zuletzt besucht 29.05.07, Rechtschreibung im Original.

2542 Bai, Matt: Breaking the Cages, Newsweek, Vol. 130, Nr.13, 29. September 1997; Rudacille, 2000, S.148.

2543 Köpf, Peter: *Ein Herz für Tiere, Über die radikale Tierrechtsbewegung,* Bonn, 1996, S.69.

2544 *Animal Liberation Front,* in: *Extremists Groups: Information for Students,* Vol. 1, Detroit u.a., 2006, S.131.

2545 Aussage von James F. Jarboe, Domestic Terrorism Section Chief, Counterterrorism Division, FBI vor dem House Resources Committee, Subcommittee on Forests and Forest Health, 12. Februar, 2002.

2546 Black, Jason und Black, Jennifer: *The Rhetorical "Terrorist": Implications of the USA Patriot Act on Animal Liberation,* in: Best, und Nocella II, 2004, S.288ff.

2547 Animal Enterprise Terrorism Act, Statute 3880-1.

2548 Scarce, 1990, S.218.

Obgleich also die amerikanische ALF durchaus in der Lage war, durch spektakuläre Aktionen auf sich aufmerksam zu machen und vom Staat als Gefahr eingeordnet wurde, vermochte sie sich nicht entsprechend in die öffentliche Diskussion einzubringen. Dies lag vor allem daran, dass, obwohl ALF-Aktionen regional konzentriert waren, die Weitläufigkeit des Landes enge Kommunikation behinderte. Die mediale Vermittlung des Events Tierbefreiung konnte so nicht in gleichem öffentlichkeitswirksamen Maße wie in Großbritannien realisiert werden. Zudem sah man sich einer kulturell verfestigten Waffenliebhaberei gegenüber, die jegliche Agitation gegen den Jagdsport als Angriff auf die grundlegenden verbrieften Rechte interpretierte.

8.2. Die Tierbefreiungsfront

In Deutschland dauerte es etwas länger, bis die Idee der ALF aufgenommen wurde. 1981 gab es erstmals Aktionen, die ihrem Stil nachempfunden worden waren. Im August dieses Jahres befreiten AktivistInnen 48 Beagles aus einem Labor in Mienenbüttel bei Hamburg, kurze Zeit später weitere 30 Hunde. 550 Meerschweinchen wurden Zwei Jahre später, am 27. Februar 1985, in Ahrensburg bei der *,Aktion Big Raushole'* aus den Käfigen eines Labortierzüchters befreit.[2549] Schon früh wurden hier auch Brandsätze eingesetzt. *,Tarzan und seine Freunde'* nannte sich eine Gruppe von TierbefreierInnen, die im ALF-Stil Anfang der 1980er Jahre bundesweit ca. 500 Tiere entwendete. Zehn ihrer Mitglieder wurden 1985 in der Planung eines Anschlages auf eines sich in Bau befindlichen Labors in Kiel festgenommen. Sie wurden zunächst wegen Bildung einer terroristischen Vereinigung angeklagt, ein Vorwurf der später fallen gelassen wurde.[2550] 1983 wurden Anschläge gegen das Tierversuchslabor der Freien Universität Berlin verübt. Zur Verantwortung gezogen wurde hierfür der Tierrechtler Andreas Wolff, der in der Folge zu einer zweijährigen Bewährungsstrafe verurteilt wurde, nachdem er ein halbes Jahr in Untersuchungshaft verbracht hatte.[2551] Er gab an, dass Presseberichte über Aktionen der ALF in Großbritannien auslösendes Moment für sein Handeln waren.[2552] Deren Aktionen verfolgten die autonomen TierbefreierInnen in der Bundesrepublik *,voller Bewunderung'*, resümierte ein

---

2549 Die Täter der Barmherzigkeit, die tageszeitung, 10. Juli 1985, S.3. Den Konzeptbegriff der *,Big Raushole'* übernahmen die TierbefreierInnen von der Roten Armee Fraktion (RAF). Diese titulierte damit ihre Bemühungen, inhaftierte RAF-Mitglieder aus den Gefängnissen zu befreien.

2550 T.A.N. Reader zur Diskussion, ohne Datumsangabe.

2551 Anon.: *Andi Wolff – der Mann, der seinen Kopf hinhielt*, Tierbefreiung, Jubiläumsausgabe 2005.

2552 Anon.: *Markus Schaak – zwei Jahrzehnte Einsatz für die Rechte der Tiere*, Tierbefreiung, Jubiläumsausgabe 2005.

Spiegel Autor 1984.[2553] Wolff zog sich im Folgenden den Zorn seiner mittlerweile angestiegenen Zahl von MitaktivistInnen zu, als er Spenden veruntreute.[2554] Aus dem von ihm 1985 mitbegründeten Bundesverband der TierbefreierInnen wurde er ausgeschlossen. Er gründete daraufhin animal peace (ap).

Brandsätze und Sabotageaktionen blieben zunächst dennoch eine Seltenheit der radikalen deutschen Tierrechtsbewegung und wurden erst ab 1986 gleichwertiges Aktionsmittel der nunmehr auch nominal der ALF folgenden Tierbefreiungsfront.[2555] Dieser Name wurde jedoch erst relativ spät flächendeckend verwendet, obgleich er 1984 von einer Gruppe von TierbefreierInnen genutzt wurde, die aus dem Medizinischen Theoretikum der Universität Heidelberg zahlreiche Katzen und Hunde befreite.[2556] Erst als deutsche Medien verstärkt auch über britische AktivistInnen berichteten, sich somit ein Wiedererkennungswert einzustellen vermochte, fand er weiter verbreitete Verwendung. Zuvor waren recht fantasievolle Namen wie *‚Grüne Zelle Lurch'*, *‚Kommando Deisters Rache'*, *‚Feurige Minks'*, *‚Dr. Ratte und die revolutionären Osterhasen'* oder *‚Schweinchen Schlau und die Feuerteufelchen'* verwendet worden.[2557] Diese Vielfalt darf nicht als Zufallsakt verstanden werden. Vielmehr wollte man in Deutschland die Existenz einer ideologisch weiter gefächerten, diffusen Bewegung widerspiegeln, gleichzeitig auch die Anzahl der TierbefreierInnen verschleiern. Die Wahl eines anderen Namens erleichterte es somit, sich nicht an Konsensrichtlinien halten zu müssen. Umso erstaunlicher muss es erscheinen, dass es in Deutschland zu keinem Zeitpunkt zu einer Militarisierung der Aktionen und der Verwendung von Brief- oder anderen Bomben kam, obgleich die interne Sperre des ALF Regulativs nicht bestand. Anscheinend war die Marginalisierung der radikaleren Gruppen in der Öffentlichkeit hier größer als in Großbritannien. Eskalation hätte die wenigen Sympathisierenden vergrault.

Vor allem Hamburg wurde zum Zentrum des autonomen Tierschutzes und ging hier eine Verbindung mit den anarchistischen Autonomen, der Hausbesetzerszene und, ähnlich wie in Großbritannien, der Antiatombewegung ein. Die Methoden hatte man von der britischen ALF übernommen.[2558] Allein 1988 wurden in Hamburg über 25 Anschläge auf Pelzgeschäfte verübt: Man schrieb immerhin das *‚Internationale Anti-Pelz*

2553 Grüne Zelle Lurch, Der Spiegel, Nr.10, 1984, S.55.

2554 Haferbeck, Edmund und Wieding, Frank: *Operation Tierbefreiung, Ein Plädoyer für radikale Tierrechtsaktionen*, Göttingen, 1998, S.18.

2555 Ibid., S.34.

2556 Oberländer, Hans: Einbruch in die Folterkammern, Der Stern, Nr.17, 18. April 1984, S.65, Liberator Juni/Juli 1984.

2557 Vgl. Haferbeck und Wieding, 1998, S.245ff.

2558 So der ehemalige Tierbefreier Oliver Janssens, in: Haferbeck und Wieding, 1998, S.54.

Jahr', wie AktivistInnen zuvor angekündigt hatten.[2559] 1987 wurde einigen AktivistInnen aus diesem Grund der Prozess gemacht, bei dem sie zu Bewährungsstrafen verurteilt wurden. Die Verbindung zur autonomen Szene zeigte sich als fruchtbar. 1984 kam es zu mehreren Befreiungsaktionen in Göttingen, die von Mitgliedern der unter Überwachung des Staatsschutzes stehenden norddeutschen Autonomen Bewegung durchgeführt wurden.[2560] Im folgenden Jahr wurden auch in Deutschland Warnungen vor Lebensmittelmodifikationen verlautbar. In München bekannte sich das *‚Kommando Bernard Grzimek'* im März 1985 zu einer Kontamination von Eiern aus Legebatterien mit Blausäure. Auch diese Aktion entpuppte sich, dem britischen Vorbild gleich, als *‚hoax'*.[2561] Tierbefreiungen schienen sich zunächst auf Laboratorien zu beschränken. Die Anzahl der befreiten Tiere war entsprechend überschaubar. Ende der 1990er Jahre folgte man jedoch dem Vorbild der amerikanischen ALF und befreite im großen Stil Pelztiere aus Zuchtfarmen, beispielsweise 7000 Tiere aus einer Farm in Westfalen im September 1999.[2562]

Unterstützungsgruppen bildeten sich auch in Deutschland. Der Bundesverband der TierbefreierInnen sah seine Funktion ähnlich der der ALF SG, aber mit einer erweiterten Basis, mehr öffentlichen Auftritten und eigenem, ALF-unabhängigem Profil. Ab 1992 wurde ein vierteljährliches Mitteilungsblatt, die *Tierbefreiung (aktuell)*, herausgegeben, die der Front ein Forum anbot. Zuvor hatte man dies in einem informelleren Rundschreiben getan. Auch hierin fanden die Aktivitäten britischer TierrechtlerInnen einen Widerhall.[2563] Der englische ALF-Aktivist Keith Mann bekam eine eigene Kolumne.[2564] Der Bundesverband übernahm auch die Pressearbeit für die Tierbefreiungsfront und veröffentlichte deren Communiqués. Aus diesem Grund wurde er rasch Ziel staatlicher Beobachtungen und wiederholter Durchsuchungen.[2565] Der langjährige Vorsitzende der Gruppe, Markus Schaak, sah sich immer wieder Ermittlungsverfahren ausgesetzt.

Der Schwerpunkt der deutschen ALF-AktivistInnen lag in den 1990ern auf der Bekämpfung der Jagd - und hier vor allem auf der Zerstörung von Jagdgerätschaften, wie Hochsitzen-, der Massentierhaltung sowie dem Angriff auf Pelzgeschäften und Pelzfarmen. 1995 wurden mehrere Legebatterien komplett niedergebrannt. Am 23. Juli 1995 etwa verübte

---

2559 Pai, Claudia: Die Rächer der Tiere, Die Zeit, Nr.46, 11. November 1988, S.17.

2560 Haferbeck und Wieding, 1998, S.25.

2561 Pai, Claudia: Die Rächer der Tiere, Die Zeit, Nr.46, 11. November 1988, S.18.

2562 Tierbefreiung aktuell, Nr. 26/27, Dezember 1999, S.7.

2563 Tierbefreiung aktuell, Vol. 2, Nr.4, Dezember 1994, S.10.

2564 Tierbefreiung aktuell, Vol. 5, Nr.2, Juni 1997, S.11.

2565 Tierbefreiung aktuell, Nr.4, Dezember 1997, S.4f.

die Tierbefreiungsfront einen Brandanschlag auf eine leer stehende Hühnermastfarm in Gehrde im Osnabrücker Land. Die Gebäude brannten komplett nieder und ein geschätzter Schaden von rund 20 Millionen DM entstand.[2566] Im gleichen Jahr hatte es bereits einen ähnlich verheerenden Brandanschlag auf ein vergleichbares Objekt in Selm gegeben. Der Gebäudekomplex gehörte zum Konzern des als *‚Hühner-Baron'* bekannt gewordenen Anton Pohlmann, der als besonderes Feindbild deutscher militanter Tierrechtler fungierte. Die Versicherung seines Unternehmens hatte ein Kopfgeld von 100 000 DM für Hinweise ausgesetzt, die zur Ergreifung der TäterInnen führen würden. Einen Hinweis hatten die AktivistInnen selbst hinterlassen. *‚Feuer und Flamme den Tier KZs – TRB'* war in schwarzen Lettern an der Gebäudewand festgehalten.[2567] Damit griffen sie einen Diskurs auf, der in der radikalen deutschen Tierrechtsbewegung mehr als nur umstritten war. Den Vergleichsparameter Holocaust heranzuziehen galt für viele von der autonomen Linken beeinflusste TierbefreierInnen als verpönt und deshalb ab spätestens zum Ende der 1990er Jahre als rhetorisches No-Go. Besonders an der bereits erwähnten PETA-Kampagne hatte sich entsprechender Protest festgemacht.[2568]

Um Fleischproduktion ging es auch bei den Auseinandersetzungen um den Bio-Schlachter Groth im Bremer Ostertorviertel 1995. Ihm hatte man wiederholt die Scheiben zerstört, um auf das Oxymoron der humanen Viehwirtschaft hinzuweisen.[2569] Diese Aktionen fanden ein bundesweites Medienecho und stießen die Diskussion um den Veganismus in Deutschland an. Brandanschläge auf Fleischproduzenten und deren Transportfahrzeuge wurden zum favorisierten Modus Operandi der Tierbefreiungsfront. Sie nutzte es aus, wenn die Massentierhaltungseinrichtungen vor Neubelegungen leer standen, um zur Tat zu schreiten. Im Jahr 2000 fanden Anschläge in Bremervörde, Berlin, Bochum und Rietberg statt – der letzte seiner Art im Februar 2007 in Hannover. Hier wurden zahlreiche Fahrzeuge eines Schlachthofes niedergebrannt.

Der Terrorismusvorwurf wurde in der Bundesrepublik vor allem von den gemäßigten TierschützerInnen um den Deutschen Tierschutzbund

---

2566 Frankfurter Rundschau, 24. Juli 1995, S.20; Tierbefreiung aktuell, Vol. 3, Nr.4, November 1995, S.4f.

2567 Frankfurter Rundschau, 28. Juli 1995, S.24.

2568 *AG des Hamburger Tierbefreiungstreffens: PETAs Kampagne ‚Der Holocaust auf Ihrem Teller" – Eine Kritik aus der Tierrechtsbewegung,* ohne Datumsangabe; Witt-Stahl, Susann: *Auschwitz liegt nicht am Strand von Malibu und auch nicht auf unseren Tellern, Kritische Anmerkungen zum „KZ-Vergleich",* in: Tierbefreiung, Nr.44, Juli 2004; Witt-Stahl, Susann: *Das Tier als „der ewige Jude"? Ein Vergleich und seine Kritik als Ideologie,* in: Dieselbe, 2007, S.276ff.

2569 Schlachten Sie Ihre Kinder?, die tageszeitung, 16. August 1994; Holch, Christine: Vegetarier sind Heuchler, die tageszeitung, 23. Januar 1995.

aufgegriffen, während es die meisten Medien bei der adjektivischen Rahmung militant, extrem oder radikal beließen bzw. das Label ganz ablehnten. Als auch in Deutschland die Anzahl illegaler Tierbefreiungen und anderer Aktivitäten nach dem Vorbild der ALF zunahmen, gingen die moderaten Gruppen auf Distanz. Der Deutsche Tierschutzbund sagte sich gar von TierrechtlerInnen per se los. Er sah in der Nutzung jeglicher Form von illegalen Methoden eine Gefahr für die bundesdeutsche Demokratie.[2570] Tierbefreiungen wurden als Unsinn diskreditiert.[2571] Man fürchtete durch derartigen *'Aktionismus'* selbst in Misskredit zu geraten.

Nicht so die Medien: In einem ausführlichen Bericht beschwerte sich die Berliner *tageszeitung* darüber, dass die Bundesanwaltschaft diejenigen, die sie des Brandanschlages gegen den Neubau des Forschungsinstituts für experimentelle Medizin und Biologie im Juni 1985 verdächtigte, der Bildung einer terroristischen Vereinigung bezichtigte. In einem Kommentar hieß es dazu:

> *„Professor Grzimek als Schreibtischtäter (…) Jeder Tierschutzverein eine Keimzelle terroristischer Vereinigungen? Der Deutsche Schäferhund-Verband mitten im Sympathisantensumpf? (…) Verfolgen wir diese Fährte (...) weiter, landen wir im Wohnzimmer des deutschen Michel, der sich heimlich verhetzende Propagandastreifen wie „Serengeti darf nicht sterben" oder „Die Wüste lebt" reinzieht."* [2572]

Man zog zwar Vergleiche zur radikalen britischen Bewegung heran, antizipierte britische Verhältnisse, mochte sie aber noch nicht gleichsetzen.[2573] Zumal die Terrorismusetikettierung nur *'schlafende Hunde'* wecken würde.[2574] Und soweit, dass Menschenleben in Gefahr wären, sei man in Deutschland nicht.[2575] Auch staatliche Verfolgungsbehörden taten sich fortan schwerer damit, in der Tierbefreiungsfront eine terroristische Vereinigung gemäß des §129a zu sehen. Als die Staatsanwaltschaft Rostock 1997 die Ermittlung gegen Angehörige der *'Feurigen Minks'*, die sich zu einem Brandanschlag auf eine Nerzfarm bekannt hatten, an die Bundesanwaltschaft abgeben wollte, wiegelte diese ab. Hier gehe es eindeutig um ökonomische Sabotage und die finanzielle Schädigung der Industrie, nicht aber um einen Angriff auf den Staat oder seine Grundordnung.[2576] Entsprechend blieb es im Strafverfahren gegen Angehörige der Tierbefreiungsfront bei Bewährungsstrafen oder kurzen Haftstrafen. Der

2570 Rusche, B.: „Autonome": Tierschutzterror?, Du und das Tier, Nr.2, 1985, S.39.

2571 Grasmüller, Andreas: Tierschutz-Terrorismus? Du und das Tier, Nr.4, 1985, S.57.

2572 Terroristen für die die Herzen schlagen, die tageszeitung, 10. Juli 1985, S.3.

2573 Köpf, 1996, S.70ff.

2574 Terroristen für die die Herzen schlagen, die tageszeitung, 10. Juli 1985, S.3.

2575 Köpf, Peter: Tiere retten, Menschen töten? die tageszeitung, 25. Oktober 1996.

2576 Tierbefreiung aktuell, Nr.4, Dezember 1997, S.5.

Bundesverband der TierbefreierInnen übernahm auch hier die Koordination von Rechtsbeiständen und die Organisation und Finanzierung der Rechtshilfe.

Auch wenn insbesondere in den USA nunmehr zahlreiche aktive ALF Zellen operierten, blieb Großbritannien das Land, in dem die Gruppe am aktivsten war.[2577] Nicht nur hatte sich hier eine effektive und starke Infrastruktur der Solidaritätsbewegungen etabliert, auch stellte das Methodenrepertoire mit der Erweiterung um einen noch militanteren Flügel eine größere Bandbreite dar. Durch den medialen Diskurs kam den Aktionen der Bewegung eine beachtliche Aufmerksamkeit zu, auch wenn er sich ab Mitte der 1980er Jahre zunehmend pejorativ gestaltete. Der Terrorismusverdacht gegenüber britischen TierrechtlerInnen vermochte weltweit auszustrahlen und wurde als Bezugsmoment ständig in Betracht gezogen. Diese Internationalisierung des Protestes zog Zusammenarbeit nationaler Polizeikräfte mit sich. Das FBI recherchierte über AktivistInnen der britischen Tierrechtsbewegung, allen voran ALF Pressesprecher Robin Webb. Die britische Regierung verweigerte ihrerseits 2004 dem bekannten amerikanischen ALF-Aktivisten Rod Coronado die Einreise ins Vereinigte Königreich.[2578] Er sollte dort an einem internationalen TierrechtlerInnentreffen teilnehmen. Doch auch die internationale Bewegung selbst orientierte sich weiterhin an Großbritannien, obgleich sich nationale Besonderheiten herauskristallisierten. Der britischen Bewegung als leuchtendem Vorbild galt es zu folgen.

2577 *Animal Liberation Front*, in: *Extremists Groups: Information for Students*, Vol. 1, Detroit u.a., 2006, S.137.

2578 Doward, Jamie, Townsend, Mark und Bright, Martin: Animal rights arsonist to face UK ban, The Observer, 1. August 2004.

Ergebnisse und Ausblick

Zu Beginn des neuen Jahrtausends stellte sich die britische Tierrechtsbewegung also in facettenreicher Form dar. Sie besaß ein breites Methodenrepertoire und versammelte ein weites Spektrum an Akteuren. Diese Bandbreite verdankte sich historisch gewachsenen Strukturen, auf die die Bewegung zurückgreifen konnte. Die Motivation für das Engagement für die Kreatur war vielschichtiger Natur. Als Einstiegsgrundlage haben beispielsweise die religiösen Substrate des so genannten ‚Evangelikalismus' Erwähnung gefunden. Darüber hinaus fand mit der Etablierung der evangelikalen Idee auch ein säkular-philosophischer Paradigmenwechsel statt, der das Tier in den Kreis der moralisch zu Berücksichtigenden einbezog. Der Utilitarismus als angloamerikanische Philosophietradition nahm unter seinem führenden Vertreter Jeremy Bentham die Leidensfähigkeit des Tieres als signifikante Größe mit auf. Rechtstheorien, die sich an Thomas Paines fundamentalen Menschenrechten orientierten, sahen auch im Tier ein schmerzfähiges Wesen, das zu seinem Schutz Rechte bedürfte.

Wurde eingangs gefragt, wieso sich die Tierrechtsbewegung gerade in Großbritannien gebildet hat, konnten in dieser Arbeit zumindest einige Faktoren identifiziert werden. Die relativ frühe Industrielle Revolution und die damit verbundenen Urbanisierungsprozesse ermöglichten einen differenten Blick auf das Tier. Die Urbanisierung half, Tiere auf eine andere, zu gleichen Teilen sowohl intimere als auch distanziertere, Ebene zu heben. Tiere wurden zu Mitgliedern der (bürgerlichen) Familie und gleichzeitig Objekte von Bewunderung. Damit kam dem Tier ein anderer Stellenwert zu. Es wurde nicht mehr als bloßes Nutzobjekt betrachtet. Gleichwohl wurden Tiere weiterhin instrumentalisiert, um intrahumane Konflikte zu verhandeln. Die Tierschutz- und Tierrechtsbewegungen bespielten somit neue Projektionsflächen, die Tieren auch anderweitige Funktionen zuschrieben. Ein besonders gottgefälliges Leben ließ sich genauso über den korrekten Umgang mit dem Tier vermitteln wie ein philosophisch aufgeklärtes. Insgesamt gelang es, über die institutionalisierte Tierrechtsidee in gesamtgesellschaftliche Diskurse und Transformationsgeschehnisse einzugreifen. Dies ließ sich besonders daran messen, wie Frauen in der Bewegung sich der Auseinandersetzung um die Aufwertung des Tieres bedienten, um auch die eigene Rechtssphäre auszuweiten und sich politisch zu emanzipieren. Auch die Klassengesellschaft ließ sich über die Tierrechtsbewegung abbilden. Über das Verhältnis zum Tier wurden klassenantagonistische Abgrenzungen und klassenspezifische Charakteristika formuliert. Dabei verfestigten sich einerseits die in der britischen Gesellschaft vorherrschenden Konzepte von Klasse und wurden gleichzeitig in Frage gestellt. Die Konstellation dieser soziostrukturellen Bedingungen garantierte, dass das Thema Tierschutz/Tierrecht in bleibender Diskussion war. Allerdings unterschieden sich die ideologischen Vorzeichen. Dabei waren die Bezüge zur Tierrechtsbewegung von einem gender- oder klassenrelevanten Standpunkt nicht immer mit positiven Attributen belegt. Erinnert sei hier an den Vorwurf, bei den TierschützerInnen würde es sich im Gros um hysterische Frauen handeln. Andererseits diente Tierschutz selbst auch der Abgrenzung zu *‚Anderen'*, Fremden. Durch ihn konnten damit sowohl ein zivilisatorischer Habitus verstärkt als auch imperialistisches Handeln legitimiert werden. Tierschutz und Tierrecht wurde schon früh als etwa verstanden, was die britische Nation von anderen Nationen unterschied und konnte sich als Bestandteil des britischen Patriotismus etablieren.

Die Belegung der Tierschutz- und Tierrechtsidee durch eine Vielzahl von Akteuren mit verschiedenartigen Absichten schenkte der Tierrechtsbewegung eine enorme Aufmerksamkeit. Das nationale Klischee der *‚Nation of Animal Lovers'* wurde gerne und oft bedient. Dabei, und dies ist zu betonen, folgte Tierschutz in Großbritannien keiner expliziten Vorgabe eines Obrigkeitsstaates, so wie er in NS-Deutschland vorzufinden war, sondern gerierte sich als Kernstück der bürgerlichen Gesellschaft selbst. Vor allem im 19. Jahrhundert fungierte er als Schnittstelle politischer Respektabilität und sozialer Einforderungen an den Staat. Dies führte zu einer relativ weiten Auslegungsmöglichkeit politischen Tierschutzes. Obgleich Tierschutz und Tierrecht zumindest im 20. Jahrhundert als ein Betätigungsfeld der politischen Linken galt, konnte gezeigt werden, dass dies nicht der Fall war. Auch die politische Rechte sah im Tierschutz Chancen, sich in politische Debatten einzubringen und mit dem Sujet WählerInnenfang zu betreiben.

Dieser multidimensionale Zugang zur Thematik, der vom unterschiedlichen sozialen Hintergrund der ProtagonistInnen der Tierrechtsbewegung abhing und von deren voneinander abweichenden politischen Ausrichtungen sowie verschiedenen Möglichkeiten zur Instrumentalisierung von Tierschutz geprägt war, macht das spezifisch britische Element aus, nach dem in der vorliegenden Arbeit gesucht wurde. Nur in Großbritannien waren klassen- und geschlechtsspezifische Merkmale und Abgrenzungspotentiale so eindeutig Bestandteil des Entwicklungsprozesses der Tierrechtsbewegung. Nur hier konnte eine derart breit gefächerte mediale Rezeption nachgewiesen werden und nur hier stellte Tierschutz ein so nachhaltiges Politikum dar. Dabei gab es in der Auseinandersetzung um die Tiere zahlreiche entgegengesetzte Akteure, die in den Diskurs eingriffen.

In Großbritannien wurde nämlich vor allem auch ein Kampf darüber geführt, wer die Deutungsmacht über Tierliebe und Tierschutz steuern und entsprechend mit Inhalt füllen konnte. Der nationalistische Diskurs über

Tierliebe als britisches Phänomen hatte ja Zivilisierungsansprüche gesellschaftlich legitimieren können. Die Aufgabe dieses Prinzips und ihrer Überlassung an eine Gruppe von Menschen, wie sie etwa im radikalen Flügel der Bewegung vertreten waren und denen an der Transformation der bestehenden Gesellschaft gelegen war, musste damit zwangsläufig Bestandteil von Disputen werden. Abgrenzung zu anders denkenden Kreisen und die Unterteilung in abolitionistische und pragmatische Gruppen bestimmten dabei genauso die Debatten wie jene um den richtigen Weg zur Erreichung wiederum verschiedenartiger Ziele. Das Aufkommen des militanten Flügels mit radikalen Vorstellungen stellte damit eine Anklage an die moderate Tierschutzbewegung dar, eine Herausforderung an einen nahezu zum hegemonialen Prinzip erklärten Tierschutz. So einfach wollte man sich in den Reihen der Gemäßigten jedoch nicht in die Ecke der Tierfeinde drängen lassen. Als Resultat wurde der ALF – auch von staatlicher Seite –, neben ihrer Platzierung in einen Diskurs, der sie als terroristisch markierte, zudem ihre immanente und genuine Sorge um die Tiere abgesprochen.

Die multiple Belegung konkurrierender Ansichten des politischen Tierschutzes garantierte eine diskursive Präsenz, wie sie in den Vergleichsländern nicht vorgefunden werden konnte. Diese Wirkung verdankte sich nicht zuletzt dem Engagement einiger illustrer, nicht immer gesamtgesellschaftlich einflussreicher, jedoch charismatischer Persönlichkeiten, die sich der Sache verschrieben hatten. Ohne die frühen Vegetarier um Shelley, Ritson und Oswald hätte der Vegetarismus wahrscheinlich nicht Einzug in Debatten der radikalen Reformer Anfang des 19. Jahrhunderts gefunden, die auch später nachwirkten. Ohne Frances Power Cobbe hätte die viktorianische Antivivisektionsbewegung wohl kaum die mediale Präsenz erhalten, die sie bekam. Henry Salts Beharrung auf Tierrecht als logischer Verlängerung sozialer Veränderungen brachte die Thematik erst in den Diskussionszirkel der Fabianer und damit in einen recht exklusiven Kreis britischer ReformerInnen. Louise Lind-af-Hagebys Anrufung der internationalen Gemeinschaft vermochte erste Schritte des Tierschutzes auf internationaler Ebene zu erwirken. Das Gleiche lässt sich auch für die zweite Bewegung sagen. Richard Ryders vielschichtiger Einsatz als Propagandist, Aktivist, Theoretiker und Chronist öffnete der Bewegung neue Wege auf dem politischen Parkett. Ronnie Lees Bereitschaft, militantere Schritte für die Befreiung der Tiere zu gehen, machte ihn zum Vorbild für eine neue, radikale Epoche in Sachen Tierrecht und war Ansporn für eine auf kämpferische Rhetorik bauende Generation potentieller Märtyrer.

Was lässt sich nun aber resümierend über den politischen Erfolg der britischen Tierrechtsbewegung sagen? Angesichts gegenwärtiger Massentierhaltung und der fortwährenden gentechnischen Forschung, in der das Tier zum Ersatzteillager menschlicher Bedürfnisse mutiert, scheint sie, zumindest wenn man die absolutistischen Ziele der Bewegung betrachtet, gescheitert zu sein. Letztlich war wohl dieses Durchsetzungsdefizit ein Grund für die Radikalisierung der Bewegung seit den 1960er Jahren, sowohl in der Rhetorik als auch in der Praxis. Diese Radikalisierung hatte wiederum Auswirkungen auf Struktur, Sendungsbewusstsein und methodisches Vorgehen. Die bestehende Bewegung wurde damit nicht nur revitalisiert; einher ging dies mit einer Welle von Neugründungen von Tierrechtsgruppen sowie der deutlichen Differenzierung zwischen Tierschutz und Tierrecht. Es kann jedoch als Erfolg dieser Bewegung gewertet werden, dass sie Diskurse über das Mensch-Tier-Verhältnis anregte, die vor allem auch im Kontext von bioethischen Debatten Zugang in wissenschaftliche Reflexionen erfuhren und sich mittlerweile zu einem allgemein beachteten sozialwissenschaftlichen Paradigma entwickelt haben. Die Subdisziplin der Human-Animal Studies legt Zeugnis von dieser Entwicklung ab.

Dass sich jedoch Aspekte der Tierrechtsarbeit finden lassen, in denen sich die Bewegung als auch in ihrem Sinne erfolgreich offenbaren konnte, zumal unter dem Eindruck der Direkten Aktionen radikaler Gruppen, kann am Thema Pelz exemplifiziert werden. Die Pelzindustrie ist durch die ständigen Übergriffe wirtschaftlich bis heute deutlich geschwächt. Eine kontinuierliche Produktion ist aus Rentabilitätsgründen nicht mehr sinnvoll. Dem Tragen von Pelzmänteln haftet darüber hinaus nunmehr ein sozial geächtetes Stigma an. Außerdem bewirkte die kontinuierliche, wenn auch ambivalente und nicht immer intendierte, Präsenz in den Medien und eine zunehmende Transparenz dessen, was mit Tieren geschieht, eine deutliche Kritik am Tiergebrauch in anderen Bereichen, die die Tierrechtsbewegung thematisierte. Die Öffentlichkeitsarbeit mit legal oder illegal erworbenen Informationen über Tiergebrauch und Tiermissbrauch führte so bei dem Thema Vivisektion zu einem wachsenden Interesse an so genannten ‚*cruelty-free*'-Produkten, also zu einem reflektierten Konsumverhalten. Zusätzlich bestand in der britischen Bevölkerung am Ende des 20. bzw. Anfang des 21. Jahrhunderts die generelle Annahme, dass Gewalt gegenüber Tieren, wie auch immer diese Gewalt individuell definiert wurde, falsch sei.[2579]

Anhand der Einbettung in das Forschungskonzept der Sozialen Bewegungen konnten darüber hinaus Aussagen getroffen werden, die die Tierrechtsbewegung vergleichbar machten mit anderen Bewegungen. So ließ sich beobachten, dass die Umsetzung moralischer, sozialer und politischer Kategorien in die gesellschaftliche Wirklichkeit nur möglich war, da sie nicht dem Partikularen verhaftet blieben. Die Vermengungen

---

2579 Garner, 1993a, S.47ff.

der Tierrechtsbewegung mit anderen Bewegungen, beispielsweise der Friedens- und Frauenbewegung, garantierte ihr breitere Resonanz. Damit fand sie, zumindest in Großbritannien, ideale Voraussetzungen für die Etablierung einer Sozialen Bewegung vor: Die gesellschaftliche Akzeptanz zahlreicher Menschen.

In der politischen Lobbyarbeit stand dieser Sozialen Bewegung dabei das politische System in Form des House of Commons nur bedingt als Ansprechpartner tierrechtsrelevanter Themen zur Verfügung. Zahlreiche der moderaten Gruppen konnten sich jedoch auf die Unterstützung von HinterbänklerInnen verlassen bzw. zählten einzelne Abgeordnete zu ihren Mitgliedern. Ihnen stand die *‚Political Opportunity Structure'* offen. Die RSPCA wurde sogar durch maßgeblichen Einfluss der Parlamentsmitglieder Richard Martin, William Wilberforce und Thomas Fowell Buxton ins Leben gerufen. Die Vegetarian Society unterstrich ihren Anspruch auf Ernsthaftigkeit der Forderungen durch den Vorsitz von Joseph Brotherton, Parlamentsmitglied des reformierten Parlaments nach 1832. Auch die zahlreichen Antivivisektionsgesellschaften des viktorianischen Zeitalters bis hin zur radikaleren Humanitarian League legten großen Wert auf die Verbindungen, die sie zu Parlamentsmitgliedern aufbauen konnten. Diese Gruppen konzentrierten sich auf die Mobilisierung des Adels und/oder des Bildungsbürgertums, zumindest was den legislativen Weg betraf, und bildeten ein Netzwerk von Kontakten zu Regierung und Parlament. Auch die zweite Tierrechtsbewegung, obgleich noch stärker auf Direkte Aktionen fokussiert, bemühte sich, soweit ihr der Zugang möglich war, Kontakte zu Parlamentsangehörigen zu halten, um über sie Einfluss auf Exekutive und Legislative nehmen zu können.

Die von Brand und anderen entwickelte Analyse Sozialer Bewegungen, die diese von zyklischen Schwankungen unterworfen sieht, konnte in der vorliegenden Arbeit Bestätigung finden. Angewendet auf die Tierrechtsbewegung ließ sich diese zyklische Entwicklung wie folgt nachvollziehen: Die erste Entwicklungsstufe der Bewegung in Großbritannien, noch unorganisierten Charakters, spiegelte sich in der Reaktion auf rationalistisch-mechanistische Vorstellungen vom Tier sowie der Veränderung in der Wahrnehmung tierlichen Daseins durch Industrialisierung und Urbanisierungsprozesse wider. Die Zeit spätviktorianischer Konsolidierung war geprägt von Ängsten und der diskursiven Übermacht der materialistischen Naturwissenschaften, die sich vor allem in der Vivisektion, jenem Hauptbetätigungsfeld tierschützerischer Arbeit, ausdrückte. Auch der sich in dieser Zeit institutionalisierende Tier- und Vogelschutz besann sich auf verklärte Naturvorstellungen und legte damit ebenfalls den Grundstein für die Umweltschutzbewegung. Vegetarismus als Bestandteil alternativen Lebenswandels verband diese Zivilisationskritik mit der praktizierten Utopie, die auch Temperance-, Kleidungsreform- und Nudistenbewegungen, prominent um die Jahrhundertwende, teilten. Die zweite Tierrechtsbewegung ist nunmehr vor allem mit den Resultaten der exzessiven Massentierhaltung konfrontiert, die eine Zuspitzung der Technokratisierung moderner Gesellschaften darstellten.

Darüber hinaus stellten Brand, Tarrow u.a. heraus, dass es zum Anstoß des Protestzyklus besonderer Begleiterscheinungen bedurfte. Solche Initiationsmomente für zyklische Erscheinungen stellten zum Beispiel die Reaktionen in der britischen Presse über Grausamkeiten an Tieren in der französischen Veterinärsschule in Alfort 1863 dar.[2580] Sie verhalfen der Antivivisektionsbewegung zu ersten Formierungsmöglichkeiten. Auch die Diskussionen um die Jagdmeute der Eliteschule Eton als pädagogisches Element der Jungenerziehung verhalfen den Antijagdkampagnen der Humanitarian League zu ersten positiven Rezeptionen.[2581] Aus zeitgenössischer Perspektive seien schließlich die teilweise gewalttätigen Auseinandersetzungen um Lebendtiertransporte an englischen Häfen und Flughäfen 1994/1995 erwähnt, die der Tierrechtsbewegung breite Resonanz verschafften.

Wie gezeigt wurde, ist die Tierrechtsbewegung also eine Ausformung der Sozialen Bewegungen, so wie sie sich als politisches Handlungs- und Organisationsmodell in den vergangenen 250 Jahren entwickelt haben. Ihr war und ist nicht nur daran gelegen, fundamentalen Wandel in der Beziehung vom Mensch zum Tier hervorzubringen sie wollte auch Sekundärinteressen befriedigen. Dabei richtete sich ihr Engagement sowohl an politische EntscheidungsträgerInnen, sie war somit den politischen Opportunitäten unterworfen, als auch an die breite Öffentlichkeit. Hier entwickelte sie kulturelle Identitäten, die Vorbildcharakter haben sollten. Sie war in ihrer Entwicklung zyklischen Schwankungen unterworfen, die sich in Außenwirkung, politischem, kulturellem und ideologischem Einfluss, innerer Kohärenz und Mitgliederzahlen sowie politischen Allianzen und Inspirationsquellen bemerkbar gemacht haben. Ihr Handlungs- und Organisationsrepertoire zeigte sowohl Beständigkeit als auch Flexibilität in der Anpassung an geänderte gesellschaftliche Rahmenbedingungen.

Zur Organisationsstruktur der Tierrechtsbewegung ließ sich feststellen, dass, obwohl zumindest der radikalen Bewegung daran gelegen war, sich möglichst hierarchiefrei zu organisieren, sich dennoch feste Strukturen herausbildeten und einflussreiche Persönlichkeiten das Bild der Bewegung prägten. Raschke resümiert folglich, dass es zwar Bewegungen

2580 Cobbe, 1904, S.620.

2581 Salt, 1914, S.116ff; Humanity, Vol. IV, Nr.76, Juni 1901, S.137 The Humanitarian, Vol. I, Nr.3, Mai 1902, S.17, 22f.

mit namhaften und namenlosen FührerInnen gäbe, jedoch keine ganz und gar führungslose.[2582] Das bedeutet auch, dass eine Gruppe wie die Animal Liberation Front, die aufgrund ihrer klandestinen Organisation keine offizielle Führung hatte, dennoch etwa durch die Gefangenen nach außen eben nicht *‚kopflos'* wirkte. Ihnen wurde ein Märtyrerstatus zugesprochen und auch sie selbst sahen sich als *‚Helden der zukünftigen Generation'*.[2583] Auch innerhalb der Bewegung nahm die ALF durch ihre radikalen Positionen Führungsansprüche auf. Darüber hinaus wurden zahlreiche Beispiele dafür erbracht, dass Gruppen nicht nur auf Initiativen von Einzelpersonen gegründet wurden, sondern auch, dass ihre kontinuierliche Arbeit und ihr Fortbestehen von einflussreichen, starken Individuen getragen wurden. In historischer Perspektive trifft dies besonders auf Frances Power Cobbes Einfluss in der viktorianischen Antivivisektionsbewegung zu. Die viktorianischen Gruppen hatten im Gegensatz zu den Gruppen der zweiten Tierrechtsbewegung typischerweise und bewusst eine elitäre Struktur. Kontrolle wurde von einer kleinen Zahl führender Persönlichkeiten aus gesellschaftlichem, politischem und literarisch-kulturellem Leben ausgeübt. Die meisten Mitglieder wurden aus den oberen Gesellschaftsrängen rekrutiert. Der fast schon oligarchische Führungsstil zahlreicher Tierschutzgruppen des viktorianischen Zeitalters, der auch noch im 20. Jahrhundert seine Fortsetzung fand und sich in den langjährigen Amtszeiten der Vorsitzenden widerspiegelte – Walter Hadwen etwa leitete die BUAV von 1904 bis 1932, Winifred Dallas-Yorke die RSPB gar von 1891 bis 1954 –, führte jedoch zu radikalen Umstrukturierungen innerhalb der zweiten Bewegung und der Neugründung von Gruppen, die tendenziell auch altersstrukturell jünger waren.

Als Soziale Bewegung zeichnete sich die Tierrechtsbewegung also präziser dadurch aus, dass sie ein Netzwerk aus organisierten und unorganisierten Gruppen bildete, deren Verhältnis zueinander im stetigen Fluss begriffen war. Dies bedeutet, dass sich Gruppen in Ablehnung zueinander stellten, wenn es beispielsweise zu Unstimmigkeiten bezüglich Strategien, Methoden und Zielen kam. Die Neugründung von Gruppen, die sich etwa in der Radikalität der Zielumsetzung absetzten, ohne jedoch von der groben ideologischen Zielvorstellung abzulassen, war die logische Konsequenz. Wie gezeigt wurde, gründeten sich die Antivivisektionsgruppen des viktorianischen Zeitalters aus dem Unwillen der Royal Society for the Prevention of Cruelty to Animals, sich der Thematik der Tierversuche anzunehmen. Diese spalteten sich wiederum über Debatten um Absolutheitsforderungen. Auch die Hunt Saboteurs Association und die Animal Liberation Front waren Manifestationen solch interner Diffe-

2582 Raschke, 1987, S.214.

2583 Interview mit ALF-Aktivist Keith Mann, in Voice, Nr.20, Januar 2000, S.8.

renzen. Der Legitimität willen von radikalen Zielen abzusehen, war der Grund von Disput und Spaltung. Die League against Cruel Sports gründete sich als Reaktion auf den *‚weichen Standpunkt'*, den die RSPCA der Jagd gegenüber einnahm. Die HSA ging aus der Auseinandersetzung über die Aktionsform aus der LACS hervor, zu einem Zeitpunkt als die LACS sich um mehr Legitimität bemühte. Die ALF wiederum spaltete sich von der HSA ab, als abzusehen war, dass das politische System sich nicht zu einem Verbot der Jagd durchringen würde, und folglich die Aktionen ein weiteres Mal radikalisiert werden müsse. Solche Unstimmigkeiten über Prioritäten und Taktiken waren jedoch zu erwarten, zieht man in Betracht, dass Neue Soziale Bewegungen sich auf idealistische und weit reichende Zielsetzungen stützen und ein weitaus stärkeres Engagement von ihren AnhängerInnen verlangen, als traditionelle politische Vereinigungen dies taten. Die Variantenreichtümer der Tierrechtsgruppen bezogen auf Methode, Organsationspotential und ideologische Untermauerung ermöglichte es der Bewegung jedoch auch, den zyklischen Regressionen standhalten zu können.

Durch die vergleichende Perspektive der historischen Komparatistik konnte ferner herausgearbeitet werden, dass zunächst unterschiedliche Ausgangsbedingungen für differente Konstituierungsphänomene in den Vergleichsländern verantwortlich waren, die dann jedoch Eigendynamiken entwickelt haben. Nicht nur wurde die Selbstversicherung der *‚Nation of Animal Lovers'* ständiger Selbstaffirmation unterzogen, diese wurde auch von außen bestätigt. Zudem wurde eruiert, dass die Tierrechtsbewegung in Großbritannien zwar die punktuell einflussreichste, nicht aber die größte ihrer Art war. Die Vereinigten Staaten können auf eine weitaus mitgliederstärkere Bewegung blicken, deren Kraft sich jedoch gerade durch die Weitläufigkeit des Landes verlor. In Bezug zu Deutschland ließ sich hingegen eindeutig feststellen, dass es sich bei dem Verhältnis der Tierrechtsbewegungen zueinander, wie in anderen Bereichen der Sozialgeschichte auch, um ein Verhältnis zwischen Pionier und Nachzügler handelt.[2584]

Es fanden sich also zwar ähnliche Entwicklungen der Tierrechtsbewegung in den Vergleichsländern, diese äußerten sich jedoch nicht mit derselben Effizienz der Bewegung und auch nicht mit derselben Heftigkeit und gesellschaftlichen Schärfe. Es wurde verdeutlicht, dass sich diese Besonderheit auch darauf bezieht, wie vehement die britischen Regierungen seit Mitte der 1980er Jahre mit der Bewegung umgingen, sie bekämpften und ihr Widerstand entgegenbrachten. Festzuhalten bleibt Folgendes: Laut einer Umfrage aus dem Jahr 1995 erachteten 68% der

---

[2584] Berghoff, Hartmut und Ziegler, Dieter: *Pionier und Nachzügler. Kategorien für den deutsch-britischen Vergleich,* in: Berghoff und Ziegler (Hg.), 1995, S.15ff.

britischen Öffentlichkeit es als legitim, das Gesetz zu brechen, um dadurch Tiere zu befreien oder ihnen unmittelbar zu helfen.[2585] Diese relativ hohe Akzeptanz und Toleranz radikaler Handlungsstrategien muss letztlich als Erfolg der Tierrechtsbewegung gesehen werden. Es kann daher der Schluss gezogen werden, dass die Darstellung der ALF und anderer radikaler Gruppen als gefährliche, urbane Terrororganisationen der Tierrechtsbewegung eine gewichtige Bedeutung schenkte und der Thematik neue Dimensionen eröffnete.

Gerade der ALF, die zumindest auch in der Außenperspektive einen gravierenden Eindruck von der britischen Tierrechtsbewegung zeichnet, wurde zwar viel mediale Aufmerksamkeit geschenkt, sowohl in Großbritannien wie im Ausland. Ihre inhaltliche Durchdringung war jedoch nie Ziel der Analysen. Vielmehr stellte man sie in einen Kontext, den auch Polly Toynbee für den *Guardian* konstatierte. Die ALF sei

> *„the most revolutionary movement the world has ever known – absolutist, impossibilist, bizarre."*[2586]

Der Verweis auf das Unbegreifliche, *‚Bizarre'* half dabei, Forderungen der radikalen Bewegung im Voraus ad absurdum zu führen. Die Einordnung der Gruppe als terroristische Vereinigung und ihre Hochstilisierung zur größten Gefahr für den britischen Staat muss auch vor dem Hintergrund der Abwesenheit anderer politischer Gefahren nach der Waffenstillstandserklärung der IRA und vor den Anschlägen des 7. Juli 2005 gelesen werden. Ob sich die Hinwendung der staatlichen Verfolgungsorgane zur Bekämpfung des *‚islamischen Fundamentalismus'* auch auf die mediale Präsenz und den diskursiven Einfluss der Tierrechtsbewegung auswirken wird, bleibt abzuwarten. Auffällig ist jedoch, dass die mediale Präsenz sich in einem Wandel befindet, der noch nicht abgeschlossen scheint. So will beispielsweise der *Guardian* einen Rückgang in der Akzeptanz militanter Aktionen beobachtet haben, der sich in einer allgemeinen Schwächung des aktivistischen Outputs bemerkbar mache.[2587] Ob dies mit der Verschiebung auf einen geeigneteren *‚enemy within'* zusammenhängt, muss Spekulation bleiben. Wie nachhaltig die Tierrechtsbewegung auch in Zukunft auf die sozialen und politischen Fundamente Großbritanniens einwirken wird, kann selbstverständlich noch nicht beantwortet werden. Historischen Eindruck hinterlassen hat sie zweifelsfrei.

2585 Daily Telegraph, 3. Juni 1995.

2586 Toynbee, Polly, zitiert nach: Henshaw, 1989, S.36.

2587 Walker, Peter. Animal Rights Militants Losing the War, The Guardian, 1. Mai 2007.

Anhang : Abkürzungen

AAVS	American Antivivisection Society
AVS	American Vegetarian Society
ABA-VS	Association of British Anti-vivisection Societies
ADAVS	Animal Defence and Antivivisection Society
ACIU	Animal Cruelty Investigation Unit
AHA	American Humane Association
ALF	Animal Liberation Front
ALF SG	Animal Liberation Front Supporters Group
ALIU	Animal Liberation Investigation Unit
AMRIC	Animals in Medical Research Information Council
ap	animal peace
ARC	Animal Rights Coalition
ARNI	Animal Rights National Index
ARM	Animal Rights Militia
ASPCA	American Society for the Prevention of Cruelty to Animals
AWT	Animal Welfare Trust
AWY	Animal Welfare Year
BCAVS	British Council of Anti-Vivisection Societies
BFSS	British Field Sport Society
BUAV	British Union for the Abolition of Vivisection
CAFF	Campaign against Fur Farming
CALF	Campaign against Leather and Fur
CALL	Central Animal Liberation League
CAPS	Captive Animals Protection Society
CIWF	Compassion in World Farming
CJA	Criminal Justice Act
CND	Campaign for Nuclear Disarmament
CRAE	Committee for the Reform of Animal Experimentation
DTB	Deutscher Tierschutz Bund
EALL	Eastern Animal Liberation League
FAWC	Farm Animals Welfare Committee
FAWCE	Farm Animals Welfare Co-ordinating Executive
FoE	Friends of the Earth
FRAME	Fund for the Replacement of Animals in Medicine
GECCAP	General Election Coordinating Committee for Animal Protection
HLS	Huntingdon Life Sciences

HRC	Huntingdon Research Centre
HSA	Hunt Saboteurs Association
HSUS	Humane Society of the United States
IFAW	International Fund for Animal Welfare
IRA	Irish Republican Army
JD	Justice Department
LAA	London Animal Action
LACS	League Against Cruel Sports
MFHA	Master of Foxhounds Association
MI5	Military Intelligence, Section 5
NALL	Northern Animal Liberation League
NAVS	National Anti-Vivisection Society
NCDL	National Canine Defence League
NFU	National Farmers Union
PAL	Political Animal Lobby
PDSA	People's Dispensary for Sick Animals
PETA	People for the Ethical Treatment of Animals
PLO	Poultry Liberation Organisation
RAG	RSPCA Action Group
RCS	Royal College of Surgeons
RSPB	Royal Society for the Protection of Birds
RSPCA	Royal Society for the Prevention of Cruelty to Animals
RDS	Research Defence Society
SARC	Southern Animal Rights Coalition
SARP	Support Animal Rights Prisoners
SEALL	South Eastern Animal Liberation League
SEARC	South England Animal Rights Coalition
SHAC	Stop Huntingdon Animal Cruelty
SNGP	Save the Newchurch Guinea Pigs
SPEAC	Stop Primate Experiments at Cambridge
T.A.N.	Tierrechts-Aktion-Nord
UFAW	Universities Fund for Animal Welfare
VIVA!	Vegetarians International Voice for Animals
VPSG	Vegan Prisoners Supporters Group
VSS	Victoria Street Society
WALL	Western Animal Liberation League
WFL	Women's Freedom League
WSPU	Women's Social and Political Union

Quellen- und Literaturverzeichnis

1. Primärquellen

1.1.Mitteilungsblätter der Bewegung

The Abolitionist (BUAV)
Ag, the Journal for Non-Violence in Agriculture (CIWF)
Animals' Defender (NAVS)
Animal Welfare (BUAV)
Animal Liberation Front Supporters Group Newsletter (ALF SG)
The Anti-Vivisection Review (ADAVS)
Anti-Vivisectionist (BUAV)
AV Times (BUAV)
Arkangel for Animal Liberation
Barry Horne Support Campaign, Mailout
Black Beast
Campaign Report (BUAV)
Cruel Sports (LACS)
The Dietetic Reformer and Vegetarian Messenger (Vegetarian Society)
Do or Die – Voices from the Ecological Resistance (Earth First!)
Green Anarchist
Hillgrove Campaign Newsletter
Howl (HSA)
Humanity (Humanitarian League)
The Humanitarian (Humanitarian League)
Justice for Keith Mann Campaign Newsletter
League Doings (LACS)
Liberation Now!, Newsletter of the Save the Newchurch Guinea Pigs Campaign
Liberator (BUAV)
No Compromise
Outrage! (Animal Aid)
Peace News
RSPCA Members' Watchdog
SG Newsletter (ALF SG)
Statewatch
Stop Huntingdon Animal Cruelty Newsletter (SHAC)
The Campaigner (NAVS)
The Campaigner and Animals' Defender (NAVS)
Tierbefreiung (Bundesverband der Tierbefreier)
Turning Point
Vegetarian (Vegetarian Society)
The Vegetarian Messenger (Vegetarian Society)
The Vegetarian Messenger and Health Review (Vegetarian Society)

The Vegetarian Messenger and Review (Vegetarian Society)
Vegan News (Vegan Society)
Voice
Wildlife Guardian, (LACS)

Diverse Tageszeitungen

1.2.Bücher und Artikel

Adams, Carol J. (Hg.): *Ecofeminism and the Sacred*, New York, 1993.

Adams, Carol J.: *Neither Man Nor Beast: Feminism and the Defense of Animals*, New York, 1995.

Adams, Carol J.: The *Sexual Politics of Meat – A Feminist-Vegetarian Critical Theory*, New York, überarbeitete Ausgabe, 2002.

Adams, Carol J. und Donovan, Josephine (Hg.*): Animals & Women: Feminist Theoretical Explorations*, Durham und London, 1995.

Adams, Carol J. und Donovan, Josephine (Hg.): *Beyond Animal Rights: A Feminist Caring Ethic for the Treatment of Animals*, New York, 1996.

A.G. Grauwacke: *Autonome in Bewegung, Aus den ersten 23 Jahren*, Berlin u.a., 2003.

Ali, Tariq: *Street Fighting Years, Autobiographie eines '68ers*, Köln, 1998.

Animal Liberation Front: *Going Underground for Animal Liberation*, 1980.

Animal Liberation Front: *Into the Nineties with the ALF*, ohne Datumsangabe.

Animal Liberation Front: *Arson Around with Auntie ALF*, ohne Datumsangabe.

Animal Liberation Front: *The Animal Rights Movement Should Use Economic Sabotage*, in: Rohr, Janelle (Hg.*): Animal Rights – Opposing Viewpoints*, San Diego,1989.

Anon.: *An Animal Liberation Primer*, zweite Auflage, ohne Datumsangabe.

Anon.: *Animal Liberation through direct action*, ohne Datumsangabe.

Anon.: *Animal Rights*, Debate between Peter Singer and Richard Posner, Slate Magazine, Juni, 2001.

Anon.: *Bruce's Voyage to Naples*, 1802, in: Claeys, Gregory: *Utopias of the British Enlightenment*, Cambridge, 1994.

Anon.: Grüne Zelle Lurch, Der Spiegel, Nr. 10, 1984.

Anon.*: Interviews with Animal Liberation Front Activists*, ohne Datumsangabe.

Anon.: *Meeting the people and ideas of the animal liberation movement*, ohne Datumsangabe.

Atcheson, Richard*: Of Animals and Ethics: A conversation with Peter Singer, Professor of Bioethics*, Princeton Alumni Weekly, 22. November 2000.

Baillie Weaver, H.: *The oneness of movements for sympathy and liberation*, Peace and Freedom Pamphlets, Nr.8, League of Peace and Freedom, London, 1915.

Baltzer, Eduard: *Erinnerungen: Bilder aus meinem Leben*, Frankfurt a.M. u.a., 1907.

Bell, Ernest: The Eton Hare Hunt, Brief an The Times, 18. März 1909.

Bell, Ernest: The Morality of Vivisection: Two Replies, in: The Contemporary Review, Nr.62, 1892.

Benton, Ted: *Natural Relations: Ecology, Animal Rights and Social Justice*, London, 1993.

Benton, Ted: *Marxism and the Moral Status of Animals*, in: Society & Animals, Vol. 11, Nr.1, 2003.

Berman, Tzeporah: *The Rape of Mother Nature?: Women in the Language of Environmental Discourse*, in: The Trumpeter, 1992.

Best, Steven und Nocella II, Anthony J. (Hg.): *Terrorists or Freedom Fighters; Reflections on the Liberation of Animals*, New York, 2004.

Black, Jason und Black, Jennifer: *The Rhetorical "Terrorist": Implications of the USA Patriot Act on Animal Liberation*, in: Best, Steven und Nocella II, Anthony J. (Hg.): *Terrorists or Freedom Fighters; Reflections on the Liberation of Animals*, New York, 2004.

Blackwell, Elisabeth und Emily : *Medicine as a profession for women*, in: English Woman's Journal, Mai 1860, in : Hollis, Patricia: *Women in Public 1850-1900, Documents of the Victorian Women's Movemen*t, London 1979.

Biehl, Janet: Sozialer Ökofeminismus, Grafenau, 1991.

Birke, Lynda: *Women, Feminism and Biology: The Feminist Challenge*, Brighton, 1986.

Birke, Lynda: *Feminism, Animals and Science, The Naming of the Shrew*, Buckingham, 1994.

Bone, Ian: *Class War, A Decade of Disorder*, London, 1991.

Bowker, G.H. (Hg.): *Shaw on Vivisection*, Chicago, 1950.

Boyle, T.C.: *A Friend of the Earth*, New York, 2000.

Booth, Stephen: *Into the 1990's with Green Anarchist*, Camberley, 1996.

Brockhaus, Wilhelm (Hg.): *Das Recht der Tiere: Einführung in Naturwissenschaft, Philosophie und Einzelfragen des Vegetarismus*, München, 1975.

Brown, Antony: *Who cares for Animals, 150 years of the RSPCA*, London, 1974.

Bucke, Tom und James, Zoë: *Trespass and protest: policing under the Criminal Justice and Public Order Act 1994*, Home Office Research Study 190, Home Office, London 1998.

Bulla, Gisela und Walden, Sina: *Endzeit für Tiere: Ein Aufruf zu ihrer Befreiung*, Reinbek, 1984.

Carpenter, Edward, Maitland, Edward: *Vivisection*, The Humanitarian League Publications, London, 1893.

Casey, Claire: *Just the Job*, in: Police Review, 11. November, 1994.

Chapoutier, Georges und Nouët, Jean-Claude: *The Universal Declaration of Animal Rights, Comments and Intentions*, Ligue Française des Droit de l'Animal, Paris, 1998.

Chase, Steven (Hg.): *Defending the Earth: A Dialogue between Murray Bookchin &Dave Foreman*, Boston, 1991.

Clarke, Paul A.B. und Linzey, Andrew: *Animal Rights, A Historical Anthology*, New York, 2004.

Clements, Kath: *Why Vegan, The Ethics of Eating and the Need for a Food Change*, London, 1985.

Cliffe, Christopher: *Dog Days in Huntingdon. Lessons from a corporate crisis*, Script, März 2000.

Cobbe, Frances Power: *Criminals, Idiots, Women and Minors*, Manchester, 1869.

Cobbe, Frances Power: *The Little Health of Ladies*, in: The Contemporary Review, Nr.31, 1878.

Cobbe, Frances Power: *Duties of Women, A Course of Lectures*, London, 1881.

Cobbe, Frances Power: *Vivisection and its Two-Faced Advocates*, in: The Contemporary Review, Nr.41, April 1882.

Cobbe, Frances Power: *Light in Dark Places*, Victoria Street Society, 1883.

Cobbe, Frances Power: Vivisection and Surgery, Brief an The Times, 30. Dezember 1884.

Cobbe, Frances Power: Humanity, Brief an The Times, 18. Oktober 1886.

Cobbe, Frances Power: *The Scientific Spirit of the Age*, in: The Contemporary Review, Nr.54, 1888.

Cobbe, Frances Power: Muzzling and Hydrophobia, Brief an The Times, 22. Oktober 1889.

Cobbe, Frances Power und Bryan, Benjamin: *Vivisection in America, How it is Taught, How it is Practised*, London 1890.

Cobbe, Frances Power: Inoculation Experiments, Brief an The Times, 15. Juni, 1891.

Cobbe, Frances Power: Professor Horseley and the ‚Nine Circles', Brief an The Times, 11. Okober 1892.

Cobbe, Frances Power: *Licht an dunklen Stätten*, Hannover, 1893.

Cobbe, Frances Power: *The Ethics of Zoophily*, in: The Contemporary Review, Nr. 68, 1895.

Cobbe, Frances Power: *Woman Suffrage*, in: The Contemporary Review, Nr.83, 1903.

Cobbe, Frances Power: *Life of Frances Power Cobbe as told by herself*, London, 1904.

Cobbe, Frances Power: *Speech at the women's suffrage meeting, St. George's Hall, 13. May, 1876*, in: Lewis, Jane (Hg.): *Before the vote was won: arguments for and against women's suffrage*, London u.a., 1987.

Cobbe, Frances Power: *Why women desire the franchise*, 1874, in: Lewis, Jane (Hg.): *Before the vote was won: arguments for and against women's suffrage*, London u.a. 1987.

Coetzee, J.M.: *The Lives of Animals*, Princeton, 1999.

Cohen, Carl und Regan, Tom: *The Animal Rights Debate*, New York u.a., 2001.

Collard, Andrée: *Die Mörder der Göttin leben noch, Rape of the Wild*, München, 1988.

Collins, Wilkie: *Heart and Science*, Farmer, Steve (Hg.), Peterborough, Ontario, 1996.

Coleridge, Stephen: *The Anti-Vivisection Agitation*, in: The Contemporary Review, Nr.116, 1919.

Coleridge, Stephen: *The Royal Commission on Vivisection, Evidence by the Honble. Stephen Coleridge*, National Anti-Vivisection Society, London, 1907.

Comninoue, Maria: *Speech, Pornography and Hunting*, in: Adams, Carol J. und Donovan, Josephine (Hg.): *Animals & Women: Feminist Theoretical Explorations*, Durham u.a., 1995.

Cuomo, Chris J.: *Feminism and ecological communities: an ethic of flourishing*, London u.a., 1998.

Cuomo, Chris: *On Ecofeminist Philosophy*, in : Ethics & Environment 7:2, Indiana University Press, 2002.

Curtin, Deane: *Toward an Ecological Ethic of Care*, 1991, in: Adams, Carol J. und Donovan, Josephine (Hg.): *Beyond Animal Rights: A Feminist Caring Ethic for the Treatment of Animals*, New York, 1996.

Darwin, Charles: *Die Abstammung des Menschen*, Stuttgart, 1966 (Originalfassung: *The Descent of Man* 1871)

Darwin, Charles: *Mein Leben*, Barlow, Nora (Hg.), Frankfurt a.M. u.a., 1993.

Darwin, Charles: *The Correspondence of Charles Darwin*, Vol.11, 1863, (Ausgabe Cambridge 1996).

Darwin, Charles: *The Origin of Species*, Orginalausgabe 1859, (Ausgabe Ware 1998).

Davies, Brian: *Red Ice: My fight to save the seals*, London, 1989.

Dawn, Karen: *From the Front Line to the Front Page – An Analysis of ALF Media Coverage*, in: Best, Steven und Nocella II, Anthony J. (Hg.): *Terrorists or Freedom Fighters; Reflections on the* Liberation of Animals, New York, 2004.

de Cyon, E: The *Anti-Vivisectionist Agitation*, in: The Contemporary Review, Nr.63, April 1883.

Devall, Bill und Sessions, George: *Deep Ecology: Living as if nature mattered*, Salt Lake City, 1985.

Diamond, Irene und Orenstein, Gloria Feman (Hg.): *Reweaving the World: The Emergence of Ecofeminism*, San Francisco, 1990.

Diehm, Christian: *The Self of Stars and Stone: Ecofeminism, Deep Ecology, and the Ecological Self*, in: The Trumpeter, Vol.19, Nr.3, 2003.

Dixon, Doris: *Memoirs of a Compassionate Terrorist*, Ann Arbor, 1998.

Dowding, Muriel: B*eauty – not the Beast, An Autobiography by Muriel, the Lady Dowding*, Jersey, 1980

Duffy, Maureen: *Men & Beasts: An Animal Rights Handbook*, London, 1984.

Dunant, Sarah: *Fatlands*, London, 1993.

Fairholme, Edward G. und Pain, Wellesley: *A Century of Work for Animals, The History of the R.S.P.C.A. 1824-1924*, London, 1924.

Förster, Paul: *Die Vivisektion, die wissenschaftliche Tierfolter*, München, 1912.

Foreman, Dave: *Confessions of an Eco-Warrior*, New York, 1991.

Forward, Charles W.: *Fifty Years of Food Reform, A History of the Vegetarian Movement in England*, London und Manchester, 1897.

Fraser, Caroline: The Raid at Silver Spring, The New Yorker, 19. April 1993.

Frey, R.G.: *Autonomy and the Value of Animal Life*, in: The Monist, Vol.70, Nr.1, Januar 1987.

Gaard, Greta: *Ecofeminism: Women, Animals, Nature*, Philadelphia, 1993.

Gaard, Greta: *Vegetarian Ecofeminism*, in: Frontiers, Vol.23, Nr.3, 2002.

George, Elisabeth: *Playing for the Ashes*, New York, 1994.

Godlovitch, Stanley und Roslind; Harris, John (Hg.): *Animals, Men and Morals: An enquiry into the maltreatment of non-humans*, New York, 1972.

Gold, Mark: *Animal Rights: Extending the Circle of Compassion*, Oxford u.a., 1995.

Gold, Mark: *Animal Century: A Celebration of changing attitudes to animals*, Charlbury, 1998.

Gompertz, Lewis: *Fragments in Defence of Animals and Essays on Morals, Soul, and Future State; from the Author's Contributions to the Animals' Friend Society's Periodical*, London, 1852.

Gompertz, Lewis: *Moral Inquiries on the Situation of Man and Brutes*, 1824, Singer, Peter (Hg.), Fontwell, Sussex, 1992.

Griffin, Susan: *Frau und Natur*, Frankfurt a.M. u.a., 1987.

Gruen, Lori: *Animals*, in: Singer, Peter (Hg.): *A Companion to Ethics*, Oxford u.a., 1991.

Haferbeck, Edmund und Wieding, Frank: *Operation Tierbefreiung, Ein Plädoyer für radikale Tierrechtsaktionen*, Göttingen, 1998.

Hardy, Thomas: Mr. Thomas Hardy on Animals' Rights, The Times, 3. Mai 1910.

Harris, John: *Animal Liberation, The Road to Victory*, London, 1987.

Harrison, Ruth: *Animal Machines*, London, 1964.

Hart, Samuel Hogood: *In Memoriam Anna Kingsford*, The Animal Defence and Anti-Vivisection Society, London, 1946.

Hartmann, Otto: *Bericht über die Tätigkeit und Entwicklung des Verbandes in den Jahren 1881-1917*, Köln, 1917.

Harwood, Dix: *The Love for Animals and how it developed in Great Britain*, 1928, Nachdruck: Fraser, David und Preece, Rod (Hg.), Lewiston u.a., 2002.

Henshaw, David: *Animal Warfare, The Story of the Animal Liberation Front*, London,1989.

Hoggan, George: Brief an die Morning Post, Nachdruck in: Spectator, 6. Februar 1875, S.178f.

Hollands, Clive: *Animal Welfare Year in Retrospect,* In: Paterson, David und Ryder, Richard: *Animal Rights – a Symposium,* Fontwell, Sussex, 1979.

Hollands, Clive: *Compassion is the Bugler, The Struggle for Animal Rights,* Edinburgh, 1980.

Hollands, Clive: *Achieving the Achievable: A Review Of Animals in Politics,* in: Alternatives to Laboratory Animals, Nr.23, Januar/Februar 1995.

Lord Houghton of Sowerby: *Animals and the Law: Moral and Political Issues,* in: Paterson, David und Ryder, Richard: *Animal Rights – a Symposium,* Fontwell, Sussex, 1979.

Hume, Ethel Douglas: *The Mind-Changers,* London, 1939.

Huxley, Leonard: *Life and Letters of Thomas Henry Huxley,* Nachdruck der Ausgabe von 1900, New York, 1979.

Huxley, Thomas Henry: *Evidence as to Man's Place in Nature,* London, 1863

Jonas, Kevin. *Bricks and Bullhorns,* in: Best, Steven und Nocella II, Anthony J. (Hg.): *Terrorists or Freedom Fighters; Reflections on the Liberation of Animals,* New York, 2004.

Jones, Pattrice: *Mothers with Monkeywrenches: Feminist Imperatives and the ALF,* in: Best, Steven und Nocella II, Anthony J. (Hg.): *Terrorists or Freedom Fighters; Reflections on the Liberation of Animals,* New York, 2004.

Kheel, Marti: *The Liberation of Nature: A Circular Affair,* in: Environmental Ethics, Vol. 7, Nr. 2, Sommer 1985.

King, Ynestra: *The ecology of feminism and the feminism of ecology,* in: Plant, Judith (Hg.): *Healing the Wounds: The Promise of Ecofeminism,* London, 1989.

Kingsford, Anna: *An Essay on the Admission of Women to the Franchise,* London, 1868.

Kingsford, Anna: *A Lecture on Food,* Cambridge, 1882.

Kingsford, Anna: *Unwissenschaftliche Wissenschaft,* Guben, 1885.

Kingsford, Anna: *Die Pflanzennahrung bei dem Menschen,* Leipzig, 1891.

Kingsford, Anna: *The Perfect Way in Diet, A Treatise Advocating a Return to the Natural and Ancient Food of our Race,* Montana, ohne Datumsangabe.

Kingsford, Anna und Maitland, Edward: *Addresses and Essays on Vegetarianism,* John M. Watkins, London, 1912, Nachdruck, Montana, ohne Datumsangabe.

Kite, Sarah: *Secret Suffering, Inside a British Laboratory,* London, 1990.

Larrabee, Mary Jeanne: *An Ethic of Care: Feminist and Interdisciplinary Perspectives,* London u.a., 1993.

Lawrence, John: *A Philosophical and Practical Treatise on Horses and on the Moral Duties of Man towards the Brute Creation,* London, 1796

Lee, Vernon: *Vivisection: An Evolutionist to Evolutionists,* in: The Contemporary Review, Nr.61, 1882.

Leffingwell, Albert: *The Vivisection Controversy, Essays and Criticisms,* The London and Provincial Anti-Vivisection Society, 1908.

Lejeune, Martin und Lindenbaum, Harry: *Ferien auf den Bahamas – oder: Geschichte unseres Scheiterns*, in: T.A.N. (Hg.): *My Brother's Keeper: Zur Tierrechtsbewegung – Meinungen, Gedanken, Erfahrungen*, Hamburg, 2002.

Lind-af-Hageby, Lizzy und Schartau, Leisa K.: *The Shambles of Science, Extracts from the Diary of Students of Physiology*, London, 1903.

Lind-af-Hageby, L. (Hg.): *The Animals' Cause, being Papers contributed to the International Anti-Vivisection and Animal Protection Congress, July 6-10th*, 1909 Vol. I, The Animal Defence and Anti-Vivisection Society, London, 1909.

Lind-af-Hageby, L.: *The New Morality, An Inquiry into the Ethics of Anti-Vivisection*, The Animal Defence and Anti-Vivisection Society, London, 1913.

Lind-af-Hageby, Louise: *Be Peacemakers, An Appeal to Women of the Twentieth Century to Remove the Cause of War*, London, 1924.

Lind-af-Hageby, Louise: Traffic in Old Horses, Need of International Action, Brief an The Times, 8. April 1932.

Lind-af-Hageby, Louise: *The Pleasure of Killing*, London, 1937.

Lind-af-Hageby, Louise: *Bombed Animals – Rescued Animals – Animals saved from Destruction – Typical cases from the records of the Animal Defence Society's war work – and some comment*, Animal Defence and Anti-Vivisection Society, London, 1941.

Lind-af-Hageby, L.: Immunization against Diphtheria, Brief an The Times, 14. Juni 1943.

Lind-af-Hageby, Louise: *The Hague 'World-Congress' for the Protection of Animals held at Scheveningen, August 27th - 31st 1950 and the projected new International Society – A critical survey*, Bureau International Humanitair Zoophil and The Animal Defence and Anti-Vivisection Society, Genf und London, 1950.

Lind-af-Hageby, Louise: *Civilisation: 'Charity' and Justice to Animals*, Animal Defence and Anti-Vivisection Society, 1953.

Locke, John: *Some Thoughts Concerning Education*, 1693, Garforth, F.W. (Hg.), London, 1964.

MacDonald, Greville: *Vivisection and Progress*, in: The Contemporary Review, Nr.87, 1905.

MacDonald, Melody: *Caught in the Act: The Feldberg Investigation*, London, 1994.

Maitland: Edward: *Life of Anna Kingsford: Her Life, Letters, Diary and Works*, Vol. I und II, London, 1896.

Mann, Keith: *From Dusk 'til Dawn: An insider's view of the growth of the Animal Liberation Movement*, London, 2007.

Merchant, Carolyn: *The Death of Nature: Women, Ecology, and the Scientific Revolution*, San Francisco u.a., 1980.

Merchant, Carolyn: *Ecofeminism and Feminist Theory*, in: Diamond, Irene und Orenstein, Gloria Feman (Hg.): *Reweaving the World: The Emergence of Ecofeminism*, San Francisco, 1990.

Meyer, Nadja: *Die Relevanz Peter Singers in der Diskussion um die Rechte der Tiere*, in: Tierrechts-Aktion-Nord (Hg.): *Euthanasie und Tierrechte am Beispiel Peter Singer*, Hamburg, 1997.

Molland, Noel: *A Spark that ignited the Flame, The Evolution of the Earth Liberation Front*, in: Best, Steven und Nocella II, Anthony J.: *Igniting a Revolution, Voices in Defense of the Earth*, Oakland u.a., 2006.

Moretti, Laura A.: *Rod Coronado*, in: Stallwood, Kim (Hg.): *Speaking out for Animals*, New York, 2001.

Moss, Arthur W.: *Valiant Crusade: The History of the RSPCA*, London, 1961.

Naess, Arne: *The Shallow and the Deep, Long Range Ecology Movements – a Summary*, in: Inquiry, Vol.16, Oslo, 1973.

Naess, Arne: *Identification as a Source of Deep Ecological Attitudes*, in: Tobias, Michael: *Deep Ecology*, San Diego, 1985.

Naess, Arne: *Ecology, community and lifestyle*, Cambridge, 1989.

Nicholson, George: *Remarks on Cruelty to Animals, certain Observations and Arguments indicating that Man was intended to subsist entirely on the Produce of the Earth; Annotations from History, showing the Effects of Animal and Vegetable Food on the Health and Character of Mankind, Objections to the Practise of Flesh eating and the Advantages of a vegetable Alignment*, Manchester, 1795.

Nina Duchess of Hamilton: *The Chronicles of Ferne*, Ferne, 1951.

Oswald, John: *The Cry of Nature; or, an Appeal to Mercy and to Justice, on Behalf of the Persecuted Animals*, London, 1791, Hribal, Jason (Hg.), Lewiston u.a., 2000.

Pacheco, Alex und Francione, Anna: *The Silver Spring Monkey Case*, in: Wand, Kelly: *The Animal Rights Movement*, San Diego, 2003.

Pai, Claudia: Die Rächer der Tiere, Die Zeit, Nr.46, 11. November 1988.

Paine, Thomas: *The Rights of Man*, 1791/2, Nachdruck, London, 1993.

Passmore, John: *The Treatment of Animals*, in: Journal of the Histories of Ideas, Vol.36, Nr.2, April/Mai 1975.

Paterson, David und Ryder, Richard: *Animal Rights – a Symposium*, Fontwell, Sussex, 1979.

Paton, William: *Man or Mouse: Animals in Medical Research*, Oxford u.a., 1993.

Plant, Judith (Hg.): *Healing the Wounds: The Promise of Ecofeminism*, London, 1989.

Plumwood, Val: *Feminism and the Mastery of Nature*, New York, 1993.

Primatt, Humphry: *The Duty of Mercy and the Sin of Cruelty to Brute Animals*, 1776, Ryder, Richard (Hg.), Fontwell, Sussex, 1992.

Rättig, Agnes: *Das Recht der Thiere, Berliner Mittheilungen im Lichte des Thierschutzes*, Hannover, 1884.

Regan, Tom und Singer, Peter (Hg.): *Animal Rights and Human Obligations*, Englewood Cliffs, NJ, 1976.

Regan, Tom: *All that dwell therein, Animal Rights and Environmental Ethics*, Berkeley u.a., 1982.

Regan, Tom: *The Case for Animal Rights*, Berkeley u.a. ,1983.

Regan, Tom: *The Animal Rights Movement Should Use Civil Disobedience*, In: Rohr, Janelle (Hg.): *Animal Rights – Opposing Viewpoints*, San Diego,1989.

Regan, Tom: *Defending Animal Rights*, Urbana u.a., 2001.

Regan, Tom: *How to Justify Violence*, in: Best, Steven und Nocella II, Anthony J. (Hg.): *Terrorists or Freedom Fighters; Reflections on the Liberation of Animals*, New York, 2004.

Regan, Tom, *The Struggle for Animal Rights*, 1987, in: Clarke, Paul A.B. und Linzey, Andrew: *Animal Rights, A Historical Anthology*, New York, 2004.

Research Defence Society: *Experiments on Animals*, Pamphlets issued by the Research Defence Society, February-August, 1908, Report of Inaugural Meeting, June 19th, 1908.

Research Defence Society: *Notes on Chart published by Animal Defence and Antivivisection Society*, ohne Datumsangabe.

Ritson, Joseph: *An Essay on Abstinence from Animal Food as a Moral Duty*, London, 1802.

Roberts, J.J.: *Against all Odds, Animal Liberation 1972-1986*, London, 1986.

Roberts, J.J.: *Up against the Law, Animal Rights and the 1986 Public Order Act*, London, 1987.

Rosenfield, Julie H.: *Vegan Stories*, St.Leonards on Sea, 2002.

Rowling, J.K.: *Harry Potter and the Goblet of Fire*, London, 2000.

Ryder, Richard D.: *Victims of Science, The Use of Animals in Research*, London, 1975.

Ryder, Richard D.: *Putting Animals into Politics*, in: Garner, Robert: *Animal Rights: The Changing Debate*, New York, 1996.

Ryder, Richard D.: *The Political Animal, The Conquest of Speciesism*, Jefferson u.a., 1998.

Ryder, Richard D.: *Painism: A Modern Morality*, London, 2001.

Salt, Henry: *Animal Rights Considered in Relation to Social Progress*, Society for Animal Rights, Inc., Clarks Summit, Pennsylvania, 1980, Erstausgabe, London, 1892.

Salt, Henry S.: *The Rights of Animals*, in: International Journal of Ethics, Vol. 10, Nr.2, Januar 1900.

Salt, Henry S.: *The Rights of Animals – A Reply to Professor Ritchie*, in: International Journal of Ethics, Vol. 10, Nr.3, April 1900.

Salt, Henry: *Shelley as a Pioneer of Humanitarianism*, Humanitarian League, London, 1906.

Salt, Henry: *The Logic of Vegetarianism, Essays and Dialogues*, London, 1906.

Salt, Henry S.: *The Sportsman at Bay*, in: International Journal of Ethics, Vol. 1, Nr.4, Juli 1906.

Salt, Henry: *Company I have kept*, London, 1930.

Salt, Henry: *Humanitarianism: Its General Principles and Progress*, Humanitarian League, London, 1906.

Salt, Henry S.: *Humanities of Diet*, Manchester, 1914.

Salt, Henry (Hg.): *Killing for Sport, Essays by Various Writers*, London, 1914.

Salt, Henry: *Seventy Years among Savages*, London, 1931.

Salt, Henry: *Life of Henry David Thoreau*, 1890, Nachdruck: North Haven, CT, 1968.

Sandilands, Catriona: *Political Animals: The Paradox of Ecofeminist Politics*, In: The Trumpeter, 1992.

Seager, Joni: *Earth Follies: Feminism, politics and the environment*, London, 1993.

Shultz, William J.: *The Humane Movement in the United States, 1919-1922*, New York, 1924.

Singer, Peter: *Animal Liberation*, in: The New York Review of Books, Vol. 20, Nr.5, 5. April, 1973.

Singer, Peter (Hg.): *In Defence of Animals*, Oxford u.a., 1985.

Singer, Peter mit Kuhse, Helga: *Should the Baby Live? The Problem of Handicapped Infants*, Oxford u.a., 1985.

Singer, Peter: *Animal Liberation or Animal Rights?*, in: The Monist, Vol. 70, Nr.1, Januar 1987.

Singer, Peter: *Praktische Ethik*, überarbeitete Ausgabe, Stuttgart, 1994 (Originalausgabe Ersterscheinung 1979).

Singer, Peter: *Animal Liberation*, zweite überarbeitete Ausgabe, London, 1995, (Erstausgabe 1975).

Singer, Peter: *Ethics into Action, Henry Spira and the Animal Rights Movement*, New York u.a., 1998.

Singer, Peter: *Leben und Tod: Der Zusammenbruch der traditionellen Ethik*, Erlangen, 1998.

Singer, Peter: *Animal Liberation at 30*, in: The New York Review of Books, Vol. 50, Nr.8, 15. Mai 2003.

Smith, Joan: *Feminist Analysis of Gender: A Mystique*, in: Hubbard, Ruth und Lowe, Marian: *Woman's Nature, Rationalizations of Inequality*, New York u.a., 1983.

Smith, G. Davidson: *Political Violence in Animal Liberation*, in: Contemporary Review, Nr.247, Juli 1985.

Smith, Stephen F.: *Vivisection, An Independent Medical View*, The London Anti-Vivisection Society, London, 1899.

Smith, Zadie: *White Teeth*, London, 2000.

Society for the Prevention of Cruelty to Animals (Hg.): *The Speech of Lord Erskine in the House of Peers, 10th May 1809 on the Second Reading of the Bill for Preventing Malicious and Wanton Cruelty to Animals*, London, 1824.

Specter, Michael: *The dangerous philosopher*, in: The New Yorker, 6. September 1999.

Spretnak, Charlene: *Critical and Constructive Contributions of Ecofeminism*, in: Tucker, Peter und Grim, Evelyn (Hg.) *Worldviews and Ecology*, Philadelphia, 1993.

Stallwood, Kim: *A Personal Overview of Direct Action in the United Kingdom and the United States*, in: Best, Steven und Nocella II, Anthony J. (Hg.): *Terrorists or Freedom Fighters; Reflections on the Liberation of Animals*, New York, 2004.

Sturgeon, Noël: *ecofeminist Natures: Race, Gender, Feminist Theory and Political Action*, London u.a., 1997.

T.A.N.: *Abschlußreader der Tierrechtswoche*, Hamburg, ohne Datumsangabe.

Tobias, Michael: *Deep Ecology*, San Diego, 1985.

Tobias, Michael: *Voices from the Underground, For the Love of Animals*, Pasadena, 1999

Trist, Sidney (Hg.): *The Under Dog, A Series of Papers by various Authors on the Wrongs Suffered by Animals at the Hand of Man*, London, 1913.

Vague, Tom: *Anarchy in the UK, The Angry Brigade*, Edinburgh u.a., 1997.

Victoria Street and International Society for the Protection of Animals from Vivisection: *The Rainbow Series of Anti-Vivisection Leaflets Nr.1, being replies to what 'My Doctor tells me'*, 1892/1893.

Victoria Street and International Society for the Protection of Animals from Vivisection: *The Rainbow Series of Anti-Vivisection Leaflets Nr.2, being replies to what 'My Friend tells me'*, 892/1893.

Victoria Street Society for the Protection of Animals from Vivisection: *The Lord Chief Justice of England on Vivisection*, London, ohne Datumsangabe.

Warren, Karen J.: *A Feminist Philosophical Perspective on Ecofeminist Spiritualities*, in: Adams, Carol J. (Hg.): *Ecofeminism and the Sacred*, New York, 1993.

Warren, Karen J. (Hg.): *Ecological Feminism*, London u.a., 1994.

Warren, Karen J.: *Ecofeminist Philosophy: A Western Perspective on What It Is and Why It Matters*, New York u.a, 2000.

Webb, Robin: *Animal Liberation – By „Whatever Means Necessary"*, in: Best, Steven und Nocella II, Anthony J. (Hg.): *Terrorists or Freedom Fighters; Reflections on the Liberation of Animals*, New York, 2004.

Wicklund, Freeman: *Keep Fighting, Three Interviews with Britain's Animal Liberation Front Press Officers*, Roberts Creek, BC, 1991.

Westacott, E.: A *Century of Vivisection and Anti-Vivisection*, Ashingdon, 1949.

Western Wildlife Unit of the Animal Liberation Front: *Memories of Freedom*, ohne Datumsangabe.

Wollstonecraft, Mary: *A Vindication of the Rights of Woman*, Nachdruck, New York, 2001.

Wynne-Tyson, John: *The Extended Circle, An Anthology of Humane Thought*, London, 1990.

Youatt, William: *The Obligation and Extent of Humanity to Brutes, Principally Considered with Reference to the Domesticated Animals*, 1839, Nachdruck, Rod Preece (Hg.), Lewiston, 2003.

Young, Thomas: *An Essay on Humanity to Animals*, London, 1798, Nachdruck, Bristol, 2000.

Zoebe, Gerhard: *Zwanzig Jahre Deutscher Tierschutzbund 1948-1968*, Frankfurt a.M. u.a., 1968.

1.3. Internetartikel:

An American Philosopher: *The Tom Regan Interview*, Vegan Voice, nach: http://www.animal-lib.org.au/more_interviews/regan/, zuletzt besucht am 26.03.03.

The ALF Credo and Guidelines, www.animaliberationfront.com/ALFront/alf_credo.htm, zuletzt besucht am 10.09.07.

Bainbridge, Ross: *Animal Welfare Whistleblowers*, http://EzineArticles.com/?expert=Ross_Bainbidge, zuletzt besucht am 06.08.07.

Be a Hero to Animals in Labs, http://www.stopanimaltests.com/Whistleblower.asp, zuletzt besucht am 07.08.2007.

Bite Back's Interview with Rik Scarce, Author of ECO-WARRIORS, Nachdruck: http://www.abolitionist-online.com/intrview-issue05_biteback.interview-rik.scarce.s..., zuletzt besucht am 03.05.2007

Mr. Darwin on Vivisection, British Medical Journal, 1, 1881, p.600 http://pages.britishlibrary.net/charles.darwin4/bmj.html, zuletzt besucht am 08.07.03.

Disability Rights Education and Defense Fund (DREDF): *Against the Philosophy of Peter Singer*, http://www.thearclink.org/news/articler.asp?!ID=426, zuletzt besucht am 20.11.04.

Gregory, James: *A Michigander, a Patriot and Gentleman: H.S. Clubb, President of the American Vegetarian Society*, Voices, Kancoll's Online Magazine, http://www.kancoll.org/voices_2001/0701gregory.htm, zuletzt besucht am 30.10.07.

Hadwen, Walter: '*Dare Doctor's Think*?', Verbatim Report of the Great Meeting held at Queen's Hall, London, Feb 6th, 1925, www.soilandhealth.org/02/0201hyglibcat/020119hadwin/020119hadwin.daredocsthink.html, zuletzt besucht am 30.10.07.

Hadwen, Walter: *The Case against Vaccination*, Verbatim Report of an Address at Goddard's Assembly Rooms, Gloucester, January 26th, 1896, http://www.whale.to/v/hadwen.html, zuletzt besucht am 30.10.07.

Hoggan, Frances E. und Hoggan, George: *Drs Hoggan on Smallpox Vaccination*, Vaccination Inquirer, Vol. 5, 1883, www.whale.to/vaccines/smallpox22.html, zuletzt besucht am 30.10.07.

Iacobbo, Karen: *Vegetarians in New York, circa 1853*, The VivaVine, September/Oktober 1999, http://www.ivu.org/history/usa19/letter.html, zuletzt besucht am 30.10.07.

International Vegetarian Union: *History of Vegetarianism*, The American Vegetarian Society, http://www.ivu.org/history/societies/americanvs.html, zuletzt besucht am 30.10.07.

Kingsford, Anna: *The Credo of Christendom,* in History of Vegetarianism, www.ivu.org/history/kingsford/texts.html, zuletzt besucht am 30.10.07.

Lab firm ditched by share brokers, http://news.bbc.co.uk/1//hi/business/1247506.stm, zuletzt besucht am 30.05.01.

Maitland, Edward*: Anna Kingsford, Madame Blavatsky and the Theosophists,* http://www.blavatskyarchives.com/maitland1913.htm, zuletzt besucht am 30.10.07.

Mintel International Group Ltd.: Attitudes towards Vegetarianism – UK, 2006, http://www.marketresearch.com, zuletzt besucht am 25.08.07.

Murti, Vasu: Peace and Vegetarianism, http:// www.all-creatures.org/murti/art-peace.html, zuletzt besucht am 30.10.07.

O'Mahoney: Bernard: *Hateland: Fascism today – Groups in Britain,* http://www.bernardomahoney.com/forthcb/ootdie/articles/ftgib.shtml, zuletzt besucht am 30.10.07.

Orton, David: *Deep Ecology and Animals,* paper given at the 'Representing Animals' Conference, Brock University, Ontario, 2003, Green Web Bulletin, Nr.74, http://home.ca.inter.net/~greenweb/DE-Animals.html, zuletzt besucht am 30.10.07.

Pert, Alan: *Biography of Anna Kingsford,* http://www.personal,usyd.edu.au/~apert/kingsford.html, zuletzt besucht am 02.02.03.

Princeton Students against Infanticide (PSAI): *Statement on the Hiring of Peter Singer,* http://www.geocities.com/Athens/Agora/2900/psai3.html, zuletzt besucht am 20.03.04.

Rare Occult Books, *Anna Kingsford and Edward Maitland,* www.rareoccultboo...mystics_of_all_ages/anna_kingsford.htm, zuletzt besucht am 30.10.07.

Regan, Tom: *Empty Cages: Facing the Challenge of Animal Rights,* nach: http://www.tomregan-animalrights.com/book.html, zuletzt besucht am 30.10.07.

Regan, Tom: *The Bird in the Cage: A Glimpse of My Life – An Autobiography,* nach: http://www.lib.ncsu.edu/archives/exhibits/regan/writingsandresearch.htm und http://www.lib.ncsu.edu/archives/exhibits/regan/animalrights.htm, zuletzt besucht am 10.01.05.

Sheppard, Simon G.: *Suppressed Science,* Darwin Revisited, 1998, http://www.heretical.com/science/darwin.html, zuletzt besucht am 30.10.07.

Twine, Richard T.: *Ecofeminism in Process,* www.ecofem.org/journal, zuletzt besucht am: 26.07.07.

Wesley, John : *A Short History of Methodism,* http://gbgm-umc.org/umw/wesley/shorthistory.stm, zuletzt besucht am 30.10.07.

Wesley, John: *Primitive Physick or An Easy and Natural Method of Curing Most Diseases,* 1747, http://new.gbgm-umc.org/umhistory/wesley/primitive-physick/, zuletzt besucht am am 30.10.07.

Wesley, John: *Thoughts Upon Slavery*, 1774, http://new.gbgm-umc.org/umhistory/wesley/slavery/, zuletzt besucht am 30.10.07.

'What's wrong with McDonald's: everything they don't want you to know' auf http://www.mcspotlight.org/case/factsheet.html, zuletzt besucht am 28.08.2007.

1.4. Weitere Webseiten:

http://www.altculture.org/motherearth/index.html, zuletzt besucht am 02.08.07.

http://www.animalliberationpressoffice.org, zuletzt besucht am 17.09.2007.

http://www.animal-peace.org/frameseite.htm, zuletzt besucht am 30.07.07.

http://www.animalrights.net/terrorism_report/other_countries.num, zuletzt besucht am 11.02.02.

http://www.captiveanimals.org/history/history.html, zuletzt besucht am 17.08.07.

http://en.wikipedia.org/wiki/Third_Way_%28UK%29, zuletzt besucht am 02.08.07.

http://www.huntcrimewatch.com, zuletzt besucht am 07.08.07.

http://www.huntwatch.info, zuletzt besucht am 07.08.07.

http://www.league.org.uk/content.asp?CategoryID=1841, zuletzt besucht am 24.08.07.

http://www.biosecurity.govt.nz/legislation/animal-welfare-act/part6/index.html, zuletzt besucht am 30.10.07.

http://www.navs.org.uk/about_vivisection/27/42/332/, zuletzt besucht am 06.08.2007.

http://www.netcu.org.uk, zuletzt besucht am 30.05.07.

http://news.bbc.co.uk/1/hi/uk/4037873, zuletzt besucht am 23.03.08.

http://www.directaction.info/news_sept30_03.htm, zuletzt besucht am 29.05.07.

http://www.hsus.org/about_us/About-Us.html, zuletzt besucht am 03.05.07.

http://www.rspca.co.uk, zuletzt besucht am 13.04.08.

http://www.rspca.org/servelot/Satelite?pageha-RSPCA/RSPCAARedirecct&pg=NewsFeature&articleId=1177591387007, zuletzt besucht am 07.08.07.

http://www.shacnet/movies/videos_cruelty.html, zuletzt besucht am 06.08.07.

http://www.undercovertv.org, zuletzt besucht am 06.08.07.

http://de.wikipedia.org/wiki/Animal_Peace, zuletzt besucht am 09.05.07.

1.5.Sonstige Veröffentlichungen und Dokumente:

Boyle, Danny: *28 Days later*, British Film Council, 2002.

Brambell, F.W.R: *Report of the Technical Committee to Enquire into the Welfare of Animals Kept Under Intensive Husbandry Systems*, HMSO, 1965.

British Union for the Abolition of Vivisection: Annual Reports: 1899-1912, 1912-1919, 1920-1925, 1926-1932, 1939-1950, 1951-1967, 1969, 1982,1984,1985, 1990, 1991.

Gilliam, Terry: *12 Monkeys*, Universal, 1995

Hansard, House of Commons Debates.

Hansard, House of Lords Debates.

HMSO: Pet Animal Act 1951 (Amendment) Act 1983.

HMSO: Serious Organised Crime and Police Act 2005.

HMSO: Serious Organised Crime and Police Act 2005, Explanatory Notes.

Home Office, *Legislation against Terrorism – A consultation paper.*

Home Office, Prevention of Terrorism Act 2000.

Home Office: *Animal Rights Extremism. Government Strategy. A Consultation Document,* 2001.

Home Office: *Animal Welfare – Human Rights: protecting people from animal rights extremists*, Juli 2004.

Home Office: Freedom of Information Act 2000 (Section 50) Decision Notice, Section 38.

Humanitarian League: Annual Reports: 1892-1898, 1903-1904, 1907-1909, 1911-1913.

League against Cruel Sports, Annual Report 1967, 1969.

Lind-af-Hageby v. Astor & Others, The High Court of Justice, Kings Bench Division, 1913.

Manifesto of the Humanitarian League, ohne Datumsangabe.

National Anti-vivisection Society, Annual Report 1976/1977, 2004.

National Canine Defence League, Annual Report, 1910.

Office of Public Sector Information: Charity Act 2006 §2 (2) (k).

V/A: *This is the ALF*, Mortarhate Records, 1993.

Vegan Society Manifesto, 1944.

2. Sekundärliteratur

2.1. Bücher und Artikel

Allsop, Kenneth: *The Angry Decade, a survey of the cultural revolt in the nineteen-fifties*, London, 1964.

Anderson, Alison: *Spinning the Rural Agenda: The Countryside Alliance, Fox Hunting and Social Policy*, in: Social Policy and Administration, Vol.40, Nr.6, Dezember 2006.

Anderson, Benedict: *Imagined Communities, Reflections on the Origin and Spread of Nationalism*, London, überarbeitete Ausgabe, 1991.

Animal Studies Group: *Killing Animals*, Urbana u.a., 2006.

Appleman, Philip (Hg.): Darwin, A Norton Critical Edition, New York, zweite Ausgabe, 1979.

Ault, Norman (Hg.): *The Prose Work of Alexander Pope, Vol.I The Earlier Works 1711 – 1720*, Oxford, 1936.

Baker, Steve: *Picturing the Beast: Animals, Identity and Representation*, Manchester, 1993.

Banks, Olive: *Faces of Feminism: A Study of Feminism as a Social Movement*, Oxford u.a., 1981.

Barclay, Oliver: *Thomas Fowell Buxton and the Liberation of Slaves*, York, 2001.

Barkas, Janet: *The Vegetable Passion: A History of the Vegetarian State of Mind*, London u.a., 1975.

Baringhorst, Sigrid: *Zur Mediatisierung des politischen Protests. Von der Institutionen- zur „Greenpeace-Demokratie"*, in: Sarcinelli, Ulrich (Hg.): *Politikvermittlung und Demokratie in der Mediengesellschaft*, Bonn, 1998.

Barrow, Logie: *Determinism and Environmentalism in Socialist Thought*, in: Samuel, Raphael und Stedman-Jones, Gareth: *Culture, Ideology and Politics: Essays for Eric Hobsbawm*, London, 1982.

Bashford, Alison: *Purity and Pollution: Gender, Embodiment and Victorian Medicine*, Basingstoke 1998.

Baumgartner, Judith: *Die Entstehung der vegetarischen Vereine: Entwicklung des Vereinswesens bis 1945*, in: Der Vegetarier, 3/92.

Beardsworth, Alan und Keil, Teresa: *The vegetarian option: varieties, conversions, motives and careers*, in: The Sociological Review, Vol. 40, Nr.2.

Beers, Diane L.: *For the Prevention of Cruelty, The History and Legacy of Animal Rights Activism in the United States*, Athens, 2006.

Bekoff, Marc (Hg.): *Encyclopaedia of Animal Rights and Animal Welfare*, Westport, CT, 1998.

Berger, John: *Why look at Animals?*, In: *About Looking*, New York, 1980.

Berghoff, Hartmut und Ziegler, Dieter: *Pionier und Nachzügler. Kategorien für den deutsch-britischen Vergleich,* in: Berghoff, Hartmut und Ziegler, Dieter (Hg.): *Pionier und Nachzügler? Vergleichende Studien zur Geschichte Großbritanniens und Deutschlands im Zeitalter der Industrialisierung,* Bochum, 1995.

Bevir, Mark: *Sidney Webb: Utilitarianism, Positivism, and Social Democracy,* in: The Journal of Modern History, Vol. 74, Nr.2, Juni 2002.

Bloom, Clive: *Violent London, 2000 Years of Riots, Rebels and Revolts,* London, 2003.

Blum, Deborah: *The Monkey Wars,* Oxford u.a., 1994.

Bolt, Christine: *The Women's Movement in the United States and Britain from the 1790s to the 1920s,* New York u.a., 1993.

Bonas, Sheila, McNicholas, June und Collis, Glyn M.: *Pets in the network of family relationship: an empirical study,* In: Podberscek, Anthony L., Paul, Elisabeth S. und Serpell, James A: *Companion Animals and Us: Exploring the relationship between people and pets,* Cambridge, 2000.

Bradie, Michael: *The Moral Status of Animals in Eighteenth-Century British Philosophy,* in: Maienschein, Jane und Ruse, Michael: *Biology and the Foundation of Ethics,* Cambridge, 1999.

Bradley, James E.: *Religion, Revolution, and English Radicalism: Nonconformity in Eighteenth-Century Politics and Society,* Cambridge u.a., 1990.

Brand, Karl-Werner: *Neue soziale Bewegungen in Westeuropa und den USA, Ein internationaler Vergleich,* Darmstadt, 1985.

Brand, Karl-Werner: *Cyclical Aspects of New Social Movements: Waves of Cultural Criticism and Mobilization Cycles of New Middle-class Radicalism,* in: Dalton, Russel und Kuechler, Manfred: *Challenging the Political Order: New Social and Political Movements in Western Democracies,* New York, 1990.

Brass, Elaine und Poklewski Koziell, Sophie: *Gathering Force, DIY Culture – Radical action for those tired of waiting,* London, 1997.

Bretschneider, Hubert: *Der Streit um die Vivisektion im 19.Jahrhundert: Verlauf – Argumente – Ergebnisse,* Stuttgart, 1962.

Breuilly, John: *Labour and liberalism in nineteenth-century Europe: essays in comparative history,* Manchester, 1992.

Brunner, Petra: *Tierschutz in Deutschland und im Vereinigten Königreich,* Diss. Ludwig-Maximilian-Universität München, 1995.

Buechler, Steven M.: *Social Movements in Advanced Capitalism, The Political Economy and Cultural Construction of Social Activism,* Oxford u.a., 2000.

Buettinger, Craig: *Antivivisection in Late Nineteenth-Century America,* in: Wand, Kelly: *The Animal Rights Movement,* San Diego, 2003.

Burt, Jonathan: *Animals in Film,* London, 2002.

Burt, Jonathan: *John Berger's "Why look at Animals?": A close reading,* in: Worldviews, Vol.9, Nr.2, Cambridge, 2005.

Butler, Judith: *Das Unbehagen der Geschlechter,* Frankfurt a.M. u.a., 1991.

Byrne, Paul: *Social Movements in Britain,* London u.a., 1997.

Caine, Barbara: *Victorian Feminists,* Oxford u.a., 1992.

Calhoun, Craig: *"New Social Movements" of the Early Nineteenth Century,* in: Traugott, Mark (Hg.): *Repertoires & Cycles of Collective Action,* Durham u.a., 1995.

Callinicos, Alex und Simon, Mike: *The Great Strike; The Miner's Strike 1984-5 and its Lessons,* London, 1985.

Cannadine, David: *The Rise and Fall of Class in Britain,* New York, 1999.

Cannadine, David: *Class in Britain,* London u.a. 2000.

Carr, Gordon: *The Angry Brigade, The Cause and the Case,* London, 1975.

Carr, Raymond: *English Fox Hunting,* London, 1986.

Carter, April: *Direct Action and Democracy Today,* Cambridge, 2005.

Cartmill, Matt: *A View to a Death in the Morning, Hunting and Nature through History,* Cambridge, MA u.a. 1993.

Casper, Johannes: *Tierschutz im Recht der modernen Industriegesellschaft: Eine rechtliche Neukonstruktion auf philosophischer und historischer Grundlage,* Baden-Baden, 1999.

Chamberlain, Lorna und Preece, Rod: *Animal Welfare and Human Values,* Waterloo, Ontario, 1993.

Charles, Nickie: *Gender in Modern Britain,* Oxford u.a., 2002.

Childs, David: *Britain since 1945,* Sechste Auflage, London u.a., 2006.

Claeys, Gregory, *Utopias of the British Enlightenment,* Cambridge, 1994.

Clark, David Lee: *The Date and Source of Shelley's A Vindication of Natural Diet,* Studies in Philology, 36, 1939.

Clark, Stephen R.L.: *Animals, Ecosystems and the Liberal Ethic,* in: The Monist, Vol.70, Nr.1., Januar 1987.

Clarke, Peter: *Hope and Glory: Britain 1900-2000,* zweite Ausgabe, London, 2004.

Clutterbuck, Richard: *The Future of Political Violence, Destabilization, Disorder and Terrorism,* London, 1996.

Cohen, Esther: *Law, Folklore and Animal Lore,* in: Past and Present, Nr.110, Februar 1986.

Coleman, William: *Biology in the Nineteenth Century: Problems of Form, Function and Transformation,* New York u.a., 1971.

Colley, Linda: *Britishness and Otherness: An Argument,* in: Journal of British Studies, Nr.31, Oktober, 1992.

Colley, Linda: *Britons: Forging the Nation 1707-1837,* London, 1996.

Connel, Robert W.: *Gender and Power: Society, the Person and Sexual Politics,* Cambridge, 1987.

Cook, Judith: *The Year of the Pyres: The 2001 Foot-and-Mouth Epidemic,* Edinburgh, 2001.

Cooper, Jilly: *Animals in War,* London, 2000.

Cotgrove, Stephen und Duff, Andrew: *Environmentalism, Middle-Class Radicalism and Politics,* in: The Sociological Review, Vol.28, Nr.2, 1980.

Cottle, Simon: *Mediatized Conflict: Developments in Media and Conflict Studies,* Maidenhead, 2006.

Cullen Brown, Joanna (Hg.): *Let Me Enjoy the Earth: Thomas Hardy and Nature,* London,1990.

Cunningham, Hugh: *Leisure in the Industrial Revolution, c. 1780 - c. 1880,* London, 1980.

Cusick, Edmund: *Religion and Heritage,* in: Storry, Mike und Childs, Peter: *British Cultural Identities,* London u.a., 1997.

Dalton, Russell J.: *The Green Rainbow, Environmental Groups in Western Europe,* New Haven, 1994.

Dalton, Rusell J.: *Environmental Groups in Western Europe,* New Haven, 1995.

Dalton, Russel J., Kuechler, Manfred, Bürklin, Wilfried: *The Challenge of New Movements,* in: Dalton, Russel und Kuechler, Manfred: *Challenging the Political Order: New Social and Political Movements in Western Democracies,* New York, 1990.

Dardenne, Émilie: *Frances Power Cobbe et la naissance du mouvement contre l'expérmentation animale,* in:Cahiers Victoriens et Édouardiens, Nr.54, 2004.

Davidoff, Leonore: *Worlds Between, Historical Perspectives on Gender and Class,* Cambridge, 1995.

Davidoff, Leonore und Hall, Catherine: *Family Fortunes: Men and Women of the English Middle Classes 1780-1850,* London u.a., überarbeitete Ausgabe, 2000.

Davie, Grace: *The Sociology of Religion,* London, 2007.

de Beer, Gavin: *Charles Darwin,* Melbourne u.a., 1963.

Desmond, Adrian und Moore, James: *Darwin,* München u.a., 1991.

Desmond, Adrian: *The Politics of Evolution: Morphology, Medicine, and Reform in Radical London,* Chicago u.a., 1989.

Dickinson, Harry T.: *The Rise and Fall of the Theory of Natural Rights in Late Eighteenth and Early Nineteenth Century Britain,* in: Dann, Otto und Klippel, Diethelm: *Naturrecht – Spätaufklärung – Revolution,* Hamburg, 1995.

Dogan, Mattei und Pelassy, Dominique: *How to Compare Nations, Strategies in Comparative Politics,* Chatham, NJ, Zweite Ausgabe, 1990.

Donovan, Josephine: *Feminist Theory: The Intellectual Traditions of American Feminism,* New York, 1985.

Doughty, Robin W.: *Feather Fashions and Bird Preservation: A Study in Nature Protection,* Berkeley u.a., 1975.

Draznin, Yaffa Claire: *Victorian London's Middle-Class Housewife: What she did all Day,* Westport, CT, 2001.

Drescher, Seymour: *Public Opinion and the Destruction of British Colonial Slavery,* in: Walvin, James: *Slavery and British Society 1776-1846,* Basingstoke, 1982.

Drescher, Seymour: *Capitalism and Antislavery, British Mobilization in Comparative Perspective*, Oxford u.a., 1987.

Drescher, Seymour: *Whose Abolition? Popular Pressure and the Ending of the British Slave Trade,* in: Past & Present, Nr.143, 1994.

Dryzek, John S. et al.: *Green States and Social Movements: Environmentalism in the United States, United Kingdom, Germany & Norway*, Oxford u.a., 2003.

Durbach, Nadja: *Bodily Matters: The Anti-Vaccination Movement in England 1853-1907,* Durham, NC, 2005.

Easlea, Brian: *Science and Sexual Oppression: Patriarchy's Confrontation with Woman and Nature*, London, 1981.

Eberstein, Winfried C.J.: *Das Tierschutzrecht in Deutschland bis zum Erlaß des Reichs-Tierschutzgesetzes vom 24.November 1933: Unter besonderer Berücksichtigung der Entwicklung in England,* Frankfurt a.M. u.a., 1999.

Einwohner, Rachel L.: *The Efficacy of Protest: Meaning and Social Movement Outcomes,* PhD Dissertation, University of Washington, 1997.

Eisenberg, Christiane: *Pferderennen zwischen "Händler-" und "Heldenkultur". Verlauf und Dynamik einer englisch-deutschen Kulturbegegnung,* in: Berghoff, Hartmut und Ziegler, Dieter (Hg.): *Pionier und Nachzügler? Vergleichende Studien zur Geschichte Englands und Deutschlands im Zeitalter der Industrialisierung*, Bochum, 1995.

Elston, Mary Ann: *Women and Anti-vivisection in Victorian England, 1870-1900,* in: Rupke, Nicolaas A. (Hg.): *Vivisection in Historical Perspective,* London u.a., 1987.

Elston, Mary Ann: *Victorian Values and Animal Rights,* in: New Scientist, Vol. 134, Nr.1822, Mai 1992.

Engels, Jens Ivo: *‚Hohe Zeit' und ‚dicker Strich': Vergangenheitsdeutung und -bewahrung im westdeutschen Naturschutz nach dem Zweiten Weltkrieg,* in: Radkau, Joachim und Uekötter, Frank (Hg.): *Naturschutz und Nationalsozialismus,* Frankfurt a.M. u.a., 2003.

Eskildsen, Ute: *Kein Recht am Bild: Das fotografierte Tier – ein Überblick,* in: Eskilden, Ute und Lechtreck, Hans Jürgen: *Nützlich, süß und museal – das fotografierte Tier,* Museum Folkwang, Göttingen, 2005.

Euchner, Walter: *Naturrecht und Politik bei John Locke*, Frankfurt a.M. u.a., 1979.

Eustance, Claire, Ryan, Joan und Ugolini, Laura: *A Suffrage Reader, Charting directions in British suffrage history,* London u.a., 2000.

Evans, Rhys: *Contesting Spaces and Places – Conflicting Geographic Imaginaries in the Countryside March, London, March 1, 1998,* in: Hillebrand, Hans, Goetgeluk, Roland und Hetsen, Hans (Hg.): *Plurality and Purality, The role of the countryside in urbanised regions,* Agricultural Economics Research Institute, Den Haag, 1999.

Farrell, James J.: *The Spirit of the Sixties: The Making of Postwar Radicalism,* London u.a., 1997.

Ferguson, Moira: *Animal Advocacy and Englishwomen 1780-1900, Patriots, Nation, and Empire*, Ann Arbor, 1998.

Fiddes, Nick: *Meat, A Natural Symbol*, London u.a., 1991.

Finsen, Lawrence und Finsen, Susan: *The Animal Rights Movement in America, From Compassion to Respect*, New York, 1994.

Finsen, Lawrence und Finsen, Susan: *The ALF and the "Unnecessary Fuss" Video*, in: Wand, Kelly: *The Animal Rights Movement*, San Diego, 2003.

Fischer, Michael: *Tierstrafen und Tierprozesse. Zur sozialen Konstruktion von Rechtssubjekten*, Münster, 2005.

Fischer, Michael: *Tiere als Rechtssubjekte: Vom Tierprozess zum Tierschutzgesetz*, in: Witt-Stahl, Susann (Hg.): *Das steinerne Herz der Unendlichkeit erweichen: Beiträge zu einer kritischen Theorie für die Befreiung der Tiere*, Aschaffenburg, 2007.

Flury, Andreas: *Der moralische Status der Tiere: Henry Salt, Peter Singer und Tom Regan*, Freiburg u.a., 1999.

Franklin, Adrian: *Squatting in England 1969-79: A Case Study of Social Conflict in Advanced Industrial Capitalism*, University of Bristol, School for Advanced Urban Studies, Working Paper Nr.37, 1984.

Franklin, Adrian: *Animals & Modern Cultures: A Sociology of Human-Animal Relations in Modernity*, London u.a.,1999.

Franklin, Adrian, Tranter, Bruce und White, Robert: *Explaining Support for Animal Rights: A Comparison of Two Recent Approaches to Human, Nonhuman Animals, and Postmodernity*, in: Society & Animals, Vol.9, Nr.2, 2001.

Freeman, Jo und Johnson, Victoria (Hg.): *Waves of Protest: Social Movements since the Sixties*, Lanham u.a., 1999.

Freeman, R.B: Charles *Darwin, A Companion*, Folkestone u.a., 1978.

French, Richard D.: *Antivivisection and Medical Sciences in Victorian Society*, Princeton u.a., 1975.

Francione, Gary L.: *Rain without Thunder, The Ideology of the Animal Rights Movement*, Philadelphia, 1996.

Fuchs-Heinritz, Werner: *Biographische Forschung: Eine Einführung in Praxis und Methoden*, dritte Auflage, Wiesbaden, 2005.

Fudge, Erica: *Perceiving Animals, Humans and Beasts in Early Modern English Culture*, Chicago, 2000.

Fudge, Erica: *A Left-Handed Blow: Writing the History of Animals*, in: Rothfels, Nigel (Hg.): *Representing Animals*, Bloomington u.a., 2002.

Fudge, Erica (Hg.): *Renaissance Beasts: Of Animals, Humans, and Other Wonderful Creatures*, Urbana u.a., 2004.

Furneaux, Robin: *William Wilberforce*, London, 1974.

Gardiner, Juliet: *The Animals' War: Animals in wartime from the First World war to the present day*, London, 2006.

Garner, Robert: *The Animal Lobby*, in: Political Quarterly, Vol. 62, 1992.

Garner, Robert: *Animals, politics and morality*, Manchester, 1993a.

Garner, Robert: *Political Animals: A Survey of the Animal Protection Movement in Britain*, in: Parliamentary Affairs, Oxford u.a., 1993b.

Garner, Robert: *Defending Animal Rights*, in: Jordan, Grant und Ridley F.F. (Hg.): *Protest Politics: Cause Groups and Campaigns*, Oxford u.a., 1998a.

Garner, Robert: *Defending Animal Rights*, in: Parliamentary Affairs, Oxford u.a., 1998b.

Garner, Robert: *Political Animals: Animal Protection Politics in Britain and the United States*, Basingstoke u.a., 1998c.

Garner, Robert: *The Politics of Animal Protection: A Research Agenda*, in: Society & Animals, Vol. 3, Nr.1, 1998d.

Garner, Robert: *Political Agency and Animal Rights*, Empty Cages Conference, Raleigh, 2. Oktober 2004.

Garner, Robert: *Animal Ethics*, Cambridge, 2005.

Garrett, Aaron: *Animal Rights and Souls in the Eighteenth Century*, Bristol, 2000.

Gates, Barbara T.: *Kindred Nature: Victorian and Edwardian Women Embrace the Living World*, Chicago u.a., 1998.

Gates, Barbara T. (Hg.): *In Nature's Name: An Anthology of Women's Writings and Illustration, 1780-1930*, Chicago, 2002.

Gerlach, Luther P.: *The Structure of Social Movements: Environmental Activism and Its Opponents*, in: Freeman, Jo und Johnson, Victoria (Hg.): *Waves of Protest: Social Movements since the Sixties*, Lanham u.a., 1999.

Gharpure, Narhar Kashinath: *Tierschutz, Vegetarismus und Konfession (eine religionssoziologische Untersuchung zum englischen 17. und 18. Jahrhundert)*, München, 1935.

Giese, C. und Kahler: *Das deutsche Tierschutzrecht*, Berlin, Vierte Auflage, 1950.

Gilbert, Alan D.: *Religion and Political Stability in Early Industrial England*, in: Patrick O'Brien und Roland Quinault (Hg.): *The Industrial Revolution and British Society*, Cambridge u.a., 1993.

Gillis, John R.: *The Development of European Society 1770-1870*, Boston, 1977.

Gleadle, Kathryn: *British Women in the Nineteenth Century*, Basingstoke u.a., 2001.

Goodman, Geoffrey: *The Miner's Strike*, London, 1985.

Gould, Peter C.: *Early Green Politics: Back to Nature, Back to the Land, and Socialism in Britain 1880-1900*, Sussex, 1998.

Gould, Stephen Jay: *Eine biologische Huldigung an Mickey Mouse*, in: Ders.: *Der Daumen des Panda, Betrachtungen zur Naturgeschichte*, Basel u.a., 1987.

Goyder, Jane und Lowe, Philip: *Environmental Groups in Politics*, London, 1983.

Grant, Wyn: *Pressure Groups and British Politics*, Basingstoke, 2000.

Green, Jonathan: *All dressed up, The Sixties and the Counter Culture*, London, 1998.

Gregory, James: *The Vegetarian Movement in Victorian Britain and its Relationship with Temperance*, in: The Social History of Alcohol Review, 16:1-4, Herbst 2001, Frühjahr 2002.

Gruber, Malte-Christian: *Rechtsschutz für nichtmenschliches Leben*, Frankfurt a.M. u.a., 2006.

Guarnieri, Patrizia: *Moritz Schiff (1823-96): Experimental Physiology and Noble Sentiment in Florence*, in: Rupke, Nicolaas A. (Hg.): *Vivisection in Historical Perspective*, London u.a., 1987.

Guerrini, Anita: *The Ethics of Animal Experimentation in Seventeenth-Century England*, in: Journal of the Histories of Ideas, Vol. 50, Nr.3, 1989.

Guither, Harold D.: *Animal Rights: History and Scope of a Radical Social Movement*, Carbondale u.a., 1998.

Gupta, Suman: *Re-Reading Harry Potter*, Basingstoke, 2003.

Haenfler, Ross: *Collective Identity in the Straight Edge Movement: How Diffuse Movements Foster Commitment, Encourage Individualized Participation, and Promote Cultural Change*, in: The Sociological Quarterly, Vol. 45, Nr.4, 2004.

Haenfler, Ross: *Rethinking Subcultural Resistance: Core Values of the Straight Edge Movement*, in: Journal of Contemporary Ethnography, Vol. 33, Nr.4, August 2004.

Hahn, Ute: *Die Entwicklung des Tierschutzgedankens in Religion und Geistesgeschichte*, Diss. Tierärztliche Hochschule Hannover, 1980.

Halbersleben, Karen L.: *Women's Participation in the British Antislavery Movement 1824-1865*, Lewiston u.a., 1993.

Hall, Catherine: *White, Male and Middle Class: Explorations in Feminism and History*, Cambridge, 1992.

Hamilton, Susan (Hg.): *'Criminals, Idiots, Women & Minors': Victorian Writing by Women on Women*, Peterborough, Ontario u.a., 1995.

Hamilton, Susan: *Making History with Frances Power Cobbe: Victorian Feminism, Domestic Violence and the Language of Imperialism*, in: Victorian Studies, Spring 2001.

Hamilton, Susan: *'A Crisis in Woman's History: Frances Power Cobbe's Duties of Women and the practice of everyday feminism*, in: Women's History Review, Vol. 11, Nr.4, 2002.

Hampson, Judith: *Animal welfare – a century of conflict*, in: New Scientist, 25. Oktober 1979.

Hanagan, Michael P., Moch, Leslie Page und Te Brake, Wayne (Hg.): *Challenging Authority, The Historical Study of Contentious Politics*, Minneapolis u.a., 1998.

Hannam, June: *Women and Politics*, in: Purvis, June: *Women's History: Britain 1850-1945*, London, 2000.

Harrison, Brian: *Drink and the Victorians: The Temperance Question in England 1815-1872*, London, 1971.

Harrison, Brian: *Animals and the State in nineteenth-century England*, in: The English Historical Review, Nr.88, 1973.

Haupt, Heinz-Gerhard und Kocka, Jürgen: *Comparative History: Methods, Aims, Problems,* in: Cohen, Deborah und O'Connor, Maura: *Comparison and History, Europe in Cross-National Perspective,* London u.a., 2004.

Hawkins, Alun und Merrick, Linda: *‚Dewy-eyed veal calves': live animal exports and middle class opinion 1980-1995,* Agricultural History Review, Vol. 42, Teil 2, 1999.

Hays, H.R: *Birds, Beasts and Men: A Humanist History of Zoology,* New York, 1972.

Heilman, Elizabeth E. und Gregory Anne E.: *Images of the Privileged Insider and Outcast Outsider,* in: Heilman, Elisabeth E. (Hg.) *Harry Potter's World: Multidisciplinary Critical Perspectives,* London u.a., 2003.

Heinlein, Markus: *Klassischer Anarchismus und Erziehung, Libertäre Pädagogik bei William Godwin, Michael Bakunin und Peter Kropotkin,* Würzburg, 1998.

Heinze, Thomas: *Qualitative Sozialforschung,* Opladen, 1992.

Hempton, David: *Methodism and Politics in British Society 1750-1850,* London u.a., 1984.

Hendrick, George und Hendrick, Willene (Hg.): *The Savour of Salt, A Henry Salt Anthology,* Fontwell, Sussex, 1989.

Herzog, Harold A.: *„The Movement Is My Life": The Psychology of Animal Rights Activism,* in: Journal of Social Issues, Vol. 49, Nr.1, 1993.

Herzog, Harold: *Power, Money and Gender: Status Hierarchies and the Animal Protection Movement in the United States,* ISAZ Newsletter, 18. November, 1999.

Hill, Charles P.: *British Economic and Social History 1700-1975,* vierte Ausgabe, London, 1977.

Hill, Christopher: *The Century of Revolution 1603-1714,* Edinburgh, 1961.

Hill, Christopher: *The World turned upside down, Radical ideas during the English Revolution,* London u.a., 1991.

Hobsbawm, Eric: *Introduction: Inventing Traditions,* in: Hobsbawm, Eric und Ranger, Terence: *The Invention of Tradition,* Cambridge, 1983

Hobsbawm, Eric: *Gefährliche Zeiten, Ein Leben im 20. Jahrhundert,* München, 2003.

Höchsmann, Hyun: *On Peter Singer,* Belmont, 2002.

Höhne, Horst: *Percy Bysshe Shelley, Leben und Werk,* Frankfurt a.M. u.a., 1998.

Holden, Katherine: *Family, Caring and Unpaid Work,* in: Zweiniger-Bargielowska, Ina: *Women in Twentieth-Century Britain,* Harlow, 2001.

Hollis, Patricia: *Women in Council: Separate Spheres, Public Spaces,* in: Rendall, Jane: *Equal or Different, Women's Politics 1800-1914,* Oxford u.a., 1987.

Hopley, Emma: *Campaigning Against Cruelty, the hundred year history of the British Union for the Abolition of Vivisection,* London, 1998.

Hopton, Andrew (Hg.): *Roger Crab: The English Hermite and Dagons-Downfall,* London, 1990.

Hösle, Vittorio, Illies, Christian: *Darwin,* Freiburg u.a., 1999.

Howkins, Alun: *From Diggers to Dongas: the Land in English Radicalism, 1649-2000*, in: History Workshop Journal, Nr.54, 2002.

Huber-Sperl, Rita (Hg.): *Organisiert und engagiert – Vereinskultur bürgerlicher Frauen im 19.Jahrhundert in Westeuropa und den USA*, Königsstein/Taunus, 2002.

Infield, Paul und Platford, Graham: *The Law of Harassment and Stalking*, Haywards Heath, 2000.

Inglehart, Ronald.: *The Silent Revolution in Europe: Intergenerational Change in Post-Industrial Societies*, in: American Political Science Review, Vol. LXV, Nr.4, Dezember 1971.

Isichei, Elisabeth: *Victorian Quakers*, London, 1970.

Israel, Jonathan I.: *Radical Enlightenment, Philosophy and the Making of Modernity 1650-1750*, Oxford u.a., 2001.

Itzkowitz, David C.: *Peculiar Privilege, A Social History of English Foxhunting 1753-1885*, Hassocks, Sussex, 1977.

Jacob, Margaret C.: *The Radical Enlightenment: Pantheists, Freemasons and Republicans*, London, 1981.

Jacobs, Eric und Worcester, Robert: *We British: Britain under the MORIscope*, London, 1990.

Jaffé, Aniela: *Anna Kingsford, Religiöser Wahn und Magie*, Fellbach, 1980.

Jamison, Wesley V. und Lunch, William, M.: *Rights of Animals, Perception of Science, and Political Activism: Profile of American Animal Rights Activists*, in: Science, Technology, & Human Values, Vol. 17, Nr.4, Herbst 1992.

Jasper, James M. und Nelkin, Dorothy: *The Animal Rights Crusade: The Growth of a Moral Protest*, New York, 1992.

Jasper, James M.: *The Art of Moral Protest: Culture, Biography and Creativity in Social Movements*, Chicago, 1997.

Jasper, James M.: *Recruiting Intimates, Recruiting Strangers: Building the Contemporary Animal Rights Movement*, in: Freeman, Jo und Johnson, Victoria (Hg.): *Waves of Protest: Social Movements since the Sixties*, Lanham u.a., 1999.

Jones, Dena M.: *The Media's Response to Animal Rights Activism*, in: Anthrozöos, Vol. 10, 1997.

Jordan, Grant und Ridley F.F. (Hg.): *Protest Politics: Cause Groups and Campaigns*, Oxford u.a., 1998.

Jordonova, Ludmilla: *Sexual Visions, Images of Gender in Science and Medicine between the Eighteenth and Twentieth Century*, Madison, 1989

Juergensmeyer, Mark: *Terror in the mind of God: a global rise of religious violence*, Berkeley u.a., 2000.

Kaelble, Hartmut: *Der historische Vergleich: Eine Einführung zum 19. und 20.Jahrhundert*, Frankfurt a.M. u.a., 1999.

Kant, Immanuel: *Eine Vorlesung über Ethik* (Herausgeber: Paul Menzer), Berlin, 1924.

Kean, Hilda: *The 'Smooth Cool Men of Science': The Feminist and Socialist Response to Vivisection*, in: History Workshop Journal, Nr.40, 1995.

Kean, Hilda: *Animal Rights, Political and Social Change in Britain since 1800*, London, 1998.

Kean, Hilda: *An Exploration of the Sculptures of Greyfriars Bobby, Edinburgh, Scotland and the Brown Dog, Battersea, South London, England*, in: Society & Animals, Vol.11, Nr.4, 2003.

Kete, Kathleen: *The Beast in the Boudoir, Petkeeping in Nineteenth Century Paris*, Berkeley u.a., 1994.

Kete, Kathleen: *Animals and Ideology: The Politics of Animal Protection in Europe*, in: Rothfels, Nigel (Hg.): *Representing Animals*, Bloomington u.a., 2002.

Kew, Barry: *Appropriating Liberation*, in: Society & Animals, Vol. 11, Nr.1, 2003.

King, Roger: *The Middle Class in Revolt?*, in: King, Roger und Nugent, Neill: *Respectable Rebels, Middle Class Campaigns in Britain in the 1970s*, London u.a., 1979.

Kingsley Kent, Susan: *Sex and Suffrage in Britain, 1860-1914*, London u.a., 1990.

Kirk, Neville: *The Growth of Working Class Reformism in Mid-Victorian England*, London, 1985.

Klandermans, Bert: *New Social Movements and Resource Mobilization: The European and the American Approach Revisited*, in: Rucht, Dieter (Hg.*): Research on Social Movements: The State of the Art in Western Europe and the USA*, Frankfurt a.M. u.a., 1991.

Klippel, Diethelm: *Das 19.Jahrhundert als Zeitalter des Naturrechts*, in: Ders. (Hg.): *Naturrecht im 19.Jahrhundert: Kontinuität – Inhalt – Funktion – Wirkung*, Goldbach, 1997.

Klueting, Edeltraud: *Die gesetzlichen Regelungen der nationalsozialistischen Reichsregierung für den Tierschutz, den Naturschutz und den Umweltschutz*, in: Radkau, Joachim und Uekötter, Frank (Hg.): *Naturschutz und Nationalsozialismus*, Frankfurt a.M. u.a., 2003.

Kluxen, Kurt: *Geschichte Englands .Von den Anfängen bis zur Gegenwart*, Stuttgart, 1968.

Köpf, Peter: *Ein Herz für Tiere, Über die radikale Tierrechtsbewegung*, Bonn, 1996.

Krabbe, Wolfgang R.: *Gesellschaftsveränderung durch Lebensreform: Strukturmerkmale einer sozialreformerischen Bewegung im Deutschland der Industrialisierungsperiode*, Göttingen, 1974.

Kumar, Krishan: *The Making of English National Identity*, Cambridge, 2003.

Kwint, Marius: *The Legitimization of the Circus in late Georgian England*, in: Past & Present, Nr.174, Februar 2002.

Larson, Janet L.: *Where is the woman in this text? Frances Power Cobbe's Voices in Broken Lights*, in: Victorian Literature and Culture, Vol. 31, Nr.1, 2003.

Lansbury, Coral: *Gynaecology, Pornography, and the Antivivisection Movement*, in: Feminist Studies, Vol. 11, 1985.

Lansbury, Coral: *The Old Brown Dog, Women, Workers and Vivisection in Edwardian England*, Madison, 1985.

Leader, Stefan H. Und Probst, Peter: *The Earth Liberation Front and Environmental Terrorism*, in: Terrorism and Political Violence, Vol. 15, Nr.4, Winter 2003.

Lee, Martha F.: *Earth First! Environmental Apocalypse*, Syracuse, 1995.

Lederer, Susan E.: *The Controversy over Animal Experimentation in America, 1880-1914*, in: Rupke, Nicolaas A. (Hg.): *Vivisection in Historical Perspective*, London u.a., 1987.

Leneman, Leah: *The Awakened Instinct: vegetarianism and the women's suffrage movement in Britain*, in: Women's History Review, Vol. 6, Nr.2, 1997.

Leneman, Leah: *No Animal Food: The Road to Veganism in Britain, 1909-1944*, in: Society & Animals, Vol. 7, Nr. 3, 1999.

Lerner, Gerda: *Die Entstehung des feministischen Bewusstseins*, Frankfurt a.M. u.a., 1995.

Lewerenz, Susann: *Die Deutsche Afrika-Schau (1935-1940). Rassismus; Kolonialrevisionismus und postkoloniale Auseinandersetzung im nationalsozialistischen Deutschland*, Frankfurt a.M. u.a., 2006.

Lewin, Nicky: *Animal War: Brightlingsea 1995*, Colchester, 2000.

Li, Chien-hui: *A Union of Christianity, Humanity and Philanthropy: The Christian Tradition and the Prevention of Cruelty to Animals in Nineteenth-Century England*, in: Society & Animals, Vol. 8, Nr.3, 2000.

Libby, Ronald T.: *Eco-Wars: Political Campaigns and Social Movements*, New York, 1998.

Liddington, Jill: *The Road to Greenham Common, Feminism and Anti-Militarism in Britain since 1820*, Syracuse, 1991.

Linklater, Andro: *An Unhusbanded Life: Charlotte Despard, Suffragette, Socialist and Sinn Feiner*, London, 1980.

Loeper, John J.: *Crusade for Kindness, Henry Bergh and the ASPCA*, New York, 1991.

Lowe, Brian M., Ginsberg, Caryn F.: *Animal Rights as a Post-Citizenship Movement*, in: Society & Animals, Vol. 10, Nr.2, 2002.

Lunn, Kenneth: *Reconsidering 'Britishness': The construction and significance of national identity in twentieth century Britain*, in: Jenkins, Brian und Sofos, Spyros, A.: *Nation and Identity in Contemporary Europe*, London u.a., 1996.

MacDonald, Daniel J.: *The Radicalism of Shelley and its Sources*, New York, 1969.

MacKenzie, John M.: *The Empire of Nature: Hunting, Conservation and British Imperialism*, Manchester, 1988.

MacKenzie, Norman & Jeanne: *The First Fabians*, London u.a., 1979.

Maehle, Andreas-Holger: *Kritik und Verteidigung des Tierversuchs, Die Anfänge der Diskussion im 17. und 18. Jahrhundert*, Stuttgart, 1994.

Manuel, Diana: *Marshall Hall (1790-1857): Vivisection and the Development of Experimental Physiology*, in: Rupke, Nicolaas A. (Hg.): *Vivisection in Historical Perspective*, London u.a., 1987.

Marcus, Sharon: *Between Women: Friendship, Desire and Marriage in Victorian England*, Princeton, 2007.

Marquardt, Manfred: *Praxis und Prinzipien der Sozialethik John Wesleys*, Göttingen, 1977.

Martin, Gus: *Understanding Terrorism: Challenges, Perspectives, and Issues*, London u.a., 2003.

Martin, Madeleine: *Die Entwicklung des Tierschutzes und seiner Organisationen in der Bundesrepublik Deutschland, der Deutschen Demokratischen Republik und dem deutschsprachigen Ausland*, Diss. Freie Universität Berlin, 1989.

Marwick, Arthur: *British Society since 1945*, vierte Ausgabe, London u.a., 2003.

Mason, Peter: *The Brown Dog Affair, the Story of a Monument that divided the Nation*, London, 1997.

Mathias, Peter: *The First Industrial Nation, The Economic History of Britain 1700-1914*, zweite Ausgabe, London u.a., 1983.

McAdam, Doug: *"Initiator" and "Spin-off" Movements: Diffusion Processes in Protest Cycles*, in: Traugott, Mark (Hg.): *Repertoires & Cycles of Collective Action*, Durham, 1995.

McCloskey, Deirdre: *Paid Work*, in: Zweiniger-Bargielowska, Ina: *Women in Twentieth-Century Britain*, Harlow, 2001.

McCormick, John: *British Politics and the Environment*, London, 1991.

McKay, George: *DiY Culture, Party & Protest in Nineties Britain*, London, 1998.

McLeod, Rhoda: *Calf Exports at Brightlingsea*, in: Jordan, Grant und Ridley F.F. (Hg.): *Protest Politics: Cause Groups and Campaigns*, Oxford u.a., 1998.

McRobbie, Angela: *Feminism and Youth Culture: From Jackie to Just Seventeen*, Boston, 1991.

Midgley, Clare: *Anti-Slavery and Feminism in Nineteenth-Century Britain*, in: Gender & History, Vol. 5, Nr.3, Herbst 1993.

Monaghan, Rachel: *Animal Rights and Violent Protest*, in: Terrorism and Political Violence, Vol. 9, Nr.4, Winter 1997.

Monaghan, Rachel: *Terrorism in the Name of Animal Rights*, in: Terrorism and Political Violence, Vol. 11, Nr.4, 1999

Monamy, Vaughan: *Animal Experimentation, A Guide to the Issue*, Cambridge, 2000.

Morgan, Kenneth O.: *The People's Peace, British History 1945-1989*, Oxford u.a., 1990.

Morley, Ann und Stanley, Liz: *The Life and Death of Emily Wilding Davison*, London, 1988.

Morton, A.L.: *A People's History of England*, London, 1989er Ausgabe, 1994.

Morton, Peter: *Vital Science: Biology and the Literary Imagination, 1860-1900*, London, 1984.

Morton, Timothy: *Shelley and the Revolution in Taste*, Cambridge, 1994.

Morton, Timothy: *Environmentalism*, in: Roe, Nicolas (Hg.:) *Romanticism*, Oxford u.a., 2005.

Mueller McClurg, Carol: *Building Social Movement Theory*, in: Morris, Aldon D. und Mueller McClurg, Carol (Hg.): *Frontiers in Social Movement Theory*, New Haven, 1992.

Mullan, Bob und Marvin, Garry: *Zoo Culture*, Urbana u.a., zweite Auflage, 1999.

Mulvihill, Margaret: *Charlotte Despard, A Biography*, London u.a. 1989.

Muncie, John: *Anarchy in the United Kingdom? Youth in Britain 1975-1985*, in: Dowe, Dieter (Hg.): *Jugendprotest und Generationenkonflikt in Europa im 20.Jahrhunder*t, Bonn, 1986.

Munro, Lyle: *Confronting Cruelty: Moral Orthodoxy and the Challenge of the Animal Rights Movement*, Leiden u.a., 2005.

Murphy, Detlef: *Von Aldermaston nach Greenham Common, Politischer Protest und neue soziale Bewegungen in Großbritannien*, In: Brand, Karl-Werner: *Neue soziale Bewegungen in Westeuropa und den USA, Ein internationaler Vergleich*, Darmstadt, 1985.

Niven, Charles D.: *History of the Humane Movement*, London, 1967.

O'Brien, Patrick und Quinault, Roland (Hg.): *The Industrial Revolution and British Society*, Cambridge u.a., 1993.

O'Hara, Craig: *The Philosophy of Punk, More than Noise!!*, Edinburgh u.a., 1995.

O'Hara, Larry: *Turning up the Heat, MI5 after the Cold War*, London, 1994.

Osterhammel. Jürgen: *Transkulturell vergleichende Geschichtswissenschaft, in: ders.: Geschichtswissenschaften jenseits des Nationalstaats*, Studien zu Beziehungsgeschichte und Zivilisationsvergleich, Göttingen, 2001.

Osterhammel, Jürgen: *"The Great Work of Uplifting Mankind". Zivilisierungsmission und Moderne*, in: Barth, Boris und Osterhammel, Jürgen: *Zivilisierungsmissionen, Imperiale Weltverbesserung seit dem 18.Jahrhundert*, Konstanz, 2005.

Pannewick, Friederike: *Martyrdom in Literature: Visions of Death and Meaningful Suffering in Europe and the Middle East from Antiquity to Modernity*, Wiesbaden, 2004.

Paradis, James: *Evolution and Ethics in Its Victorian Context*, in: Paradis James und Williams, George:(Hg.): *T.H. Huxley's Evolution and Ethics*, Princeton, 1989.

Parekh, Bhiku: *Defining British National Identity*, in: The Political Quarterly, Vol. 71, 2000.

Parkin, Frank: *Middle Class Radicalism, The Social Bases of the British Campaign for Nuclear Disarmamen*t, Manchester, 1968.

Paul, Mark: *Antivivisection and the Inoculation Scandal of the Great War, 1914-1918*, Bsc Dissertation, 1993.

Peacock , Sandra J.: *The Theological and Ethical Writings of Frances Power Cobbe, 1822-1904*, in: Studies in Women and Religion, Vol. 43, 2002.

Pearce, Frank: *Green Warriors: The People and the Politics Behind the Environmental Revolution*, London, 1991.

Peek, Charles W., Bell, Nancy J. und Dunham, Charlotte C.: *Gender, Gender Ideology, and Animal Rights*, in: Gender & Society, Vol. 10, Nr.4, August 1996.

Perkin, Harold: *The Origins of Modern English Society, 1770-1880*, London, 1969.

Perkins, David: *Animal Rights and Romanticism*, Cambridge, 2003.

Perlo, Katherine: *Marxism and the Underdog*, in: Society & Animals, Vol. 10, Nr.3, 2002.

Pfeiffer, Julius Ludwig: *Das Tierschutzgesetz vom 2.Juli 1972: Die Geschichte des deutschen Tierschutzrechts von 1950 bis 1972*, Frankfurt a.M. u.a., 2004.

Piette, Maximin: *John Wesley in the Evolution of Protestantism*, London, 1979 (Erstausgabe 1937).

Pilcher, Jane: *Women in Contemporary Britain: An introduction*, London u.a., 1999.

Porter, Roy: *Enlightenment: Britain and the Creation of the Modern World*, London, 2000.

Portmess, Lisa und Walters, Kerry S. (Hg.): *Ethical Vegetarianism: From Pythagoras to Peter Singer*, Albany, 1999.

Preece, Rod (Hg.): *Awe for the Tiger, Love for the Lamb: A Chronicle of Sensibility to Animals*, London u.a., 2002.

Preece, Rod: *Darwinism, Christianity and the Great Vivisection Debate*, in: Journal of the History of Ideas, Vol. 64, 2003.

Prochaska, F.K.: *Women and philanthropy in Nineteenth Century England*, Oxford u.a., 1980.

Prochaska, F.K.: *Philanthropy*, in: Thompson, F.M.L. (Hg.): *The Cambridge Social History of Britain, 1750 – 1950, Vol.III*, Cambridge, 1990.

Pugh, Martin: *Britain since 1789*, A Concise History, Basingstoke, 1999.

Pugh, Martin: *Women and the Women's Movement in Britain, 1914-1999*, zweite Ausgabe, Basingstoke, 2000.

Rachels, James: *Created from Animals, The Moral Implications of Darwinism*, Oxford u.a., 1990.

Radford, Mike: *Animal Welfare Law in Britain: Regulation and Responsibility*, Oxford u.a., 2001.

Raeburn, Antonia: *The Suffragette View*, London u.a., 1976.

Raschke, Joachim: *Soziale Bewegungen: Ein historisch-systematischer Grundriß*, Frankfurt a.M. u.a., 1987.

Rendall, Jane: *Women and the Public Sphere*, in: Gender & History, Vol. 11, Nr.3, Nov 1999.

Reynolds, K.D.: *Aristocratic Women and Political Society in Victorian Britain*, Oxford u.a., 1998.

Reiner, Robert: *Policing and Public Order*, in: Catterall, Peter und Preston, Virginia: *Contemporary Britain, an Annual Review 1996*, Aldershot u.a., 1996.

Rifkin, Jeremy: *Das Imperium der Rinder*, Frankfurt a.M. u.a., 1994.

Riley, Denise: *Am I that Name? Feminism and the Category of ‚Women' in History*, Basingstoke, 1988.

Ritsert, Jürgen: *Soziale Klassen*, Münster, 1998.

Ritvo, Harriet: *Pride and Pedigree: The Evolution of the Victorian Dog Fancy*, Victorian Studies, Winter 1986.

Ritvo, Harriet: *The Animal Estate: The English and other Creatures in the Victorian Age*, Cambridge, MA u.a., 1987.

Ritvo, Harriet: *Animals in Nineteenth-Century Britain, Complicated attitudes and competing categories*, in: Manning, Aubrey und Serpell, James (Hg.): *Animals and Human Society, Changing perspectives*, London u.a., 1994.

Ritvo, Harriet: *The Platypus and the Mermaid and other Figments of the Classifying Imagination*, Cambridge, MA u.a., 1997.

Roberts, Brian: *Biographical Research*, Buckingham, 2002.

Roberts, David F.: *The Social Conscience of the Early Victorians*, Stanford, 2002.

Roberts, Marie Mulvey und Mizuta, Tamae (Hg.): *The Militants, Suffragette Activism*, London, 1994.

Rogausch, Günther: *Voice of the Voiceless?!: Engagement ‚für Tiere' zwischen Solidarität und Paternalismus*, in: T.A.N. (Hg.): *My Brother's Keeper: Zur Tierrechtsbewegung – Meinungen, Gedanken, Erfahrungen*, Hamburg, 2002.

Rogers, Frank R., *The vivisection controversy in Victorian Britain*, PhD-Thesis, University of London, 1979.

Roscher, Mieke: *Ted Bentons Kritik am Tierrechtsbegriff – Eine solidarische Bewertung individualrechtlicher Theorie aus marxistischer Sicht*, in: T.A.N. (Hg.): *Marginalien zum Mensch-Tier-Verhältnis, Ergebnisse der Hamburger Tierbefreiungstagung 2004*, Hamburg, 2004.

Roscher, Mieke: *'What will they be doing next – educating cows?' Überlegungen zur Nutzung der Frau-Tier-Natur Gleichsetzung*, in: Witt-Stahl, Susann (Hg.): *Das steinerne Herz der Unendlichkeit erweichen: Beiträge zu einer kritischen Theorie für die Befreiung der Tiere*, Aschaffenburg, 2007.

Roscher, Mieke: *Engagement und Emanzipation: Frauen in der Englischen Tierschutzbewegung*, in: Brantz, Dorothee und Mauch, Christoph (Hg.): *Tierische Geschichte: Die Beziehung von Mensch und Tier in der Kultur der Moderne*, Paderborn, 2009, noch nicht erschienen

Rose, Sonya O.: *Limited Livelihoods*, London, 1990.

Rosen, Andrew: *Rise Up, Women! The Militant Campaign of the Women's Social and Political Union, 1903-1914*, London, 1974.

Roseneil, Sasha: *Disarming Patriarchy, Feminism and Political Action at Greenham*, Buckingham, 1995.

Rothfels, Nigel (Hg.): *Representing Animals*, Bloomington u.a., 2002.

Rothfels, Nigel: *Savages and Beasts: The Birth of the modern Zoo*, Baltimore u.a., 2002.

Rowan, Andrew N.: *Of Mice, Models and Men: A Critical Evaluation of Animal Research*, Albany, 1984.

Rowbotham, Sheila: *Im Dunkel der Geschichte, Frauenbewegung in England vom 17. bis 20. Jahrhundert*, Frankfurt a.M. u.a., 1980.

Rowbotham, Sheila: *A Century of Women: The History of Women and Britain and the United States*, London, 1997.

Roy, Parama: *Meat Eating, Masculinity, and Renunciation in India: A Gandhian Grammar of Diet*, in: Gender & History, Vol. 14, Nr.1, April 2002.

Rucht, Dieter: *The Strategies and Action Repertoires of New Movements*, in: Dalton, Russel und Kuechler, Manfred: *Challenging the Political Order: New Social and Political Movements in Western Democracies*, Oxford u.a., 1990.

Rudacille, Deborah: *The Scalpel and the Butterfly: The Conflict between Animal Research and Animal Protection*, Berkeley u.a., 2000.

Rüdig, Wolfgang et al: *Social Movements and the Social Sciences in Britain*, in: Rucht, Dieter (Hg.): *Research on Social Movements: The State of the Art in Western Europe and the USA*, Frankfurt a.M. u.a., 1991.

Rüdig, Wolfgang: *Between Moderation and Marginalization: Environmental Radicalism in Britain*, in: Taylor: Bron Raymond (Hg.): *Ecological Resistance Movements: The Global Emergence of Radical and Popular Environmentalism*, Albany, 1995.

Rupke, Nicolaas A. (Hg.): *Vivisection in Historical Perspective*, London u.a., 1987.

Rushen, Joyce: *She Heard Their Cry, The Life of Ada Cole*, 1993.

Ryan, Mary P.: *Mief und Stärke. Ein frühes Lehrstück über die Ambivalenzen weiblicher-Moralisierungskampagnen*, in: Honegger, Claudia und Heintz, Bettina: *Listen der Ohnmacht, Zur Sozialgeschichte weiblicher Widerstandsformen*, Frankfurt a.M., 1981.

Ryder, Richard D.: *Animal Revolution, Changing Attitudes towards Speciesism*, Überarbeitete Ausgabe, Oxford u.a., 2000.

Sachse, Carola: *Von Männern, Frauen und Hunden. Der Streit um die Vivisektion im Deutschland des 19.Jahrhunderts*, in: Feministische Studien, 1/2006.

Sauer, Hildegund: *Über die Geschichte der Mensch-Tier-Beziehungen und die historische Entwicklung des Tierschutzes in Deutschland*, Diss. Universität Giessen, 1983.

Savage, Mike, Barlow, James, Dickens, Peter und Fielding, Tony: *Property, Bureaucracy and Culture, Middle Class Formation in Contemporary Britain*, London u.a., 1992.

Sax, Boria: *Animals in the Third Reich, Pets, Scapegoats, and the Holocaust*, New York u.a., 2000.

Sayers, Janet: *Biological Politics: feminist and antifeminist perspectives*, London u.a., 1982.

Scarce, Rik: *Eco-Warriors, Understanding the Radical Environmental Movement*, Chicago,1990.

Schildt, Axel und Sywotek, Arnold: *‚Reconstruction' and ‚Modernization': West German Social History during the 1950s*, In: Moeller, Robert G. (Hg.): *West Germany under Construction, Politics, Society, and Culture in the Adenauer Era*, Ann Arbor, 1997.

Schildt, Axel: *Modernisierung im Wiederaufbau: Die westdeutsche Gesellschaft der fünfziger Jahre*, in: Faulstich, Werner (Hg.): *Die Kultur der 50er Jahre*, München, 2002.

Schlesinger, Philip: *Media, State and Nation: Political Violence and Collective Identities,* London u.a., 1991.

Schlesinger, Philip, Murdock, Graham und Elliott, Philip: *Televising 'Terrorism', Political Violence in Popular Culture,* London, 1983.

Schlesinger, Philip, Murdock, Graham und Elliott, Philip: *'Terrorism' and the state: a case study of the discourses of television,* in: Collins, Richard et al: *Media , Culture and Society: A Critical Reader,* London u.a., 1986.

Schlesinger, Philip und Tumber, Howard: *Reporting Crime: The Media Politics of Criminal Justice,* Oxford u.a. 1994.

Schmidt, Wolf-Rüdiger (Hg.): *Geliebte und andere Tiere im Judentum, Christentum und Islam,* Gütersloh, 1996.

Schöpflin, George: *Nations, Identity, Power, The New Politics of Europe,* London, 2000.

Schultze, Thomas und Gross, Almut: *Die Autonomen, Ursprünge, Entwicklung und Profil der Autonomen Bewegung,* Hamburg, 1997.

Schulz, Andreas und Grebner, Gundula: *Generation und Geschichte: Zur Renaissance eines umstrittenen Forschungskonzepts,* in: Schulz, Andreas und Grebner, Gundula (Hg.): *Generationswechsel und historischer Wandel,* in: Historische Zeitschrift, Beiheft 36, 2003.

Schulze, Wilfried: *Ego-Dokumente: Annäherung an den Menschen in der Geschichte,* Berlin, 1996.

Schwarz, Thomas: *Veganismus und das Recht der Tiere. Historische und theoretische Grundlagen sowie ausgewählte Fallstudien mit Tierrechtlern bzw. Veganern aus musikorientierten Jugendszenen,* in: Breyvogel, Wilfried (Hg.): *Eine Einführung in Jugendkulturen: Veganismus und Tattoos,* Wiesbaden, 2004.

Schwarzkopf, Jutta: *Women in the Chartist Movement,* London, 1991.

Schwarzkopf, Jutta: *Zwischen Familienmutter und weiblichem Subjekt. Weibliche Reformassoziationen in Großbritannien in der ersten Hälfte des 19.Jahrhundert,* in: Huber-Sperl, Rita (Hg.): *Organisiert und engagiert – Vereinskultur bürgerlicher Frauen im 19.Jahrhundert in Westeuropa und den USA,* Königsstein/Taunus, 2002.

Scrivener, Michael Henry: *Radical Shelley: The Philosophical Anarchism and Utopian Thought of Percy Bysshe Shelley,* Princeton, 1982.

Seiffert, Helmut: *Einführung in die Wissenschaftstheorie,* Band 2, München, 1977.

Shiman, Lilian Lewis: *Crusade against Drink in Victorian England,* London, 1988.

Sibley, David: *Endangering the Sacred, Nomads, youth cultures and the English countryside,* in: Cloke, Paul und Little, Jo (Hg.): *Contested Countryside Cultures: Otherness, marginalisation and rurality,* London u.a., 1997.

Siegrist, Hannes: *Perspektiven der vergleichenden Geschichtswissenschaft. Gesellschaft, Kultur, Raum,* in: Kaelble, Hartmut und Schriewer, Jürgen (Hg.): *Vergleich und Transfer, Komparistik in den Sozial-, Geschichts- und Kulturwissenschaften,* Frankfurt a.M. u.a., 2003.

Simons, John: *The Longest Revolution: Cultural Studies after Speciesism,* in: Environmental Values, Nr.6, 1997.

Simons, John: *Animal Rights and the Politics of Literary Representation*, Basingstoke, 2002.

Sinfield, Alan: *Literature, Politics and Culture in Postwar Britain*, New York u.a., 2004.

Smart, Andrew: *Adrift in the mainstream: Challenges facing the UK vegetarian movement*, in: British Food Journal, Vol. 106, Nr.2, 2004.

Smith, Warren S.: *The London Heretics 1870-1914*, London, 1967.

Smith-Rosenberg, Carol; Rosenberg, Charles: *The Female Animal: Medical and Biological Views of Women and her Role in Nineteenth-Century America*, The Journal of American History, Vol. 60, Nr.2, 1973.

Soeffner, Hans-Georg: *Sozialwissenschaftliche Hermeneutik*, in: Flick, Uwe, von Kardoff, Ernst und Steinke, Ines: *Qualitative Forschung*, Hamburg, 2000.

Sorabji, Richard: *Animal Minds and Human Morals, The Origins of the Western Debate*, Ithaca, 1993

Sparks, Richard: *Entertaining the Crisis: Television and Moral Enterprise*, in: Kidd-Hewitt, David und Osborne, Richard: *Crime and the Media: the Post-modern Spectacle*, London u.a., 1995.

Spencer, Colin: *The Heretic's Feast, A History of Vegetarianism*, London u.a., 1995.

Spender, Dale: *Man Made Language*, London u.a., 1980.

Sperling, Susan: *Animal Liberators, Research and Morality*, Berkeley u.a., 1988.

Spiegel, Marjorie: *The Dreaded Comparison, Human and Animal Slavery*, London, 1988.

Stephen, Leslie: *The English Utilitarians, Vol.1 Jeremy Bentham*, Bristol, 1991, Nachdruck der Ausgabe von 1900.

Sterba, James P. (Hg.): *Earth Ethics: Environmental Ethics, Animal Rights and Practical Applications*, Englewood Cliffs, NJ, 1995.

Stresau, Hermann: *G.B. Shaw*, Reinbek, 1962.

Stroup, William: *Henry Salt on Shelley: Literary Criticism and Ecological Identity*, aus der Reihe: Romanticism & Ecology, Keene State College ohne Datumsangabe

Tansey, E.M.: *Protection against dog distemper and Dogs' Protection Bills: The Medical Research Council and anti-vivisectionist protest, 1911-1933*, in: Medical History, Nr.38, 1994.

Tarrow, Sidney: *Cycles of Collective Action: Between Moments of Madness and the Repertoire of Contention*, in: Traugott, Mark (Hg.): *Repertoires & Cycles of Collective Action*, Durham, 1995.

Tarrow, Sidney: *Power in Movement: Social Movements and Contentious Politics*, Zweite Auflage, Cambridge, 1998.

Taylor, Antony: *'Pig-Sticking Princes': Royal Hunting, Moral Outrage, and the Republican Opposition to Animal Abuse in Nineteenth and Early Twentieth-Century Britain*, in: History, Vol. 89, Januar 2004.

Taylor, Bron: *Religion, Violence and Radical Environmentalism: From Earth First! to the Unabomber to the Earth Liberation Front*, in: Terrorism and Political Violence, Vol. 10 Nr.4, Winter 1998.

Taylor, John Russell (Hg.): *John Oswald: Look back in Anger*, Basingstoke, 1968.

Tebbit, Mark: *Philosophy of Law*, London u.a., 2000.

Tester, Keith: *Animals and Society: The Humanity of Animal Rights*, London u.a., 1991.

Thode-Arora, Hilke: *Für fünfzig Pfennig um die Welt. Die Hagenbeckschen Völkerschauen*, Frankfurt a.M. u.a., 1989.

Thomas, Keith: *Man and the Natural World: Changing Attitudes In England 1500-1800*, London u.a, 1984.

Thomas, Richard H.: *The Politics of Hunting*, Aldershot, 1983.

Thompson, E.P., Smith, Dan (Hg.): *Protest and Survive*, Harmondsworth u.a., 1980.

Thompson, E.P.: *The Making of the English Working Class*, London, 1991 (erste Auflage 1963).

Thompson, F.M.L.: *The Rise of Respectable Society: A Social History of Victorian Britain, 1830 – 1900*, London, 1988.

Tilly, Charles: *Big Structures, Large Processes, Huge Comparisons*, New York, 1984.

Tilly, Charles: *Popular Contention in Great Britain, 1758-1834*, Cambridge, MA, 1995.

Tilly, Charles: *Social Movements 1768-2004*, Boulder, 2004.

Tipton, Ian: *Locke: Knowledge and its Limits*, In : Brown, Stuart (Hg.): *British Philosophy and the Age of Enlightenment*, London u.a., 1996.

Trainor, Richard: *Neither Metropolitan nor Provincial: The Interwar Middle Class*, In: Kidd, Alan und Nicholls, David: *The Making of the British Middle Class? Studies of Regional and Cultural Diversity since the Eighteenth Century*, Stroud, 1998.

Tröhler, Ulrich und Maehle, Andreas-Holger: *Anti-vivisection in Nineteenth-Century Germany and Switzerland: Motives and Methods*, in: Rupke, Nicolaas A. (Hg.): *Vivisection in Historical Perspective*, London u.a., 1987.

Tsuzuki, Chushichi: *Edward Carpenter, 1844-1929, Prophet of Human Fellowship*, Cambridge u.a., 1980.

Turner, E.S.: *All Heaven in a Rage*, Fontwell, Sussex, 1992 (erste Auflage 1964).

Turner, James: *Reckoning with the Beast: Animals, Pain and Humanity in the Victorian Mind*, Baltimore, 1980.

Twigg, Julia: *Vegetarianism and the Meanings of Meat*, in: Murcott, Anne: The Sociology of Food and Eating, Aldershot, 1983.

Ussher, Jane: *Women's Madness: Misogyny or Mental Illness?*, New York, 1991.

Vicinus, Martha: *Independent Women: Work and Community for Single Women 1850-1920*, London, 1985.

Vicinus, Martha: *Lesbian Perversity and Victorian Marriage*, in: Journal of British Studies, Nr.36, 1997.

Viera, John David: *Terrorism at the BBC, The IRA on British Television*, in: Alali, A. Odasuo und Eke, Kenoye Kelvin: *Media Coverage of Terrorism, Methods of Diffusion*, London u.a., 1991.

Vyvyan, John: *In Pity and in Anger: A Study of the Use of Animals in Science*, London, 1969.

Vyvyan, John: *The Dark Face of Science*, London, 1971.

Wahrmann, Dror: *„Middle Class" Domesticity goes Public: Gender, Class, and Politics from Queen Caroline to Queen Victoria*, in: Journal of British Studies Nr.32, 1993.

Walker, Clive: *Briefing on the Terrorism Act 2000*, in: Terrorism and Political Violence, Vol. 12, Nr.2, Sommer 2000.

Walker, Clive: *Blackstone's Guide to the Anti-Terrorism Legislation*, Oxford u.a., 2002.

Walker, Clive: *Policy Options and Priorities: British Perspectives*, in: van Leeuwen, Marianne: *Confronting Terrorism: European Experiences, Threat Perceptions and Policies*, Den Haag u.a., 2003.

Walkowitz, Judith R.: *Prostitution and Victorian Society, Women, class, and the state*, Cambridge u.a., 1980.

Walkowitz, Judy: *Wissenschaft, Feminismus und Romanzen*, in: Barrow, Logie, Schmidt, Dorothea und Schwarzkopf, Jutta (Hg.): *Nichts als Unterdrückung? Geschlecht und Klasse in der englischen Sozialgeschichte*, Münster, 1991.

Wall, Derek: *Snowballs, elves and skimmingtons? Genealogies of environmental direct action*, in: Seel, Benjamin, Paterson, Matthew und Doherty, Brian: *Direct Action in British Environmentalism*, London u.a., 2000.

Wall, Derek: *Earth First! and the Anti-Roads Movement: Radical environmentalism and comparative social movements*, London u.a., 1999.

Walters, Kerry S. und Portmess, Lisa (Hg.): *Religious Vegetarianism, From Hesiod to the Dalai Lama*, Albany, 2001.

Walton, John K.: Mad Dogs and Englishmen*: The Conflict over Rabies in late Victorian England*, in: Journal of Social History, Winter 1979.

Walvin, James: *Questioning Slavery*, London, 1996.

Watkins, Ki-Li: *An Examination of Women's Involvement in Contemporary Campaigns Around Animal Welfare and Animal Rights*, Sociology Working Papers, Manchester, 1999.

Watts, Michael R: *The Dissenters, Vol.II – The Expansion of Evangelical Nonconformity*, Oxford u.a., 1995.

Weight, Richard: *Patriots, National Identity in Britain 1940-2000*, London, 2003.

Weinbren, Dan: *Against All Cruelty: the Humanitarian League, 1891-1919*, in: History Workshop Journal, Nr.38, 1994.

Weisbrod, Bernd: *Philanthropie und bürgerliche Kultur. Zur Sozialgeschichte des viktorianischen Bürgertums*, in: Berghoff, Hartmut und Ziegler, Dieter (Hg.): *Pionier und Nachzügler? Vergleichende Studien zur Geschichte Großbritanniens und Deutschlands im Zeitalter der Industrialisierung*, Bochum, 1995.

Wendt, Wolf Rainer: *Geschichte der sozialen Arbeit, Von der Aufklärung bis zu den Alternativen und darüber hinaus*, dritte Ausgabe, Stuttgart, 1990.

Wenzel, George: *Animal Rights, Human Rights: Ecology Economy and Ideology in the Canadian Arctic,* London, 1991.

Wiedenmann, Rainer E.: *Spiegel und Fenster, Zur Semantik der Blicke in Tierfotografien,* in: Eskilden, Ute und Lechtreck, Hans Jürgen: *Nützlich, süß und museal – das fotografierte Tier-Essays,* Museum Folkwang, Göttingen, 2005.

Wilkinson, Paul: *Terrorism vs. Democracy, The Liberal State Response,* zweite Ausgabe, London u.a., 2006.

Wildner, Susanne: *Die Tierschutzproblematik im Spiegel von Einstellungen und Verhaltensweisen der deutschen Bevölkerung: Eine Literaturanalyse,* Arbeitsbericht, Lehrstuhl für Agrarmarketing, Universität Kiel, 1998.

Wilkins, David B.: *Animal Welfare in Europe, European Legislation and Concerns,* London u.a., 1997.

Williams, Patrick J. und Copes, Heith: *'How Edge Are You?' Constructing Authentic Identities and Subcultural Boundaries in a Straightedge Internet Forum,* Symbolic Interaction, Vol. 28, Nr.1, 2005.

Williamson, Lori: *Power and Protest, Frances Power Cobbe and Victorian Society,* London u.a., 2005.

Wimmer, Jeffrey: *(Gegen-)Öffentlichkeit in der Mediengesellschaft : Analyse eines medialen Spannungsverhältnisses,* Wiesbaden, 2007.

Windeatt, Philip: *The Hunt and the Anti-Hunt,* London, 1982.

Winsten, Stephen: *Salt and his Circle,* London u.a., 1951.

Wise, Steven M.: *Though the Heavens May Fall, The Landmark Trial That Led to the End of Human Slavery,* Cambridge, MA, 2005.

Witt-Stahl, Susann: *Das Tier als „der ewige Jude"? Ein Vergleich und seine Kritik als Ideologie,* in: Witt-Stahl, Susann (Hg.): *Das steinerne Herz der Unendlichkeit erweichen: Beiträge zu einer kritischen Theorie für die Befreiung der Tiere,* Aschaffenburg, 2007.

Wöbse, Anna-Katharina: *Ölpest und Pechvogel, Zur Frühgeschichte eines internationalen Umweltkonfliktes,* in: Geschichte in Wissenschaft und Unterricht, Jahrgang 54, Heft 11, November 2003.

Wöbse, Anna-Katharina: *Als eine Mode untragbar wurde – Die Kampagnen gegen Federschmuck im Deutschen Kaiserreich,* in: Deterts, Dorothea et al.: *Federn kitzeln die Sinne,* Bremen, 2004.

Wöbse, Anna-Katharina: *Naturschutz global – oder: Hilfe von außen: Internationale Beziehungen des amtlichen Naturschutzes im 20.Jahrhundert,* in: Frohn, Hans-Werner und Schmoll, Friedemann: *Natur und Staat: Staatlicher Naturschutz in Deutschland 1906-2006,* Bonn-Bad Godesberg, 2006.

Wöbse, Anna-Katharina: *Der kleine Tierfreund – Zur Jugend der deutschen Umweltbewegung,* in: Jahrbuch Ökologie 2007, München, 2007.

Woodcock, Bruce (Hg.):The *Selected Poetry and Prose of Shelley,* Hertfordshire, 2002.

Worpole, Ken: *Village School or blackboard jungle?*, in: Samuel, Raphael (Hg.): *Patriotism: The Making and Unmaking of British National Identity, Vol.III: National Fictions,* London u.a., 1989.

Wuketits, Frank M.: *Charles Darwin, Der stille Revolutionär*, München u.a., 1987.

Zerbel, Miriam: *Tierschutz im Kaiserreich, Ein Beitrag zur Geschichte des Vereinswesens,* Frankfurt a.M. u.a., 1993.

Zerbel, Miriam: *Tierschutzbewegung,* in: Puschner, Uwe, Schmitz, Walter und Ulbricht, Justus H. (Hg.): *Handbuch zur ‚völkischen Bewegung' 1871-1918*, München, 1999.

Zimmermann, Michael E. et al (Hg.*): Environmental Philosophy: From Animal Rights to Radical Ecology*, Upper Saddle River, NJ, 2001.

2.2. Internetartikel

Antrobus, Derek: *A migrant's story*, Salford Local History, 2001, http://www.geocities.com/derekantrobus/SLHmigrant.html, zuletzt besucht am 18.10.07.

Antrobus, Derek: *Roots of Vegetarianism,* Talk to the Salford Local History Society, 1998, www.geocities.com/derekantrobus/SLHveg-roots.html, zuletzt besucht am 30.10.07

Derbyshire, Stuart: *A timeline of reaction*, spiked science, März, 2001, http://www.spiked-online.com/Printable/0000000054FF.htm, zuletzt besucht am 30.10.07

Dictionary of Unitarian and Universalist Biography, http://www.uua.org/uuhs/duub/articles/francespowercobbe.html, zuletzt besucht am 25.07.03

Fudge, Erica: *The History of Animals*, H-Animal Discussion Network, http://www.h-net.org/~animal/ruminations_fudge.html, zuletzt besucht am 04.11.07.

Iacobbo, Karen: *Vegetarians in New York, circa 1853*, The VivaVine, September/ Oktober 1999, http://www.vivavegie.org/vvi/vva/vvi36/.

Wall, Derek: *Another Green World: Darker Shades of Green*, http://another-green-world.blogspot.com/2006/05/darker-shades-of-green.html, zuletzt besucht am 30.10.07.

Wöbse, Anna-Katharina: *Rezension von Pfeiffer, Julius Ludwig: Das Tierschutzgesetz vom 2.Juli 1972: Die Geschichte des deutschen Tierschutzrechts von 1950 bis 1972*, Peter Lang, Frankfurt a.M. u.a., 2004, in: sehepunkte 6 (2006), Nr.1, http://www.sehepunkte.de/2006/01/7377.html, zuletzt besucht am 30.07.08.

Index

FSC
www.fsc.org
MIX
Papier | Fördert
gute Waldnutzung
FSC® C083411

Kolibri 360 GmbH
Ferdinand-Jühlke-Straße 7
99095 Erfurt, Deutschland
produktsicherheit@kolibri360.de